本书系荣获

第五届国家图书奖

第二届全国教育图书一等奖

全国普通高等学校优秀教材一等奖

◇应用心理学书系◇

主编：林崇德

司法心理学（第二版）

SIFA XINLIXUE

罗大华
何为民　著
解玉敏

人民教育出版社
·北京·

图书在版编目（CIP）数据

司法心理学（第二版）/罗大华等著．—北京：人民教育出版社，1998（2007 重印）

（应用心理学书系/林崇德主编）

ISBN 978－7－107－12952－0

Ⅰ．司…　Ⅱ．罗…　Ⅲ．司法心理学　Ⅳ．D917

中国版本图书馆 CIP 数据核字（99）第 04270 号

人民教育出版社出版发行

网址：http://www.pep.com.cn

人民教育出版社印刷厂印装　全国新华书店经销

2007 年 3 月第 2 版　2012 年 5 月第 8 次印刷

开本：890 毫米×1 240 毫米　1/32　印张：18.5　插页：1

字数：465 千字　印数：22 001～25 000 册

定价：31.10 元

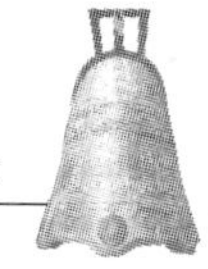

第二版总序

◇林崇德

《应用心理学书系》（以下简称《书系》）是出自20世纪90年代我国心理学教学和科研的需要，由一批心理学界学术造诣颇深的前辈和年轻有为的中青年骨干一起撰写的一套应用心理学教材。我受命担任《书系》主编，人民教育出版社于1999至2000年出版。

《书系》（12册）出版后，受到学术界、出版界和教育界同仁的高度重视。2001年，《书系》先后获第二届全国教育图书一等奖、第五届国家图书奖；2002年，《书系》获全国普通高等学校优秀教材一等奖。众多高校的心理学系和教育学院把《书系》列为本科生或研究生的教材，不少中小学把其中几本与心理健康相关的教材定为心理健康教育的指导读本。对于我们作者和出版者来说，这是莫大的鼓励。

《书系》初版距今已有7至8年，到了认真修改进行再版的时候。这次《书系》的修订再版，主要体现三个特点。一是以突出“新”字为基本要求。应用心理学各分支学科每年都在创新。这不仅仅是因为心理学的应用范围在扩大，而且也源于应用心理学每个分支学科的研究在创新，于是，新的文献资料和思想理论源源不断地涌进我们的视野。修订《书系》，要求每册教材都要吸收国内外学术界，特别是应用心理学界的新文献、新观点、新方法、新研究成果等，使《书系》更具时代特色，在应用心理学的教学领域起示范作用。二是以追求更大的应用价值为出发点。既然是应用心理学的教材，就应追求其更大的应用价值，为的是凸现心理学在人类社会的存在价值或生命力。所以，《书系》的修订要尽可能满足相关部门的应用需求，使更多教材成为相关部门的指定教材。例如，其中几本与心理健康有关的教材，正在被考虑确定为教育部中小学心理健康教育教师培训的教材。三是以开放模式为出版格局。在这次修订之前，一些应用心理学领域，如军事心理学、体育心理学、旅游心理学等方面的专家，希望在《书系》中增补相关的教材，而《书系》个别作者也有改变教材名称的打算。所以，修订后的《书系》不再是12册固定的教材。出版更多更有意义的应用心理学教材，为的是满足我国当前应用心理学教学和科研的要求。我国心理学发展很快，初版《书系》出版之时，全国还不到30个心理学系，而今（2007年）已经有180多个心理学系，其中相当一部分心理学系就叫应用心理学系。心理学系的建设，教师是关键，教材是基础，我们采用开放模式旨在为中国心理学的教材建设贡献一份力量。

这三个特点的要求是否达到，就要听听广大读者，尤其是使用新版《书系》的教师和学生的意见了。在修订再版期间，我们会吸取各方面的反馈意见，以达到既能体现作者的学术观点，又能让广大读者满意的目的。

2007年6月6日于北京师范大学

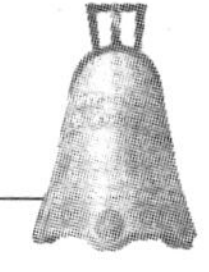

第一版总序

◇林崇德

学以致用是现代科学孜孜以求的基本目标。

目前人类处于世纪的转折点上，置身在这光怪陆离、瞬息万变而又注重实效的信息化社会，学以致用这一论题更是受到全社会的瞩目。心理学近百年历史的经验教训，使心理学界同仁深切地意识到：中国心理学发展的生长点在于应用，而应用心理学繁荣的立足点则在于面向社会，面向生活，面向大众！

历史证明，联系实际，应用于现实社会生活实践是心理学发展的直接途径。这不仅是由心理学历史任务发展阶段所规定的，也是由其学科性质、研究对象及其特征所规定的。从1879年冯特在德国莱比锡大学建立世界上第一个心理学实验室至今，世人逐渐从“玄学”神秘的怪圈中走了出来，认识和接纳了心理学这门学科，这个过程实际上也是心理学应用于实际生活、服务于社会的过程。目前，心理学正以令人难以置信的速度渗透到社会生活的各个角落，实践对此的需求和应用方兴未艾，心理学这一昔日的“丑小鸭”现在已出落得亭亭玉立，成为光彩照人的“白天鹅”了，人人欲一睹“芳容”为快！无论在政治、经济、思想、文化、教育等各个领域还是在学校、企业、医院、行政等各个部门，无论是物质文明建设还是精神文明建设，都有其用武之地。这从心理学分支学科迭出、名目繁多中可略见一斑。无疑，在心理学应用于社会生活实践的过程中，我们必须把握其科学性、知识性和客观性，同时亦须规范和建立相应的学科，使之根植于中国社会的土壤中，走心理学中国化的道路。正是基于上述理念，我邀请了应用心理学有关分支学科中的学术带头人，共同承担《应用心理学书系》的创作大任。

我衷心地感谢这些有关分支学科的学术带头人给予我的支持，尤其是像朱祖祥、冯忠良等教授那样我的师辈专家亲自出山相助，更使我感激涕零。我们相互信任，精诚合作，经过几年时间的酝酿、讨论、撰著，这套《应用心理学书系》终于脱胎降生了。

本套书系是针对目前国内外应用心理学领域发展较快、较成熟的几个学科，特邀国内学者合力完成的。书系共分12册，分别是：《教育心理学》《咨询心理学》《临床心理学》《工程心理学》《管理心理学》《环境心理学》《人际关系心理学》《学校心理学》《司法心理学》《广告与消费心理学》《人事组织心理学》《心理测量学》。作为一套开放性书系，今后我们仍将择优编撰成书，增补我们书系的内容，以满足社会各界需要。在本书系编撰过程中，我们力图体现如下特点。

一是学术性。各部专著都是对国内相应领域的总结、回顾和展望，是一套具有权威性的专著型教材。各册著者都是国内该领域的学术带头人，具有深厚的理论功底和修养，大多具有丰富的授课经验，执教该课程多年。他们综合国内外最新资料，反映新成果，阐述新见解，力求准确反映当代应用心理学的现状及发展趋势，充分体现应用心理学的新概念、新理论、新思想、新经验、新方法。此外，他们还力求反映国内该领域的研究状况，使专著型教材不仅观点新颖，富有新意，而且也突出中国特点。这对于应用心理学的理论建设和学科建设，对培养各行各业“通用型”和“专家型”相结合的T型人才，对我国心理学事业的发展，具有重要的作用。

二是实用性。这是本套书系的灵魂和精髓。实用性包括几层含义。本套书系选题切合实际，这对于促进教学与实际相连，无疑起到了推进作用。本套书系的编写和出版也很好地解决了缺乏统一教材的问题，这对完善培养机制、开拓思路是大有裨益的。本套书系可以帮助实际工作者学习新思路、新方法，探索高效率、高效益的培养途径。本套书系涉及的面非常广，适应多种职业的人员，影响

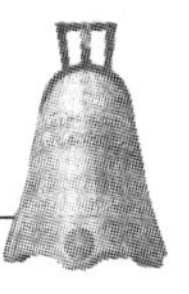

甚广，对于普及心理学知识，科学地看待心理学，运用心理学知识和理论，都具有重要意义。这无疑也会促进心理学的自身发展。同时，本套书系在编写过程中始终坚持“洋为中用”的态度，坚持心理学的中国化，针对中国的现实开展研究和应用。只有走中国化的道路，应用心理学才会发展，中国的应用心理学才能建立起来，才能真正为社会各界服务。

三是综合性。本套书系试图站在当代应用心理学的前沿，对各学科进行阐释，因而各专著都是对该领域的全面介绍，力求点面结合，有重点又兼顾整体，这对把握各领域的总体发展脉络，对反映各领域的具体发展态势都有积极的影响。这12册专著型教材基本体现了我国应用心理学的最新成果，也是向我国心理学界的一次综合“汇报”，更是心理学工作者向社会交纳的一份“答卷”。

在本套书系编撰过程中，我和各书著者殚精竭虑，共同商定选题，确定提纲体例，相互交换意见。可以说，本套书系是集体劳动的结果。虽然我们尽了最大的努力，力求反映我国应用心理学的概貌，但是难免挂一漏万。对此，我们绝不会用“在所难免”四个字将其草草放过。这些缺点和问题既有客观的原因，如时间仓促等，更重要的是我们主观的原因，特别是我的原因。请广大学者、专家和读者宽容，并于此恳切地希望大家不吝评判和指正。同时，在书系各册成书过程中，书系的责任编辑魏运华博士付出了辛勤的劳动，他以其认真负责的态度，为各册书稿锦上添花。值此书系付梓之时，我谨于此向各书著者和出版社编审排校人员致以深深的谢意，感谢人民教育出版社领导的首肯和大力支持，感谢心理学界恩师挚友们的鼎力相助，特别感谢著者和读者的垂青扶携，才使我勉为其难，忝为主编，气喘吁吁然而幸运地走完了这段旅程。对此，我无以为报，只有向诸位道一声谢谢！

搁笔在即，“路漫漫其修远兮，吾将上下而求索”，是我现在心态的真实写照！

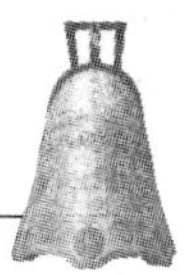

目 录

第二编　刑事司法心理

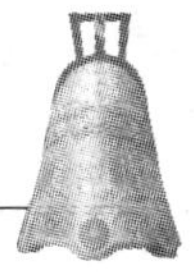

第三编　民事司法心理

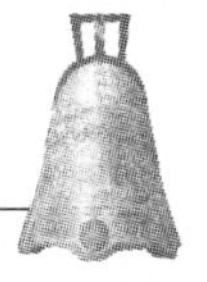

第二版自序

我们撰写的《司法心理学》，自1999年问世以来，已经过去八年了。在这八年里，承蒙广大读者的厚爱和人民教育出版社的大力支持，曾多次重印，印数近两万册。令人感到高兴的是，本书同林崇德主编的《应用心理学书系》其他专著一起，获得了第五届国家图书奖、第二届全国教育图书一等奖和全国普通高等学校优秀教材一等奖，这是对"司法心理学"这门新兴学科的支持和褒扬，象征着这门学科的成长。

八年来，我国对司法心理学及其相关学科的研究有了迅速的发展，研究领域不断扩大、深化，研究成果迭出不穷。相对来说，1999年出版的本书，在资料的引用与学术观点的开拓上，或多或少显得有些陈旧。

鉴于此，在人民教育出版社的大力支持下，我们决定修订本书，唯有如此，才能使本书的读者得以比较集中地了解司法心理学的最新研究成果。

《司法心理学》第二版由原来的十章扩充为三编（司法心理学概论、刑事司法心理、民事司法心理）十八章；在原有基础上，补充了一些新的研究成果，吸收了许多新的资料；以较大篇幅充实了案例和数据等实证资料，以提高可信度与说服力；在文字上，尽力精雕细刻，以增强可读性。

《司法心理学》第二版撰写分工如下：第一、四、五、六、七、十、十一章，由罗大华撰写；第二、十三、十四、十五、十七章，由何为民撰写；第三、八、九、十二、十六、十八章，由解玉敏撰写。以下研究生协助罗大华参加了修订工作：杨伟伟参加了第一、六章的修订，董晓鹏参加了第五章的修订，许相明参加了第十、十一章的修订。全书由何为民统稿，罗大华审订。

由于水平所限和时间匆忙，本书在内容、体例与文字表述上仍有一些不尽如人意之处，敬请读者不吝赐教，在此谨表感谢。

著者

2007 年 4 月 6 日

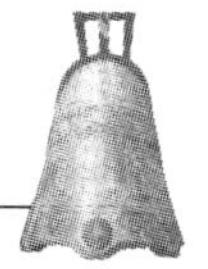

第一版自序

司法心理学是一门新兴的边缘学科。为了帮助广大读者从心理学角度认识司法过程，也为了便于法律工作者了解司法过程中复杂的心理现象和有关的心理学问题，应人民教育出版社之约，受《应用心理学书系》主编林崇德教授的委托，我们撰写了这部《司法心理学》。

司法活动包括的范围十分广泛。从广义来说，它是相对于立法活动而言的一切执法活动。从狭义来说，它是公检法司等司法机关审理与执行案件的活动，包括对刑事案件、民事案件、行政案件、经济案件的审理，以及监狱、劳教机关和律师、公证、人民调解等属于司法行政机关的执法活动。本书限于篇幅，不可能涉及这样广阔的范围，只是论述它的主体部分——刑事司法和民事司法活动的有关心理学问题。司法活动中的主体与客体、控方与辩方、双方当事人与诉讼参与人之间，存在着复杂的交互作用的人际关系，由此产生了与司法活动相联系的特殊的心理现象与心理活动规律。这种特殊的心理现象与心理活动规律又必然对司法活动产生这样或那样的影响，是执法者和诉讼参与者各方均不可忽视的。因此，司法心理学研究有着重要的理论意义和广泛的应用价值，尤其对司法活动的主体——广大的司法工作者更为重要。

本书由中国政法大学罗大华教授，中央司法警官学院何为民教授、解玉敏教授撰稿。各撰稿人分工如下：

罗大华　第一、四章

何为民　第二、七、八章

解玉敏　第三、五、六、九、十章

各章撰写出初稿后，先由罗大华审阅，提出修改意见，交各撰稿人补充修改，然后由罗大华、何为民统稿。

为了反映我国司法心理学的最新研究成果，本书作者撰稿时参考了不少文献，已于书末开列。在此，谨对各文献的作者表示感谢。由于水平所限，本书在内容、体例和文字表述上难免有缺点错误，希望读者不吝赐教，以便再版时修订。

著者

1998年7月21日

第一编　司法心理学概论

第一章　导　论

司法活动的范围十分广泛，包括刑事、民事、经济、行政等领域的司法活动，以及律师、公证、人民调解等司法行政活动，其中，刑事司法和民事司法是司法活动的主要方面。本书主要探讨刑事司法活动和民事司法活动中基本的心理学问题，既要探讨它们的共同性问题，又要分别探讨各自的特殊性问题。本章作为导论，将阐明司法心理学的研究对象、任务、学科性质、地位及与有关学科的关系，阐述司法心理学的研究原则和方法，介绍西方和我国司法心理学的发展概况。

第一节　司法心理学的研究对象和任务

一、司法心理学的概念

什么是司法心理学（judicial psychology 或 forensic psychology）？不同的学者对它的定义并不相同。康诺利和麦凯勒（K. Connolly & P. Mckellar，1963）把司法心理学定义为心理学在法庭诉讼程序、警察调查和有关事务中的应用，强调在法律领域对行为的研究。① 巴托尔夫妇（C. R. Bartol & A. M. Bartol，1999）认为，司法心理学是指考察直接与法律过程（如证人记忆和证人证言、陪审团决策或者犯罪行为）有关的人类行为的研究活动，以及围绕刑法、民法和大量交叉领域中的法律制度而进行的心理学专门实践。因此，在广义上，司法心理学指心理学知识在民事和刑事司法领域的应用及其产物。② 赖茨曼（L. S. Wrightsman，2000）认为，司法心理学是心理学知识或方法在法律系统面临的任务中的应用。③林崇德等主编的《心理学大辞典》认为，司法心理学是指法制心理学体系中研究司法活动过程中有关人员的心理活动及其规律的分支学科群的总称。④

综合上述定义，我们认为，司法心理学是研究与司法活动有关的人员在司法活动过程中心理现象发生、发展和变化的规律，以提高司法活动效能的一门学科。对这一概念可从以下几方面理解。

（一）司法活动

司法活动是指司法机关及其工作人员，按照法律规定的职权和程序，运用法律审理案件的专门活动。司法，属于广义的执法范畴。广义的执法，是相对于立法而言，其范围非常广泛，不仅包括司法机关的执法（即司法），也包括行政机关、权力机关的执法和国家授权的企业单位、社会团体的执法。本书所说的司法活动是一项由专门机关施行的执法活动，其特殊性在于：（1）司法活动是专属国家司法机关的职权，其他国家机关不得使用此项权力；（2）司法活动在形式上表现为司法机关依法处理案件的活动，既包括处理

---

① ［英］R. Blackburn 著，吴宗宪、刘邦惠等译：《犯罪行为心理学：理论、研究和实践》，中国轻工业出版社 2000 年版，第 261 页。

②③ ［美］L. S. Wrightsman 著，吴宗宪、林遐等译：《司法心理学》，中国轻工业出版社 2004 年版，第 1 页。

④ 林崇德、杨治良、黄希庭主编：《心理学大辞典》，上海教育出版社 2003 年版，第 1183 页。

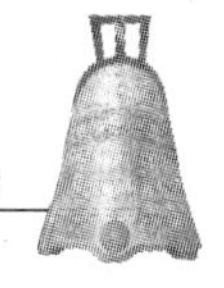

刑事案件，也包括处理民事案件；（3）司法活动是司法机关将法律运用于具体事项或具体人的活动，必须严格按照法律规定的程序进行，具有法定性和程序性；（4）司法活动是具有国家强制性的活动，司法活动所产生的一系列司法文件，如判决书、裁决书等，具有强制执行的效力。

（二）与司法活动有关的人

与司法活动有关的人的范围，因刑事案件和民事案件的不同而各异。在刑事案件中，与司法活动有关的人首先是司法人员，既有履行侦讯、检察、审判、监管服刑人员职务的人员，还包括当事人（自诉人、被告人、附带民事诉讼的原告人和被告人）、被害人、法定代理人、辩护人、证人、鉴定人和翻译人员。在民事案件中，除具有审判权的审判人员和具有民事检察权的检察人员外，还包括当事人（原告、被告、共同诉讼人）、法定代理人、诉讼代理人、证人、鉴定人和翻译人员。

（三）心理现象发生、发展和变化的规律

在司法活动中，有关人员的行为总是在一定的心理支配下产生的，而心理总是一定的内外因素相互作用的结果。某些心理活动形成后并非一成不变，而是在一定的内外因素相互作用下发展和变化。与司法活动有关的人的心理形成、发展和变化是有规律可循的。司法心理学就是研究这种规律性的学科。

（四）司法活动的效能

司法活动的效能是指与司法活动有关的人员在司法活动中的行为的准确性、及时性和合法性。对司法工作人员来讲，要做到以事实为根据，以法律为准绳，准确、及时地处理案件，进行各项司法活动，遵守法定程序；对其他与司法活动有关的人员来说，则要严格依照法律的规定，在司法活动中正确行使诉讼等各项权利，依法律要求履行义务，不得进行违法活动，损害司法活动的效能。

二、司法心理学的研究对象

任何一门学科都有自己特定的研究对象和研究领域，其任务就在于通过自己的研究，发现这一领域的特定规律，从而造福于人类。在我国，一切研究活动的目的都是为社会主义现代化服务，为改革开放服务。但每一具体学科又有自己的特定任务，这反映在每一学科研究的特定对象上。司法心理学的研究对象既不同于其他心理学分支学科，又不同于部门法学，其研究对象虽然比较广泛，但又是特定的，是其他学科所不能代替的。

心理学是研究心理过程、个性心理和心理状态等心理现象的特点、本质、机制及其发生、发展和变化规律的科学，是研究人的科学之一。心理学对如何形成人的辩证唯物主义和历史唯物主义的世界观，如何更好地培养各种人才，如何提高与改进社会各方面的工作等都具有十分重要的意义。司法心理学则把法律科学和心理科学结合起来，研究在司法活动中有关人员的心理现象发生、发展和变化的规律，以提高司法活动的效能，从而促进广大司法人员提高自己的心理素质，并教育广大人民群众遵守国家法律，增强法律意识，从而实现更好地为社会主义现代化建设服务的目的。

具体来说，司法心理学的研究对象有下列几个方面。

（一）司法活动中有关人员的心理现象

司法心理是影响和支配司法人员及其他有关人员在司法活动过程中实施司法行为、参与司法活动的各种心理因素的总称。这些心理因素包括认识、情感、意志、气质、性格、兴趣、需要、动机、理想、信念、世界观、价值观等。各种心理因素不是孤立、杂乱无章的，而是相互联系、相互作用，共同构成有机统一的整体，存在于人的头脑之中。其中，起决定作用的是人的理想、信念、世界观、价值观、意志、情感、兴趣、需要、动机。

在研究司法心理的时候，一定要注意司法心理与司法活动中有

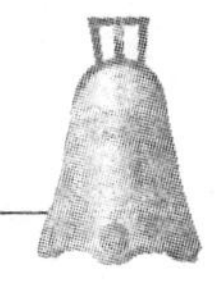

关人员行为的关系。心理具有内隐性，行为则具有外显性。就是说，心理是人脑的活动，在没有表现为行为之前，是看不见、摸不着的；行为则是心理以言语和动作的形式表现出来的外部活动。心理具有相对独立性，而行为则具有对心理的依赖性。就是说，行为人在实施行为之前，心理就已经存在，行为结束后，心理并不一定立即消失，可能继续存在下去；行为总是在一定的心理影响和支配下发生，不受心理影响和支配的行为是不存在的，而心理可以独立存在。心理与行为又具有不可分割性，离开行为，就难以分析人的心理，只有在行为发生之后，才能从这一表现入手，对行为人的心理机制作归因分析。

（二）与司法活动相关的心理现象发生、发展和变化的规律

司法心理学又是一门研究与司法活动有关的心理现象的发生、发展和变化规律的学科。规律是事物所固有的、本质的、必然的内在联系。规律虽然是不以人们的意志为转移的客观存在，但能够为人们所认识、利用。司法心理学进行有关规律的研究，对认真贯彻执行法律，完成诉讼活动，促进社会秩序的稳定，具有十分重要的作用。

从司法心理学的研究对象出发，司法心理学应当研究如下内容：(1) 各种司法人员的心理特点；(2) 在司法活动中违法犯罪者心理变化的规律；(3) 各种诉讼参与者的心理特点；(4) 提高司法活动效能的心理学依据和方法。

司法心理学的研究对象主要包括刑事司法心理学和民事司法心理学。

刑事司法心理学的研究对象主要有三方面。

一是刑事司法工作人员在司法活动过程中的心理，包括侦查和预审人员、检察和审判人员以及监狱工作人员的心理活动及其规律。具体包括：侦查、预审各项活动中的心理分析、人际关系，以及侦查、预审人员的心理品质等；检察人员的心理活动及其规律，诸如批捕心理、审查起诉心理、出庭支持公诉心理、抗诉心理，检察人员与有关人员的人际关系，以及检察人员的心理品质等；审判人员的心理活动及其规律，诸如审判人员的法庭审判心理、合议量刑心理、审判人员与有关人员的人际关系以及审判人员的心理品质等；监狱工作人员的心理活动及其规律，诸如监狱工作人员在教育改造罪犯过程中的心理活动及其规律，监狱工作人员与服刑人员的人际关系，以及监狱工作人员的心理品质等内容。

二是研究犯罪人的心理，包括犯罪人在不同诉讼阶段的心理和犯罪人供述心理障碍及其矫正，以及罪犯在服刑改造期间的心理和变化等。

三是研究其他有关人员的心理，主要包括：被害人的心理，即被害人心理特点，被害人的陈述障碍及其矫正；证人心理，即证人的心理特点，证人作证时的心理障碍及其矫正；辩护人心理，即辩护人出庭前、出庭时、出庭后的心理特点，辩护人与有关人员的人际关系以及辩护人的心理品质；鉴定人、翻译人员心理，即鉴定人、翻译人员在鉴定、翻译时的心理特点，鉴定人、翻译人员与有关人员的人际关系，以及鉴定人、翻译人员的心理品质等。

民事司法心理学的研究对象主要有三方面。

一是审判人员的心理活动及其规律，其中有审判人员的调查取证心理、合议裁判心理、审判人员与有关人员的人际关系以及审判人员的心理品质等。

二是当事人（即原告、被告、共同诉讼人）心理，包括当事人的心理状态及其实质，不同类型民事案件当事人的心理，当事人在不同诉讼阶段的心理，当事人陈述、辩论的心理障碍及其矫正等。

三是其他有关人员的心理，包括：诉讼代理人心理，即诉讼代理人搜集和提供证据的心理，在出庭前、出庭时、出庭后的心理，诉讼代理人与有关人员的人际关系，以及诉讼代理人的心理品质等；证人心理，即证人心理的一般特点，不同类型民事案件中证人

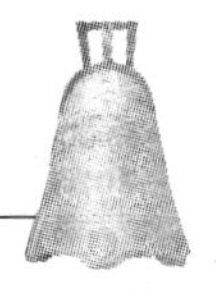

的心理特点，证人作证时的心理障碍及其矫正；鉴定人和翻译人员心理，即鉴定人、翻译人员的心理特点，鉴定人、翻译人员与有关人员的人际关系，以及鉴定人、翻译人员的心理品质等。

司法心理学的研究对象不是固定不变的，会随着司法活动的适用范围而不断扩大和变化。社会生活条件和法制建设的发展变化，都将对司法心理学发生影响。司法心理学研究对象的发展变化，既取决于心理科学的发展，也取决于我国社会主义法制建设的不断发展。诉讼形式的变化，法制的不断健全，心理学的最新成就，都必然导致司法心理学研究对象的变化和发展。

三、司法心理学的任务

司法心理学的任务，具体有以下几个方面。

（一）提高学科的理论水平

虽然司法心理学是一门应用学科，研究司法实践中的实际问题，直接服务于社会主义法制建设，但要深刻揭示出本学科领域的特殊规律，首先必须在理论上进行广泛而深入的探讨，对理论上的问题分析得越透彻，理论基础就越稳固，揭示的规律就越深刻，对实际应用发挥的作用就越大。司法心理学是一门发展历史较短的学科，人们对司法心理学的一些规律认识得还不十分深刻，有许多理论上的问题需要进一步调查研究、探讨。如司法心理学的研究对象、研究重点、基本规律及其与邻近学科的关系等，都是司法心理学在理论上亟须解决的问题。

（二）用司法心理学的科学知识武装司法工作人员的头脑

我国的司法工作人员担负着执行法律，维护社会秩序，为社会主义现代化建设创造一个良好的社会环境的重要责任。几十年来，我国司法工作人员的政治素质和业务素质不断提高。通过他们的辛勤工作，大量的刑事、民事案件得到准确、及时的处理，有力地惩罚了犯罪，保护了人民，解决了民事纠纷。但是，近年来，随着经济活动的日益频繁，随着人们社会活动的增多，随着犯罪心理的变化和犯罪手段的多样化，犯罪方式更加狡猾和隐蔽，民事纠纷更加复杂，这些情况都对司法人员的工作提出了更高的要求。司法人员迫切需要用现代科学知识包括司法心理学的知识武装自己，以适应时代发展的要求，使他们能够在司法工作中，自觉地运用心理学知识，更好地进行侦讯、检察、审判和教育改造罪犯等各项工作，以达到及时、准确地揭露犯罪、惩罚犯罪、教育改造罪犯，以及解决民事纠纷、制裁民事违法行为、保护当事人合法权益的目的。

（三）为犯罪预测、犯罪预防和社会治安综合治理服务

当前，我国的犯罪现象呈现出复杂、多变的趋势，青少年犯罪率居高不下，经济领域的犯罪日益严重，大案要案也不断增多，严重破坏了正常的社会治安秩序，对社会主义现代化建设事业危害极大。但是，经过犯罪预测、犯罪预防以及社会治安综合治理，将犯罪控制到最低限度，使社会治安稳定好转是完全有可能实现的。司法心理学可以为犯罪预测、犯罪预防和社会治安综合治理提供科学依据。

犯罪预测是指运用心理学的理论和方法，对一定社会范围内未来犯罪现象的种类、数量、发展趋势，以及对某些个体犯罪或再犯罪的可能性等所作的有根据的科学估量和预测。犯罪预测分为重新犯罪预测和早期违法行为预测。犯罪预测是在概率论的基础上描述未来可能发生的犯罪现象，对达到对犯罪行为进行心理预测和预防的目的具有一定的指导意义和作用。

犯罪预防是指在犯罪行为发生之前为防微杜渐而采取的早期防御和矫治措施。犯罪预防一般可分为社会预防和心理预防、一般预防和特殊预防、初犯预防和累犯预防等。犯罪预防是犯罪研究中要解决的首要问题。预防为主，积极防治，减少犯罪，是最积极、最主动的战略性措施。从司法心理学的角度探讨犯罪预防问题，主要是分析犯罪人的心理现象，发现消极因素，采取措施改变犯罪心理

结构，防止犯罪心理结构的形成，使个体心理结构在良好的社会环境中逐渐形成，使个体心理原有的消极因素逐渐消失，从而达到预防犯罪的目的。

社会治安综合治理是组织、运用全社会力量及多种手段，采取各种有效措施，维护社会治安，打击和预防违法犯罪，教育和改造违法犯罪者的活动。其中包括加强违法犯罪心理的研究，探索出违法犯罪的心理规律，从而达到使社会治安根本好转的目的。

（四）研究司法工作中出现的各种心理学问题，提高司法实践效能

司法心理学必须深入实际，研究与司法活动有关的心理学问题，为更好地做好司法工作服务。这就涉及司法心理学的具体任务问题，司法心理学的具体任务主要有以下几点。

第一，研究犯罪的规律，根据心理学知识提出犯罪预测和犯罪预防的有效措施，为做好社会治安综合治理工作作出贡献。

第二，研究犯罪人的心理基础和心理结构，研究犯罪人在实施犯罪时和实施犯罪后的心理活动，以及如何分析犯罪心理，以便有针对性地开展侦查、审讯工作。

第三，研究犯罪人在检察、审判阶段的心理活动，以及如何运用心理学知识促使犯罪人认罪服法，正确运用法律惩罚犯罪，以达到良好的社会效果。

第四，研究罪犯改造心理，如何运用心理学知识因势利导地进行罪犯心理矫治，掌握罪犯心理的发展规律，因人施教，使改造罪犯的工作卓有成效。

第五，研究民事案件当事人的心理特点，研究在诉讼过程中民事案件当事人心理发生变化的规律，以及如何运用心理学知识审理民事案件，解决民事争议。

第六，研究刑事、民事案件各种诉讼参与人的心理特点及其规律，分析这些心理因素对诉讼活动可能产生的影响，以保证诉讼活动的顺利进行，准确、及时地审理案件。

第七，研究司法人员的心理特点及其规律，以培养良好的心理品质，做好侦查、审讯、检察、审判、改造罪犯以及民事调解、民事诉讼等各项司法工作。

（五）为完善和发展中国特色的司法心理学服务

在我国，司法心理学是一门新兴学科，需要广大心理学工作者、法学工作者、教育学工作者、社会学工作者和司法工作者的大力支持和深入研究。目前，虽然由于专家学者的共同努力，司法心理学的研究取得了可喜的成果，但还有许多问题需要进一步深入研究讨论。司法心理学工作者应当根据社会主义现代化建设和社会主义法制建设的需要，紧密联系我国司法工作的实际情况，为完善和发展中国特色的司法心理学学科体系作出自己的贡献。

第二节　司法心理学的学科性质、地位及与有关学科的关系

一、司法心理学的学科性质和地位

司法心理学是一门新兴学科，与心理学、法律联系密切。对这一问题，应从以下几方面来进行理解。

（一）司法心理学是一门交叉学科

司法心理学是介于法学和心理学之间而偏重于心理学的一门交叉学科，如下页图所示。但它又不是法学学科的部分领域与心理学学科部分领域的简单拼凑，而是应用心理学的理论方法，研究法学学科的一部分——司法活动。

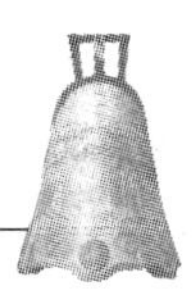

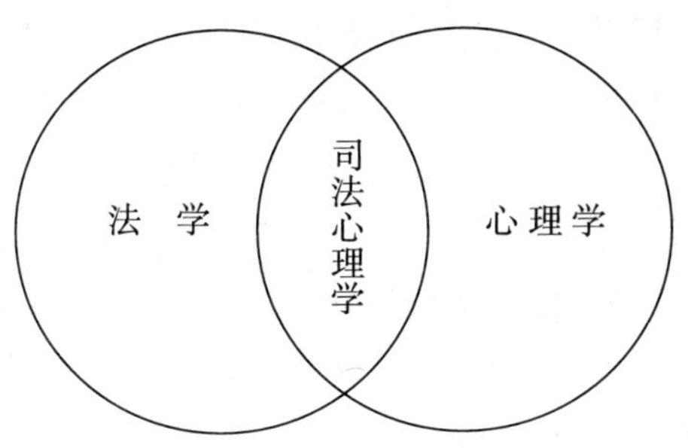

从严格意义上说，司法心理学首先是心理科学的应用学科。这一学科有自己特定的研究对象、研究原则和研究方法，因此，它可以从心理科学中分离出来而成为一门独立的学科。

司法心理学紧密联系司法工作，为司法实践服务，因此，司法心理学又是司法工作的辅助学科。它通过对司法工作中有关心理现象及其规律性的研究，帮助解决在刑事和民事司法活动中出现的各种问题，以更好地完成司法工作。

（二）司法心理学是以社会科学为主的综合性学科

从司法心理学的研究对象看，它主要研究在司法活动中有关人员的心理现象发生、发展和变化的规律，研究如何提高司法活动的效能，而这些内容又属于人的社会活动的一部分，其所依赖的理论知识及研究结果带有明显的社会性，因此，司法心理学属于社会科学。但同时，我们还必须看到，在司法心理学的研究领域中，虽然社会性因素往往起着主要作用，但由于司法心理学的研究对象主要是人的心理和行为，而人又具有生物属性的一面，无论是犯罪行为的心理基础和犯罪心理结构还是司法工作人员的心理活动，以及其他各类诉讼参与人的心理特点，都离不开一定的生理机制的作用，因此，以研究司法活动过程中有关人员的心理现象等内容为己任的司法心理学，又不能不具有一定的自然科学的性质。因而，司法心理学是社会科学和自然科学相结合而又以社会科学为主的综合性学科，需要综合运用政治学、哲学、法学、经济学、教育学、社会学、伦理学、犯罪学、统计学、普通心理学、社会心理学、生理心理学、实验心理学、精神病学、遗传学、脑生物化学、解剖生理学、控制论、信息论、系统论等多学科的理论知识，才能对与司法活动有关的复杂心理活动进行深入有效的研究。

（三）司法心理学是一门既注重理论研究又强调实践的学科

司法心理学既是应用学科，又是理论学科，它的研究目的虽然是直接服务于司法实践，但它必须以一定的理论为指导，为惩罚犯罪、预防犯罪、解决民事争议、处理经济纠纷、提高司法工作效能提供心理科学的理论依据。从这一意义上说，司法心理学处于理论学科的地位。

同时，司法心理学强调实践性。实践是人们改造自然、改造社会的有意识活动。“实践出真知”，离开了实践活动，理论研究就成了无源之水，无本之木。以服务于司法实践为宗旨的司法心理学只有以实践为基础，才能具有充分的活力。研究刑事案件犯罪人、被害人的心理，研究民事案件诉讼当事人的心理，研究证人、辩护人、鉴定人、翻译人员的心理，研究侦查人员、检察人员、审判人员、监狱工作人员在侦查、预审、公诉、审判、教育改造罪犯等项工作中的心理，研究如何提高司法工作的效能，都体现了司法心理学这门学科强烈的实践性。

司法心理学的实践性还体现在它的研究方法上。关于司法心理学的研究方法，下一节将详细论述，调查研究、统计研究、心理分析、观察实验、案例分析等方法都体现了司法心理学的实践性。这些方法无一例外地都把实践作为基本途径，通过各种实践活动掌握第一手资料，以保证研究结果的真实可靠性和指导实践的有效性。

司法心理学在实践的基础上，还注重理论和实践相结合。在司法心理学的研究中，既注意基本理论研究，又注意实际应用研究，理论研究的最终目的在于实际应用，在实际应用中使理论得到进一步充实和发展。

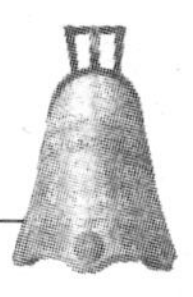

二、司法心理学与其他相关学科的关系

（一）司法心理学与心理学的关系

心理学是系统阐述关于人的心理实质及其心理现象发生、发展和变化规律的科学。心理学主要研究心理过程、个性心理和心理状态等心理现象。按所研究的不同活动领域的心理现象分类，心理学可分为犯罪心理学、法律心理学、军事心理学、教育心理学、工业心理学、商业心理学、医学心理学等。司法心理学属于心理学的一个研究领域，是心理学的分支学科。司法心理学运用心理学的原理，对司法这个特殊领域进行研究，揭示这一领域的心理活动规律。因此，司法心理学既是心理学的具体应用，又是心理学的丰富和发展。

司法心理学同法律心理学也有十分密切的关系。法律心理学（又称法制心理学）是研究人们在法律活动中与法律直接相联系的心理活动及其规律的学科，是法律科学和心理科学的重要领域之一。从结构上划分，法律心理学可分为法律心理学的方法学基础、立法心理学、司法心理学、守法心理学、违法犯罪心理学、法律宣传教育心理学、罪犯矫治心理学等几部分，如下页图①所示。法律心理学的研究范围比较广泛，司法心理学是法律心理学体系中的一个重要组成部分，与法律心理学是种属关系。

---

① 罗大华主编：《中国法制心理科学研究十年》，中国政法大学出版社1994年版，第5页。

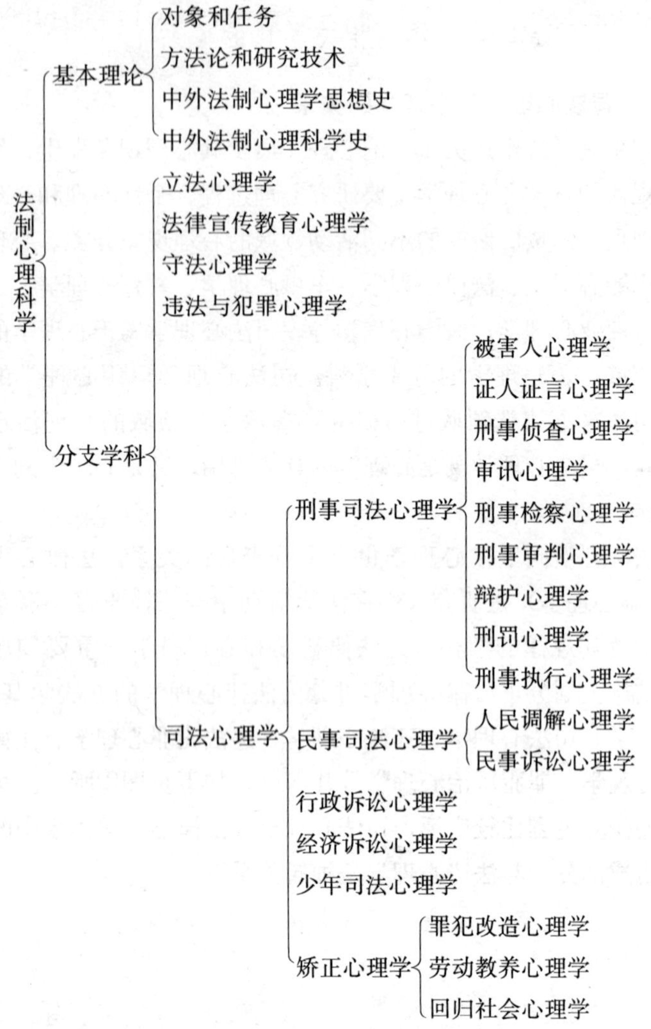

司法心理学同社会心理学也有十分密切的关系。社会心理学是研究个体或群体在特定社会条件下心理活动发生、发展和变化规律的学科。在社会心理学的研究领域中，基本上包括以下几个方面：(1) 个体在社会环境中成长、发展、变化的过程；(2) 人们在社会环境中共同行动的规律；(3) 各种类型的社会关系对个人行为的影

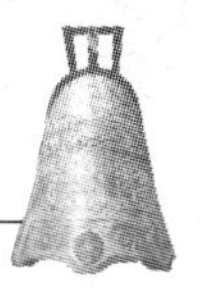

响；(4) 组织、集团、个人之间的冲突及后果。从以上叙述可以看出，社会心理学的研究领域同司法心理学的研究领域有所重叠，二者是交叉关系。

（二）司法心理学与法学的关系

关于司法心理学与法学的关系，前述司法心理学的学科性质、地位时已有所涉及，在此只重点分析司法心理学与刑法学、刑事诉讼法学、民法学、民事诉讼法学的关系。

1. 司法心理学与刑法学、刑事诉讼法学的关系

刑法学主要是以现行刑法为研究对象的学科，是对犯罪与刑罚的规律，对刑事立法和司法实践进行理论概括的学科。犯罪和刑罚是刑法的两大基本内容。根据刑法学理论，犯罪是危害社会的、触犯刑律的、应受刑罚处罚的行为。这就是说，首先，犯罪必须是人的行为，没有行为就不能构成犯罪。人的行为多种多样，只有危害社会、触犯刑律、应受刑罚处罚的行为才能构成犯罪。其次，犯罪行为只是行为人应负刑事责任的客观要件，如果只凭客观方面的要件对行为人定罪，就是客观归罪。我国刑法既反对客观归罪，也反对主观归罪，必须坚持主客观一致的原则。因此，在认定某种行为是否构成犯罪时，必须考虑到行为人的主观心理状态，也就是行为人的故意和过失这两种罪过形式和动机、目的等。因此，可以说，刑法学不仅研究犯罪行为，而且也研究支配这种犯罪行为的心理：故意和过失、动机和目的等。这就把刑法学和犯罪心理学紧密地联系起来。

对犯罪人心理的研究是司法心理学的研究内容之一。司法心理学在研究犯罪人心理时，不仅研究故意犯罪人的心理、过失犯罪人的心理，而且也研究犯罪动机和目的。但是，应当注意，两者对上述心理的研究角度不同。刑法学研究人的故意和过失是从犯罪构成出发，而司法心理学不论是对故意犯罪人和过失犯罪人的心理研究还是对动机和目的的研究，都是从犯罪人心理形成过程出发的，目

的在于通过研究犯罪心理和犯罪心理结构，不同类型的犯罪心理等，揭示出犯罪人犯罪心理的发生、发展和变化的规律，为侦查、审讯、起诉、审判和监管改造等部门提供心理学依据。尽管两者的研究角度不同，但有密切联系。司法心理学的研究成果能丰富和发展刑法学的理论，为刑法学分析犯罪构成中主观心理状态提供丰富的心理学内容，因此可以说，司法心理学是刑法学研究的辅助学科。

刑事诉讼法学是对刑事诉讼的立法和司法实践进行理论概括的学科。刑事诉讼法是程序法，是规定对刑事案件如何侦查、起诉、审理和判决的程序的法律。刑事诉讼法学的内容就是刑事诉讼活动的程序、原则和制度，以及诉讼过程中每一阶段的任务。由于司法人员与诉讼参与人在不同诉讼阶段的法律地位不同，其心理活动也不同，特别是因为犯罪人出于对自身利益的关注，其心理活动在整个诉讼过程中会不断变化。因此，只有明确刑事诉讼各阶段的任务、要求，才能准确地掌握有关刑事诉讼参与人员的心理活动。可见，司法心理学与刑事诉讼法学的关系非常紧密。刑事诉讼法学要更好地完成自己的任务，就要掌握诉讼各阶段有关人员的心理活动。司法心理学的研究能够为刑事诉讼法学提供心理学依据，为完成刑事诉讼法规定的任务作出贡献。

2. 司法心理学与民法学、民事诉讼法学的关系

民法是调整平等主体的公民之间、法人之间、公民和法人之间的财产关系和人身关系的法律规范的总称，它是我国社会主义法律体系中一个重要的基本法律部门。我国民法所调整的财产关系主要指的是人们在商品生产、分配、交换和消费过程中平等主体之间所发生的社会关系，具体表现在所有权关系、债权关系、知识产权中的财产权利与义务关系，此外，还包括夫妻之间、父母子女之间的财产权利与义务关系，以及公民财产的继承权关系等。我国民法所强调的人身关系是指与民事主体不可分离而又不具有直接经济内容

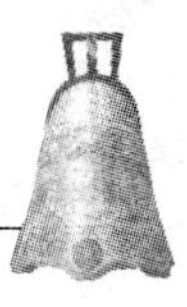

的那些社会关系，如姓名权、名誉权、荣誉权，以及著作权、发明权中的人身关系。当事人行使自己的民事权利，总是通过一定的行为来进行的，并具有自己特定的目的，而民事侵权行为也是行为人基于一定的动机、目的而实施的。在发生民事纠纷，双方当事人诉诸法律的情况下，如何分析、判断当事人民事行为的动机、目的，对认定当事人行为的性质及其民事权利与义务关系十分重要。司法心理学通过对民事诉讼当事人行为的动机、目的及心理状态发展、变化规律的研究，为民事审判、执行等工作提供心理学依据，从而指导司法实践。民事司法实践有助于丰富司法心理学的内容。

民事诉讼法学是研究民事诉讼制度的诉讼法律规范和民事诉讼运行规律的科学。民事诉讼法是司法机关办理民事案件的程序法，也就是规定对民事案件如何立案、审理、判决和执行的程序的法律。民事诉讼法学研究的主要内容是民事诉讼活动的具体程序、原则和制度，以及诉讼过程中每一阶段的任务。在民事诉讼中，双方当事人是平等的，又由于双方争议的特殊性质，所以，民事诉讼双方当事人及其他诉讼参与人的心理活动具有与刑事诉讼不同的特点。在民事案件中，双方当事人有直接的利害冲突，随着诉讼活动的进行，其心理活动也不断发生变化。因此，只有明确民事诉讼各阶段的内容和要求，才能准确地掌握民事诉讼参与人的心理活动。可见，要研究司法心理学，就必须掌握民事诉讼法。而民事诉讼法学要更好地完成自己的任务，就要掌握民事诉讼各阶段有关人员的心理活动，用心理学知识武装民事司法人员，以便更好地完成民事诉讼的任务。

第三节　司法心理学的研究原则和方法

一、司法心理学的研究原则

辩证唯物论和历史唯物论是司法心理学的一般方法论基础。科学心理学关于人的心理是人脑的机能，是人脑对于客观现实的能动反映，以及人的心理在实践活动中产生和发展的原理，是司法心理学的方法论基础。据此，我们提出研究司法心理学所必须遵守的几项原则。

（一）客观性与主观性相统一的原则

以辩证唯物论和历史唯物论为指导的科学心理学认为，人的心理是客观现实在人头脑中的反映，客观现实是心理的源泉。客观现实丰富多彩，但对人的心理起决定作用的是社会生活条件。脱离了人类社会生活，即使具备产生人的心理的物质前提——人脑，也不可能产生人的心理。这就是人的心理的客观性。对客观现实的反映总是由具体的个人进行的。由于具体的个人在以往的实践中所形成的知识经验、个性心理的不同，也由于各个人在反映时的心理状态的不同，因而不同的人，或同一个人在不同的时期，对同一外界事物的反映也就各不相同，在选择性、准确性、全面性和深刻性上都会有所差异。这就是人的心理的主观性。由于心理的主观性，人对客观现实的反映并不是简单的录像式的机械反映，也不是被动的、消极的反映，而是自觉的、积极的、能动的反映。

客观性与主观性相统一的原则是指在分析与司法活动有关人员的心理时，既要看到这一心理内容来源于客观现实，是客观存在的各种因素在与司法活动有关人员头脑中的反映，又要看到各种客观因素之所以有分别、有选择地被有关人员吸收、内化，是由这些人主观上的原因造成的，外因只有通过内因才能起作用。

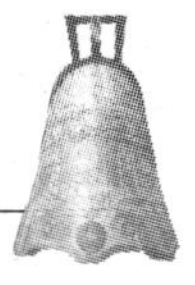

根据这一原则，在研究与司法活动有关人员心理的过程中，我们既要注意分析他们心理产生所依赖的社会生活条件，又要分析他们心理所赖以形成的原有心理基础，只有把两者结合起来，才能揭示与司法活动有关人员心理发生、发展和变化的规律。同时，在分析与司法活动有关人员心理与行为的关系时，必须明确这些人的行为活动，包括一些不良行为活动，体现了客观性与主观性的统一，没有这些行为活动，心理与行为之间的内、外化机制就难以实现。

（二）系统性原则

系统性原则就是运用辩证唯物论的系统论观点来研究司法心理学。所谓系统，是指由若干相互联系、相互作用、相互制约的部分组成的具有一定结构和机能的整体。整体具有不同于其各部分功能之和的新功能。系统论要求我们按事物本身的系统性，把研究对象作为一个具有一定组织、结构和机能的整体，从整体与部分之间、整体与外部环境之间、整体中部分与部分之间的相互联系、相互作用、相互制约的关系中，从整体系统的动态变化中综合地思考研究对象，获得最佳的认识和处理问题的方法。

根据这一原则，在司法心理学研究中应该注意以下几点。

1. 用整体的观点观察与司法活动有关人员的心理

司法心理学内容丰富多彩，如侦查心理、审讯心理、起诉心理、公诉心理、证人心理、审判心理等，但是从整体的观点来看，不外乎是刑事司法心理和民事司法心理及这两者共有的内容，而这两者又共属于司法心理，司法心理又是法律心理的一个子系统。只有用整体的观点来观察司法活动中的心理现象，才能明确其在司法心理学体系中的地位和功能，了解其形成、发展和变化的规律。

2. 用联系的观点分析与司法活动有关人员的心理

如果我们把与司法活动有关人员的心理结构看成是一个母系统，那么，它可以分成三个子系统：一是与司法活动有关人员的心理同大脑的联系系统；二是与司法活动有关人员的心理同客观世界的联系系统；三是与司法活动有关人员的心理与行为之间的联系系统。这三个子系统共同组成与司法活动有关人员的心理这一母系统。

3. 把因素分析、相关分析和整体研究结合起来

在司法心理研究中，既要揭示外界因素的刺激数量、性质和强度，与司法活动有关人员的生理因素、心理因素以及不明显的生理变化之间的联系和区别，又要把与司法活动有关人员的心理作为一个完整的系统加以整合研究，防止孤立地研究与司法活动有关人员的心理与行为。

4. 要以动态观点观察与司法活动有关人员的心理

系统论观点认为，由于组成系统的各因素之间的相互作用，整个系统处于不断变化之中。就司法心理而言，其所包括的侦查心理、审讯心理、被害人心理、被告人心理、辩护心理等是相互影响、相互作用、相互制约的。这就要求我们进行动态的而不是静态的研究。

（三）理论与实践相结合的原则

在司法心理学的研究中，既要注意基本理论问题，又要注意实际应用问题，明确理论研究的最终目的在于实际应用，在实际应用中使理论进一步得到充实和完善。根据这一原则，司法心理学的研究应当从我国司法实践的实际需要出发，同时，要认真分析总结我国古代的司法心理学思想，并且注意吸收国外司法心理学的科学成果，古为今用，洋为中用，以建立中国特色的司法心理学。因此，司法心理学的研究应该取得公安、检察、法院和监狱的实际工作者及其他有关学科的理论工作者的密切合作，相互补益。

二、司法心理学的研究方法

（一）调查研究法

调查研究法是指为了研究与司法活动有关人员的某些心理问

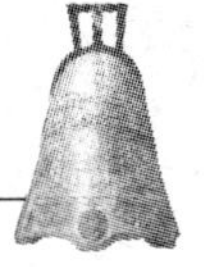

题，直接找研究对象去调查，以了解情况并从中揭示其心理特点和规律的方法。调查是为了获取资料，然后进行分析研究，概括出带有规律性的结论。调查的方式多种多样，如开座谈会调查、个别访谈、问卷调查、查阅文件资料和案卷材料的间接调查等。

（二）观察法

观察法就是有计划、有目的地通过对与司法活动有关人员的言谈、表情、动作和行为的外部表现的观察去了解他们的心理活动。观察法可以分为客观观察法和自我观察法。这两种观察法均可采用直接观察和间接观察的方式，如下图所示：

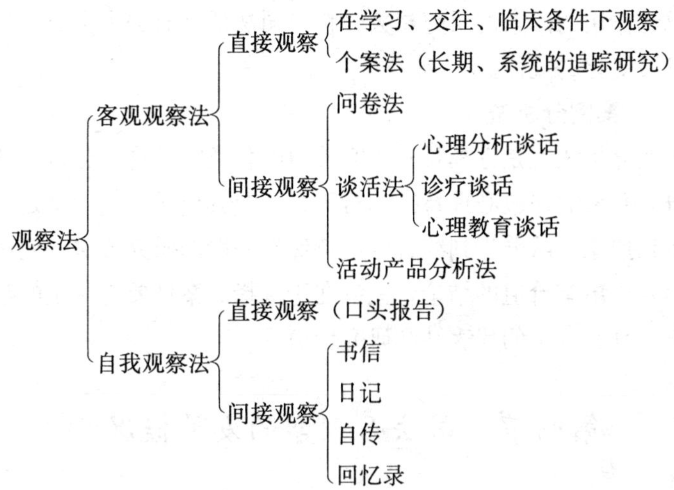

（三）实验法

实验法是研究者有意控制某些条件，引发研究对象产生一定的心理现象，以研究某些心理活动规律的方法。实验法包括实验室实验、现场实验和心理测验。（1）实验室实验指在实验室条件下，借助某种仪器设备来研究心理活动的方法。如用测谎仪来探测被告人供词、证人证言的可靠性等。（2）现场实验指在日常生活中，通过创设一定的情境和条件，对被观察者进行心理研究。如在监狱进行“累进处遇”“分类管教”，对矫正罪犯心理的效果进行检验。

(3) 心理测验指使用测验量表对研究对象的智力水平和心理特征的个别差异进行测量的方法。如用智力量表测量当事人的智商和行为能力，用个性量表测量司法人员的个性等。心理测验具有一定的科学性，但也有局限性，不能把对测验数据的解释绝对化。

（四）心理分析法

人的行为受心理支配和制约，而心理又是在诸种因素作用下形成的，并通过人的行为及其后果表现出来。心理分析的方法，就是依据人的心理与外部表现之间的必然联系，依据诸因素与心理形成之间的必然联系，通过人的行为表现及其客观后果，通过对人的心理形成起作用的因素的研究，去分析与司法活动有关人员心理的形成与发展变化的规律。

（五）案例分析法

案例分析法就是选择具有研究价值的各类案件进行分析，从中找出研究对象的一般心理特征和行为特征及其形成原因。这是一种从具体到抽象、从分析到综合、从特殊到一般的研究方法。使用这种方法要得出有价值的结论，关键在于选择的案件要有一定的数量和质量，具有一定的代表性和研究价值。

第四节　司法心理学的发展概况

一、西方司法心理学发展概况

19 世纪末 20 世纪初，德国心理学家明斯特贝格（H. Münsterberg）把心理学的知识应用到司法实践中。1908 年，他出版了《在证人席上》一书。在书中，他论述了证言准确性、供述、催眠、犯罪预防等问题。明斯特贝格对司法心理学的发展作出了巨大的贡献，因此，有人称他为司法心理学的创始人。20 世纪 20～60 年代，虽然心理科学研究有了突飞猛进的发展，但由于心

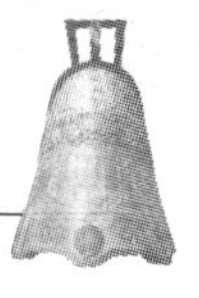

理学对实验研究的热衷，忽视司法活动的实践，所以司法心理学的研究陷入低潮。60 年代以后，由于实验心理学和社会心理学对司法研究兴趣的复苏，司法心理学的研究也开始复苏。刑事司法心理学、民事司法心理学的研究成果增多，司法心理学逐渐走向成熟。以美国为例，司法心理学的发展和成熟主要表现在以下三个方面。首先，在教育方面，从 20 世纪 60 年代开始，美国法学院和大学心理学系开设了司法心理学的有关课程；70 年代，出现了司法和矫治心理学专业。其次，在组织方面，1978 年，美国司法心理学会成立；1980 年，美国心理学会建立心理学—法学分会（第四十一分会），同时，心理学会组成了一个法律问题委员会（COLI）。最后，在出版物方面，这一时期，出版了很多司法心理学的期刊和著作。如《法律与人类行为》和《犯罪审判与行为》是司法心理学的重要期刊；利普西特和塞尔斯的《心理学研究新走向》、G. 库克的《司法心理学家的作用》以及施威茨格贝尔的《法律与心理学实践》等都是司法心理学界十分重要的著作。

司法心理学涉及的内容十分广泛，这一时期与此有关的著述主要集中在证人证言心理学和审判心理学两大方面。

（一）证人证言心理学

自从人类社会出现法律和司法活动以来，人们就在探讨证人证言的各种心理问题，并在司法实践中应用心理学原理使证人愿意作证，识别伪证和误证，从而取得真实可靠的证言。19 世纪下半叶现代心理学诞生后，经过实证研究的证人证言心理学也开始逐步形成，至 20 世纪中期渐趋成熟。

1841 年，德国司法官布拉维尔在他的论文《直接证人证言的不可信》中认为，由于知觉、回忆和陈述时判断的错误，以幻想补充知觉，推理与知觉的混同，再认时判断的错误，调查记录的无意识伪造等，使证人证言不可信。20 世纪初，法国比奈（A. Binet）的《被暗示性》（1900）和德国施特恩（W. Stern）的《证言心理学论文集》(1902) 是证言心理学这门学科具有开创性意义的代表作。他们也认为证言不可信。理由是：第一，在观察过程中多有错误；第二，从观察到法庭陈述期间，记忆形象多有变化；第三，询问时问答失当，容易歪曲真情。与上述观点相反，许多学者撰文肯定了证人证言的证据价值。如奥地利刑事法学家格罗斯(H. Gross) 在《预备审判官必读》(1893) 和《犯罪心理学》(1898) 两书中肯定了证言的价值，并指出放弃儿童证言，在刑事政策上产生的后果令人忧虑。明斯特贝格在所著《在证人席上》(1908) 一书中，用大量的实验材料论述证人证言的可靠性问题，主张允许心理学家测试证人和检验证言，指出心理学已经获得足以帮助分辨可靠证据和不可靠证据的知识，认为"感觉心理学"的每一章节都能弄清证言问题。1909～1912 年，惠普尔(G. M. Whipple) 在《心理学通报》上发表一系列论文，将证人证言(aussage) 这个术语引进英语中，向美国读者介绍了一些证人证言和证据与知觉和记忆联系起来的经典性研究。

20 世纪 20～60 年代，司法心理学处于低潮时期，证人证言心理学也发展缓慢。这一时期，德国科隆大学心理学教授翁多伊奇(U. Undeutsch) 在《证言心理》(1957) 等著作中批评了证言不可信的错误观点，创立了新的理论，提出了证言可靠性的判断标准。后来瑞典斯德哥尔摩大学心理学教授特兰克尔 (A. Trankell) 进一步发展了他的观点，将这一理论成功地应用到多种刑事案件中。

70 年代后，由于认知心理学和社会心理学的发展，以及人们对司法心理学的重视，证人证言心理学又有了很快发展。洛夫特斯(Loftus) 出版的《证人证言》(1979) 一书成为证人证言心理学方面的经典性著作。目前，西方证人证言心理学的研究重点主要是影响证人证言的心理因素、改善证人记忆的方法、儿童证人证言的可靠性及专家证人在司法实践中的应用等问题。

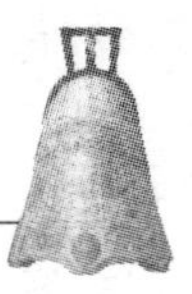

（二）审判心理学

格罗斯对审判心理学颇有研究，其所著的《预备审判官必读》（1893）和《犯罪心理学》（1897）是这方面的较早的论著。在书中，格罗斯对审判心理和犯罪心理进行了论述。由于格罗斯对审判心理学的贡献很大，所以，后人称他开审判心理研究之先河。

在德国，较早用审判心理学命名的著作有赖歇尔（Reichel）的《审判心理学论》（1910）、马尔贝（K. Marbe）的《审判心理学概要》（1913）。在意大利较早的审判心理学论著有阿尔塔维拉（Altavilla）的《审判心理学》（1923）。该书于1955年翻译成德文，影响较大。在法国，克拉帕雷德（Claparède）著有《审判心理学》（1906）。该书仅在《心理学年报》中发表，始终未出版单行本。美国虽然有审判心理学这个术语，但以审判心理学命名的书很少。这一时期美国有关审判心理学的著作有麦卡蒂（McCarty）的《律师的心理学》（1929）、阿诺德（G. F. Arnold）的《司法证据应用心理学》（1931）、威格莫尔（J. H. Wigmore）的《司法证据科学》（1937）等。

第二次世界大战结束后，很多人加入到审判心理学的研究中，推动了审判心理学的发展，出版了很多著作，如格拉斯贝格尔（R. Grassberger）的《刑事诉讼心理学》（1950）、黑尔维希（A. Hellwig）的《心理学与发现犯罪的讯问技术》（1951）等。美国舒伯特（G. Schubert）编著的《司法行为》（1964）系统介绍了美国审判心理学的最新研究成果，值得借鉴。赖茨曼的《司法心理学》（2000）涉及司法心理学各个方面的内容，包括侦查、起诉、辩护、陪审团选择、审判等，内容全面，资料翔实，理论和实践并重。目前，西方审判心理学研究主要集中在：陪审团的选择及影响陪审团决策的因素，法官量刑决策的影响因素及审判活动中的各种人际关系等。

二、中国司法心理学发展概况

（一）我国古代司法心理学思想

虽然司法心理学作为一门独立学科是19世纪末期的事，但我国古代思想家早就有关于司法心理学思想的深刻论述，其中不少至今仍可供借鉴。

1. 有关审判心理的思想

我国古代关于审判心理的研究虽不很系统，但也有一些影响较大的经验总结。成书于战国时代的《周礼》一书中就有许多有关审判心理的论述。例如著名的“五听”：“以五声听狱讼，求民情，一曰辞听，二曰色听，三曰气听，四曰耳听，五曰目听。”① 郑玄注释说：“一曰辞听，观其出言，不直则烦；二曰色听，察其颜色，不直则赧；三曰气听，观其气息，不直则喘；四曰耳听，观其聆听，不直则惑；五曰目听，观其眸子视，不直则眊然。”罪犯在审判过程中往往有一种恐惧感，心理状态随着审讯内容的触发而剧烈变化，在言语、表情、神态等方面会有反常表现，因此，“五听”这种审判方式有一定的客观性和科学性。

晋代的张斐对此进一步发挥。他说：“夫刑者，司理之官；理者，求情之机；情者，心神之使。心感则情动于中而形于言，畅于四支，发于事业。是故奸人心愧而面赤，内怖而色夺。论罪者务本其心，审其情，精其事。近取诸身，远取诸物，然后乃可正刑。仰手似乞，俯手似夺，捧手似谢，似手似诉，拱璧以自首，攘臂似格斗。矜庄似威，怡悦似福。喜怒忧欢，貌在声色。奸真猛弱，候在视息。出口有言当为告，下手有禁当为贼；喜子杀怒子当为戏，怒子杀喜子当为贼。诸如此类，自非至精，不能极其理也。”② 张斐

① 《周礼·秋官·小司寇》。

② 《晋书·刑法志》。

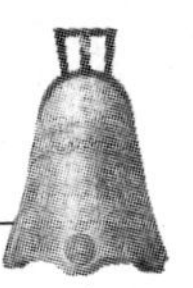

认为，刑罚是根据“理”来观察衡量的；“理”就是求其事实的动机；情是由思想动机支配的。因此，他主张要追查犯罪动机。在对审判经验归纳总结基础之上，他对各种罪犯的心理特点及其表现形式作了细致的描述。他认为，审案时要从犯罪情节联系犯罪者的脸色、语言及手势动作等种种表现，进行定罪量刑。

到了唐代，这种“必先以情”的审判方法已被用法律的形式固定下来。《唐律》第十二篇《断狱律》明文规定：“诸应讯囚者，必先以情，审察辞理，反复参验。犹未能决，事须讯问者，立案同判，然后拷讯。”对于“必先以情”，《唐律疏议》引《狱官令》解释说：“察狱之官，先备五听，又验诸证信。”可见，观察被告人的心理活动，是唐律规定的重要审判程序之一。

宋代包拯很重视司法人员的挑选，视之为关系到国家安危存亡的大事。“人之司命，而邦国安危所系，择之不可不审。”司法人员“事权至重，责任尤剧，设非其人，则一路受弊”，只有“选素有才能、公正、廉明之人充任”方可。①

明代海瑞指出：“听讼以求民隐，情伪有万，非心胸清澈者不能照。”② 意思是说，审判活动关系到“民隐”，人的心理过程是非常复杂的，“情伪有万”，要做到去伪存真，由表及里，就要求司法人员“心胸清澈”，这也就是包拯所说的“清心为治本，直道是身谋”。

关于审判心理还有一个重要问题，即“原心论罪”。早在奴隶制时期，就注意对故意和过失犯罪加以区分，不追究没有犯罪动机的行为人的刑事责任。《尚书·康诰》记载周公代表成王对康书封说：“人有小罪非眚，乃惟终，自作不典式尔，有厥罪小，乃不可不杀。乃有大罪非终，乃惟眚灾，适尔既道极厥辜时，乃不可杀。”

---

①《包拯集·天章阁对策》。

②《海刚峰集·驿传议》。

意思是说，有人的罪行危害性虽小，但并非过失而是故意，而且屡犯不改，不可不杀。反之，有人的罪行虽然比较严重，但不坚持错误又确属于过失犯罪，就应该按照法律定其罪责，不可杀。汉代董仲舒有一段著名的论述："春秋之听狱也，必其本事而原其志，志邪者不待成，首恶者罪特重，本直者其论轻。"① 就是说，对待犯罪问题，不仅要"本其事"，以犯罪行为和事实为依据，还要由此追查犯罪的心理和动机，把犯罪行为和犯罪动机结合起来。

2. 有关刑罚心理的思想

西周法律思想奠基者周公旦很重视刑罚的社会心理效力，指出："乱罚无罪，杀无辜，怨有同，是丛于厥身。"② 认为滥刑必积怨于民，非常危险，违背统治阶级的根本利益。另据《汉书·刑法志》记载："昔周之法，建三典，以刑帮国，诘四方。一曰，刑新邦用轻典；二曰，刑平邦用中典；三曰，刑乱邦用重典。"这说明西周的统治者已初步认识到刑罚的社会心理效力问题。周公旦还认识到刑罚并非单纯的惩罚，而是为了劝民从善。他说："慎厥丽乃劝。厥民刑，用劝。"③

春秋时的政治家管仲重视刑罚的社会心理效力和在预防犯罪中的作用，曾说："畏威如疾，民之上也；从怀如流，民之下也；见怀思威，民之中也；畏威如疾，乃能威民；威在民上，弗畏有刑；从怀如流，去威远矣，故谓之下。"④ 对犯罪原因和预防犯罪问题，他还提出了著名的"仓廪实则知礼节，衣食足则知荣辱"的主张。

战国时期的墨子很重视法治和刑罚的社会心理效力，提出"五刑以治其民，譬若丝缕之有纪，罔罟之有纲，所连收天下之百姓不

---

①《春秋繁露·精华》。

②《尚书·无逸》。

③《尚书·多方》。

④《国语·晋语》。

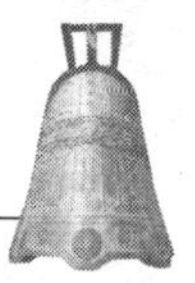

尚同其上者也"①，"得赏人而赏之，得暴人而罚之也。善人赏而暴人罚，则国必治矣"②。在谈到刑赏的具体运用时。墨子认为"赏不当贤，罚不当暴，其所赏者，已无故（功）矣，其所罚者亦无罚，是以使百姓皆攸心解体"③，就不能达到治理天下的目的。墨子主张罪罚必须相适应，以"亏人"的多少，决定刑罚的轻重。他说："今有一人，入人园圃，窃其桃李，众闻则非之，上为政者得则罚之。此何也？以亏人自利也。……苟亏人愈多，其不仁兹（滋）甚，罪益厚。"④ 同时，他还认识到了刑罚要及时、准确，才能产生最大的心理威慑效果，主张各级官吏闻善与不善均应"驰驱以告天下，是以赏当贤，罚当暴，不杀无辜，不失有罪"⑤。

战国时期魏国的李悝特别强调刑罚、奖励的及时性和适当性，他说："为国之道，食有劳而禄有功，使有能而赏必行，罚必当。"尤其需要指出的是，在李悝编撰的《法经·具法》中规定年龄不满15岁者，重罪减3等，轻罪减1等；16岁以上的罪轻可酌情减刑，重罪也要依法判刑。这说明李悝已注意到罪犯心理的年龄特征同其行为的关系，并在刑罚的运用中予以考虑。

慎到在其著作中很强调严格遵守法律的重要性，推崇"法治"，反对"人治"。他说："君人者舍法而以身治，则诛赏夺与从君心出矣。然则受赏者虽当，望多无穷；受罚者虽当，望轻无已"，"君舍法而以心裁轻重，则是同功殊赏，同罪而殊罚也，怨之所由生也"。⑥ 反之，如果君主能"事断于法"，依法加以赏罚，做到"法之所加，各以其分"，才能使"怨不生而上下和"。慎到还主张"官

①②《墨子·尚同上》。

③《墨子·尚贤下》。

④《墨子·非攻上》。

⑤《墨子·尚同中》。

⑥《慎子·君人》。

不私亲，法不遗爱，上下无事，唯法所在”①，并且重视法的强制性，强调要建立推行法治的权威，即其所谓“势”。

先秦法家思想集大成者商鞅在刑罚的社会心理效力方面有其独到的见解。首先，他很重视成文法，认为“为法，必使之明白易知”②，要求做到“妇人婴儿皆言商君之法”③，其目的不仅在于使“万民皆知所避就，避祸就福，而皆以自治”④，从而有效地预防犯罪，而且在于使“吏不敢以非法难民，民不敢犯法以干法官”。在赏罚的运用方面，他提出“禁奸止过，莫若重刑”⑤，主张“刑多而赏少”⑥，“先刑而后赏”⑦，反对滥赏。其理由是：“重罚轻赏，则上爱民，民死上；重赏轻罚，则上爱民，民不死上。”⑧ 对于刑罚的轻重及其心理后果，商鞅认为：“行刑，重其重者，轻其轻者，轻者不止，则重者无从止也。”⑨ 又说：“重重而轻轻，则刑至而事生，国削。”认为对轻罪处罚容易助长犯罪，甚至可能“以刑致刑”；反之，“行刑重其轻者，轻者不至，则重者无从至也”，才能“以刑去刑，刑去事成”。⑩ 据此，商鞅认为只用加重轻罪的刑罚才能使“民莫敢为非”“一国皆善”⑪，进而得出与儒家“以德去刑”相对立的“德生于刑”⑫ 以及“此吾以杀、刑之返于德，而义含于暴也”⑬ 的结论，并指出刑罚对促进社会道德的积极意义。

---

①《慎子·君臣》。

②④《商君书·定分》。

③《战国策·秦策一》。

⑤《商君书·赏刑》。

⑥⑪《商君书·画策》。

⑦《商君书·壹言》。

⑧《商君书·去强》。

⑨《商君书·去强》《商君书·说民》。

⑩《商君书·靳令》。

⑫《商君书·说民》。

⑬《商君书·开塞》。

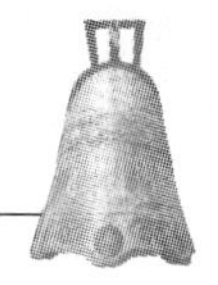

荀况作为先秦时期一位著名的思想家，除了其著名的“性恶论”和“隆礼重法”的治国思想外，还对刑罚的心理后果作过不少论述。他强调罪刑相适应和区别对待的原则，提出“刑称则罪治，不称则罪乱”①，“刑当罪则威，不当罪则侮”，“刑罚不怒（过）罪，爵赏不逾德，分然各以其诚通。是以为善者劝，为不善者沮；刑罚綦省而威行如流，政令致明而化易如神”，“刑不欲滥”等重要主张。同时，荀况还注意到了法制宣传和教育对预防犯罪的作用。他主张使“天下晓然皆知夫盗窃之不可以为富也，皆知夫贼害之不可以为寿也，皆知夫犯上之禁之不可以为也。……皆知夫为奸则虽隐窜逃亡，由（犹）不足以免也”②。

法家的另一位重要代表人物韩非关于刑罚心理也有许多精辟的论述。首先，与商鞅不同的是，韩非主张“厚赏重罚”，认为“厚赏所欲得也疾，罚重则所恶之禁也急”，“重一奸之罪而止境内之邪”，“报一人之功而劝境内之众”。他认为人的本性是喜利畏罪，故厚赏能“使民利之”，重罚能“使民畏之”。当然，韩非也注意到赏罚有度才能发挥最大的效力，达到“强匡天下，威行四海”的目的。他认为：“用赏过者失民，用刑过者民不畏”③，即如果无功得赏，人们就都不去立功而渴望得赏，不肯真正出力；同样，滥施刑罚反会使百姓豁出去而不再畏惧刑罚，甚至“虽杀戮而奸人不恐”④。韩非主张重刑，对轻刑论者专门提出了批评，他说：“所谓重刑者，奸之所利者细，而上之所加焉者大也。民不以小利蒙大罪，故奸必止者也。所谓轻刑者，奸之所利者大，上之所加焉者小也。民慕其利而傲其罪，故奸不止也。”

---

①《荀子·正论》。

②《荀子·君子》。

③《韩非子·饰邪》。

④《韩非子·用人》。

（二）我国现代司法心理学的建立和发展

20世纪初，随着西方科学的传入，心理学也来到了中国。20世纪20～40年代，我国陆续出版了一些与司法心理学有关的著作，其中以译著居多。如曾作为大学用书的德国学者柏替（H. E. Burtt）编著、王书林译的《法律心理学》，该书由商务印书馆（长沙）1937年出版发行，共21章393页，内容分三部分。第一部分主要与证人证言心理有关，论述了企图说真话的证人和企图隐匿真情的证人（或犯人）证言（或供词）的可信程度。作者结合感知觉、注意、记忆的原理、规律，阐明了在认识过程中可能导致的种种错误和原因，以及辨别证言或供词可信度的注意要点。第二部分论述现代犯罪的趋势。第三部分是有关犯罪预防的问题，探讨如何在犯罪前发现犯罪人的反社会倾向和其他动向，对心理失常和有缺陷者应如何控制并达到预防犯罪的目的，以及如何通过控制一个人环境中的暗示源、麻醉药的影响及教育，以达到预防犯罪的可能性。该书侧重研究了司法过程中，司法官与证人、嫌疑人、犯罪人、陪审官、律师、听众等种种特殊的心理关系，也探讨了司法过程中犯罪人的种种特点，特别是其心理特点。此外，与法律有关的心理学译著的还有日本胜水淳行著的《刑事心理学》、寺田精一著的《犯罪心理学》。

总的来说，新中国成立前我国对司法心理学的研究刚刚处于萌芽阶段，从事其教学和研究的人员寥寥无几，科研水平不高，观点上多因袭国外。新中国成立后，由于极左路线的干扰，心理学和法学屡遭摧残，我国的司法心理学长期处于停滞状态。

我国司法心理学的建立和发展是从20世纪80开始的。一方面，粉碎“四人帮”以后，为了保卫经济建设、健全法制、综合治理社会治安，迫切需要各学科提供科学依据和方法，司法心理学也就适应这种要求应运而生；另一方面，党的十一届三中全会解除了束缚科学事业发展的精神枷锁，心理学和法学的研究得以迅速恢复

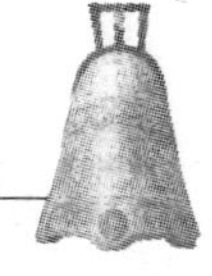

和发展起来，从而为司法心理学的研究创造了极为有利的条件。

近二十几年来，我国的司法心理学经历了从无到有，从犯罪心理学单科发展到司法心理学及其相关学科共同发展的过程。在司法心理学理论工作者与实际工作者的共同努力下，我国的司法心理学的研究取得了一些可喜的成就，主要表现在以下几方面。

第一，出版了一大批著作。1979 年我国开始研究司法心理学，1983 年，在当时中国心理学会理事长、中国科学院心理研究所所长潘菽教授的倡议下，在犯罪和司法心理学工作者的呼声中，中国心理学会成立了法制心理专业委员会。从此，司法心理学的研究蓬勃地开展了起来，研究领域不断拓宽，如侦查心理学、审讯心理学、审判心理学、辩护心理学、刑罚心理学、证人证言心理学、被害人心理学、罪犯改造心理学、人民调解心理学等与司法心理学有关的各分支学科均有所发展。同时，研究水平不断提高，研究课题更加深入，出版了不少中国特色的司法心理学及其分支学科的著作。影响较大的著作主要有：徐世京编译的《司法心理学概论》（1981，内部资料；1986 年由上海人民出版社出版），周治汉著的《预审对策心理学》（1985），苏常浚著的《司法心理学》（1986），邓维鸾等编著的《预审心理学》（1986），沈政主编的《法律心理学》（1986），乐国安等编著的《证人心理学》（1987），刘灿璞、何为民等编著的《罪犯改造心理学》（1987），邵道生主编的《罪犯改造心理学》（1987），曹中友著的《调解心理学》（1988），孙汝亭、李增春主编的《刑事侦查心理学》（1988），张佐民著的《民事审判心理学》（1989），潘久维主编的《审判心理学》（1989），贾润森著的《刑事审判心理学》（1989），罗大华、张家源著的《证人证言心理》（1992），张继英著的《检察心理学》（1992），任克勤主编的《被害人心理学》（1997），邱国梁主编的《犯罪与司法心理学》（1998），王荣祥、胡文灿著的《刑事司法心理学应用》（1998），杨道金、张泽民编著的《中国刑侦测谎大揭秘》（2000），罗大华主编的《刑事司法心理学理论与实践》(2002)，何为民主编的《民事司法心理学理论与实践》(2002)，狄小华著的《罪犯心理矫治导论》(2004)，宋小明主编的《警察心理健康与心理保健》(2004)，武伯欣、张泽民著的《心证》(2004)，公安部政治部编的《公安民警心理健康训练》(2005) 等。

第二，出版了一批译著。司法心理学研究者和工作者在建立适合中国实际的司法心理学的同时，也积极关注国外司法心理学的最新发展情况，或翻译了不少国外司法心理学的著作，或出版专著全面系统论述，或撰写评价文章。这些著作有助于研究人员开阔眼界，及时了解当前国外研究的情况，在研究思路、研究内容、研究方法等方面受到启发，促进了我国司法心理学的研究和发展。影响较大的译著主要有：上海自然辩证法学会编印的《犯罪和司法心理学》译文集（1981，内部资料），美国托奇（H. Toch）主编（周嘉桂译）的《司法和犯罪心理学》(1986)，美国赖茨曼著的（吴宗宪、林遐等译）的《司法心理学》(2004) 等。这些书系统地介绍了国外司法心理学及相关学科的最新研究成果，对我国司法心理学的研究有重要的借鉴意义。

第三，形成了一支有特色的司法心理学的教学研究队伍。全国约有二十个省、自治区、直辖市相继成立了法制心理专业委员会，研究和实际工作人员达数千人。各级政法、公安、司法院校相继开设了司法心理学课程。有些院校开始招收司法心理学研究方向的硕士研究生。中国政法大学开始招收司法心理学的相关学科犯罪心理学专业方向的博士研究生。司法心理学研究队伍的壮大，推动了司法心理学的进一步发展。

第四，学术会议、学术交流更加频繁。随着中国社会的发展以及信息的交流，司法心理学的学术交流更加频繁，并且研究领域进一步深化、细化，表现在每次学术会议的主题更明确、更具体。如通过邀请国外同行专家来我国讲学、访问，或赴国外、境外讲学、

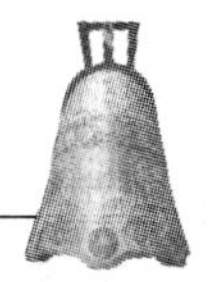

访问、参加学术会议的方式，进行学术交流。2006 年 7 月，在南京举行了两岸四地的刑事司法心理研讨会。通过交流，增进了解，促进了司法心理学的发展。

第五，司法心理学的研究成果开始在司法实践中得到应用，并取得了一些为社会实践服务的成果。经过多年的努力，已形成了中国特色的犯罪心理测试技术，并在实际应用中逐渐走向成熟，为我国公安司法机关侦破疑难案件作出了重要的贡献。罪犯改造心理与罪犯心理矫治的研究与应用也取得了一些可喜的成果。如培养了数以千计的在监狱从事罪犯心理咨询与矫治的人员；1994 年，中国心理学会法制心理专业委员会向司法部监狱管理局领导提议，研制中国特色的罪犯心理测试量表，在有关人员的共同努力下，其中的个性分测验（COPA—PI）（2006）已通过专家鉴定，其他各分量表也已在试用中。

思考题

1. 试论司法心理学的研究对象及任务。
2. 司法心理学是一门什么性质的学科？
3. 研究司法心理学应遵守哪些原则？采取哪些方法？
4. 简述司法心理学的发展概况。

第二章　法律社会化与法制宣传心理

随着民主和法制建设的加强，我国各种法律日趋健全和完善，已逐步构成较为完整的法律体系。对这一法律体系，可作纵向和横向的分类。从纵向上看，可划分为宪法、法律、行政法规、自治法规，它反映了法的渊源和效力层次；从横向上看，除了宪法作为根本大法之外，各种法律可划分为刑事法律、民事法律、经济法律和行政法律，它反映了法的内部结构和管辖范围。上述所有的法律规范，与道德规范、纪律规范、行政规范一道，共同起着规范社会生活，保障社会生产、生活有序运行的作用。

需要研究的是，作为反映国家意志并由国家强制力予以保证的法律，是如何被广大公众所接受，起到规范其行为的作用呢？这就涉及本章所讨论的法律社会化问题。

第一节　法律社会化概述

一、法律社会化的概念

（一）社会化与法律社会化

1. 关于社会化

社会化（socialization）是一个社会学和社会心理学的概念。从社会的角度看，社会化是使某一个社会及其文化得以持续，使社会成员发展成为符合该社会要求的人的重要手段。从个体的角度看，社会化是使出生后只具备人的自然属性与身心发展潜能的生物个体（自然人），通过与社会环境与教育的交互作用，逐渐演化成

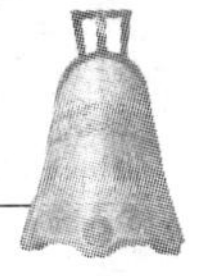

为符合社会要求的合格的社会成员（社会人）的过程。

社会化的途径主要是社会教化和个体内化。社会教化虽然因民族、地域、阶级和历史阶段不同而有所区别，但一般来说，它具有以下共同内容：(1) 教授基本生活技能；(2) 教导行为规范，包括一般生活规范和法律、道德、习俗等社会行为规范；(3) 培养社会角色；(4) 指点生活目标。

由此可知，社会化就是生活在一定社会背景下的人，经过个体与社会环境的相互作用，通过社会教化等各种途径，学习和掌握作为一定社会或集团成员所必须具备的知识技能、社会规范、行为标准和理想目标的过程。虽然社会教化是个体社会化不可缺少的外部动因，但外因必须通过内因起作用，所以，我们把个体接受社会影响和教化，将社会所期待的目标转化为个体心理品质的过程称为个体内化。

个体内化是一个不断发展的过程。随着年龄的增长、知识经验的增多、心理发展水平的提高，社会化的外在强化方式逐渐为内在强化方式所取代。个体内化的主要环节是：(1) 观察学习和模仿；(2) 对获取的知识和信息进行认知加工；(3) 在社会生活实践中扮演不同的社会角色，熟悉角色规范，取得角色经验；(4) 在主观上认同某一个体或群体，并在行为模式上向其看齐；(5) 当个体在某项活动中达到一定标准时，其自我意识给予满意的评价，通过自我奖赏而使行为获得强化。上述几个环节互相关联，共同促进个体的社会化。

简而言之，个体的社会化大体分为两个方面：一是知识技能的社会化，这主要是教育心理学、发展心理学的研究内容；二是行为规范的社会化，即法律、道德、习俗等社会规范如何内化为个体心理品质的问题，分别是司法心理学、德育心理学和社会心理学的研究内容。

2. 关于法律社会化

在人类社会中，任何人都不是孤立的个体，而是社会大家庭的一员。一个社会或一个国家，是由全体社会成员组成，进行共同生产、生活，有严密组织结构的群体。为了使社会有序地运行，不致出现混乱，就必须有大家共同遵守的行为规范，如法律规范、道德规范、纪律规范、行政规范等，其中最重要的是道德规范和法律规范。道德规范依靠舆论的压力和内心的自省维护，法律规范则依靠国家权力强制性地执行。道德规范往往体现一种原则和精神，它对人们行为的要求比较笼统，不够细密；法律规范通过法律条文对行为的合法与非法作出了明确的具体规定，它对人们行为的要求十分严格、具体。人所共知，道德社会化需要人们自觉地理解和接受。然而，法律规范是被迫遵循还是自愿执行？人们在认识上似乎并不统一。在社会主义国家，由于社会主义的法是从根本上维护广大人民群众利益的，所以，尽管法律规范要依靠国家权力强制性地执行，但是自觉遵守法律、维护法律又是每个公民应尽的义务和应具有的良好品质。这里，就存在一个法律社会化问题。

所谓法律社会化，就是把法律这一体现国家意志、具有强制力的特殊社会规范，变成人们所理解和接受，并自愿遵守的规范，进而内化为个人心理品质的社会化过程。其目的在于保持社会稳定，并按照国家利益调整人与人之间的权利、义务关系。

法律社会化的具体目标是形成人们的法律意识。有学者认为："人们的一切法律活动都是在一定的法律意识的支配下进行的。法律的制定、实施，人们的执法、守法、护法、违法等活动，都同人们的法律意识有关。""法律意识也大体分为两部分：法律的思想体系、法律心理。法律思想体系是人们关于法和法律现象的系统化和理论化的思想、观点、理论。法律心理是人们关于法和法律现象的

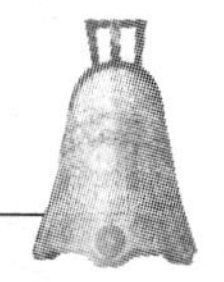

不系统的、自发形成的感觉、情绪、习性。”① 对法律心理乃至法律意识形成机制的研究，即对法律社会化的研究，是法律心理学和司法心理学的重要课题。虽然法律知识与法律理论的掌握主要靠灌输，与其他文化科学知识的掌握并无本质区别，但人们对法律的态度、守法的行为素养，以及在立法、执法、守法、违法等法律活动中，人们的意向、情绪、习性等心理对其行为的调节作用，远非灌输所能解决，它有着自己独特的机制，需要对此开展心理学的研究。

（二）庞德的法律社会化的观点

为什么要把人们学习掌握法律知识、形成法律意识的过程叫做法律社会化呢？这一概念源于法学和社会学的结合。法学和社会学原本是两门学科，19 世纪末叶产生了把两者集合起来的社会法学派（sociological school of law）。这一学派主要代表人物之一的奥地利的埃利希（E. Ehrlich）于 1913 年出版了他的《法律社会学基本原理》一书，这是法学史上第一部标以“法律社会学”名称的专著。在这部著作中，他全面系统地用社会学的观点研究法律问题，把法律作为一种社会事实和社会现象，而不仅仅是作为一套观念体系。他认为，人们不应像过去那样仅仅强调个人权利和自由，而应强调社会利益。

较埃利希出版他的专著早两年，美国法学家、社会法学派的另一个主要代表人物庞德（R. Pound）于 1911 年发表《社会学和法学的范围和目的》一文，首次系统地提出了法律社会学的纲领。不仅如此，他于 1923 年在《法律史解释》一书中还首次提出“法律的社会工程”（即法律社会化）的理论。1942 年，他在《通过法律的社会控制》一书中又进一步强调法律是“自然秩序”的稳定器，

① 孙国华主编：《法学基础理论》，法律出版社 1982 年版，第 218～243 页。

是维护文明社会，对社会实行有效控制的最重要的手段。他还从对法律目的的研究中，提出了法律史的发展经历了五个阶段的理论，其中第五个阶段即“法律的社会化”阶段。这五个阶段是：(1) 原始的法律阶段，如《汉谟拉比法典》，其目的在于谋求和平，防止血亲复仇；(2) 严格的法律阶段，如古罗马法和英国中世纪的法，其目的在于法律的确定性和统一性；(3) 衡平法和自然法阶段，出现在17～18世纪，其目的在于以道德观念改正上一阶段法律形式严格性中的非道德状态；(4) 成熟的法律阶段，如英美19世纪的法，其目的不仅在于法的确定性，而且在于谋求一切人的平等和安全；(5) 法律的社会化阶段，即19世纪后期开始的西方各国的法，目的在于使社会化的观念进入法律领域，法律要着重社会利益而不仅仅是个人利益。在1959年出版的《法理学》一书中，他又补充了一个论点：下一阶段的法是世界法，即建立世界统一的普遍法律原则。

通过对庞德观点的研究，可以看出，他把法的社会化的问题看作迄今为止法律史发展的最高阶段，从以往强调法的理念性、严格性到强调法的实用性，从早期资产阶级主张维护个人权利和自由到强调法应维护社会利益，从法作为维护少数人利益的制裁手段到强调法应成为社会控制的工具，其目的在于最大限度地满足、调和相互冲突的利益。这无疑是一种法学观念上的进步。庞德是20世纪西方各国，尤其是美国著名的法学家之一。他所代表的社会法学派，长期以来在美国法学中占有主导地位。因而，值得我们在研究法律社会化问题时，对其理论观点进行深入的讨论和借鉴。

然而，在庞德的著作中，尚未系统地阐述法如何进入人们的意识领域，如何完成个体法律社会化的进程这一关键问题，因此，有必要从社会心理学和司法心理学的角度，对此进行深入的探讨。从已知的材料看，苏联的法律社会学比较注重研究法律和政令的传播，在法律问题上的社会舆论怎样形成，公民的法律意识如何形成

和发展，以及司法实践中的社会学问题等方面，其研究成果较多，应予重视和借鉴。

二、法律社会化的重要性

（一）法律社会化的目标

按照传统的社会学法学派的观点，我们可以列举出法律社会化的多项目标：建立一个具有普遍价值的法律制度，注重法的实际社会效果；实现社会控制，维护社会利益；最大限度地满足和调节相互冲突的利益，防止和减少违法犯罪等。但是，所有这一切目标，都必须通过同一个中介来实现，即通过培养人们健全的法律意识这一具体目标来实现。不妨说，法律社会化的目标，就是培养人们的法律意识，其他目标都要通过人们的法律意识来予以调节和控制。无论是立法、执法、守法、违法等活动，都不过是人们的法律意识在这些方面的体现。

什么是法律意识？法律意识就是人脑对法和法律现象的反映，是关于法和法律现象的观点、态度的总称。它是社会意识的重要组成部分，与人们的世界观、政治观、道德观等有密切的联系。前面已介绍过法律意识“两层次”说，即法律意识包括法律思想体系和法律心理两个基本层次。法律思想体系是法律意识的高水平层次，在法律意识中居于主导地位；相对而言，法律心理是法律意识的低水平层次，是在日常生活环境中由各种法律事件、现象引起的个体或群体的心理现象，在法律意识中居于重要地位。法律思想体系和法律心理之间是相互依赖和相互作用的。法律心理是法律思想体系的萌芽和原始形态，是法律思想体系形成的源泉。法律思想体系是对法律心理的抽象、概括、提炼、升华，是法律心理的理性表现形式，在法律的制定、实施中起主导作用。人们的法律行为主要是受法律思想体系的支配，法律心理起辅助作用。但在有些时候，特别是在法律思想、观点不明晰，法律知识不足的情况下，也有可能直接受法律心理的驱动而实施某种行为。

法律意识的内涵十分丰富。它包括：为探索法律现象而产生的各种法律学说，对现行法律的评价和解释，人们的法律动机和法律要求，对自己权利、义务的认识和法制感，对法律制度和有关法律知识的了解、掌握和运用的程度，以及对某种行为是否合法的评价等。上述法律意识的内涵，并不都表现在所有社会成员的个体意识之中，有些只是为法学家和立法者所掌握，并作为社会意识形态存在着。因此，从法律意识的主体来看，可将法律意识区分为个体法律意识和作为社会意识形态的社会法律意识，以及介于两者之间的属于某些群体（或阶层）的群体法律意识三类。

作为社会意识形态的法律意识，是法律科学成果的集中体现。占主导地位的社会法律意识是统治阶级法律观的具体化，它对全体社会成员的法律心理产生重要的影响，在一定程度上反映了社会法制水平的状况。个体法律意识是某个具体的人对法和法律现象的认识、感觉、情绪。它既受到全社会法制水平或状况的影响，也受到个人受教育程度、文化水平和道德状况等因素的制约。群体法律意识是某一（或某些）社会群体对法和法律现象较为一致的认识和情感。群体法律意识除了受社会法制水平或状况的影响之外，更重要的是受群体的社会经济地位、人员构成状况、群体文化、群体活动等因素的制约。一般来说，个体法律意识和群体法律意识是相互影响的。群体法律意识对个体的影响，与群体凝聚力的大小有关。在有些凝聚力强的亚文化群体中，群体亚文化规范往往取代了个别成员的正常的法律意识，使其成员把群体亚文化规范作为处理法律关系、法律事务的行动准则。

从个体法律意识的结构功能看，又可将其区分为三个相互联系的亚结构：（1）作为认识功能的法律知识；（2）作为评价功能的对法律的态度；（3）作为调节功能的守法行为素养。尽管这是经过简化、概括的功能划分，但它符合绝大多数社会成员的实际情况。以

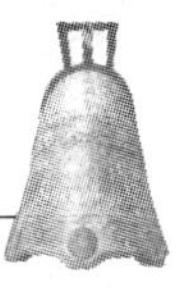

上三个亚结构的作用及其相互关系如下。(1) 法律意识的认识功能需要以法律知识的多少作为前提；法律知识水平同时又是对法律的态度和法律素养的认识基础。(2) 对法律的态度是个人实施合法行为或违法行为的关键性因素。仅仅具有法律知识，并不能保证人们不去违法犯罪。如果不尊重法律，法律知识是不足以制止违法行为的。苏联许多犯罪心理学家认为，不是去详尽地掌握法律方面的具体规定，而是掌握与道德原则相吻合的一般法律原则，这才具有重大意义。只有这些原则内化为个人对法律的态度，具有对行为的评价功能之后，才产生了一种内在的社会心理监督，而这种监督是实施违法行为的障碍。(3) 虽然调节功能来源于个人对法律的态度和评价，但它又是相对独立的亚结构体。调节功能实质上是一种抗诱惑能力、对行为的自控能力和良好的行为习惯。它表现在当个人需求与道德、法律规范发生矛盾时，能自觉地遵守道德、法律规范，以顽强的意志力抑制个人需求，并寻求合法的渠道来逐步满足合理需求，打消非分需求的念头。调节功能的完善表明个体法律社会化的成熟程度，它是防止违法犯罪的最重要的关口。

在法律心理学和司法心理学中，法律意识主要是指个体法律意识。研究个体法律意识的形成和培养途径，是法律心理学和司法心理学的重要任务。

（二）法律社会化的任务

1. 培养现代社会的合格成员

现代社会是法制社会。在我国社会主义市场经济条件下，随着民主与法制的逐步健全与完善，一切社会行为都要纳入法制的轨道。因此，依法行事不仅是各级政府官员的任务，也是每个社会成员必不可少的社会责任和应尽的社会义务。要充分发挥法律的功能和效益，就必须宣传法律，加强普法教育，使全体社会成员理解、接受、认同法律，使法成为人们生活中与道德规范相结合的又一重要的行为规范。这不仅对社会有益，也对提高公民素质、维护个人权益有利。

我国正在努力建设具有现代物质文明与精神文明的社会主义国家，构建和谐社会。这一目标有赖于具有现代素质的人来完成。邓小平强调要培养“四有”新人，即有理想、有道德、有文化、有纪律，献身于中国特色社会主义事业的建设者和接班人。这是一项跨世纪的宏伟任务。法既是物质文明建设的保证，又是精神文明的重要组成部分，它的普及与深入人心，对整个社会主义精神文明建设，尤其是思想道德建设和组织纪律性的培养，对于调整人们的相互利益关系，有着巨大的作用。

健全的法律意识是现代人的必备素质之一。我国宪法第二十四条规定：“国家通过普及理想教育、道德教育、文化教育、纪律和法制教育，通过在城乡不同范围的群众中制定和执行各种守则、公约，加强社会主义精神文明的建设。”自 1986 年以来，中共中央、国务院已经在全国范围内组织了四次大规模的普法活动，目前正在着手实施“五五”普法规划，开展大规模的全民法制宣传教育活动。由此可见，重视与加强法律社会化，把法律社会化作为加强法制建设和精神文明建设，提高广大人民群众素质的重要内容之一，对于全面推进社会主义建设，构建和谐社会，具有重要意义。

2. 维护社会稳定与防止违法犯罪

法具有很强的社会组织、社会监督和社会控制功能。按照各项法律的有关规定组织社会生活，是维护社会稳定与协调发展的重要保证。现代社会的法律制度把建立一个高效率、民主、富强的社会作为自己的理想，而这种理想离开健全的法律机制是不可能实现的。当社会组织功能在法律机制的保证下进行高效率运行时，法律作为社会监督与社会控制工具的作用便充分地发挥出来。这种组织、监督、控制功能是通过区分合法行为与违法行为，使各种社会活动与经济活动都纳入法律允许的合法轨道内运行，并对违法、犯罪行为实行制裁而发挥作用的。为要达到这一目的，必须推进法律

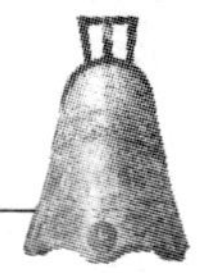

社会化，使法律深入人心，成为敦促人们实行合法行为，防止违法犯罪行为的关隘。

有的学者通过对青少年犯罪动机的调查和分析认为，道德和法律是预防和制止犯罪活动的两大武器。青少年犯罪动机的形成主要源于其低级、庸俗、恶性膨胀的畸形需要。但是，这种畸变的需要要发展为犯罪动机并实施犯罪活动，在行为人心理上还必须突破两关——道德关和法制关。当受到良心的谴责和法制观念的干预时，就会削弱和制止犯罪动机的形成。而道德观念的颠倒和法制观念的淡薄是犯罪动机形成的内部条件。① 由此可知法律社会化对预防犯罪的重要作用。

三、实现法律社会化的途径

（一）法律社会化的内容

就绝大多数社会成员来说，法律社会化应包括以下几方面内容。（1）普及法律知识。使广大社会成员了解国家的根本大法（宪法）和几部重要法律（如刑法、民法、刑诉法、民诉法、婚姻法、继承法等覆盖面广、涉及日常社会关系和社会生活内容的法律）。对于领导干部和涉法专业人员，在掌握法律知识上应有较高要求。（2）树立尊重法律、严格依法办事的态度。为了做到这一点，必须懂得立法原则和法的基本精神，认识到知法、懂法、守法、护法既是保护广大公众根本利益，也是维护自身权利、履行法定义务的需要。（3）使“守法”成为人们内心的信念。从养成良好道德品质的角度认识遵守法律规范的必要性，明确两者的一致性，懂得要做一个品德高尚的人，必须先做一个守法公民的道理，从而使守法与修身相融合，从被动地服从法律变为“我要守法”，使守法真正成为

① 汪安圣等：《青少年犯罪动机的调查和分析》，见罗大华、何为民等编《犯罪心理学教学参考资料（上）》，群众出版社 1987 年版，第 387～397 页。

内心的信念和需要。(4) 学会用法律来调节自己的行为。在作出某项决定和付诸行动之前，先学习有关的法律或进行法律咨询，以便用法律规范调节自己的行为，防止和避免因法律上的无知而“触雷”。(5) 养成守法的行为习惯和素养。

(二) 法律社会化的原则

在法律社会化的过程中，应遵循以下原则：(1) 宣传法律知识与树立正确的法律态度相结合的原则，使法律知识、规范内化为个体的生活态度与行为准则；(2) 实现法律社会化与培养健全人格、促进人格社会化相结合的原则，把法律社会化视为人格社会化的有机组成部分；(3) 推进法律社会化与建设社会主义精神文明相结合的原则，使法律社会化与精神文明建设起到相互促进的作用；(4) 使执法的强制性与守法的自觉性、护法的主动性融为一体、相互促进的原则，把国家的意志化为个人的意志与自觉行动；(5) 家庭、学校、社会共同推进的原则，动员各方面的力量，促进法律社会化。

(三) 法律社会化的方法

法律社会化的途径同其他方面的社会化一样，主要是依靠社会教化、个人内化两大环节来实现。这两大环节要达到一个共同的目标，即形成正确的法律意识，尤其要把养成尊重法律，树立有法必依、执法必严、违法必究的正确态度，作为实现法律社会化的核心。本着法律社会化的原则，实现这一目标的方法有以下几点。

1. 全社会都来关心和促进法律社会化

法律社会化所体现的那些价值、规范、行为模式、角色意识不可能自发地产生，只能通过个人与他人以及社会群体的互动过程来实现。在这种互动过程中，有很多社会机构履行着法律社会化的职能，如家庭、社区、学校、工作场所、同辈群体，以及大众传播媒介等，都以各种方式向个人提供和灌输一定的法律文化。其中，家庭、学校、同辈群体在法律社会化过程中发挥着特殊的作用。因

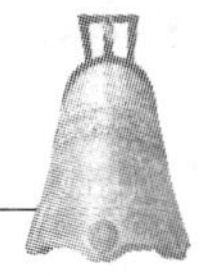

为，家庭教育是社会化过程的开始阶段，它对儿童人格的塑造起着极为重要的作用。虽然很多家庭对法律问题并不感兴趣，父母的法律知识也很有限，但是他们对法律制度的基本态度通过有意无意的言行，对儿童的法律认知、情感和评价取向产生决定性的影响。调查表明，儿童在重大政治、法律上的态度与父母有着很高的一致性。学校是法律社会化的重要机构，它通过有关的课程设置，向学生进行正式的法律教育，学生的法律知识以及对法律规范、法律机构的态度在学校教育中逐步走向系统化和趋于定型。同辈群体由于其年龄相近，具有同等的社会地位和相同或相似的职业、兴趣、爱好，因而对个体价值观和态度的影响十分巨大。同辈群体的期望与“潜规则”对于它的成员有很强的内化作用，所以，在对法律的态度与价值观上，也会对个体产生潜移默化的影响。总之，法律社会化不可能单纯依靠政府和宣传部门来完成，必须依靠全社会的关心，尤其要抓住儿童和少年社会化早期阶段的各个影响环节，加以正确引导，才会有好的效果。

2. 把法律社会化纳入“育人”的工程

普法教育和法律社会化不应孤立地进行，应当结合道德教育、人生观教育（生活意义和生活态度教育）、政治教育来进行，从建设社会主义精神文明和培养社会主义新人的高度，来认识法律社会化的意义，把它看作建设社会主义精神文明系统工程的有机组成部分。正确的法律意识是人格社会化的重要组成部分，也是合格社会成员的必备要素。扫“法盲”与扫“文盲”是不尽相同的。如果说扫“文盲”仅仅是解决“知”与“不知”的问题，那么，扫“法盲”则是从“知法”入手，以建立法律意识、端正对法律的态度、提高群众的法律素质为目的。对广大公众，应着重让他们掌握与道德原则相结合的一般法律原则，不要把过多精力耗费在背诵法律条文、考查法律知识上，要紧紧扣住“育人”——提高人的素质这一目标，才能达到法律社会化的目的。

3. 大力营造良好的法律文化氛围

从社会的角度看，法律社会化的功能就在于实现对主流法律文化的继承、维护与创新。它需要通过法制教育，培养新一代社会成员对现行法律制度的认同，压制、排斥法律亚文化（尤其是犯罪亚文化）的滋生与传播，推动和促进法律文化的创新。社会的宣传、法律机构和各种传播媒介要运用“举案说法”、法制文学、法律知识竞赛以及法律学术文化讨论等多种形式，并通过打击违法犯罪和系统的法制教育，来营造良好的法律文化氛围，使人们的法律意识受到正确舆论的引导和主流法律文化潜移默化的影响，从而促进和提高法律社会化的水平。

4. 不断提高群众守法和执法的自觉性

要使作为强制性规范的法律内化为群众自觉的内心信念，关键是要让群众懂得社会主义法的本质。应从社会主义国家的法是集中人民的意愿、维护人民的根本利益，发展社会主义经济、文化，保卫人民民主专政的国家政权这一根本原则出发，帮助群众理解法与自己切身利益的一致性。只有转变“法是管老百姓的”这一旧观念，从维护广大人民群众的根本利益和自身法定权利的角度来认识法律社会化的意义，才能提高守法、执法和同违法犯罪作斗争的积极性。

5. 加强个体法律实践

要实现社会主义法律文化、规范的内化，单靠社会教化是不够的，必须依靠个体接受社会法律灌输的积极性，并通过个体法律实践，加深对法律的认识，增强法制观念，明确法律规范，树立正确的法律态度。个体法律实践的方式多种多样，主要有：对周围发生的法律事件进行法律评价；遇到涉法问题进行法律咨询或学习；依照法律规范调整自身行为；切实履行法律义务；受到不法侵害时运用法律武器维护自身合法权利等。只有通过反复的个体法律实践，法律意识才能牢固，才能保证在任何复杂的情况下，都做到严格地

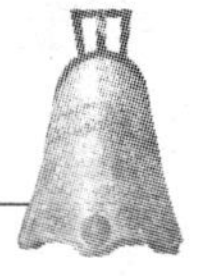

依法办事。

（四）法律社会化的效果评价

法律社会化是精神领域的活动，属于社会文化与文明建设范畴，其效果往往是无形的，难以像物质文明建设那样，用若干可见的具体指标去进行直接衡量。不过，在一定的社区范围内，也可从以下几方面进行间接衡量：(1) 接受普法教育的人数占社区应受教育人数的比率以及普法教育质量；(2) 法律咨询与法律服务网络的建立情况及开展活动的频率；(3) 对领导干部、涉法专业人员、普通群众、中小学生法律意识水平与态度所作的分类、分层抽样等调查分析；(4) 社区内公众对政府机关、法律机构执法水平的评价；(5) 社区内民事、经济、行政案件的发案率，其中经协商、仲裁和审判解决的比率；(6) 社区内违法犯罪率与再犯率；(7) 公民运用法律维护自己合法权益的比率。

第二节　法律社会化与守法行为

一、法律社会化与法律宣传教育

法律社会化要依靠社会教化和个体内化来实现。社会教化的主要手段是法律宣传教育。对法律宣传教育的心理学问题进行研究，具有十分重要的意义。

（一）法律宣传教育的概念与意义

法律宣传教育，是指国家运用各种传播媒介进行法制宣传及通过普及法律知识等形式对全社会进行法律教育的统称。法律宣传和法律教育，既有联系，又有区别。相对说来，法律宣传的内容较为分散和宽泛，渠道、形式、手段多样化；法律教育的内容则较为系统和全面，其形式主要是课堂教育、远距离教育（电视、函授教育）、自学、讨论。从广义来说，法律宣传也是一种法律教育形式，法律教育是较为系统的法制宣传，两者密不可分。法律宣传和教育，可分为普及型和专业性两个类型，两者有不同的宣传教育对象，达到不同的目的。本章主要研究与法律社会化相联系的普及型的法律宣传教育。

为什么要开展声势浩大的、持久性的法律宣传教育呢？这是由法律制度的功能及其复杂性决定的。法律作为上层建筑的重要组成部分，其功能在于调整各种社会关系，积极引导社会朝着符合国家意志和利益的方向发展，实现社会控制。现代社会的法具有规范的细密性、程序的严格性和法律后果的可预测性等特征，法的门类不断增多，内容十分复杂。为了使法的社会控制功能得以充分发挥，法律就不仅仅是政府部门执法和司法机关办案的依据，而且应当成为广大社会成员的行为规范和准则。为达此目的，就必须广泛进行法律宣传教育，务求家喻户晓，深入人心，共同遵循。这就说明，国家不仅要制定法律，还有必要坚持不懈地做好普及法律知识的宣传教育工作。法律对社会的控制、对人们行为的调节和规范作用，只有通过法律宣传教育并为人们了解和接受之后，才能充分实现。用系统论和控制论的观点来看，法律宣传教育是社会法律控制系统工程的重要组成部分。

（二）法律宣传教育的内容、原则和方法

1. 法律宣传教育的内容

法律宣传教育的主要内容应包括：（1）基本的法律知识和概念，如法的本质、作用、分类、实施等，对宪法及其他重要法律也应有所了解；（2）有关法律的立法精神，即制定该法律的目的与立意所在，它是以何种指导思想来调节和规范人们的行为，它提倡、鼓励、支持、保护哪些行为，反对和制裁哪些行为；（3）宪法和某些重要法律的主要内容、重要条款及其适用范围和程序；（4）对新颁布的重要法律，要在其适用范围内深入地宣传学习，如《中华人民共和国森林法》要在林业干部和林区群众中组织学习，《中华人

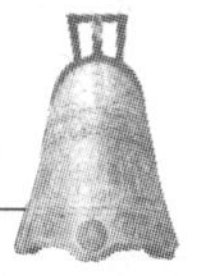

民共和国警察法》要在人民警察系统组织学习，在其他群众中可作一般宣传；（5）培养人们尊重法律的态度和思想感情，对法律必将得到实施的坚定信念，守法的行为素养和依法办事的行为习惯，以及对违法犯罪的憎恶及与之作斗争的勇气和决心等。

2. 法律宣传教育的原则

为达到法律宣传教育的目的，在法律宣传教育过程中，应贯彻以下原则。（1）科学性与系统性原则，即防止“各取所需”，片面理解。（2）教育性原则，即要充分阐明法律及其具体条款所体现的思想性和道德性，教育人们划清守法与违法的界限，在介绍治安形势和进行案例宣传时，要作客观、辩证的分析，防止夸大犯罪分子的能量及破坏性，造成人们的恐惧心理，或产生猎奇、模仿等消极影响。（3）普及性与通俗性原则，即要面向大众，广泛利用各种宣传媒介，使用通俗易懂的语言、文字和形象生动的宣传形式，提高宣传内容的可理解性，使之深入人心。（4）理论联系实际原则，即要通过现实生活中依法办事取得实际效果的典型事例和某些案例进行宣传，使法律宣传教育具有生动性和可接受性，并在人们心目中树立起法律的权威与依法办事的信心。（5）及时性原则，即在法律颁布后与生效前，要及时进行集中宣传，做到为人们所熟知，为贯彻该法律做好舆论和实施准备。

3. 法律宣传教育的方法

根据上述原则，法律宣传教育一般可采用下列方法。（1）法律的颁布。立法机关根据法定程序向社会全文公布某一法律，同时组织新闻媒体进行宣传。（2）有组织的普法教育。按普法教育计划组织实施，一般可采用上课、讨论、自学、测验、知识竞赛等方式进行。（3）课堂教学。在中小学开设法律常识课，按教学计划进行课堂讲授，或在干部培训中开设有关的法律课程。（4）案例教育。挑选典型案例，通过案例分析，进行法理阐释或对某一法规进行宣传。（5）艺术形象宣传。通过电影、电视剧、小品、相声等艺术形式进行法制宣传。(6) 公开审判与公开执行。按照法律规定，对符合公开审理的案件进行公开审判，允许群众到庭旁听，对某些大案、要案可组织公开宣判执行。(7) 典型报告。邀请学法、用法的先进人士、司法工作者作典型事迹报告，也可组织确有悔悟的犯罪分子、刑满释放人员现身说法，让公众引为鉴戒。(8) 图解宣传。对有关法律内容，编制成图解资料和连环画册，进行普及法律知识的宣传。

(三) 法律宣传教育的心理效果问题

1. 影响法律宣传教育的因素

要使法律宣传教育取得较理想的心理效果，必须注意控制和调节以下的相关因素。(1) 法律实施的效力，要看法律本身能否得到不折不扣的执行，能否做到“有法可依，有法必依，执法必严，违法必究”，贯彻“法律面前人人平等”的原则，抵制“以言代法”“徇私枉法”的不正之风，并取得尽可能高的办案效率。只有真正体现出法律的威严和效力，广大群众才会心悦诚服地接受法律宣传教育。(2) 法律宣传教育的规模和声势。(3) 法律宣传教育组织实施的计划性和工作力度。(4) 法律宣传教育的针对性和可接受性。(5) 社区法律文化、法律心理氛围以及家庭、学校等群体的影响。

2. 法律宣传教育心理效果的衡量

法律宣传教育是法律社会化的重要手段之一，它的工作重点在于帮助公众了解和掌握法律知识。要真正实现法律社会化，必须依靠多种社会教化手段与个体内化的综合作用。因此，对法律宣传教育效果的衡量标准主要在认知方面。具体可从以下几方面考察。(1) 按照普法计划要求，看宣传对象是否已经掌握最基本的法律理论和法律知识，懂得法的本质、功能和作用，了解社会主义法律与剥削阶级专政国家法律的根本区别。(2) 当一部新的法律法规公布后，根据法律法规的适用范围确定的宣传对象（如婚姻法、兵役法主要以适龄青年为宣传对象，专利法、科学技术进步法主要以科技

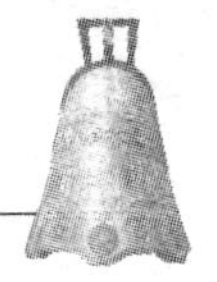

人员和科技管理者为宣传对象）是否已经知道这项法律的颁布和实施，并了解该项法律主要条款的内容。（3）在相关的宣传对象中，较深刻地领会某项法律的立法精神，并能运用该法律解决实际问题者在人群中所占的比例。（4）某项法律颁布并开展宣传教育后所取得的实际效果，如环境保护法颁布并开展宣传后环境污染状况的改善和有关环境污染案件数量的变化，反不正当竞争法颁布、宣传后不正当竞争案件发案率的变化以及依法解决此类案件的效果等。

二、法律社会化与健全人格

法律社会化是人格社会化的有机组成部分，正确的法律意识是健全人格的重要标志之一。法律社会化的过程必须与培养健全人格的过程紧密结合进行，促进健全人格的实现，才能取得应有的效果。

（一）健全人格的概念与表征

在心理科学中，人格（personality）是个人相对稳定的心理特点的一种组织结构，是个人精神面貌的整体组合。它包括人的个性意识倾向性、个性心理特征和自我意识三个组成部分，也可以看作个体受一定个性意识倾向性制约的各种心理品质的总和。按照社会心理学的观点，人格主要指人对社会稳定的态度和在各种条件下的社会适应性以及处理人际交往、人际关系等方面的能力，即个体社会化的程度和水平状况。

什么样的人格才可称之为健全人格？一般认为，健全人格并非伦理学意义上的完美人格、高尚人格、理想人格，而是指一种较好的社会化程度与较强的适应社会的能力。根据法律心理学的研究，具有健全人格的人，不容易发生违法犯罪行为，或者说发生违法犯罪行为的概率较低；尽管造成违法犯罪的原因多种多样，但绝大多数人的犯罪均与其人格不健全有关。由于不同的学派有不同的人格理论，所以，关于健全人格的内涵与表现的论述也各不相同。

1. 弗洛伊德的精神分析人格理论

按照奥地利心理学家、精神医学家弗洛伊德（S. Freud）的人格理论，具有健全人格的人应当是本我、自我、超我三个层次均衡协调发展、相互制约而不至于发生困难的人。本我是一种原始的冲动和遗传本能，它遵循快乐原则，要求基本的生物需求与肉体快乐获得满足。自我是个体对外界现实的认知，它遵循现实原则，对满足本我需求的可能性进行判断，并对其满足方式进行选择。超我是经过社会教化接受了社会观念和规范的自我约束、监督机制，它遵循至善原则，与一般人所称“良心”相似，能够对事物和行为作出是非、善恶的判断，并按照既定的观念形态，提出一些戒律，对本我的需求实行监督，敦促自我遵守。这些戒律来自内心，虽然有时引起内部心理冲突，但一般都能经过超我调适，被本我和自我接受，因而不同于外部环境对个体的强制性制约和冲突。人格健全的人应当是本我需求适度，超我和自我稍占优势，三者均衡发展，达到和谐统一，而不至于产生焦虑和神经症的人。超我调控力量的强弱与一个人的社会化程度有关。

2. 培因和李波的心理机能人格理论

按英国心理学家培因（A. Bain）和法国心理学家李波（T. Ribot）提出的心理机能人格理论，以人的理智、情感和意志三种机能在个人身上哪种机能占优势作标准，把人格划分成理智型、情绪型和意志型。健全人格者应当是理智占优势，或者是理智—意志型的，而不是情绪型的。他们在处理个人与外界关系时，虽然免不了受到某种情绪的影响和干扰，但情绪的强度不至于使人丧失理智；经过内部心理冲突，最终应是理智占上风，意志起决定作用，而不致采取非理性的方式，听任消极情绪的发展和宣泄，作出错误的决定，实施错误的行为。

3. 凯利的人格认知理论

美国心理学家凯利（G. Kelley）的人格认知理论把人对事物的

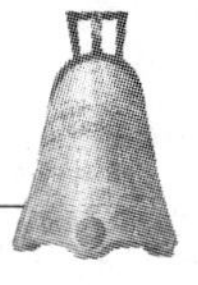

认知放在人格发展的首要地位，强调“人是科学家”，每个人都能认识世界、解释世界，建构自己的个性，用超越经验的是非、美丑等观念去安排自己的行为。从这一理论出发，健全人格的主要表征是对事物有良好而正确的认知，并有力量用这一认知去构建人格，支配行为。

4. 班杜拉的社会学习的人格理论

美国心理学家班杜拉（A. Bandura）提出的社会学习的人格理论，十分强调人与环境的交互作用，认为任何良好的人格与行为都是社会学习的结果。按照这一观点，具有健全人格的人应当受到较好的环境与教育的陶冶，具有正确的社会态度，对事物作适度反应，养成良好的行为习惯，善于处理人际关系，对社会与他人有同情心、责任感。

5. 马斯洛的人本主义人格理论

美国心理学家马斯洛（A. Maslow）所提倡的人本主义人格理论，以其需要层次学说为基础，认为人的需要按照生理需要、安全需要、社交需要、尊重需要、自我实现需要的阶梯和层级构成。健全人格者应当是高层次的自我实现与自尊需要占优势的人。与此相类似，俄罗斯心理学家彼得罗夫斯基（A. Петровский）提出的“动机圈”理论认为，人们的行为动机是以需要为中心，以理想、世界观为主导的完整的环状结构，需要和动机是人格的核心。因此，人格健全的人，其优势动机应当反映出进步的世界观的思想体系，并具有利他、爱人性质的动机，这种动机构成稳定的个性倾向性。

6. 精神医学的人格理论

从精神医学的角度来看，具有健全人格者应当表现出稳定的心理健康状态，他们经常具有良好的心境，身心协调一致，精神愉快，不至于因环境变迁和人际关系冲突发生任何人格障碍，出现反常的变态心理。

我们还可以根据其他的人格理论列举出许多健全人格的表征。仅根据以上理论，即可勾画出健全人格的大体轮廓。健全人格应当是：本我、自我、超我协调发展、相互制约而不至于发生困难的人；具有理智型或理智—意志型性格，善于控制消极情绪的人；对事物有正确而良好的认知，善于用超越经验的观念构建人格、安排自己行为的人；受到较好的环境与教育的陶冶，养成对事物作出正确反应和良好行为习惯的人；在个性倾向中，具有稳定的以进步的世界观为指导和利他动机的人，以及在需要结构中高层次精神需要占优势的人；身心协调发展，经常具有良好的心境，不至于发生人格障碍与变态心理的人。我国有的学者把健全人格概括为“三良”：(1) 良好的性格，即性格温和，意志坚强，胸怀坦荡，不为烦恼、痛苦、伤感所左右；(2) 良好的处世能力，即沉浮自如，客观地看问题，具有自我控制能力，能够适应复杂的社会环境，对事物的变迁保持良好的情绪，常有知足感；(3) 良好的人际关系，即待人接物宽厚和蔼，不斤斤计较，助人为乐，与人为善。

（二）法律社会化与健全人格的培养

1. 加强法律社会化，培养法律意识

在法制社会中，法律是调整社会关系、维护社会秩序的重要工具。随着社会文明的不断进步，法治已成为一种历史的大趋势。法治社会意味着法律对于治理国家、调整社会经济和政治关系的重要地位日趋上升。所以，个人能否获得必要的法律知识，也就成了他能否适应社会，能否成为合格社会成员的一项重要条件。当然，仅仅获得法律知识还不够，关键还在于能否将法律规范内化为个人的心理品质。

法律社会化的功能不仅在于使社会成员的实际行为或公开场合的行为符合法律，更重要的还在于使人们真正接受法律的要求，把守法义务上升为道德义务，使遵守法律规范成为个人生活方式的一部分。那就是说，个人的守法行为不再是出于对某种外在因素或压

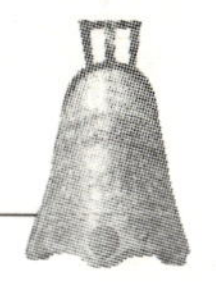

力的考虑，而是出于自己的信念和良知。在他的价值标准中，违法行为带来的任何好处都无法补偿和平息它所造成的人格上的损失及内心的不安和自我谴责。因此，成功的法律社会化可以保证一个贫民不取不义之财，一个富人不至于为富不仁，也可以保证一个法官不畏惧强权而公正司法。同时，法律社会化还要求加强对角色意识的培养，使人们了解并执行与特定角色相联系的权利与义务，使法律所规定的角色规范根植于个人心中。这样，从个人来说，就有了完备的法律意识；从社会来说，法治就得以顺利实现，并成为国家繁荣、昌盛、文明的重要杠杆和标志。

2. 加强道德修养，塑造健全人格

法律意识不是凭空产生的，它的坚定性在于同人们的道德观念、政治观念和世界观紧密联系着。守法不等于单纯地因畏惧刑罚惩罚而不敢违法，而是在具有一定道德修养的基础上，自觉地维护法律的尊严。社会主义道德并不要求人们当清教徒、苦行僧，不准人们有七情六欲，而是主张在不断满足人们的物质利益和精神文化需求的同时，强调用现实的态度估量自己满足需求的能力；主张用合法手段满足需求，并不断提高自己的动机水平，多为社会和他人着想，正确处理国家、集体、个人三者关系，实现互利而不是单纯利己，更不是损人利己。应当广泛深入地宣传胡锦涛总书记在2006年初召开的政协会议上提出的“八荣八耻”① 的社会主义荣辱观，使之深入人心，成为广大公众特别是青少年的道德信念和做人的行为准则。这样，在获得健全人格的同时，也就保证了法律社

① 以热爱祖国为荣、以危害祖国为耻，以服务人民为荣、以背离人民为耻，以崇尚科学为荣、以愚昧无知为耻，以辛勤劳动为荣、以好逸恶劳为耻，以团结互助为荣、以损人利己为耻，以诚实守信为荣、以见利忘义为耻，以遵纪守法为荣、以违法乱纪为耻，以艰苦奋斗为荣、以骄奢淫逸为耻。这“八荣八耻”概括精辟，内涵深邃，体现了中华民族传统美德与时代精神的有机结合，体现了社会主义基本道德规范的本质要求和社会主义价值观的鲜明导向。

会化的实现。

3. 加强挫折容忍力，防止挫折攻击

受挫折后产生攻击行为是较为常见的现象，也是一种违法犯罪行为的动机类型。挫折—攻击实际上是在个人需求得不到满足时，对妨碍其实现目标的人和事的怨恨和报复，有时也表现为迁怒于社会和无辜者。挫折—攻击的特点并非着眼于从中获得某种利益，而仅仅是消极情绪的发泄，损人而不利己。要让人们特别是青少年清醒地认识到，对于绝大多数人来说，人生的道路不可能一帆风顺，铺满鲜花。当个人期望值过高或因某种主客观原因，妨碍其在学习、婚恋、职业选择、人际关系等方面实现目标而受到挫折时，要提高挫折容忍力，防止消极情绪的产生和对自己的干扰。当一个人因受到挫折出现情绪激动、难以自控时，应当及时提醒自己用理智因素和法律观念来进行自我调适，防止发生丧失理智的攻击行为。

4.加强对诱因的抗御能力，作出合理选择

生活在大千世界的大多数人免不了要受到物质利益和其他方面的诱惑。尤其当一个人掌握了一定权力之后，很有可能遇到“权钱交易”之类的机会，受到某些人的腐蚀和拉拢。人和人之间也难免出现因某种利益或机遇上的不平衡，造成心理上的冲突。在这种情况下，当个人作出某项决定之前，应该意识到自己的角色地位和法律责任，用法律和道德意识去增强自己抗诱惑的能力，作出合理的选择，千万不能存有侥幸心理，产生违法动机，作出违法犯罪的尝试和选择。

5. 提高个体精神文明水平，防止亚文化侵蚀

在社会主义初级阶段，与社会主义主流文化相抵触的亚文化随处可见。其中某些亚文化观念和价值取向是滋生犯罪行为的温床和毒菌。对此，应提高警惕，通过学习来提高自身的精神文明水平，防止亚文化对健康肌体的侵袭。

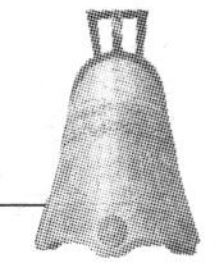

三、守法心理与守法行为

守法心理与守法行为是密不可分的。守法心理支配着守法行为，守法行为是守法心理的外在表现。但守法行为又有其相对的独立性，有些守法心理并不健全的人，也能在外在因素或外力的控制下实施守法行为。

（一）守法心理结构

1．守法心理结构的概念、成分和特征

守法心理结构是指能够调节和支配行为人约束违法行为，实施合法行为的一系列相关心理因素的有机而相对稳定的组合。它是个体法律意识的重要组成部分。

在我国当前社会生活条件下，守法心理结构的主要成分有：(1) 指向守法行为的人生哲学与价值取向，正确的权利观、义务观与利益观；(2) 利他的道德观念和道德情感；(3) 对法律的正确理解和一定的法律知识，了解守法与违法的界限；(4) 自我控制与自我约束能力；(5) 守法的行为习惯与素养；(6) 对刑罚的畏惧和对利弊得失的正确权衡；(7) 通过合法途径满足基本物质与精神需求的信心。守法心理结构诸因素是相互联系、相互依存与制约的。守法心理结构诸成分齐备，称完全的或健全的守法心理结构；当某些次要成分不具备时，称不完全或不健全的守法心理结构；当缺少其中若干重要成分时，则不能称之为守法心理结构。

虽然不同的守法者有着不同的类型特征（如主动守法者和被动守法者），守法者个人又有着因人而异的个性特征（坚毅、顽强或动摇、软弱），但只要他们是守法者，便具有共同的守法心理结构。或者说，守法心理结构是一般守法者具有的共同心理特征。这一结构所包含的心理内容主要是：(1) 以法律意识为主导的方向性；(2) 自觉的调节性；(3) 内在的约束性和制动性；(4) 不同程度的抗御诱惑与胁迫的坚定性。

2. 守法心理结构的形成

守法心理结构不是自发形成的，而是有目的、有计划的培养教育的结果。它的形成，也是社会经济、政治、文化、教育、历史和一般社会生活状况的反映。协调发展的经济、清廉昌明的政治、健康的文化、积极向上的社会生活、良好的历史传统，有利于守法心理结构的形成。影响守法心理结构形成的因素，除了社会性因素之外，还有个体心理品质因素和某些生物学因素。个人的自觉内化是形成守法心理结构的关键。培养社会成员形成守法心理结构是一项庞大的社会系统工程，除了对青少年和其他社会成员进行培养外，还必须注意对违法犯罪者进行心理矫治，使他们恢复良知，重建守法心理结构。

（二）守法行为

1. 守法行为的概念和类型

守法行为是指符合法律规范的行为和某些虽然不符合道德规范，但尚未达到违法程度的行为。这是因为，在守法和违法之间，由于法律的空隙和对违法行为界定标准不明晰，存在着空白地带。既然未达到违法的程度，就应视为基本守法行为，即通常所说的“擦边球”状态。

对守法行为可按不同标准进行划分。(1) 按守法心理与守法行为的一致性标准，可划分为守法心理支配下的守法行为和非守法心理支配下的守法行为。后者包括那些不具有守法心理，仅仅因为畏惧刑罚惩罚而被迫做出守法行为，虽有犯罪动机但未获得犯罪机遇的守法行为，以及有意打“擦边球”，钻法律和政策空子的“守法行为”。(2) 以是否摆脱可能导致违法犯罪行为的情境作标准，可划分为回避式守法行为和参与式守法行为。前者虽是“洁身自好”，但也有因担心自身受到诱惑而无力抵御，故采取回避有可能导致犯罪行为情境的态度；后者是积极参与某项有诱惑情境的工作（如管钱管物或有“权钱交易”机会的工作）而又能认真遵守法律规范的

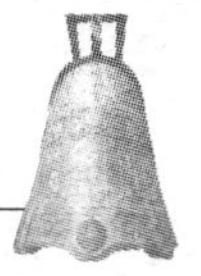

守法行为。(3) 以守法行为的难易程度作标准，可划分为容易的守法行为和困难的守法行为。前者指一般公众日常生活中的守法行为；后者指困难程度较高的守法行为，如公安人员在遭到犯罪分子袭击时如何处理正当防卫和防卫过当关系之类的守法行为等。

2. 社会控制和守法行为

社会生产、生活需要有组织、有领导地进行，需要安定的社会秩序作保证，而社会由于多种原因又存在各种矛盾，因此，实行社会控制，把人们的社会活动纳入某种秩序范围内，就成为维持社会生产、生活的基本条件。所谓社会控制，就是运用社会的力量，对人们的思想、行为进行指导、影响和限制，使之遵从社会规范，维护社会秩序和社会安定的过程。它包括两方面的活动：一是社会、群体、组织对其成员的管理、指导和制裁；二是社会成员间的相互影响、监督和批评。两者相互联系、彼此渗透，共同发挥对社会的控制作用。

任何社会控制都是通过多种形式和手段的综合控制实现的。尽管不同的历史阶段、不同社会制度的社会控制方式有所不同，但也有其相同或相似的控制手段。从总体上看，大致有社会的组织控制、规范控制、舆论控制三大类；从左右个人行为方面看，也可将它分为自我控制和外力控制两种形式。

由各种控制手段和形式共同组成的综合控制，实际上就是一种社会控制体系。(1) 社会的组织控制，是社会的政治组织、经济组织、文化组织、社区组织运用其管理权力，组织管理内部事务，调整其成员之间的相互关系，以完成一定任务的过程。(2) 社会的规范控制，是国家或社会组织创制或认可某种思想和行为规范，并运用这种规范的规则和模式，指导人们的行为，调整社会关系的过程。社会的规范控制有两大类，一类是技术规范的控制，一类是社会规范的控制，法律、道德、宗教、制度、纪律和习俗等都是社会规范控制的有力形式。(3) 社会的舆论控制，则是社会利用舆论的力量，维护社会关系和社会秩序，树立正面典范，制止越轨行为的过程。

法律控制是由国家运用其统治权力，以明确的控制准则和特殊的惩罚手段对社会实行的控制。它在调整社会关系中发挥着强有力的作用。法律控制是通过立法、执法、司法和守法各个环节所构成的法律控制系统。其中，守法是法律控制的直接目的，也是法律控制客观效果的体现。法律控制功能发挥得越好，社会守法状态就会越好，反之，就会出现不同程度的社会治安秩序混乱局面。

美国当代犯罪学家赫希（T. Hirschi）于1969年出版的《少年犯罪的原因》一书中提出的社会控制理论，实际上就是揭示人为什么不犯罪的一种理论。他认为人性是贪婪的，如果不受外部法律控制和环境的陶冶与教育，就会自然地倾向于犯罪。因此，人之所以不犯罪，是由于外在环境教育、陶冶和控制的结果，即社会化的结果。

在这种社会化的过程中，个人和社会之间建立起强度大小不同的社会键（social bond），以防止个人去犯罪。社会键由以下四种成分构成：（1）个人对父母、学校和同辈群体的感情依恋；（2）个人对传统生活目标的追求和奉献；（3）对传统的有益活动的参与；（4）对社会的道德和法律规范的尊重和信仰。赫希认为，如果青少年与社会之间建立起强有力的社会键，除非有很强的犯罪动机将其打断，一般来说，他们不会轻易去违法犯罪；反之，如果社会键很薄弱，即使有很弱的犯罪动机，也会发生违法犯罪行为。赫希的社会控制理论是目前较有影响的犯罪学理论之一，有很强的操作性，可资借鉴。

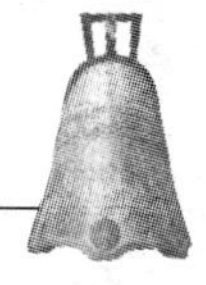

第三节　法律社会化的缺陷与违法犯罪

一、社会化的缺陷与不健全人格

（一）不完全的社会化与错误的社会化

在社会化的过程中，由于主客体的相互作用，使个体逐步掌握了必要的知识、技能和规范，获得了一定的社会角色地位，形成了各具特点的人格。如果说，社会化意味着个体人格的成熟，达到与社会和谐相处、协调发展的水平和程度，那么，事实上，并非每一个人都能实现十分完全的和充分的社会化过程。大多数人的社会化过程是基本完全和基本充分的，还会存在着这样和那样的缺陷和不足，反映在人格上也会出现这样和那样的缺点，但这并不妨碍他们成为合格的社会成员。然而，也有少数人在社会化过程中，存在着严重的缺陷，即出现了不完全的社会化与错误的社会化，形成了不健全人格，造成适应社会困难，甚至走上违法犯罪道路。

不完全的社会化，是指在一定年龄阶段和一定的社会生活条件下，个体社会化过程未达到常人的水平，没有完成一定年龄阶段应有的社会化过程。大体可分为以下几种情况：（1）知识经验与技能方面的不完全社会化，譬如，到了青年期，还是文盲或半文盲，生活缺乏自理能力，无一技之长，难以从事正当职业；（2）社会规范方面的不完全社会化，主要是道德水平低下，法制观念淡薄，难以按道德和法律规范调节自己的行为；（3）家庭和人际关系方面的不完全社会化，如因家庭破碎，缺乏凝聚力，社会交往困难，不能与他人和谐相处，或者交友不慎，沾染了恶劣习气，存在着与社会相背离的行为倾向；（4）特定年龄阶段的不完全社会化，主要表现为青春期的不安定状态与越轨行为，老年期的丧偶和孤独感造成的情绪障碍等；（5）文化冲突方面造成的不完全社会化，即由于中西文化冲突、城乡习俗、观念的冲突以及亚文化与主流文化的冲突，妨碍了标准文化的普及和精神文明水平的提高，使得某些人产生了抵制主流文化的倾向。

错误的社会化，是指少数青少年在其成长过程中，不仅没有按照社会要求发展自己，使自己成为合格的社会成员，反而在犯罪集团或旧思想、旧文化的影响下，接受了与社会规范背道而驰的反社会观念，养成恶劣的生活习惯（如流浪、吸毒、淫乱等），形成反社会人格，以致同正常的社会生活格格不入，极易走上违法犯罪道路。错误的社会化即逆向社会化，是对正常社会化进程的否定，是朝着相反方向发展的减力，它同社会化的不完全或存在某些缺陷有本质区别。

（二）法律社会化的缺陷

在不完全的社会化与错误社会化的进程中，法律社会化的缺陷至关重要。如果说其他方面社会化的缺陷导致了生活能力与适应环境的困难，那么，法律社会化的缺陷就直接与违法犯罪相联系。

法律社会化的缺陷主要表现在：（1）没有接受普及法律知识的教育，对法律一无所知，呈现出“法盲”或“半法盲”状态；（2）认知水平偏低，是非不分，难以理解和接受法律规范；（3）对法律持轻蔑态度，视法律秩序为儿戏，不愿尊重与遵守法律；（4）在遇到法律问题时，分不清守法与违法的界限，既不去进行法律咨询，又轻率地作出决定，以致有意无意地违反法律；（5）缺乏守法的行为习惯，在日常生活中贪图利益，任意行事；（6）不愿履行法律义务，如拒绝赡养老人，拒缴个人所得税，逃避服兵役等；（7）由于法律知识不完全，在理解与执行法律规范时发生困难，造成违法行为，如防卫过当，刑事案件私了，非审判机关私设公堂，因债务纠纷扣留人质等。

法律社会化的缺陷，虽然与法律教化方面的不足密切相关，但同时往往与个体其他方面的社会化水平低下相联系。譬如，由于文

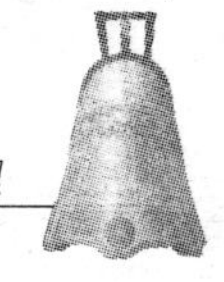

化水平较低，造成对法律认知方面的障碍；由于道德水平低下，缺乏执行法律的自觉性与内在动力；由于性格方面的缺陷，造成处理法律问题的轻率与固执，等等。所以，法律社会化并不是孤立的，必须与其他方面的社会化互相结合，同步进行。

（三）不健全人格是违法犯罪的心理基础

1. 不健全人格的概念与特征

社会化的不完全与法律社会化的缺陷，必然造成个体人格社会化的缺陷与不足。按照一定的概率分布，可将全体社会成员划分为健全人格和不健全人格两大类。健全人格就是社会化程度较高或基本上达到社会化要求的人格。具有健全人格的人能适应社会生活，与他人保持协调和良好的关系，其行为方式与社会规范相一致。这类人在社会成员中占大多数。不健全人格就是经历了不完全的社会化或错误的社会化而形成的不成熟人格、矛盾冲突人格和反社会人格。不健全人格者在社会成员中为数不多，其主要特征是：(1) 社会化水平很低或在某些方面与社会化要求相悖，呈现逆向社会化状态；(2) 适应社会生活不良，内心经常出现矛盾、冲突、焦虑、紧张和挫折感；(3) 其行为方式与社会规范相抵触，不能自觉地与他人保持协调和良好的关系；(4) 未能掌握一定的生活技能，甚至获得了反社会的知识与技能。

2. 不健全人格和健全人格的差异

由于社会化过程中的缺陷而形成的不健全人格，与健全人格在认知过程、情感过程、意志过程和个性特征方面均存在着差异，主要有以下几点。(1) 认知水平差异。表现为认知水平低和认知因素之间的不协调，常常引起内心冲突。(2) 需求欲望差异。其需求层次低，欲望强烈，缺乏自我控制和调节能力，不善于通过符合规范的途径予以满足。(3) 道德标准差异。受到反主流文化和反社会道德标准的影响，常背离社会道德规范，且缺乏内心自省。(4) 法律意识差异。“法盲”占较大比例，“知法犯法”者亦不少，对法律不尊重，对刑罚惩罚无畏惧反应。(5) 思维方式差异。在权衡利弊决定行为时，往往偏重于“有利可图”这一面，无视有可能受到惩罚的另一面，过高估计自己的能力，存有逃避制裁的侥幸心理。(6) 品德结构差异。由自私、缺乏同情心、行为不端发展到冷酷无情、粗野肆虐、富有攻击性，由人格不健全发展为犯罪人格和恶行习惯化。(7) 情绪控制差异。缺乏良好的心境，常产生挫折感，焦虑不安，对社会和人生持否定态度，不能或不愿有意识地调节、控制自己的消极情绪，甚至听任其宣泄而对他人和社会造成损害。(8) 社会性情感差异。缺乏高级情感体验，道德感、理智感、美感水平低，常产生悖德行为、冲动行为和野蛮行为。(9) 价值取向差异。价值取向与社会利益相悖，导致守法意志薄弱，违法意志“坚强”。(10) 特殊能力差异。不具备建设能力，而具有不利于社会的破坏能力。

综上所说，不健全人格是产生违法犯罪的心理基础。虽然不健全人格尚不能称之为犯罪心理，但它极有可能向犯罪方向蜕变。

二、违法犯罪的原因与犯罪心理结构

（一）守法和违法之间不存在不可逾越的鸿沟

多年以来，在违法犯罪的原因方面存在着许多争议。西方犯罪学界一直在争论守法者和违法者是否本质不同的人。存在着两种互相对立的观点。一种是本质相异论或本质对立论，即认为犯罪者和守法者在生理上或心理上、精神上有重大的区别，两者之间存在着不可逾越的鸿沟，违法犯罪者的犯罪基因（体型、生化、精神等方面）是由遗传决定或者是由某种精神病学上的“犯罪人格”所决定。另一种是本质相同论或犯罪倾向论，它从人性的角度解释犯罪，认为正常人与犯罪者都存在着侵害他人利益以满足自己欲望的犯罪心理倾向。正常人和犯罪人之间只有犯罪倾向程度上的不同，不存在生理上或心理上的本质区别。那就是说，犯罪者和守法者都

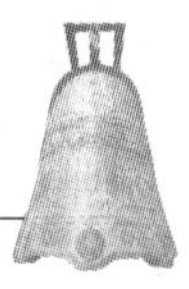

是“一样的人”。在情境诱惑下，“好人”也会犯罪。

科学的犯罪心理学认为，以上观点各有其片面性。犯罪者同守法者的心理、意识水平方面的差异是客观存在的，主要是由其社会化程度的差异所决定。守法者和犯罪者的界限并不是由先天决定的，他们之间不存在不可逾越的鸿沟。一个人如果不注意提高自己的心理、意识水平，守法者也可能堕落成为犯罪者。个体违法犯罪的原因不是单一的，而是多种原因综合作用的结果。

一个人走向违法犯罪，就个体心理方面的原因来说，主要有以下几点：(1) 个体需求、欲望过于强烈，道德观念和法制观念十分淡薄，采取了反规范的手段来满足需要；(2) 目标期望值过高，超过了实际可能，在遭受挫折后，心理承受能力低，难以控制消极情绪的滋长，并选择了报复、伤害等手段，肆意发泄这种消极情绪，以恢复心理平衡；(3) 由于心理基础与自我调节控制能力薄弱，难以抵御外界诱因刺激，从而迅速产生犯罪动机；(4) 由于疏忽大意、过于自信以及注意品质方面的缺陷，造成过失犯罪；(5) 由于信仰方面的谬误和意识形态的偏颇，造成反社会或危害国家安全犯罪；(6) 少数人由于脑器质性病变（如下丘脑病灶造成情绪失控）或精神疾患，引起人格障碍和变态心理，造成违法犯罪。

总之，守法和违法之间虽有心理品质方面的重大差别，但在一定条件下又是可以互相转化的。守法者如果长期忽视个人品德与法律意识修养，走向违法犯罪很可能只是一步之遥；而违法犯罪者如能翻然悔悟，坚持走重新社会化的道路，也会成为有益于社会的人。

（二）犯罪心理结构

一个人的违法犯罪，既非先天决定，也非纯属偶然，而是在一定外界条件的引发下，由个体犯罪心理结构所驱动和决定。所谓犯罪心理结构，是指行为人在犯罪行为实施前已经存在的、在犯罪行为实施时起支配作用的那些畸变的心理因素有机而稳定的组合。它是个体发动犯罪行为的内部心理原因和根据。

犯罪心理结构是个性心理结构的一种亚结构，是一系列社会心理缺陷的总和。其构成模式图如下：

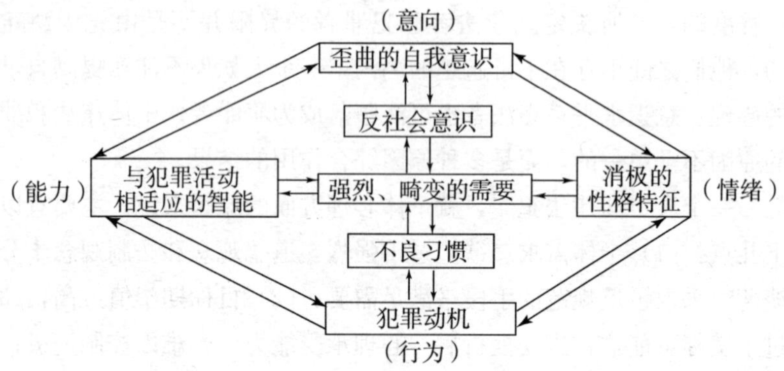

这个模式图说明：犯罪心理结构是以畸变的需要结构作为核心和原动力，以反社会意识作为支撑，以不良习性作为基础，以自身的智能和一定的情绪状态作为条件，形成从意向到行为的完整的心理锁链。上述各心理成分之间均建立了双向联系，既有输出，又有反馈，互为影响，相互作用。

犯罪心理结构不是天生的、固有的，是经过主体对外界消极因素的学习和模仿，由不健全人格发展到不良行为的尝试，进而萌生犯罪意向和动机而逐步形成的。从形成犯罪心理到发动犯罪行为，经历了一系列的内化过程。犯罪心理结构一旦形成，又是相对稳定的，平时处在潜在状态，在一定条件和机遇下，迅速聚合与恶变，引发犯罪行为。在犯罪需求得到满足后，暂时又回到为下一次犯罪活动作准备的衰落或衰减状态。惯犯与累犯就是经过一次又一次的犯罪活动，逐渐形成犯罪癖好，造成整个人格的改变，而形成所谓“犯罪人格”的。

从犯罪心理到犯罪行为并非单一的模式。它的复杂性体现在违法犯罪行为的类型之中。

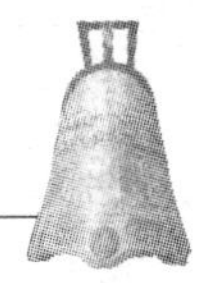

三、违法犯罪行为

（一）违法犯罪行为的类型

截至2006年4月，我国刑法规定，各种犯罪可归纳为10大类429种罪名。这是从违法犯罪行为所侵犯的客体之不同加以划分的犯罪类型。这许许多多犯罪类型，从犯罪心理学角度看，仅就故意犯罪而言，可划分为以下四种模式。

1. 渐变的犯罪模式

这是一种典型的犯罪模式，适合大多数案例。其特点是：由量的积累到质的飞跃，具有渐进性；由部分质变到整体质变，具有渗透性；由朦胧意向到犯罪心理，具有自觉性；从产生犯罪需求到犯罪决意，具有预谋性。其中，又可区分为从少年期起逐渐演化为犯罪人的原发型渐变模式和进入成年期以后发生蜕变的继发型渐变模式两种。

2. 突变的犯罪模式

这是指行为人事先并无劣迹和预谋，因偶然发生对个人至关重要的情况，或受到环境、气氛的刺激而迅速卷入犯罪。其特点是：由产生犯意到发生犯罪行为，过程迅速，带有突发性；行为人多无预谋，对事件的发生缺乏预见性；犯罪多与偶然发生的情况有关，具有情境性；行为人不能适应情况变化，认知范围狭窄，具有明显的情绪性。突发性犯罪虽有一定偶然性，仍和个人社会化程度不足、心理品质方面有着明显缺陷相联系。具体又可分为由人际冲突引起的突变模式、由回避危险引起的突变模式和由适合于犯罪的特定气氛引起的突变模式三种情况。

3. 机会性犯罪模式

行为人在接触犯罪机会前并无犯罪意图，在接触此种机会后，迅速产生犯意而实施犯罪。犯罪机会是指易于实施某种犯罪又不易被发现的时间与条件，如盗窃机会、侵占机会等。机会犯事前虽无犯意，但多系品德不良者，在遇到犯罪机会时经不起诱惑而起意犯罪。

4. 无意识犯罪动机模式

无意识动机是一种比较模糊的、暂时未被主体清晰意识到的动机，是动机的一种低层次水平。在犯罪人实施犯罪行为的过程中，也有少数犯罪人动机很模糊，或者并未意识到自己的犯罪动机。例如，由消极定势引起的犯罪，由朦胧意向引起的犯罪，由冲动行为引起的犯罪，由某些习惯性违法行为引起的犯罪，由变态心理引起的犯罪等，其犯罪动机可能是无意识的，但其犯罪行为仍受其整个意识水平所支配，应承担相应的刑事责任。

（二）犯罪行为发生的机制

犯罪心理如何发展为犯罪行为，不同学者有不同的见解。

1. 犯罪公式

国外学者习惯于使用与犯罪行为相联系的各种因素之间关系的数学公式来表示犯罪行为发生的机制，称犯罪公式（formula of crime）。最早提出犯罪公式的是德国学者梅兹格（E. Mezger），他提出的犯罪公式为：$KrT=aeP\cdot ptU$。KrT 即犯罪行为，aeP 是行为人个体素质（a）、发育状况（e）影响下形成的人格（P），ptU 即影响其人格（p）和行为（t）形成的环境（U）。公式表明，犯罪行为是各个因素之间动力性的结合现象。美国学者亚伯拉罕姆森（D. Abrahamsen）于 1960 年提出的犯罪公式比较著名，即 $C=\frac{T+S}{R}$。C 是犯罪行为，T 是犯罪倾向，S 是当时情境，R 是对犯罪的抗御力。根据这一公式，犯罪行为与心理抗御力呈负相关，与外界诱因和个人的犯罪倾向呈正相关。

我国学者方强于 1986 年提出的犯罪公式为：犯罪心理（可能

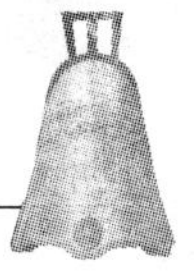

犯罪性格）＋犯罪机遇→犯罪行为。①

2. 犯罪行为产生的模式

罗大华认为，犯罪行为的发生是具有犯罪心理结构和主体条件的犯罪行为人与犯罪行为情境相互作用的结果。其关系如下图所示：

上图可以解释三种犯罪行为的发生过程。（1）犯罪行为人主动寻找或制造犯罪行为情境，一旦找到或造成，便发生犯罪行为。（2）犯罪行为人等待犯罪机遇的出现，一有机遇，即发生犯罪行为。这种人性格多属内向型，犯罪心理隐蔽极深，如无机遇，也许一生都不犯罪。（3）犯罪行为人在实施犯罪行为过程中，出现新的情境，并作用于犯罪行为人的犯罪心理结构，从而导致实施新的犯罪行为；或者，犯罪行为的结果先成为情境的组成部分，再反馈到犯罪人犯罪心理结构，导致新的犯罪行为；或者，犯罪行为的结果直接反馈到犯罪人的犯罪心理结构，再导致新的犯罪行为。这些相互作用是使犯罪行为不断恶化的心理机制。②

吴宗宪把犯罪心理引起的犯罪行为的模式划分为以下几种情况：（1）追求需要满足引起的犯罪行为；（2）挫折引起的犯罪行为；（3）防御机制引起的犯罪行为；（4）过度补偿引起的犯罪行为；（5）变态心理引起的犯罪行为。③

3. 犯罪行为产生的心理过程

---

① 方强著：《法制心理学概论》，群众出版社 1986 年版，第 96 页。

② 罗大华主编：《犯罪心理学》，群众出版社 1991 年版，第 36 页。

③ 吴宗宪：《论犯罪的心理机制》，见罗大华主编《20 世纪 90 年代中国法制心理科学研究》，中国政法大学出版社 2002 年版，第 268～269 页。

何为民在 1991 年提出犯罪心理产生犯罪行为的一般心理活动过程为：以犯罪心理结构为开端，在刺激或情境的诱发下，产生犯罪动机，确定犯罪目的，进入犯罪决意，进行犯罪预备，着手犯罪行为。突发性犯罪心理活动过程则简化为：犯罪心理倾向—刺激与情境诱发—产生犯罪动机—实施犯罪行为。①

无论何种见解，其共同点都是强调：犯罪行为的发生与个体社会化不足，尤其是法律社会化方面的缺陷有关。

思考题

1. 什么是法律社会化？试述法律社会化的任务、内容与方法。

2. 怎样对法律社会化进行效果评价？

3. 怎样运用各种人格理论理解健全人格的主要特征？培养健全人格的方法有哪些？

4. 守法心理结构与守法行为之间有何联系和区别？

5. 什么是社会控制和法律控制？试概述赫希的社会键理论。

6. 法律社会化的缺陷主要表现在哪些方面？它与违法犯罪行为之间有何内在联系？

① 参见罗大华主编：《犯罪心理学》，群众出版社 1991 年版，第 66～86 页。

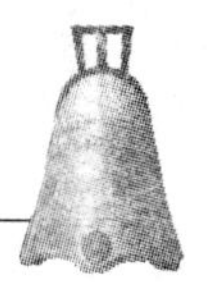

第三章　司法人员的职业心理素质

司法人员的司法活动是一项关系到国家和社会安危，关系到人民群众的生命、财产安全以及其他各项权利能否得到保障的重要社会实践活动。司法人员的职业心理素质如何，直接影响司法实践活动的质量和效率。因此，研究司法人员的职业心理素质是十分必要的。

第一节　司法人员职业心理素质概述

一、司法人员职业心理素质的概念

素质，最初是指个人与生俱来的解剖生理特点，称生理素质，这些特点是由遗传获得的，所以也叫遗传素质。科学的发展大大拓宽了对素质这一概念的传统理解与应用范围。心理素质或称心理品质就是这一概念的拓宽与应用，包括人的智力因素和非智力因素。

人的心理素质具有多侧面性，包括人的认识、情感、意志、个性等各个侧面。就其中的某一种心理素质而言，也具有多侧面性。如一个人的性格，往往由许多对立的侧面组成。如坚强与懦弱、谦虚与狂妄、自信与自卑、执著与固执等，都可能集中到某一个人的性格之中。

人的心理素质具有稳定性。如人的认识品质、情感品质、意志品质、个性品质等，都具有相对稳定性。

人的心理素质具有潜在性。人的有些心理素质，在没有得到充分显露和发展的机会之前，往往是一种潜在的东西，只有通过有关的学习、训练和实践活动才能显露出来。如人的体育才能、音乐才能、刑事侦查才能等，只有通过学习、训练和实践活动才能充分地呈现出来。

人的心理素质具有可变性。人的某些心理素质既受先天生理素质的影响，也受后天环境和实践活动的影响。实践活动和心理训练可以使某些素质得到发展和提高，而长期脱离某种实践活动，则可能使某些心理素质下降。如侦查人员长期从事侦查工作实践，会使他的与破案有关的观察能力、注意能力、思维能力增强，而若长期脱离侦查工作实践，则会使这种能力下降甚至丧失。

司法人员的职业心理素质，是指从事侦查、检察、审判、监管改造等刑事司法工作的人员和进行民事调解、民事审判工作的人员，所应具备的符合司法工作职业需要的认识、情感、意志和个性品质。

二、研究司法人员职业心理素质的意义

（一）有助于司法人员的选拔与培养

司法工作，不论是刑事司法还是民事司法工作，都是关系到国家安全、社会秩序稳定、人民群众的生命和财产等权利能否得到保障的具有重要社会意义的工作。为了保证司法工作这一神圣使命的完成，要求从事司法工作的人员除了应具备良好的政治、道德素质以外，还必须具有良好的职业心理素质。因此，必须根据司法人员职业心理素质的标准，对从事司法工作的人员进行选拔和筛选。研究司法人员的职业心理素质，可以帮助司法机关根据职业心理素质的要求，制订出量化的心理测试标准，对有关人员进行选拔和筛选。同时，在对现有司法人员进行培训与教育时，也可根据职业心理素质的要求，进行心理素质的训练与培养。

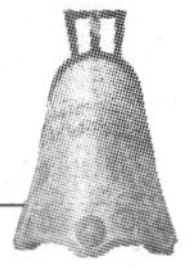

（二）有助于提高司法工作效率

司法人员是司法实践活动的主体，只有具备相应的心理素质，才能有助于司法实践活动的顺利进行。例如刑事侦查人员的精细、准确的观察能力，稳定的注意能力，敏捷、广阔的思维能力，稳定的情绪，坚韧的意志品质等，有助于提高侦查工作的效率。

（三）有助于司法人员的自我心理调控与矫正

司法人员了解自己所从事的某项司法活动所应具备的心理素质，意识到自己在某些素质方面的缺陷，可以有意识地进行自我心理训练、调控与矫正，以便更好地适应司法工作实践的需要。

（四）有助于司法干部队伍的建设

一个国家、一个地区司法工作的水平和质量，与司法人员的素质密切相关。司法人员的职业心理素质是其政治素质、业务素质等全面素质的重要方面。职业心理素质的提高，对于提高司法人员的全面素质具有重要意义。在对司法人员进行选拔、培养和教育时，注意对其职业心理的筛选、培养与训练，对于提高司法工作人员的整体素质，建设一支高素质的司法干部队伍具有重要意义。

第二节　司法人员应具备的职业心理素质

根据司法工作的性质以及对司法工作的经验总结，从事司法工作的人应具备以下良好的职业心理素质。

一、良好的认识品质

从事任何实践活动，要解决的首要问题就是对客观事物的正确认识。因此，良好的认识品质对于顺利进行实践活动，提高其效率，是十分重要的。

（一）注意、感知、观察品质

1. 注意品质

注意既是认识的开始，又贯穿于认识过程的始终。它是主体在感知、记忆、想象、思维等过程中，对一定的客观对象的指向和集中。从事任何工作特别是那些比较复杂的工作，都必须具备良好的注意品质。司法工作是一项责任重大且比较复杂的社会实践活动，要求司法人员在同一时间内，具有能够更多地把握注意对象数量的注意广度，具备能够长时间地将注意集中在所观察、所记忆、所思考的事物上的注意的稳定性，善于根据工作需要将注意及时转移和进行合理分配的能力。良好的注意品质对于从事侦查工作的司法人员尤为重要。

2. 观察品质

观察是一种有目的、有计划、比较持久的感知。司法人员必须具备较好的观察能力，观察能力差的人不适合从事司法工作。司法人员良好的观察能力集中体现在良好的观察品质上。司法人员应具备的良好观察品质主要有以下方面。

（1）观察的目的性。侦查人员总是带着侦查破案目的对犯罪案件的现场、证据、犯罪嫌疑人等进行观察；检察、审判人员总是带着审查案件、正确定罪量刑的目的进行阅卷观察；监管人员总是带着调查、了解罪犯心理活动的目的进行观察；民事司法人员也总是带着了解民事诉讼当事人心理活动的目的进行观察。因此，司法人员的观察是主动、探寻型的。

（2）观察的敏捷性、准确性、客观性和全面性。司法人员在观察时，感知被观察对象及其特征具有迅速性、敏捷性。在司法实践中，有些被观察对象的出现稍纵即逝（如跟踪守候时被观察对象的出现，盘查、辨认对象的出现等），必须能够迅速捕捉被观察对象。同时观察中不放过任何细节，要精确地、细致入微地、全面地掌握被观察对象的各种特征，观察中不受自己的偏见、愿望、兴趣和心境的影响，不加主观臆测，具有准确性、客观性和全面性。

司法实践活动，特别是刑事侦查活动，是与犯罪嫌疑人进行智

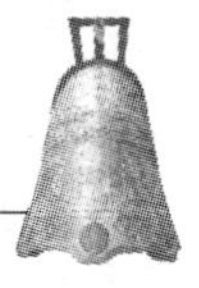

慧、意志的较量。犯罪嫌疑人的犯罪活动一般都是在隐蔽的情况下进行的，并千方百计在犯罪时不留或少留痕迹，以便逃脱刑事侦查和惩罚。因此，侦查人员在现场勘查，痕迹、指纹的提取和检验，调查访问、搜查、追捕跟踪、巡逻盘查等各项侦查活动中，必须具备良好的注意和观察品质。只有具备良好的注意品质，才能保证观察的细致、准确、全面，才能及时捕捉有关犯罪的各种蛛丝马迹、细枝末节，将各种有关犯罪的信息反映并储存到侦查人员的头脑中，才能为分析、综合、判断案情提供充分准确的信息。被称为警界“神眼”的湖北省钟祥市公安局痕检工程师郭家富的事迹，充分说明了侦查人员的认识品质对于侦破工作的重要性。郭家富在侦破一起凶杀案中，犯罪现场由于一夜秋雨的冲刷，以及围观者的践踏，疏松的地面被搅得像一盆泥，遭到严重破坏。现场遗留的胶鞋印、皮鞋印和力士网球鞋印相互重叠，印痕有的被毁，有的残缺不全，根本无法辨认哪个是犯罪嫌疑人遗留的痕迹。面对勘察难度这样大的现场，郭家富屈膝在地，一步一挪，一会儿用微尺量印迹，一会儿觅找新痕印，在泥水里干了三个多小时，先后排除了二百多个足痕，最后提取了五枚隐约可见横条波浪花纹残缺不全的减层泥水水迹胶鞋印痕。然后端来一盆清水，将石膏模型放在净水中轻轻摆动，去掉了影响痕迹检验的附着物，在放大镜下细心观察、比较，整整工作了十多个小时，发现这五枚足痕遗留的时间、步伐特征、鞋子产地和新旧程度有不同之处。经取样比照，又排除了四枚，最后确定了一枚“刂月”状胶鞋印痕是犯罪嫌疑人遗留的。由此得出犯罪嫌疑人的体貌特征。他又赤脚在沟渠、田埂、小道、棉田里寻找犯罪嫌疑人的足迹，终于在距现场半公里处一路口发现了一枚与现场相似的“刂月”状印痕，但一摊泥水使鞋印消失了。他又赤着脚在棉田里穿行，终于在棉田里发现了清晰可见、与现场印痕同一的鞋印。他沿着痕迹追踪，一直追到犯罪嫌疑人的家门口，将正在蒙头大睡的犯罪嫌疑人抓获，并当场搜出带有泥、血痕的胶鞋、血衣和作案工具。① 从上述郭家富在现场勘察、痕迹提取、检验和追踪犯罪嫌疑人的破案过程中，不难看出侦查人员良好的注意品质、观察品质、坚忍不拔的意志品质对于破案成功的重要意义。

（二）记忆、想象、思维品质

1. 记忆品质

记忆是人脑对于过去经验的反映。不论是侦查人员、检察人员、审判人员还是监管人员，良好的记忆品质都是不可缺少的。司法人员的良好记忆品质主要表现在对有关案件的事实、情节、证据等记忆的敏捷性与准确性上。对于有关案件的事实和证据往往不是一下子就能弄清楚的，需要依靠多方面的材料积累和汇集。侦查人员只有迅速、准确地将各种信息储存在自己的记忆中，才能不断对案件进行分析、综合、比较，作出推理、判断和侦查假设。良好的记忆品质是构成侦查人员认识品质的重要方面。检察人员在审查批捕、起诉案件，审判人员在审理案件的过程中特别是一些团伙性、集团性的大案要案中，涉及的被告人、证人、被害人较多，犯罪事实、情节也很复杂，各种人证、物证、书证、证人证言、被害人证言、被告人供述也很复杂，案卷材料有的多达几十本，文字多达百万甚至数百万。在有些复杂的案件中，各种证据之间有时存在矛盾，被告人之间的供述也不一致，被告人供述与证人的证言、被害人证言之间也存在矛盾。司法人员在办案中，必须准确地记忆案件中每一个被告人的犯罪事实、情节以及人证、物证、书证等证据是否充分、确凿，被告人供述与证据之间哪些是吻合的，哪些地方存在矛盾。只有在对案件的事实、情节及证据准确记忆的基础上，才能对案件进行全面分析、综合，从而对被告人作出有罪或无罪、罪重或罪轻的准确判断。

2. 想象品质

① 陈国章、郭鹏：《警界“神眼”》，载《人民公安报》1996 年 8 月 8 日。

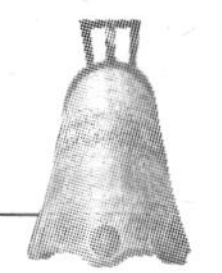

想象是人脑对于感知过的事物形象进行重新加工改造而形成新的形象的心理过程。丰富的想象力对于司法人员特别是刑事侦查人员是必不可少的。侦查人员在侦查破案工作中，再造想象发挥着重要作用。侦查人员一开始仅凭犯罪现场是不可能感知案件的全过程和每一个情节的，需要根据现场勘察所得到的各种犯罪痕迹、遗留物等所反映出的心理痕迹，被害人、证人的证言，自己的知识、经验，通过分析、综合、联想过程，才能在头脑中再造想象出相应的犯罪过程和犯罪嫌疑人的性别、年龄、职业、体貌特征、个性特征等具体形象，再现整个案件的全貌。这对于缩小侦查范围，指导侦查方向，确定侦查重点和犯罪嫌疑人是非常重要的。

3. 思维品质

思维是人脑对客观事物的本质属性和内部规律的认识过程，是人所特有的一种精神活动。思维品质的优劣影响着人对事物本质和规律的认识程度。良好的思维品质可以使人通过事物纷繁复杂的表面现象把握事物的本质和规律。因此，良好的思维品质对于司法人员来说特别重要。司法工作要求司法人员具备以下思维品质。

(1) 思维的全面性与深刻性。司法人员在侦查破案、审查起诉、审理案件中，都必须在广泛获取有关案件信息的基础上，透过事物纷繁复杂的表面现象看到事物的本质和规律，并在各种事物多种多样的联系中进行分析、综合、比较，才能使推理、判断正确，从而提高司法工作的效率和质量。如果思维狭窄、片面、肤浅，就很难胜任所承担的司法工作。

(2) 思维的敏捷性与灵活性。在办案过程中，司法人员对案件的分析、综合、比较、推理、判断等思维活动，需要具有敏捷性与灵活性。特别是在侦查过程中，由于时间紧迫，更需要思维的敏捷性，如果不能及时对案件作出准确的分析、判断，提出侦查假设和侦破方案，往往会贻误破案良机。同时，破案还需要思维的灵活性。要根据侦查进展情况和新的信息，及时修改原来的认识和侦破方案，甚至推翻原来的认识和侦破方案、计划，制订新的侦破方案和计划。总之，司法人员必须具有思维的敏捷性和灵活性。思维迟钝、死板、固执、封闭者，不适合从事司法工作。

（3）思维的逻辑性与创造性。司法活动过程就是查清案件事实，适用法律的过程。司法人员从对案件事实的分析、综合到判断、推理，以及法律的适用，都必须严格遵守思维的逻辑性，才能保证办案质量。特别是侦破工作，在对犯罪嫌疑人的排查、确定侦查假定、划定侦破范围和方向等推理过程中，思维的逻辑性就更为重要。不论在哪一个环节上，如果犯了逻辑错误，都会导致侦破工作的失误。另外，各种案件形形色色，不可能按照同一思维模式解决所有案件的全部问题，因此，还需要司法人员有创新思维。特别是侦破工作，侦查人员的创造性思维是获得侦查灵感的必要条件，对于提高侦查工作的效率是十分必要的。司法人员如果思维混乱，缺乏创造性，不仅会影响工作效率，而且可能造成工作上的失误。

二、高尚的情操

情操属于人的高级情感，与人的高级精神需要相联系。司法人员的高尚情操是其全心全意为人民服务的敬业精神的力量源泉。司法人员的高尚情操主要表现在以下方面。

（一）神圣的职业使命感、高度的社会责任感和爱憎分明的正义感

司法人员担负着保卫国家和社会安危、保护人民生命财产安全以及其他各项权利不受侵犯的神圣使命。因此，只有具备神圣的职业使命感，对国家、社会和人民利益高度负责的社会责任感，保护群众、惩治邪恶的爱憎分明的正义感，才能在司法实践中具有无私奉献的敬业精神。不论在办理具体案件的日常工作中还是在关键时刻需要为国家和社会而作出牺牲的壮举中，无不体现这种高尚情操的巨大力量。它是司法人员情感品质的核心，是情感具有高度原则

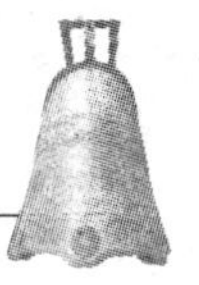

性的表现，也是他们公而忘私的力量源泉。这种精神不仅使司法人员对于自己的无私奉献无怨无悔，而且使他们对自己的职业充满自豪感、荣誉感。相反，如果缺乏这种高尚的情操，只将自己的职业作为一种谋生的手段甚至以权谋私，贪赃枉法，不仅不能做好司法工作，还会损害法律的权威和司法机关的威信。

（二）情绪的稳定性、情感的广阔性与深刻性

在司法工作中，侦查工作的艰巨性、紧迫性、危险性，审查批捕、起诉工作和审判工作执法的严肃性和公正性，监管工作的持久性和教育改造工作的艰巨性、反复性，民事司法工作的烦琐性，都需要司法人员具有稳定的情绪。在具体工作中，不会因为自己心境的变化和好恶而影响执法的严肃性和公正性。对于司法人员来说，案件办得成功与否以及工作中的困难和挫折都不应造成情感上的波动，既不会因案件办得成功就喜形于色，也不会因办案中遇到困难和挫折而情绪消沉。即使因工作或个人生活中的困难与挫折产生情绪上的波动，也要善于用理智及时进行自我心理调控，平衡自己的心态。同时，司法人员情感体验的范围应当广阔而丰富，既具有爱祖国、爱人民、爱工作、疾恶如仇、惩治邪恶、维护国家和社会安定、保护人民群众的合法权益的神圣使命感和责任感，也具有爱生活、爱亲人、爱朋友的深厚情感。如果一个人缺乏对自己亲人、朋友的深厚情感，他的神圣的使命感、高度的社会责任感也就成了无源之水。

三、坚强的意志品质

意志是人在社会实践活动中，自觉确定目的，并根据目的支配、调节自己的行动，克服困难，从而实现预期目的的过程。坚强的意志品质是指在正确的方向上，对社会有意义、有价值的行动中所表现出来的坚忍不拔的精神。司法人员的坚强意志品质，是指他们在司法实践活动中所表现出来的有利于司法工作顺利进行的良好意志品质。司法人员应具备以下良好意志品质。

（一）抗干扰、维护法律权威的自觉性

司法人员在办案过程中，特别是一些贪污、受贿等经济案件，或者是与具有一定身份、地位、权势的人及其亲友有关的案件，往往会遇到来自社会各方面的“说情”“打招呼”甚至暴力威胁等干扰公正执法的活动。司法人员应当能够以无私无畏的坚强意志，顶住不正之风的干扰，敢于坚持真理，忠于事实和法律，自觉维护法律的权威。

（二）遇到困难和挫折的坚韧性

司法工作艰巨而复杂，会经常遇到各种困难和挫折。例如，排查工作中的“大海捞针”，长时间追捕跟踪工作中的危险与疲劳，复杂环境中痕迹的提取与鉴定的困难，在批捕、起诉和审判工作中对复杂案件的犯罪事实和证据的分析与认定，民事司法工作中少数当事人的无理取闹等，每一个司法环节都可能遇到各种困难和挫折的考验，需要付出艰苦的体力和脑力劳动，如果不具备坚忍不拔的意志品质，就难以胜任司法工作。司法工作人员坚忍不拔的意志品质与其神圣的职业使命感、高度的社会责任感和爱憎分明的正义感是密切相关的。河北省承德县公安局干警侦破一起强奸积案的艰苦历程，充分说明了这一点。1995 年 9 月承德县公安局干警在侦破一起强奸案中，了解到在 1992 年夏天，八家乡一名女青年在外打工时曾被人劫持过。案件已过去了好几年，被害人当时没有报案，如果立案，破案难度的确不小。公安人员怀着对人民高度负责任的精神，决心将此案弄个水落石出。在 1995 年 9～10 月，先后两次进驻地理位置偏僻、交通极不方便且居住分散的八家乡，走访了 13 个行政村的六百多人次，结果一无所获。但他们并未因此而灰心丧气，接着在当年严寒的冬天又第三次进驻八家乡，终于摸到了曾与被害人一起外出打工的两名女青年的线索。为了找到这两名女青年，侦查人员跑了承德市的八家饭店，最后找到了能够见证被害

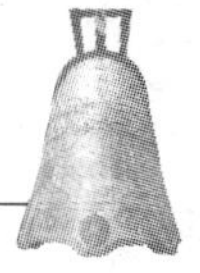

人被强奸事实的女青年，从而找到了被害人。又通过艰苦的侦查工作，将逍遥法外四年的两名强奸犯抓获归案，绳之以法。① 从此案的侦破过程可以清楚地看出，司法人员对人民事业的高度责任感、爱憎分明的正义感和坚忍不拔的意志品质，对于侦查破案的重要作用。

（三）拒腐蚀、抗诱惑，保持清正廉洁的自律性

司法人员掌握着关系到当事人的生命、自由、财产及其他权利的执法权。因此，有些当事人及其亲属为了逃避、减轻法律的制裁或获得某些权益，便千方百计地以金钱、色相或者其他手段腐蚀、诱惑司法人员。为了公正执法，司法工作人员必须具备拒腐蚀、抗诱惑的自律性，能够在金钱、色相等诱惑面前毫不动摇，始终保持清正廉洁的坚强意志品质。

（四）在紧急情况下应付突发事件的果断性

侦查人员的职业特点和工作性质，要求其必须具备处理问题果断性的意志特征。在司法工作实践中，特别是在执行逮捕、追踪、调查、搜查、巡逻、盘查等侦查活动中，有时会遇到事先难以预料的突发、紧急事件，如犯罪嫌疑人的反抗、逃跑及不明真相群众的围攻等，这时需要侦查人员具有在紧急危险的情况下，镇定自若，凭借自己丰富的工作经验，迅速、果断地采取应变措施的能力，并且勇于承担责任。面对复杂、紧急情况，优柔寡断，不敢作出决定或胆小怕事，不敢于承担责任的人，不适合从事司法工作，特别是刑事侦查工作。

四、成熟、健全的人格

成熟、健全的人格是指司法人员具有健康的心理素质、成熟的

---

① 占文、福新、连明、智合、海洋：《为了一个四年前受辱的少女》，载《法制日报》1996 年 8 月 9 日。

自我意识，能够正确地认识和处理自我与司法实践活动中的各种现实的社会关系。

（一）正确的世界观、人生观导向

司法人员作为国家公职人员，必须具备与社会主义主流文化价值观相适应的辩证唯物主义的世界观和敬业奉献的人生观。正确的世界观和人生观是司法工作者的灵魂和人生的正确导向，它使司法工作者具有正确的政治方向和人生信念。不论是在老一辈司法工作者的身上还是在新一代司法工作者身上，无不体现出这种正确的世界观、人生观对其无私奉献敬业精神的导向作用。

（二）适合司法工作职业需要的性格特征和气质类型

性格是人对现实的态度和习惯了的行为方式。它制约着人们做什么，怎样做。司法工作是一项极其重要、严肃而又艰苦的工作，需要司法人员在工作中不仅要忠于事实和法律，而且还要具备沉着、冷静、理智、坚毅、果敢、机智、顽强的良好性格品质。司法人员的性格类型，如果按机能型的类型划分标准，以理智—意志型或理智型、意志型为好，情绪型性格的人不适合做司法工作。以性格的内外向为标准来划分，以介于内外向之间的中间型为好。过分的内向或外向，不仅影响心理健康，而且也不利于司法工作的需要。

单一气质类型（胆汁质、多血质、黏液质、抑郁质）特别突出的人不适合做司法工作，以两种或两种以上气质混合的中间型气质为好，如胆汁质兼有多血质、黏液质的混合型，多血质兼有胆汁质、黏液质的混合型，黏液质兼有胆汁质、多血质的混合型或四种气质的混合型。

（三）成熟的自我意识

自我意识是主体对自己的身心状况以及自己与周围现实关系的意识。它是由自我认识（自我感觉、自我观察、自我评价等）、自我情感（自尊、自信、自卑、自傲等）、自我意志（自我控制、自

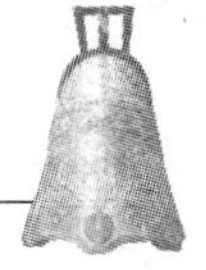

我调节等）组成的相互联系、相互制约的系统结构。自我意识是个体意识发展的最高阶段。一个人自我意识水平的高低也是人格是否成熟、心理是否健康的重要标志。

司法人员必须具备较成熟的自我意识。具有正确的自我认识，能够正确地认识、评价自己个性的优缺点，就能在处理自我与周围的社会关系中扬长避短；具有自尊、自信的自我情感，而又不自傲，在工作中就能够既保持司法工作者应有的威严，但又不自视特殊而要特权；具有自我控制和自我调节能力，在工作、生活和人际交往中，当遇到困难和挫折的心理压力时，就能善于积极进行自我心理调控，能够保持积极向上的自我心理平衡，避免陷入自我烦恼与不安之中。

（四）丰富的社会经验

司法人员在处理形形色色的案件中，往往要与社会上各种各样的人交往，因此，必须具备丰富的社会经验，了解不同地区、不同民族的风土人情、传统习惯和生活方式，不同社会阶层人们的思想意识、生活方式、价值观念等。只有具有丰富的社会经验，才便于与各种不同的人交往，有利于做好司法工作。那些不谙世事，不懂人情世故，单纯、幼稚的人，不适合做司法工作。

五、合理的知识结构

知识是人类历史经验的总结与概括，是后天学习的结果。知识的掌握有利于能力的形成与提高。司法工作人员的合理的知识结构，是指与从事司法活动相适应的、有利于形成和提高司法工作能力的各种知识的有机结合。司法人员的知识结构可以分为以下三个层次。

（一）一般的文化科学知识

1. 文化知识

从事司法工作起码必须具备高中以上的文化知识。只有具备一定的文化知识基础，才能进一步学习有关的社会科学知识和司法工作的专业知识。

2. 社会科学知识

从事司法工作必须具有正确的世界观和方法论，因此必须学习辩证唯物主义和历史唯物主义哲学知识、经济学知识、党的历史知识以及社会学、逻辑学等知识。

（二）专业知识

司法工作的核心是正确执法，因此，所有的司法工作者都必须具备一定的法学知识，如宪法学、刑法学、民法学、诉讼法学、经济法学、婚姻法学、行政法学等，以及与法学密切相关的科学知识，如犯罪学、犯罪心理学、法医学、司法精神病学等。

（三）特殊的专业知识

司法人员的专业分工不同，所要求的专业知识结构也有所不同。某些司法人员除了要求具备一般的专业知识以外，还必须具有特殊的专业知识。如刑事侦查人员必须具有法医、痕迹提取和检验等刑事侦查技术知识，审判人员必须熟知有关的实体法和程序法，监管人员应具备教育学、心理学等改造工作方面的专业知识。

六、综合的职业技能

司法人员的综合职业技能是指适合司法工作需要的各种能力要素的有机结合。

（一）执法能力

司法人员不仅应具有丰富的法律知识，更为重要的是在司法实践中能够熟练地运用各种法律知识，及时揭露、正确惩处犯罪分子，在处理民事和经济纠纷中保护国家、集体和公民的合法权益。

（二）社会交往能力

司法工作是以人为核心的工作，不论是刑事司法还是民事司法工作，都需要进行广泛的社会交往活动。这就要求司法人员必须具

有较强的社会交往能力。在刑事司法中，司法人员不仅要同各种狡猾、凶残、野蛮、奸诈的犯罪分子斗智斗勇，还要与证人和被害人等交往；在民事司法中，更需要与社会上各种各样的人进行交往。由于交往对象来自不同的民族和不同的社会阶层，由于他们的气质、性格、宗教信仰、风俗习惯、语言、知识结构各异，更由于他们与具体案件的利害关系不同，所以他们对司法工作者的态度也就不同，有的怀有偏见拒绝与司法工作者配合，有的甚至公然阻挠司法人员执行公务。因此，司法人员在进行侦查、起诉、审判、调解、行刑等司法活动中，要善于根据交往对象的不同特点和具体情况，灵活地进行交往，以完成所担负的司法任务。

（三）写作、语言表达能力

司法人员在办案过程中，要制作各种司法文书。司法文书要求语言准确、概括、精练、逻辑性强，因此司法人员必须具备一定的写作能力。司法人员在与各种人员的交往中，还需要具有较强的语言表达能力。例如，刑事审讯人员在审讯活动中要与犯罪嫌疑人进行面对面的心理交锋，公诉人和辩护人要依据事实和法律在法庭上面对面地进行辩论，监管人员在对罪犯教育中要针对不同罪犯的具体心理活动做耐心细致的说服教育工作，这些工作毫无疑问都需要一定的语言表达技巧与艺术。民事审判人员在处理民事纠纷中，更需要对各种当事人做大量的思想工作和心理疏导工作，没有较强的语言表达能力也是不行的。

（四）应变能力

司法人员（特别是刑事侦查人员）在工作中，有时会遇到事先难以预料的紧急、危险情况，因此，必须具备良好的应变能力，能够当机立断，采取果断措施，以避免事态的扩大或危险情况的发生。

（五）特殊技能

在不同岗位上工作的司法人员还需要具备特殊的职业技能，如运用先进的科学技术手段进行刑事侦查的技能，枪支使用技能，擒拿、格斗技能，步伐追踪技能等。

七、强健的体魄

司法工作是一项繁重而紧张的工作，特别是其中的刑事侦查工作，紧张、艰苦且有一定的危险性。为了及时破案，往往需要连续作战。这就要求司法人员不但要有吃苦耐劳的精神，而且要有强健的身体，才能胜任所承担的工作。

第三节 司法人员的心理选拔

心理选拔（psychological screening）就是运用心理学的方法，测试从事某种职业的人是否具备相应的职业心理素质。司法工作的职业特点决定了从事这一职业的人必须具备相应的职业心理素质。为了适应司法工作的需要，必须对从事这一职业的人进行必要的职业心理选拔。

对于专业人员的职业心理选拔，最早集中在对飞行人员选拔的研究，以后发展到其他专业。司法工作专业性强，为了保证司法人员的质量，有必要按照司法工作的职业心理素质要求，运用心理学的方法，对将要从事司法工作的人进行筛选，选拔出适合从事这项工作的人。

一、心理选拔的方法

（一）心理测验

心理测验是指运用量化的标准和一定程序，测量个体的个性心理特点。主要有智力测验、个性测验和能力倾向测验等。

我国尚未制订出包括司法人员在内的、规范化的职业心理素质测试量表，可运用国际上流行的韦氏成人智力量表测量其智力水

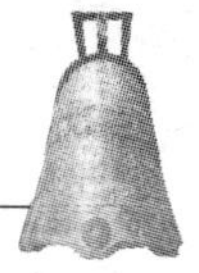

平，运用卡特尔16项人格量表（16PF）、明尼苏达多相人格测验量表（MMPI）、加利福尼亚心理测验表（CPI）、艾森克个性量表（EPQ）等测量其个性（人格）特点。通过心理测验，检验出个性具有明显偏离倾向、心理健康水平低、不适合从事司法工作的人，同时选拔出具备从事司法工作的良好个性心理品质的人。能力倾向测验即特殊能力测验，是检测有效地完成某些特殊活动所必须具备的特殊能力的工具。对司法人员特别是刑事侦查人员，应进行特殊能力测验。

（二）面试

面试是通过主试与被试面对面的交谈、观察等直接交往的手段，了解被试的气质和性格特点、口头表达能力、思维能力、应变能力、交往能力等素质的一种方式。

面谈一般都是单独进行，对象具有单一性。面谈虽然一般都是事先设计好一些问题，但面谈时可根据具体情况和谈话进展，以及所需要获得的信息，灵活地选择交谈的内容和掌握交谈的时间，以及问题涉及的深浅。

面试所获得的信息与心理测试不同，它是通过与被试的直接交往，借助主试的视觉、听觉等感官以及思维等，直接获得复合性的信息。例如，不仅通过被试的语言信息了解被试，还通过观察被试的非语言信息了解被试。主试通过思维对所获得的信息进行分析、综合，对被试的某些心理素质作出判断。所得到的信息具有直接性和复合性。

面试中，主试在提问题时要注意自然、亲切、通俗、简明，气氛要和谐、放松，使被试能充分展示自己的特点。对被试作出评价时，主试要避免以貌取人的首因效应的消极影响，以及自己某些主观因素的影响，而对被试作出不客观、不全面的评价。

（三）笔试

笔试是通过一系列的试题，测量被试心理素质的一种方法。主要测试被试的知识结构、水平和认知能力，如对知识理解的深度和广度，对知识记忆的准确性、敏捷性，运用知识分析、解决问题的能力等。

二、关于警察的心理选拔研究

在司法人员中，对于警察的心理素质要求更为严格。因此，关于警察的心理选拔的研究较多。

（一）国外关于警察的心理选拔研究

美国对于警察心理选拔的研究较早，并取得了显著的成效。20 世纪 70 年代，美国选拔警察的方案包括智力和能力的书面测验、面试（口试）、心理检查和政治背景审查等。20 世纪 80 年代，美国已经明确规定选拔警察的四类测验方式：（1）心理测验，主要有智力测验、能力测验、态度测验、兴趣测验和人格测验；（2）情境测验，观察在模拟情境中被试的行为表现，尤其是在各种紧张情境中的反应；（3）身体和自然情况的考察，考察身体健康状况、身高、体重、教育和文化程度等；（4）面试，包括口试委员会的面试结论、法律心理学家和精神病学家的面试意见。

美国对警察的心理选拔研究得出如下结论。

在智力测验上，由于警察较多地接触语言文字表达的各种报告和证据材料，所以利用韦氏智力量表选拔警察时，除一般智力外，要特别注意语言作业分数。语言作业分数对于预测一名优秀的警察是很有价值的。

在加利福尼亚心理测验上，1971 年霍根（Hogan）对警察预选后发现四个方面高于常模，这四个方面对预测一名优秀警察很有价值。其中第四项社会风度，表明在人际关系中，能保持稳重和自信的个性特点。第五项自尊自重，表明一个人自尊自重、独立思考等行为特点。第十四项独立处世原则，是取得成就的特征。第十五项智力效率，表明能够清晰敏锐地思考问题的能力。对公认的优秀

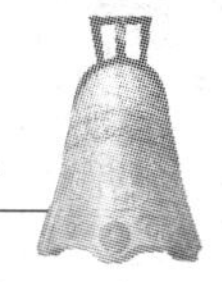

警察进行测验，发现他们在第四、五、十五项上高于一般警察。

在明尼苏达多相人格测验上，1975年戈特斯曼（Gottesman）发现申请做警察的人K项分数较高。马奇（March）、艾赞（Azen）分别于1962年和1973年发现公认的优秀警察与总出差错的警察有显著差别。公认的优秀警察在测验中，K项分数较高，L项分数也略高。这表明，在优秀的警察个性特征中，敏感、不安全感和高度防备的心理倾向十分突出。他们具备控制和掩饰自己情感变化的能力，不轻易暴露自己的不良情感体验和不符合社会道德规范的行为倾向。总之，优秀警察善于控制和调节自己的行为，很少有变态心理表现。

巴托尔1982年发现单独应用明尼苏达多相人格测验中的某些项目，对于选拔警察也有重要参考价值。如Hs项（疑病症的个性特点）分数较高者不适合做警察工作的结论有73%的可靠性；D项（忧郁情感性个性特征）、Pd项（变态人格特征）、Pt项（精神衰弱特征）三项测验分数较高时，不适合做警察工作的结论可靠性均达92%。正因为明尼苏达多相人格测验对鉴别警察收到明显的效果，所以从1975年起，美国国家和各州地方警察部门均规定，一切从事警察工作的人员，必须首先进行明尼苏达多相人格测验。

在情境测验上，测验中的情境设计尽量与警察的日常工作的实际情况相吻合。具体做法是，对五或六名预选对象进行考察，可让其中两三人在所设计的情境中扮演角色，另一些人旁观，最后让他们分别作出评论。通过情境测验可以考察被试处理具体的日常工作的能力。情境测验需事先布置环境，事后还要认真分析结果，花费时间较多。20世纪70年代后，有人采用放电影或录像的方法，形成一个模拟情境，请被试回答如何对待影片中的情境问题，看什么样的反应才是最恰当的。这就节省了时间、人力和财力。①

在苏联，应用心理学者斯托宁（K. Stonin）制订了一个有10项内容的警察特殊能力倾向测验：（1）智力测验，先确定被试的一般智力；（2）处事测验，确定被试对人与人之间的各种事情能否作出客观考虑和公平处理；（3）模仿测验，确定被试是轻信盲从还是较有主见；（4）视听测验，确定被试视听是否健全；（5）推理测验，确定被试对于某项事件发生原因、经过、结局能否作出合理的判断；（6）领导测验，确定被试有无驾驭部属的能力；（7）情感测验，检查被试对强烈刺激的反应；（8）注意测验，检验注意的集中和分配的能力；（9）观察测验；（10）记忆测验，检验对容貌、人名、地名、地址、电话号码等的记忆能力。②

（二）我国的警察心理选拔研究

1. 普通警察心理测验

新中国成立前，我国已经有人对警察的能力测验进行研究。第一个正式的警察特殊能力倾向测验是普通警察心理测验，共由七个项目组成。（1）房屋测验。根据房屋内各部分位置的描写，凭着记忆和想象将各部分位置绘于一个方格内。（2）位置测验。用5分钟时间观看一个标明15个机关的街道图，看过后在另一张街道图上标明15个机关的位置名称。（3）捷径测验。街道图上有五个机关，令被试从规定的机关出发经过其他四个机关再回到出发点，看能否指出最短的路线。（4）数字测验。有一组颜色不同的连续15个数字，让被试从最小一个指起，按照顺序，一直指到最大一个为止。根据时间记分。（5）发现测验。在100个数字方块图上任意找出10个数字，以寻找10个数字的平均时间确定其成绩的优劣。

① 沈政主编：《法律心理学》，北京大学出版社1986年版，第134～138页。

② 王洪山等著：《警察心理学》，群众出版社1991年版，第299页。

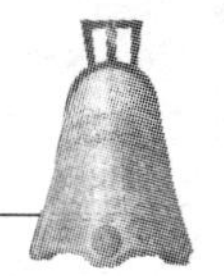

(6) 检查测验。从一张电话号码单上检查五个电话号码，以平均寻找时间为确定成绩好坏的依据。(7) 应变测验。有五种紧急处理的事情，令被试 3 分钟内提出妥善应付的方法。此测验常模分为最劣、劣、中、优、最优五等。除七项测验成绩外，还有测验时的“性情记录”。①

2. 刑事警察心理测验

刑事警察心理测验于 1942 年编制，内容如下。(1) 查数测验。从 36 个大小、颜色不等且杂乱相间的 36 位连续数字中，任意指出 15 个数字（按顺序），令被试迅速指出。(2) 检视测验。由 64 个三位数字组成检查表，三位数字中个位数为中文数字，十位数和百位数为阿拉伯数字，各自颜色不同。主试规定 5 个数字令被试逐一找出，找出 5 个数字之和的时间为本测验的成绩。(3) 命令测验。主试诵读一项命令，令一位警察先后在 8 个地点完成各种不同任务。然后让被试在一张绘有 17 个地点的地图上，将命令中规定到达的地点用线依次标明。(4) 裁判测验。给被试编好 6 个案例，根据案情轻重排列顺序。(5) 人面测试。制作 10 个人的照片 50 张（每人 5 张），同一人照片姿态、表情、服饰不一，任意从中抽出 5 个人的标准照片，让被试找出 5 个人的其余照片。②

3. 中国刑事警察心理素质测评

20 世纪 90 年代，公安系统院校的心理学工作者进行了关于刑事侦查特殊能力测试量表的研究工作。现简要介绍乐国安、王洪山等人编制的中国刑事警察心埋素质测评量表。③

---

①② 王洪山等著：《警察心理学》，群众出版社 1991 年版，第 299～301 页。

③ 王洪山等著：《警察心理学》，群众出版社 1991 年版，第 302～307 页。

中国刑警心理素质测评试题设计

题号	1	2	3	4	5	6	7	8	9	10
测试题目	几何图形知觉	现场图形观察	视觉选择速度	注意分配	书面材料记忆	口头语言记忆	判断力	思维深刻性	思维灵活性	想象力
最高分值	4	15	4	10	5	10	20	4	16	12

题 1 要求被试尽快数出一几何图形中包含的正方形数目，以了解被试对几何图形的知觉能力。题 2 要求被试指出两张有关现实生活环境的图片的差异，以了解被试对现场图形的观察能力。题 3 要求被试尽快按从小到大顺序圈出随机排列的数目字，以了解被试的视觉选择反映时间的长短。题 4 要求被试同时完成听觉和视觉任务，以了解被试注意分配能力。题 5 要求被试记忆一系列按一定顺序排列的词组，以了解被试对书面材料的记忆能力。题 6 要求被试听一段有关行动路线的指令录音，然后画出所听到的行动路线，以了解被试对口语的记忆能力。题 7 要求被试对五种不同的事件分别决定处理方法，以了解被试的判断能力、处理紧急事件的能力、处理纠纷的能力、处理复杂事件的能力和灵活处理事件的能力。题 8 通过让被试确定珠子的排列情况，了解其思维的深刻性。题 9 要求被试对告知的两起案件作出分析和决策，以了解被试思维的灵活性。题 10 要求被试通过在头脑中对表象进行心理加工，以了解被试的想象力。

以上 10 题满分为 100 分，其中感知能力占 23 分，注意力占 10 分，记忆力占 15 分，想象力占 12 分，思维能力占 40 分。

测试要严格按事先编制的指导手册进行，各题都有明确的时限，全部试题要求在 40 分 18 秒内完成（包括呈现试题及作出回答两部分时间在内）。对各题的答案均有统一的评分标准。

选择测试组 30 人，平均年龄 30 岁，警龄平均 7.8 年，刑警龄

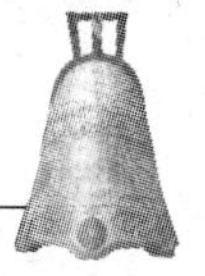

平均 5.6 年，文化程度高中以上。根据他们的平时表现，在机关被认为是合格的刑警。对照组 30 人，平均年龄 28 岁，警龄平均 5.8 年，刑警龄为 0，文化程度高中以上。用此量表测试这两组人，初步结果如下。

合格的中国刑警在现场图形观察、注意分配、口头语言记忆、判断力、思维的深刻性和灵活性、想象力方面，优于一般人。

合格的中国刑警在几何图形知觉、视觉选择速度、书面材料记忆方面，与一般人无显著差异。但是，对照组系一般警察，所以此结论需进一步检验。

合格的中国刑警在情绪、意志、爱好、动机等非认知因素方面，以及本量表测试以外的其他认知因素方面与一般人的异同没有涉及，尚待进一步研究。

总之，我国目前关于对司法人员心理选拔的研究刚刚起步，大多是在观察和实践经验的总结基础上的研究结论。尚未编制出具有量化标准的包括司法人员的智力因素和非智力因素的心理素质测试量表。

第四节　司法人员的心理障碍及心理训练

有些司法人员常常发生工作失误或工作效率低下的力不从心的情况，除了客观上的困难以外，司法人员自身的心理障碍因素也不可忽视。所谓心理障碍（mental block）是指心埋活动中暂时出现的轻度的心理失常，如运动员临场时的感知迟钝、情绪紧张、动作不协调所导致的竞技状态下降，考生在考场上思维迟钝、记忆下降、情绪紧张以及生理上的出虚汗、尿频、晕倒等反应，都属于暂时性的心理障碍。司法人员的心理障碍是指其在进行司法活动中暂时出现的影响司法活动效率或工作正常进行的某些心理活动的轻度失常现象。

一、司法人员的心理障碍

（一）认识障碍

1. 注意障碍

司法人员在司法活动中的注意障碍，主要表现为注意范围狭窄、注意的分散以及注意不能及时转移。

司法人员在办案过程中，如侦查人员在现场勘察、搜查、巡逻盘查、跟踪守候等侦查活动中，检察人员和审判人员在审查案卷、核实犯罪事实和证据的过程中，由于受到外界或自身某些心理因素的干扰，使注意力分散，不能在较长的时间内把注意集中在目前所进行的活动上，导致感知、记忆的错误，思维肤浅、片面等，从而影响对案件的正确认识。或由于注意范围狭窄、注意不能及时转移等原因，导致观察的遗漏和失误，影响司法工作的进行。

2. 感知障碍

司法人员的感知障碍是指其对于有关案件的事实或证据等的感知方面的困难或异常。侦查人员在侦查活动中的感知障碍更为突出，主要表现为以下三点。

（1）感受性异常增高或降低。在侦查活动中，侦查人员对于外界刺激物过度敏感或感受性降低，感受性超过正常的范围。如对一般的气味感到窒息，对一般的声音感到震耳等，导致夸大事实。有时还表现为对外界刺激物的反应的感受性降低，如对犯罪现场的气味分辨不清、明显的犯罪痕迹不能发现等。由于感受性的异常增高或降低，会使侦查人员在现场观察中产生感知错误，从而影响对案件的分析与判断。

（2）错觉。由于感受性的异常增高或降低，以及注意的障碍，导致侦查人员在观察中产生错觉。主要有对人的形体外貌特征的错觉、对物体的几何错觉、时间错觉等。

（3）幻觉。幻觉是指在外界不存在刺激物的条件下所产生的虚

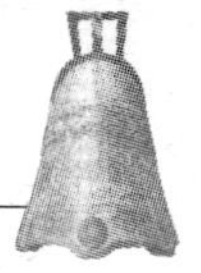

假的感知。侦查人员在过度疲劳、期待、焦虑的心理状态下，有可能产生暂短的幻视、幻听、幻嗅等幻觉。这种虚幻的感知体验会干扰侦查人员对案件的正确认识。

3. 记忆障碍

司法人员的记忆障碍是指对有关案件的事实、情节、证据等的记忆发生困难和错误。主要表现为记忆的准确性差，将头脑中储存的不同案件的事实、情节混杂在一起，产生所谓张冠李戴的现象。

4. 思维障碍

在办案过程中，司法人员随时都在进行紧张、复杂的思维活动，有时会产生思维障碍，主要表现在以下三个方面。

(1) 思维逻辑障碍。司法人员的思维逻辑障碍是指其在对案件进行分析与综合、抽象与概括的思维过程中，运用概念进行推理、判断时发生逻辑错误。如由于概念混淆，判断、推理错误所导致的对案件认识的错误。

(2) 思维联想障碍。司法人员的联想障碍是指其办理案件，由某人某事而想起其他相关的人或事时，由于某概念而联想起其他相关概念的过程中发生思维错误，因此不能正确地反映有关案件的事实、情节之间的内在因果联系。

(3) 思维定势的消极影响。司法人员的思维定势是指其由于在工作中积累了一定的经验所形成的某种固定的认识模式。在某些情况下，当目前所认识的案件与自己经验相吻合时，这种认识模式可以帮助司法人员提高工作效率，很快解决问题。但司法人员所遇到的案件是形形色色，千差万别的，要求他们的思维具有灵活性。而有些人由于缺乏思维的灵活性和创造性，有时便会自觉、不自觉地用自己头脑中的某种认识模式对待千差万别的案件，从而导致对案件认识的错误。

(二) 情感障碍

在办案过程中，司法人员由于受外界的强烈刺激和认识的障碍等原因，导致发生某些情感障碍。

1. 消极激情

由于工作紧张、劳累、危险性大，司法人员的心理压力也大。在办案过程中，当遇到案件久侦不破、犯罪嫌疑人顽抗，或其他困难、挫折的情况时，有些司法人员容易产生厌倦、压抑、烦躁不安等消极心境，甚至产生愤怒等消极激情，导致对犯罪嫌疑人的打骂、体罚、逼供等违法乱纪行为的发生。

2. 应激不良

在搜查、追捕、跟踪、盘查等侦查活动中，由于情况千变万化，需要司法人员特别是刑事侦查人员具备应付突发事件的良好的应激能力。有的侦查人员对于突发事件缺乏心理准备，当事先未预料的紧急情况出现时，情绪过分紧张，惊慌失措，应激不良，导致工作失误。

（三）意志障碍

司法人员在办案过程中的意志障碍主要表现在以下四个方面。

1. 意志的动摇

在办案过程中遇到困难、危险的情况时，或者在外界不正之风干扰的情况下，有些司法人员由于考虑自身的利害得失而产生退缩畏难的情绪，因而对于完成任务、公正执法等产生意志动摇，或者在困难、危险的任务面前以种种借口退缩不前，或者拒绝承担任务，或者屈服于不正之风的干扰与压力，丧失原则，不能公正执法。

2. 意志的优柔寡断

根据案情的进展，有时需要司法人员对某些问题作出果断决策，采取果断措施。而有些人在这样的关键时刻表现出缺乏果断精神，优柔寡断，举棋不定，贻误良机。如当侦查人员需要对犯罪嫌疑人采取拘捕措施时优柔寡断，使其逃跑或自杀；在需要作出搜查决定时举棋不定，使其得以转移赃物，销毁罪证。

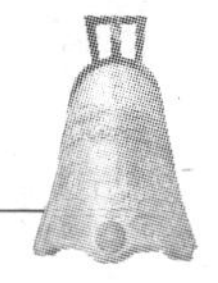

3. 意志的盲目、冲动

在办案的过程中遇到困难、挫折时，有些司法人员不能以坚定的意志控制、调节自己一时的冲动情绪，不考虑后果，不权衡利弊，意气用事，给工作造成损失。如侦查人员为了急于破案出现的非法拘禁、刑讯逼供等侵犯公民人身权利的行为。

4. 意志的主观武断、刚愎自用

在办案过程中，有些司法人员对有关案件的事实、情节、证据等不能全面、客观地进行分析和判断，也不善于听取同事的不同意见，往往凭借自己的经验或一孔之见主观武断地下结论，鲁莽从事，刚愎自用，一意孤行，最终导致工作失误甚至失败。

二、司法人员心理障碍的矫正

司法人员的心理障碍严重地影响着司法工作的正常进行。因此，采取一定的方法和措施，对其心理障碍进行矫正，使其具备良好的职业心理素质是非常必要的。

对司法人员的心理障碍进行矫正的有效方法之一，就是进行心理训练。

心理训练（mental training）最初是由对运动员的训练而来的，是现代运动训练中的一个重要组成部分。从广义上说，它是有意识、有目的地对运动员的心理过程和个性心理特征施加影响的过程；从狭义上说，它是采用一定的心理学方法和技术，以帮助运动员形成良好的心理状态的过程。心理训练的目的，是培养运动员在紧张的训练和比赛中，具备与竞赛相适应的良好的心理品质及个性心理特征，并使之学会控制和调节自己的心理状态，以适应比赛活动。心理训练现在已被运用到其他行业人员职业心理素质的训练中。它是指采取一定的方法，培养适合从事某种职业所必须具备的良好的心理品质及心理状态的过程。通过心理训练，使人们学会控制和调节自己的心理状态，以适应扮演某种职业角色的需要。

司法人员的工作具有特殊性，具有紧张、危险、繁杂、细致的性质，既需要付出艰辛的脑力劳动，又需要付出艰苦的体力劳动，因此，司法人员心理负荷重，压力大，容易出现某些心理障碍。为了使其适应司法工作的需要，提高工作效率，需要进行一定的心理训练。

（一）司法人员心理训练的内容

注意、观察能力的训练，培养良好的注意、观察品质，矫正司法活动过程中出现的注意、感知障碍。

记忆、想象、思维能力的训练，培养良好的记忆、想象、思维品质，矫正在办案过程中出现的记忆、想象、思维障碍。

情绪的自我控制、意志的自我调节训练，培养、提高自我心理调控能力和承受心理挫折、压力的能力，避免由于情绪的失衡而导致意志的失调。

性格训练，培养勇敢、沉着、理智、果断、机智的良好性格品质，以适应司法工作的需要。

（二）司法人员心理训练的方法

1. 认知调整训练方法

通过对认知过程的调整训练，提高司法人员对完善自身职业心理素质重要性的认识，增强职业责任感，从而以坚强的意志和建设性态度对待工作中的挫折和压力。

（1）回忆再认。让司法人员主动回忆自己在困难、危险情境面前的心理状态和行为表现，分析自我曾经出现的不理智的情绪反应和不果断、不机智、不勇敢、不灵活行为的原因，提高自我认识、自我评价和自我控制、自我调节的能力。

（2）典型示范。以司法人员中良好的典型事例为榜样，引导他们分析对照自己存在的某些消极的心理品质，为完善、提高职业心理素质提供参照系。

（3）集体讨论。对于那些由于司法人员的职业心理素质问题使

案件的侦查、起诉或审判失误而导致的冤假错案的典型案例，应通过集体讨论，分析造成办案失误的原因，从中找出司法人员的某些不良的职业心理品质或心理障碍，从而提高其对于完善心理素质的认识。

2. 创设情境培训法

这也叫模拟培训法。创设与实际司法工作相同的情境，通过受训人员在其中扮演有关角色的方法，训练司法人员的注意力、观察力、记忆力、想象力和语言表达能力，以及在紧急、危险状态下的应变力等。如制造比较复杂的犯罪现场，训练侦查人员进行现场勘察、现场犯罪心理痕迹分析、提出侦查假设的能力；组织模拟法庭，训练公诉人出庭支持公诉的能力等。

3. 现场观摩训练法

组织司法人员对具有典型意义的犯罪现场勘察、刑事审判活动、民事调解和民事审判活动进行观摩，从中学习有益的经验，提高自己的职业技能。

4. 自我暗示训练法

自我暗示是通过自我想象一些特殊情境、事实的存在，而对自己发出信息刺激，从而引起自己生理、心理的某些变化。这一方法是通过自我暗示对自己施加积极的心理影响，调整自我心理状态。一种是通过语言的自我暗示，进行自我放松训练。比如不断地默念：我很放松，我感到安宁，我十分镇定……以消除某些紧张、恐惧、压抑、焦虑、愤怒等消极心理状态。一种是通过语言的自我暗示，进行自我激励训练。比如不断地默念：我精力充沛，我很勇敢，我能胜任任何困难的工作……以形成积极向上的良好的心理状态。

思考题

1. 什么是司法人员的职业心理素质？研究司法人员的职业心理素质有何意义？

2. 司法人员应具备哪些职业心理素质？

3. 司法人员的职业心理选拔有哪些方法？

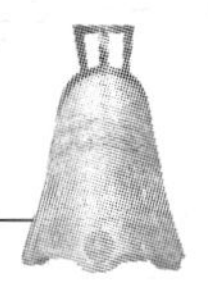

第四章　影响司法人员办案的因素及其对策[1]

法律一经制定就有指引、规范和评价人们行为的功能，但是要想达到政治稳定、经济发展、社会进步的长远目标，仅靠立法是不够的，更重要的在于法的实现。影响法的实现的因素很多，其中，司法人员是否依法办案起着至关重要的作用。培根曾说过："一次不公正的判断比多次不平的举动为祸尤烈。因为这些不平的举动不过弄脏了水流，而不公的判断则把水源败坏了。"[2] 由于主体内外多方面因素的影响，司法人员枉法办案和过失办错案的情况在我国确实存在，在许多地方还比较严重。这一现象不仅直接损害了一方诉讼当事人的利益，而且有损司法人员的形象，导致人们对司法系统和法律的公正性与权威性的怀疑、不信任，而且将对我国社会主义法制建设产生不良影响。因此，有必要对影响司法人员办案的因素及其矫正对策加以研究。

① 本章是根据罗大华、刘晓东《影响司法人员依法办案的因素及其对策的心理学研究》一文（见罗大华、何为民主编：《法制心理学研究与应用》，中国政法大学出版社 1998 年版，第 149～160 页）编写的。

② ［英］弗·培根著，水天同译：《培根论说文集》，商务印书馆 1983 年版，第 193 页。

第一节　有关论述与研究设计

一、关于影响司法人员办案因素的论述

古今中外的有识之士都重视影响司法人员办案因素的研究。

（一）我国的有关论述

早在我国先秦时期，就特别看重司法人员素质对办案的影响，《尚书·吕刑》明确规定司法人员不能有“五过之疵”，即“惟官、惟反、惟内、惟货、惟来”。郑康成曾对此加以解释：“官者，曾同居官位也”，指过去曾是同僚；“反者，诈反囚辞也”，指用不正当的方法诈骗诱逼供词；“内者，内亲用事也”，即请托私门，搞裙带关系；“货者，行货枉法也”，即勒索财物，贪赃受请等；“来者，旧相来也”，即老熟人。《吕刑》规定，如因此五种关系而在定罪量刑过程中有所偏袒，司法人员罪“与犯法者同”。宋代包拯很重视司法人员的挑选，指出“人主司命，而邦国安危所系，择之不可不审”，司法人员“事权至重，责任尤剧，设非其人，则一路受弊”，认为只有“选素有才能、公直、廉明之人充任”方可。明代海瑞也指出“听讼以求民隐，情伪有万，非心胸清彻者不能照”。意思是说人的心理活动非常复杂，要想去伪存真，司法人员必须做到心胸清彻。①

我国台湾学者蔡墩铭在其所著《审判心理学》中对陈述、讯问、对质、举证、言辞辩论、证人证言等诉讼过程中诸多问题均进行了广泛深入的研究。② 他认为检察官担任侦查和起诉的双重任

① 参见艾永明、朱永新：《中国犯罪心理思想史论》，对外贸易教育出版社 1993 年版，第 14、24 页。

② 参见蔡墩铭：《审判心理学》，水牛出版社 1991 年版。

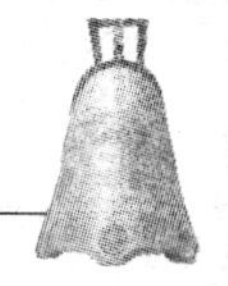

务，工作性质特殊，故应具备与之相适应的下列心理品质。(1) 性格。最适合检察官工作的性格应是外向型，但不可过分外向。(2) 能力。行动力、意志力、判断力、思考力是检察官必须具备的四种能力。(3) 态度。检察官在待人接物上应保持客观、诚实与谦虚的态度。(4) 意识构造。正义意识、道德意识和人权意识是检察官能胜任工作所必不可少的。

蔡墩铭认为审判官责任重大，除了具备一定的学识外，还须具备下列十项心理条件，方能胜任工作。(1) 仁爱。审判官的仁爱有助于感化改造受刑人，使其改悔向上，有利于社会。(2) 自制。自制能使审判官控制住自己的情绪，不受案情、被告人态度等影响，从而作出客观公正的判决。(3) 谦虚。谦虚既有助于审判官融洽与检察官、律师的关系，又能使审判官听得进检察官、律师的意见，不致囿于己见，导致误判。(4) 精细。审判官精细有助于裁判正确性的提高。(5) 勤勉。审判官的勤勉有助于查明案情真相。(6) 忠诚。忠诚是公正判决的一个必要保障。(7) 勇气。勇气可以帮助审判官克服来自各方面的压力。(8) 牺牲。牺牲是审判官这一职业的要求，主要指牺牲社交生活。(9) 缄默。缄默可以帮助审判官理智地思考，作出公正的判决。(10) 反省。反省有助于审判官发现自己判决的不当之处，及时匡正。

蔡墩铭认为影响审判官量刑的因素很多，从大的方面可分为两类：一是审判官人格以外的因素，主要包括刑罚目的、责任理论、被告之恶性、有关方面之意见、舆论等；二是审判官的人格因素，主要包括性格、情绪、年龄、世界观、成见等。

关于量刑失当的原因，蔡墩铭列举了三条，即审判官未受量刑之训练、审判官未获得充分的消息，以及其他不合理的因素，主要指已羁押的时间、他人说情或为避免是非等。

（二）美国学者汉斯·托奇的论述①

美国学者托奇在他主编的《犯罪与司法心理学》一书中，认为影响法官办案的因素有以下几方面。

（1）法院的等级。一个法院的等级越高，它对程序问题所表示的关心可能就越认真，对一切合法权益的关怀就越深切。而一个等级较低的法院，几乎总是依照另一法院的办案结果，而很少关注自己在作出裁判的程序中应有的作用，这样的法官作出的判决可能是相当随意的。

（2）法院是否有最初审判权或上诉审判权。有初审权的法院的法官，不仅要考虑证人和律师，而且还要意识到一个上诉法院对他有疑问的裁定或判决重审的可能。因此，他在法庭上必须保持着职业上的冷静态度。受理上诉的法官不仅研究上诉案件的记录，而且研究原审法官为该案做过什么，做得是否得当，是否依法办事。

（3）法官的记录员或书记官。这些人通过替法官做传声筒和参加重要案件的判决，成为引用法律或案例的查阅人。有理由相信，这些无名的记录员对一些判决起着重要的作用。

（4）政治压力。派系的政治或业务对法官有一些或明或暗的压力。即使在某些特殊案件中没什么压力，法官也可能不希望得罪那些过去曾经帮助过他或控制着他将来的重新委任或重新提名的人，甚至那些任期终身的法官也可能很关心他们的提升。由于法官的地位常常是一些政治上的恩赐，所以法官对这种恩赐总有一种应当报答的想法。

（5）担任法官时间的长短。较年轻的法官急于出名，而年龄越大的法官则越谨慎。另有一些法官，年龄越大越有信心，不易被压力所影响。这些不同年龄的法官作出的判决可能有所不同。

---

①［美］汉斯·托奇主编，周嘉桂译：《司法和犯罪心理学》，群众出版社1986年版，第148～157页。

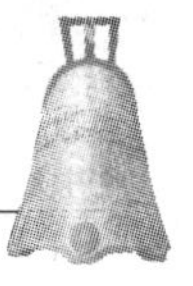

(6) 人种的、国籍的、宗教的或宗族的因素。例如，一个出身于少数民族的法官对占优势民族的诉讼当事人也许会很苛刻，以作为表达他对占优势民族某些情感的手段。另一个出身于这种少数民族的法官也许会很“宽厚”，以作为表达他和占优势民族打成一片的做法。但是，一个出身少数民族的法官为了避免受到偏袒的指责，也许会对一个本族出身的诉讼当事人特别严厉。

(7) 法官的婚姻状况。在涉及父权诉讼、家庭纠纷、分居或离婚、忽视孩子或少年犯罪等问题中，法官的婚姻状况会在他的判决中表现出来。离过婚的法官和单身汉对待一桩离婚诉讼的态度将完全不同。法官是否有孩子，也会在他涉及孩子的判决中表现出来。

(8) 法官所处的社会经济地位。这也会与法官的裁决有关，取决于他对他那一特殊人群所固有的偏见养成的程度。社会阶层背景和司法宗旨之间的这类不一致的东西，会导致某些不同寻常的法官的判决。

(9) 担任法官以前所从事的法律业务。一个在过失案中曾做过保险公司律师的法官和一个过去曾做过控诉保险公司的人的律师的法官，很可能以各自在任法官以前的不同观点去处理一桩过失案。当然，其他个人的差异也很重要。

(10) 法官本人的情绪。早在16世纪，法国文豪蒙田就曾评论说，法官的心情和脾气天天都在变，而这些变化常常都会反映在他的判决之中。法律学者嘲笑这类判决中的不理智观点，称之为“口味法理学”或“美食病”。

(11) 法官的人格可能影响他的判决。美国过去的首席大法官詹姆斯·肯特在解释他怎样作出判决时说：“我有时候会被一条技术规则困扰一会儿，但我几乎总是觉得，一切原则都得适合我对案件的观点……”著名的法官奥利弗·温斯尔·霍姆斯也曾说：“法官们及其同事所共有的偏见所起的作用，甚至要比确定人受控制的法则中的演绎推理（三段论法）所起的作用要大得多。”

二、影响司法人员办案的因素及其对策的心理学研究

上述有关影响司法人员办案的论述是颇有价值的，但就其全面性、系统性而言则嫌不足，且都是经验之谈，缺乏实证。为此，笔者曾采用问卷调查法，对促成司法人员依法办案、导致司法人员枉法办案和影响法人员过失办错案的各种主体内外因素及其矫正对策进行验证和分析，弄清楚各种因素在司法人员办案过程中究竟起什么作用、其作用大小如何及各种矫正对策的有效性，从而能够采取有效的措施来减少那些导致司法人员枉法办案或过失办错案的因素，增加那些能促成司法人员依法办案的因素，达到提高司法工作的公正性和效率的目的。

（一）被试情况

被试随机选自某市某公安分局的警察，他们均来自公安、检察系统中负责侦查、审讯或批捕、起诉等实际部门。收回问卷总数为302份，有效答卷为280份，被试的基本情况为：男性251人，占总数89.6％；年龄在20～57岁；公安机关144人，检察机关136人，其中，检察长、副检察长104人，处长5人，科长25人，警察中担任不同领导职务的93人，一般警察53人；初、高中毕业生99人，占总数的32.1％，其余均为大专以上学历；从事司法工作时间最短的为1年，最长的35年，其中3年以上的227人，占总数的81.1％。

（二）问卷设计

本问卷共分五部分。

（1）促成司法人员依法办案的因素。又分成主体外因素、主体因素两部分，共23项。笔者认为这些因素对促成司法人员依法办案均有不同程度的影响。至于是否有影响、影响程度如何，则有待被试作答后验证。

（2）导致司法人员枉法办案的因素。列举了可能导致司法人员

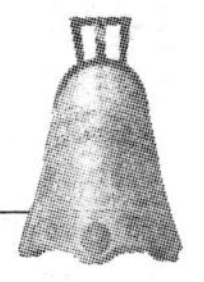

枉法办案的主体外和主体因素 22 项。

（3）影响司法人员过失办错案的因素。列举了主体、主体外因素 28 项。

（4）对司法人员枉法办案的矫正对策。这一部分是针对第二部分的原因分析提出的 10 条矫正对策，供被试作答。

（5）对司法人员过失办错案的矫正对策。这一部分是针对第三部分的原因分析提出的 12 条矫正对策，供被试作答。

测试时，要求被试回答的影响力（或有效程度）分为三级：A（3 分）为很有影响或很有效果；B（2 分）为有一定影响或有一定效果；C（1 分）为无影响或无效果（不记分）。

（三）数据处理

本调查的数据是用 Foxbase+软件在计算机上进行处理的，主要的计算、分析步骤如下。

（1）计算被试对每个问题三级评价结果的平均分数，该分数代表被试对各个因素影响力的平均评价水平。

（2）根据平均评价分数的大小，对被试对各问题的评价进行排序，名次越靠前，表示在问卷的相应部分中，该问题所描述的因素的影响力越大或有效程度越高。

（3）鉴于所有被试在每个问题上的心理评价是一个连续体，为了便于分析讨论，分析时用三分法（因为是三级评价）对分数的含义重新进行界定：分数在 1.67 分以下的，确定为无影响或者无效果，属于Ⅰ类因类；分数为 1.67～2.34 分的，确定为有一定影响或者有一定效果，属于Ⅱ类因素；分数在 2.34 分以上的，确定为很有影响或者很有效果，属于Ⅲ类因素。

平均分共四项：平均分Ⅰ代表全体被试，平均分Ⅱ代表公安系统被试，平均分Ⅲ代表检察系统被试，平均分Ⅳ代表男性被试。

第二节 促成司法人员依法办案的因素

促成司法人员依法办案的因素不外乎主体外因素和主体因素两类，导致司法人员枉法办案和影响司法人员过失办错案的因素也不例外。

一、促成司法人员依法办案的主体外因素

主体外因素对司法人员依法办案有很重要的影响。根据以上研究设计的调查结果，影响司法人员依法办案的主体外因素主要有以下几方面。

（1）良好的社会风气。社会风气是整个社会优势心理的总和，是个体心理产生的一个大心理背景，毫无疑问对个体的心理和行为有着明显的导向作用。好的社会风气可以对个体的行为产生积极的影响，反之亦然。调查结果显示，良好的社会风气这一因素的平均分高居首位，且四项平均分均在2.34分以上，这说明无论是男性被试、公安系统的被试、检察系统的被试还是全体被试，均认为这一因素对促成司法人员依法办案影响重大。

（2）司法机关相对独立的地位、行政干预少。从调查结果看，这一因素的四项平均分都高于2.34分，属于Ⅲ类因素，除检察系统的平均分高居榜首（2.64分）外，其他三项得分也位居第二。这说明在我国目前的司法实践中，由于司法机关缺乏应有的独立地位，很难抵制各种不应有的行政干预，这严重影响了司法人员的依法办案。减少行政干预，提高司法机关的独立性，是促成司法人员依法办案的重要因素。

（3）本机关内部完善的管理机制。这项因素的四项平均分在2.30～2.33分，位于Ⅱ类因素之首。这说明被试认为完善的内部管理机制（健全的岗位责任制、错案追究制度等）对司法人员依法

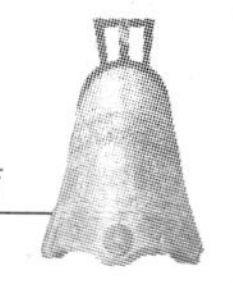

办案有着积极的作用。社会心理学认为，奖励和惩罚对个体的行为有着很强的导向作用，两者的结合更能充分调动个体的积极性，完善的内部管理机制不外乎一奖一罚两种主要手段，它能对促成司法人员依法办案起到积极的影响。

（4）强有力的监督机制。当权力处于一种没有制约和监督的状态之中，便易于产生腐败倾向。只有有效的制约和监督机制，才能防止权力的滥用。强有力的监督机制（包括当事人监督、群众监督、有关部门监督等）对促成司法人员依法办案的作用不可忽视。调查研究的统计数据也说明了这点，四项平均分中有三项在 2.30 分左右，属于Ⅱ类因素。以检察系统人员为被试的得分为 2.36 分，属于Ⅲ类因素，可能与其从事法律检察工作相关。

（5）本机关已形成的一种良好的工作作风。从社会心理学角度来看，本条主要涉及的是群体行为对个体行为的影响。群体行为的一致性、群体的人数、群体的权威性决定其对个体行为的影响程度，两者之间基本上呈正相关。当然，个体对群体的顺从程度也与个体的自信心有关。由此可见，机关内部已形成的一种良好的办案作风对司法人员依法办案有着积极的影响。调查结果显示，本因素四项平均分在 2.29～2.32 分，属于有一定影响的Ⅱ类因素。

（6）公、检、法三机关互相配合、互相制约、关系融洽，以及本机关领导科学、民主的领导方式。调查结果表明，这两项因素的平均分分别在 2.24 分和 2.23 分左右。这说明被试普遍认为良好的外部工作环境和内部工作环境对促成司法人员依法办案有一定的影响。

（7）大众传播媒介正确的舆论导向。本条在四项中的平均分在 2.01～2.07 分，属于Ⅱ类因素。由于我国媒体对司法行为的报道多为事后报道，因此司法人员在办案时受舆论导向影响较小，但是，传播媒介正确的舆论导向有助于弘扬社会正气，对司法人员依法办案仍有一定积极的作用。

（8）亲友、同事、群众对司法人员工作的理解和支持。本因素平均分Ⅰ虽属于有一定影响的Ⅱ类因素，但从排列名次来看，其影响力很微弱。这说明我国司法人员的工作基本上能得到亲友、同事和群众的理解和支持。

（9）适当的工作量。本条在四项中的平均分均为最低，属于无影响的Ⅰ类因素。这说明被试普遍认为工作量与是否依法办案无必然联系。本条的平均分Ⅰ、Ⅱ、Ⅲ分别为1.60分、1.80分、1.42分，三者相差甚大。这说明目前我国公安机关的工作量远远大于检察机关的工作量。

二、促成司法人员依法办案的主体因素

除了主体外因素外，影响司法人员依法办案的主体因素也起很重要的作用。根据以上研究设计的调查结果，影响司法人员依法办案的主体因素主要有以下几方面。

（1）通晓与案件有关的法律知识。司法人员所从事的是一项专业性很强的工作，而对法律知识的要求正是这一工作专业性的体现，通晓与案件有关的法律知识是从事这一工作的前提条件。法律作为办案的准绳对司法人员的工作具有巨大的指导作用，司法人员掌握了与案件有关的法律知识，在具体办案中就有了行动准则。这对促成其依法办案影响很大。本因素在四项中的平均分均在2.65分以上，属于很有影响的Ⅲ类因素，且排名第一，说明被试肯定了这一因素对促成司法人员依法办案的至关重要的作用。

（2）良好的职业道德和较强的敬业精神、责任心。现代心理学认为，道德意识作为个体心理结构中调节结构的重要组成部分，对动力结构起着调节和控制的作用。个体之间行为的差异在很大程度上取决于自我调节系统功能的差异。道德对个体行为起着自觉而不是强迫的调节作用，其作用和意义更为深远。由此可见，本因素对促成司法人员依法办案有着积极的作用。本因素的四项平均分均在

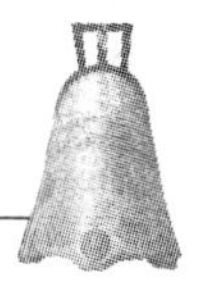

2.55 分以上，属于很有影响的Ⅲ类因素。

（3）具有除恶扬善、不畏权势的精神。本条也可划入职业道德范畴，但更强调个体对待邪恶和权势的态度。司法工作本身就是一件除恶扬善的工作，其间又不乏遇到各种权势的阻挠。因此，司法人员只有具备了除恶扬善、不畏权势的精神，才能做到依法办案。本因素在四项中的平均分在 2.36～2.60 分，属于很有影响的Ⅲ类因素。

（4）丰富的办案经验。本因素的四项平均分都在 2.40 分以上，属于很有影响的Ⅲ类因素。司法人员所办案件往往错综复杂，仅靠一些基本的法律知识是不够的，办案经验有时会起到很重要的作用。被试对这项因素的作答也证明了丰富的办案经验有助于促成司法人员依法办案。

（5）较强的综合分析能力。司法工作所针对的事实或行为都发生在过去，这就要求司法人员在办案时必须采用追溯法，即找出现有的证据来推断以前的事实或行为。这种工作方式客观上要求司法人员必须具有较强的综合、分析能力。本因素的平均分在 2.37 分左右，属于很有影响的Ⅲ类因素。

（6）良好的意志品质。良好的意志品质主要指独立性、坚毅性、果断性和自制力。独立性可以促使司法人员独立办案，免受他人暗示影响；坚毅性有助于司法人员克服困难，把案件办到底；果断性是司法人员在办案过程中及时采取必要措施的心理保障；自制力可以控制司法人员一些消极的情绪，如气愤、烦躁等，使其客观公正地办案。本因素的平均分在 2.24 分左右，位居Ⅱ类因素之首。这也说明在司法人员依法办案过程中，良好的意志品质起了一定的作用。

（7）敏锐的观察力、灵活的应变能力、准确的记忆力。这三项因素的平均分在 1.99～2.21 分，属于有一定影响的Ⅱ类因素。值得注意的是，在这三项因素的四项平均分中，以公安人员为被试的平均分Ⅱ都高于以检察人员为被试的平均分Ⅲ，这说明敏锐的观察力、灵活的应变能力、准确的记忆力对促成公安人员依法办案有着更为重要的意义。

(8) 广博的知识。如上所述，司法人员在实践中遇到的案件往往涉及面很广，这就要求司法人员除了掌握法律知识外，还要不断地拓宽自己的知识面，了解一些医学、财会、天文、地理、历史学等知识，这对促成司法人员依法办案有着积极的作用。本因素的平均分在 2.16 分左右，属于有一定影响的Ⅱ类因素。

(9) 良好的心理状态。良好的心理状态是指既不大喜也不大悲，既无愤怒也无焦躁的一种愉悦的心境。心理学认为，个体的情绪影响着个体的认知过程，良好的情绪还可能成为个体行为的动力。只有当个体处于一种愉快的心境之中时，其认识和行为才较少受情绪的影响，比较客观。因此，良好的心理状态有助于司法人员依法办案。本因素的得分证实了这一观点。

(10) 良好的注意品质。注意品质主要与注意的广度、稳定性、分配能力、转移能力有关。司法人员的工作，尤其是公安人员的工作，对注意的品质要求很高。比如侦查人员的注意范围必须很广，同时还必须很稳定，并且能够随着情况的变化适时分配和转移注意的方向。良好的注意品质这一因素的四项平均分均在 2.00 分左右，以公安人员为被试的平均分高达 2.17 分，这说明良好的注意品质对公安人员依法办案有着特别重要的意义。

(11) 健康的身体。本因素排列名次居最后一位，属于有一定影响的Ⅱ类因素。这一结果说明，身体状况无疑会影响个体的工作情况，但这种影响只能是次要的、非决定性的。值得注意的是，在本因素的四项平均分中，以公安人员为被试的平均分Ⅱ最高（2.03 分），而以检察人员为被试的平均分Ⅲ最低（1.68 分）。这说明身体状况对不同性质的工作影响程度不同。

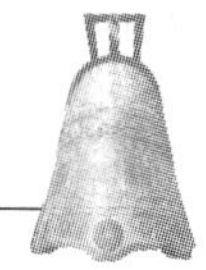

第三节　导致司法人员枉法办案的因素

一、对司法人员枉法办案有影响的主体外因素

（1）地方或部门保护主义。所谓地方或部门保护主义，是指地方或部门为自己的利益，在一切与本地区或部门利益有关的事件中，运用各种违反法律、规章和党纪政纪的手段，竭力为地方或部门谋取利益的行为。司法实践中的地方或部门保护主义，主要表现在经济案件中。其做法主要有：凡是涉及某地方的经济案件，该地区法院首先要通过各种手段去抢管辖权；对有管辖权的案件，该地区的法院通过钻法律的空子（如某些行为法律规定的界限不明确），甚至公然违法作出有利于该地区当事人的判决；对没有争到管辖权而该地区当事人又败诉的案件，该地方的法院一般不积极配合判决的执行。更有甚者，有的地方部门和司法工作者帮助该地区当事人转移账面资金，使执行难以进行。造成地方保护主义的直接原因是该地区行政首长的直接干预，而更深层次的原因是因为该地区的当事人一般是当地的一个大企业、利税大户，如果该企业受到损失势必造成当地财政收入减少，如该企业破产还会带来大批工人失业问题，司法机关（主要指检察院、法院）在本身地位不独立的情况下，很难抵制行政首长的直接干预。在很多情况下，法院的法官明知违法，却不得不按行政首长的意志去枉法裁判。调查结果的统计数据显示，“地方或部门保护主义”这一因素的四项平均分在2.41～2.57分，高居榜首，属于很有影响的Ⅲ类因素。这说明地方保护主义是导致枉法办法的首要因素。

（2）领导的行政干涉。行政干涉是地方保护主义的主要手段，但并非所有的行政干涉都出于地方保护主义，行政干涉的动机是多种多样的。除了地方行政首长的干涉以外，司法机关内部的领导干涉在某些案件中也经常发生。本因素平均分Ⅰ高达 2.43 分，排名第二，属于很有影响的Ⅲ类因素，这说明被试认可了领导的行政干涉对司法人员枉法办案的影响作用。

（3）机关内部管理体制混乱。如前所述，机关内部完善的管理体制对促成司法人员依法办案具有积极作用，反之，如果一个司法机关内部管理混乱，岗位不明，责任不清，认真办案者得不到奖励，枉法办案者无人追究，便为那些枉法办案者制造了机会。值得注意的是，本因素排名第三（平均分Ⅰ为 2.31 分），而机关内部完善的管理机制这一因素也排名第三，两者均在有一定影响的Ⅱ类因素中排名第一，说明这两项因素的重要性。

（4）监督机制不健全，机关内部的不正之风，不良的社会风气，社会舆论对某一案件的态度。第二节已论述了健全的监督机制、机关内部良好的办案作风、良好的社会风气和舆论的正确导向对促成司法人员依法办案的积极作用。反之，本条所列四项因素必定不利于司法人员依法办案而为其枉法办案创造了条件。本条所列四项因素的统计得分为 1.78～2.18 分，属于有一定影响的Ⅱ类因素。

（5）亲友和同事的说情。自古以来，人们在不损害自身利益时一般不愿意撕破脸皮，把亲戚朋友、街坊邻居及同事的关系搞僵。在这种传统观念的作用下，“关系”和“情面”在很多事情中起着重要的作用。司法人员办案虽受法律的制约，但亦难免受人情影响。本因素的四项平均分均为 1.89 分，属于有一定影响的Ⅱ类因素。

（6）工作任务过重，时间过紧。就常理而言，工作任务重，办案时间紧与枉法办案这两者之间不存在必然联系。本因素的平均分仅 1.62 分，属于无影响的Ⅰ类因素。可是，以公安人员为被试所得的平均分竟高达 1.80 分，属于有一定影响的Ⅱ类因素，而以检察人员为被试的平均分仅 1.40 分。这一结果虽不能说明过重的工

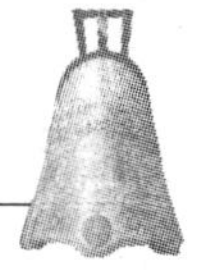

作任务和过紧的办案时间对公安人员枉法办案有必然影响，但也可说明公安人员的工作量似乎更重了一些。

（7）当事人及其亲友的威胁、恐吓。本因素平均分Ⅰ仅1.52分，属于无影响的Ⅰ类因素。在现实生活中，司法人员因当事人及其亲友威胁、恐吓而枉法办案的情况并非不存在，之所以它得分很低，是因为这种情况较少发生。这与我国较好的社会治安状况、严格的枪械管理制度有关，当事人及其亲友的威吓构不成实质性的威胁。需要注意的是，本因素的平均分Ⅱ和Ⅲ分别为1.44分和1.63分，两者差别较大，这说明公安人员因其工作性质，受到的威胁和恐吓较少。

二、影响司法人员枉法办案的主体因素

（1）收受贿赂。在研究结果所列12项因素中，收受贿赂排名第一，而且是唯一的四项平均分都在2.34分以上的因素，属于很有影响的因素。这说明其他11项因素的影响力同收受贿赂相比较为次要，收受贿赂是影响司法人员枉法办案的最重要、最集中的主体因素。这一结果与司法实践的实际情况相符。贪赃一般会导致枉法，接受贿赂就等于同意用自己手中的权力与当事人的钱相交易，替给钱的当事人说话，从而导致枉法办案。

（2）缺乏责任心，不认真取证，敷衍了事。本因素在12项因素中排名第二，平均分高达2.27分，属于有一定影响的Ⅱ类因素。

（3）视权力为个人“权威”，为所欲为。有些司法人员在扭曲的自我意识作用下，权力欲望过度膨胀，视国家赋予的职权为个人的“权威”，为所欲为，有时公然违反法律。某法院院长曾宣称，“我上管天，下管地，中间还要管空气”。当然，这类人毕竟是极少数，但确实存在，已造成了很坏的影响。本因素排名第三，平均分Ⅰ虽只有2.22分，可平均分Ⅲ却高达2.39分，已够上Ⅲ类因素的标准。这说明，被试认为这一主体因素对司法人员枉法办案有一定

影响，尤其是检察系统的被试认为这一主体因素对枉法办案很有影响。

(4) 委曲求全，怕得罪领导。本条的平均分在2.22分左右，属于有一定影响的Ⅱ类因素。面对领导的压力，明知是错，却委曲求全，除职业道德因素外，更主要的是意志品质不佳，缺乏坚毅性和独立性，不敢坚持正确意见，易受他人影响。这恰好论证了良好的意志品质对促成司法人员依法办案的积极作用。

(5) 对当事人公报私仇。本条的平均分Ⅰ为2.11分，属于Ⅱ类因素。公报私仇这一行为一方面反映了行为人道德上的卑劣，另一方面反映了我国公务回避制度的不健全。随着回避制度的健全和发展，本因素在导致司法人员枉法办案中所起的作用将越来越小。

(6) 讨好领导，谋求重用、升职。一些司法人员时时处处揣摸领导意图，事事皆按领导意思去办而不顾事实与法律，这必然导致枉法办案。从调查结果的统计数据来看，这一因素得了2.09分，排名第六，属于Ⅱ类因素。看来被试认为现实生活中持有这种心态的司法人员为数不少。

(7) 公、检、法机关工作人员互相对抗、互相拆台。公、检、法三机关本是应该互相配合、互相制约的，但在实践中这三家之间也难免发生职责以外的矛盾，特别是当这三机关负责人之间个人恩怨较深时，往往会演化成工作中的种种对抗。如公安局要依法逮捕犯罪嫌疑人，检察院故意刁难不批；又如检察院依法提起公诉，法院却枉法宣判无罪，检察院又提出抗诉等。这种互相对抗、互相拆台的做法不免导致枉法办案和放纵犯罪。本因素的平均分Ⅰ属于Ⅱ类因素，这说明司法实践中确有这类情况存在。

(8) 虚荣心强、知错不改。本因素的平均分属于Ⅱ类因素，这说明被试认为虚荣心强、知错不改对导致司法人员枉法办案有一定影响。

(9) 由社会分配不公引起的司法人员心理失衡。改革开放以

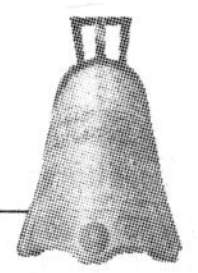

来，随着国家经济发展，不少人先富了起来，贫富差距拉大，社会分配不公问题较为突出。面对这种现象，不少司法人员自我意识中产生的较高的社会地位和政治荣耀感同现实生活中的经济窘迫感发生了冲突，一方面他们对那些暴富者怀有不屑和鄙夷，另一方面又在意识或潜意识中有着一种强烈的需要补偿的不平衡心理。① 许多司法人员就是在这种心理不平衡状态的作用下贪赃枉法办案的。本因素排名第九，属于有一定影响的Ⅱ类因素。

（10）受公众舆论影响、不敢坚持原则，碍于亲友、同事情面，屈服于当事人或其亲友的威吓和压力。这三项因素排名为后三位，但仍属有一定影响的Ⅱ类因素。

第四节　影响司法人员过失办错案的因素

过失办错案和枉法办案是截然不同的。前者出于疏忽大意或过于自信，主观上不具有故意办错案的动机，对办错案这一结果多持懊悔的态度，过失的发生往往与外界因素的诱发作用密不可分；后者出于故意，有明显的枉法目的和动机，办错案正是其所追求的结果，属于明知故犯。

当然，过失办错案也应承担应有的责任。过失办错案的行为也是在个体心理的支配下发生的，是多种心理因素综合起作用的结果，过失行为的发生也有其特定的心理机制。弗洛伊德认为："过失不是无因而致的事件，乃是重要的心理活动，它们是两种意向同时引起——或相互干涉——的结果，它们是有意义的。"② "所谓意

① 罗大华主编：《中国法律心理学研究与探索》，中国华侨出版社 1996 年版，第 192 页。

② ［奥］弗洛伊德著，高觉敷译：《精神分析引论》，商务印书馆 1984 年版，第 26 页。

义就是指重要性、意向、倾向，及一系列心理过程中的一种。”①下面将影响司法人员过失办错案的因素按主体外和主体因素分别加以论述。

一、影响司法人员过失办错案的主体外因素

（1）虚假的证据。以事实为依据，以法律为准绳是法制建设和司法机关办案的一项基本要求。而如何认定事实又取决于证据。在司法实践中，虚假的证据因其本身的迷惑性和司法人员本身的过失，有时会以假乱真，成为造成司法人员过失办错案的重要原因。本因素在调查的因素中排名第一，四项平均分都在 2.34 分以上，属于Ⅲ类因素。这一结果说明被试认为虚假的证据对司法人员过失办错案很有影响。

（2）法律法规界限不明、可操作性差。本因素在调查的因素中排名第二，平均分Ⅰ为 2.39 分，属于很有影响的Ⅲ类因素。造成这一结果的原因有二：一是我国的法律不够细密；二是社会转轨快，法制建设跟不上。长期以来，我国立法工作对许多问题只作了原则性规定，在司法实践中很难把握，有些法律不具有有很强的可操作性。我国由计划经济向市场经济转轨过程中，原有的各项法律与新的经济体制不相适应，旧的法律需要补充或修改，新的法律不断出台，新旧法律之间难免产生一些矛盾和不协调、法律漏洞等问题，加上司法人员很难在短时间内熟悉和掌握这种变化，这就给其具体的操作带来了困难，使过失办错案的可能性增大。

（3）领导或共同办案人的意见。社会心理学认为，在一个小的社会群体中，由于个体间人际互动较多、关系密切，群体中多数成员的观点和信念对个体的观点和看法会产生重大影响。当个体的意

---

①［奥］弗洛伊德著，高觉敷译：《精神分析引论》，商务印书馆 1984 年版，第 40 页。

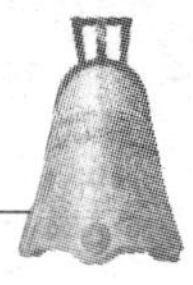

见与众多成员意见不一致时，个体往往会否定自己原有的认识，与群体保持一致。群体对个体行为的影响取决于群体中多数意见的一致性和多数成员的权威性。司法人员在办案过程中，当个人的意见与共同办案的其他多数人，尤其是领导的意见不一致时，个人往往会不自觉地改变自己的观点，从而可能会导致过失办错案的发生。这种情况常发生在一些案情错综复杂或法律界限模糊的案件中，因为个体对问题判断上自信心不强，难免顺从多数人的意见。本因素的四项平均分在 2.12 分左右，位居Ⅱ类因素之首。这说明被试认为领导或共同办案人的意见对司法人员过失办错案有一定的影响。

（4）公诉人的错误控诉。由于检察机关本身的权威性和检法人员长期相互配合而造成的心理上的亲近性，对一些法律界限不清、案情复杂的案子，法官有可能无意识地受检察官错误控诉影响，造成错判。本因素的平均分Ⅰ为 2.06 分，属于Ⅱ类因素。

（5）机关内部不良的工作作风。“近朱者赤，近墨者黑”。假定一个司法机关大多数人缺乏责任心，办事马虎、敷衍，不重视程序，即使是一个优秀的司法人员，如果长期在其中工作，也难免会在潜移默化中受到不良影响。这对过失办错案无疑提供了心理氛围。本因素的得分属于Ⅱ类因素

（6）本机关以前对类似案件的处理经验。心理学认为，个体的认知活动并非是有选择的，认知选择往往与其原有的知识背景有关。当以前的知识背景中的某些经验与认知对象相类似时，旧有经验既有助于个体认知新的对象，也可能干扰着认知的进行，使其囿于原有的经验，发生认知错误。在司法实践中，即使是类似的案件，在一些具体情节上也常会出入很大，甚至是表面相似，实质不同。由此可知，用以前处理类似案件的经验来处理一个新案件，常会造成过失办错案。本因素的统计得分属于Ⅱ类因素，可见被试也认为本机关以前对类似案件的处理经验对司法人员过失办错案有一定影响。

(7) 社会舆论对案件的态度。社会舆论因素在第三节已作过论述，这里不再赘述。需要指出的是，这一因素对司法人员过失办错案的影响是司法人员办案时所没有意识到的，是一种无意识的影响。这和枉法办案屈服于舆论压力是不同的。

(8) 律师的辩护质量。本因素的平均分Ⅰ仅为1.72分，在Ⅱ类因素中的排名也很靠后。这表明在我国的司法实践中律师的辩护对法官的判决影响较小，自然也就与法官过失办错案关系不大。根据国外研究，律师辩护质量对判决的作用如何取决于一个国家的庭审模式，是职权主义的纠问式还是当事人主义的抗辩式，在后一种模式中律师的影响作用很大。新刑诉法出台后，我国的庭审模式正在由职权式向抗辩式转变。这种转变将会提升律师辩护的地位和作用，律师的辩护质量对司法人员办案的影响将会越来越大。

(9) 被害人受害后的情况，当事人的言谈举止、对司法人员的态度以及是否配合办案，司法人员及其亲友是否有类似的被害经历。设计这三个题目是用来测试情绪因素对司法人员办案的影响。比如，好感、同情心及对被告的憎恨是否会导致司法人员在办案时有所偏向。这三项因素的得分都不高，属于Ⅱ类和Ⅰ类因素，这表明被试认为司法人员过失办错案与其对案件当事人的情感因素无关。但是，鉴于情绪因素对司法人员过失办错案的影响多是在潜意识中进行的，司法人员很难察觉，因此，这三项因素的实际作用可能会更大些。但总的来说，我国司法人员办案时是理智的，而非感情用事。

(10) 过重的工作任务，亲友、同事对案件的意见。这两项因素的排名居后两位，属无影响的Ⅰ类因素，与前文得出的统计结果一致。

二、影响司法人员过失办错案的主体因素

(1) 缺乏责任心和敬业精神，不认真履行法定程序。本因素在

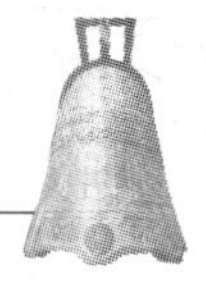

统计得分中排名第一，平均分Ⅰ高达 2.53 分，属于Ⅲ类因素。这个结果表明被试认为不良的职业道德对过失办错案很有影响。过失办错案，司法人员在主观上不外乎疏忽大意或过于自信，缺乏责任心和敬业精神为这两种过失心理的产生提供了思想基础，而不认真履行法定程序又为过失行为的发生创造了条件。在促成司法人员依法办案的诸因素中，良好的职业道德排名第二，属于很有影响的Ⅲ类因素，从反面证实了本条结论的正确性。

（2）业务素质差，缺乏办理此类案件的经验。面对纷繁复杂的案件，仅有良好的职业道德是不够的，司法人员还必须具备扎实的法律知识和丰富的办案经验。一些司法人员责任心很强，也认真履行了法定程序，可是案子过于复杂，他们不能正确地认定事实、理顺法律关系，结果还是办错了，关键就是在于业务素质差，缺乏办理此类案件的经验。本因素排名第二，属于很有影响的Ⅲ类因素。这一结果反映了被试对司法人员业务素质和办案经验的高度重视。

（3）性情急躁、急于求成，采用一些不合法的手段来办案或粗枝大叶、办事马虎。这两项因素用来测试一些不良的性格特征和过失办错案之间的关系。统计结果表明，这两项因素的平均分在 2.34 分以上，属于很有影响的Ⅲ类因素。粗枝大叶、办事马虎体现了个体的一种性格特征，这类人在生活中常常丢三落四，面对纷繁复杂的案件和门类繁多的法律，如果责任心和敬业精神不足，难免会出现因疏忽大意而过失办错案的情况。性情急躁、急于求成体现了个体性格的意志特征，这类人自制力较差，从气质类型上来分析，多属于胆汁质，如果再不认真履行法定办案程序，采用一些非法的手段，难免会造成过失办错案，其过失类型多属于过于自信型。

（4）文化水平低。从统计结果来看，被试认为文化水平低对过失办错案有一定影响，本因素的平均分Ⅰ为 2.23 分，列Ⅱ类因素之首。司法人员的实际文化水平的高低直接影响着其看问题的角度、逻辑推理能力、文字理解能力和写作能力，从而间接影响其对案件认识、对法律知识的掌握和司法文书的制作。同时，由于案件多样性，有时仅凭法律知识是不够的，还需要广博的知识，而知识的广博与否也受制于实际文化水平的高低。由此可见，实际文化水平低作为一项间接因素对司法人员过失办错案有一定的影响。

（5）办案人员的经验主义。丰富的办案经验对司法人员工作来说无疑很重要，但一旦成了经验主义，一切依过去经验来办，就难免要出错。经验中有一些有害的东西，如长期办案养成的偏见、思维定势、刻板印象等。例如，“一位（美国）联邦承审法官，在主持审判多年后讲，他总认为，作证时搓手的证人，都是撒谎的人(1949 年)”①。不难想象，这样一个法官在任期间将作出多少错误的判决。需要指出的是司法人员受偏见、思维定势等这些有害经验影响而作出错误判决时，他们本身并未意识到这一问题，甚至总是认为自己是正确的。

（6）过于相信自己的办案能力。这是自负的一种表现，也是一种不良的性格特征。自信是一种良好的心理品质，有助于司法人员独立办案，不受他人暗示及社会舆论影响。但过于自信就会变成固执，刚愎自用，只相信自己，听不进任何不同意见。现实生活是复杂的，而个人的智慧是有限的，司法人员若过于相信自己的办案能力，无视他人意见，难免会办错案。本因素的四项平均分在于 2.17 分左右，属于Ⅱ类因素。这一结果说明被试认同这一观点。

（7）武断或优柔寡断和办事依赖性强，易受他人暗示。设计这两项因素主要是想用来测试不良的意志品质和过失办错案之间的关系。统计结果表明，这两项因素的平均分Ⅰ分别为 2.16 分和 2.13 分，属于有一定影响的Ⅱ类因素。办事依赖性强，易受他人暗示，

① ［美］汉斯·托奇主编，周嘉桂译：《司法和犯罪心理学》，群众出版社 1986 年版，第 162 页。

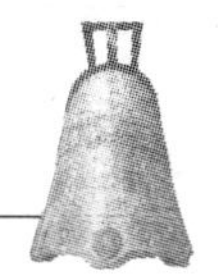

在心理学上称之为受暗示性，是一种与独立性相对的不良意志品质。受暗示表现为盲从，没有主见，很容易受他人影响。受暗示性强的人，其行为动机不是从自己已形成的观点和信念产生的，而是受他人影响的结果。司法人员在办案中对自己所办案件的第一手材料无疑掌握最多，而如果他有受暗示性，就很容易受某些对案情了解不多的人的意见影响，可能造成过失办错案。武断和优柔寡断是与果断相对的一种不良意志品质。前者表现为草率，行动缺乏充分的根据、周密的思考；后者表现为一种无休止的动机冲突，在采取决定时，迟疑不决，三心二意，而到了紧急关头又不假思索、仓促决定，作出决定后常反悔，甚至开始行动后，还怀疑自己决定的正确性。由此可知，司法人员，尤其是负有侦查职能的公安和检察人员，如果过于武断或优柔寡断，就难免会造成打草惊蛇或错过抓捕良机、证据被毁灭等不良后果，甚至导致过失办错案。

（8）办案人员自觉不自觉地偏向熟人。人与人之间交往和沟通的增多会缩短彼此间的距离，产生一种心理上的亲近感，对对方的观点更容易接受。比如，跟熟人聊天会很快乐，而一个陌生人跟你搭讪你可能会很警觉。一般来说，一个公正的司法人员绝不会去故意偏向自己的熟人，但很有可能会在无意识中受其心理的影响，比如对熟人讲的话听得更认真，觉得其说得合情合理，觉得其提供的证据更可信等，而自觉不自觉地偏向了熟人一边，造成判决不公正，甚至过失办错案。在统计结果中，本因素四项平均分在 2.07 分左右，属于Ⅱ类因素。这说明被试认可上述观点。

（9）身体状态不佳。心理学研究证明，人的心理状态和其身体状态关系密切。心理因素既可成为某些疾病的致病原因，也可成为治病因素；反之，人的身体状态对其心理影响也很大，如疾病可能导致心情不好，疲劳可能影响思维活动、注意力不集中等。由此可知，如果司法人员在生病、过于疲劳或醉酒状态下去办案，其认知、推理和判断能力必定大不如前，有可能办错案。需要明确的是，身体状况不佳对司法人员办案的影响不是绝对的，与司法人员的敬业精神、意志品质有一定关系。本因素的四项平均分为 1.90 分左右，属于有一定影响的Ⅱ类因素。

(10) 因过去的经历而对某一类案件产生了好恶感，对社会现实怀有不满情绪，长期从事一项工作而产生的厌烦情绪，以及在生活、工作中遭受挫折、心情不好。设计这四个问题是想测试情感、情绪因素与过失办错案之间的关系。从统计结果来看，这四项因素在排名中分列后四位，平均分Ⅰ为 1.58～1.78 分，属于Ⅱ类或Ⅰ类因素，对司法人员过失办错案无影响或影响很小。

第五节　对司法人员枉法办案的矫正对策

针对以上导致司法人员枉法办案的主体、主体外因素，提出如下相应的矫正对策。

(1) 坚持不懈地开展反腐败斗争，扭转不良的社会风气，依法严厉打击枉法裁判。本项对策在调查的对策中排名第一，平均分Ⅰ高达 2.71 分，属于很有效的Ⅲ类对策。所谓反腐败是指同滥用公共权力的行为作斗争，反腐败的对象包括前面涉及的地方或部门保护主义、收受贿赂、枉法办案等行为。事实证明，坚持不懈地开展反腐败斗争，不仅直接打击了那些枉法办案的司法人员，有效遏制地方或部门保护主义，而且对扭转不良的社会风气，重塑司法人员在公众心目中的形象有着深远的影响，毫无疑问将对矫正司法人员枉法办案有很好的效果。

(2) 严把用人关，提高司法队伍的素质。司法人员是司法活动的主体，其人员素质如何，直接关系到司法活动的质量。实践表明，严把用人关，具体要做到：一是要认真做好用人的资格审查工作，严格按照人民警察法、检察官法、法官法规定的条件进行仔细筛选；二是要建立健全公开考试制度，使那些有真才实学、品德优

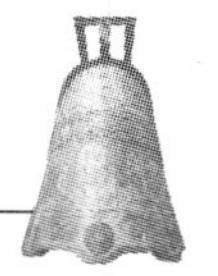

良的人进入司法干部队伍；三是要对在编的司法人员进行定期的德、才、勤、能的全面考核，对那些已不适合在司法系统中继续工作的人，尤其是品德不良者，坚决从司法队伍中剔除，绝不能姑息迁就，养痈成患。本条在诸项对策中排名第二，平均分Ⅰ高达2.61分，属于很有效果的Ⅲ类对策。这说明被试对这一预防性对策的高度重视和认同。

(3) 加强廉政建设，培养司法机关良好的工作作风。就司法工作而言，廉政建设的一个重要目标就是在机关内部形成一种廉洁、公正、务实、高效的工作作风，即确立良好的群体风尚。在这种情况下，个体只有与群体保持一致才有一种归属感和安全感。由此可知，司法机关内部形成一种良好的工作作风就等于剥夺了枉法办案行为生存和繁衍的土壤。在统计结果中，本对策排名第三，平均分Ⅰ为2.60分，属于Ⅲ类对策。这表明被试认为本对策对矫正司法人员枉法办案很有效果。

(4) 改革领导方式，制订规章禁止行政干预，确保司法机关工作的独立性。在现有的领导方式下，司法机关工作缺乏独立性，极易受到行政干预。对这一弊端，已在第三节作了论述。那么，应该如何改革现在的领导方式呢？笔者认为，就公安机关而言，作为政府的组成部分，应服从政府的行政领导，但应当明确的是，行政领导并不等于包办、干涉具体业务，公安机关应当在法定的范围内有自己独立的办案权。就法院系统而言，可结合我国国情，适当借鉴国外的做法。比如，在严把用人关之后，对在编人员进行严格的法官上岗考试，通过者可享有独立办案权，庭长、院长对具体案件无审批权，审判委员会有权对已作出的判决进行监督，决定是否提起再审。法官对自己办理的案件负全责，接受院长和审判委员会的监督。这样，法官与庭长、院长之间就形成了相对独立的关系，在工作上不受不必要的干涉，同时又受到有效的监督，不致滥用权力，枉法裁判。检察院系统也可作类似的改革，建立起以检察官独立办案为核心的工作制度。本对策的四项平均分均在 2.34 分以上，属于Ⅲ类对策。这表明被试对本对策在矫正枉法办案中的作用很重视。

（5）加强政治思想、职业道德教育，提高司法人员的政治、思想素质。在影响司法人员枉法办案的诸多主体因素中，收受贿赂排名第一，且是唯一的一个很有影响的Ⅲ类因素。对司法人员加强政治思想、职业道德教育的必要性目前已基本达成共识，关键在于采用何种方法才能使这一教育更有效果。有学者建议应当采用一些有别于传统思想灌输式的方法，建议应采用更加灵活和令人容易接受的教育方式，如座谈式的集体讨论、通过对身边的先进或落后人物的剖析来讲道理等。每次教育的内容都应该很具体，如应如何看待自己手中的权力，对金钱的态度等。要讲究教育的效果，切忌形式主义。本对策的四项平均分均在 2.34 分以上，属于Ⅲ类对策。这表明被试认为本条对矫正司法人员枉法办案很有效果。

（6）排名第六至第十的五项对策得分为 1.9～2.45 分，分别属于对矫正司法人员枉法办案很有效果和有一定效果的对策。前文已对这五项因素作过论述，这里不再赘述。

第六节　对司法人员过失办错案的矫正对策

针对影响司法人员过失办错案的主体和主体外诸因素，提出以下相应的矫正对策。

（1）加强立法、司法解释，减少法律、法规的不确定性，增加其可操作性。统计结果已表明，“法律法规界限不明，可操作性差”对司法人员过失办错案很有影响。法律必须保持应有的稳定性和连续性，而经济活动却在不断地发展，法律一经制定就难免出现僵化和不适应现实的滞后性。对此，除了强调理论先行、立法适当超前外，应强调有关部门及时制定立法、司法解释的重要性。它可以把

不断变化的生活中的一些新的内涵纳入原有法律之中，使法律与现实保持同步；可以把法律条文具体化，便于操作；可以使司法人员了解法律的精神，易于操作。由此可见，加强立法、司法解释有助于矫正司法人员过失办错案。本条排名第一，四项平均分均在2.34分以上。这说明被试认为本条属于很有效果的Ⅲ类对策。

（2）加强业务培训，开展办案经验交流，提高司法人员办案能力。统计结果表明，“司法人员业务素质差，缺乏办案经验”是对其过失办错案很有影响的一条主体因素，而本条对症下药，自然应对矫正司法人员过失办错案很有效果。本条在统计上的得分及排名也证实了其有效性。

（3）规范办案程序，严格依法办案，以及健全司法人员选拔、任免、考核、奖惩制度。这两条是针对司法人员不按法定程序办案和文化、业务水平低、机关内部工作作风不良而提出的对策，属于制度建设范畴。这两项对策的得分及排名表明，被试认为其对矫正司法人员过失办错案很有效果。

（4）司法人员要敢于秉公执法，顶住来自各方面的说情和压力；戒骄戒躁，养成认真扎实的办案作风；善于独立思考，办案中不受他人意见干扰；培养良好的注意品质；在办案中，控制自己的情绪，免受不良情绪干扰。这五项对策是针对排名第三、四、七、八、九、十二、十三、十四、十五的九项影响司法人员过失办错案的主体因素提出来的，目的是对司法人员加强自身修养、培养良好的心理品质提出具体的要求，指明努力方向。上述五项对策从心理学角度可以归纳如下：意志品质中的坚毅性、对己对事的良好的性格特征、意志品质中的独立性、良好的注意品质、意志品质中的自制力。本条所列五项对策的平均分Ⅰ为1.98～2.38分，分属于Ⅱ类、Ⅲ类对策。这表明被试认为这五项对策对矫正司法人员过失办错案很有效果或有一定效果。

（5）领导要关心司法人员的生活，帮助其解决生活困难，使其减少后顾之忧。本条对领导干部提出了具体要求。领导对司法人员生活的关心，一方面有助于解决其生活中确实存在的一些困难，使其安心工作，另一方面有助于营造一种良好的人际氛围，使司法人员在心理上有一种对团体的认同感和归属感，从而尽心尽力为团体工作。本条的得分及类型归类也说明了这一点。

（6）加强职业道德教育，增强司法人员的职业荣誉感和责任心；规定适当的工作量，避免司法人员超负荷工作。这两条的平均分Ⅰ分别为2.23分和2.01分，属于有一定效果的Ⅱ类对策。

思考题

1. 促成司法人员依法办案的因素有哪些？
2. 导致司法人员枉法办案的因素有哪些？
3. 影响司法人员过失办错案的因素有哪些？
4. 试述司法人员枉法办案和过失办错案的矫正对策。

第二编　刑事司法心理

第五章　犯罪嫌疑人、被告人心理

犯罪嫌疑人，是指在公诉案件中因涉嫌犯罪正在被立案侦查和审查起诉的刑事当事人。被告人，是指涉嫌犯罪而被检察机关提起公诉或者被自诉人提起自诉的刑事当事人。在刑事诉讼中，要解决的基本问题是犯罪嫌疑人、被告人是否犯罪，犯了何罪，应否给予刑事处罚，以及应给予什么刑事处罚等问题。侦查、检察、审判活动都要紧紧地围绕这些基本问题来进行。这些问题对犯罪嫌疑人、被告人来说具有最重要的利害关系，也就是说犯罪嫌疑人、被告人对自己最终可能受到的刑事处罚结果是最为关心的，因而也就决定了犯罪嫌疑人、被告人在刑事诉讼中独特的心理特点。

第一节　犯罪嫌疑人、被告人在刑事诉讼过程中的心理概述

在刑事诉讼中，虽然由于犯罪人年龄、性别不同，犯罪类型不同，以及由于诉讼阶段不同，犯罪嫌疑人、被告人的心理活动各异，但由于他们都处于刑事责任被追究者的地位上，因而在刑事诉讼中也具有一些共同的心理特点。在刑事诉讼中，犯罪嫌疑人、被告人的心理状态主要有以下特点。

一、悔恨心理

一般来说，犯罪嫌疑人、被告人在实施犯罪行为后，处于被追究刑事责任的处境。对他们来说，面临着社会、家庭和自身命运等多方面的心理压力。在刑事诉讼过程中，犯罪嫌疑人、被告人的思绪是非常复杂的，他们往往用对比、假设等方法分析自己的经历，想象即将面临的刑事处罚与正常社会生活的巨大反差，感受到一种极大的人生挫折。因此，大多数犯罪嫌疑人、被告人在刑事诉讼中都有强烈的悔恨心理。悔恨心理也有积极和消极之分。从积极的角度说，有的犯罪嫌疑人、被告人痛恨自己因走上犯罪道路，毁灭了自己的前途，损坏了自己的名誉，连累了家庭、子女，愧对人生，给自己和他人带来了不可挽回的恶果。这是一种有利于刑事诉讼正常进行的积极情绪。从消极的角度说，有些主观恶性较深的犯罪嫌疑人、被告人，虽然对自己面临的处境也十分悔恨，但是悔恨自己的作案手段不够高明，反侦查能力不强，没有达到最终的犯罪目的等。这是一种不利于刑事诉讼活动正常进行的消极悔恨情绪。

二、恐惧心理

刑罚是一种极为严厉的惩罚手段，无论从强度还是从影响力来说，都要超过行政处罚和经济处罚，它不仅可以通过人民法院的生效判决，剥夺被告人的人身自由，而且有权依法剥夺被告人的生命。在刑事诉讼中，犯罪嫌疑人、被告人处于被追究刑事责任的地位，必然产生挫折感，害怕对其犯罪事实的揭露和认定，以及随之而来的刑罚制裁。因此，在刑事诉讼过程中，无论犯罪嫌疑人、被告人在侦查、检察、审判人员面前表现得多么镇定，其内心都对刑罚感到恐惧，尤其当所犯之罪可能被判处重刑和极刑时，其恐惧感的表现更为突出。随着诉讼的进行，犯罪嫌疑人、被告人的恐惧感日益明显，更趋强烈，有的犯罪嫌疑人、被告人甚至表现为语塞、

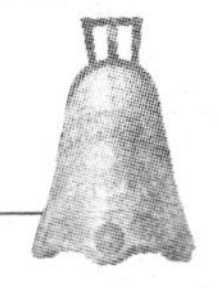

战栗、颓丧、小便失禁、站立不稳、昏迷等。其恐惧心理中存在着强烈的求生、求宽、求轻、求免心理，表现为有的避重就轻，有的力求坦白从宽，有的干脆拒不交代，有的则丧失了语言表达能力，因过分恐惧而无法回答侦查、检察、审判人员提出的问题。

三、侥幸心理

侥幸是犯罪嫌疑人、被告人自认为可以逃避应得刑事处罚的一种自信感，是在畏罪、逃避等心理动机的支配下产生的。有些存有侥幸心理的犯罪嫌疑人、被告人过分相信自己的主观判断能力，自恃犯罪手段高明、行动诡秘、所定攻守同盟牢固、保护层严密，藐视侦查、检察、审判机关，因而处于自欺欺人的侥幸状态之中，试图以这种盲目的安全感来掩盖内心的恐惧。犯罪嫌疑人、被告人的侥幸心理十分复杂，因人因案而异。有的犯罪嫌疑人在较为客观、全面地分析了罪证、案件和案件侦查进展等情况后，产生了比较自觉和稳固的侥幸心理，因而对抗性较强；有的犯罪嫌疑人、被告人的侥幸心理是基于想当然或出于根据不足的错误判断而产生的，极易波动，因而也容易被消除。

四、对抗心理

对抗心理是大多数犯罪嫌疑人、被告人在刑事诉讼过程中表现出来的一种普遍心理现象，是他们不愿面对即将受到的刑事制裁的心理反应。其产生原因与犯罪嫌疑人、被告人的身份及犯罪经历、具体案情有着十分密切的关系。

一般来说，累犯对刑事制裁有过痛苦的体验，形成了强烈的逆反心理，他们敌视社会，仇视司法机关，若再次受到刑事制裁，必然加深对立情绪。

初犯、偶犯虽然懊悔自己因犯罪导致前途、名誉毁于一旦，但又对自己的处境极为不甘心，以拒不交代罪行逃避惩罚，求得处境的改变和解脱，因此以种种对抗行为企图干扰刑事诉讼活动的顺利进行。

犯有较重罪行的犯罪嫌疑人、被告人自知罪责难逃，重刑难免，但在求轻、求生欲望的支配下，又进行垂死挣扎，企图凭借对抗行为求得逃避应得刑罚制裁的一线希望。

另外，由于侦查、检察、审判人员言谈失误、方法不当，损及犯罪嫌疑人、被告人的人格和自尊心，也极易引起和加重他们的对抗心理。

五、戒备心理

犯罪嫌疑人、被告人在刑事诉讼过程中的戒备心理，是他们防御性自卫本能的反应。一般来说，大多数犯罪嫌疑人、被告人都害怕自己的罪行被全部揭露，有损名誉、前途和地位，所以在刑事诉讼中处处设防，时时戒备。具有这种心理状态的犯罪嫌疑人、被告人对侦查、检察、审判人员以及其他诉讼参与人的问话、言谈、举止十分在意。他们认真观察，细心品味。同时，他们又怀疑侦查、检察、审判人员运用审讯策略，暗布陷阱，因而在回答问题时吞吞吐吐，慎之又慎。有的犯罪嫌疑人、被告人甚至以反诘的口吻试探摸底或搪塞抵赖。

六、忧郁心理

有的犯罪嫌疑人、被告人在罪行败露，被采取强制措施后，不得不正视即将受到的刑罚制裁，随之产生对前途、命运的担忧，因此心情忧郁，表现为叹息、悲伤、哭泣、不语等。

七、绝望心理

有的犯罪嫌疑人、被告人在被逮捕后，感到巨大的心理压力，其中罪行严重者产生了自由无望、前途渺茫的绝望感。特别是当其

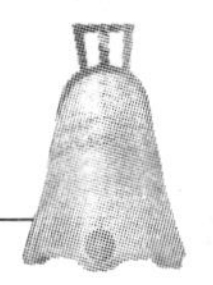

感到罪行已经败露，受到刑罚制裁已成必然，名誉、前途、家庭等方面都将因此而发生根本变化时，绝望感便会达到极点。

绝望感是一种十分典型的消极心理，它使犯罪嫌疑人、被告人产生反常行为，如沉默、烦躁、抗拒甚至自杀等。但也有犯罪嫌疑人、被告人在绝望后，又慢慢地接受了现实，转而出现寻求生路，坦白认罪的心理，促使绝望心理向积极方面转化。

第二节　犯罪嫌疑人、被告人在刑事诉讼不同阶段的心理

一、犯罪嫌疑人在侦查过程中的心理

（一）犯罪嫌疑人的反侦查心理

反侦查心理是指犯罪嫌疑人逃避侦查的意识与干扰侦查视线的动机。在反侦查心理的支配下，犯罪嫌疑人在作案前、作案过程中以及作案后，会有目的、有计划地采用各种逃避侦查的手段、方法。一般来说，临时起意作案的犯罪嫌疑人所采取的反侦查措施是在作案后进行的弥补措施，特别是情境型犯罪人更是如此。而大多数预谋型犯罪嫌疑人在犯罪预备和实施过程中，就开始了一系列干扰侦查的活动。犯罪嫌疑人常用的反侦查手段主要有以下几种。①

（1）精心设计作案时间。确定作案时间是排查犯罪嫌疑人的重要途径。因此，犯罪嫌疑人通常会在作案时间上做文章，扰乱侦查视线。采用的方法通常有两种。一是作案前设计、制造自己没有作案时间的假象。具体的做法是精心计算时间，使自己在作案前后出现在一些不知情者的视线中，为自己制造案发时“不在场”的证

① 罗大华主编：《犯罪心理学》，中国政法大学出版社2002年版，第307页。

据。二是案后串连，请同伙或其他人作伪证，以证实自己没有作案时间。

（2）破坏和伪造犯罪现场。犯罪现场是犯罪嫌疑人作案地点和遗留与案件有关的痕迹、物证的场所，也是侦查人员提取痕迹、物证，获得侦查线索的重要信息源。犯罪嫌疑人通常竭力破坏或者伪造犯罪现场，给侦查活动制造障碍。常见的方法主要有三种：一是清理现场以清除、消灭作案痕迹，比如清除血迹、足迹等；二是伪装现场以扰乱侦查视线，比如明明是仇杀却将现场制造成抢劫杀人，误导侦查人员的调查方向；三是通过移动尸体或财物，使侦查人员难以确定原始现场。

（3）改变个体形象特征。在盗窃、抢劫、强奸、报复、预谋杀人、伤害等案件中，犯罪嫌疑人为防止案发后被侦查人员查获，常在作案过程中有意改变自己的形象，一方面可以使受害人或者目击者难以识别，另一方面也可以通过在现场留下的虚假痕迹干扰侦查视线。常见的改变个体形象特征的方法主要有：一是改变体貌特征，如蒙面，描画、粘贴胡须、眉毛，男扮女装或者女扮男装，小脚穿大鞋等；二是改变言语特征，如改变说话习惯或语音特征；三是改变行为习惯或生理特征，如伪装左撇子、跛脚、结巴、盲人等。

（4）处理赃证。赃证即赃物、犯罪工具或其他罪证，是证明犯罪的关键证据。处理赃证是犯罪嫌疑人对抗侦查的重要手段。处理赃证的主要方法，一是销售、毁灭、遗弃、掩埋、藏匿或改变其存在形态，二是张冠李戴，嫁祸他人。

（5）伪装积极。有些犯罪嫌疑人在案发后跑前跑后，对侦查工作虚假配合。一方面，通过为侦查人员提供某些线索，误导案情分析；另一方面，通过参与侦查活动，及时了解破案过程，便于采取进一步的反侦查措施。

（6）串供和谎供。案发后，犯罪嫌疑人意识到自己处于危险状

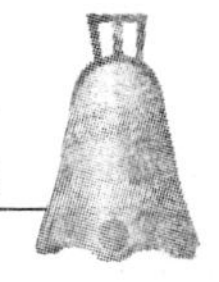

态，于是会采用各种手段与同案犯串供或者编造口供，动员自己的同伴或不明真相的群众向公安机关提供虚假证言，借以掩盖自己的罪行。有的犯罪嫌疑人则在讯问时避重就轻或编造虚假情节，企图蒙混过关。

（二）被跟踪、守候的犯罪嫌疑人心理

跟踪、守候是对重大案件的犯罪嫌疑人使用的秘密侦查手段。重大案件的犯罪嫌疑人一般犯罪经历多，作案手段和逃避打击的经验比较丰富。因此，掌握他们的心理活动规律及其行为特点，是侦查人员调节自己的心理状态和行为，适应跟踪、守候的任务的心理依据。一般来说，被跟踪、守候的犯罪嫌疑人有以下几种心理。①

（1）多疑和加强戒备的心理。这是罪行比较严重的犯罪嫌疑人的一种普遍的心理状态。他们自知所犯罪行的严重后果，害怕暴露蛛丝马迹，心理压力很重，总认为有人在监视自己。为了保护自己，他们行动谨慎，经常试探自己是否被跟踪、守候。其表现是出门探头探脑，四处观望；行走时疑神疑鬼，走走停停，环顾扫视；在行进中突然停止、拐弯、回头等，以检查是否有人跟踪监视。

（2）极欲摆脱跟踪、守候的心理。这是被侦查的犯罪嫌疑人在发现自己被跟踪、守候后的一种心理状态。由于担心暴露，他们常常会突然停止一切外出活动，中断与外界尤其是与犯罪同伙的联系，或者改变行动计划，制造一些虚假情节以干扰侦查视线；正在被监视的犯罪嫌疑人，往往会采取挤进拥挤的人群，混入商店、剧院，突然上下车或化装改扮等方式，试图摆脱跟踪。

（3）侥幸心理。一些犯罪嫌疑人在作案后，达到了犯罪目的，并且自认为行动诡秘，不会有人跟踪监视，便洋洋自得，侥幸心理

---

① 罗大华主编：《刑事司法心理学理论与实践》，群众出版社 2002 年版，第 47～49 页。罗大华主编：《犯罪心理学》，中国政法大学出版社 2001 年版，第 312 页。

加强。表现为行为大胆，很少伪装，照常与同案人接触；生活上吃喝挥霍，放荡不羁，转移赃物及销赃活动大胆；或继续寻找机会作案。这种心理在盗窃、抢劫、诈骗等犯罪中较为突出。

（4）逃脱拒捕心理。这是指被跟踪、守候的现行犯或被追捕的犯罪嫌疑人在面临被抓捕的危险时，企图逃脱，抗拒逮捕的一种心理。这类跟踪、守候对象即使在跟踪、守候的侦查人员采取逮捕行动时，也不肯束手就擒，而是顽强拒捕，企图逃脱。

（三）被拘留、逮捕的犯罪嫌疑人的心理

拘留、逮捕是剥夺犯罪嫌疑人人身自由的强制措施。犯罪嫌疑人被拘捕后，一方面，其人身自由受到限制，监所的特殊环境也使得他们与外界隔离，原有生活规律受到破坏；另一方面，由于罪行败露，将要面临审讯和被处以刑罚，对前途、工作、家庭、社会地位的忧虑必然使犯罪嫌疑人产生孤立无援、惊恐不安、心绪紊乱等复杂的心理反应。

（1）孤独感。犯罪嫌疑人被拘捕后，突然失去了人身自由，隔断了与外界的联系，内心的无依无靠、无所寄托、孤立无援的体验萌生。尤其是女犯和少年犯，由于其生活环境和家庭联系遭到破坏，孤独感油然而生。在这种孤独感心理的支配下，其行为产生一系列的变化。例如，急于探听案情，渴望与同案人串供，与家里人联系，甚至求助同监其他犯罪嫌疑人出谋划策。这种孤独感会引发或增大犯罪嫌疑人的畏罪、恐慌心理。

（2）紧张。在孤独感和监所环境的压力下，尤其是担心罪行被揭露而受到惩罚，犯罪嫌疑人经常会产生严重的紧张情绪，表现为情绪波动大，焦躁不安，坐卧不宁，对外界反应敏感却又竭力故作镇定。他们既希望尽快受审，以进行辩解，又害怕被审问，担心审讯结果对自己不利。初犯还常常急不可待地向同监其他犯罪嫌疑人询问对付审讯、逃避罪责的方法。

（3）压抑。这是一些大案、要案的犯罪嫌疑人，在自认为罪行

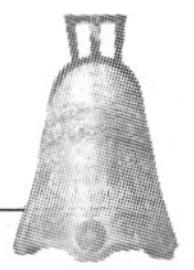

还没有败露时，对其执行拘留、逮捕过程中产生的心理反应。他们首先想到的是在哪方面出现了漏洞，让公安机关看到了破绽。他们表面镇定，表现出一副事不关己的样子，而内心的压力极重。为摆脱压抑感，有的情愿交代罪行，争取早日解脱，有的忍受不了内心罪责的折磨，而将秘密告诉同监者。

（4）抵触。犯罪嫌疑人在被拘捕后，自感案情败露，罪行严重，名誉、前途、地位都将毁于一旦，因而产生极度的绝望感。在这种绝望感支配下易产生两种心理状态：一种是在绝望中还有一丝求生欲望，想通过立功表现以争取宽大处理；另一种就是顽固到底，表现出强烈的抵触情绪。这种抵触情绪能使初犯接受累犯、惯犯教唆的对抗审讯和继续犯罪的经验，能使犯罪嫌疑人之间相互串供、研究反询问对策，严重的可发展到越狱、暴狱、杀害看守人员等。

（5）悔恨。罪行较轻的初犯者被拘捕后易产生悔恨心理。犯罪嫌疑人的悔恨心理包括以下几种：一是意识到自己罪行的危害性，悔恨自己不该犯罪；二是认为犯罪的结果得不偿失，悔恨自己一时冲动，贻误终生；三是懊悔自己的犯罪手段不够高明，未能逃避侦查或者对犯罪结果不满意。有悔恨心理的犯罪嫌疑人常常表现为沮丧沉闷、长吁短叹、坐卧不安、痛哭流涕。真诚悔恨的犯罪嫌疑人常常急于找看守或侦查人员坦白交代自己的罪行。因被捕或因对犯罪结果不满而懊悔的犯罪嫌疑人，既有可能采取对抗态度，也有可能把交代部分罪行当做换取早日出监以继续进行犯罪活动的一种手段。

（四）犯罪嫌疑人在讯问中的心理

讯问是侦查人员为揭露案件真相，证实犯罪和查明犯罪人，对犯罪嫌疑人依法进行的侦查活动。在讯问中，犯罪嫌疑人深知讯问结果直接关系到自己的命运，因而产生一系列复杂的心理活动。通过了解犯罪嫌疑人在讯问中的心理特点，把握其心理变化规律，讯问人员可以有针对性地采取恰当的讯问策略，实现讯问的目的。

1. 犯罪嫌疑人在讯问中常见的心理状态

（1）畏罪。畏罪心理是由于犯罪嫌疑人害怕罪行被揭露会受到惩罚而产生的。同时，也是由于罪责感的压力和司法机关的威慑力，使其受到强有力的心理刺激而形成的。它是导致案犯拒不交代、供述犯罪事实并引发其他心理活动的主要心理原因。1997 年进行的一项对在押犯罪嫌疑人的调查结果表明，在各种心理状态中，畏罪心理是最突出的。①

在畏罪心理的支配下，一些犯罪嫌疑人通过各种合理的和不合理的防御手段来逃避罪责和内心的痛苦。有的犯罪嫌疑人避重就轻，供小瞒大，企图蒙混过关。

（2）戒备。戒备心理是犯罪嫌疑人为防备罪行被揭露和害怕不能得到公正处理的一种防御反应。在司法实践中，口供往往成为重要的定案依据。因此，对可能被追究刑事责任的犯罪嫌疑人来说，在讯问中，为了防备罪行被揭露和对侦查人员的不信任，其戒备心理表现是非常突出的。

在戒备心理支配下，犯罪嫌疑人在讯问中的表现主要有：不回答问题或唯恐言多语失，出现破绽，因而言语谨慎，字斟句酌，处处设防戒备；对审讯中的有关问题格外敏感，注意力高度集中；审视、怀疑的目光、神态；抵触、对立的情绪及其言行等。

戒备、对立心理在审讯初期表现较为明显。另外，犯罪嫌疑人对案件侦查情况的估计，犯罪嫌疑人的个性特点和反审讯经验等，都对其戒备心理有一定程度的影响。

（3）侥幸。侥幸心理是犯罪嫌疑人自认为可以逃避罪责的心理，一般在作案者着手实施犯罪前就已经存在。这种心理产生的原

---

① 毕惜茜、赵桂芬：《在押犯罪嫌疑人心理状态调查之二——供述心理的分析》，载《预审探索》1998 年第 3 期。

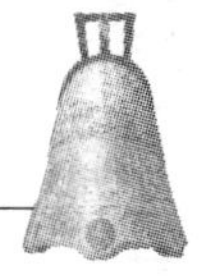

因：一是作案者自认为自己的作案手段高明，侦查人员无法找到破绽；二是犯罪嫌疑人从讯问人员的初审中分析侦查人员并没有掌握有力证据，只要自己不供述，公安机关就抓不住自己的把柄。侥幸心理的一般表现是：初审时竭力试探讯问人员掌握证据的情况，为有计划地抗拒讯问作准备；或在接受讯问时，以守为攻，辩解否认；或者抓住讯问人员问话中的漏洞，主动反击；或者干脆一言不发，以免被抓住把柄。

（4）恐慌。犯罪嫌疑人出现恐慌心理一般是出于以下几个方面的原因：一是存有侥幸心理的犯罪嫌疑人面对讯问人员出示的有力证据，自知罪责难逃而出现恐慌心理；二是犯罪嫌疑人得知自己犯罪行为的危害后果严重和即将受到的惩罚远远超出自己的预料；三是讯问中压抑、严肃的气氛形成巨大的心理压力导致其产生恐慌。恐慌心理多见于初犯和偶犯。恐慌心理的出现常常使犯罪嫌疑人表现为：思维紊乱，原有的对犯罪事实的记忆出现混乱，自我控制和自我判断能力减弱；神思恍惚，手足无措；供述中语无伦次，神色慌张，对指控一概否定。这种情况会使讯问难以进行。

（5）悲观。悲观心理是指犯罪嫌疑人自知罪行将被揭露，面对法律的惩罚而对自己的前途、追求丧失信心的一种心理状态。产生悲观心理的原因主要有以下几种：害怕被判处重刑，或对日后漫长的监狱生涯心怀恐惧，产生自由无望、前途渺茫的绝望感；二是由于无法摆脱和解决一些现实中的问题，导致丧失生活情趣和希望；三是犯罪后自责、后悔，自认为已成为社会的罪人和家庭的累赘，缺乏继续生活的勇气。

在悲观心理的强烈冲击和压迫下，犯罪嫌疑人个性的稳定性发生急剧变化，丧失了生存欲望，生理和心理极端反常，不能控制自己的行为，因而在接受讯问时表现为：有的迟钝、冷漠、忧愁、沉默；有的暴躁、烦闷，甚至歇斯底里；有的怀疑一切，仇视一切，不听劝告和警告，固执地采取自暴自弃或顽抗到底的态度；有的迎合侦查人员的讯问随便乱供；有的还做出极端行为，进行暴力破坏或自寻短见。

（6）抵触。抵触心理是犯罪嫌疑人对公安机关对其采取强制措施和侦查人员的讯问表现出强烈不满和敌视的一种心理状态。抵触心理产生的原因主要有以下几种：一是在侥幸心理的基础上，对被拘捕有强烈的抵触情绪，认为自己的行为不是犯罪或事出有因，或者认为侦查人员没有掌握证据，不应采取强制措施；二是在悲观心理的支配下，对前途失去信心，因而对侦查人员的讯问不作积极回应；三是侦查人员讯问方法不当，损害了犯罪嫌疑人的人格和自尊，或者犯罪嫌疑人自己或家人曾受到公安机关的不公正对待，对侦查人员抱有成见。

有抵触心理的嫌疑人在讯问中的表现可分为两类。一是外显的抵触行为。抵触心理使得一些犯罪嫌疑人的情绪失控，表现为性情暴躁，缺乏理智，出言不逊，气焰嚣张。二是内隐的抵触行为。抵触心理也使一些犯罪嫌疑人情绪受到压抑，表现为对讯问反应冷漠，漫不经心，答非所问，甚至沉默不语。抵触心理使犯罪嫌疑人同侦查人员在讯问中发生冲突，往往使讯问陷入僵局。

2. 犯罪嫌疑人在讯问中的心理变化过程

讯问实践证明，犯罪嫌疑人在接受讯问后，立即交代全部罪行和始终不交代罪行的都是少数，大多数犯罪嫌疑人是经过侦查人员同其激烈交锋、反复较量后才被迫交代罪行的。在整个讯问过程中，犯罪嫌疑人的心理变化大致要经过试探摸底、对抗相持、动摇反复、供述罪行四个阶段。当然，这四个阶段的划分并没有绝对的界限，同时，不同的犯罪嫌疑人由于其个性经历、犯罪主观恶性程度不同，在每一阶段所表现出的心理特点也有所差异。

（1）试探摸底。试探摸底在整个讯问过程中都有所体现，但集中出现于讯问初期。犯罪嫌疑人被拘捕后，丧失人身自由，与亲友的正常交往中断，对受审查的处境产生极不适应、心神不宁的状

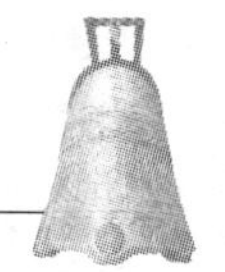

态，心里琢磨着自己的罪行是怎样暴露的，公安机关掌握多少罪证，侦查人员是否难对付等问题。因此，在讯问初期，大多数犯罪嫌疑人总是要以试探的手法进行摸底，以便采取反讯问的对策和方法。其试探的重点是侦查人员掌握证据的情况和侦查人员的个性特点、办案能力。

在试探摸底阶段，不同类型的犯罪嫌疑人有不同的表现。老练的犯罪嫌疑人表现出自制力较强、注意力集中，在不了解侦查人员掌握证据的情况时，不希望通过自己的语言暴露犯罪事实。在预审过程中与侦查人员保持一定距离，采取以静待动，进行试探摸底，尽量让侦查人员多讲而自己少讲。初犯基于其本能或学习他人经验，也希望能通过试探方式了解自己的罪行暴露状况，但由于准备不充分或无经验，不知如何应答侦查人员的提问及如何掩饰自己内心的慌乱，心理上的紧张与无所适从导致生理上的紧张，从而有一些明显的外部表现，如惶恐不安、手足无措，吞吞吐吐、语无伦次，有多余的动作，拖延回答时间或避而不答。

试探摸底的主要方法有索要证据、以假乱真、编造伪证、抛小瞒大、要求通信及接见律师、家人等，借以观察侦查人员的反应，从中了解自己所需要的信息。

（2）对抗相持。经过初期阶段的讯问，犯罪嫌疑人开始适应讯问环境，对侦查人员的能力、经验也有了初步了解，自以为可以应付各种讯问情势，对抗意识逐渐上升。这时，犯罪嫌疑人与侦查人员之间的狡赖与批驳、逃避与揭露的斗争达到白热化程度，双方在意志、信心与智力方面进行较量，使讯问活动出现了对抗相持局面。在对抗相持阶段，犯罪嫌疑人的侥幸心理比较突出。罪行比较严重的犯罪嫌疑人采取“既来之，则安之”的态度，情绪由紧张焦虑转入冷静沉着，与侦查人员针锋相对；惯犯、累犯或反社会心理较强烈的犯罪嫌疑人表现出极端的对立情绪。在对抗相持阶段，犯罪嫌疑人可能会采取拒供、谎供、翻供等多种手段对付讯问。

（3）动摇反复。经过对抗相持的激烈斗争，经过侦查人员巧妙出示证据、有力的讯问、正确的引导，结合政策攻心，犯罪嫌疑人的心理防线逐渐松动，侥幸心理、抵触情绪渐趋缓和。但是，犯罪嫌疑人只是表现为拒供意志有所动摇，拒供意识有所削弱，心理顾虑仍然严重。这时犯罪嫌疑人会产生激烈的供述与否的动机斗争，因而表现出犹豫、动摇、矛盾的心理，讯问活动转入动摇反复阶段。犯罪嫌疑人想顽抗，又怕受到从严惩处；想回避，又怕讯问无休止地进行下去；想供述罪行，又抱着挺一挺也许能混过去的侥幸心理。

（4）供述罪行。当犯罪嫌疑人的心理防线完全崩溃，对抗讯问的意志彻底动摇，认识到继续隐瞒罪行有害无利，坦白交代才是唯一出路时，讯问活动就进入到供述罪行阶段。在这个阶段，犯罪嫌疑人的供述动机占主导地位，为了争取好的认罪态度，对讯问活动表现出热情，愿意回答侦查人员的问题，如实供述罪行。因案情和犯罪嫌疑人个性不同，供述时也有一些差异。例如，有些累犯、惯犯在侥幸、畏罪心理的支配下，供述时表现为：存有幻想，能少供就少供；有证据便供，无证据便不供；问得紧就供，一般讯问就不供。有些大案、要案的犯罪嫌疑人感到犯罪事实清楚，证据确凿，大局已定，判刑难免，为争取认罪态度好而彻底供述，但也想从侦查人员那里探听同案犯情况，公安、司法机关对该案的态度以及群众对此案的反应，有无翻供和争取从宽处理的可能等。有些罪行较轻的嫌疑人如实供述后反而感到松了一口气，渴望得到从轻处理或无罪释放。

二、被告人在被起诉中的心理①

案件侦查终结后，被移送到检察机关审查起诉。审查起诉是人

① 罗大华主编：《刑事司法心理学理论与实践》，群众出版社 2002 年版，第 49～51 页。

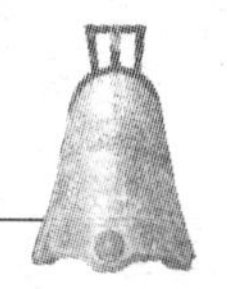

民检察院对侦查机关或侦查部门侦查终结移送起诉的案件予以受理，依法对其认定的犯罪事实和证据、犯罪性质以及适用的法律等进行审查核实，并作出处理决定的一项诉讼活动。通过审查，依法作出对犯罪嫌疑人作出起诉或者不起诉的决定。被提起诉讼的被告人在被起诉的过程中，其心理状态会发生重大变化。

（1）侥幸心理犹存。在起诉阶段，尽管侦查机关已经对案件侦查完毕，对案情有了清楚的认识，但在一般情况下，被告人在求生本能的驱使下，并不甘心束手就擒。不到最后的判决，被告人就存有一线希望。因此，在起诉中，有的被告人仍存在着不切实际的幻想，侥幸心理仍在起作用。其主要表现是想尽一切办法，以种种借口推翻原供，编造情节，和检察人员对抗。

（2）企望从轻处罚。案件被审查起诉后，所要解决的主要问题是对被告人的犯罪事实、犯罪性质和犯罪情节进行认定。这些问题都关系到对犯罪人的量刑。在争取从轻心理的支配下，在案件的整体事实无法回避的情况下，有的被告人开始回避案件的关键问题，对案件轻描淡写，只交代次要的或轻微的问题，企图蒙混过关。

（3）观望案情进展，设立新的防线。在审查起诉阶段，一些被告人虽然自知罪责难逃，但在求生、求轻欲望的支配下，仍然进行种种谋划，以期免除或减轻刑罚。因此，他们认真分析案情，采取以静制动的策略，在必要的时候及时采取对自己有利的反侦讯行动。注意从检察人员的讯问和检察机关采取的措施中观察案情的进展情况，以随时设防。在这种心理状态下，被告人的总体表现是戒备猜测，他们对检察人员的讯问语气、所提问题、行为举止都认真观察，慎重对待，在一道防线被击溃后，又设立新的防线。

（4）企盼法律援助，希望律师早日介入。在犯罪事实大体确定，被告人自认为在事实方面没有狡辩的必要时，便开始关注法律问题，考虑自己的犯罪在事实和性质上法律能作何种认定，具体的罪名是什么，可能被判处什么刑罚。一般情况下，被告人的法律知识不足，迫切需要得到法律帮助。有的被告人开始向同监的其他人了解法律知识，在被审讯时向审讯人员提出法律问题；有的被告人决定聘请律师为自己辩护，希望律师能够早日介入，使自己尽快得到法律帮助。

（5）希望诉讼早日终结。有的被告人经过分析，认为自己的犯罪不严重，即使受到刑罚惩罚也不会太重，希望早日离开羁押场所，到监狱等执行机关服刑。有的罪行严重的被告人自知罪责难逃，不愿忍受精神折磨，也希望诉讼早日终结。

（6）自知罪责难逃，如实交代犯罪。有的案件事实清楚，证据确凿，被告人知道在这种情况下狡辩已无济于事，于是对自己的量刑问题不再抱幻想，便如实交代犯罪，以求坦白从宽。有的被告人认识到自己犯罪的危害，有一定的悔改表现，在“坦白从宽，抗拒从严”的政策感召下，也能够如实交代犯罪事实。

三、被告人在审判中的心理①

审判是人民法院依据法定程序对被告人进行审理和定罪量刑的过程。对被告人而言，审判是决定其命运和前途的关键时刻。在审判过程中，被告人的心理是极为复杂的。有些被告人开始后悔自己在讯问中的如实供述，并积极寻找新的防御措施；有的被告人急切渴望判决的早日到来，以尽快摆脱这种处在不可知状态的焦虑心理等。

（一）影响被告人心理活动的因素

被告人在审判过程中的心理受到多种因素的综合作用。

（1）被告人自身的主观恶性程度。被告人个性心理结构中的缺陷，尤其是其主观恶性程度，对其审判中的心理状态有重要影响。

① 罗大华主编：《犯罪心理学》，中国政法大学出版社 2002 年版，第 324～327 页。

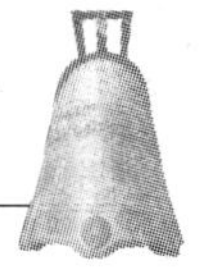

例如，出于义愤杀人的被告人一般表现得大义凛然，敢作敢当；预谋杀人的被告人往往自恃作案手段高明而心存侥幸，在法庭上极力为自己开脱，甚至鸣冤叫屈，干扰审判人员的视听。

（2）被告人的犯罪经历。一般来说，大部分初犯和偶犯在进入审判阶段时，已经充分认识到自己的行为给社会带来的危害后果，加之在审判的庄严肃穆的气氛中，被告人极易产生紧张感，一般都能坚持如实供述，少有翻供；即使有极少数人翻供，也往往是破绽百出，容易被攻破。而惯犯和累犯由于已经受过刑事处罚，积累了对付审判机关的经验，他们能够克服在法庭上时内心的紧张和恐惧，敢于在庭审中抓住一切有利于自己的机会，以守为攻，以静制动。

（3）诉讼参与人的影响。在法庭审判过程中，诉讼参与人对被告人的心理有重要影响。公诉人对犯罪行为的指控和揭露，被害人的陈述和证人的当庭指证，控辩双方的尖锐冲突等，这种与侦查阶段迥异的新情境，使被告人产生强大的心理压力。

（二）被告人在审判不同阶段的心理

1. 被告人在开庭时的心理

（1）羞耻。在开庭审理时，尤其是公开审判时，面对诉讼当事人和众多听众，被告人要在被告席上如实供述自己的犯罪动机、目的、犯罪经过等，常感到自尊心受到伤害，羞耻之心会有所流露。有的被告人低头不语，惴惴不安，不敢正视公众，尤以其中的女犯和偶犯为甚。有些青少年犯罪人虽然平时是非观念颠倒，蛮横霸道，但在接受审判时，也认识到自己的错误行为是为广大群众所不齿的，因此产生羞耻感。

（2）紧张。因为审判关系到被告人的前途命运，因而被告人对刑罚的恐惧愈发明显，虽然有律师的辩护，但也感到前途叵测。因此，大多数被告人在开庭时都是心潮起伏、紧张、恐惧而难以自控，处在自知“大祸临头”却又无计可施的心境中，只能被动地防御。

（3）忏悔。经过侦查阶段的讯问和说服教育，大部分被告人都能够在思想上产生不同程度的悔恨，认识到自己的罪行给社会和被害人造成的严重后果，其良心受到谴责，悔恨之意溢于言表。在忏悔心理作用下，被告人在庭审中能如实供述自己的犯罪事实并积极揭露他人的罪行，帮助法庭弄清全部事实真相。

（4）矛盾心理。审判对被告人而言是决定其命运和前途的关键时刻。受众多因素的影响，开庭时，被告人仍然在不断权衡利弊。有的被告人担心交代越多受到的惩罚越重，而如果不老实交代，又担心被审判机关最终认定态度不好而重判；有的被告人在面对审判人员询问时，既担心“言多必失”，又怕失去为自己辩解的最后机会。在这重重矛盾下，被告人不知道究竟该采取何种方式才能对自己最为有利。

（5）共犯的心理效应。共同被告人在开庭时相互见面，可能产生两种心理效应。一是共同防御的心理得到加强。共同被告人在法庭见面，可能通过各种方式相互示意以坚守攻守同盟，或者有为首者通过信息传递威胁其他从犯，使其在法庭上丧失揭露犯罪事实的勇气，甚至翻供。二是共同被告人之间的矛盾得到激化。在趋利避害心理的作用下，共同被告人从个人利益考虑，有的将自己的犯罪行为归因于主谋者的教唆、怂恿，试图为自己减轻处罚，有的被告人认为是同伙揭露了自己，因此在见面时，出于憎恨，不仅坦白自己的犯罪事实，而且揭露共犯。

2. 被告人在法庭调查与辩论过程中的心理

（1）法庭反应①。被告人在严肃的审判气氛和环境中会产生一种不适应反应，可能出现情绪和供述障碍，这对初犯和偶犯等缺少

① 邱国梁主编：《犯罪与司法心理学》，中国检察出版社 1998 年版，第 393 页。

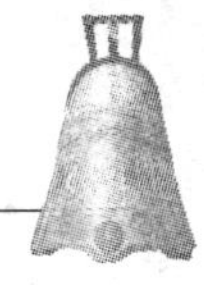

诉讼经历的被告人尤其明显。

(2) 侥幸心理。进入法庭调查与辩论阶段，有的被告人明知公诉人已经掌握自己的全部犯罪事实和证据，但仍然心存侥幸，希望辩护人为自己争取更多利益，或者希望自己能因认罪态度好而得到宽恕，因而在回答问题时避重就轻，力图使审判人员相信自己并非罪大恶极者。

(3) 抗拒。被告人在庭审中的抗拒心理表现主要有三种情况。一是拒供。这类被告人对法律没有正确的认识，认为只要自己不承认，法院就无法定罪，因而在法庭审判活动中矢口否认罪行，或者沉默不语以抗拒审判。这类情况多出现在一些法盲、智力水平低下或偏执型人格者中。二是虚假翻供。在畏罪心理和侥幸心理作用下，有的被告人在进入审判阶段时，对自己在讯问阶段的供述极为后悔，而将法庭审判作为否认罪行的最后机会，推翻前面所做的真实供述，以达到蒙混过关的目的。三是谎供。有的被告人明知其犯罪事实和证据都已经清楚，仍然希望能在审判中出现转机。他们往往不采用直接否认或公开顶撞的方式，而是编造供词，向法庭陈述一些莫须有的东西。谎供既可能表现为嫁祸他人，也可能表现为包庇同伙而包揽罪责。

(4) 狡辩。通过控辩双方的进攻与反驳，被告人心里已经明白罪证确凿，罪行不容抵赖。但是往往会对其犯罪动机、犯罪原因等进行狡辩，以求得审判人员的同情和谅解，争取宽大处理。

(5) 对公诉词的心理反应。在法庭辩论中，公诉人发表的公诉词是对起诉书的补充，它是以法庭调查中查明的犯罪事实和证据为依据，对案件所作的带有结论性的评价。① 被告人在听了公诉人的公诉词后，认识到公诉人不仅掌握了自己的犯罪事实，而且了解自

---

① 罗大华主编：《犯罪心理学》，中国政法大学出版社 2002 年版，第 326 页。

己犯罪心理产生的根源，指明了其犯罪行为所造成的社会危害性、所触犯的法律条款和应负的法律责任，因而对公诉人产生一种敬畏感。同时又担心自己的罪行会受到严重的处罚。

（6）对律师辩护的心理反应。律师的辩护词是以事实为依据、以法律为准绳，从保护被告人的合法权益方面提出辩护的论点，说明当事人的行为不构成犯罪或罪行较轻以及具有从轻、减轻或免除刑事责任的理由。① 在律师作了无罪或者从轻或减轻处罚的辩护后，被告人往往会表现出轻松的感觉，并对律师心存感激。律师在辩护词中提到的观点、证据，往往成为他们服罪或者不服罪的重要根据。对于犯罪事实清楚、证据确凿，不存在从轻、减轻处罚的情节的案件，律师只能就犯罪情节作简单辩护。这往往使心存侥幸的被告人对律师的辩护大失所望，极为不满，认为律师为被告人出庭辩护只是走形式，并由此强化其反社会心理。

（7）对证人陈述的心理反应。如果证人所作的是对被告人有利的陈述，被告人会表现出得意和欣喜，及对证人的感激之情。而当证人所作的是对被告人不利的陈述，且证人与被告人关系密切，被告人对证人的证言会感到失望，深感“世态炎凉”，朋友之间不讲情义，甚至会对证人产生仇视。如果被告人能够正确认识自己的罪行，对证人的陈述则反应平静。有的被告人面对关系密切的证人时会感到羞愧难当，悔恨不已。

3. 被告人在法庭判决后的心理。

审判长宣布判决结果时，被告人情绪紧张，注意力高度集中，因为这关系到自己的前途和命运。当判决宣布完毕后，被告人的情绪反应各异，主要有以下几种。

（1）情绪稳定型。通过从案件发生到侦查、审查起诉、审判的

① 罗大华主编：《犯罪心理学》，中国政法大学出版社 2002 年版，第 326 页。

整个过程，有些被告人已经充分认识到自己的犯罪事实对社会造成的严重后果和所必须承担的法律责任。当法庭判决的定罪和量刑与其预测相似时，大都能服从判决，并希望尽快投入监所服刑。也有少数被告人在侥幸心理作用下会提出上诉。如果上诉结果对自己更加有利，则会暗自庆幸；若维持原判，一般都能平静接受。

（2）抵触型。有的被告人在接到判决结果后，认为法院不应当为自己定罪或者认为判刑过重，往往会产生很大的抵触情绪。有的被告人通过当场叫冤、大哭大闹、捶胸顿足等方式表达情绪；有的会诬蔑审判人员办案不公、侦查中存在刑讯逼供、证人提供虚假证言等；有的被告人则长吁短叹，借宿命论以自我安慰。多数有抵触心理的被告人要求上诉，希望上级法院能撤销原判，从轻判决。

（3）悔恨型。判决后的悔恨心理是一般被告人所共有的心理状态，但有积极和消极之分。积极的悔恨是悔恨自己不该从事犯罪，给社会带来危害，给家人和被害人带来痛苦，也毁了自己的前途。消极的悔恨则是悔恨自己的作案手段不够高明；或后悔在作案时心慈手软，以至留下隐患；或后悔自己不该听信侦查人员的劝说，全部如实供述，使自己落得如此下场。

第三节 影响犯罪嫌疑人、被告人供述的因素及其对策

犯罪嫌疑人、被告人的供述，是指犯罪嫌疑人、被告人在刑事诉讼过程中，向公安、司法机关承认犯罪事实、情节所作的陈述。在司法实践中，影响犯罪嫌疑人、被告人供述的因素很多，促其供述的对策也多种多样。有些犯罪嫌疑人、被告人未能形成供述动机，表现为拒供或谎供；有些犯罪嫌疑人、被告人形成了供述动机，表现为愿意如实陈述自己的犯罪事实和情况；有些犯罪嫌疑人、被告人形成了供述动机却不能如实供述，表现为本身愿意供述

而实际上误供或供述不完全。出现这些情况的原因是什么？有何解决办法？对这些问题开展研究不仅对于刑事证据理论的发展与完善有利，而且对于刑事诉讼实践活动的指导与促进具有重要价值。长期以来，国内外许多学者和法学工作者在这一领域进行了大量的研究与探讨，分析了造成上述情况的众多影响因素，并在此基础上提出了不少对策建议。

罗大华等就影响犯罪嫌疑人、被告人供述的因素及其对策进行了心理学研究。在研究中采用了问卷调查法，以公安、司法人员和服刑犯人为对象，通过对可能影响因素的作用程度及对策措施的有效性的评价进行定量分析，探讨影响犯罪嫌疑人、被告人供述因素及其对策等有关问题，以进一步加深对该问题的了解和认识，并为刑事司法工作的实践活动提供参考。① 下面，对这项研究作一简要介绍。

一、影响犯罪嫌疑人、被告人未能形成供述动机的因素

调查结果显示，有10种因素可能影响犯罪嫌疑人、被告人未能形成供述动机。它们分别是：(1) 审讯人员刑讯逼供；(2) 审讯人员态度过于严厉、生硬、粗暴；(3) 审讯人员提问方式不妥，用词不当，有损犯罪嫌疑人、被告人人格和自尊心；(4) 犯罪嫌疑人、被告人已有一定的反审讯经验或谎供经验；(5) 犯罪嫌疑人、被告人怕"承认反受惩处"，信奉"坦白从宽，牢底做穿；抗拒从严，回家过年"；(6) 犯罪嫌疑人、被告人怕影响名誉，怕退赃，怕影响亲朋好友；(7) 犯罪嫌疑人、被告人怕受到同伙的报复；(8) 犯罪嫌疑人、被告人讲哥儿们义气，想保护同伙，"全扛不抬

① 罗大华、周勇、赵桂芬：《影响被告人供述的因素及其对策的研究》，载《心理学报》1996年第4期。

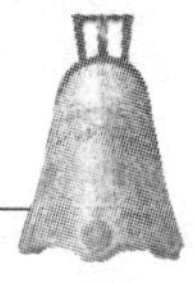

人”；(9) 犯罪嫌疑人、被告人抱有侥幸心理，想以假乱真，蒙混过关；(10) 犯罪嫌疑人、被告人有谎言癖。

在所列举的10种可能影响犯罪嫌疑人、被告人未能形成供述动机的因素中，因素1“审讯人员搞刑讯逼供”被认为很有影响。除因素1外，执法人员认为各个因素的影响都比服刑犯人所认为的要大。因素3“审讯人员提问方法不妥，用词不当，有损犯罪嫌疑人、被告人人格和自尊心”的影响突出，它在两类被试的评价中都位居前三名，而在位居前三名的另两类因素上，执法人员倾向于来自犯罪嫌疑人、被告人方面的因素（即因素4、5），服刑犯人则倾向于来自执法人员方面的因素（即因素1、2）。

二、影响犯罪嫌疑人、被告人形成供述动机的因素

调查结果显示，有10种因素影响犯罪嫌疑人、被告人形成供述动机。它们分别是：(1) 审讯人员搞刑讯逼供所致；(2) 出示证据，自感罪行已经暴露；(3) 有关方针、政策的感召，想争取宽大处理；(4) 审讯人员动之以情，晓之以理；(5) 亲属、朋友、领导、同事的规劝；(6) 受良心的谴责，感觉对不起他人（受害人和亲朋好友）与朋友，有悔罪感；(7)“好汉不吃眼前亏”；(8)“一人做事一人当”，视犯罪为英雄行为；(9) 同伙的交代；(10) 刑罚的威慑。

从以上10种因素看，除因素7“好汉不吃眼前亏”外，其他9种因素均被认为对犯罪嫌疑人、被告人供述动机的形成存在影响。其中，除了与上述一样，同样表现出与前面一致的执法人员所认为的影响力都比服刑犯人所认为的影响力要大的趋势外，在各自认为最有影响力的前三种因素上，执法人员认为是因素2、9、4，服刑犯人认为是因素6、1、5。此外，从整体情况看，因素2“出示证据，自感罪行已经暴露”被认为对犯罪嫌疑人、被告人形成供述动机达到“很有影响”的水平。

三、影响愿意供述的犯罪嫌疑人、被告人未能如实供述的因素

我们在问卷中假设了影响愿意供述的犯罪嫌疑人、被告人未能如实供述的15种可能因素，它们分别是：(1) 审讯环境是否适宜(如灯光、摆设、有无录音、录像等)；(2) 审讯人员的年龄、性别和职务；(3) 审讯人员是否善于启发回忆，方法是否得当；(4) 审讯人员的语言是否通俗易懂；(5) 犯罪嫌疑人、被告人的年龄；(6) 犯罪嫌疑人、被告人的文化水平；(7) 犯罪嫌疑人、被告人的身体状况(如有无听力障碍，是否口吃、疲劳、生病等)；(8) 犯罪嫌疑人、被告人的聪明程度(如是否痴呆、思维混乱等)；(9) 犯罪嫌疑人、被告人是否过于惊慌、紧张或焦虑；(10) 犯罪情节的复杂程度；(11) 从犯罪行为发生到供述之间的时间长短；(12) 犯罪嫌疑人、被告人的语言表达能力(如用词是否恰当、准确)；(13) 犯罪嫌疑人、被告人供述前的准备情况；(14) 犯罪嫌疑人、被告人的有关法律知识、受审经验；(15) 犯罪嫌疑人、被告人对犯罪行为及侵害对象的熟悉程度。

从总体看，上述因素均具有影响，但都未达到“很有影响”的水平。研究还表明，在两类被试各自对愿意供述的犯罪嫌疑人、被告人未能如实供述评价为最具影响的前10种因素中，有8种因素是共同的，其中6种因素的影响力在两类被试的评价上无显著差异。由此可见，这6种因素(即因素8、9、10、11、13、14)确实对愿意供述的犯罪嫌疑人、被告人未能如实供述有着一定的影响。其中，因素9“犯罪嫌疑人、被告人是否过于惊慌、紧张或焦虑”和因素8“犯罪嫌疑人、被告人的聪明程度(如是否痴呆、思维混乱等)”的影响还比较突出。

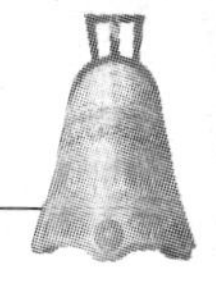

四、针对犯罪嫌疑人、被告人不愿供述和愿意供述而未能如实供述的对策

我们分别探讨了针对不愿供述的犯罪嫌疑人、被告人和愿意供述而未能如实供述的犯罪嫌疑人、被告人对策之有效性。

矫正犯罪嫌疑人、被告人不愿供述的的对策有：（1）尊重人格，动之以情，不搞刑讯逼供、指供或诱供；（2）要善于激起犯罪嫌疑人、被告人的思想斗争，促其抗拒防线的瓦解；（3）讲明政策，晓之以弊，打消顾虑；（4）借助亲朋好友的规劝；（5）及时发现和揭露供述中的矛盾之处；（6）适时出示证据，打消侥幸心理；（7）让犯罪嫌疑人、被告人设身处地，站在被害人的角度去想一想；（8）适时运用对质的方法；（9）对惊慌失措者，要缓和气氛，指明出路，减轻其精神压力；（10）使用激将法激起犯罪嫌疑人、被告人的“荣誉感”“英雄气”。

在针对不愿供述的犯罪嫌疑人、被告人的对策中，只有对策10被服刑人员视做无效。即使这样，对策10仍在执法人员中和总体情况下被认为非常有效。除对策10外，其余9种对策被普遍认为对解决犯罪嫌疑人、被告人不愿供述问题有效，其中总体情况下很有效的对策有对策6“适时出示证据，打消侥幸心理”、对策2“要善于激起犯罪嫌疑人、被告人的思想斗争，促其抗拒防线的瓦解”和对策5“及时发现和揭露供述中的矛盾之处”。

矫正愿意供述而未能如实供述的的对策有：（1）注意缓和审讯时的紧张气氛，减轻犯罪嫌疑人、被告人的心理压力；（2）提供线索，帮助犯罪嫌疑人、被告人理清思路，启发回忆；（3）讲究审讯环境的布置和安排；（4）提问要用词简明、准确、通俗易懂；（5）允许犯罪嫌疑人、被告人思考，不轻易打断其思路；（6）审讯前给被告人一定的考虑时间；（7）态度和蔼，切忌简单粗暴，避免使用刺激性语言；（8）审讯的方式方法灵活多变，尽量做到因人施审；

(9) 避免暗示性的提问方式，防止指供、诱供；(10) 善于发现、指出犯罪嫌疑人、被告人供述中的遗漏之处和与事实不符之处。

在针对愿意供述而未能如实供述犯罪嫌疑人、被告人的对策中，所有10种对策均被认为有效，其中，总体情况下，属于很有效或接近很有效的对策有两种，即对策8“审讯的方式方法灵活多变，尽量做到因人施审”和对策5“允许犯罪嫌疑人、被告人思考，不轻易打断其思路”。

综合以上两类对策还可发现，执法人员和服刑犯人在关于对策有效性的评价上具有互补性。执法人员比服刑人员更看重那些体现审讯人员能动性、属于审讯技巧方面的对策，如针对不愿供述的犯罪嫌疑人、被告人之对策2、5、6、8、9，针对愿意供述而未能如实供述的犯罪嫌疑人、被告人之对策8、1、10、2、4；反过来，服刑人员则比公安、司法人员更看重那些尊重人格、带有动之以情色彩的对策，如针对不愿供述的犯罪嫌疑人、被告人之对策4、7，针对愿意供述而未能如实供述犯罪嫌疑人、被告人之对策5、6、2、9和7。

第四节　对犯罪嫌疑人、被告人供述的审查判断

一、犯罪嫌疑人、被告人供述的特点

犯罪嫌疑人、被告人供述是犯罪嫌疑人、被告人就案件的有关事实向公安机关、人民检察院、人民法院所作的陈述。犯罪嫌疑人、被告人的供述有以下几个方面的特点。①

① 罗大华主编：《刑事司法心理学理论与实践》，群众出版社2002年版，第56～57页。

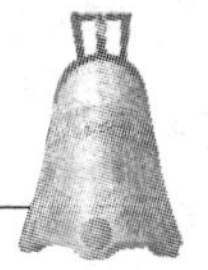

（一）犯罪嫌疑人、被告人的供述是其特殊心理现象的产物

供述是供述者将有关案件事实的记忆用语言表述出来的具有法律意义的内容，它无时不受陈述者心理活动的影响。真实的陈述是对案件事实的再现，但是，由于犯罪嫌疑人、被告人在刑事诉讼过程中的特殊地位，在趋利避害的心理支配下，他们的供述在一定程度上具有为其诉讼利益服务的特殊性。

（二）犯罪嫌疑人、被告人供述存在虚假的可能

犯罪嫌疑人、被告人供述是供述者心理活动的产物，受到一系列主客观因素的影响，在很大程度上存在着虚假的可能。

从主观方面讲，犯罪嫌疑人、被告人想的是如何为自己的诉讼利益服务，因此在供述中，他们会再三考虑应当怎样交代，交代哪些方面的问题才能为自己争取到最有利的判决结果。例如，有的犯罪嫌疑人、被告人在求宽、求轻的心理支配下，可能会集中说明自己的作案是迫不得已，或者是为了“大家”的利益而掩盖真实的作案动机，或者在交代犯罪事实时有意隐瞒主要的情节，口头上极力忏悔，实际上避重就轻，期望能得到公安和司法人员的同情和信任；有的犯罪嫌疑人、被告人在畏罪和侥幸心理支配下，认为能不供就不供，能少供就不多供，能假供就不真供，因而在供述中小心谨慎，对供词百般计较，一般只交代已经被揭露的犯罪，或者将罪责推给他人，为自己开脱。

从客观方面讲，客观的、自然的因素也可能使犯罪嫌疑人、被告人供述出现虚假的可能。例如，错觉与幻觉，来自他人的暗示，表述及书写错误，来自外界的威胁与欺骗，刑讯逼供，对法律理解错误，基于虚荣心等原因扩大事实，为他人承担罪责，因心理障碍不能如实供述等，这些不可控制的客观因素对犯罪嫌疑人、被告人的供述产生重大影响。

从某种程度上可以说，犯罪嫌疑人、被告人的供述存在一些虚假成分是在所难免的，关键在于如何有效地分析供述的真实性，帮助或者促使犯罪嫌疑人、被告人如实地交代自己的犯罪行为。

（三）犯罪嫌疑人、被告人供述是证据的一种

犯罪嫌疑人、被告人的供述在查证属实的情况下，可以作为认定案件事实的证据，与其他证据一起，对于案件的定罪量刑有重要意义。此外，供述还可以为公安机关提供侦查破案的线索，帮助查清案件真实情况，达到准确认定犯罪事实，惩罚犯罪和保障无辜的目的。

二、审查判断供述的方法

（一）观察分析法

在侦查讯问活动中，人们普遍认为，犯罪嫌疑人可以有意识地控制自己的言语，尽量不说对自己不利的话，但很难控制自己的非言语行为。因此，仔细观察、敏锐捕捉犯罪嫌疑人、被告人在供述时的身体姿势、手和腿的动作、目光接触、脸部表情以及其他非言语行为所透露的信息，可以分析供述的真实性。

在讯问中有效地识别非言语行为，有助于判断犯罪嫌疑人是否在提供真实供述。一方面，通过面部表情的变化，是否有过于频繁或过于少的目光接触，其坐姿的改变以及一些身体运动情况可以判断供述者是否在欺骗；另一方面，认为犯罪嫌疑人在讯问中说真话和说假话的语言行为是不同的，如实供述的犯罪嫌疑人、被告人往往能立即回答所提出的问题，能从正面直接回答涉及案件本身的问题，在面对一个问题时并不需要深思熟虑，而提供虚假供述者一般对提问往往会延迟回答，回避涉及案件事实的问题或者在某一个问题提出后表现出一副认真思考的样子，实际上又拖延回答。另外，在态度上是否过于谦恭，回答问题用语是否简洁，回答问题时是否直截了当、简单明了，以及在面对关键刺激词时的反应如何等，都可以用来分析陈述者是否在说谎。

（二）重复讯问法

通过多次审讯，从犯罪嫌疑人先后的口供中找出矛盾，以发现

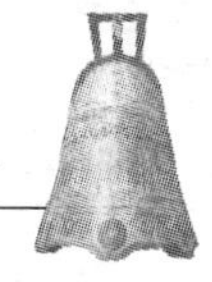

问题、获取信息，并通过揭露谎言，造成审讯对象的被动局面，促使其交代问题，作真实供述。

因为人的记忆力有限，谎话讲多了自己有时也记不住，所以，犯罪嫌疑人虚假的供述和编造的谎言往往经不起反复的讯问，会出现前后不一致甚至相互矛盾的供述，这样就可能从中发现问题、获取信息、找出破绽，并通过指出矛盾、揭露谎言，使审讯对象陷入被动，以利于审讯顺利地进行。

在重复讯问时，讯问人员应注意从另外的审讯角度，采取不同的方式进行发问，使被讯问人员不理解讯问人员的真实意图，在无意间露出破绽。

（三）逻辑分析法①

运用逻辑分析的方法，对供述与案件之间的逻辑联系进行判断取舍，以判断该供述能否证明犯罪事实和情节及有关真实情况，犯罪嫌疑人、被告人是否犯有罪行，犯罪的性质如何，是否有同案犯罪人等情况。通过逻辑分析，还可判断与供述有关的其他证据证明力的大小，从中发现疑点，准确查明案件事实。

（四）利用矛盾

利用共犯之间口供的不一致、相互之间的矛盾，审讯对象与有关人之间的矛盾，及个人先后口供中的矛盾，发现问题，获取信息，找出破绽，以利于审讯工作的进行。

这种方法对制造共犯之间以及审讯对象与有关人之间的矛盾，并利用其矛盾获取信息，具有很好的作用。

（五）调查研究法②

通过调查收集证据来分析判断供述的真实程度及证明力。主要通过供述与其他证据之间的矛盾，以及供述是否有其他证据佐证

---

①② 罗大华主编：《刑事司法心理学理论与实践》，群众出版社 2002 年版，第 58 页。

等，来看供述的真实可靠程度。在现有证据不足，其他证据没有收集齐全的情况下，则应补充收集证据，以全面、充分地验证犯罪嫌疑人、被告人供述的真伪。

思考题

1. 在刑事诉讼中，犯罪嫌疑人、被告人有哪些心理特点？
2. 简述犯罪嫌疑人在讯问中的心理特点。
3. 影响犯罪嫌疑人、被告人供述的因素有哪些？
4. 如何审查判断犯罪嫌疑人、被告人的供述？

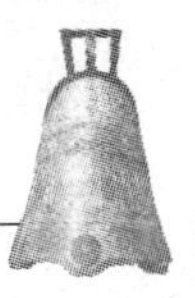

第六章　被害人心理

被害人在整个刑事诉讼过程中处于特殊的地位。被害人的陈述不仅是证据的来源之一，而且也是维护自己因遭受损失得以补偿的手段，还反映了被害人对犯罪行为的态度。被害人的陈述作为证据的来源之一，与其他证人所提供的证言有共同之处，但也有显著的不同。他的陈述除证明犯罪人犯罪行为的性质和严重程度外，还表达了他本身被犯罪人所造成的身体的、物质的或精神的损失以及损失程度。另外，被害人是整个诉讼程序的参与者，他有权要求被犯罪人侵害的合法权益得到合理的补偿。正因为如此，被害人在整个诉讼过程中，就具有不同于其他诉讼参与人的特殊心理状态。研究、掌握被害人的心理特点，促使被害人如实陈述犯罪事实和受害经过，对正确、迅速完成侦查、讯问、起诉和审判都有重大作用。

第一节　被害人及被害人心理概述

一、被害人的概念及分类

几个世纪以前，人们就对被害人进行过研究。但作为一门独立的学科——被害人学的形成，则是20世纪开始的。1948年，德国的亨蒂希（H. von Hentig）写了关于被害人的第一本专著《犯罪人及其被害者》。其后，以色列律师门德尔松（B. Mendelsohn）写了《被害者学》一书，从此吸引了很多人对被害人进行研究。1973年9月，在耶路撒冷召开了第一届国际被害人研究会。从此，被害人的研究得到了刑法学家、犯罪学家、心理学家的重视。

根据我国刑法及刑事诉讼法有关规定，被害人（victim）是指由犯罪行为所引起的使其在身体上、财产上和精神上蒙受损失的人，也就是犯罪行为的受害者。

刑事被害人包括自然人，即被害人学理论所说的个体被害人，也包括法人及非法人团体，即被害人学理论所说的群体被害人。被害人心理学研究的重点是被害自然人即个体被害人的心理。这是因为心理现象只能是发生在自然人个体身上或个体组成的群体当中，单位是一个抽象的概念，无所谓心理现象可言。即使是法人被害，也是通过法人的法定代表人或直接责任人的心理分析来进行研究的。

研究被害人的心理，必须对被害人进行分类。被害人分类就是根据不同的标准，对被害人所作的种属划分。划分的标准不同，分类的内容也不一致。最早对被害人进行分类的是被害人学的奠基人——以色列法学家门德尔松。门德尔松的分类是依照被害人对于犯罪所负责的大小而划分的。具体为：（1）完全无辜的被害人；（2）罪责轻于加害者的被害人；（3）罪责和加害者相等的被害人；（4）罪责大于加害者的被害人；（5）负完全责任的被害人。

在门德尔松之后，随着被害人学研究的不断深入，许多学者为探索被害人与犯罪人之间的内在因果关系，从不同角度对被害人进行分类。如美国学者佛得逊（J. Fudson）和凯乐威（B. Calloway）从被害人责任的角度将被害人分为七种：（1）无责任的被害人；（2）惹是生非的被害人；（3）加速犯罪的被害人；（4）生理上虚弱的被害人；（5）社会适应性差的被害人；（6）自愿受刑的被害人；(7) 政治被害人。凡泰（E. A. Fattat）将被害人分为五类：（1）未加入犯罪的被害人；（2）有潜在犯罪倾向的被害人；（3）诱发犯罪的被害人；（4）参与犯罪的被害人；（5）虚假被害人。

对被害人的分类标准还有许多，如根据被害原因的性质，可将被害人分为生物生理的被害人、自然环境的被害人、临街环境的被

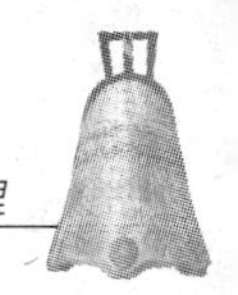

害人、社会环境的被害人、技术环境的被害人。根据生理特点，可以分为男性被害人和女性被害人。根据被害人的被害倾向性，可分为状态性被害人和机会性被害人。被害人心理学对被害人的分类是从心理现象的性质出发的，大致可分为心理特征正常的被害人、有心理弱点的被害人、有犯罪心理特征的被害人、具有变态心理特征的被害人、假被害人等。

从不同的角度对被害人进行分类，有助于对被害人进行不同侧面和多角度的深入研究。诸多的分类标准均关注被害人的心理因素。

二、被害人心理及其特点

（一）被害人心理的含义

被害人心理包括的内容十分广泛。从被害人在被害过程中的心理活动看，包括被害前存在的心理反应、被害发生时的心理状态、被害发生后的心理表现。从心理范畴上，包括被害人的心理活动过程、被害人的心理状态、被害人的个性倾向性和个体心理特征等。

由于被害人所处的特殊地位，其心理活动受犯罪侵害的客观事实所制约，在这种情况下，被害人会体现出与一般人相异的心理特点，这正是我们所要研究的对象。被害人心理是特定的，与侵害、被害有着某种特定的联系。被害人是法律上的概念，被害人心理是法制心理学的名词，都是从法律有关规定出发进行分析研究的，所以被害人心理还具有法定性，从而将被害人心理和非被害人心理区别开来。另外，被害人心理还具有不可替代性。被害人心理是由被害人直接受到犯罪行为侵害而产生的，是被害人在被害过程中的体验。

研究被害人心理，目的在于分析被害人被害的真正原因，确定侵害人和被害人双方责任的大小，判断案件性质，确保正确处理刑事案件，做好犯罪预防工作。因此，研究被害人心理具有其他学科所不具备的理论价值和实践意义。

（二）被害人的一般心理特点

研究、掌握被害人的心理特点，促使被害人如实陈述案件事实，对准确、迅速完成侦查、预审、起诉、审判等各项刑事诉讼任务，具有十分重要的作用。

在司法实践中，询问被害人是一项十分艰巨的工作，并不是所有的被害人都能够积极提供证据，彻底说明案件真相，可能会出现许多意想不到的情况。如有的怀疑司法机关是否能够破案或害怕犯罪分子报复而不愿提供证据，有的为报复犯罪分子而夸大事实，有的因记忆差错而陈述错误，甚至有的被害人还出于包庇犯罪分子的目的而提供假证据，掩盖真相，为司法人员设置障碍。为保证被害人陈述的真实性，司法人员在询问被害人时，必须调查了解被害人的心理特征，掌握其心理特点，以便有的放矢，采取相应的询问对策。调查了解的内容主要有被害人的年龄、性别、民族、职业等自然情况，被害人的情绪特点，被害人在犯罪行为发生前后的表现，被害人的行为与犯罪行为之间的联系等方面。

在刑事诉讼中，被害人和其他当事人不同，其心理状态相当复杂。有的表现为单一的心理，或愤恨，或报复，或正常；有的几种心理交织在一起；有的几种互相矛盾的心理同时存在。有的被害人心理状态在刑事诉讼的整个过程中都保持一致，有的则随着不同的原因和影响而变化。总之，种种不同心理因素相互作用的结果，导致被害人采取某种态度的决意。对这些复杂的情况，司法人员必须正确认识和掌握，以利于调查取证、认定事实、分析案件性质和对加害者定罪量刑。一般来说，被害人心理主要有以下几方面的表现。

1. 正常心理

不论是在犯罪行为发生时还是在犯罪行为发生后，被害人的心理状态始终表现正常。在陈述遭受犯罪人侵害的事实时，条理清

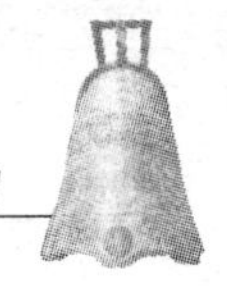

晰，内容清楚，反应正常，真实可信。偶有疏漏，经司法人员详细询问，也会得到答复。被害人在陈述时，可能个别情节和常规不符，经深入调查，也会证明其陈述真实可信。这类被害人对案件事实不夸大、不缩小，所提赔偿经济损失和惩罚犯罪分子的要求也基本合理合法。这种被害人在刑事案件中占较大比例。

2. 紧张心理

被害人在遭受犯罪人侵害时，没有任何思想准备。突如其来的侵害使被害人精神过度紧张，不知所措，感知失常，失去正常的观察能力，甚至产生种种错觉。他们在向司法机关陈述时把错误的感知当做自己真实的经历讲述出来。但这种陈述错误同伪证和诬告陷害有着本质的区别，被害人不存在任何违法动机。对这种情况，只要针对显然与事实不符之处给予说明，让被害人认真回忆、思考，其不合理的陈述多数都能得到合理的解释。

3. 报复心理

被害人出于对犯罪嫌疑人的个人恩怨或仇视，夸大犯罪事实，或无中生有，故意编造犯罪情节，指控的犯罪或不存在，或与事实不符。对这类情况，一般应从调查分析被害人与犯罪嫌疑人的关系入手，在掌握确凿证据的基础上，指出被害人陈述的不实之处。对被害人的错误要给予批评教育，促使其如实陈述，出于诬陷目的诬陷他人、情节严重的，还要给予法律制裁。

4. 愤恨心理

被害人由于遭到犯罪分了的无端侵害，在人身上遭受意想不到的痛苦和财产损失，因而对犯罪分子十分痛恨，不共戴天。在向司法人员陈述案情时，往往有意或无意夸大事实，或者把推测和想象的情节当做客观事实陈述，如把犯罪分子所持的凶器木棒说成是尖刀，把较小的财产损失夸大为数额巨大，要求司法机关给予重视，为其申冤报仇，严惩犯罪分子，不适当地要求判处犯罪分子死刑，或提出过分的赔偿要求等。

5. 恐惧心理

恐惧心理的产生往往是因为被害人出于对犯罪分子的畏惧。认为自己是弱者，虽然遭到犯罪侵害，蒙受损失，但唯恐事后会遭到来自犯罪分子及其关系网等方面的报复，因此不敢如实陈述，忍气吞声，对司法人员的询问不配合，态度消极。

6. 愚昧心理

被害人社会经验缺乏，法制观念淡漠，顾虑重重，在被害时不知受害，被害后不控告，任凭犯罪分子逍遥法外，继续作恶。这类被害人有的是听信巫婆神汉谣言，被骗受害，本人却对其侵害行为十分感谢。有的被犯罪分子强奸、盗窃后，听信犯罪分子有人有钱，告也没有用的谣传，不向公安机关报案，等等。

第二节　被害人被害过程中的心理规律①

被害人被害过程中的心理，是被害行为发生过程中在犯罪人和被害人之间的心理相互作用下所形成的一种特殊心理现象。无论是突发性、预谋性犯罪被害人还是激情性犯罪被害人，从发案经过看，好像都是受许多偶然性因素所支配的，但是，被害人在被害前存在的心理危机、被害发生时的心理状态、被害发生后的心理特征，实际上都是有一定的规律可循的。研究被害人的被害心理规律，对于减少犯罪、减少被害有很重要的意义。

一、被害前的心理危机

任何事物的产生和发展都有一定的原因，有直接的也有间接的，有明显的也有潜在的。从刑事案件中被害人的被害结果看，被

① 任克勤主编：《被害人心理学》，警官教育出版社 1997 年版，第 26～51 页。

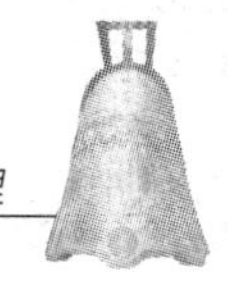

害行为的发生也同样具有一定的原因。犯罪人和被害人之间存在的显露性心理冲突、间接性心理纠葛以及潜在性心理危机等，都是被害的心理原因，也称为被害前的各种“心理危机”。

（一）显露性心理冲突

显露性心理冲突是指犯罪人和被害人之间在心理上存在着一种明朗化、公开化的直接对抗状态。很多刑事案件都是由这种显露性心理冲突引起的。被害人和犯罪人的这种显露性心理冲突大都与他们各自的利益相关，也有少部分犯罪人为了他人的利益而加害于被害人，如为朋友复仇而加害。

显露性心理冲突主要表现为犯罪人和被害人在被害行为发生前就有过一定的交往，发生过心理接触，并且存在着对抗性的心理矛盾，这是被害人受侵害的一个相关因素，有的甚至是主要的受害原因。显露性心理冲突对于犯罪行为与被害之间所起的作用主要体现在以下方面。

(1) 促进犯罪人侵害动机的产生。在一些被害案件中，犯罪人本来没有明确的特定犯罪动机，只是在与被害人发生了显露性心理冲突之后，才由这种冲突产生特定的犯罪动机，从而引起犯罪，如激情犯罪、报复案件等。

(2) 促使犯罪动机的恶性转化。显露性心理冲突常会导致犯罪动机的恶性转化，使受害人受到更为严重的侵害。如某强奸犯在实施犯罪时，遭到女事主的奋力反抗，案犯便紧扼女事主颈部致其死亡。这种显露性心理冲突促使犯罪动机发生由强奸动机向杀人动机的恶性转化。

(3) 影响侵害手段的变化。显露性心理冲突有时会影响侵害手段的变化。如某犯罪人在抢夺一女事主手提包时，女事主拉着手提包不松手，犯罪人便掏出小刀割其手腕，抢走手提包。这种显露性心理冲突使犯罪人的作案手段从非暴力的抢夺转变为暴力的抢夺。

（二）间接性心理纠葛

在某些案件中，犯罪人和被害人之间事前并不存在直接的显露性心理冲突，而是存在一种不太明显的间接性心理纠葛。间接性心理纠葛的基本特点是犯罪人和被害人之间事前无明显的直接交往、利益纷争和矛盾冲突，但心理上并不是完全没有接触，只是矛盾尚处在潜在状态中。如在一些落后的农村，某家添男丁，某户收成好、生活充裕，都可能成为犯罪人嫉恨和侵害的对象。在这种心理纠葛推动下所引发的犯罪行为，其作用与显露性心理冲突基本上是一致的。

犯罪人和被害人之间所发生的间接性心理冲突，主要受他们的社会认知和情感的影响。社会认知是一种社会知觉，指人们对自己和对社会的看法、评价；情感则是人们相互间发生联系或利益冲突时产生的切身体验。情感有喜、怒、哀、乐等多方面的内容。有时，某人的“喜”与“乐”恰恰同他人的“悲”与“愁”形成强烈的对比，在这种对比之中，有的人由嫉妒转为仇恨，遂侵害他人。当间接性的心理纠纷产生时，如果当事人不及时协调、化解，就会促使其恶化，甚至形成犯罪心理，以致发生侵害行为。在一些诬陷、侮辱、诽谤等案件中，不少是由于被害人和犯罪人之间存在间接性心理纠葛而引发的，在个别情形中，甚至因相互嫉妒、明争暗斗、诬告陷害而最后引发凶杀、伤害案件。

（三）潜在性心理危机

潜在性心理危机是一种潜在的心理联系和心理矛盾。相对于显露性心理冲突、间接性心理纠葛而言，潜在性心理危机表现得最为内在和隐蔽，一般是指犯罪人和被害人的心理状态共同为犯罪行为和被害的发生提供了可能性。两者之间从表面上看没有什么联系，但是恰恰通过犯罪行为的实施而显现了它们之间潜在的联系。

潜在性心理危机的特点，在于它是处在犯罪人的犯罪心理和被害人在被害前的心理之间发生某种联系和纠葛的潜在的隐蔽状态，

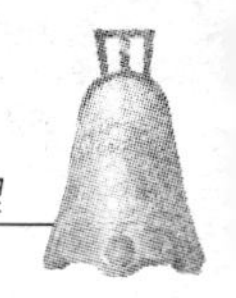

而不是显露的矛盾冲突。然而，犯罪侵害一旦发生，这种隐蔽性的心理危机就会表现出来，使隐性变为显性。潜在性心理危机虽然是潜在性质的，但对于被害人，同样为其受到侵害提供了不可缺少的心理基础和诱因。

潜在性心理危机往往同被害人个性心理特征中的消极因素有密切联系。如疏忽大意、过于自信、缺乏自制力、丧失警惕、轻信他人、怯弱胆小、贪图享受、自私自利等，都可以是遭受侵害的某种隐性心理危机。在相当多的盗窃、诈骗、抢劫案件中，被害的发生都是由于被害人疏忽大意，或缺乏警惕，有“露财”的言行，向犯罪分子透露了信息，为被害提供了某种可能性。被害人和犯罪人之间的潜在心理矛盾，对于被害人而言，就是被害的心理危机。如某单位财会人员刘某执行财务制度不严，经常把大量现金留在办公室过夜，本单位林某摸准了刘某的这一规律，选准时机下手盗窃。犯罪人林某的贪财欲望与财会人员刘某的疏忽大意，形成了一种潜在的联系，最终导致盗窃案的发生。

二、被害中的心理状态

（一）被害人的心理状态特征

被害中的心理状态是指被害人在被侵害过程中心理活动的综合表现。被害人的心理状态直接影响到被害人的防卫能力、减轻或加深被害的程度，以及被害后的心理变化等。被害人的心理状态具有以下三个特征：(1) 它是一种特殊阶段中的心理状态，即存在于受犯罪侵害的过程中，而不是在其他阶段发生的；(2) 它是由犯罪侵害这一情景引起的，没有犯罪和被害，也就不可能产生被害人的心理状态；(3) 它是指被害主体的心理状态，特别是指遭受直接侵害的个体（自然人）的心理状态。

（二）被害人的心理状态表现

被害人在被害过程中的心理状态十分复杂。被害个体不同，被害心理状态的表现形式、持续时间的长短、性质的优劣等也有所差异。被害的性质也对被害人心理状态有直接影响。

1. 被害过程中的激情状态

激情是一种强烈的、爆发性的、持续时间比较短的情绪状态。激情作为一种心理态度，表现为整个身心都激动，强度较大，来势较猛，时间短促，如狂喜、大惊、愤怒、恐惧、悲恸、绝望等都属于激情。重大成功、惨遭失败、亲人突然死亡、突如其来的危险等，都可能是激情产生的直接原因。因此，具有强烈对抗性的犯罪侵害更容易引起被害人的激情状态。

激情最主要的特点是激情性。如一女士在夜班回家时，突遇犯罪分子抢劫，这时会产生极度的恐惧、愤怒、绝望等激情。

激情的另一个特点是冲动性。当被害人的激情被唤起时，可能怒发冲冠，奋力还击，厉声喝止。由于被害人的性格不同，有的也可能表现为恐惧、悲观、绝望等。离开引起激情的具体情境或激情宣泄之后，冲动一过，激情就会消失或弱化为某种心境。如果引起激情的情境反复出现，激情也会弱化。

被害人的激情具有两极性，即积极的、肯定的和消极的、否定的两极性。有的激情，如愤怒等，在被害过程中能发挥积极作用；有的激情，如屈服性恐惧等，在被害过程中则起消极作用。在大量的犯罪案件中，如凶杀、伤害、抢劫、强奸、绑架等，都存在着犯罪人和被害人面对面的接触过程，一个勇敢坚强的人在面临犯罪人侵害时，由于愤怒激情的作用，会不屈不挠地与犯罪人作斗争，而一个胆小怯懦者遇到被害危险时，由于消极激情的影响，就会软弱无力，一筹莫展，甚至束手就擒。某市破获了一起流氓强奸系列案，案犯交代：如遇到被害人奋力反抗，大声呼救时，往往会惊慌而逃，放弃犯罪；如遇被害人恐惧惊慌时，则犯罪极易得逞。可见，强烈的攻击性反射是积极性激情的一种表现，而被动的防御性反射是消极性激情的一种表现。

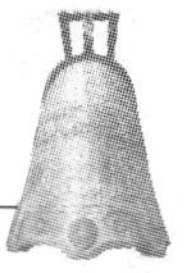

2. 被害过程中的应激状态

应激是人们在面临突如其来的环境刺激所作出的适应性反应。人在应激状态时，有的可能会急中生智，迅速作出选择，解决问题；有的可能目瞪口呆，惊慌失措。被害人在遭受生命威胁的紧急状态或财物被掠、被毁的危险时，更容易出现应激状态，迅速地、不加选择地作出行为反应。例如，深夜独行而遭遇劫匪，在这种紧张状况下，被害人会立即进入应激状态，或大声叫喊设法逃脱，或奋力挣扎抵制劫匪，也有不知所措任由掠劫者。

有的学者把应激反应分为动员、阻抗、衰竭三个阶段。被害人在被害过程中，其应激状态大致也可分为三个阶段。

（1）动员阶段。被害人在面临侵害时一般都有警觉反应。被害人对被侵害是否有心理防备，影响其警觉的快慢以及能否迅速做出应激行为。当被害人进入警觉状态时，便充分动员人体的潜能，以对付突如其来的侵害。例如，大声叫喊，加快步伐，或迅速寻找安全的地方藏匿，或寻找可抵御侵害的“武器”，或不由自主地紧握拳头，做好应付突然事变的准备。

（2）阻抗阶段。当犯罪人以武力威胁或直接加害于被害人时，被害人出于应激中的防御本能，会进行阻抗、抵制。从心理上来说，就是人的一种求生的本能；从生理上来说，这时被害人会尽其体能以求自保。阻抗可分为消极的防御、躲避和积极的进攻、反击。

（3）衰竭阶段。这是应激发展的最后阶段，如大声喊叫后声音的嘶哑、减弱，搏斗中体能的耗尽，使防御和反击能力大大降低。例如，在强奸案件中，受害妇女往往是在奋力阻抗后衰竭阶段被犯罪人侵害的；在凶杀案件中，有的被害人也是在奋力搏斗、体力衰竭后惨遭毒手的。

个人经历以及性格类型的不同影响应激各阶段的顺序、经历时间的长短以及临场的表现等。个人经历及社会经验等越丰富，其应激的主动性、能动性就越强。一般来说，注意力集中、处事果断的人，反应敏捷、判断迅速准确的人，其应激的积极性较高，有效性较明显。总之，在面临侵害时，被害人的应激水平如何，既受制于当时的客观情景，又决定于自身的生理、心理状态，尤其是个体的社会经验和性格特征。

3. 被害过程中的分心状态

分心是指一个人的某种或某些心理活动在必要的时间里，未能充分地指向和集中于当时所应指向的事物的心理状态。分心状态直接影响到被害过程中的被害人，它使个体的注意离开或不能充分地指向自身或物品的安全，以致造成被害的发生。分心状态是一种消极的心理现象。在被害人被害过程中，分心状态有以下特点。

（1）随意性和不确定性，指不能把注意集中在应该注意的对象上，而是集中在其他对象上。如在路途中，有些旅客不能把注意集中在看管自己的行李物品上，以致“拎包”案件发生，财物受损。

（2）无关性，指人受其他无关刺激的吸引转移注意，产生分心。好奇心强的人特别容易受外界刺激而产生分心。如一些扒窃、盗窃团伙在作案时，往往会制造一些争吵、打斗的场面以吸引一些好奇的人，分散其注意，再由其他团伙成员趁机扒窃、拎包，而被害人全然不知。

（3）呆滞性，指有些人的注意会因过于专心地考虑某一事情而呈呆滞状，不能顺利地转移注意，对眼前应当加以注意的事物浑然不知。如一些出外打工或做生意的人，在候车（候机、候船）时，看到别人一家出游的情景时，未免触景生情，此时往往会出现神情呆滞状态，给案犯造成可乘之机。

引起被害人分心的原因很多。如有的被害人对于干扰性的事物不能冷静地分析对待，因情绪波动而造成分心；有的被害人对足以引起人不随意注意的各种事物缺乏阻抗能力，因大脑产生新的兴奋灶而造成分心；有时，有的注意目的物过于单调、乏味，使被害人

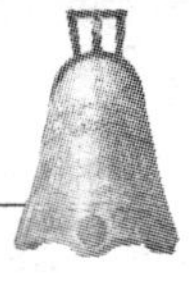

因此松懈而造成分心；有的被害人也会因为不良身体状况或不良的心理因素而造成分心。只要个体对自己注意的特点和品质多加分析，有针对性地克服弱点，就能尽可能地减少分心，防止由此引发的侵害。

三、被害后的心理特征

被害人被害后的心理活动是十分复杂的，可从其心境、态度等方面加以分析。

（一）被害后的心境

心境是指人比较平静而且持久的情绪状态。被害人在遭受强烈的刺激之后，或多或少都会在心理上留下一定的痕迹，并通过一定的心境表现出来。一般来说，被害人的心境有以下特点。

（1）持续性。被害人被害后，特定的心境总是持续一段时间。有的被害人这种特定的心境持续时间短一些，而有的被害人在相当长的一段时间里会表现出烦恼、悲恸、忧伤、恐惧等心理，有的甚至在心理上终身留下阴影。

（2）弥漫性。弥漫性不是一种关于某事物的特定的情绪体验，而是由一定情景唤起后在一段时间内以同样的态度体验对待一切事物。被害人在受侵害后，其心境难免会不愉快甚至是痛苦、烦恼的，以致对周围的事物都感到厌倦，把不愉快的痛苦的心境弥漫到整个生活中。

（3）微弱性。被害人的心境不像激情那样迅速，而是表现得比较微弱。如被害人在被盗少量财物后，有的可能会表现出闷闷不乐，有的可能把不愉快的心境掩饰得若无其事，但抹不掉内心的痛苦和烦恼，其不良的心境虽然他人难以觉察，却存在于被害人的内心深处。

被害人的心境是十分复杂的，受到很多因素的影响，如案件性质、受侵害持续时间的长短、受侵害的程度、社会舆论等多种因素。同时，性格也影响被害人心境的持续时间和表现，如性格开朗、灵活的被害人受不良心境影响的时间短些，性格内向、沉闷的被害人的心境持续时间可能长些。一般来说，遭受的侵害越大，心境越是消极、强烈的，持续的时间也往往更长，影响也越大。

（二）被害后的态度

态度是指一个人对一定对象所持的一种持久而稳定的评价和行为倾向的系统。这里所讲的被害人的态度，主要是指被害人在受侵害以后对与此有关的人及事物所持的一种具有持久而稳定的评价与行为反应。这种态度包括态度的认知、态度的情感和态度的行动。被害人对犯罪案件、犯罪人、其他知情人、证人、公安司法人员、社会舆论等，都会持有一定的态度。态度影响被害人的心理过程，并在一定时期内成为其对于被侵害的评价及相应的行为取向。被害人的态度与行为的关系，集中表现在发案后是否报案、是否积极协助调查等具体行为上，大体上可分三种情形。

（1）积极告发，及时报案。这是被害人对被侵害的积极态度，其主动揭示犯罪的行为是值得肯定的。这类被害人一般在认知、情感和意向上都是正确的，应当加以赞赏、鼓励。

（2）忍受沉默，任其自便。此类表现多见于自卑感强，或心存顾虑，或受侵害程度不深的被害人，他们往往认为报案揭发于事无补，因此采取消极的态度。对这类被害人应进行教育启发，纠正其态度。

（3）否认被害，拒绝调查。有些被害人或由于自身的利益，或顾及个人的名声，或惧怕遭打击报复，可能会否认被害甚至拒绝或阻挠司法机关的调查，不愿揭露被侵害的真相。对这类被害人应进行批评和帮助。

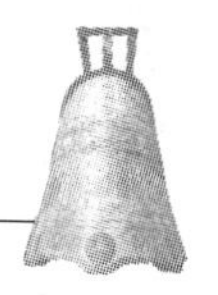

第三节　不同类型被害人的心理

结合我国司法实践，从有利于刑事诉讼的角度出发，下面从被害人有无罪错和罪错程度进行分类，来分析研究不同类型被害人的心理状态。

一、无辜被害人的心理

无辜被害人是指没有任何过错而遭受犯罪者无端侵害的被害人。这类被害人在刑事案件中居多数，多系在抢劫、盗窃、拦路强奸等案件中的被害人。因人因案不同，其心理特点各异。

（1）积极配合司法机关。被害人对犯罪分子的侵害行为深恶痛绝，深知只有依靠司法机关才能将犯罪分子绳之以法，给予应有的制裁。同时，被害人对司法机关信任配合，相信司法机关可以维护自己的合法权益。在这种心理支配下，被害人精神正常，陈述真实可信。

（2）极度痛恨犯罪分子。痛恨犯罪行为，希望犯罪分子受到严惩，是被害人和社会上人民群众普遍存在的正常心理。但也有的被害人在遭到犯罪行为无端侵害后，愤怒和痛恨促使其反应过激，在向办案人陈述案情时，往往夸大事实和危害后果，添加一些虚构的严重情节，以期加重对犯罪分子的惩罚，以解心头之恨。

（3）恐惧容忍犯罪行为。被害人在遭受犯罪分子无辜侵害后，虽然对犯罪分子十分痛恨，但又出于种种顾虑而不报案，不揭发。如惧怕犯罪分子的淫威而忍气吞声，为保全自己的名声而不告发自己被强奸的事实，由于自己有把柄掌握在犯罪分子手中而不敢告发等。这类被害人在接受办案人询问时，不愿触及某些不堪回首的情节，不愿陈述案情，或者从轻陈述，否认犯罪行为和目的得逞。甚至案件已经侦破，犯罪嫌疑人已经如实供述，被害人也不愿如实陈述被害经过。

二、应受刑罚处罚的被害人的心理

应负罪责、应受刑罚处罚的被害人，是指被害人本身的行为也构成犯罪，应受刑罚处罚，但该行为又与其受害有直接的联系。这类被害人一般有以下几种类型：防卫过当案件的被害人；“黑吃黑”，以犯罪手段取得被害人违法所得财产案件的被害人；诬告陷害案件的原告人（虚假被害人）；流氓互殴案件被害人。这类被害人的心理特征有以下几种。

（1）报复心理。这类被害人，有的明知侵害、被害双方的行为均属违法，一旦败露，被害人和侵害方同样会受到法律制裁，出于逃避罪责的目的，在办案人员询问时，他们避重就轻，不愿如实陈述，以保全自己。而其内心对侵害人的行为导致自己也面临法律制裁十分不满，于是产生更强烈的报复动机，或杀人灭口，或造成更大的恶性案件。

（2）悔恨心理。曾经有劣迹的被害人，对侵害和被害双方行为的性质有比较清醒的认识，能由自己被害的情感体验联想到自己过去所侵害的人的痛苦和悲愤，在痛恨侵害人的同时，对自己的行为也悔之不及，悔恨交加。这类被害人一般能保持积极的态度，积极配合办案人员工作，如实陈述案情，主动承担自己应负的责任。

（3）无罪心理。这类被害人法制观念淡漠，道德观念谬误。他们的人生观是不偷白不偷，不抢白不抢，你侵害我，我就要加倍报复，吃亏怪自己没本事。他们不希望司法机关介入，案发后对司法人员的询问或支吾搪塞，或夸夸其谈，不以为然。

三、有过错被害人的心理

有过错的被害人是指因自己的过错行为而诱发犯罪的被害人，如伤害、杀人案件中被害人的寻衅行为，性犯罪案件中被害人的不

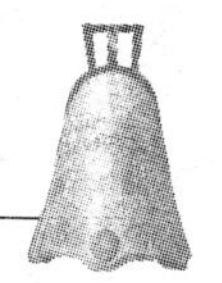

检点行为，诈骗案件中被害人的贪财图利行为等。这类被害人的心理特征有以下几种。

（1）争强好胜。这类被害人放荡、任性，对家庭、学校、社会生活不适应，道德水平低下，为人蛮横无理，动辄行凶，不甘示弱。其结果是被他人伤害，成为被害人。这类被害人的陈述往往把过错推给侵害方，把自己打扮成无辜的角色。

（2）自我炫耀。这类被害人自我显示心理强，有强烈的表现欲，往往对自己的能力和水平估计过高，自由散漫，不注重自我约束，结果在自我显示的过程中被犯罪分子侵害。如有的社会阅历不丰富的女青年独自外出游荡，企望发财，结果被逼卖淫。有的青少年在闯荡社会的过程中被犯罪分子利用，走上犯罪道路，后又因分赃不均，被同伙杀害。

（3）虚荣心强。个别女青年穿着裸露，或装饰富于性感，招摇过市，以吸引异性为乐趣，举止轻佻，寻求刺激，而其本人并不一定具有与他人发生性行为的意愿，但这成了被犯罪侵害的诱因。

（4）贪图便宜。有的被害人对小恩小惠、一时便宜表现出兴趣，而犯罪分子为达到自己的目的，便利用被害人的这一弱点，投其所好，主动送礼上门，百般讨好，吹嘘自己的能耐和本事。被害人被假象所蒙蔽，被犯罪分子骗得倾家荡产，有的女性还被骗失身。

（5）贪财图利。有的被害人迷信金钱万能，在经济交往中显财露富，以便打通产、供、销渠道，结果事与愿违，不仅目的没有达到，反倒成了经济犯罪的受害对象。还有的被害人为得到金钱而不顾一切，轻信谣言，受骗失身，甚至以卖淫为生。

第四节　被害人陈述的心理障碍及其矫正

一、被害人陈述的心理障碍

被害人陈述是指被害人就自己遭受犯罪行为侵害的事实向侦查人员、检察人员、审判人员所作的叙述。被害人陈述的心理障碍是指妨碍和影响被害人就案件情况向侦查人员、检察人员、审判人员作出真实、完整、准确叙述的心理因素。

（一）认知障碍

被害人的认知障碍表现在被害人对案件事实的感知、记忆和思维过程中。

（1）感知障碍，指被害人在感知案件时所受到的主观及客观的制约性和局限性。一般来说，被害人的感知受到感知能力、客观环境及被害人的心理状态等因素的影响。比如，不同视力的被害人对同一案件的感知是不同的；时间、气候、光线、距离等影响被害人的感知。这些因素的非正常状态导致被害人的错觉和幻觉的出现。错觉是对客观事物的歪曲感知，如被害人由于情绪紧张、恐惧而发生了感知失真，将一人作案误认为是多人作案，将凶器尖刀误认为是手枪，或对犯罪分子的衣着作了错误的描述等。幻觉是在没有客观事物刺激时而产生的虚幻体验。如犯罪分子实施伤害犯罪后，被害人一闭眼就感到有人持刀向自己扑来。

（2）记忆障碍，表现为被害人没有保持住识记过的内容，回忆和再认错误或不能回忆。这主要是由于案发突然，持续时间较短，被害人受到惊吓而情绪紧张，没有记忆准备等因素的影响所致，对有关犯罪分子的衣着打扮、体貌特征、案件持续时间、犯罪活动进行顺序等问题都记忆不清。有的被害人将过去生活中经历过，但在被害现场并没有发生的事误认为是犯罪分子所为，还有的被害人把

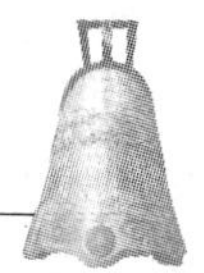

他人叙述的被害经历、被害情节当做自己的亲身经历。这两种情况不是单纯的遗忘，而是回忆过程出现错误和紊乱的表现。

(3) 思维障碍，主要表现为被害人在陈述案情的过程中思维混乱，概括能力差，叙述不分先后主次，信口开河。还有些被害人思维迟缓，反应迟钝，对起码的事实情节都无法说清。

（二）情感障碍

被害人陈述的情感障碍是指被害人在陈述案情的过程中，由于消极情绪的存在，而使其陈述的客观性、真实性、完整性受到影响。

(1) 紧张、恐惧。被害人在受到犯罪行为攻击时，情绪极度紧张、恐惧，这种心理状态影响被害人对案件的感知和记忆。这种状态往往会持续一段时间，当被害人陈述案情时，这种消极的情绪状态影响被害人的陈述，造成思维混乱，语无伦次，表达不清。

(2) 激愤、憎恨。被害人在遭受犯罪侵害后，常处于激愤状态，憎恨犯罪分子。当被害人陈述案情时，这种痛恨的心理状态将有意无意影响被害人的陈述，被害人可能夸大事实，造成陈述与真实案情不符。

(3) 羞耻感。被害人在受到犯罪侵害后，感到羞耻和羞愧。这种情绪多发生在强奸等案件中。这种自责心理使被害人日夜不安，当司法人员向她们询问时，被害人往往痛苦不堪，难以启齿。

（三）动机障碍

我国刑事诉讼法规定，被害人应如实地提供证据、证言，有意作伪证或者隐匿罪证要负法律责任。被害人最了解案情，更应积极主动揭露犯罪，配合司法机关惩罚犯罪。但由于客观情况十分复杂，有的被害人出于种种不正常的动机，不愿如实陈述，或夸大事实，或隐瞒真相，虚假陈述。在司法实践中，常见的动机障碍表现为以下几种。

(1) 报复。被害人出于报复犯罪分子的心理，有意夸大案件情节和后果，以图加重对犯罪分子的刑罚制裁，达到报复犯罪分子的目的。

（2）补偿。有的被害人夸大财产损失、经济损失的数额和程度，提出过高的赔偿请求，其目的不仅在于惩罚犯罪分子，而且希望通过司法机关弥补损失。

（3）包庇。由于被害人和犯罪分子有共同的利害关系，或有短处掌握在犯罪分子手里，被害人接受了犯罪分子亲友的劝诱和贿赂，或对犯罪分子抱有同情心理等原因，被害人经权衡利弊，觉得包庇犯罪分子对自己有利，于是在办案人员询问时不如实陈述，否认犯罪事实的存在，或者从轻陈述，以使犯罪分子逃脱应得的法律制裁。

（4）维护名誉。有的被害人由于自身也有过错，为了维护名誉，不愿陈述案情；有的被害人唯恐案情泄露有损自己的名誉，也采取忍气吞声的态度。

（5）维护自身安全。有的被害人在被犯罪分子侵害后，对犯罪分子十分惧怕，对犯罪分子的恐惧超过了对犯罪分子的制裁感，所以不愿揭发犯罪分子，唯恐犯罪分子再次侵害自己；有的被害人甚至彻底否认犯罪事实的存在，讨好犯罪分子。

（四）意志障碍

被害人陈述的意志障碍主要表现为自控性差和理性差。自控性差指的是被害人自主性不强，不能左右自己的意志，极易受他人暗示，接受讯问时闪烁其词，随意肯定和否定某一情节，反复无常。理性差指的是被害人自制能力差，不能控制、调节好自己的情绪，有时情绪激昂，过分冲动，固执己见，经常大喊大叫，使询问工作无法正常进行。

二、被害人陈述心理障碍的矫正

矫正被害人的心理障碍，首先要认真分析被害人的心理状态及

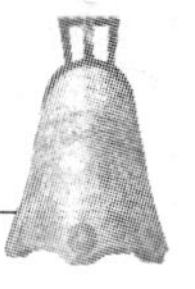

障碍所在，然后根据具体情况，采取适当措施。

（一）对认知障碍的矫正

感知障碍是客观事物作用于被害人的大脑时，在被害人头脑中产生了错误的映象。司法实践中这类情况非常多。如犯罪分子本是青年人，被害人却说是年纪较大的中年人。遇到这种情况，司法人员就要详细询问，作这一判断的根据是什么，是否看清了犯罪人的面孔，而绝不能用“是不是二十岁左右”这样的问话暗示被害人。如果被害人承认自己是推测，则应根据其他证据准确认定。

记忆障碍多半是由被害人情绪波动或印象不深，而询问时间又距案发时间较长等因素所引起。在司法实践中，抓紧时间侦办案件，及时审理，在最短的时间间隔内详细询问被害人，就能有效地减少被害人的遗忘。对于因为记忆错乱而陈述错误的被害人，可让被害人反复回忆案情，提醒其是否把和案件毫不相关的事件当做案情陈述。对被害人不合逻辑、违背正常规律且和所掌握的其他证据明显不符之处，可提出疑问或给被害人提供回忆重点和线索，直到认为被害人的陈述符合被害人的个性特点、不违背逻辑为止。但运用这一方法必须熟悉案情，了解问题的所在，同时了解被害人的个性特点。应当注意，这种询问的目的不是为了达到使被害人的陈述和所掌握的其他证据完全相符，只要被害人的陈述符合逻辑，符合被害人的个性特征即可，切不可诱供。

有思维障碍的被害人在陈述案情时思维混乱，头绪不清，无法将一些零散的细节按时间顺序组成一个完整的体系。对这类被害人，要注意分析其思维障碍的原因，最大限度地排除外来干扰，让被害人在有利于消除恐惧情绪的情境中接受询问。必要时，可以让其一人独自书写案件经过，排除一切外来干扰。然后，办案人认真启发开导，努力使被害人的思路趋于清晰。对于思维迟缓、词不达意的被害人，应耐心听取并予以语词提示，以帮助其正确表达自己的意思。

（二）对情感障碍的矫正

被害人出于害怕犯罪分子报复，紧张恐惧，不愿如实陈述案情。这类被害人的内心深处是十分痛恨犯罪分子的。对这类被害人，首先要向他说明犯罪分子一定会受到法律的制裁，以取得被害人对司法机关及其工作人员的信任。对恐吓被害人的犯罪分子及其家属，要及时采取措施，根据其情节，或予以教育警告，或给予法律制裁。同时，在条件允许的情况下，要积极征得被害人亲友及单位的配合，促使被害人如实陈述案情。

对出于憎恨报复情绪，在陈述时夸大犯罪事实及危害后果的被害人，要做好思想教育工作，使其激愤的情绪冷静下来，同时向其说明伪证或诬告陷害应负的法律责任。

对有严重羞耻感的被害人，应首先说明司法机关会采取措施保护被害人的隐私和名誉，使被害人正确对待遭受犯罪行为侵害的事实，积极配合司法机关工作。询问女被害人时，应让较年长的女同志负责，以减轻被害人的心理压力，便于交流和沟通。

（三）对动机障碍的矫正

对于为了报复和补偿的被害人，应使其认识到法律的严肃性，以及虚假陈述的严重后果，促使其如实陈述。对于包庇犯罪分子的被害人，要教育其端正态度，不要出于不正常的动机而虚假陈述，并告知被害人，作伪证要负法律责任，使其如实陈述。对于维护名誉和维护自身安全的被害人要耐心教育，消除顾虑，鼓励被害人用法律武器维护自己的合法权益，如实揭露犯罪事实。

同时，司法机关办理刑事案件，在认定案件事实的时候，要经过多方调查取证，综合分析判断各种证据，决不轻信某一方的陈述。要教育有动机障碍的被害人正确行使自己的刑事诉讼权利，既要维护好自身的合法权益，又要保证使犯罪分子得到应有的刑罚制裁。

（四）对意志障碍的矫正

意志障碍是由被害人在长期的社会生活中所形成的一种消极的

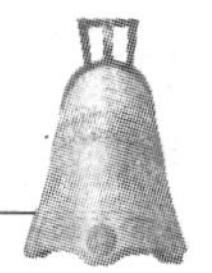

个性特征，一定的外界刺激又加重了障碍反应。对情绪不稳定、易受暗示、缺乏主见的被害人，要告诉其坚持自己认为是正确的记忆，不要受暗示和他人影响。司法人员要掌握好询问方式，帮助被害人树立自信心。对过于激动、偏激、固执的被害人，要在安静、平和的氛围中询问，询问人不能急躁，而应因势利导，促使被害人如实陈述。

总之，被害人陈述的心理障碍是复杂多样的，影响被害人如实陈述的因素也是多种多样的。导致被害人陈述障碍是多种因素综合作用的结果。所以，对被害人陈述心理障碍的矫正也要采取多种方法，根据产生心理障碍的原因，对症下药，力求做到具体问题具体分析。

第五节　对被害人陈述的审查判断

一、被害人陈述内容的形成

被害人陈述是被害人将自己亲身经历的事实，经过大脑的储存、分析、综合，经过一定的时间后，再用语言形式再现案件过程的活动。被害人陈述案情的内容，一般经过以下三个过程才能呈现出来，即感知过程、记忆过程和陈述过程。其中，感知是记忆和陈述的客观依据，记忆是陈述的前提条件，陈述是对前二者的检验和提取。

（一）感知过程

感知是被害人陈述形成的基础。被害人感知案件事实，取决于以下条件：(1) 有侵害行为；(2) 侵害行为作用于被害人；(3) 被害人具备功能正常的感觉器官——眼、耳、鼻、舌、口、身体，并有通过感觉器官感知案件事实的条件和能力。

由于被害人感知能力的差异，被害人的感知程度也不尽相同。

有时，被害人的感知还受到错觉、注意、惊吓效应等心理现象的影响和制约。所以，有的被害人能够清楚描述全部案件情节，有的只能叙述个别情节，有的甚至出现了错误的感知，作了完全错误的陈述。对不同的情况，办案人应正确对待，注意采取多种方法，使被害人把正确的感知用语言表达出来，即使感知错误，也不必无端怀疑，可通过对证据的综合判断解决。

（二）记忆过程

记忆是被害人将感知过程中收集的信息在大脑中予以保存。被害人感知的内容在记忆过程中会发生质的、量的变化。质的变化主要表现在：被害人记忆的不重要的细节部分趋于消失，主要的部分会较好地保持；被害人由于经验、加工和组织经验的方式不同，保持的内容会出现不同形式的变化；有些内容会变得更加突出或夸张。量的变化主要表现在：被害人记忆的内容随着时间的推移，保持的数量不断减少。

（三）陈述过程

这是被害人陈述的终了阶段，也是询问人所最关心的环节，因为被害人陈述的内容直接影响到对案件事实的认定。所有的询问人都要求被害人的陈述必须准确无误。但被害人的陈述是否真实可靠，则取决于被害人陈述时的动机、心理状态和陈述能力。

被害人的陈述动机十分重要。被害人客观公正的动机会帮助司法人员正确认定案情，而出于报复、包庇动机的陈述则会使被害人陈述失去可靠性的基础。因此，询问人必须注意分析其陈述动机，决定询问策略。

被害人的心理状态也影响到陈述效果。紧张、恐惧、激愤等消极的心理状态都会造成被害人思维障碍，语词失当，陈述失真。

被害人的陈述能力是指被害人能够顺利地对案件作出陈述所应具备的身心条件，主要指言语和表达能力两个方面。如果被害人语言表达能力差，反应迟钝，口齿不清，就会造成陈述障碍，影响陈

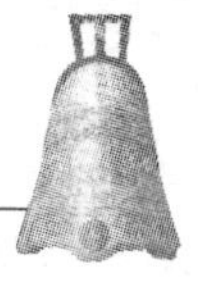

述的准确性、真实性和完整性。

二、对被害人陈述的审查判断方法

被害人作出陈述，就司法机关而言，只是完成了证据工作的一部分，被害人的陈述是否真实可靠，有无遗漏，是否虚假等一系列问题都需要进一步加以考察和解决。根据我国法律的有关规定，被害人陈述是证据的一种，但在查证属实以前，还不能作为定案的根据。对证据查证属实的过程同样也包含着对证据的审查判断。一般来说，审查判断被害人的陈述主要有以下几种方法。

（一）补充询问法

只通过一次询问，有时不能把所有的问题都解决。由于被害人回答询问时的遗漏，被害人记忆差错，被害人的虚假陈述被他人揭露等原因，往往需要补充询问。在补充询问时，应详细列出补充询问提纲，以免再次疏漏。必要时，还应该先制订询问策略。补充询问时，应力求突出重点，让被害人把疑点解释清楚。如果被害人出于非法动机作了虚假陈述，则应出示相应证据予以揭露，促使其端正态度，如实陈述。

（二）对比分析法

这种方法是将被害人的陈述与其他有关证据材料进行对比分析，以此审查判断被害人陈述的真伪。对比分析是审查判断被害人陈述常用的方法。对比分析的最大好处就是可以明确疑点，找出矛盾，为下一步工作确立重点。但在运用这一方法时，应注意不要轻易对某一种证据下肯定或否定的结论，更不能“以量定真伪”，认为多数人说的就对，少数人说的就错。还要注意到客观事物的复杂多变，有时会出现双方的陈述虽然矛盾，但都是真实的情况，这是因为在不同的时间、地点、条件下感知到的情况不可能完全一致。如一抢劫犯，在抢劫甲时留长发，在抢劫乙时却剃成了光头，这就不能作出抢劫不是同一人所为的结论。

（三）心理状态分析法

被害人陈述时的心理状态对陈述效果有很大影响，有时直接影响陈述的真实性、完整性。被害人的情绪过于紧张、恐惧、激动往往容易导致陈述的遗漏、夸大、虚构等情况。被害人的情绪过于低落往往容易造成思维迟钝、呆滞以及记忆障碍。所以询问人员在询问情绪反常的被害人时，应注意观察其情绪变化。在被害人的情绪反常时，对其当时的陈述更应注意审查，必要时，可及时结束询问，待被害人情绪稳定时再补充询问。

（四）动机分析法

所有的被害人的陈述都是在一定的动机支配下进行的。有时，被害人的陈述动机还会发生变化。例如，被害人今天肯定某一事实，明天又要推翻，这可能就是由于被害人的陈述动机发生变化的结果。在发现被害人的陈述动机出现异常的情况下，询问人应注意其陈述倾向，判断其陈述动机，并采取相应对策。例如，一个犯罪人诱奸了一个初二的女学生。开始时，被害人在母亲的坚持下（被害人未满 14 岁），为了惩罚犯罪人告发了犯罪人，其陈述基本属实（被诱奸）；后来，在犯罪人母亲的恐吓下，被害人处于愤怒，把对自己的侵害说成强奸，并受到轻伤（未经鉴定），夸大了被害的事实；再后来，被害人得到了犯罪人母亲的利诱和“承诺”，为了得到“补偿”，又把自己与被害人的关系说成是恋爱关系，其陈述动机一再变改，致使其陈述失实。

（五）逻辑分析法

这种方法即运用逻辑学方法对被害人的陈述进行审查判断，看被害人的陈述是否符合同一律、矛盾律、排中律等逻辑上的判断推理。

分析被害人的陈述是否符合同一律，即是看被害人能否保持思维对象与其自身的同一。如果被害人陈述时思维混乱，不断转换话题，对任何问题都没有说清楚，就违背了同一律，其陈述内容无法

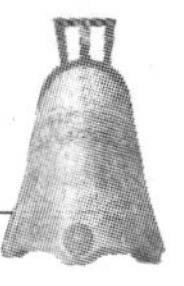

使人辨别真伪。

分析被害人的陈述是否矛盾。如果被害人在同一思维内容中出现了两个毫不兼容的结果，那么其中必有一假。如被害人陈述自己被犯罪分子用尖刀刺伤，而其出示的创口却明显是钝器伤，被害人的陈述显然存在矛盾。

分析被害人的陈述是否违背排中律，就是看被害人对同一思维对象是否得出了两个相互矛盾的结论。如被害人一会儿说自己被强奸未遂，一会儿又说成是强奸既遂，被害人的陈述就违背了排中律。因为被同一犯罪分子强奸，或是既遂，或是未遂，不可能出现两个相反的结果，其中必有一假。

看被害人陈述是否符合逻辑上的推理，就是看被害人的陈述能否经得起逻辑推敲。如某被害人家中被盗，丢失电视机、录音机、自行车等物，被害人回家时恰遇犯罪分子欲逃离现场，被犯罪分子打昏，被害人向公安机关报案称犯罪分子有两人，而公安机关只抓获一名犯罪分子，并否认有同案犯。经两次询问被害人，被害人称是因为丢的东西较多，一个犯罪分子不可能带走，因而得出了有两个案犯的结论，而实际上犯罪分子是用被害人家中的自行车将赃物驮走的。被害人的思维就不符合逻辑上的推理，经事实检验是错误的。

（六）个性分析法

这种方法就是要把握被害人的个性特征，对其陈述的真实性进行分析。除观察被害人的外在表现外，还要深入到被害人的生活环境、工作环境中，详细了解被害人的人生观、理想、兴趣、爱好、性格及道德品质等，通过分析，判断被害人的陈述动机和目的，然后有的放矢地指出其陈述的矛盾、不实之处，使其如实陈述。比如某中学生被歹徒强奸后，她在公安机关陈述时提供了被奸污的事实，到了法庭上她却全盘推翻了以前的陈述。对这种异常的行为反应，起初办案人员并不能理解，后经摸底调查，了解到被害人的父亲恰巧与被告人的叔叔在一个单位共事，且被告人的叔叔是单位分房委员会的主任，如果被告人能够逃避法律制裁，被告人一家便能分到一套满意的住房。

（七）调查分析法

在运用各种分析判断方法仍无法辨明真伪的情况下，办案人员就要深入到实际中去调查收集新的证据，根据新旧证据，对被害人陈述的真伪进行审查判断。在下列情况下，更要注意这一方法的运用：(1) 犯罪嫌疑人、被告人作无罪辩解，否认被害人的指控时；(2) 被害人的陈述得不到其他证据材料证实，与犯罪嫌疑人、被告人供述又存在矛盾时；(3) 被害人陈述自相矛盾，无法自圆其说，又没有其他证据证明时；(4) 被害人推翻原陈述时。

思考题

1. 简述被害人的一般心理特征。
2. 论述被害人在被害过程中的心理规律。
3. 简述不同类型被害人的心理特点。
4. 论述被害人在陈述中过程中的障碍，并提出矫正意见。
5. 对被害人陈述的审查判断方法有哪些？

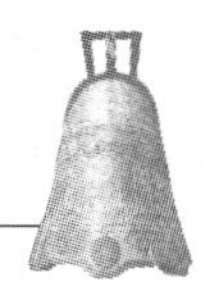

第七章　证人心理

证人是指根据公安机关、人民检察院和人民法院的要求，陈述自己所知道的案件事实情况的人。证人证言就是指证人就其所了解的与案件有关的事实情况，向公安机关、人民检察院和人民法院所作的陈述。取证难一直在困扰着办案人员，尽管刑事诉讼法规定“凡是知道案件情况的人，都有作证的义务”，但是，证人不配合作证是普遍现象，其原因错综复杂，归根到底与证人心理有直接关系。证人心理就是指在向公安机关、人民检察院和人民法院陈述案情的过程中形成的各种心理现象的总称。本章着重探讨影响证人证言可靠性的主体内外因素，并为证言的收集和审查判断提供心理学的方法。

第一节　概　述

一、实例和实验的启示

即使是愿意作证的证人，其提供的证言也不一定可靠。因此，有必要探讨影响证言的收集及证言可靠性的审查判断等问题。让我们来看几个实例。

一般认为，新闻记者有较强的观察能力，但也不一定准确可靠。在美国曾经发生过这样一件事，一位知名人士被一个妇女打了，纽约各地报纸就有六种不同的报道。《世界日报》说：“她用手套猛击其面颊。”《新闻报》说：“她用花球击其左颊。”《呼声报》说：“她打其面和头六下。”《镜报》说：“她打他一下。”《美国日报》说："她放下花，用手套打她的脸。"对同一件事，各大媒体的报道并不相同。①

据英国警方统计，1973 年在英格兰和威尔士进行了 2 116 次辨认嫌疑人的演示。其中证人认出嫌疑人的演示有 944 次，占 45％；没认出任何嫌疑人的演示有 984 次，占 47％；被认出不是嫌疑人的有 188 次，占 8％；单纯根据辨认证据受到控告的总人数为 347 人，其中有 255 人的控告成立，占 74％。②

一位心理学家设计了一次实验：在德国哥廷根的一次心理学国际会议上，突然一个黑人冲进会场，后面紧追进一个白人，拿着手枪。两人在会场中搏斗起来。随着一声枪响，两人相继跑出了会场，前后经过 20 秒钟。这是给人印象很深、气氛十分紧张的一幕。事后立即请在场的 40 位心理学家把刚才所发生的事情写出详细报告，以便被传去作证人。这个实验的目的就是要了解善于精确观察事物的心理学家证言的可靠程度。结果表明，在谁先打、谁跌倒、谁开的枪，两人所穿上衣、裤子和领带，两人的身高、举止、肤色、头发，事件经过多长时间等方面，没有一个人的报告完全正确，其中有 13 个人的报告有一半以上是错误的。③

笔者曾做过一个实验，要求被试在看图（见书后彩图）20 秒后回答下述 10 个问题：

（1）画中共有几个人？

（2）画中共有几只狗？

（3）你看见花了没有？是什么颜色的？

（4）前面的雪橇是红色的还是白色的？

---

①③ 转引自罗大华、张家源著：《证人证言心理》，群众出版社 1992 年版，第 2、2～3 页。

② ［英］J. W. 谢波德等著：《辨认证据的心理学评价》，阿伯丁大学出版社 1982 年版，第 23 页。

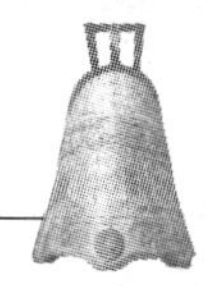

（5）前面的雪橇上有几个男孩？有几个女孩？从画面左起，请列出男女孩的顺序。

（6）前面的雪橇上坐着几个人？站着几个人？

（7）前面的雪橇上男女孩各穿什么颜色的上衣？他们手中各拿着什么东西？

（8）前面画了几只狗？右起第一只狗的毛是黑色的还是白色的？

（9）从画面左起哪只狗的耳朵是竖起的？哪只狗的耳朵是耷拉的？

（10）前面的狗脖子上戴着哪些东西？

总分 100 分，每题 10 分。题中有两个问题的各 5 分，有三个问题的各为 3、3、4 分。被试可以自己打分，并算出总分。

笔者对 1 070 名被试的得分统计结果见表 7-1 和图 7-1。

表 7-1　被试得分表

分数段	0	1～10	11～20	21～30	31～40	41～50	51～60	61～70	71～80	81～90	91～100	合计
人　数	1	31	85	144	255	255	184	89	24	2	0	1 070
占总人数的百分数/%	0.09	2.9	7.9	13.5	23.9	23.9	17.2	8.3	2.2	0.19	0	100

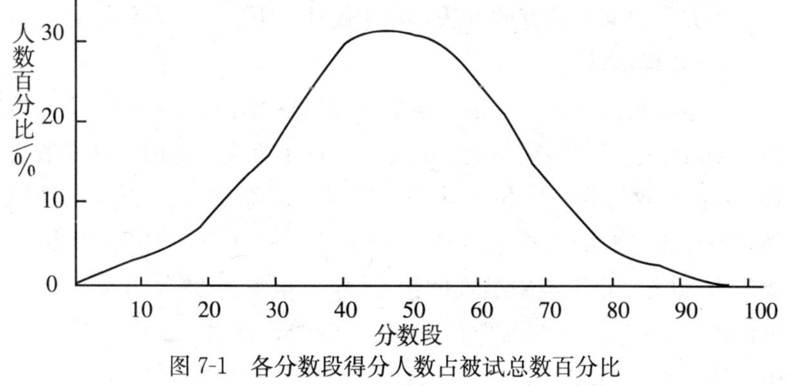

图 7-1　各分数段得分人数占被试总数百分比

值得注意的是，第 4、6、8、9 四个问题与图画中的真实情况完全不同，可是 1 070 名被试中竟有 872 人受所提问题的影响，作出部分错误的回答，占 81.5%；有 71 人作出完全错误的回答，占 6.6%。两者共有 943 人，占 88.1%。只有 127 人未受到所提问题的影响而作答，占 11.9%，包括正确回答者和回答“不知道”“未看清”者。

上述实例和实验说明，即使诚实善意的证人所提供的证言也可能出现完全真实可靠、不完全真实可靠和完全不真实可靠三种情况。

为什么有的证人拒绝作证，有的证人故意作伪证？为什么有的证人本愿意配合公安、司法部门弄清案情，却提供了不完全真实可靠或完全不真实可靠的证言？怎样使证人愿意作证？怎样识别伪证？怎样审查和判断证言的真实可靠性？这正是以下各节要研究的内容。

二、影响证人证言可靠性的实证研究

为了验证影响证人证言形成的主客观因素以及证人各种作证行为的动机因素，也为了验证相关对策的有效性，以帮助办案人员审查判断证言的可靠性，提高办案效率，笔者进行了以下研究。

研究采取问卷调查的方法，具体设计如下。

（一）样本情况

样本随机选自正在某市警察学院和检察官学院学习的学员，他们均来自于公安、检察系统中的侦查、审讯等实际部门。样本数为 139 人，有效答卷 138 份。其基本情况是：除 22.2%的人没注明外，有审讯经验的占样本总量的 59.9%，其中有 5 年以上审讯经验的占 30%，审讯经验最长的达 24 年；年龄为 23～59 岁，其中男性占 95.6%；科级干部有 12.5%，处级干部占 26.5%；高中及中专毕业者为 22.1%，其余被试的文化程度均为大学专科以上。

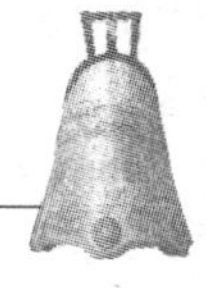

（二）问卷内容

问卷分三部分。

（1）影响证人作证的动机因素。证人作证行为有五种，即主动作证、被动作证、拒证、伪证和否定前证（即翻证）。对每一种行为，笔者均提出了若干种动机因素，预计这些因素对证人作证行为有影响。至于是否有影响，影响程度如何，则需被试作答。

（2）影响证言形成的心理过程的因素。从心理学角度出发，证言的形成应包括感知、记忆以及陈述案情的能力等因素。

（3）对策。证人在作证过程中，或者是不能形成积极作证动机甚至故意作伪证，或者不能准确无误地陈述案件事实，这些都将影响询问工作的顺利进行。为此，笔者提出若干种影响证人感知、记忆以及陈述案情的因素。

测验时，主试将要求被试回答的影响力（或有效程度）分为三级：A（1分），为无影响或无效；B（2分）为有一定影响或比较有效；C（3分）为很有影响或相当有效。

（三）数据处理

研究数据的处理在计算机上完成，采用Foxbase（V2.0）软件进行数据的录入管理，并对数据质量进行审核。采用SPSS（V3.1）软件进行数据的计算和分析，主要分析步骤如下。

（1）计算被试对每一问题的三级评价结果的平均分数。该分数代表被试对各个因素影响力的平均评价水平。

（2）根据平均评价分数的人小，对问卷每个部分中各问题的评价进行排序，名次越靠前，表示在问卷的相应部分中，该问题所描述的因素的影响力越大或有效程度越高。

（3）鉴于所有被试在每一问题上的心理评价是一个连续体，并且为了便于分析讨论，笔者运用三分法（因为是三级评价）对分数的含义重新进行界定：分数在1.667分以下的，定为无影响或无效，属于Ⅰ类因素；分数在1.667～2.333分的，定为有一定影响或比较有效，属于Ⅱ类因素；分数在2.333分以上的，为很有影响或有效，属于Ⅲ类因素。

研究结果与分析见第二、三、四节。

第二节　影响证人证言形成的主客观因素

在感知、记忆和陈述案件事实这三个阶段中，任何一阶段上发生的错误都会影响到证言的可靠性。笔者总结了国内外在这方面的现有研究成果，将那些对证言可靠性有影响的因素列举出来，然后以问卷中的数据为依据，对各因素的影响力大小进行评估，以便能为司法实践工作提供可借鉴的依据。

一、影响证人感知案情的因素

表7-2　影响证人感知案情的主观因素

排列次序	因　素	平均分	类型
1	证人对案情注意程度	2.272	Ⅱ
2	证人感知案件时的情绪状态	2.132	Ⅱ
3	证人对案情是否发生错觉	2.11	Ⅱ
4	证人对案件中的人和事是否有偏见	2.082	Ⅱ
5	过去的经验对证人感知案件的影响	2.052	Ⅱ
6	证人感知案件时是否受到暗示	2.044	Ⅱ

表7-2所列数据表明，各因素均对证人准确感知案件有一定影响力。

排在第一位的因素表明，证人对案件是否注意及注意程度，对证人感知案件的准确与否影响较大。证人对案件是否注意及注意程度如何，与刺激物本身是否具有突出的特点，以及证人本身的态

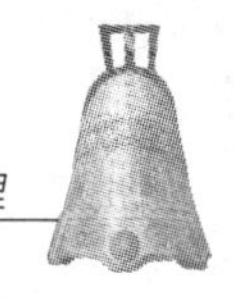

度、知识经验和注意品质等有关。

排在第二位的因素说明，证人在感知案件时，情绪状态如何，将影响证人感知的正确性。心理学研究表明，证人如果处在极度恐惧之中，则观察力下降。

“证人对案情是否发生错觉”排在第三位。错觉是指人脑对事物和人的不正确的知觉。证人在感知案件事实、情节和案犯时经常受到错觉的影响，从而导致证言失真。

其余几种因素共同表明，证人在感知案件时，往往不能客观公正地反映客观事实，而是带着已有的经验、见解、偏见或受他人的暗示去反映案件事实和情节，所以较易出现各种错觉。

表 7-3　影响证人感知案情的客观因素

排列次序	因　　素	平均分	类型
1	证人感知案件时与作案现场的距离远近	2.316	Ⅱ
2	感知对象是否有容易记住的特点	2. 279	Ⅱ
3	证人感知案件时强的刺激（如声音、光线）盖过弱的刺激	2.185	Ⅱ
4	证人感知案件时所处的地形和位置	2.169	Ⅱ
5	感知案情时间的长短	2.155	Ⅱ
6	案情的复杂程度	2.101	Ⅱ
7	证人对感知对象是否熟悉	2.09	Ⅱ
8	证人感知案件次数的多少	2.007	Ⅱ
9	感知案件时气温的高低	1.515	Ⅰ

表 7-3 所列数据表明，除“感知案件时气温的高低”属于没有影响力的因素外，其余各因素均有一定的影响力。

排在第一位的因素表明，从事实际审讯工作的被试认为，证人感知案件时与作案现场的距离远近对证人是否能准确感知案件情况影响较大，这也是对客观现实的正确反映。

排在第二位的因素表明，感知对象如果是有容易记住的特点，则有利于证人对案件的感知。

排在第三位的因素表明，犯罪现场如果有过分强烈的光线和声音（如夜间车灯刺眼的光线、雷雨天时的雷声和闪电等）就可能使证人无法感知或感知不清犯罪现场的其他案件事实和环节。因为一般来说，强的刺激所引起的兴奋要遮蔽弱的刺激所引起的兴奋。

排在第四、第五和第七位的因素表明，证人在感知案情时所处的地形和位置是否适当，感知案情的时间是否充分以及感知次数多少，都对证人准确感知案情有一定的影响。排在第六位的因素表明，案件的复杂程度也影响证人对案情的感知。案情的复杂程度越高，证人则越不容易感知正确。

二、影响证人记忆案情的因素

表 7-4　影响证人保持和回忆（或辨认）案情的因素

排列次序	因　素	平均分	类型
1	证人对引起恐惧、紧张情绪的案情容易回忆	2.435	Ⅱ
2	遗忘	2.407	Ⅱ
3	证人后来感知的事物印象与案情印象相混淆	2.185	Ⅱ
4	证人在辨认时受到询问人员的暗示	2.213	Ⅱ
5	证人根据自己的想象去回忆案情	2.156	Ⅱ
6	证人是否有先入为主的倾向性	2.074	Ⅱ

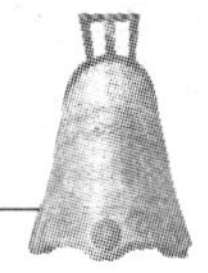

续表

排列次序	因　　素	平均分	类型
7	证人回忆案情的正确性与案件性质的严重程度有关	2.067	Ⅱ
8	证人回忆案情的环境因素	2.029	Ⅱ
9	证人把他在别处看见的人或物误认为是在犯罪现场看见的人或物（即无意的"张冠李戴"）	2.028	Ⅱ
10	证人是否善于寻找线索帮助回忆	2.024	Ⅰ

表 7-4 所列数据表明，各因素均对证人能否准确保持、回忆（或辨认）案情很有影响力或有一定影响。

（1）证人对案情的保持。排在第二、三位的是影响证人保持案件情况的因素。专家认为，影响证人不能保持案情的因素，首先是遗忘，即随着时间的推移，证人会渐渐忘掉曾经识记的材料；其次是倒摄抑制，即感知案件后识记的其他材料干扰了证人对案情的保持。

（2）证人对案情的辨认。排在第四、六、九位的因素属于影响证人辨认案件中人或事的因素，其中"询问人员的暗示"的影响力稍大一些。

证人在辨认时受到的暗示主要来自于询问人员。如果询问人员说："嫌疑犯的照片都在这儿，你看谁是犯罪分子?"即使嫌疑犯的照片并不在这些照片内，证人也可能受到暗示而误认出"嫌疑犯"。

排在第六位的因素表明，有些证人有先入为主的倾向，即在辨认时可能会根据自己头脑中固有的定势偏见加以认定。

排在第九位的因素说明，有些证人受"无意识迁移"规律的影响，很容易把他在别处看见的人误认为在犯罪现场看见的犯罪者。

（3）证人对案情的回忆。其余各因素都属于影响证人回忆案情的因素。

排在第一位的因素属于Ⅲ类因素。被试认为，证人对引起恐怖、紧张等情绪的案情容易回忆。笔者认为，被试应是从这种角度理解这一因素的，即证人比较容易记住使他产生恐惧、紧张情绪的某些细节，如凶器、血迹，但不一定能记住事件的全部内容。

排在第五位的因素表明，证人在回忆案情时，对自己感知不清或回忆不起来的部分案情，往往根据自己的想象加以补充、修改，使证言不可靠。

排在第七位的因素表明，案例性质的严重程度对证人回忆案情也有一定影响。一般来说，在犯罪过程中，犯罪行为的破坏性越大，由于情绪反应强烈，证人回忆的精确性和完整性也就越差。

排在第八位的因素表明，证人回忆案情时严肃的气氛，不利于证人的回忆活动。

三、影响证人陈述案情的因素

表 7-5　影响证人陈述案情的因素

排列次序	因　　素	平均分	类型
1	证人陈述时掺入了主观想象和主观判断成分	2.296	Ⅱ
2	询问人员的影响（如态度过于严厉、不善于提问、随便插话、不停顿地发问）	2.274	Ⅱ
3	各种暗示的影响（如询问人员的暗示、法庭情景的暗示）	2.25	Ⅱ
4	证人心理状态的影响（如是否有义务感，是否有对立情绪）	2.163	Ⅱ
5	受证人的年龄和知识经验的影响	2.126	Ⅱ

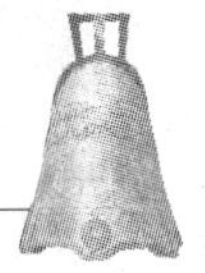

续表

排列次序	因　　素	平均分	类型
6	证人有无语言障碍	2.126	Ⅱ
7	代笔、代言者能否领会证人的意思	2.061	Ⅱ
8	受陈述形式（口头或书面）特点本身的影响	1.837	Ⅱ
9	证人说话习惯的影响	1.741	Ⅱ

表7-5所示，各因素均对证人能否正确陈述案情有一定影响力，其中无Ⅲ类因素。这有两种可能：一是由于水平所限，笔者没有将被试认为很有影响力的因素罗列进去；二是说明，在司法实践中，只要证人准确地感知了案情并能回忆起来，同时也希望如实陈述时，大多数还是能够言尽其意，比较真实地反映案件事实。笔者认为，后一种可能性更大一些，否则，证人证言也就失去了作为证据种类之一的意义。

其中影响力相对突出的是证人在陈述时，倾向于将自己关于案情的想象和推理掺杂在所感知的案件事实和情节中，从而使证言失真。出现这种情况的主要原因是证人只感知了案件某些特征和情节，对其他特征和情节感知不清晰或不完全，于是使用主观想象和推理加以补充。

"询问人员的影响"排在第二位。说明在审讯实践中，由于询问人员不善于创造和谐的谈话气氛，不善运用谈话技巧，也可能使证人产生陈述障碍。

排在第三位的因素表明，证人在陈述时，如果受到法庭庄严情景、公诉人或辩护人的质证、询问人员的暗示，也可能改变自己原先准备好的陈述内容。

"证人的心理状态"排在第四位。这一因素表明证人如果对作证持高度责任感和义务感，一般会严肃认真，字斟句酌，力求真实地再现自己所感知的案情信息；反之，则可能隐瞒、夸大或歪曲案件事实和情节，使陈述失实。

排在第五位的因素表明，证人的年龄和知识经验对证言可靠与否有一定影响。如年幼证人在陈述时，往往主次不分，不得要领；文化水平较高的人，一般善于陈述，但较易加入分析和推测的内容。

证人如果有口吃、语无伦次、赘述等语言障碍，会影响其正确表述想要表达的内容。如果证人不能出庭作证或不具备书面表达能力时，代笔、代言者如果不能完全领会证人的意思，或不能准确表述证人的意思，也可能使证言与事实不符。

被试认为，证人是采取口头表达形式还是书面表达形式，以及说话习惯如何，对证人陈述案情的准确性影响相对较小。

第三节　影响证人作证行为的动机因素

如前所述，证人作证行为大致有主动作证、被动作证、拒绝作证、伪证和否定前证（翻证）五种。每一种作证行为都是在一定的作证动机的推动下实施的。笔者归纳若干种被证言心理研究者公认的对证人作证行为有影响的动机因素加以研究，结果如下。

一、影响证人主动作证的动机因素

表 7-6　影响证人主动作证的动机因素

排列次序	因　素	平均分	类型
1	证人与一方当事人有深情厚谊	2.559	Ⅲ
2	证人为了报复曾积有怨仇的被告人或被害人	2.257	Ⅱ
3	证人为了伸张正义	2.139	Ⅱ

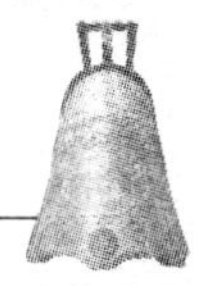

续表

排列次序	因　　素	平均分	类型
4	证人认为作证是公民应尽的义务	1.993	Ⅰ
5	证人说谎成癖	1.617	Ⅰ
6	证人为了满足自我显示的虚荣心	1.593	Ⅰ
7	证人为了获得奖金、表扬等私利	1.581	Ⅰ

表7-6所示，在七种因素中，Ⅲ类因素一种，Ⅱ类因素两种，其余为Ⅰ类因素。

从排在前两位的因素看，在促使证人主动作证的动机中，证人与当事人有某种利害（有情或有仇）起重要作用，其中证人与当事人之间有深情厚谊表现更明显，是七种因素中最有影响力的因素。

排在第三、四位的两种因素说明，正义感和义务感也在一定程度上起着促使证人主动作证的作用。从社会意义上看，受这两种因素支配的作证行为是积极的，其证词的可靠性程度较高。这两种因素排在前两种因素之后，且平均分有一定差距，说明当今许多人的道德意识、法律意识仍处于一种较低水平。人们选择某一种行为时，考虑更多的是人际关系因素，而不是维护社会正义。

后三种因素被认为没有影响力，这种评估较为客观。因为有说谎欲，或以作证满足自我显示的虚荣心或期望得到子虚乌有之物的人，其心态是异于正常人的，在人群中的比例较低，因此，在这种变态心理驱使下的主动作证行为也是微乎其微的。

二、影响证人被动作证的动机因素

表7-7　影响证人被动作证的动机因素

排列次序	因　　素	平均分	类型
1	证人碍于当事人或其亲属的情面	2.351	Ⅲ

续表

排列次序	因　　素	平均分	类型
2	证人对当事人双方持“和事老”态度	2. 171	Ⅱ
3	证人对案件事实漠不关心	2.081	Ⅱ
4	证人怕作证影响自己的切身利益	1.971	Ⅱ

表7-7所列数据表明，“碍于当事人或其亲属的情面”对证人被动作证是很有影响力的因素。这一事实说明，即使是不愿作证的证人，在与案件有牵连的亲戚、朋友、同事、乡邻等人情攻势下，往往改变原有态度，为捍卫“情面”而作证。排在第二位的因素“证人对当事人双方持‘和事老’态度”，同样也说明了“人情”在左右证人作证或不作证中的分量。

“证人对案件事实漠不关心”和“怕作证影响自己的切身利益”分别排在第三、四位，也都是有影响力的因素。说明一些证人缺乏责任感，只要“事不关己”便“高高挂起”，他们从个人利益得失的角度考虑问题，不愿承担作证义务。这两种因素的平均分稍低于前两位因素。说明证人不愿作证更主要的不是担心经济利益受损失，而是担心自己是否可能得罪当事人双方或一方。

三、影响证人拒绝作证的动机因素

表7-8　影响证人拒绝作证的动机因素

排列次序	因　　素	平均分	类型
1	证人担心作证会引起当事人及其亲友的报复或憎恨	2. 625	Ⅲ
2	证人为了庇护犯罪的亲友	2.478	Ⅲ
3	证人存在“多一事不如少一事”，少惹麻烦心理	2.41	Ⅲ

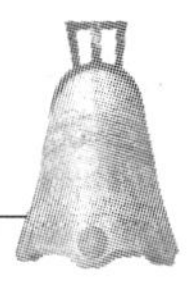

续表

排列次序	因　素	平均分	类型
4	证人因贪利而被收买	2.345	Ⅲ
5	证人惧怕当事人及其亲友的威胁	2.338	Ⅲ
6	证人因曾受过犯罪人或其亲友的恩惠而报恩	2.25	Ⅱ
7	证人对司法机关有抵触情绪	2.215	Ⅱ
8	证人与被告人或被害人有私仇	2.08	Ⅱ
9	证人缺乏作证义务感	2.079	Ⅱ
10	证人出于羞耻感（如强奸、流氓案件旁观者）	1.954	Ⅱ
11	证人出于对案犯及亲属的同情	1.941	Ⅱ
12	证人因未及时报案而担心追究其责任	1.807	Ⅱ
13	证人信奉“害人之心不可有”的信条	1.708	Ⅱ
14	证人认为作证有失身份	1.535	Ⅰ

表7-8所示，除“证人认为作证有失身份”之外，各因素都对证人拒证有一定影响或很有影响。

从五种Ⅲ类因素看，证人拒绝作证的主要动机依次如下。（1）担心作证会引起报复，其平均分相当高，说明司法实践中确实存在证人因作证行为而在事后受到报复的现象，因而使大量尚未作证者心有余悸，并引以为戒，轻易不敢冒险作证。这从反面说明了我国司法机关对证人的保护工作薄弱，不注意消除诉讼外的隐患。虽然修订后的刑事诉讼法在法律条文上增加了对证人的保护条款（见第四十九条，第一款：人民法院、人民检察院和公安机关应当保障证人及其近亲属的安全。第二款：对证人及其近亲属进行威胁、侮辱、殴打或者打击报复，构成犯罪的，依法追究刑事责任；尚不够刑事处罚的，依法给予治安管理处罚），但如何落实这一条款，尚须待以时日。（2）证人由于与犯罪人之间有密切的关系，因而不希望作不利于被告人的陈述。（3）怕惹麻烦，扰乱了自己的日常工作与生活的节奏与平衡。（4）见利忘义，被某一方当事人收买。（5）由于实际威胁的存在，证人担心自己及亲友的生命和财产安全受到损害，从而不敢伸张正义。

在Ⅱ类因素中，排在第六、八位的因素属于证人与当事人之间有利害关系的情况。由于个人恩怨作祟，一些证人便将国家和他人利益抛在脑后，而且“有恩不报是小人”要稍重于“有仇不报非君子”。

排在第七、九位的因素以及其余几种Ⅱ类因素表明，部分证人感情用事，法律意识淡薄，只考虑个人的感情是否受到伤害，而不顾及他人的合法权益是否受到侵犯。

以上这些因素总体表明，证人拒绝作证考虑更多的是自己的切身利益或亲友的利益是否受到损害，其次是人际关系因素，再次是考虑个人感情是否受到伤害。总之，实际利益大于一切。

属于Ⅰ类的因素“证人认为作证有失身份”表明，绝大多数证人能够正确看待作证行为以及证人的法律地位，他们并不认为作证有失身份。

四、影响证人作伪证的动机因素

表 7-9　影响证人作伪证的动机因素

排列次序	因　　素	平均分	类型
1	证人为了使亲友免遭法律制裁	2.743	Ⅲ
2	出于“哥们儿义气”，尽力营救犯罪的“哥们儿”	2.537	Ⅲ

续表

排列次序	因　素	平均分	类型
3	证人与案件有某些利害关系	2.435	Ⅲ
4	证人为了庇护已暴露的共犯	2.434	Ⅲ
5	证人因贪利而被当事人或其亲友收买	2.419	Ⅲ
6	证人受到来自当事人或其亲友的威胁、恐吓	2.339	Ⅲ
7	证人为了报答被害人或被告人的恩情	2.307	Ⅱ
8	证人为了报复曾积有怨仇的当事人	2.057	Ⅱ
9	证人为了讨好当事人及其亲友	2.002	Ⅱ
10	证人碍于情面	1.948	Ⅱ
11	证人出于无原则的同情心	1.866	Ⅱ

表7-9所示，上述各动机均对证人作伪证有一定的影响力或很有影响力，其中Ⅲ类因素有六种。

排在第一位的是“证人为了使亲友免遭法律制裁”，平均分为2.743分，远超出其他各因素。从原始数据看，138个被试中，无一人认为它没有影响力，除35人认为其有一定影响力外，其余103个被试都认为这一因素很有影响力。这种情况表明，在司法实践中，大量的伪证案是犯罪分子的亲朋好友，尤其是至亲（如父母、夫妻、兄弟姐妹等）所为，其动机十分单纯，就是为了维护亲人的利益，不愿让其受到法律的制裁。一位多年从事预审工作的人说：“绝大多数与犯罪嫌疑人有亲属或朋友关系的证人，都有伪证的倾向。”这同样证实了这一评估的正确性。

其余五处Ⅲ类因素，概括起来可分为三类。一是证人与当事人之间存在着某种牵连关系，如证人与被告人是共犯，或"铁哥们儿"，出于"哥们儿义气"，宁可自己身陷法网，也要保护被告人；或是证人与案件事实有牵连，如果他作了不利或有利于被告人的陈述，可能会影响自己的切身利益。这一类因素的影响力仅次于"使亲友免遭法律制裁"，说明了除"亲情至上"原则外，个人的切身利益及狭隘的"友情"也是相当重要的。二是"拜金主义"作祟，证人因贪利而甘愿冒险。三是证人受到来自某一方当事人的威胁、恐吓，被迫提供对其有利的、虚假的证言。

Ⅱ类因素中排在第一位，且平均分远远高出其他各Ⅱ类因素的是报恩动机，说明"知恩不报非君子"的狭隘的封建义气，仍然毒害为数不少的证人。即使这种报恩方式触犯法律也在所不辞，因为唯有如此，才能显示其"君子"本色。

由于伪证要承担法律责任，因此，证人实施伪证行为需有极大的推动力。上述诸种因素是伪证者的主要动机，其余的一些因素，如"为了讨好当事人""出于无原则的同情心"等属于较次要的因素，因为一个心智健全的人很少会无缘由地因"讨好"或"同情"某人而使自己沦为罪犯的。

五、影响证人否定前证的动机因素

表 7-10　影响证人否定前证的动机因素

排列次序	因　　素	平均分	类型
1	证人怕打击报复	2.398	Ⅲ
2	伪证者怕受司法机关的惩罚	2.382	Ⅲ
3	证人对先前的伪证无法自圆其说	2.279	Ⅱ
4	证人为了纠正以前回忆的错误	2.186	Ⅱ
5	证人想起遗忘的案件事实和情节	2.186	Ⅱ

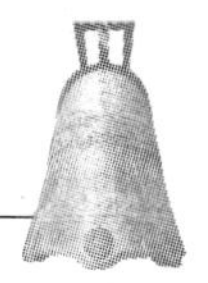

续表

排列次序	因　　素	平均分	类型
6	同案其他证人已否定前证，因而也就跟着否定	2.154	Ⅱ
7	证人作证后受到询问人员、新闻媒介等方面的影响	2.14	Ⅱ
8	来自被告人的威胁已经消除	2.037	Ⅱ
9	证人作证后受到良心的谴责	2.024	Ⅱ
10	证人作证后对被询问的问题或案情有新的理解	2.015	Ⅱ

表 7-10 所示，所列各因素均对证人否定前证有影响。

两种Ⅲ类因素表明，证人还是对来自外界的实际威胁或惩罚感到畏惧。证人如果作了不利于任何一方当事人的伪证，均可能遭到他们及其亲友的憎恨或报复，而且伪证一旦被识破，也会受到刑罚惩罚。因此除非证人伪证动机十分强烈，使他能始终坚持伪证外，一般情况下，可能出现动机斗争。从两种因素的排列顺序看，伪证者更担心受害当事人的报复，这可能是因为刑罚的惩罚是既定的、已知的，而受害者的报复则是未知的。

排在第三位的因素表明，伪证行为毕竟是虚构、歪曲事实的一种行为，不管证人如何精心编造，总会有一些与客观事实不相符合的地方。有些证人因此而放弃伪证，有的证人则以新伪证代替原先的伪证。

排在第四位的两种因素都是关于记忆过程的说明，大多数证人对自己所作的陈述的正确性比较自信，只有为数不多的证人能够实事求是地对自己意识到的陈述错误进行修正。

排在第五、六位的因素表明，少数证人有从众心理，易受暗示，不管这种暗示来自于同案证人还是询问人员或社会其他因素。

“来自被告人的威胁已经消除”排在第七位，表明它有一定影响，但影响力不大。这种情况说明，被告人被捕造成的暂时性威胁消除不能使所有的因受威胁而作证的证人解除心理压力，仍有部分证人担心被告人获释以后进行报复或由其亲属实施报复。

排在第八位的因素同样属于伪证者进行的动机斗争，但其平均影响力远远低于前三位因素，说明伪证者产生自我谴责意识的属于少数。“证人作证后对被询问的问题或案情有新的理解”排在最后一位，仍属有影响力的因素。其排列次序表明，有作证资格的公民，其理解问题的能力应当是中等以上水平，所以这一因素的出现率不高。

第四节　证人消极作证动机和陈述障碍的矫正

研究证人作证动机和影响证言形成过程的因素，就是为了提出矫正证人消极作证动机以及陈述障碍的对策，以便办案人员在司法实践中能灵活运用，从而提高证言的可靠性程度。

一、证人消极作证动机的矫正

证人消极作证行为，是指证人主观上没有提供真实证言的意图，客观上提供了虚假证言或拒不向司法机关提供证言的行为，包括主动作证的伪证行为、拒证、伪证和翻证中的以伪证代替真实陈述等行为。消极作证动机则是指促使证人作伪证、不愿作证的内心起因。

针对证人的消极作证动机，笔者提出了几种对策，让有一定实践经验的被试对其有效性程度加以评价，然后通过统计处理得出关于每一对策的平均评价水平。

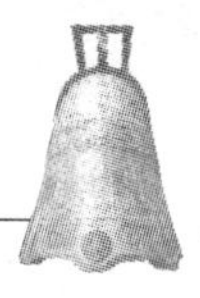

表 7-11　证人消极作证动机的对策

排列次序	对　　策	平均分	类型
1	对伪证和拒证者，应向他们讲明法律的严肃性和这种行为的违法性	2.422	Ⅲ
2	对伪证者，适时出示证据，促其如实陈述	2.385	Ⅲ
3	对怕打击报复不愿作证的，应向他们讲明法律对证人的保护，以消除顾虑	2.319	Ⅱ
4	向证人讲明犯罪和证据的客观性，以消除证人拒证和伪证的侥幸心理	2.267	Ⅱ
5	对不太愿意作证者，应向他们讲明犯罪的危害性及同犯罪作斗争的重要性	2.26	Ⅱ
6	询问证人时，应介绍被害人及其亲属的惨状，以引发证人的同情心	2.165	Ⅱ

表 7-11 所示六种对策中，两种相当有效，其余为比较有效的对策。

两种相当有效的对策表明，由于伪证、拒证者的行为不合法，他们在实施这种行为时的心理状态一般表现为恐惧、犹豫，因此，询问人员可以采取这两种对策，激起证人的动机斗争。具体地说，对于了解法律的证人，询问人员一方面要向他们强调伪证行为的法律后果和拒证所带来的社会危害性；另一方面，利用手中掌握的证据，暗示伪证者，其伪证行为将被识破。通过这两方面的措施的配合使用，促使伪证和拒证者进行动机斗争，使消极作证动机转化为积极作证动机。对没有法律意识的证人，因其作证动机更多是出于人情或贪利，所以应当耐心地向他们介绍法律的有关规定，讲明一旦发现他们的伪证行为，同样是要坐上被告席的；同时，还要向他们讲明犯罪的危害性及同犯罪作斗争的重要性（见对策 5）。另外，还可以向他们介绍被害人或其亲属的悲惨遭遇，激起证人的同情心（见对策6），唤醒他们的良知。

排在第三位的因素表明，当证人存在安全顾虑而不愿作证时，询问人员应向证人讲明法律有关保护证人的规定（刑事诉讼法第四十九条）还是能够起到促使证人放弃消极作证动机的作用。

排在第四位的对策和排在第二位的对策一样，都是关于消除伪证和拒证者的侥幸心理的。两种对策的平均分差异表明，对于伪证者，证据比语言更具有说服力。但后者仍然有效，说明当询问人员并没有掌握案件的实物证据或其他人证时，可以使用这一对策，即向证人讲明，只要犯罪事实确实发生过，司法机关一定会找到有关证据将犯罪人绳之以法。同时，作伪证的人也不会侥幸逃脱法律的制裁，因为证据是客观存在的，是不以任何人的主观意志为转移的。

二、证人陈述障碍的矫正

陈述障碍是指愿意如实提供证言的证人，在回忆并陈述所感知的案件情况时，由于受自身心理因素和客观环境因素的影响，产生回忆或陈述困难的现象。对于证人感知不清或记忆变形的情况，办案人员一般很难通过外部措施使证人提供真实的证言，但对于陈述障碍，则可以通过一些方法进行矫正。

针对证人陈述障碍的成因，笔者列举了五种对策，让被试对其作出评价。

表7-12　证人陈述障碍的矫正对策

排列次序	对　　策	平均分	类型
1	询问人员态度要和蔼，给证人创造良好的陈述气氛	2.393	Ⅱ
2	到犯罪现场询问，可以启发证人回忆	2.289	Ⅱ

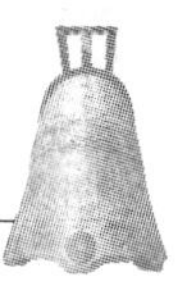

续表

排列次序	对　策	平均分	类型
3	在证人回忆案情发生困难时，询问人员应暂时转移证人的注意，不应强求证人作陈述	2.208	Ⅱ
4	所提问题避免带有暗示性	2.171	Ⅱ
5	利用联想启发证人的回忆	2.148	Ⅱ

表 7-12 所示，五种对策中只有一种被认为相当有效，其余为比较有效的对策。

排在首位的对策表明，从事司法实际工作的被试认识到，给证人创造良好的陈述气氛，对矫正证人陈述障碍相当有效。从使证人产生陈述障碍的因素看，“询问人员的影响”排在影响证人陈述的第一位，说明由于询问人员自身的因素，主要是态度简单粗暴，缺乏问话技巧，使得证人产生心理压力，或出现抵触情绪，因而想如实陈述但理不清思路，表述混乱，甚至拒绝陈述或胡编滥造。因此要使证人的陈述可靠，就必须提供给证人一个良好的陈述环境。这就要求询问人员要提高自身的素质，正确对待询问工作，不断提高问话技巧。

排在第二位的对策是“到犯罪现场询问，可以启发证人回忆”。如前所述，“证人回忆案情时的环境因素”对证人回忆案情有一定影响，如果证人处于过于压抑的环境中，则不利于证人的回忆活动。到犯罪现场询问证人，可以使证人身处案发时的情境中，从而有利于证人回忆起有些被遗忘的案件事实和细节。

排在第三位的对策表明，由于证人感知或保持案情的过程中存在一些不利因素，因而常常引起回忆困难。在这种情况下，询问人员应当留给证人充裕的思索、回忆的时间，或是帮助证人寻找回忆的线索，和证人聊一些比较轻松的话题，从而使证人在轻松的氛围中想起遗忘的案情。

排在第四位的对策表明，询问人员的提问如果有暗示性，会诱导证人选择错误的回忆线索，或迎合询问人员的意图而作违背事实的陈述。因此，所提问题不带有暗示性将会提高证言的可靠性程度。这一对策与陈述障碍的成因之一“询问人员的暗示”正好呼应。

排在最后一位的对策在国外的审讯实践中运用较多。这是利用人的无意识，通过词语联想，使证人不由自主地想起案发时的人物或情节。如果询问人员掌握了这种方法，在启发证人回忆时，就会多一种可供选择的手段。

第五节　证言的收集和审查判断

一、证言的收集

（一）收集证言应遵循的原则

为了保证一切与案件有关或者了解案情的人能够客观地、充分地提供证言，询问应遵循以下原则。

1. 合法性原则

合法性原则是指收集证言的程序、方法等应当符合法律的规定。询问证人是一项执行法律的严肃工作，它不仅关系到能否获取客观真实的证言，为正确认定案件提供可靠的依据，而且也关系到能否保障公民的人身权利、民主权利和其他合法权益不受侵犯。收集证言的合法性原则体现在以下几个方面。一是询问证人一般应由承办本案的办案人员或被委托的其他有侦查权的人员进行。二是证人的资格有严格的法律限制。证人和证言是法律上的概念。刑事诉讼法对什么人可以作证，证人的法律地位，证人的权利和义务，证言的内容和形式等都作了规定。凡不符合法律规定的，都不能当证

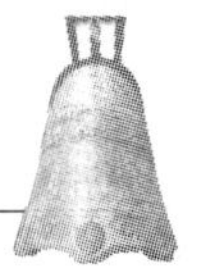

人和作证言。我国刑事诉讼法第四十八条规定："生理上、精神上有缺陷或者年幼，不能辨别是非、不能正确表达的人，不能作证人。"需要注意的是，"生理上、精神上有缺陷"的人和"年幼"不到法定年龄的人，能不能作为证人，关键看他能不能辨别是非和有无正确的表达能力。精神病患者患病期间，无法辨别是非，正确表达，不能当证人。但是，间歇性的精神病人在精神正常期间，如能辨别是非，正确表达，则可以作为证人。此外，还有其他一些法律规定的不能作为证人的情形，如法人、本案的办案人员等。三是询问证人的方法要合法。严禁以威胁、引诱、欺骗以及其他非法方法询问证人。

2. 客观性原则

客观性原则是指询问证人必须尊重客观事实。证人必须是知道案件情况这一客观事实的人，他有义务客观地向办案人员陈述他所感知到的案件情况。证人所陈述的与案件无关的事实情节，或者其分析判断、估计猜测等，不能作为证言的内容。证人陈述的情况，可以是耳闻目睹得来的，也可以是别人看到、听到而转告得来的，但这种间接得到的情况，必须说明来源，道听途说的消息不能作为证言。

3. 全面性原则

全面性原则是指询问证人时既要注意收集证明犯罪嫌疑人有罪和加重罪责的证言，也要注意收集证明犯罪嫌疑人无罪或减轻罪责的证据。客观与全面是一个统一的不可分割的整体。只有尊重客观，才有可能做到全面；只有不遗漏地、如实地、全面地收集证据，才能真正做到客观。

4. 及时性原则

及时性原则是询问证人的时间要求。询问证人是一项时间性很强的工作，必须抓紧进行，力求做到积极主动，行动迅速。确定应询问的证人后，要抓紧时间，尽早对证人进行询问。及时询问，距离证人感知事物的时间较短，证人遗忘较少且提供证言的热情较高，还可以避免因外来因素影响而使证言失真。

5. 心理相容原则

心理相容原则是指询问证人时要注意与证人的心理接触，保证双方能建立融洽的心理关系。收集证言不同于收集物质证据，需要考虑到证人是有思想的人。在询问证人时，办案人员必须使用温和、礼貌的语言，设法与证人拉近心理距离，使证人愿意主动配合侦查工作。

6. 个别性原则

个别性原则是指收集证言要个别进行，并且区别对待。同一个案件有两个以上证人时，询问都应当个别进行，其他证人和无关人员不能在场。不得把几个证人召集在一起进行集体询问，更不能采取公开座谈的办法收集证人证言。这样可以避免证人相互影响，保障证人独立地说出自己知道的情况。不同的证人具有不同的个性特点。询问个别进行，有利于办案人员根据证人的不同的心理特点，采取不同的询问证人的方法。此外，个别询问有利于将不同证人的证言相互印证，有利于判断证言的真实性。

7. 保守询问秘密的原则

保守询问秘密的原则是指收集证言要注意为证人保密。当前，证人不愿作证的现象比较普遍，给询问工作带来很大的困难。其主要原因是证人有较多的顾虑。如果办案人员采取必要的保密措施，就可以减轻证人的心理负担，使证人愿意陈述他所知道的有关情况。如果证人不愿公开自己的姓名，应当为其作证行为保密。

（二）收集证言的方法

收集证人证言通常采用询问方式进行。询问证人一般采取以下三种方法。

1. 自由陈述法

自由陈述法是指办案人员对要询问的问题作出重点提示后，让

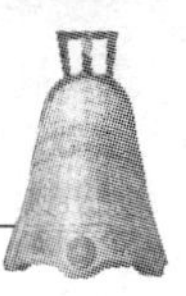

证人就其所了解的与案件有关的情况进行系统的陈述。这种方法一般在办案人员不十分清楚证人知情程度或对案情还未掌握确实证据的情况下采用。证人在自由陈述过程中往往能无拘束地陈述所记忆的案件情况，内容较广泛、具体。这样可以了解到证人知道哪些事实以及作证的态度。在运用这种方法时，办案人员应注意：(1) 让证人自由陈述的问题要简单明确，使证人容易理解和回答；(2) 对证人的陈述要耐心听取，不要随意打断，即使证人所说的不得要领或离题太远，也不应有不耐烦的表现，更不能随意打断证人的陈述；(3) 在证人回忆中断、陈述的顺序颠倒、遗漏了重要情节，或者陈述完全脱离案件内容时，应根据实际情况，采取灵活方法帮助证人回忆，或巧妙地把话题引入正题；(4) 在证人陈述过程中，要随时对证言进行整理和分析，找出遗漏情节，或者是对查明案情有意义而又不够清楚的问题，判明证人知道哪些情况，为下一步询问做好准备。

2. 提问法

提问法是指办案人员对要询问的重点问题，以诚恳热情的态度提出，让证人作出回答。这种方法一般要求办案人员对案情和对证人的知情程度比较清楚时采用。否则，就不易抓住重点问题进行询问。运用这种方法，可以补充证人在自由陈述中不详尽、不明确、有矛盾或遗漏的问题，也可以对证人过去提供的证言进行复核。不论哪种情况，办案人员提问时都应当注意：(1) 弄清证人陈述不足的原因，只有在排除不良动机因素后才可使用此法；(2) 在询问时，态度要诚恳、热情，使证人愿意合作，如实地回答办案人员提出的问题，切不可对证人随意指责、挖苦；(3) 提出问题的方式要从实际出发，灵活掌握，既可以直接提出问题，让证人回答，也可以让证人对过去的陈述进行复述，或者出示证人原来的证言材料，请证人复核；(4) 提出的问题要尽量使证人的陈述具体化，问清来龙去脉，以便扩大调查线索，发现不确切和矛盾的地方。

3. 盘问法

盘问法是指办案人员对要询问的重要问题以盘查的语气提出，让证人回答。盘问法一般适用于发现证人故意隐瞒事实、伪证或陈述前后有矛盾时采用。使用盘问法应注意：（1）盘问前，要弄清证人隐瞒了什么，证人证言有哪些地方有矛盾，以便有计划、有目的地进行盘问；（2）盘问时，态度要严肃，语气要严厉，提出问题要一追到底，但不得威胁、引诱；（3）必要时，可以使用掌握的证据材料揭露证人的错误态度，使其如实陈述；（4）只要证人承认错误，愿意改正，就不要揪住不放。

（三）询问证人时的注意事项

1. 注意发问方式的选用

运用提问法时需注意提问方式的暗示性。提问方式一般有以下几种：疑问词问，是否问，肯定问，否定问，完全选言问，不完全选言问等。在这些提问方式中，暗示性最小的是疑问词问，例如："你看到的汽车是什么颜色的?"这是因为，在疑问词问中，问题中不包含可能的答案。其他几种提问方法均具有或多或少的暗示性。具体分析如下：

是否问：汽车的颜色是不是黑色的？证人易回答"是黑色的"。

肯定问：汽车是黑色的吧？证人易回答"是黑色的"。

否定问：汽车不是黑色的吧？证人易回答"是，不是黑色的"。

上述三种提问方法均具有暗示性，容易诱导性证人作出肯定性或否定性回答。

完全选言问：汽车是黑色的还是别的颜色？在这种场合下，回答问题的人很容易肯定发问中所指出的黑色，而不容易回答说是"别的颜色"。从逻辑角度看，这一提问虽然包含所有的颜色，证人完全可以在所有的颜色中任选一种，但是，从心理作用上讲，发问中所暗示的黑色更能起作用，不过由于提到了别的颜色，其暗示作用稍微减弱一些。

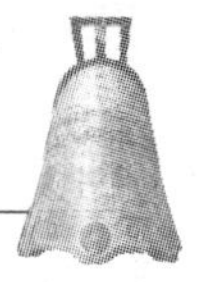

不完全选言问：汽车是黑色的还是绿色的？黑色、绿色不能包括所有的颜色，因此，本来是可以回答任何一种颜色的，但证人的注意焦点总是被黑色或绿色吸引住，从而排除了其他回答的可能性，加大了作出错误陈述的危险性。

2. 启发回忆

在证人发生回忆障碍时，要注意采用有效的方法启发证人回忆。由于时间较长或记忆力不好等原因，证人可能会产生回忆障碍。询问这样的证人时应注意：缓解证人的紧张情绪；帮助证人唤起记忆，出示与被遗忘的事实有间接联系的物证；还可以向证人提示其他证据，或出示证人以前的书面材料，利用联想法帮助证人回忆记不清的事实。

3. 防止和消除证人的意义障碍

意义障碍即证人对询问人员的提问存在理解障碍，无法明确领会询问人员提出的问题。意义障碍主要有两层含义：一是询问人员提问中包含一些法律术语或其他证人不能理解的内容；二是询问人员提出的问题本身含糊不清。意义障碍的存在不利于证人正确地理解提问及回答问题，并可能影响证人的情绪。因此，在询问证人的过程中，询问人员需要注意防止意义障碍的出现，提问尽量简单、明确，如有法律术语等证人难以理解的词语，要向证人作一些通俗的解释；当发现证人出现意义障碍时，要及时调整问话方式，避免因这种言语沟通障碍而影响询问的顺利进行。

二、证言可靠性的审查判断

证言可靠性的审查判断是指公安、检察、审判人员对证言的真实可靠性及其证明价值所作出的评价。审查证言主要是审查收集证言的人员、证人的资格以及收集证言的方法及程序是否合法。其次，审查证人证言的来源是否符合客观性要求。判断证言主要是判断证言的真实可靠性，需要应用证据学、逻辑学，特别是心理学的知识。

从心理学角度来说，一份真实可靠的证言必须同时具备以下两个条件，缺一不可。一是证言形成的心理过程完整、准确。证言形成所经历的感知、记忆、陈述三个阶段，任何一个阶段出现错误，都会导致证言失实。这就是证言形成的阶段观。其中感知是基础，记忆是对感知的案情的固定，陈述是将记忆的案情外化出来。二是证人的作证动机正确。证人只有在正确的作证动机的驱使下，才有可能将自己感知并记忆的案件情况真实地反映出来。因此，从心理学的角度审查判断证言的可靠性，主要有以下两种方法。

（一）证言形成心理分析法

这是通过证人证言形成过程的心理分析，对证言的真实可靠性作出判断的方法。可以从以下两个方面进行分析。

（1）分析证人的感知能力、记忆能力和陈述能力。主要看证人身体健康状况、智力与精神状况。需要注意以下问题。

一是证人感觉器官是否健全一般不难分辨，但需要注意是否有色盲现象、视力及听力差的状况。

二是证人的智力状况。先天痴呆一般有明显痴呆状，比较容易判断。有些因后天疾病或脑损伤而导致智力状况下降的情况，则需要仔细分辨。可以从其言语的逻辑性、合理性等方面加以识别。

三是证人是否具有某些人格障碍，如谎言癖，表现为专门编造谎言以证人身份出现。说谎是某些人为了逃避困难，达到某种目的而有意识采取的防卫手段。通常说谎者都知道自己在说谎。而病理性说谎的证人，大多数并没意识到自己在说谎。说谎的内容可表现为对别人的不正确的指控，或对自己情况的不真实的叙述，亦可编造出关于别人和自己之间关系的幻想情节。这些谎言常常极端荒谬，不合逻辑，证人却断言是事实。询问人员要善于识别是一般故意说谎的证人还是病理性说谎的证人。两者原因并不相同。前者需要了解其故意说谎的原因和动机，以针对原因促其真实陈述；后者

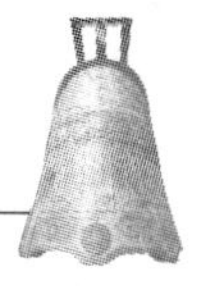

则无作证能力。

四是证人是否具有精神疾病。其典型特征是思维不定向，动作不合常规，言语离奇，情绪不稳定。

五是证人是否年幼证人。年幼的人很容易受暗示的影响，对他们的陈述要持谨慎的态度，所以人们常说“小孩子的话不可靠”。但并非所有儿童的证言均不可靠。

（2）分析证人证言形成受哪些主客观因素的影响。如前所述，影响证人证言形成的主客观因素很多，例如，主观因素中的紧张不安和恐惧情绪，容易使证人在感知案情时产生惊吓效应和错觉，在陈述案情时出现回忆障碍；证人在感知案情、记忆案情和陈述案情过程中，如果受到暗示，也会影响证言的真实可靠性。客观因素中的光线的强弱、距离的远近、时间的长短等会影响证人对案情的感知；时间的间隔会影响证人对案情的记忆；环境和气氛会影响证人对案情的陈述。

（二）作证动机分析法

作证动机分析法就是通过证人作证动机的分析，对证言的真实可靠性作出判断的方法。

证人的作证动机对证言的真实可靠性的影响极大。即使证人具有健全的感知能力并正确无误地感知了案情，也具有良好的记忆能力和陈述能力，并且向公安机关陈述了案情，但如果作证动机不正确，也不可能提供真实可靠的证言。因此，有必要了解作证动机对证言的影响。

运用这种方法应当掌握以下几个要点。

（1）分析证人与被告人、被害人及其亲属有无利害关系，与案件的处理结果有无利害关系，以及利害关系的程度如何。例如，与被告人及其家庭有利害关系的证人，容易产生为包庇被告人而作伪证的动机；与被害人及其家属有利害关系的证人，则可能产生捏造事实或夸大事实而作伪证的动机；与案件处理结果有利害关系的证人，很容易产生作伪证的动机。利害关系的程度越大，产生作伪证的可能性就越大。

（2）分析证人有无受到被告人、被害人或他们亲友的威胁、利诱或求情。若有，证人就可能产生为包庇或诬陷被告人而作伪证的动机。

（3）分析证人在询问过程中是否受到询问人员的诱骗、威胁甚至刑讯逼供等非法对待。若有，证人就有可能产生为保全自己而作伪证的动机。

（4）了解分析证人的个性品质，特别是法制观念、道德品质、一贯表现等。法制观念不强、道德品质不良、一贯表现不好者，容易产生作伪证的动机。

最后，需要注意的是，证人证言真实可靠性的审查判断是一项复杂细致的工作，心理学分析只是有效方法之一，还需要综合运用证据学、逻辑学等学科的知识才能取得最佳效果。因此，在审查证人证言可靠性时，也要重视以下几种方法的运用。

一是关联性分析法，即通过分析证人证言与案件的事实、情节是否有直接或间接关联，以判断证言真实可靠性的方法。

二是对比分析法，即通过证人证言之间，证人证言与其他证据之间的对照比较，分析证言真实可靠性的方法。这种方法要求分析：同一证人的证言前后有无矛盾；证人与证人之间的证言有无矛盾；证言和其他证据有无矛盾。

三是询问记录分析法，即从实际询问记录中发现判断证言真实可靠性的方法。①

---

① 参阅罗大华著：《证人证言心理》，群众出版社 1992 年版，第 186～190 页。

思考题

1. 在证人证言形成过程中有哪些因素影响证人证言的可靠性?
2. 证人作证的行为有几种? 各种作证行为的动机是什么?
3. 如何对证人消极作证动机和陈述障碍进行矫正?
4. 怎样审查证人证言的可靠性?

第八章 侦查心理

侦查活动是司法实践活动的重要环节，其主要任务是揭露和证实犯罪。在侦查活动过程中，侦查人员根据侦查工作的需要，自觉进行自我心理调控，并针对犯罪嫌疑人及其他与犯罪有关人的心理活动规律和特点，实施相应的侦查心理对策，以提高侦查实践活动的效率。

第一节 侦查人员在侦查过程中的心理

侦查活动是在侦查人员的一系列心理的支配和调节下进行的。侦查人员对于自己在侦查过程中的心理活动，首先要有自觉的认识，才能进行有效的自我心理调控，从而保证侦查活动的顺利进行。

一、侦查人员在侦查过程中的认识活动

犯罪嫌疑人及其犯罪活动虽然是客观存在的事实，但是在案件未侦破以前是隐蔽的。必须通过刑事侦查人员的认识过程，才能揭露和证实隐蔽的犯罪嫌疑人和犯罪事实。因此，侦查人员在侦查过程中的认识活动极为重要。

人的认识活动是通过感知、记忆、想象、思维各种心理过程，对客观事物由表面现象到本质和规律的主观能动的反映过程。侦查破案过程也是一种认识过程，这种认识过程有其自身的特点。

（1）认识时间的紧迫性。侦查工作是一项时间性十分紧迫的工作，必须抓住犯罪现场尚未被破坏、犯罪痕迹清晰、赃物尚未脱

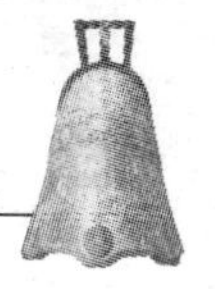

手、罪证尚未销毁、犯罪嫌疑人尚未远逃、被害人和证人的记忆清楚等有利时机开展侦查，侦破工作才能做到事半功倍。否则，如果贻误破案良机，则会事倍功半，给侦破工作带来极大的困难。

（2）认识过程的间接性。侦查工作是由已知的犯罪结果，追溯过程，查找、确定犯罪嫌疑人的间接认识过程。

（3）认识对象的隐蔽性。犯罪嫌疑人为了逃避侦查，在作案前、作案中和作案后，一般都作了充分的反侦查的心理准备，实施各种反侦查的措施。如制造各种假象，编造各种谎言，与同伙订立攻守同盟；破坏现场，消灭作案痕迹，毁灭罪证；贼喊捉贼，以转移侦查人员的视线等。这就给侦查工作带来极大的困难，往往使侦查人员对案件的认识陷入某些误区。因此，侦查人员在侦查活动中，自觉进行心理的自我调控，避免认识的误区，是非常重要的。

（一）侦查人员在侦查过程中的注意

侦查活动是由许多环节组成的十分紧迫而细心的工作，在某一个环节上出现认识的疏忽或错误，都会使侦查工作走上弯路而贻误侦查的有利时机，造成工作的困难或失败。因此，侦查人员在每一个侦查环节上都必须保持认识过程的完整与准确。

要保持认识过程的完整与准确，首先要从注意开始。侦查人员在侦查过程中，不论是现场勘察、各种痕迹与物证的提取、检验与科学鉴定，还是进行巡逻盘查、追缉堵截、跟踪守候、辨认、搜查、逮捕、审讯等活动过程中，都离不开侦查人员高度集中的注意力。所谓注意力的高度集中，就是把感知、记忆、思维、想象等心理活动，有意识地集中到与侦查目的和对象有关的事物上面，把其他与侦查目的、对象无关的事物排除在注意的范围之外。同时，根据侦查目的和任务的需要，有时需要在较长的时间内（如跟踪守候、巡逻盘查等活动）将注意保持在某一侦查对象身上或一定的范围之内，如果此时注意分散，就可能造成侦查的某个环节或全盘失误。在某些侦查活动中，侦查人员还要根据侦查目的的需要，将注意进行合理分配与转移。如在巡逻盘查、跟踪守候、搜查等侦查活动中，需要将注意进行合理分配，均衡地保持在一定的范围之内。当某一项侦查任务完成后，又能根据新的侦查任务需要，及时将注意转移到新的注意对象身上。

侦查人员在必要的时候，要自觉进行自我心理调控，以使自己的注意力高度集中。如在侦查工作的紧要关头或在自己的生理、心理疲劳时，要不断提醒自己“加强注意，不要疏忽大意”，“不要放过任何一个可疑迹象”，并有意识地排除头脑中与注意对象无关的事物的干扰。

（二）侦查人员在侦查过程中的观察

观察是一种有目的、有计划的比较持久的知觉过程，是知觉的一种特殊形式。在观察过程中始终都有思维参加。观察能力就是人对外界事物的自觉的感知能力。观察对于侦查人员特别重要，这种重要性体现在侦查工作的各个环节，贯穿于侦查工作的全过程。在进行现场勘察时，要对现场的方位、案犯进入现场的路线、现场是否被破坏或伪装、现场上各种物体的方位，以及现场遗留物、尸体、血迹、足迹、凶器、指纹、犯罪痕迹等进行仔细观察；在对犯罪痕迹、遗留物进行鉴定和检验过程中，要进行细心观察；在调查访问中，对于被害人、证人、知情人等的态度，以及回答问题时的神态表情，要进行观察；在跟踪守候、巡逻盘查、辨认时，对跟踪、辨认对象的体貌特征，要进行观察；在搜查工作中，对被搜查人可能藏匿的地点及体貌特征、犯罪证据、赃款、赃物隐藏的地点等，要进行观察；在拘留、逮捕犯罪嫌疑人时，对周围环境、犯罪嫌疑人的体貌特征等，也要进行观察。

侦查人员的观察，主要是通过自己的眼、耳、鼻、舌、身各种感觉器官直接感知被观察对象的各种特点，同时也可借助各种仪器和其他技术手段，但最终还离不开自己的感觉器官的直接观察（如对检测、化验结果的观察）。

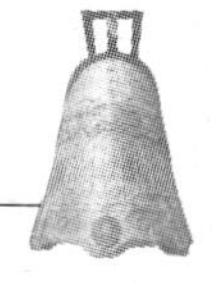

侦查人员良好的观察效果，首先来源于观察的明确目的性。在观察前，目的越明确，任务越具体，观察效果越好。例如进行现场勘察，总的任务和目的是弄清案件性质、收集犯罪证据，为分析犯罪嫌疑人的犯罪过程、特点，查找犯罪嫌疑人，划定侦查范围和确定侦查方向提供依据。但在进行现场勘察时，侦查人员的头脑中还有更为具体的目的和任务。比如不同性质的犯罪案件，有不同的作案规律；同一性质的犯罪案件，又有某些共同的作案规律。侦查人员对现场进行勘察时，对某类案件观察的重点，应提取的犯罪痕迹、物证等，都有更为具体的心理准备，才能够保障观察得细致、全面。

其次，观察的效果还取决于侦查人员的经验和知识。具有丰富观察经验和知识的侦查人员，能够在观察中发现一般人发现不了的有关犯罪的蛛丝马迹。例如在海关、边境检查中，对过境人员携带毒品和其他走私物品的检查，有经验的侦查人员能够发现一般人不易发现的隐藏方法和位置。侦查经验还表现在对现场遗留物的仔细观察中。例如，铁路警方发现犯罪分子将人杀死碎尸后放在火车上，既没有第一犯罪现场，尸体又高度腐烂，无法复原，不能确定被害人。唯一的犯罪物证就是包裹尸体的塑料布。起初几位侦查人员从包裹尸体的塑料布上并未发现任何破案的线索。后来一位有经验的侦查人员反复观察这块塑料布，终于在塑料布上发现一个电话号码，并根据这条线索很快破了案。侦查人员丰富的观察知识和经验，使他们在观察中具有高度的敏捷性和准确性，几乎达到了一看便知的程度。例如，某市一个女青年向公安机关举报她被一个三十多岁男子强奸，并说是被犯罪嫌疑人从火车站骗到郊区一个偏僻地点强奸，她还描述了强奸犯的体貌特征。从她的举报中公安人员发现，此案的作案手法与本市已经立案尚未侦破的十几起强奸杀人案的作案时间、地点、手段相似，决定并案侦查。于是派出两名侦查人员化装在火车站、汽车站守候。一个多月后的一天下午，一个有点儿罗圈腿、手提编织袋的约三十余岁的农民打扮的男子进入侦查人员的视线，两位侦查人员几乎同时说出“就是他”，于是借故将其带到派出所。经审讯，犯罪嫌疑人交代了曾强奸并杀害16名妇女的犯罪事实。通过并案侦查，这些重大强奸、杀人案件被一举侦破，充分说明侦查人员牢记犯罪嫌疑人体貌特征，及其高度的职业敏感性和敏锐观察力的重要性。

再次，良好的观察效果还取决于观察的系统性。必须有系统、有计划地按照一定顺序进行观察，才能做到全面、细致、客观、准确。如对范围不大、中心突出的犯罪现场，宜采取从中心向外围扩散的顺序观察；对范围大、中心不突出的犯罪现场，宜采取从外围逐渐向内部缩小的顺序观察；对犯罪痕迹比较清楚、犯罪分子行走路线容易辨别的现场，可沿着犯罪嫌疑人行走的路线进行观察；对于室内门窗被破坏的现场，可以从被破坏的门窗开始，顺着犯罪嫌疑人活动的顺序观察；对于犯罪现场范围较大，有分散隐蔽物证需要寻找时，可采用分段、分片的方法进行观察。总之，侦查人员通过犯罪现场的系统观察，可以发现犯罪嫌疑人在实施犯罪过程中的心理痕迹，从而判断其犯罪的实施过程。

侦查人员在侦查活动中高度集中的注意力与敏锐、客观、全面、细致、准确、系统的观察，是侦查工作的重要认识过程。反之，侦查人员在侦查过程中注意的分散和观察的失误，易于使案件的侦查工作走上弯路甚至失败。

（三）侦查人员在侦查过程中的记忆

记忆是人脑对于过去经验的反映。在侦查过程中，由于侦查人员注意高度集中，观察目的明确，使他们对案件事实的有意注意和快速记忆密切结合在一起，表现出高度的敏捷性和准确性。侦查人员的准确记忆在侦破工作中起着重要作用，它是侦查人员对案件进行正确分析与综合、抽象与概括、推理与判断的前提。侦查工作的任何一个环节都离不开侦查人员对案件事实、情节、证据、犯罪嫌

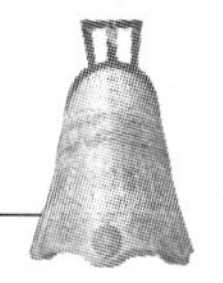

疑人的体貌特征、个性特点等细节的准确记忆。如在现场勘察中，侦查人员对于现场的位置、犯罪痕迹、被害对象状况、现场遗留物及其所在位置、犯罪嫌疑人在现场的活动过程等，都要在头脑中形成清晰的形象和准确的记忆。在现场访问、调查访问中，对于被害人、证人以及有关知情人对于犯罪嫌疑人的体貌特征、作案过程、犯罪证据等的陈述，也需要有准确的记忆。在追捕、搜查、盘查、辨认等侦查活动中，对于犯罪嫌疑人的体貌特征以及需要盘查的车型、车号、物品等，也需要准确的记忆。在侦查活动中如果发生记忆差错，就会导致侦查工作的失误甚至失败。有这样一个案例，说明侦查人员高度集中的注意力、准确的记忆力对于侦查工作的重要性。某市三名侦查人员夜间在一公园内值勤，发现存车处有一辆八成新的天蓝色“飞达”牌自行车，和其记忆中某居民丢失的自行车相似，用手电仔细观察，钢印号码正相符。他们便将骑车人叫到分局询问，结果查出一个 4 人盗车团伙，不到 20 天破案 30 余起，追回自行车 75 辆。①

侦查人员头脑中储存的已侦破各种案件的记忆，对于正在进行的侦破工作也十分重要。因为犯罪嫌疑人的作案手段有共同的特点和相似的规律，侦查人员头脑中储存的侦破经验常常对正在进行侦查的相似案件的侦破具有启发作用。

（四）侦查人员在侦查过程中的联想

联想是从一事物的经验想到另一事物经验的认识过程，属于记忆范畴。如由当前感知的事物回忆起不在当前的有关事物，或由回忆中的某一事物想到另一事物等。其形成的基础是客观事物之间的联系，其必要条件是两个事物的经验在意识中同时出现，其生理机制是神经系统暂时联系的复活。因为，任何事物都与多种事物相联系，这种事物之间相互联系的属性，反映在人们的头脑中就是联

① 王洪山等著：《警察心理学》，群众出版社 1991 年版，第 61 页。

想。联想可分为类似联想、接近联想、对比联想、因果关系联想。联想是人认识客观事物主观能动性的表现。侦查人员在侦查过程中的联想，称为侦查联想。侦查联想在侦查工作中具有特殊的作用。

作用之一，使侦查中所收集的信息系统化、完整化。侦查人员在侦查工作中，广泛收集到的有关破案的各种信息往往是零碎的、不系统的，不能形成完整的犯罪事实和犯罪过程。侦查人员凭借自己已有的知识和经验，通过联想，将未知的事实和情节加以补充，形成侦查假定，从而为侦破案件提供思路。例如，某天深夜，某火车司机在由四川开往某地的一列火车途经 69、66 号隧道处各发现一具男尸，经检验发现两名死者身上均有锐器伤，但现场不见搏斗的痕迹。司机随后又在距隧道几公里处的小车站南头铁轨旁发现一青年女尸。尸检确定三人死亡时间相近。根据死者身上遗物查明死者均是某县新华村村民，他们一起到某地买猪。负责侦查此案的侦查人员根据这些信息，运用联想，提出这样的假设：在正在行驶的火车里，罪犯趁夜深人们熟睡之机，将两个男的捅死，劫去财物，先将两具男尸推下火车，后又将女的强奸，奸后杀死，也把尸体推下车去。侦查人员运用联想，将未知的犯罪事实和情节加以补充，将所收集到的信息系统化、完整化，形成了完整的犯罪事实和犯罪过程。按此思路侦查此案，大大缩短了破案过程，使凶手很快落入法网。①

作用之二，侦查人员基于对当前案件信息的感知和记忆，通过记忆联想，引起对过去已侦破案件及侦破经验的回忆，从而对侦破当前的案件具有启发作用。

1. 类似联想

类似联想是记忆联想的一种形式，是由一种事物的经验联想到在性质上与之相似的另一种事物的认识过程。在侦查工作中，侦查

① 王洪山等著：《警察心理学》，群众出版社 1991 年版，第 74 页。

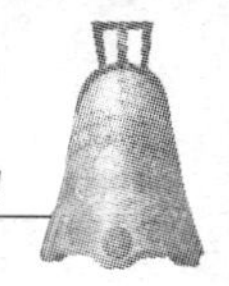

人员往往从当前的犯罪事实、情节、犯罪嫌疑人特点等有关信息出发，联想到自己头脑中储存的有关同类相似案件的各种信息，从而为侦破当前的案件提供思路。如对相似案件侦查经验的借鉴、系列案的并案侦查，就是类似联想所提供的侦查思路。

2. 接近联想

接近联想是由一事物的经验想到在时间和空间上与之相接近的另一种事物的认识过程。侦查人员的接近联想在侦查中也有重要作用。如在侦破 1992 年 9 月 18 日河南省开封博物馆发生的特大文物盗窃案中，侦查人员发现案发前曾有过自称为武汉大学教授的年轻人多次来展厅观察文物，这个人在开封东京大酒店登记住宿的住址是武汉铁路分局，而在犯罪现场遗留的玻璃刀经查是由武汉中南工贸百货大楼出售的。侦查人员发现武汉大学、武汉铁路分局、中南工贸大楼处在同一坐标上，同在不足一平方公里的地段内。从三个有关破案线索的空间位置的接近，联想到案犯一定熟悉这一带，很可能还会在这一带活动，于是便派人员在这一带进行侦查。果然不出所料，没过几天便发现了作案时使用的挂有 K43—1008 车牌的白色桑塔纳轿车，掌握了重大破案线索。上述案例说明，侦查人员的接近联想在侦破中所起的重要作用。

3. 对比联想

对比联想是由一事物的经验想到在性质上或特点上与之相反的另一事物的认识过程。侦查人员在侦查活动中，常常将感知、记忆的当前案件的事实、情节与过去经验中的案件进行对比，找出当前案件与过去案件相反的特点，从而为认识当前的案件提供思路。

4. 因果关系联想

因果关系联想是由一种事物的经验想到与之有因果关系的另一事物的认识过程。侦查人员在侦查中对案件的事实、证据、犯罪嫌疑人等的分析、判断、推理过程，离不开因果关系联想。侦查人员在掌握了当前某一案件的犯罪事实、证据、手段等特点以后，根据以往的侦查经验，对当前案件作出因果关系的判断。比如，根据杀人犯罪现场被害人情况以及其他犯罪痕迹，联想到以前记忆中的同类相似案件的因果关系规律，可以判断此案属于仇杀、情杀还是图财害命。

（五）侦查人员在侦查过程中的思维

思维是人脑对客观事物的本质和规律的认识过程。侦查人员在侦查工作中，根据已掌握的有关犯罪案件的各种信息，运用概念、推理、判断对案件进行分析、综合、比较等思维过程，提出侦查假设，推动侦破工作由表及里，由浅入深，逐步揭露和证实犯罪，确定犯罪嫌疑人。

1. 侦查中的假定、推理和判断

侦查假定、推理和判断是侦查人员在侦查活动过程中，对案件由表面的认识上升到本质认识的思维形式。

（1）侦查假定。在刑事案件中，犯罪嫌疑人的犯罪心理和犯罪活动是原因，现场留下的犯罪痕迹是结果。由结果去寻找原因是提出侦查假定的客观依据。侦查人员根据现场勘察、调查访问等所获得的各种信息，以及犯罪嫌疑人心理活动的规律和特点，运用已有的知识、经验和科学原理，通过对案件进行分析、综合、比较、抽象和概括等思维过程，对案件的性质、作案时间、作案动机和目的、作案过程、犯罪嫌疑人等作出推测和判断。它对于明确侦查方向、确定侦查范围、制订侦查方案、指导侦查工作的进行有着重要意义。整个侦查过程可以说是侦查人员提出、分析、修正、否定或证实侦查假定的过程。

侦查假定的主要内容有：关于犯罪时间、空间的假定，关于犯罪手段、方法的假定，关于犯罪动机、目的的假定，关于犯罪因果关系的假定，关于犯罪性质的假定，关于犯罪嫌疑人的假定等。

侦查工作一般都是从现场勘察开始，从犯罪结果查找犯罪原因和犯罪嫌疑人。造成犯罪现场的结果往往有多种可能性，提出假定

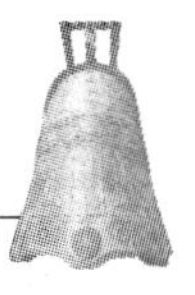

就不能只有一种可能性。因此，在确定假定时，在逻辑上必须是穷尽所有可能的假定。比如，从水中打捞出的尸体，可能有自杀、他杀、不慎落水三种可能的假定，如果有可靠的根据能排除自杀和不慎落水死亡的两种可能的假定，他杀的假定就是正确的。在侦查工作开始，根据已掌握的资料穷尽了所有可能的假定，但随着侦查工作的进展，发现了新的情况，需要修正原有的假定。在几种假定都有可能，还不能选定其中一种假定的情况下，可以选择其中可能性最大的假定开展侦查工作，对其他假定也不应放弃侦查。

在确定侦查假定的过程中，侦查人员要注意自身某些消极心理因素对侦查假定正确选择的影响。如由于侦查人员的侦查经验不足或受狭隘的经验定势的影响，思维主观、片面，不能全面地分析案件资料，因此在确定侦查假定时，遗漏了某些可能性，使侦查工作走上弯路。

（2）侦查判断和推理。侦查判断是侦查人员在侦查过程中，对犯罪嫌疑人或有关的犯罪事实、情节、证据等所进行的肯定或否定的思维形式。在侦查过程中，从调查摸底开始，所排查出的犯罪嫌疑对象可能是几个、几十个、几百个甚至更多的人，犯罪的事实、情节、过程也不甚明了，这就需要侦查人员随着侦查工作的进展，对犯罪嫌疑对象、犯罪事实、情节等不断作出肯定或否定的判断。不断排除、否定判断，能使侦查范围逐渐缩小，犯罪嫌疑人逐渐减少，犯罪事实、经过、情节等逐渐清晰明朗。

推理是由一个或几个已知判断推出一个新的判断的思维形式。侦查推理是侦查人员根据已知的案件事实和科学判断为前提，推导出未知的犯罪事实、情节或犯罪嫌疑人的过程。推理在侦查中的作用是，它可以使某些感性认识上升到理性认识，扩大、加深对案情的认识。通过推理，可以肯定、否定或修正侦查假定或判断，提出新的假定和判断，提供新的破案思路和方案。因此，在确定侦查假定、排查犯罪嫌疑人等侦查活动中，推理是必不可少的思维形式。

例如，侦查人员运用归纳推理，对其头脑中储存的形形色色案件的信息，经过归纳推理，可以把所有案件或某一类案件的共同点抽象出来，形成对犯罪案件或某一类案件的一般特点的概括性认识。在侦查具体案件中，这种概括性认识可以帮助侦查人员大大缩短对具体案件的认识过程，指导对具体案件的侦破，提高侦查工作效率。再如运用演绎推理，可以从一般的侦破原理出发，解决具体的或特殊的案件的侦破。演绎推理在确定犯罪嫌疑人应具备的条件、进行调查摸底、排查具有作案条件的人、划定侦查范围，及肯定、否定侦查对象、犯罪事实、情节方面具有重要作用。不论是归纳推理还是演绎推理的运用，其推理的前提必须是客观的、真实的，否则，即使推理的逻辑没有错误，也会推导出错误的结论，把侦查工作引入歧途，甚至伤害好人，放纵犯罪嫌疑人。侦查推理只是一种设想和假定，而不是证据，必须通过侦查活动取得证据事实，才能得出最后的侦查结论。

2. 侦查中的思维过程

侦查中的思维过程，是侦查人员通过分析、综合、比较、抽象、概括，对案件由表面的认识上升到本质的认识过程。侦查人员在侦查活动中，在对现场进行勘察、调查访问、化验、鉴定等侦查活动获得有关犯罪信息的基础上，通过判断、推理等思维形式，对案件进行分析、综合、比较、抽象、概括，从而提出侦查假定，指导侦查工作沿着正确的方向前进。侦查人员的这种认识活动就是侦查中的思维过程。

（1）侦查中的分析和综合。侦查中的分析是侦查人员将侦查案件的有关信息，分解为各个部分、各个方面或各种特征，进行分别考察，从而更加深入、透彻地了解所要侦破的案件的一种认识活动。比如侦破杀人案件，要对作案现场的地点及周围环境，作案的时间、工具、手段、动机，被害人被害状况以及生前人际关系状况等信息，分别进行深入考察与分析，才能深刻地揭示出案件各个方

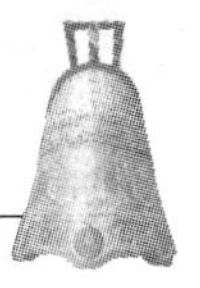

面的特点及本质，从而为全面认识犯罪案件打下基础。

侦查中的综合是侦查人员将分析所得到的关于案件各个方面的信息联合成一个整体，通过推理、判断对犯罪嫌疑人的个性及犯罪动机、目的、手段、过程、结果等形成具有内在因果联系的较为系统的认识。在此基础上提出侦查假定，划定侦查范围和重点，制订侦查方案。

侦查人员对案件的分析和综合，是相反相成而又相互依存、相互制约的不同思维过程。分析是综合的基础，没有深入的分析，侦查人员就不可能清晰地认识案件各个方面的特征。综合是分析的进一步发展，没有综合，只停留在对案件的各个环节、特征的孤立的认识上，就不能对案件形成系统的、具有内在因果联系的整体认识，侦查工作就无从下手。对案件的分析和综合不是一次完成的，随着侦查工作的深入，有关案件信息的增多，侦查人员需要不断进行分析和综合，不断修正原来的判断和推理，提出新的假定，直至案件真相大白。

(2) 侦查中的比较。侦查人员在侦查过程中，在对案件进行分析和综合时，对所侦查案件的犯罪结果、时间、地点、手段、动机等与其他同类的相似案件进行比较，找出其相同点和不同点，有助于更好地认识当前尚未侦破案件的特点、犯罪嫌疑人的个性及作案规律，为破案提供思路。比如侦查人员通过对正在侦查的一起案件与尚未侦破的几起积案，在作案对象、手段、时间、地点、动机、目的等方面的分析比较，发现在许多方面具有相似之处，判断这几起案件可能属于系列案件，因此可以采取并案侦查。在进行比较时，必须以周密的分析和综合、正确的推理和判断为前提。同时，比较还必须根据同一标准进行。

(3) 侦查中的抽象和概括。侦查中的抽象和概括，是指侦查人员通过分析、综合、比较，将有关犯罪的共同的、本质的属性抽取出来，舍弃个别的、非本质的属性，形成概念化的思维成果，以指导具体的侦查工作的进行。侦查人员任何宝贵的侦破经验，都是从侦查工作实践中抽象和概括出来的。例如，不管是盗窃、强奸还是杀人犯罪，犯罪嫌疑人在作案时，都不同程度地存在着紧张、恐惧心理，由于害怕被抓获总想尽快逃离现场是他们作案时共同的心理活动规律。因此，必然有意无意地造成注意、感知、记忆、思维上的失误和行为失控，在犯罪现场留下物证或痕迹。这种认识就是侦查人员对侦破工作的抽象和概括。侦查人员在这种认识指导下，细心地对犯罪现场进行观察，总能找到有关犯罪的蛛丝马迹。

侦查中的抽象和概括，实际上是在比较的基础上进行的更高级形式的分析和综合的认识过程，是侦查人员将自己侦查工作的经验上升到理论化、概括化思维成果的必要认识过程。

3. 侦查中的直觉思维和侦查灵感

直觉思维是指不经过逻辑推理就直接认识事物本质的能力。它是建立在以往逻辑思维和实践的基础上，对要解决的问题进行高度省略、简化的思维，以达到对事物本质的认识过程。侦查中的直觉思维是指侦查人员在侦查工作的实践中，凭借丰富的知识和多年的实践经验，以及对案件某些信息的掌握，依据看来似乎是微不足道的证据或一些非实质性的情节，以及犯罪嫌疑人的某些活动细节，对有关案件的事实和犯罪嫌疑人等，以敏锐的观察力和高度省略、简化的思维过程，对案件作出正确的判断，即平常所说的“一望便知”。这种直觉思维并无固定的推理程序和格式，往往是非逻辑的。它在侦查工作中经常出现，可以大大缩短对案件的认识过程，提高侦查工作的效率。例如，晚10时左右，某县公安局刑侦队长商××驱车前往某县执行任务。车行至本县东五里堡村时，借助车灯发现公路前方一辆客运三轮车缓缓行驶，车厢里坐着两个青年，在灯光下东张西望，神情紧张，几麻袋鼓鼓囊囊的东西显得十分沉重。凭多年的工作经验，商队长断定其中有诈，马上搜查，结果破获了一

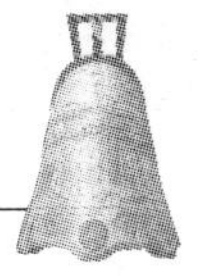

盗窃团伙，追回钢材 5.5 吨及其他物资，价值 5.7 万余元。①

灵感是人在创造性的活动中出现的一种复杂的心理现象，它是以已有的知识和经验为基础，在意识高度集中、情绪高涨时，突然出现的创造性思维活动。灵感往往产生于紧张工作后的稍事休息之际，一旦精神放松，或无意中受到外界某种有关信息刺激的启迪，猛然间思潮如涌，恍然大悟，促使某些百思不得其解的问题迅速得到解决。灵感虽然是一种突发性的思维过程，但它的出现有一个酝酿过程。灵感的突发同艰苦的思维劳动、长期的知识积累，以及信息刺激的助发都有密切的关系。灵感是认识上的飞跃，具有创造性、突发性、间断性、瞬间性的特点。侦查灵感是侦查人员在侦查过程中，对于某些百思不得其解的问题，由于受到某些相关事物的启发，创造力高度发挥，致使思维豁然开朗，在一闪念间使问题得到明确解决的思维过程。侦查人员的侦查灵感，来源于侦查人员对侦查工作的高度责任感、丰富的工作经验、知识和能力。侦查灵感的产生是侦查人员的敏捷的思维能力、丰富的想象力、良好的记忆力在思维操作过程中的巧妙结合，是侦查人员具有侦查创造力的表现。侦查灵感的出现，能为侦查工作提供思路和方法，加快侦查工作的进度，提高侦查工作的效率。例如，某县发生一起严重的青苗被破坏案。刘某的几亩棉田全部被毁。侦查人员从与刘某有矛盾的人入手进行调查，工作几个月，侦查工作毫无进展。在此期间，犯罪分子还写出小字报进行威吓。侦查人员面对犯罪分子的挑衅，内心十分焦急，却又无良策可施。一天，侦查人员在一起玩扑克，其中有个侦查人员排行老二，按当地的习俗叫他“二小”。他出牌慢，一个人喊道：“二小，快出呀！”这句话像接通电流一样，使侦查队长顿然醒悟，他拍案叫道：“对，为什么没想到被害人刘某的儿子

① 王洪山等著：《警察心理学》，群众出版社 1991 年版，第 115～116 页。

二小呢?”随后到了二小的住处，在他桌上发现了小字报的底稿。在事实面前，二小交代：“我这么大找不上对象，原因就是我父亲爱管闲事，得罪人多。我与他谈，他根本不承认，我作此案就想证明他多管闲事造成的后果。我与他谈，让他以后不要管闲事，影响我找对象。”① 从以上案例可以看出，侦查灵感是对问题突如其来的顿悟，与直觉思维一样，也是非逻辑的、无固定推论程序和格式的思维过程。

4. 侦查中的侦查思维定势

思维定势是人们受已有的知识和经验的影响，在分析问题时形成的一种较为固定的思路，从而使思维具有的一种倾向性或惯性。侦查人员的侦查思维定势，是指侦查人员受过去侦查经验的影响，对当前所侦查案件的认识具有倾向性的心理准备状态或思维惯性。如侦查人员对犯罪现场的观察，对案件的性质、特点、犯罪动机、目的等方面的分析、综合、比较，进行推理、判断，提出侦查假定等，往往以某种习惯的、主观经验的方式进行思维活动，形成一种认识模式。侦查思维定势既具有积极作用，也具有消极作用。在有些案件（与经验中相似的案件）的侦破中，侦查人员的侦查思维定势可以帮助侦查人员缩短对当前案件的认识过程，提高侦查工作的效率。侦查思维定势在侦查中的消极作用也是不可忽视的，因为侦查中的案件是形形色色、千差万别的，以原有的固定经验和先入为主的认识模式认识每一个案件，忽视案件的差异性，容易形成认识上的片面性和主观臆断，造成侦查工作的失误。例如，在某市的一个居民区连续发生十几起入室偷盗案。犯罪分子选择在大白天作案，而且所盗物品都是笨重的物品，如电视机等。侦查人员根据以往的侦查经验判断，作案人员可能是一个胆大妄为的中青年男性。按此思路排查，久侦未破。群众曾提供作案人可能是一名妇女的破

① 王洪山等著：《警察心理学》，群众出版社1991年版，第115页。

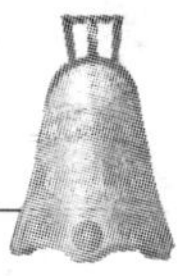

案线索，未引起侦查人员的重视。后来群众将一名正在入室行盗的妇女抓住，但该妇女矢口否认作案企图，自称是找人误入住宅，反诬扭送她的群众是陷害好人。侦查人员见她镇定自若，所报姓名和单位都准确，当时又无其他证据，就把她放了。后来经过复议案情和指纹鉴定，认定了十几起案件均为该妇女所为。① 从此案侦破过程中所走的弯路可以看出，侦查人员固有的经验和先入为主的认知模式所形成的心理定势所起的消极作用。

二、侦查人员在侦查过程中的情感活动

（一）侦查人员的高尚情感

作为国家司法工作者的侦查人员，他们所具有的神圣使命感，对人民事业高度负责的责任感，对犯罪分子危害国家、人民利益的疾恶如仇的正义感，是支配其顽强工作、无私奉献的持久动力。在侦查工作中，这种高尚的、持久的情感体验既是对侦查人员巨大的激励力量，同时也是一种压力。它使侦查人员为了侦破案件不怕疲劳，不怕困难，勇于迎接各种艰苦工作的挑战，夜以继日地工作，勇往直前，甚至不惜献出自己宝贵的生命。当案件被侦破，犯罪人受到应有的惩罚时，又会产生成就感和尽了角色义务的满足感与自豪感。这种情感体验会进一步激励侦查人员更加努力地工作。当某些案件特别是某些有影响的重大案件久侦不破，犯罪分子逍遥法外，继续危害人民时，又会产生焦虑不安，愧对人民群众的负疚感。这种情感体验所产生的心理压力，也会激发侦查人员更加勤奋地工作。

侦查人员的高尚情感使其具有热爱侦查工作的浓厚兴趣，具体表现在接受侦查大案、要案、疑难案件时的兴奋性，侦查过程中认识的活跃，钻研破案知识和学习、积累破案经验的自觉性等。

---

① 王洪山等著：《警察心理学》，群众出版社 1991 年版，第 96 页。

（二）侦查人员的激情

激情是在外界刺激作用下所产生的强烈的、爆发性的情感。侦查人员的激情对于侦查工作可能产生积极的作用，也可能产生消极的作用。当侦查人员遇到重大恶性案件给国家和人民造成巨大损失时，当看到被害者被害的悲惨景象时，当目睹被害人及其亲属悲恸欲绝的情境时，特别是当看到自己的战友、同事与犯罪嫌疑人殊死搏斗受伤、牺牲时，由于对犯罪嫌疑人的仇恨引起激情的爆发，会产生与犯罪嫌疑人作斗争的坚强意志和大无畏的勇敢精神。但是，在犯罪嫌疑人拒不交代罪行、负隅顽抗的情况下，如果侦查人员不能冷静、理智地控制、调节自己的情绪，可能产生消极激情，以致发生刑讯逼供、体罚等违法乱纪行为，给侦查工作带来损失。因此，侦查人员应根据侦查情况，有意识地控制、调节自己的情绪，以利于侦查工作的进行。

三、侦查人员在侦查工作中的意志活动

侦查工作是一项十分紧迫、艰苦且具有一定危险性的工作，侦查人员不仅与犯罪嫌疑人在智慧上进行较量，而且在意志上也进行较量。在现场勘察、证据检验、调查访问、摸底排队、跟踪守候、巡逻盘查、搜查、追捕、审讯等每个侦查环节，侦查人员都必须高度集中注意力，进行复杂的记忆、思维、联想活动。比如勘察各种复杂的或有高度腐烂尸体的现场；冒着酷暑严寒长途跋涉调查访问被害人、证人、知情人；为了寻找犯罪嫌疑人对几百、上千甚至上万人逐个进行排查；为了取得确凿的罪证长时间地对犯罪嫌疑人守候跟踪；冒着生命危险追捕犯罪嫌疑人；在审讯中，为了取得口供与犯罪嫌疑人进行艰苦的心理战；等等。侦查人员在每一个侦查环节都必须进行许多复杂艰苦的工作，在每一项具体工作中都必须付出繁重的脑力和体力劳动，需要忍受由艰苦的脑力、体力劳动所带来的生理、心理的疲劳，有时甚至还要冒着受伤或牺牲的危险。因

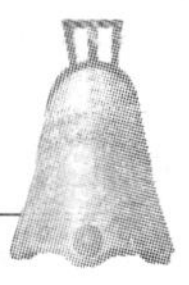

此，每时每刻都需要侦查人员以坚忍不拔的意志克服自身的畏难情绪，排除来自各方面对侦查工作的干扰，树立侦破案件的决心和信心。特别是那些久侦不破的案件，或在侦破工作遇到挫折和失败的情况下，更是对侦查人员意志的考验。侦查人员在侦查工作中战胜挫折和失败的过程，也是对侦查人员意志的磨炼过程。侦查人员在侦查工作中表现出的顽强意志与他们的高尚情感密切相关，同时也是他们为完成侦查工作长期自觉磨炼的结果。

第二节　现场勘察心理

现场勘察是侦查工作的首要环节和基础性工作，可以为确定侦查工作的方向、范围和犯罪嫌疑人提供重要信息。因此，现场勘察是关系到侦查工作成败的基础。现场勘察心理是指刑事侦查人员在现场勘察过程中的心理现象及其活动规律。研究现场勘察心理，既可以使侦查人员更好地观察、分析现场心理痕迹，为侦查工作提供一定的心理依据，也可以使侦查人员了解自己在现场勘察中的心理活动规律和特点，从而有意识地进行自我心理调控，更有效地进行现场勘察工作。

一、侦查人员在现场勘察中的心理

（一）侦查人员对现场勘察的心理准备

在现场勘察中，对现场观察是否客观、全面、准确，将直接影响对案件侦查范围、方向的正确判断和侦查计划的制订。因此，侦查人员在进行勘察之前，一定要做好充分的心理准备。

首先，要明确认识现场勘察的重要性，才能引起对现场勘察的高度重视，在实际勘察工作中才能高度集中注意力，进行全面、细致、客观的观察。

其次，要学习并通过训练和实践掌握有关现场勘察的知识和技术，不断积累现场勘察的经验。

（二）侦查人员在现场勘察中的自我心理调控

侦查人员对犯罪现场中的犯罪痕迹、遗留物等的感知是否全面、客观、准确，取决于侦查人员在现场勘察中对自身注意与观察的自我调控。

侦查人员在现场勘察中必须高度集中注意力，并且根据现场勘察的需要，适当掌握注意的范围，合理分配注意，及时转移注意，才能保证观察的全面、客观、精细与准确。不同类型的犯罪现场，其注意与观察的内容与重点有所不同。因此，侦查人员在现场勘察中要自觉地对自己的注意与观察进行调控，排除各种干扰，使观察中的视觉、听觉、触觉、嗅觉等各种感觉器官都能积极进行活动，以保证感知的客观、准确、全面，不加主观臆测，杜绝产生错觉。特别要注意观察中由于受个人兴趣、需要、情绪的影响，出现片面性，从而造成判断的失误。比如在观察高度腐烂的尸体时，往往产生消极情绪的不良影响，这时就需要侦查人员意志的控制与调节，防止由于敷衍、草率造成观察的失误。在现场勘察中，侦查人员不但要准确、客观地感知记忆犯罪现场的各种犯罪痕迹、遗留物，以及被害人、证人、知情人的陈述，而且还要积极调动自己的思维，对感知、记忆的信息不断进行分析、对比，作出判断。侦查人员在现场勘察中能否调控好自己的心理活动，关系到现场勘察的成败，甚至影响到全案的侦破。

二、现场物质痕迹与心理痕迹

（一）现场物质痕迹与心理痕迹的关系

犯罪行为是在犯罪嫌疑人的犯罪心理支配下发生的。犯罪心理活动虽然是内在的、隐蔽的，但其犯罪活动是外在的、客观的。犯罪嫌疑人在反侦查心理的支配下，在犯罪时虽然总想少留或不留犯罪痕迹，但这种努力往往是徒劳的。犯罪嫌疑人的犯罪心理活动总

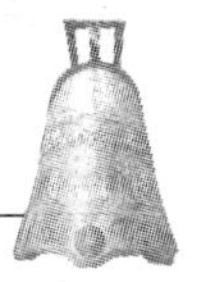

会通过其犯罪行为、言语等全部或部分地反映在犯罪现场所留下的犯罪结果、犯罪痕迹、遗留物中，以及被害人、证人、知情人的记忆中。犯罪现场中那些可以被侦查人员的感觉器官直接观察到的，通过侦查手段可以提取的，是犯罪嫌疑人在犯罪时所留下的物质痕迹；那些不能通过感觉器官直接感知到的，需要通过侦查人员凭借自己的知识、经验，对现场的物质痕迹进行思维等认识过程形成的反映犯罪嫌疑人个性特点、犯罪时的心理状态、犯罪动机等心理活动内容的，是犯罪现场的心理痕迹。犯罪现场的物质痕迹是心理痕迹的载体，是反映心理痕迹的外在依据。因此，侦查人员可以运用心理分析的方法，通过对犯罪结果、犯罪现场留下的物品、犯罪痕迹的分析，在一定程度上复现犯罪人的心理活动，即所谓现场心理痕迹。

（二）现场心理痕迹的特点

1. 现场心理痕迹的可知性

任何犯罪行为都是在一定时间、空间条件下实施的。尽管犯罪嫌疑人总是极力在犯罪现场少留或不留痕迹，但只要实施犯罪必然在现场引起一定的变化。如被害对象的被害状态，现场物体被移动、被破坏的状态，犯罪手段及犯罪嫌疑人的手、足痕迹，遗留物品及犯罪嫌疑人有意对现场的破坏和伪装等，都是犯罪嫌疑人心理活动的反映。通过对犯罪现场的物质痕迹进行心理分析，可以判断犯罪嫌疑人作案时的心理活动。因为犯罪现场的物质痕迹与犯罪嫌疑人的心理活动相互印证，呈现一致性。

2. 现场心理痕迹的间接性

犯罪现场的心理痕迹不是像犯罪现场的物质痕迹、现场遗留物那样，可以通过侦查人员的观察由感官直接获得，而是侦查人员根据自己的知识、经验，对现场的物质痕迹进行心理分析，以及对被害人、见证人陈述的分析等，通过想象、推理、判断的思维活动过程间接得到的。

3．现场心理痕迹的复杂性

现场的物质痕迹与犯罪嫌疑人的犯罪心理之间的关系是错综复杂的。犯罪嫌疑人为了逃避侦查，往往有意在犯罪现场制造种种假象（如伪造现场、破坏现场等），有意掩盖自己的犯罪动机、目的与行为，造成犯罪现场的物质痕迹与心理痕迹不一致的假象，给侦查人员对犯罪嫌疑人进行心理分析与判断带来困难与失误。因此，在对犯罪现场进行分析时，一定要考虑到犯罪嫌疑人在犯罪时的复杂心理活动，特别是反侦查的心理活动所造成的种种假象。

三、现场心理痕迹分析与侦查破案

侦查人员通过对犯罪现场的物质痕迹进行心理分析，为划定侦查范围、确定侦查方向和犯罪嫌疑人提供依据。对犯罪现场的心理分析，一般应从以下几个方面入手。

（一）通过对犯罪现场的物质痕迹的分析，判断犯罪嫌疑人的犯罪动机、目的与作案时的心理状态

犯罪嫌疑人的犯罪动机、目的与作案时的心理状态，必然通过犯罪行为所产生的物质痕迹和犯罪结果反映出来，或留在被害人、见证人的记忆中。通过分析犯罪现场的物质痕迹、被害对象的状态等，可以判断犯罪嫌疑人的犯罪动机、目的和作案时的心理状态。比如在杀人案件中，可以通过对犯罪现场的勘察，可以分析是图财杀人、强奸杀人还是仇杀，为缩小侦查范围、确定侦查方向和犯罪嫌疑人提供心理依据。

（二）通过对犯罪现场的物质痕迹的分析，判断犯罪嫌疑人的个性特征

犯罪嫌疑人的知识、经验、技能、智力、气质、性格、习惯等个性特征，必然通过犯罪行为反映在犯罪现场所留下的物质痕迹以及其他犯罪特征上（如伪造、破坏现场）。因此，通过分析犯罪嫌疑人的作案手段、行为特征、物质痕迹以及现场的其他情况，可以

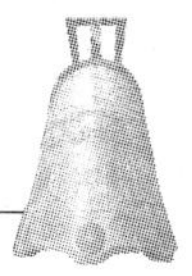

判断犯罪嫌疑人所具有的上述个性特征。比如在杀人案件中，具有屠宰经验的人或懂得人体解剖知识的外科医生与一般人的杀人手段会明显不同，所留下的物质痕迹也就不同，反映出犯罪嫌疑人特殊的职业技能。又比如犯罪嫌疑人的行走习惯、使用工具的习惯，也会通过犯罪行为反映在犯罪现场的物质痕迹上。习惯于左手使用工具的人和习惯于右手使用工具的人，犯罪现场所留下的物质痕迹会不同，因而通过对犯罪痕迹的分析，可以判断犯罪嫌疑人的某些习惯。犯罪现场是否伪造、破坏，留下的犯罪痕迹多少，犯罪手段是否隐蔽、残暴、凶狠等，往往也可以反映犯罪嫌疑人的智力水平、性格、气质特点等。犯罪痕迹与犯罪嫌疑人个性的上述关系，就为我们划定侦查范围、确定侦查方向和犯罪嫌疑人提供了心理依据。

（三）通过对犯罪现场物质痕迹、遗留物的分析，判断犯罪嫌疑人作案时的心理状态，描绘犯罪嫌疑人的形象

犯罪嫌疑人作案时或镇定自若，或恐惧、愤怒等心理状态，往往通过犯罪行为反映在犯罪的物质痕迹上或遗留物中。如作案时紧张、恐惧必然造成现场紊乱，遗留物较多；作案时镇定自若，犯罪现场的物质痕迹、遗留物则较少。通过对犯罪现场进行心理分析，可以再现犯罪嫌疑人作案时的心理状态，描绘其大概形象，为破案提供线索。如某市曾发生一起警察家里被盗的案件，室内的柜子被撬，所有衣物被翻得乱七八糟，钱物被盗，厨房内所剩饭菜也被吃光，现场还留下一顶破旧的帽子和吃剩下的半截黄瓜。侦查人员通过现场勘察后认为：从衣物被翻得乱七八糟的情况判断，犯罪嫌疑人并不熟悉本地情况，是盲目闯入警察家里作案的，因而可以排除有预谋地报复警察的可能性；从现场所留的半截黄瓜、破旧帽子和吃掉剩饭的情况判断，犯罪嫌疑人作案时又饥又渴，且衣冠不整，据此推测可能是流窜作案；再仔细观察那顶破旧的帽子，发现帽子的内里上写有阿拉伯数字的号码，像是监狱犯人的编号，据此判断犯罪嫌疑人很可能是狱内逃犯。根据上述线索，决定将附近各监狱作为重点侦查范围，很快证实此案系某监狱的逃犯所为。

（四）通过对犯罪现场的犯罪行为、犯罪侵害目标的反常性的分析，推断犯罪嫌疑人的个性特点

一个人的犯罪行为与其个性特点紧密相关。通过分析其犯罪行为的反常性，推断出犯罪嫌疑人某些特殊的个性特征，从而为划定侦查范围，提高侦查工作效率服务。例如，1992 年 3 月 18 日上海市龙湾区刑侦队接到报案，某妇产医院的婴儿室内，一名刚刚降生仅 30 个小时的放在保温箱中的早产女婴丢失。经现场勘察，抱走女婴的人是从门进来而从窗户出去的。由于婴儿房被彻底打扫消毒，没有留下任何痕迹，唯一的发现是窗外电线上有灰尘擦痕。通过案情分析，侦查人员确定婴儿父亲弃婴（因为有人反映其父希望生个男孩）、由于医疗纠纷以偷走婴儿对医院进行报复、医务人员受人之托为他人领养而偷走女婴、因不育而导致精神失常的妇女等六大侦查方向进行侦查。并且在 3 月 19 日上海电视台晚间电视屏幕上多次打出女婴失踪的消息，同时还在报纸上也刊出了女婴失踪的消息，号召群众提供破案线索。3 月 27 日在龙湾区斜徐路 56 弄一厕所粪池内发现一女婴。经过对尸体进行勘验，认定为报案所丢失的女婴。该女婴是被偷走 3 小时后溺死的，从而发现了犯罪的第二现场。经过一个多月的侦查，所列六大侦查方向都被否定，侦查工作陷入僵局。公安局为了迅速破案，召集了上海市 20 多名探案高手进行“会诊”。有的专家在案情分析会上根据犯罪心理学的理论，从分析作案人的犯罪心理入手，认为丢失的女婴是不足月的早产儿，这种专偷保温箱内女婴的犯罪行为是反常的，绝不是心智正常的人所为，因此可以从非精神病又似乎是精神病患者的方向考虑作案者，侦查应该从第二现场周围查找有心理缺陷的人入手。侦查人员很快将住在斜徐路 56 弄的一个有智力缺陷的男青年作为重点进行侦查。通过侦查查明，此人 26 岁，小学文化，尚未结婚，龙湾区环卫工人，在单位是个先进工作者，但同事和邻居一致认为此

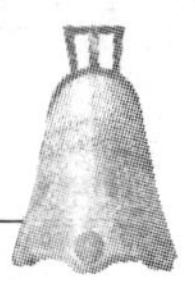

人是个轻度的精神病患者，平时对青年女性有特殊的视觉嗜好，无论在何处，只要一见青年女性在其视线中掠过，便会贪婪地注视。然而他从不与女青年交往，对于亲朋为其介绍女朋友一概加以拒绝。三年前此人曾有过一个恋爱对象，交往不久便提出发生性关系要求，被对方打了耳光。经侦查人员讯问，他交代了偷盗、残害女婴的犯罪事实。3 月 18 日，他骑车下班从妇产医院经过，产生邪念，将自行车停下，乘医务人员不备，溜进婴儿室偷走了保温箱中的女婴，抱到停车处进行摧残。然后带着女婴骑车回家，害怕到家后无法向家人交代为何抱回一个女婴，因此到了里弄，便将女婴扔到了厕所粪池内溺死。当他交代犯罪事实后说："我在单位是先进工作者，这事对我政治影响不好，你们要对我负责，不要向我单位通报情况。我对女婴的死可以赔点儿钱给婴儿的父母，我现在就回家去拿钱。"司法鉴定：临界精神发育迟滞，但具有责任能力。①此案成功破获的关键是运用了犯罪心理学的理论，通过分析作案人的犯罪行为的反常性、特殊性，为查找犯罪嫌疑人提供了心理学依据。又如，偷盗犯罪的动机一般是为了占有财物和金钱，所侵害的目标一般都是有价值的物品或金钱，但有的人专门偷盗没有价值的女性内衣珍藏，这反映了作案者的变态心理。

第三节　侦查心理对策

侦查人员在揭露、证实犯罪的活动中，除了运用科学技术手段以外，针对犯罪嫌疑人在作案以后的心理活动规律，与犯罪有关的证人、知情人等在作证和接受调查询问时的心理活动，有针对性地运用各种心理对策，可以提高侦查工作的效率。

① 王寿芝：《女婴失踪奇案》，载《人民警察》1992 年第 12 期。

一、调查访问心理对策

调查访问是侦查人员通过与案件有关的证人、被害人以及其他知情人进行直接交往，了解案情、收集证据的重要侦查手段。为了了解有关案件的真实情况及取得可靠证据，侦查人员必须了解被调查对象接受调查访问时的心理状态和个性特点，同时根据被调查对象的个性特点和心理状态，控制、调节自己的心理活动。只有掌握交往的主动权，提高调查访问的交往艺术，运用心理对策，调动、激发被调查访问对象与侦查人员进行交往的积极性和主动性，才能达到调查访问的目的。

（一）调查访问中的交往艺术

调查访问是一种特殊的交往活动。侦查人员的交往能力与被调查人交往时的环境气氛，在一定程度上影响着被调查访问对象的心理状态，影响其作证及提供案件事实、情节或线索的积极性、主动性。为了达到调查访问的目的，侦查人员不仅要根据被调查对象的具体情况，自觉调控自己的心理活动，而且还要选择和创造适宜调查访问的环境和气氛，以利于交往的顺利进行。

1. 创造适于交往的良好心理气氛

侦查人员以国家司法工作人员的角色进行调查访问活动，会使某些被调查人产生不同程度的疑虑、戒备或紧张不安的心理，影响他们作证或提供案件线索的积极性、主动性。因此，侦查人员在调查访问中要创造一种和谐、宁静的交往气氛，以消除被调查人与侦查人员交往时的心理障碍。交往中应针对不同的调查访问对象的社会地位、职业角色、年龄、性别、民族、籍贯、兴趣、性格等特点，寻找对方所熟悉或感兴趣的话题，使用对方习惯的方言、民族语言进行交谈，尊重对方的风俗习惯等，以消除其疑虑、戒备、紧张不安的心理，缩短交往的心理距离，取得对方的信任。在调查访问中还要注意观察了解被调查对象的心理状态、对被调查访问的态

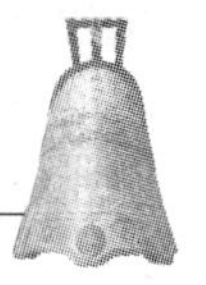

度、个性特点等，从而选择、调整自己提问的方式方法。

在调查访问中，侦查人员与被调查对象交往时的言语、态度所形成的交往气氛，对被调查人的心理有重要影响。因此用语要明确、易懂，对普通老百姓不易听懂的法律术语要进行通俗化的解释，还要根据被调查访问人的性别、年龄、社会地位、职业角色、性格、心理状态等，使用合适、得体的用语。比如对青少年进行询问时，用语要亲切、和蔼，使其产生亲切感和信任感，并注意启发记忆，同时还要避免使用带有暗示性的话语，必要时对其所谈情况要反复核实和验证。与老年人谈话时要表示尊重。对于有顾虑的被调查人，要以真诚、负责的态度和良好的职业素养，唤起他们的责任感、义务感和正义感，消除其顾虑，促使其积极配合侦查人员的工作，提供真实的证言和有关线索。

2. 选择有利于调查询问的时间、空间环境

除了调查访问时的交往气氛外，调查访问的时空环境对被调查人的心理也有一定的影响。调查时，一般应选择被调查人比较习惯、熟悉的场所，以减轻被调查人对环境的陌生感和心理的不适感。有些证人、被害人对于向侦查人员提供情况有种种顾虑，如有的证人害怕犯罪嫌疑人及其亲属知晓其提供的证词，有的被害人害怕暴露个人的隐私等，因此，选择有利于调查访问的时间、地点很重要。比如在询问强奸案件的被害人时，不仅应由女侦查人员进行，而且还要选择僻静的、没有其他人在场的地点进行；访问那些担心报复的证人和知情人，也应选择保密的地点单独进行。

3. 注意交往中主观心理效应的影响

侦查人员在调查访问中，要想促使某些主观心理效应对交往产生积极影响，避免某些主观心理效应对交往产生消极影响，就要善于进行自我心理调控。如要注意克服、控制自己的急躁情绪、职业病等心理弱点，特别要注意不要以司法工作者的角色自居，以居高临下的态度对待被调查人，要以平等、亲切、谦和、真诚的态度和

良好的工作作风在被调查人心理上形成良好的首因效应，以消除其对侦查人员的某些消极心理定势，形成对侦查人员的信任感，这样才有利于交往的顺利进行。同时还要注意避免自己由于受到某些主观心理效应，如首因效应、晕轮效应、刻板印象等的消极影响，产生对被调查人错误的社会认知，防止对其所提供的证词、证言作出错误的判断。

（二）调查访问中的心理接触策略

侦查人员在调查访问中，能否了解到有关案件的真实情况，取决于侦查人员在与被调查人交往中进行心理接触，施加积极心理影响的能力。由于被调查访问对象与案件的利害关系，及其法律意识、作证动机等不同，导致在调查访问中，对侦查人员的询问持不同的态度。因此，为了获得有关案件的真实情况，必须针对被调查人对于侦查人员询问的态度，以及被调查人的个性特点、心理状态等，运用不同的心理接触策略，施加积极的心理影响，端正其对于询问的态度，调动其与侦查人员交往的积极性，争取他们的合作，才能达到调查访问的目的。

按照对调查的不同态度，可以将被调查人划分为积极配合型、敷衍应付型、回避拒绝型三类。对于不同类型的被调查人，应运用不同的心理接触策略。

1. 与积极配合型被调查人交往中的心理接触策略

案件的被害人及其亲属、与被害人有密切关系的证人、与犯罪嫌疑人或其亲属有私仇或其他利害关系冲突的证人，一般都希望犯罪嫌疑人受到严惩。因此，在调查访问中，大都能与侦查人员合作，积极提供有关案件的真实情况和证言。但是也有少数人，由于他们对犯罪嫌疑人的仇恨、愤怒情绪和希望犯罪嫌疑人受到法律严惩或借机报私仇的动机，在陈述被害事实、情节及提供证言时，可能有意无意地掺入自己的主观因素。如有的夸大、歪曲甚至虚构被害的事实和情节，淡化或隐瞒自己在案件中的某些责任等；有的提

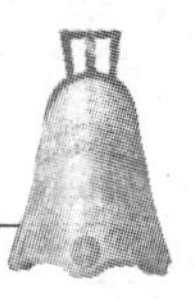

供掺有水分甚至是虚假的证言。针对上述情况，侦查人员在调查询问中，一方面应进行法律教育，使他们明确证人作证的法律责任，端正作证的态度，另一方面对他们提供的有关犯罪事实和情节要刨根问底，使夸大、虚构的事实和情节露出破绽。

2. 与敷衍应付型被调查人交往中的心理接触策略

有些被调查人缺乏作证的责任感和义务感，抱着事不关己、冷眼旁观的态度，因此，不愿积极向侦查人员提供有关案件的真实情况。有的被调查人胆小怕事，害怕遭到报复，或者与被害人有某些矛盾、利害冲突等，对侦查人员的调查询问持消极应付的态度。与这一类被调查人进行心理接触时，一方面应对他们进行法制教育，使其明确积极向司法机关提供情况，与犯罪作斗争是公民应尽的义务，另一方面可运用“角色换位”的方法，启发、引导他们将心比心：假如自己是被害者或被害者亲属，由于案件的知情人、证人不积极作证，不能使犯罪嫌疑人受到应有的惩处，合法权益得不到保护，自己是什么心情？案犯逍遥法外，还会继续作恶，也可能残害到自己或其他人头上。以此激发他们对被害者的同情心和与犯罪作斗争的正义感，争取他们与侦查人员积极合作。

3. 与回避拒绝型被调查人交往中的心理接触策略

犯罪嫌疑人的亲朋出于包庇的动机，或自身与案件有某些牵连的知情人，对侦查人员的调查询问常常采取反感、回避、拒绝提供情况的不合作态度。有些案件的被害人出于顾全名誉的动机，也往往回避、拒绝侦查人员的调查。针对上述回避、拒绝调查访问人的不同动机，应采取不同的心理接触策略。对于那些出于庇护犯罪嫌疑人动机或怕牵连自己而拒绝提供情况的知情人，要运用法律和司法机关的威慑力，采取强化心理刺激的策略，严肃向其指出包庇犯罪嫌疑人，拒绝作证应负的法律责任，施加一定的心理压力。当心理压力取得一定的成效之后，再采用晓之以理的说服教育方法，以缓和交往气氛，使其在比较缓和的气氛中提供证言证词。对于因害怕暴露个人隐私、担心自己的名誉受到损害而不愿作证的被害人，应采取动之以情的心理接触策略，对其受害表示真诚的关怀和同情，并表示理解其不愿作证的顾虑，同时又指明，如果拒绝作证，犯罪嫌疑人受不到应有的惩处，其犯罪气焰会更加嚣张，还会继续作恶。使他们感受到司法人员的真诚和惩罚犯罪、为民除害的高度职业责任感，从而打消顾虑，向侦查人员如实陈述被害的事实和经过，揭发犯罪嫌疑人的罪行。

二、搜查心理对策

搜查是侦查机关对犯罪嫌疑人及其他涉案人员依法采取的一项强制措施。搜查是获取犯罪证据，揭露、证实犯罪，查找犯罪嫌疑人或隐匿罪证的重要侦查手段，具有法律的权威性与强制性。对于被搜查人员来说，尽管内心抵制与抗拒，但慑于法律的权威，也只能被迫服从与接受。在搜查活动过程中，执行任务的搜查人员与被搜查对象之间形成进攻与防守的互动心理关系。搜查人员要掌握搜查对象的心理活动，同时根据搜查活动进展的需要，调控自己的心理活动，才能掌握搜查活动的主动权、控制权，达到搜查的预期目的。

（一）搜查人员在执行搜查前的心理准备

为了使搜查工作顺利进行，取得搜查的预期目的，执行搜查任务的侦查人员必须做好搜查前的心理准备。搜查人员根据案情和搜查目的以及被搜查人的基本情况（如年龄、性别、体貌特征、职业、特长、生活习惯、居住环境、社会关系、个性特点等），根据被搜查人隐蔽、转移犯罪证据的地点、方式及可能采取的反搜查对策等，作出具体分析和判断，制订搜查对策、方案、步骤和方法，避免无准备的盲目搜查。

（二）搜查人员在搜查过程中的自我心理调控

搜查人员在执行搜查任务的过程中，需要根据搜查的进展情况

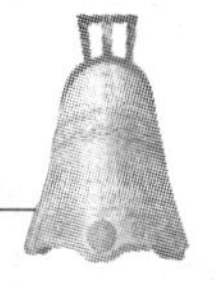

及被搜查对象的反应，判断搜查目标隐藏的地点和范围，及时调整注意的广度、稳定性和注意的转移，保持观察的不断深入、细微、耐心、持久，保持思维的活跃，保持情绪的稳定与良好的应激反应以及坚忍、顽强的意志等。要保持这些心理活动的正常进行，必须及时不断进行自我心理调控，排除被搜查人员的抵制、干扰和抗拒，才能保障搜查活动的顺利进行，达到搜查的目的。

（三）搜查对象被搜查时的心理活动及反搜查心理对策

搜查对象在被搜查时，一般处于被动、防守、戒备、抵制的消极心理状态。具体表现如下。

1. 紧张恐惧，害怕罪行暴露

犯罪嫌疑人作案得逞之后，由于犯罪的目的已经达到，此时多处于藏匿赃证，静观动向，待机而动的防守、戒备的心理状态。当侦查人员宣布进行搜查时，那些对搜查尚无心理准备，缺乏反搜查经验的犯罪嫌疑人或帮助其隐匿证据的人，由于害怕罪行败露，一般都会产生很大的心理压力和惊慌失措的应激反应，如精神紧张、语无伦次、两眼发直、心跳加快、面色苍白、出冷汗、动作呆板、反应迟钝，及签字时手发抖发颤等。

2. 伪装镇静，暗中观察

有些老奸巨滑、反侦查经验丰富的犯罪嫌疑人，或对搜查已有心理准备，已将犯罪证据转移、销毁、藏匿的被搜查人，一方面怀有侥幸心理，认为侦查人员难以搜查到犯罪证据，另一方面却暗中注意观察搜查人员的一举一动，留心搜查人员的只言片语，内心紧张地思考着，看搜查人员是否掌握有关犯罪证据的信息，以便随时采取反搜查对策。

3. 急中生智，转移搜查目标

为了使犯罪证据不被搜查人员发现，在搜查过程中，特别是在搜查人员接近搜查目标时，被搜查人员往往产生“急中生智”的应激反应，如故意以和搜查人员说话打岔、喊冤叫屈、哭喊取闹、制造声响等手段，分散搜查人员的注意力，干扰和破坏搜查活动的进行。

4. 毁灭证据，负隅顽抗

在搜查过程中，在犯罪证据即将被发现或已经被发现的情况下，犯罪嫌疑人或隐匿证据的人往往使用隐晦语言和表情、手势、动作、眼神等体态语言，暗示其亲属将尚未被发现的犯罪证据迅速转移或销毁；有的乘搜查人员不备之机，将尚未被发现的证据迅速投入炉火、厕所、水井之中或者吞食、毁掉证据。有的犯罪嫌疑人甚至当场行凶或自杀，进行最后的负隅顽抗。

5. 以退为守，假意配合

那些罪行累累，多案在身的犯罪嫌疑人，藏匿的罪证较多，在搜查人员即将发现或已经发现部分搜查目标的情况下，为了顾全“大局”，隐藏重大的犯罪证据，往往采取以退为守，假意配合搜查的策略，主动交出并不重要的部分犯罪证据，以此欺骗搜查人员中止或结束搜查活动，从而隐瞒重大的犯罪证据。

（四）搜查人员的心理对策

在搜查活动进行的过程中，侦查人员要根据被搜查对象的心理活动特点，有针对性地实施心理对策，以期收到搜查的预期效果。

1. 察言观色，掌握动向

搜查活动是对被搜查人员的强烈心理刺激，必然引起其生理、心理上的一系列反应，如语言上的语无伦次，行为反常、呆板，生理上的呼吸急促、出冷汗等。通过观察被搜查人员的不正常的生理、心理反应，可以获得有关搜查目标的部分信息。如当搜查人员接近搜查目标时，被搜查人员往往神情紧张或极力阻挠，干扰搜查活动的进行，并伴随反常的生理、心理反应。搜查人员只有随时掌握被搜查对象的心理活动动向，才能掌握搜查的主动权。

2. 强化刺激，促其紧张恐惧

对那些性格狡诈、反侦查经验丰富而又善于自我控制、掩饰的

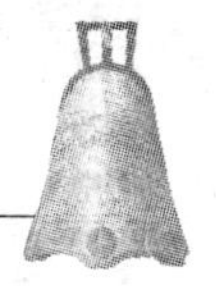

被搜查人，可以采取加强刺激强度的方法，如增加搜查人员的数量、提高搜查人员的级别、使用先进的搜查技术手段和警犬等，迫使被搜查人产生紧张恐惧心理，破坏或打乱其原有反搜查的心理防线，导致应激不良，暴露出某些破绽，从而为搜查人员提供搜查的目标或线索。

3. 晓之以理，减少对立情绪

根据案情和被搜查人的心理活动特点，宣传法律，讲明政策，晓以利害，指明出路，尽量减少被搜查人员及其亲属对搜查活动的对立情绪，争取其支持和配合搜查工作。

4. 应付突发事件的心理准备

搜查人员在搜查活动过程中，对被搜查人员及其亲属的言语、动作、神态、表情等都要保持注意，及时发现并有效地制止被搜查对象干扰、破坏搜查活动的无理取闹行为，故意转移、销毁罪证，转移搜查目标的活动。对被搜查人员自杀或攻击搜查人员的活动保持高度的警惕性，具有随时应付突发事件的心理准备和应激措施。

三、侦查心理谋略

在古代的侦查破案中，由于当时的科学技术不发达，除了逼供手段以外，也常常使用心理计谋。现代科学技术有了高度的发展，侦查中除了应用各种技术手段以外，心理谋略的运用也是不可缺少的。

刑事侦查过程，也是侦查人员与犯罪分子智慧上的较量过程。在犯罪嫌疑人尚未被拘留、逮捕阶段，侦查与反侦查活动处于隐蔽的情况下，除了运用其他侦查手段以外，巧妙地运用心理谋略，往往收到出奇制胜的效果。所谓侦查心理谋略，是指侦查人员根据案件的具体情况和犯罪嫌疑人的心理活动特点，运用心理学的原理侦破案件的计谋和策略。侦查中常用的心理谋略有以下几种。

（一）强化心理刺激，促其反常

犯罪嫌疑人在实施犯罪以后，由于存在“做了亏心事，就怕鬼叫门”的心理压力，一般都程度不同地存在某种紧张恐惧心理，有的甚至坐卧不安，惶惶不可终日。针对犯罪嫌疑人的这种心理状态，应采用强化语言与情境刺激的方法，造成强大的破案攻势。如使用犯罪嫌疑人忌讳的语言对其进行旁敲侧击；在其所在单位召开会议，公布案情，号召群众提供破案线索；在其住宅附近和经常出入的场所、路线张贴有关动员破案的标语口号；利用广播、电视公布案情；在报纸上刊登协查通告等。这样可以使犯罪嫌疑人处于更加紧张、恐惧、焦虑不安的心理状态。犯罪嫌疑人在这种失衡的情绪状态下，往往会产生“风声鹤唳，草木皆兵”的错觉，导致思维紊乱、判断失误、行为反常等，例如为掩盖罪行和逃避侦查而出现的闭门不出或出逃、探听破案信息、急于与作案同伙沟通信息等自我暴露行为。这些反常行为常常为破案提供线索。在强大的破案宣传攻势的刺激下，有的犯罪嫌疑人感到走投无路，由于经受不了这种强大刺激而逃跑，或投案自首，或自杀。如在某地曾发生一起纵火杀人案，虽然确定了犯罪嫌疑人，但证据不足不能破案。侦查人员到犯罪嫌疑人所在单位公布案情，号召检举揭发，并讲明目击证人已提供了犯罪嫌疑人的面貌特征等，并在其回家的路上和住处布置两个着装警察尾随跟踪，造成一种大军压境的气氛和强大的舆论压力。这一系列的强烈刺激使犯罪嫌疑人感到难以承受的心理压力而出逃，为侦查工作提供了重大的破案线索。

（二）减轻心理压力，使其解除心理戒备

在侦查工作中，对于那些性格急躁、反侦查经验不足的犯罪嫌疑人，根据其个性特点和心理状态，可采取减轻心理压力，促使其解除心理戒备的侦查谋略。有些犯罪嫌疑人，在侦查人员严密控制的情况下，心理处于高度警觉的状态，行动谨慎，伪装镇静，按兵不动，使侦查人员一时难以获得新的破案线索和证据。同时，却暗中观察侦查人员的动向，希望获得有利信息，尽快解除心理上的紧张焦虑情绪。针对这种情况，侦查人员故意散布案件难以侦破、

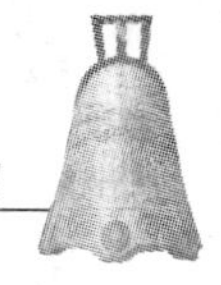

"放弃"对案件侦破的舆论，制造"撤走"侦查人员的假象，以此减轻犯罪嫌疑人的心理压力，造成其心理上的暂时"放松"和"解脱"，使其解除心理戒备，产生盲目的自我安全感和自信心理。这时，犯罪嫌疑人会因麻痹大意而轻举妄动，暴露出某些破绽，从而为侦查人员提供破案的线索和证据。如在盗窃、抢劫一类财产性犯罪的案件中，犯罪分子作案的目的主要是为了满足挥霍享受的欲望，如果抢劫、偷盗的财物出不了手，钱花不出去，挥霍享受的欲望得不到满足，必然产生心理上的焦虑和急于解脱的心理。当看到侦查人员无功而返被迫"撤走"以后，如果静观一段时间，仍然看不到侦查人员的行动，往往喜出望外，产生"平安无事"的安全感。在这种盲目自信和急于挥霍享受心理的支配下，就会忘乎所以，麻痹大意，或大胆销赃、转移赃物，或召集同伙大把花钱，挥霍享受，从而自我暴露，为侦查人员提供了新的破案线索和证据。

（三）创设情境，诱其上钩

一个人犯罪行为的发生，除了主观上存在犯罪心理以外，也与外界的犯罪条件、犯罪机会等诱因的刺激有关。犯罪分子一旦作案成功，尝到了某些甜头，满足了某些需要，犯罪心理便得到强化。如果经过多次犯罪成功的刺激，犯罪心理会更加巩固，犯罪成为习惯。他们在没有犯罪机会、条件的情况下，会主动寻找、创造犯罪的机会和条件。在遇到犯罪机会、条件的情况下更不会主动放弃。针对这一类犯罪嫌疑人的心理特点，可以采取"引蛇出洞"的侦查谋略，创设有利于犯罪的情境、条件和机会，诱使其自我暴露。例如在侦查盗窃、抢劫一类犯罪案件中，侦查人员化装成收买赃物的生意人，引诱犯罪嫌疑人销赃；在侦查强奸、污辱妇女的案件中，侦查人员化装成单人夜行的妇女，引其上钩，当场将其抓获；在侦查绑架人质的案件中，以送交敲诈勒索款的谋略，引诱犯罪嫌疑人出洞，张网以待，将其抓获。

（四）利用矛盾，分化瓦解

在共同犯罪案件中，犯罪嫌疑人既有利益一致、共同对抗司法机关的一面，也存在一定的矛盾和冲突。在犯罪团伙内，有一条不成文的规定，如果某个团伙成员被抓住，在无法抗拒的情况下，罪行也要自己扛，不能供出团伙的其他成员。如果哪一个人供出了其他团伙成员的犯罪事实，被揭发的成员就会产生“你不仁，我也不义”的报复心理。同时，他们之间在承担罪责、分赃等方面，也可能存在一定的矛盾和冲突。因此，在侦查中可利用他们之间的某些矛盾和趋利避害的心理，如分赃不均的矛盾、同案犯中一些人痛恨另一些人不讲“义气”的心理、率先“坦白从宽”可以减轻自己罪责的心理等。在这些可利用的矛盾和心理中，可选择其中的薄弱环节，打开缺口，破获全案。

思考题

1. 侦查人员在侦查过程中如何进行自我心理调控？
2. 侦查人员如何对犯罪现场痕迹进行心理分析？
3. 侦查人员有哪些常用的侦查心理谋略？

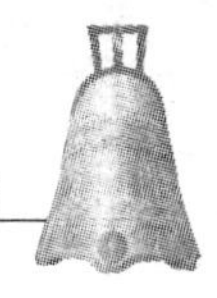

第九章　审讯心理

从刑事诉讼的角度看，审讯是侦查的一个重要环节，它使侦查人员与犯罪嫌疑人的斗争从隐蔽转入公开，一般是在案情尚未完全大白，所掌握的证据尚不充分的情况下进行的。审讯人员通过对犯罪嫌疑人的直接讯问，听取犯罪嫌疑人关于自己有罪的供述和无罪的辩解，为检验已取得的侦查成果及进一步揭露和证实犯罪提供依据。从心理学的角度看，审讯过程又是审讯人员通过与犯罪嫌疑人面对面地斗智斗勇的直接交往活动，对案件进行全面、深入的认识过程。

第一节　审讯人员与犯罪嫌疑人在审讯中的不同心理状态

审讯过程是审讯人员与犯罪嫌疑人之间的一种交往活动。由于交往时特殊的环境氛围、交往双方的不同角色地位和不同动机与目的，导致双方在交往中的不同心理状态。

一、审讯人员的心理状态

审讯人员是审讯活动的主体，在审讯中处于主导和主动进攻的地位，其积极心理状态占主导地位。

（一）责任感、使命感

审讯人员的高度责任感和神圣使命感，使其在审讯中时刻牢记自己对犯罪嫌疑人进行审查、诘问，目的在于听取犯罪嫌疑人的真实口供和辩解，为进一步查清犯罪事实，收集犯罪证据提供依据，使有罪的犯罪嫌疑人受到法律追究，无罪的犯罪嫌疑人得到解脱。这种高尚的情感体验，使审讯人员对审讯工作具有严肃、认真和一丝不苟的精神。

（二）自信、沉着、自制

审讯人员由于在审讯前对案情及犯罪嫌疑人的情况进行了初步审查与研究，对于审讯的内容、步骤、策略与方法都作了充分的心理准备，因此自信在审讯中能够攻破被犯罪嫌疑人的心理防线，取得审讯的成功。在审讯与反审讯的激烈心理交锋中，善于捕捉犯罪嫌疑人的心理动向和反审讯的对策，不会因为犯罪嫌疑人的顽固态度或大吵大闹、胡搅蛮缠甚至反唇相讥的对抗策略而被激怒导致情绪失控，也不会被他们的花言巧语所迷惑，而是沉着冷静、不急不躁，始终保持头脑清醒、思维活跃，应变能力强，牢牢控制审讯的主动权。

（三）轻信

有些审讯人员由于缺乏审讯经验，对于犯罪嫌疑人的反审讯活动缺乏充分的心理准备，往往被他们的花言巧语和种种假象所蒙蔽，轻信他们的不真实的口供或无罪辩解，造成工作失误。

（四）急躁易怒

少数审讯人员有时会被某些犯罪嫌疑人的顽固抗拒的态度所激怒，产生消极激情，出现打骂、体罚、刑讯逼供等违反法律和政策的行为。

（五）畏难心理

有的案件案情复杂，审讯难度大；有的案件犯罪嫌疑人具有特殊的社会身份和社会背景，深入审讯可能涉及有权势或有社会影响的人；有的案件的犯罪嫌疑人十分狡猾、顽固，具有反审讯经验。这可能使一些审讯人员产生畏难情绪。畏难情绪会在一定程度上影响审讯人员对审讯工作的积极性、创造性，甚至对审讯工作敷衍塞责，导致有意或无意地偏袒或放纵犯罪嫌疑人，使其有可能逃脱应

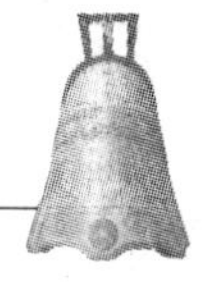

有的惩罚。

二、犯罪嫌疑人的心理状态

犯罪嫌疑人是被审讯的对象，在审讯中处于被动防守的地位，其消极心理状态占主导地位。

（一）恐惧心理

恐惧心理是犯罪嫌疑人在被拘留、逮捕以后，在监所环境刺激下普遍存在的一种心理状态。特别是有罪或罪行重大的犯罪嫌疑人，害怕其罪行被揭露受到法律制裁，恐惧心理更为突出。表现为忧心忡忡、焦虑不安、疑神疑鬼。有的犯罪嫌疑人甚至在审讯中出现手足颤抖，面部肌肉下意识抽动；回答审讯人员提问时声音低微、颤抖、目光下垂，不敢与审讯人员的目光接触；回答问题时往往前言不搭后语，躲躲闪闪，思维逻辑混乱。由于不了解侦查人员对于自己的犯罪证据掌握的程度以及信息短缺，对外界的信息及侦查人员的动态反应敏感。即使是无罪的犯罪嫌疑人，由于对监所环境的不适应，也会产生程度不同的恐惧心理。

（二）侥幸心理

侥幸心理是犯罪嫌疑人自认为可以逃脱法律追究的一种盲目的自信感。有的自信犯罪手段高明、行为诡秘、无人知晓；有的藐视或低估侦查人员的侦查能力，认为难以收集到他的犯罪证据；有的相信同伙之间的攻守同盟；有的认为自己有某些“关系网”“权势”的庇护……。在侥幸心理的支配下，敢于大胆设置种种应付审讯的心理防线，对抗审讯活动。

具有侥幸心理的犯罪嫌疑人，在审讯中一般心态较稳定，注意力集中在观察审讯人员的语言和表情上，分析、判断审讯人员的审讯能力和对其犯罪证据是否掌握上，从而有针对性地设置心理防线，对抗审讯活动。有的表现为外向进攻型，非但不交代自己的犯罪行为，反而采取以攻为守的策略，理直气壮地要审讯人员拿出证明其犯罪的事实和证据。有的采取以守为攻的策略，审讯中装傻充愣，以毫不知情、非常无辜的可怜相应付审讯，企图蒙混过关。

（三）顽抗心理

有些罪行重大的犯罪嫌疑人顽固抵抗，拒不认罪。有罪的犯罪嫌疑人在侥幸、顽抗心理的支配下，往往以拒供、谎供等手段对抗审讯活动，大胆设置对抗审讯的心理防线。其主要表现有以下几种。

(1) 沉默不语，拒不供述。有些犯罪嫌疑人认为，“只要不开口，神仙难下手”，“没有口供定不了案”。故以沉默不语或一问三不知的策略，顽固对抗审讯。

(2) 编造谎言，蒙混过关。有些犯罪嫌疑人，故意歪曲事实，编造种种掩盖罪行的谎言，欺骗审讯人员，以实现金蝉脱壳之计。

(3) 避重就轻，隐瞒真相。有的犯罪嫌疑人在无法抵赖罪行的情况下，往往采取避重就轻的反审讯策略进行顽抗。轻描淡写地交代一些无法否认的、无关大局的、比较轻的犯罪行为，而将重大的、关键的犯罪行为加以隐瞒和否认，以制造认罪态度好的假象，企图欺骗审讯人员而蒙混过关。这是许多犯罪嫌疑人惯用的手法。

(4) 捶胸顿足，赌咒发誓。有些犯罪嫌疑人为了隐瞒其罪行，欺骗审讯人员，往往以捶胸顿足、赌咒发誓的手段，妄图欺骗审讯人员，使审讯人员相信他的谎言。

(5) 推脱罪责，嫁祸于人。有些犯罪嫌疑人为了逃脱罪责，以提供假口供、假证据、假证言的手段，将自己的罪责嫁祸于犯罪同伙或他人。

(6) 无理狡辩，撒泼耍赖。有些犯罪嫌疑人在确凿的证据面前，在没有任何理由隐瞒、抵赖罪行的情况下，仍然以无理狡辩、撒泼耍赖、拒不认账的手段对抗审讯。

（四）畏罪心理

畏罪心理是犯罪嫌疑人在拘押审讯期间，由于罪行败露，深感自己的罪行严重或过于丑恶，为逃避法律惩处和舆论压力而产生的

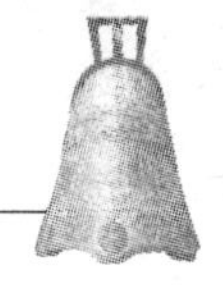

一种悲观绝望和逃避现实的心理反应。有的罪行重大的犯罪嫌疑人，预料自己将被判处死刑或其他重刑，深感悲观绝望而畏罪自杀。有的犯有社会所不齿罪行的犯罪嫌疑人（特别是强奸犯或奸淫幼女犯），深感自己的罪行丑恶，无法获得家人的谅解，也无颜面对家人、亲朋、邻里的谴责，因承受不了巨大的心理压力而自伤、自残甚至畏罪自杀。

（五）悔罪心理

有的犯罪嫌疑人，特别是那些初犯、偶犯，由于受到客观上的强烈刺激一时冲动，或酒后自我控制力下降，或被他人胁迫、欺骗、引诱而犯罪，特别是那些过失犯罪的嫌疑人，他们在犯罪时并没有清楚地意识到犯罪所造成的严重后果和社会危害性，或危害结果与其主观意向相违背，特别是看到犯罪给被害人及其家人以及自己的亲属带来的痛苦时，其良知有所恢复，便产生沉重的心理负担和罪责感、负疚感、悔罪感，表现出追悔莫及、唉声叹气甚至痛哭流涕。在审讯中能够认罪服法，配合审讯，如实供述自己的罪行，以期减轻心理负担，获得心灵的解脱，争取从宽处理。

三、审讯过程中审讯人员与犯罪嫌疑人的心理接触

审讯过程是审讯人员与犯罪嫌疑人之间进攻与防守的特殊交往过程。在这一过程中，审讯人员为了获得犯罪嫌疑人的口供，处于主动进攻的态势，而犯罪嫌疑人为了逃避惩罚，处于被动防守的态势，对审讯人员怀有戒心和强烈的对立、排斥心理。审讯人员为了取得审讯的成功，必须针对犯罪嫌疑人的心理状态和个性特点，施加积极的心理影响，消除或削弱审讯人员与犯罪嫌疑人之间的心理隔阂，调动犯罪嫌疑人与审讯人员交往的积极性，使二者之间建立起心理联系。这种建立心理联系的过程，称为心理接触。能否建立起心理联系，取决于审讯人员的业务素质、经验和个人的人格力量与审讯方式。审讯人员对犯罪嫌疑人施加积极的心理影响，进行心

理接触的一般方法有以下几种。

（一）创造良好的心理接触气氛

对于那些既是害人者又是被害者的犯罪嫌疑人，审讯人员应有意识引导其回忆自己历史上闪光的一面或其他感兴趣的话题，以拉家常等不拘形式的谈话方式，以关心其生活和个人前途，倾听和同情其生活中的不幸遭遇的态度，缩短与犯罪嫌疑人之间的心理距离，消除或缓和其恐惧、紧张、对立情绪及对审讯人员的戒备心理，从而施加积极心理影响，建立心理接触的良好气氛。

（二）审讯人员人格力量的感染

审讯人员应以自己实事求是、公正执法、廉洁无私的高尚品质，关心犯罪嫌疑人的身体健康、生活困难的人道主义精神等人格力量，感化被审讯人，博得其尊重和信任，从而获得其真实的口供。

（三）选择心理接触的突破口

审讯人员应针对犯罪嫌疑人的气质、性格等个性特点和心理状态，选择心理接触的突破口，施加积极的心理影响。例如，胆汁质气质、情绪型性格的人，一般比较重感情，采用感化作为心理接触的突破口容易奏效。对黏液质气质、理智型性格的人，采用晓之以理的方法为心理接触的突破口容易奏效。当被审讯人特别挂念家中的老人、孩子，处于十分焦虑不安的心理状态时，主动向其传递家中老人、孩子平安的信息可以作为进行心理接触的突破口。

（四）帮助被审讯人恢复记忆

有些犯罪嫌疑人本想作如实供述，但对案件的某些事实或情节记忆不清，这时，审讯人员应通过耐心启发，使被审讯人恢复对有关案件事实和情节的记忆。

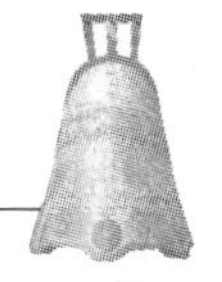

四、审讯人员与犯罪嫌疑人在不同审讯阶段的心理互动

审讯过程是审讯人与犯罪嫌疑人之间审讯与反审讯的激烈的心理交锋的过程，也是双方的心理互动过程。这个过程主要经历以下四个阶段。

（一）试探摸底阶段

审讯初期是审讯人员与犯罪嫌疑人之间在心理上的相互摸底阶段。这个阶段，在审讯人员与犯罪嫌疑人面对面的心理交锋中，双方通过语言、面部表情、身体动作、眼神等直接信息交流，相互了解对方的心理状态和个性特点。审讯人员一般通过讯问犯罪嫌疑人的姓名、年龄、民族、职业、家庭情况、社会关系、个人经历等一般情况，观察其心理状态、个性特点和影响其如实供述的心理障碍。犯罪嫌疑人也通过审讯人员的问话、表情、眼神、身体动作等，观察其审讯能力以及对自己犯罪事实和证据的掌握程度。在这个阶段的交往中，审讯人员要利用首因效应的积极作用，有意识地控制自己的言语、面部表情、身体动作等交往信息，给犯罪嫌疑人以威严、沉着、自信、老练、精明的印象，避免暴露自己的某些弱点，使犯罪嫌疑人对审讯人员产生敬畏心理。同时，审讯人员还要注意防止被犯罪嫌疑人所表演的种种假象而蒙蔽，产生消极的首因效应，影响对犯罪嫌疑人的正确认知。

（二）对抗相持阶段

这一阶段是审讯人员与犯罪嫌疑人心理交锋最激烈的阶段，也是对双方智力、情绪和意志的考验。双方通过试探摸底，相互间形成了初步印象。犯罪嫌疑人根据对审讯人员的心理活动的判断，构筑自己反审讯的心理防线，实施反审讯的策略。审讯人员根据对犯罪嫌疑人的心理状态、个性特点、供述障碍及反审讯策略的判断，运用审讯策略，力图攻克犯罪嫌疑人的心理防线，消除影响其供述的心理障碍。要取得这个阶段审讯的胜利，审讯人员必须对犯罪嫌疑人的心理活动判断准确，审讯策略运用得当，情绪要稳定，意志要顽强，既不被其强硬的反审讯态度所激怒，也不被其所施展的痛哭流涕、赌咒发誓等反审讯策略所迷惑，在与犯罪嫌疑人进行智慧、情绪、意志的较量中，始终占据主导地位。

（三）动摇反复阶段

在这一阶段，随着对犯罪嫌疑人的心理状态、个性特点、影响供述的心理障碍了解的深入和准确，审讯人员不断调整审讯策略，加大审讯力度。由于犯罪嫌疑人的反审讯策略不能奏效，其心理防线有所动摇，有时被迫交代一些罪行，有时又翻供，侥幸心理尚未完全消除，心理处于矛盾、动摇、供与不供的权衡利弊的动机斗争之中。

（四）被迫供述阶段

在这个阶段，审讯人员一方面揭露犯罪嫌疑人对抗审讯的种种策略和手段，打击其反审讯的嚣张气焰，另一方面或晓之以理，指明出路，或动之以情，进行感化，或在关键时刻使用证据，彻底破除其侥幸心理。因而，犯罪嫌疑人感到抗拒没有出路，只有交代罪行或许能够能得到从宽处理，出于趋利避害的心理而被迫供述罪行。

第二节　审讯心理对策

审讯心理对策，是审讯的心理学方法和策略的总称。审讯活动实质上是一场心理战。为使审讯工作顺利进行，审讯人员要全面熟悉案情及案件的证据情况，确定审讯重点，还要收集犯罪嫌疑人在拘押中的表现，初步掌握其个性特点和心理状态，了解可能影响其供述的心理障碍等信息，为审讯工作顺利进行做好充分准备。犯罪嫌疑人在趋利避害心理的驱使下，也往往通过各种途径搜集有关审讯人员的信息以及常用的审讯方法和策略，初步制订反审讯的策略

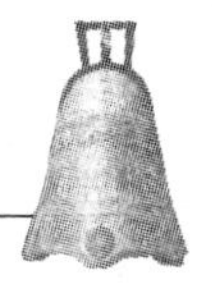

和方法，企图与审讯人员进行心理较量，对抗审讯活动。审讯人员必须在知己知彼的情况下，根据各种犯罪嫌疑人的不同情况和特点，选择适当的方法和策略，才能取得审讯的胜利。选择审讯方法和策略要注意以下几点。

（1）针对性。选择审讯方法和策略要针对犯罪嫌疑人的心理障碍、心理状态和个性特点，以及所掌握的案情、证据等，选择有针对性的方法，做到有的放矢。

（2）灵活性。“兵无常势，水无常形”，审讯过程中，犯罪嫌疑人的心理状态和反审讯的策略是不断变化的，审讯人员要不断捕捉信息，根据情况的变化灵活运用方法和策略。

（3）抓住时机。只有准确地抓住犯罪嫌疑人心理状态变化的有利时机，某种审讯方法和策略的运用才能奏效。

一、审讯方法的选择

（一）改变其错误认识的方法

犯罪嫌疑人对于自我和审讯人员的错误认识，往往是影响其如实供述的心理障碍之一。如过高地估计自己犯罪手段的隐蔽性和反审讯能力，过低地估计审讯人员的审讯能力，错误地估计侦查机关收集犯罪证据的情况，错误地相信与同伙之间攻守同盟的可靠性等。因此，为了取得审讯的最佳效果，应当采取政策攻心，适时使用证据等方法，改变其错误认识，消除其侥幸心理。

（二）影响其情绪的方法

某些消极情绪是影响犯罪嫌疑人如实供述的心理因素。为了取得审讯的最佳效果，有时需要选择某些适当的方法，以消除其消极情绪，如对前途绝望的情绪，与审讯人员对立的情绪等。有时则需要激发他们的某种情绪，如加大审讯力度促使其产生恐惧情绪，运用激将法激起其自尊和自爱情绪，通过感化手段唤起其悔罪情绪和荣誉感等。

（三）瓦解其意志的方法

犯罪嫌疑人对抗审讯，需要意志的努力和支持。因此，为了取得审讯的最佳效果，需要选择某些方法瓦解其对抗审讯的意志。比如多次反复地审讯，不给其喘息的机会和思考的时间，使其长时间处于紧张状态，由于生理、心理的疲劳，从而导致其对抗审讯意志的瓦解。再如，以咄咄逼人的审讯力度，或强大的审讯阵容，对其心理造成强烈地威慑和压力，以瓦解其抗拒审讯的意志。

（四）针对个性特点施加影响的方法

由于犯罪嫌疑人的个体差异，其反审讯的心理也会不同。因此，为了取得审讯的最佳效果，应针对不同被审讯人的个性特点，采取不同的审讯方法。如激将法和感化法对胆汁质气质、情绪型性格的人容易奏效；对于那些反审讯意志顽固的黏液质气质、理智型性格的被审讯人，采取多次审讯、加大审讯力度的方法容易奏效。

二、审讯心理策略的运用

审讯策略是各种审讯方法的综合运用。审讯策略的运用要基于被审讯人的个性特点、心理状态以及所掌握的犯罪事实和证据等。

（一）政策攻心策略的运用

“坦白从宽，抗拒从严”的刑事政策，对于犯罪嫌疑人既有威慑力，又有感召作用。它是分化瓦解犯罪嫌疑人，消除对立情绪，促使其如实供述的有力武器。但是，这一攻心政策的运用，必须选择有利的时机。当审讯人员通过有理有据、逻辑严密的审讯，或证据的适当运用，使犯罪嫌疑人处于理屈词穷、无计可施的地步时，适时进行“坦白从宽，抗拒从严”的攻心策略，晓之以利害，使他们感到继续顽抗必然受到严惩，如实交代尚可获得从轻处理，在趋利避害心理的支配下，选择“坦白从宽”的道路。

（二）“攻其无备，出其不意”策略的运用

《孙子·计篇》中的“攻其无备，出其不意”的战术，是指在

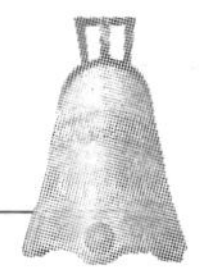

敌人意想不到、毫无准备的情况下，对敌人实行突然袭击。军事上的这种战术，在审讯中同样适用。犯罪嫌疑人为应付审讯，一般都作了程度不同的心理准备，但其所作的准备往往是有限的，而无备则是绝对的，必然存在某些漏洞和疏忽。特别是在刚刚被拘捕后，由于其身份、地位、环境、人际关系的变化，又与外界信息隔绝，情绪处于紧张、恐惧、焦虑不安的不稳定状态，他们的防御能力必然降低，往往不能准确地判断侦察人员掌握哪些犯罪事实和证据，心理设防漏洞较多。利用其刚刚被拘捕这一有利时机，寻找心理防御的空白或弱点，进行突审，往往能收到良好的审讯效果。

"声东击西"的策略也是"攻其无备，出其不意"策略的运用。在军事上，采用佯攻的手段，分散敌人的注意力，使敌人产生错觉，然后对准目标发起进攻，可以出奇制胜。这种策略在审讯中也同样适用。在审讯中，审讯人员隐蔽真实的审讯意图，表面审问某一犯罪事实或情节，分散其注意力，当其集中注意应付所审讯的问题时，突然转移审讯目标，使其措手不及，在毫无准备的情况下，只得被迫供述。

"迂回包抄"也是"攻其无备，出其不意"策略的运用。根据案情和被审讯人的特点，审讯时往往不是采取从正面进攻，而是从侧面打开缺口的方法。例如，北京市公安局老预审员汲潮审讯美国间谍案时就成功地运用了这一策略。这起间谍案中的两名犯罪嫌疑人是一对自称"学者"的夫妇。男的自称是研究春秋时代管子的，女的自称是研究鲁迅的。他们认为预审员是"土包子"，于是大摆其"学者"架子说："我们是学者，为什么审讯我们?"汲潮没有直接讯问他们的罪行，首先问那个男的："你既然是研究管子的，你说说什么是'老马识途'?"这个"学者"被问得无言以对。汲潮马上扭转话题说："你是研究管子的，你连管子的最起码的常识都不知道，说明你另有公干。"一下子打掉了两位"学者"的嚣张气焰，很快取得了审讯的进展。① 在这里汲潮所采用的就是“迂回包抄”的审讯策略。

（三）适时使用证据的策略的运用

在犯罪嫌疑人侥幸心理严重、抗拒意志顽固、抗拒情绪嚣张、审讯陷入僵局的情况下，应当选择确实可靠的证据，有力地戳穿其谎言，通过突破一点，狠狠打击其反审讯的嚣张气焰，瓦解其抗拒审讯的意志。在使用证据时要根据犯罪嫌疑人的心理状态，选择有利时机。

（1）在被审讯人心理发生动摇时使用。被审讯人在审讯过程中，从拒绝供述到交代罪行，必然经历动摇反复阶段。审讯人员应抓住犯罪嫌疑人出现反审讯意志动摇的关键时刻，及时使用证据，使被审讯人感到审讯人员已经掌握了其犯罪证据，只得被迫供述。

（2）在被审讯人的心理防线尚未形成时使用。当犯罪嫌疑人刚刚被拘捕时，心理压力大，情绪紧张、恐惧、焦虑，惶惶不可终日，度日如年，如坐针毡，思绪混乱，对于侦查人员所掌握的犯罪事实和证据心中无数，心理防御体系尚未形成。这时适当地使用证据，使其产生侦查人员已经全部掌握了犯罪的事实和证据的错误判断，被迫如实供述。

（3）在被审讯人的供述出现矛盾时使用。当犯罪嫌疑人为了掩盖自己的罪行进行谎供，出现自相矛盾，不能自圆其说时，应抓住其供述中的矛盾，适时使用证据，打击其企图侥幸蒙混过关的心理。

（4）在被审讯人顽固抵赖罪行时使用。当犯罪嫌疑人死顶硬抗，拒不交代或胡搅蛮缠、无理狡辩时，使用证据可以打击其嚣张的反审讯气焰。

（四）审讯中语言策略的运用

在审讯过程中，审讯人员的语言是传递审讯信息，对被审讯人

---

① 汲潮著：《预审员的札记》，群众出版社 1982 年版，第 40～41 页。

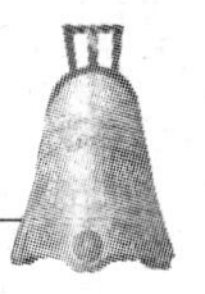

施加积极心理影响的重要手段。审讯中的语言艺术同样是一种审讯策略。

对于审讯用语的一般要求有以下两点。首先，要具有规范性和文明性。审讯人员作为国家司法工作人员“坐堂问案”，是十分严肃的事情。因此，每一句话都应符合法律规范，不能信口开河。同时用语还要文明，不能用污辱性、恐吓性、威胁性的语言进行讯问。其次，用语要具有严肃性和逻辑性。在侦查人员与犯罪嫌疑人进行激烈的心理交锋中，侦查人员的用语严肃才能具有威慑性；用语具有逻辑性，审讯步步紧逼，才能使犯罪嫌疑人无空子可钻，被迫就范。

审讯中语言策略的具体运用要注意以下几点。

（1）模糊语言的运用。审讯人员在发问或回答犯罪嫌疑人的问话时，有时故意使用模糊语言，使犯罪嫌疑人对审讯人员的意图捉摸不定或造成错误的判断。例如在审讯杀人、伤害、抢劫案件中，犯罪嫌疑人最关心的是被害人是否死亡。在回答其问话时，即使被害人已经死亡，审讯人员也常使用“正在进行抢救”等模糊语言进行回答，不明确回答是否死亡。其目的是防止其因被害人已经死亡，造成“死无对证”而隐瞒某些犯罪事实和情节。

（2）精确语言的运用。在侦查人员对犯罪嫌疑人的某些犯罪事实、情节和证据已经掌握的情况下，发问时使用精确的、毫不含糊的用语，向其传递其犯罪事实和证据已完全掌握在侦查人员手中的信息刺激，使其猝不及防。如针对作案时间运用精确语言进行发问：×年×月×日×时你在什么地方？做什么？有什么人可以证明？针对犯罪证据的精确语言的运用，如在强奸犯罪中犯罪嫌疑人在搏斗中被咬伤，审讯人员可以直接发问：你右手的伤是怎么回事？这种有针对性地使用精确语言的发问，能使案犯受到极大的震慑，被迫供述其犯罪事实。即使顽固抗拒，也能从其回答问话时的神态、动作等判断作案的可能性。

（3）强刺激性语言的运用。对于那些犯罪事实、证据已被掌握，但仍然顽固抗拒审讯的犯罪嫌疑人，使用具有强烈刺激性的语言，可以加大审讯力度，再结合使用证据，可以攻破其心理防线。

（4）暗示性语言的运用。在尚未完全掌握犯罪嫌疑人的犯罪事实和证据的情况下，有时有意使用暗示性语言，可以使其有意无意地接受审讯人员的暗示，产生错误的判断。例如，在共同犯罪案件中，犯罪嫌疑人都非常想知道其他同伙是否已经供述了犯罪事实。在审讯这类案件时，审讯人员常常发出这样的暗示：你就那么相信哥儿们义气吗？你能保证别人不争取从宽处理吗？某某人就比你聪明。这种暗示性用语可以使其产生同伙已经有人供述了犯罪事实的错误判断，从而也供述自己和他人的罪行。

（5）双关语的运用。审讯中使用含蓄、幽默的双关语，有时也能收到独特的审讯效果。例如在审讯一个脱逃后又犯罪的嫌疑人时，他只供述又犯盗窃罪的事实，但拒不承认从狱内挖地洞逃跑的犯罪事实，这时审讯人员说："你是属鼠的，老鼠会打洞，是吧？"此话一语双关：一是说他的属相，二是暗示他是从监狱逃跑出来的。此问话暗示已掌握了其身份底细，可以促使其供述脱逃犯罪的事实。

（6）体态语言的运用。在审讯过程中，审讯人员的手势、面部表情、身体姿势、目光等体态语言，可以传递某些用语言难以传递的信息，对犯罪嫌疑人的心理具有独特的影响作用。例如，审讯人员的手势、坐姿可以表现出审讯人员对审讯成功的决心和信心，审讯人员的严肃表情、咄咄逼人的目光可以对犯罪嫌疑人起到威慑作用。

（五）针对不同气质和性格特点的被审讯人的审讯策略的运用

人的气质和性格都是个性特征中比较稳定的心理因素，不同气质、性格的人对抗审讯的方式也会不同。

属于胆汁质气质和情绪型、外向型性格的人，急躁、易怒、好冲动，不善于控制自己的情绪，抗拒审讯的自信心很强。在审讯中

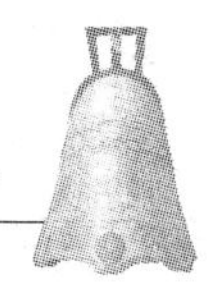

好顶牛，蛮不讲理，硬顶硬抗。对这种人应采取“以柔克刚”的感化策略或“激将法”，促使其感情冲动，干扰其思维，使其理智水平下降，以至供述出现矛盾和漏洞。然后利用其供述中的矛盾和漏洞，进行说理批驳，或在关键之处使用证据，瓦解其抗拒审讯的信心，破坏其心理防御体系。

属于多血质气质和情绪型、外向型性格的犯罪嫌疑人，认识、情感发生得快，反应灵活、易变，能说会道，巧言善辩，侥幸心理严重。在审讯过程中，他们对于审讯人员发出的信息反应敏感，一般不采取正面硬顶硬抗的方法，往往采取编造谎言和无理狡辩的方式对抗审讯。对这种人可采用“迂回式”“跳跃式”的发问方式，不给其编造谎言的机会，避开其防御体系，或出其不意地使用证据，戳穿其谎言，使其不能发挥能言善辩的特点。有时还可任其夸夸其谈，利用其“言多必失”，抓住把柄作为突破口，进行反击。

属于黏液质气质和理智型、内向型性格的犯罪嫌疑人，认识、情感发生得慢且不外露，对外界的刺激反应速度慢。其反审讯的防御心理体系都是经过深思熟虑后形成的，较为稳固，不易攻破。在审讯过程中，他们常装聋作哑，一问三不知，以沉默或编好的口供应付审讯。对这种人要施加一定的心理压力，促使其紧张，打破其按部就班、步步为营的防御体系，使其供述出现矛盾并及时予以揭露，迫使其供述。

属于抑郁质气质和内向型性格的犯罪嫌疑人，认识、情感发生得慢，沉默、忧郁、孤僻，顾虑重重。对这种人在适当给予心理压力后，还要多做感化、开导工作，指明出路，并用事实和政策打消其幻想，促使其下决心交代问题。

三、审讯失误的心理分析

审讯失误是指由于审讯人员的工作方法、职业心理素质方面的缺陷，导致对犯罪事实、证据以及犯罪嫌疑人判断的错误，造成有罪的犯罪嫌疑人逃避惩罚，无罪的犯罪嫌疑人的合法权益受到侵犯的消极后果。造成审讯失误的原因主要有以下几个方面。

（1）轻信。审讯人员没有全面、深入地研究、审查前一阶段的侦查结果，轻信审讯前侦查阶段所认定的侦查结论，轻信犯罪嫌疑人的口供或证人、被害人的伪证，从而造成对案件的犯罪事实和证据判断的错误。

（2）逼供。审讯人员的审讯能力差，又急于结案，于是便采取指供、诱供、骗供，甚至刑讯逼供的审讯手段，获取了不真实的口供，又没有认真调查取证，从而造成错案。

（3）歪曲政策。有的审讯人员歪曲“坦白从宽，抗拒从严”的政策，任意许愿。如对犯罪嫌疑人说“只要交代了，就可以不处理”，“交代得多，可以立功受奖”等，对犯罪嫌疑人进行错误的审讯诱导。

（4）审讯人员的职业心理素质不高。审讯人员缺乏职业的责任感和使命感，缺乏应有的职业技能和知识结构，因此，难以洞察犯罪嫌疑人心理活动，对案件的分析和综合能力差。

四、审讯人员进行刑讯逼供的心理分析

在审讯活动中，审讯人员对犯罪嫌疑人采用肉刑或变相肉刑的手段逼取口供，不仅违反国家法律，侵犯公民的合法权益，而且极易造成审讯工作的失误和冤假错案的发生，同时也极大地损害政府的形象和法律的权威。国家虽然三令五申严禁此类违法行为的发生，但总是屡禁不止，时有发生。因此，认真分析刑讯逼供产生的心理原因，对于杜绝此类行为的发生，是非常必要的。

（一）认识的误区

认识的误区是导致审讯人员发生刑讯逼供行为的重要心理因素之一。

1. 封建专制思想的影响

在我国漫长的封建社会里，封建专制思想长期占主导地位，没

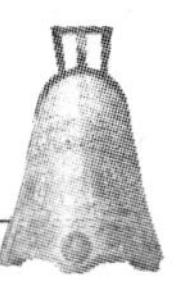

有尊重人权的意识，无视人的尊严、生命和健康。在司法领域，人犯更无任何权利可言，无论是否有罪，一旦被控告，便失去了任何权利。官员坐堂问案，高高在上，不进行调查取证，“一吓二打三上刑”是最常见的审讯方式。人犯在威逼下一旦有了口供，画了押，案子就算审理完结。这种错误的审讯方式对现代审讯人员有着很深的影响，认为“贼不打不招”，“拳脚棍棒”是破案的有效手段。有的审讯人员特权思想严重、法制观念淡薄，甚至错误地认为，法律是管老百姓的，自己的职责就是对犯罪嫌疑人进行强制和干涉。犯罪嫌疑人既然已经被传讯、拘捕，只有老老实实交代问题的义务，没有沉默、辩解的权利，如不老实交代问题，就是对司法人员的权威的蔑视和挑战。为了炫耀自己的特权，维护自己的尊严，于是就采用刑讯逼供行为。这种思想是产生刑讯逼供的重要心理因素之一。

有些侦查机关的基层领导受封建专制思想的影响，缺乏法制观念和人权观念，同样忽视对犯罪嫌疑人合法权益的保护。他们往往由于破案心切，对其下属的刑讯逼供行为，只要不发生死亡、重伤等重大事故，往往采取睁一只眼闭一只眼的宽容态度。其下属如果采用这种错误方法破了案，不仅不会受到处分，还可能因此而受到表扬与奖励。这种错误的思想和做法也有意无意地助长了此类违法行为的发生。

2. “有罪推定”思维定势的影响

有些审讯人员由于受“有罪推定”思维定势的影响，往往错误地认为，犯罪嫌疑人既然有根据被怀疑、传讯或拘捕，就是有罪的，至少是有问题的，于是就抱着“宁可信其有，不可信其无”的态度进行审讯。对于被审讯人员的辩解，认为只是掩盖罪行的手段，因此不调查不分析，而是用自己的主观假定进行推理，引导被审讯人供认问题。如果被审讯人员不按照其思路提供口供，就认为不老实，在采用其他方法审讯无效的情况下，便采用刑讯的方法，逼取所需的口供。

3. 狭隘的经验定势的影响

有的审讯人员因为有通过刑讯获得真实口供而迅速破案的经验，尝到过刑讯逼供的“甜头”，因此错误地认为，犯罪嫌疑人是“不见棺材不落泪”，“重刑之下才开口”，久而久之，便形成“一打就灵”“一打就供”的错误经验定势。

（二）消极情绪的失控

在审讯中，有时会出现被审讯人员顽固对抗，拒不供出真情，从而使案件久侦不破的情况，有时还出现被审讯人员翻供、悔供、谎供、沉默等不合作的情况，特别是在被审讯人员无理狡辩，反审讯气焰嚣张，故意激怒审讯人员的情况下，会使有些工作方法简单、缺乏审讯经验的审讯人员感到束手无策，这时容易导致其产生急躁、愤怒甚至暴怒等消极情绪。在这种情况下，审讯人员如果不能及时进行自我心理调控，就可能由于消极情绪失控而发生刑讯逼供行为，以宣泄失控的消极情绪，缓解心理压力，获得心理上的平衡。

（三）急功近利的办案动机

有些审讯人员缺乏勤勤恳恳的工作作风和踏踏实实的工作态度，不认真分析案情，不是在提高审讯能力、总结审讯经验、调查取证上下工夫，为了在短时间内取得审讯工作的成功，便企图通过刑讯逼供这个“捷径”取得“突破”，从而受到领导的表扬、奖励、提拔和重用，以满足自己的虚荣心和功利心。同时，他们还认为刑讯逼供是为了尽快破案，打击犯罪，是出于公心，不是为了泄私愤，为其违法行为找到合理化的解释。

（四）挟嫌报复

极个别审讯人员因对犯罪嫌疑人有私仇，为借机报复，发泄个人私愤，于是便进行刑讯逼供。

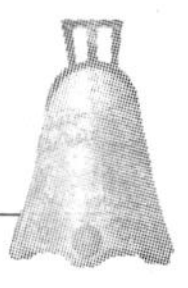

五、国外心理学审讯方法简介

审讯的心理学方法，是指在审讯过程中，根据被审讯人的心理活动规律，采取适当和有效的心理控制手段，促使被审讯人供述犯罪事实，或判断其供述是否真实的各种审讯方法的总称。国外的心理学审讯方法有以下几种。

（一）联想反应讯问法

由审讯人员预先设定与案件无关的“中性刺激语句”和与案件有关的“关键性刺激语句”作为被审讯人联想的刺激，将两种刺激语句混合使用，每次给被审讯人一个刺激语句，要求被审讯人将所联想的事物迅速说出来。根据被审讯人的联想反应内容和反应时间，判断其是否有罪或供述是否真实。

（二）复述讯问法

这是运用联想和暗示相结合的原理，探知被审讯人供述真实性的一种讯问方法。其具体做法是：审讯人员编造一个与该案件的情节、内容相类似的故事，变更一些名称和细节，口述给被审讯人听，然后命令被审讯人立即将故事复述一遍，或按照这个故事的内容回答所提出的问题。如果被审讯人是该案的案犯，就可能因心慌意乱无法复述，或无意中将自己的犯罪情节、内容、经过掺杂到故事中去，或故意回避与自己案件相类似的情节和内容，以至泄露内心的隐秘。

（三）自由交谈讯问法

审讯人员利用被审讯人被拘押候审，与社会隔离而产生的一种迫切要求与他人交往的心理需求和愿望，与被审讯人自由交谈，从交谈中获取被审讯人有关犯罪的情况，或通过交谈，了解其家庭、人际关系、教育状况、个性特征，以利于进一步审讯。

（四）填词和删词讯问法

填词讯问法是，审讯人员用一段或一篇与该案件相似的文章，其中空着几个关键词，要求被审讯人尽快填好，并告知要评定分数。如果被审讯人有罪，由于了解案情，可能填得很快，甚至把某些犯罪事实填上。无罪的被审讯人由于不熟悉犯罪事实，就可能难以填词。删词审讯法是，在一篇与该案件相似的文章中，加入许多无关的词，要求被审讯人删去，并评定分数。如果被审讯人熟悉犯罪事实，文章的细节就会引起他的注意，激起他的情绪不安，就会忽视许多应当删去的无关的词。然后再给他一篇与犯罪无关的文章，要求他做同样的删词测验。如果前一次测验得分明显低于后一次，说明前一次测验受到情绪干扰，被审讯人有犯罪的可能。

（五）自由联想的讯问法

给被审讯人一个词作为开始，要求他很快说出不相关联的词，并不停顿地说下去，经过一定时间，他可能说出一些与他犯罪有关的词。

（六）催眠讯问法

利用被审讯人在催眠状态下自控能力降低，无意联想增加，获得被审讯人的真实口供。

作为了解被审讯人心理，提高审讯效果的一种手段，用心理学审讯方法所获得的供述是否能作为证据使用，在法学界尚有争议。有些审讯方法（如催眠讯问法）是否合法，各国法律规定不一，目前我国尚无明确规定。同时，这些方法在使用中，如果被审讯人已经知道审讯人员的动机和目的，故意不配合，有意识地实施反审讯的心理策略，一般难以达到审讯的目的。

第三节　心理测试技术在审讯中的应用

在审讯中，由于证据不足，对于犯罪嫌疑人的犯罪行为既不能认定又不能排除的情况经常发生，这也是困扰审讯人员的难题之一。科学家综合运用心理学、生理学、电子科学等多学科的理论，

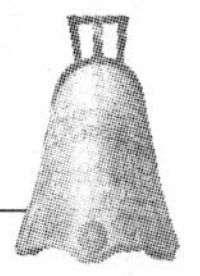

研制出心理测试技术，为解决这一难题提供了一种新的审讯方法。

一、心理测试技术在国外的应用概况

心理测试技术也称多道心理测试仪或多道生理心理描记器，简称生理心理测试仪或心理测试仪，其功能是用于对谎言的识别，所以也俗称测谎仪。严格说来，真正能测谎的仪器是不存在的，所测的只是人的心理反应的生理参数。需要由专业的心理测试人员根据生理参数的情况，结合具体案情，间接地判断被测试人回答问题的真伪，以及是否知道有关案件的某些真实情节，所以在一定意义上说，所谓“测谎”就是测“真”。

早在19世纪末，随着现代心理学、生理学的发展，意大利的龙勃罗梭（C. Lombroso）开始借用生理测试仪，测量当事人在审讯中的生理变化，来辨别供词的真伪。1921年，美国的加州警察局曾用自己组装的心理测试仪成功地破获了一宗盗窃案件，从此有了专门警用的心理测试仪。现代心理测试技术从此诞生。

心理测试技术的应用使各国犯罪侦查技术向前迈进了一大步，由以往只对物的鉴识发展为对人的鉴识，成为现代侦查史上的一大突破。目前全世界已有许多国家在国家安全、犯罪调查、人员审查、雇员招聘等方面广泛应用心理测试技术。“美国、加拿大、日本、土耳其、以色列、韩国、俄罗斯、波兰、罗马尼亚等国都较为广泛地应用了心理测试技术，形成了一定规模的心理测试专业人员队伍。在实际办案中，心理测试结论的准确性达到98%以上。国际测谎协会出版部负责人、《测谎》季刊总编美国安斯利（N. Ansley）收集了1980年以来有关实地办案的测谎结论，并同口供、法庭判决相比较，研究了2 042宗案件，即使有细微不同，也归结为测谎的差错，这样得到的准确率是98%。美国测谎学会对6个国家20世纪80年代文献报道的3 030宗案件进行统计，结果都经侦查、审讯核实，测谎准确率达 98%。”①

二、心理测试技术在我国的发展及在审讯中的应用

我国在 1949 年前后也曾从国外引进过心理测试技术，但由于种种原因没有开展起来。1980 年公安部刑事技术赴日考察组考察了测谎技术后，认为测谎是有科学根据的，过去全盘否定的态度是错误的。1981 年公安部引进美国制 MARK—II 型声音分析仪一台，委托北京市公安局试用，至 1985 年经在北京、沈阳、南昌等地办案 16 起，准确率在 90%左右，取得了比较好的效果。这表明测谎技术作为审讯工作的一种辅助手段有明显的效果。②

1991 年初我国公安部情报所申请立项，与中国科学院自动化所、北京市公安局合作，研制出了首台 PG—I 型心理测试仪，同年 6 月通过专家审定，开始批量生产，在公安系统推广试用。在此基础上，现已逐步完善成 PGA—99、PGA—2000、PG—12 等型测试仪的智能计算机系统。在北京、辽宁、山东、上海、内蒙古、海南、湖南、湖北、江西等地相继运用心理测试技术，协助破获了一大批疑难案件。现仅以所破获的几起典型案件为例，说明心理测试技术在审讯中发挥的重要作用。如 1992 年 1 月 14 日，山东昌邑下营镇党委书记被杀案，办案人员原先认定了 3 名嫌疑人，但 5 个多月没有破案，用心理测试仪对 3 名嫌疑人进行心理测试，结果全部被排除。后又对原来已排除的犯罪嫌疑人进行心理测试，很快找到了犯罪嫌疑人，仅两周就侦结了全案。辽宁省盘锦市一起拦路流氓杀人案，由于证据不足，一年多不能破案，对原来所认定的犯罪嫌疑人产生了怀疑。当对其进行心理测试后，认定该嫌疑人就是该

① 张所菲：《测谎：犯罪心理扫描》，载《民主与法制》1997 年第 16 期。

②《测谎仪在中国》，载《哈尔滨日报》2001 年 4 月 16 日，http：//www.zaobao.com/special/newspapers/2001/04/harbin160401.html。

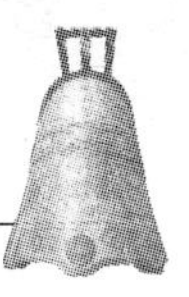

案的凶手，从而坚定了办案人的信心，在短时间内侦破了全案。又如内蒙古呼和浩特市一起长达15年未侦破的特大杀人案，在心理测试仪的帮助下侦破。犯罪嫌疑人李满成供述了他杀害岳父一家5口人的犯罪事实。15年来，他在惊恐不安中度过每分每秒。被害人的痛苦表情、犯罪时的场景都深深地印在他的记忆中，尽管间隔时间很久，心理测试的图谱曲线仍表露无遗。①

目前，在我国的辽宁、山东、浙江、广东、江苏等许多省、市配置了近百台心理测试仪，协助侦破案件。据北京市公安局常青山等人在网上发表文章披露，“心理测试技术在我国实测数千起疑难重大案件，直接测试近万人，仅PGA系列实测千起案件，测评结果区分无辜和相关准确率达90%以上。”“从1991年5月至2001年4月，PG—I型心理测试仪参与犯罪调查，已破案近2 000起，其准确率超过98%。”②“截至1998年，中国人民公安大学心理测试研究所运用PG—I型心理测试系统破案，其中排出无辜准确率为100%，知情相关、作案相关准确率为98%，测后讯问使案件取得突破占办案的80%。”③ 对这一成功概率，学界有些争议。但有效率在90%左右，是多数人可以接受的共识。

我国二十年来的理论研究和实践应用证明，心理测试技术作为一种特殊的审讯方法，是协助侦查破案的有力工具，在司法实践中发挥了重要作用。通过心理测试产生的巨大心理震慑力，有助于及时瓦解犯罪嫌疑人的抗拒心理，促使其认罪服法，如实供述犯罪事实，从而使案件迅速侦破，节省人力、物力、财力，提高侦查工作的效率；通过心理测试验证犯罪嫌疑人供述的真伪，有助于及时排

---

① 张所菲：《测谎：犯罪心理扫描》，载《民主与法制》1997年第16期。

②《测谎仪在中国》，载《哈尔滨日报》2001年4月16日，http://www.zaobao.com/special/newspapers/2001/04/harbin160401.html。

③ 常青山：《测谎——人机大较量——我国自行研制测谎仪纪事》，载《法律与生活》1999年第7期。

除无辜者，准确认定犯罪嫌疑人，避免刑讯逼供和冤假错案的发生；通过心理测试发现新的犯罪线索和犯罪嫌疑人，有助于侦破陈案，扩大侦查战果；心理测试有助于对那些由于证据不足，久侦不破的案件，对犯罪嫌疑人既不能认定又不能排除的重大疑难案件，提供侦查方向，缩小侦查范围。总之，心理测试技术在我国发展很快，在司法实践中，特别是在侦查杀人、抢劫、爆炸、放火、投毒、绑架人质等重大疑难案件中，所起的作用是明显的，获得了司法界的普遍认同。

三、心理测试技术的科学依据

心理测试技术是综合运用了现代心理学、生理学、犯罪心理学等学科的基本原理和现代电子、计算机技术研制出来的科学仪器。

（一）心理测试的心理学、生理学的理论依据

心理测试的理论依据是人的两种心理活动。

1. 认知心理

一个人做某种事情的时候，特别是犯罪分子在实施犯罪的过程中，包括犯罪前的预谋策划，实施犯罪行为时的环境、情节，被害人的表情、状态，使用的犯罪工具，犯罪结果，对犯罪现场的伪装，逃避侦查的措施等，以及犯罪人的需要、动机、情绪等犯罪心理活动，不仅会在犯罪现场留下犯罪的物质痕迹，也会留下犯罪心理痕迹。同时，实施犯罪活动，也会对犯罪人产生强烈的心理刺激，引起其生理、心理的某些变化。这些心理“烙印”形成鲜明的记忆（大部分属于情绪记忆），长时间保留在头脑中，有的甚至终身难忘。在进行心理测试时，当测试人员问到有关犯罪的关键问题时，由于“做了亏心事，就怕鬼叫门”的心理作用，原有的有关犯罪的记忆就被唤起，产生强烈的心理刺激，引起其生理上的异常反应。

2. 说谎心理

说谎是有意识地向他人提供一种虚假的、不符合事实的陈述，

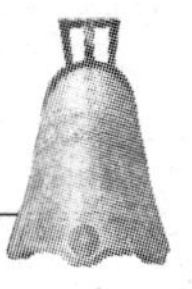

而又希望让对方不知道其在说谎。这是人的一种自卫本能。在审讯中，犯罪嫌疑人既要说谎，又怕谎言被揭露，因而千方百计地进行掩饰，以致情绪上非常紧张、恐惧、慌乱，形成沉重的心理压力，从而引起生理上的异常反应。认知心理和说谎心理所引起的生理异常变化主要有：呼吸速率和容量异常，出现呼吸抑制和屏息；脉搏加快、血压升高、血的输出量及成分变化，导致面部、颈部皮肤明显苍白或发红；皮下汗腺分泌增加，皮肤出汗，肌肉紧张、颤抖等导致皮肤电的变化。这些生理反应由于一般不受人的意识控制而受植物神经系统支配，是自主神经运动，在外界刺激下会出现一系列条件反射现象。因此，伴随说谎会出现一系列可被观察和可被测量的心理、生理反应。除了在审讯中可以通过察言观色，了解被审讯人的心理活动外，还能通过仪器，记录被审讯人生理上的变化。一个心理素质好的人可以通过意识控制来掩盖说谎时的外在特征，但说谎时的生理反应是植物神经系统的自主活动，无法掩饰和控制，用科学仪器仍然可以客观地测量出来。即使对那些“说谎成性”“天生狡诈”的人，心理测试仪仍然有效。

（二）心理测试技术是对现代电子技术、电子计算机技术的应用

心理测试仪由传感器、主机和微机三部分组成。传感器有三种：皮肤电传感器（是一种不锈钢电板，戴在人的手指上），测量皮肤电阻的变化；呼吸传感器（是拉伸传感器，系在人的胸部），测量人的呼吸的变化；脉搏和血压传感器（是一种压敏传感器或血压计，戴在人的腕部或臂部），测量人的脉搏和血压的变化。主机是电子部件，将传感器所采集的模拟信号经过处理转换成数字信号，输入计算机进行存储、分析。

四、犯罪心理测试过程

进行犯罪心理测试，必须由懂得心理学、犯罪心理学、刑事侦查学，受过心理测试技术专门培训的专业人员进行。下面是一例通过心理测试成功破获的特大疑难杀人案件的过程。①

1995 年 1 月 18 日，在内蒙古呼和浩特市林业科学院宿舍，发生了一起重大杀人案。该院副院长包文祥一家四口人（包文祥及其妻、女儿、二儿子），被犯罪分子用小口径步枪杀死在家中。此案涉及少数民族干部，因此惊动了中央。公安部门全力侦破此案。经过现场勘察和技术鉴定，门窗完好无损，排除万能钥匙开锁遗留的痕迹，小口径步枪是包家的。经过历时一年多的侦查，排查了几百名犯罪嫌疑人，最终确定包文祥的大儿子包音涛为此案重大犯罪嫌疑人。但包音涛拒不交代，为了破案，当地公安局求助于中国人民公安大学心理测试中心协助破案，对包音涛进行心理测试。

测试前，当地公安机关的办案人员介绍了案情，测试人来到现场进行观察。案发现场是一个三居室的住房，包文祥与其女儿分别住门对门的两个房间，包的妻子单住一间，两个儿子住在母亲门外的左右两侧。测试人意识到这家的生活环境异常。犯罪现场发现的作案人用棉被盖尸体这个情节，测试人认为这应该是心理测试的焦点问题。其他情节如：包氏父子每人被补了一枪，说明作案人与被害人有不可调和的矛盾等。心理测试的原理表明，当重大事件被重新提起的时候，人的记忆会被唤起，心理测试仪就会记录下来哪怕是最微小的变化。主试围绕着这几个焦点问题设计编题，把焦点问题融在一些其他问题中，其目的是：如果被测人与本案无关，当回答焦点问题时，应当跟回答一般问题一样平静（或激动）；反之，则心理反应强烈。

1996 年 6 月 18 日，在呼和浩特市公安局审讯室对犯罪嫌疑人包音涛进行了心理测试。中国人民公安大学心理测试中心的专家主

---

① 张所菲：《测谎：犯罪心理扫描》，载《民主与法制》1997 年第 16 期。常青山：《测谎——人机大较量——我国自行研制测谎仪纪事》，载《法律与生活》1999 年第 7 期。

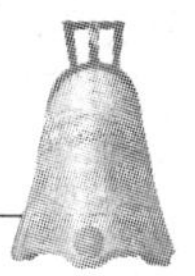

持测试。

测试人宣布：“包音涛，今天我们就‘一·一八’案件对你进行审讯，对我们提出的问题，你知道的回答‘是’，不知道的或不清楚的回答‘不’”。

“你叫包音涛吗？”

“是”。

“你今年是25岁吗？”

“是。”

显示屏上图谱曲线平稳。

“你知道去年1月18日下午，包文祥一家四口被杀的事吗？”

“是。”

图谱曲线开始了小小的变化。

“你怀疑这个案子是谁干的吗？”

“不。”

“你知道这个案子是谁干的吗？”

“不。”

“这个案子是你干的吗？”

“不。”

图谱曲线骤然上升，急速波动。

表面上看，他沉着冷静，应答自如，但内心的恐惧和慌乱在计算机显示屏上由图谱曲线表现了出来。

“这个案子是你一个人干的吗？”

“不。”

曲线再次上升。

“这个案子是两个人干的吗？”

“不。”

“这个案子是三个人干的吗？”

“不。”

“这个案子是四个人干的吗?”

“不。”

曲线又趋于平缓。

“案犯杀人，是为工作上的问题吗?”

“不。”

“案犯杀人，是为了毛毛（包音涛之妹）吗?”

“不。”

显示屏上的曲线又一次迅速升高。

测试人员使用公安部预审局监制的PGA型心理测试仪，采用国际上通用的知情—参与测试法、犯罪情节测试法、紧张峰测试法和准绳问题测试法进行了心理测试鉴定。每当计算机上的图谱曲线迅速升高、波动时，他们还敏锐地观察到被测试人生理上出现了屏息、想呕吐等反应。

测试题经过连续三遍讯问，同时同步记录包音涛的心理反应（情绪记忆）的三道生理参数变化，即皮肤电位、血压脉搏、呼吸三项，测试的对映率为75%以上（国际标准50%以上即可认定为作案人)。据此认为，包音涛为此案的作案人，且系一人所为。侦查人员在测试前讨论案情时，对犯罪现场、犯罪过程以及是一人作案还是多人作案、犯罪动机与目的认识不一致。对于一次杀死一家四口人，不仅认为太凶残了，而且不可理解。

测试后，对包音涛进行了审讯。包音涛万万没有想到，他顽固抵赖了一年多的犯罪事实，竟在心理测试图谱曲线下现了原形。在强大的心理攻势下，他主动供述了作案动机、作案过程和作案前后设计各种圈套以转移视线，掩人耳目，逃避法律的制裁。他作案的动机是，因为他发现包文祥奸污了妹妹毛毛，而母亲竟姑息不管，家庭的丑行使他动了杀机。枪杀的顺序为父亲、母亲、妹妹、弟弟。

通过以上案例，我们可以看出，犯罪心理测试过程按两个阶段

六个步骤进行。

（一）测试前的准备阶段

测试前的准备阶段分为犯罪心理动态描绘、综合心理测试编题和心理测试访谈三个步骤。

1. 犯罪心理动态描绘

在对测试对象进行心理测试前，首先，测试人员要熟悉案情，要在掌握犯罪环境与动态，犯罪嫌疑人出入作案现场路线、作案实施过程中的各个环节等一系列现场真实信息的基础上，客观真实地再现案件发生、发展的全过程。其次，要了解被测试人（犯罪嫌疑人）的基本情况和个性特点。前述案例中，测试人员在进行测试前，首先观察了犯罪现场，再现犯罪嫌疑人作案的全过程，确定犯罪嫌疑人感受最强的犯罪情节。

2. 综合心理测试编题

测试人员要根据案情和被测试人的个性特点编制好测试题目。每套测试题主要包括四类问题。

（1）中性问题，即与审讯的案件无关的问题，如："你是某某吗？你家住哪里？"这类问题与犯罪无关，一般无须说谎，不会引起被测试人情绪上的波动，用以测定被测试人的正常生理反应水平，消除紧张心理。

（2）与案件有关的问题，即测试的核心问题，被测试人如果有问题，会对被测试人心理产生很大的刺激，引起被测试人的紧张情绪和生理反应指标的较大变化。如前面所提的凶杀案例中，测谎人员问："这个案子是你干的吗？""这个案子是你一个人干的吗？""案犯杀人是为了毛毛吗？"这些问题是涉及本案最核心的问题，必然引起他情绪的紧张和生理指标的很大变化。

（3）准绳问题，即与测试的主题无关但相似，也会引起一定的心理不安和生理指标的变化，以此确定谎言准绳。如前面所提到的凶杀案中，测试人员问："这个案子是两个人干的吗？""这个案子是四个人干的吗?”这些问题不是测试的核心问题，但与测试的主题相似，被测试人也会说谎，从而引起一定的心理不安和生理指标的变化。

（4）题外问题，即涉及犯罪但无证据，也非测试主题，旨在了解被测试人是否隐瞒了其他问题，以便发现犯罪的新线索和深挖余罪。

3. 心理测试访谈

在正式进行测试前，要通过与被测试人的谈话，分析被测试人是否符合测试条件。

符合测试条件的人必须是与案件有关的人员，如本案的犯罪嫌疑人、举报人及相关证人。

不符合测试条件的人包括：饮了酒的人；过度饥饿的人；患有严重疾病（如高血压、心脏病、哮喘病等）和身体受伤后未痊愈的人；测试前因疾病服用药物或因其他原因服用药物的人（如服感冒药，服用或使用麻醉、镇定、兴奋剂等药物）；生理有缺陷或者智障者（智商低下、精神病、邪教功法的病态痴迷者等）；其他原因不能适应完成测试者（如由于受刺激惊吓而过度紧张导致的生理反应持续异常）；未成年人、孕妇或年老体能严重退化者等。

（二）实测阶段

实测阶段就是科学采集数据阶段，又分为实测操作、观察和同步评图，测试图谱综合评判，测后讯问三个步骤。

1. 实测操作、观察和同步评图

测试要求在一间安静的房间内，被测试人坐在有扶手的椅子上，配戴好传感器，两手平放在扶手上，接受测试。由专业测试人员根据事先编好的题目，向被测试人员提问，每个问题问2～3遍，被测试人可以选择回答“是”与“否”，通过心理测试系统和智能计算机实测操作技术，同步记录被测试人在回答不同问题时的生理反应数据，形成同步声像图谱。

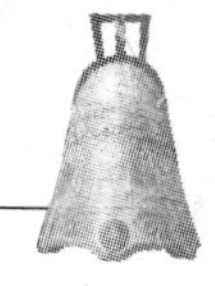

2. 测试图谱综合评判

这也就是测评结果阶段。以同步声像图谱作为评判的依据，通过综合分析，得出客观的结论，从而为侦查破案指明方向。

3. 测后谈话和讯问

通过数据评判后，对被测试人进行连续的心理讯问，迫使被讯问人作真实的供述，最终确定犯罪嫌疑人或排除无辜者。

应该指出，心理测试技术的应用同其他技术手段一样，也有其自身的局限性。从测试对象来看，如前文所述的几类人就不适合进行心理测试，如果对这些人进行测试就极容易造成判断失误。从测试的信度与效度来看，它受许多主客观因素的制约：一是心理测试技术人员的政治、法律、业务素质，尤其是心理学专业素质至关重要；二是犯罪心理动态描绘和测试问题设计编制的科学性与严谨性；三是被测试者的文化背景、身心状况、个性特征和言语思维规律的把握；四是测试时的现场环境、温度、色调、声音等外在因素的控制。如果不注意这几方面的主客观因素，也容易造成测试的失误，特别是要注意在测试前不要对被测试者施压，如果测试前无辜者心理紧张度太高，就有可能得到失实的心理数据，从而作出误判。而有罪者，即使不施压也会自然心理紧张，在主要的目标问题上必然有所反应。因此，在测试前应使每个被测试者都保持平和的心态，使无罪者彻底放松，有罪者表面轻松内心紧张，这样测试时就容易区分了。

尽管心理测试技术在全世界许多国家都在应用，特别是在犯罪调查中发挥了重要作用，但目前世界各国科学家、法律界人士对于心理测试技术仍有不同的认识，有些国家禁止使用心理测试技术或不承认心理测试的法律效力。我国目前对心理测试技术也存在不同的看法。赞成一方认为，从该技术参与侦破案件来说，准确率比较高，其作用是显而易见的。有关专家甚至认为，将来通过此项技术的不断完善，心理测试技术的评判结果将与指纹鉴定、血痕鉴定、足迹鉴定、笔迹鉴定等结论相似，可以作为证据使用。反对的一方则认为，这种特殊的审讯方法目前尚缺乏法律依据，用它排查犯罪嫌疑人时，对于无辜者来说，无异于经历了一场“精神浩劫”，这种方法既不合法也不道德。一般认为，心理测试技术可以作为侦破案件的一种辅助手段，但不能作为证据使用。

思考题

1. 审讯中都有哪些心理对策？
2. 如何运用审讯心理对策？用案例说明一种对策的成功运用。

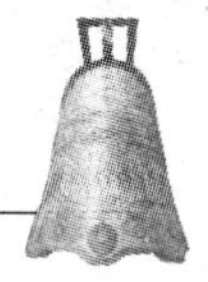

第十章　公诉心理

公诉，是检察机关代表国家向人民法院提起追究被告人刑事责任的请求。在司法实践中，人民检察院对侦查终结的案件，经过依法审查，认为必须对被告人追究刑事责任时，由检察人员代表国家向人民法院提起公诉，并出席法庭支持公诉。公诉心理，是检察人员在实施公诉活动中的心理。检察人员在公诉活动中与各种关系人直接较量，必然受到一定心理规律的制约，同时也受到法庭程序制度以及庭审活动中各类人员心理活动的相互感染和影响。因此，出庭支持公诉的检察人员即公诉人，要想取得公诉的预期效果和达到依法追究被告人刑事责任的目的，不但要遵循诉讼程序的制度，同时也要遵循出庭公诉的心理规律。在法庭审理过程中，公诉人有哪些心理特点，如何排除干扰，依法追究犯罪嫌疑人刑事责任，是公诉心理研究的目的所在。

第一节　公诉人在公诉活动中的心理

公诉人在收到侦查终结并移送起诉的案件后，通过阅读案卷，会见当事人，逐步形成可以确认犯罪并提请法庭审理的公诉心理。这种心理的形成，主要围绕认定事实、审查证据、适用法律等活动展开，也是公诉人主观意识与客观存在的犯罪事实相统一的心理过程。

一、公诉心理的形成

公诉心理的形成受到公诉人个性心理因素的制约，同时也受到犯罪客观事实的影响。要形成正确的公诉心理，公诉人就必须在审查起诉工作中把握以下要点。

（一）认定犯罪事实

1. 遵循认定犯罪事实的原则

认定犯罪事实是认定犯罪的核心，它是公诉人在阅读案件中的认识过程。要准确地认定犯罪事实，应当遵循以下原则。

（1）客观性。犯罪事实是客观存在的事实，但是，由于公诉人主观认识水平和过程不同，对犯罪事实的认识效果就存在差异。一般来说，案件在移送给公诉人时，已经历了侦查机关的侦查、预审和检察机关的审查批准逮捕等多个环节，基本上已认定了犯罪事实。公诉人接到案件时，往往带着一种确认犯罪事实存在、依法起诉的心理定势进入法律程序。因此，公诉人在进入公诉角色时，在没有形成公诉心理定势之前，应当树立客观认定犯罪事实的观念。

（2）科学性。公诉人审查犯罪事实，要用科学的方法来检验和证明案卷中所列犯罪事实的客观性。因为在司法实践中，经常会遇到一些比较复杂的情况和专门性的问题，单靠公诉人原有的知识经验是远远不够的，必须充分运用科学技术手段，才能迅速有效地发现矛盾、解决矛盾。在当前科学技术迅速发展的情况下，更离不开现代化的科技手段，来帮助公诉人科学地认定客观事实。

（3）逻辑性。形式逻辑是研究思维及其规律的科学。任何思维必须运用概念、判断和推理，任何正确的思维必须合乎逻辑。公诉人在认定案件事实时，不仅要用逻辑规律审查案件中的证据，发现证据中的逻辑错误，而且还要遵循逻辑规律，运用证据进行判断、推理，达到正确认定案件事实的目的。如果违背了逻辑规律，对案件事实的认识就会发生错误。

2. 分析影响认定犯罪事实的心理因素

影响公诉人认定案件事实的原因，除了客观方面存在的侦查不

细致、刑讯逼供、诱供、上级领导施加的影响及关系人的说情之外，影响公诉人在认定案件事实时可能存在的心理因素主要有以下几点。

(1) 经验假定。公诉人从审查案卷开始，往往对案件事实有了一个基本的看法，这个看法即假定。经过询问证人、讯问被告人、审查证据等过程，公诉人对案件事实又有了进一步的感知，再经过推理、判断，达到认识犯罪事实的目的。公诉人对犯罪事实的最后认定，往往与一开始对案件的假定有一定的关系，而假定常常是建立在公诉人以往办案经验的基础上，这样，就可能出现凭经验办事，先入为主的现象。公诉人如果仅仅凭经验假定，就会在假定被告人有罪时，只注意审查有罪证据，不注意无罪证据；在假定被告人无罪时，只注意无罪证据，而忽视有罪证据。这种思维和认定事实的方式，容易出现结论与假定相一致，从而导致认定事实的错误。公诉人应该严格区分客观事实与经验假定的界限，坚持客观全面，防止主观臆断。

(2) 想象事实。这是由于公诉人错误的思维方式即错误的推理所造成的。推理是在原有判断的基础上，对犯罪事实所进行的推导，从而得出新的判断的思维过程。公诉人的推理一般多采用归纳法。如审查经济案件，往往从犯罪的行为、结果推断是否有以营利为目的的主观故意。审查涉及两性关系的案件，往往推断嫌疑人是否有强奸的故意。而事实上，经济案件中不排除利用两性关系谋财的故意，涉及两性关系的案件不排除有骗财或抢劫的故意。因此，公诉人在审查犯罪事实时，要全面审查证据，不能以部分证据来推理，导致以不符合真实情况的想象事实作出判断的错误出现。

(3) 偏见。公诉人在阅读起诉意见书和公安机关侦查终结报告等材料后所形成的心理定势，往往容易受偏见影响。公诉人在认定事实时，要注意克服自身的固执己见或偏见的倾向，保持公正的心态。

（二）充分审查证据

1. 充分审查证据的原则

对犯罪事实的审查，离不开犯罪证据，只有掌握了确实、充分的证据，才能准确认定犯罪事实。证据和案件事实是客观存在的，问题是公诉人的主观认识能不能如实地反映客观事实。审查证据是一个主观和客观相统一的过程。公诉人的主观认识怎样才能符合客观实际情况，起决定作用的是他们原有的主观条件，如政治态度、思想方法、业务素质、实践经验等。这些主观条件是公诉人审查证据时心理活动的基础。公诉人在审查证据时，应当遵循以下原则。

（1）确实性。由于收集和提供证据的人都可能受到自身主观条件和客观环境的限制及影响，所收集和提供的证据不一定都完全是真实的，为此，公诉人在审查证据时，必须注意判断证据的确实性。证据确实、充分是决定起诉的法定条件，公诉人通过审查证据是否确实、充分，形成公诉心理。公诉人在认定证据的确实性时，应考虑以下问题：据以定案的每一份证据是否都已经查证属实；证据与证据之间能否相互印证，相互之间没有矛盾；案件的事实和情节是否有相应数量的证据予以证明；各种证据之间能否形成锁链；依据证据所得出的结论是否具有排他性；证据是否完备，是否有遗漏。

（2）充分性。证据的确实性是证据质的要求，证据的充分性是证据量的要求。违背证据充分性原则，就不可能科学地认定犯罪事实。公诉人依照这一原则审查证据时应注意两点：一是证据要全面客观；二是证据之间及与证明对象之间要有必然的联系。

（3）合法性。公诉人在审查证据时还要注意审查收集、获取证据的合法性，即取证程序、取证过程是否合法、客观、公正和真实。如取证时由办案人员一人进行，就明显不符合法律规定。审查证据的合法性是为了保证案件事实的正确性和证据的客观性，同时使案件证据在法庭质证时经得起审查。

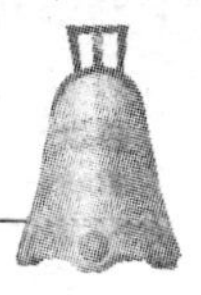

2. 影响正确审查证据的心理因素

影响正确审查证据的心理因素很多，主要有以下方面。

（1）个性差异。影响公诉人正确审查证据的个性缺陷有：缺乏自信或过于自信；经验主义或教条主义；偏见；知识贫乏，未能发现问题；缺少经验，难以决断等。

（2）思想观念。思想观念属于世界观范畴，包括认识观、价值观、人生观、道德观、历史观等。公诉人审查证据时，受到认识观的影响，对事物的现象和规律会产生不同的看法，得出不同的结论。不同的价值观决定着人的不同态度、意见和行为。公诉人的价值观直接影响其对是非、利弊、善恶的评价，影响对证据的审查。道德品质作为人的思想基础，也影响公诉人在审查证据时是否能够实事求是。一些品质不好的人，为迎合上级或个别人的意图，有时只采用部分证据，或者只提供有罪或罪重的证据，有时却只收集无罪或罪轻的证据。

（3）思维方式。法理上的无罪推定原则，要求公诉人审查证据时应当遵循怀疑—求证—确认的思维过程，即虽然提请公诉的案卷材料已经基本认定犯罪事实，但不能受到这种有罪心理定势的影响，而需要通过排除法，排除疑点，确认犯罪。公诉人如果从一开始就从有罪心理定势出发，不遵循正确的思维形式，就可能在审查认定事实和证据中出现偏差，甚至影响公诉案件的定性。

（三）依法适用法律

适用法律即公诉人依据法律规定，正确认定犯罪的过程。公诉人在适用法律认定犯罪时，应首先分清罪与非罪的界限，然后再分清此罪与彼罪的界限、罪轻与罪重的界限。影响公诉人依法准确适用法律认定犯罪的心理因素主要有：业务能力差；认识水平低；缺乏经验；对法律条文的理解存在误区等。

二、公诉心理的发展

公诉人经过认定犯罪事实、审查证据、适用法律等先期工作，形成一定的公诉心理，这种心理只是开庭前公诉人在准备起诉时形成的一种心理定势，可以说是公诉活动的心理准备。经过开庭审判，公诉心理就会随着庭审而不断发展。所以说，公诉心理的发展主要在开庭审理阶段。

我国的刑诉法经过修改后，改革了庭审制度，庭审方式由过去以纠问为主的职权调查改为控辩双方对抗为主的质证调查。法院审查判断证据的方式也随之发生了深刻变化。法律赋予被告人和辩护人以较过去大得多的法庭陈述和辩护权利，公诉人与被告人、辩护人之间的对抗性更加激烈，法庭上矛盾冲突加剧，公诉心理也随之产生深刻的变化和发展，其心理的发展变化主要表现在两个阶段。

（一）质证阶段

公诉人在法庭上宣读起诉意见书后，就进入举证、质证阶段。质证阶段在整个开庭审理活动中具有举足轻重的作用。修改后的刑诉法加强了公诉机关举证职能，公诉人在法庭上成为调查案件的导演和主角。在法庭调查中，如果公诉人的举证充分确切，就具有用事实说话的说服力，使案情一目了然并为整个庭审定下基调；如果举证不突出重点，杂乱无章，不但影响证据的说服力，还会使自己在整个庭审活动中处于被动地位。因此，公诉人在法庭质证应注意以下几点。

（1）庭前预测和准备。公诉人进入公诉心理发展阶段后，主要应做好庭前预测和有关心理准备，制订出一套完整的作战方案。公诉人的准备主要包括：质证的方法、重点、顺序；出示物证、书证的方法、时机；讯问被告人和询问被害人、证人的方法、策略和用语；辩护人可能提出的新证据；辩护人询问的言辞可能对法官产生误导、干扰或形成对公诉人的攻击；证人在法庭上突然改变口供；

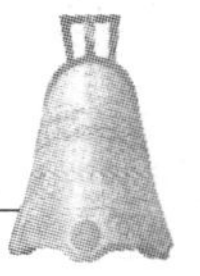

被告人翻供；法官对法庭失控等。据此确定出庭支持公诉的策略。

（2）科学举证。科学举证是公诉人掌握庭审主动权的关键。公诉人的举证为法庭辩论乃至全案判决奠定了基础。如陈某贩卖毒品一案：陈某在兰州从借其款的吕某（在逃）处带回用以抵作欠款的毒品海洛因 30 克，并以每克 200 元的价格在格尔木地区销售。公安机关在打击贩毒、吸毒专项斗争中，获悉陈某涉嫌贩毒，于 1999 年 3 月对其依法留置盘问。陈某如实交代了其从兰州带海洛因来格尔木贩卖的全部事实，并主动交出藏匿在家中的剩余海洛因 20.19 克。①

这起案件在开庭时，最为关键的问题就是陈某的行为能否认定为自首。要取得良好的公诉效果，公诉人就应当在举证时，通过科学的举证方法，为下一步的辩论埋下伏笔。其一，详细认真地出具案件的证据，以证明被告人所交代的犯罪事实是在司法机关发觉之后。其二，被告人交代的尚未卖出的毒品与已经卖出的毒品是属于同一种罪行，而不属于“其他罪行”。

以证据证实上述两点，其目的在于提示被告人如实供述贩卖毒品的行为不能认定为自首，而应当根据情节，从轻处罚。

（3）公诉人还应当注意询问证人的策略。询问证人要讲究策略，以防止给证人造成心理负担或被辩方所利用。例如，有重点地询问，突出主要事实、经过；涉及案件定罪量刑的问题要问清问细，对不影响定罪量刑的情节可以淡化；及时制止辩护人对证人的干扰，向法庭提出反驳或反对意见；仔细分析辩方证人或证词的矛盾和漏洞，从证据来源、证明力、取证是否合法等方面进行质证。

（4）适时出示证据。公诉人要依据实事求是、客观全面的原则，在出示证据时要做到：紧扣主题，不断章取义；积极主动，掌

---

① 本案例及以下各案例均转引自罗大华主编：《刑事司法心理学理论与实践》，群众出版社 2002 年版，第八章。

握主动权；突出重点，以事实为根据。适时出示证据就是要讲究出示证据的策略，公诉人在开庭前要对证据进行分类组合，对犯罪时间、顺序、种类、主犯、从犯等不同证据进行分类。要分清主次，全面考虑哪些证据在什么时候出示。公诉人在庭前准备的基础上，还要随着法庭变化情况，灵活运用策略，及时调整出示证据的时机和方式；对辩方提供的证据要主动出击，及时反驳与事实不相符合之处或请求进一步查证。

（二）论辩心理

法庭辩论是指公诉和辩护双方在法庭调查的基础上，当庭就起诉书指控被告人的犯罪事实、证据、认定罪名、罪责轻重、适用法律，以及从重加重、从轻减轻等方面进行指控与辩护、论证与反驳，为法庭正确适用法律、定罪量刑提供依据的一种诉讼活动。法庭辩论具有丰富多彩的技巧性。技巧性高的论辩，其说服力就强；反之，则导致辩论的失败。公诉人为达到出庭支持公诉并依法惩罚犯罪的目的，必须具备公诉活动中应有的心理素质，掌握有关的心理技术方法。

1. 公诉人进行论辩的心理技巧特征

公诉人在法庭上进行论辩，其心理技巧主要是运用心理学的知识来分析自身和辩护人的心理特征，驳倒辩护人的错误或不当论点，并尽可能使法庭所有人员接受自己的论点，达到预期目的。这种心理技巧有以下特征。

（1）谋略性。法庭论辩的实践告诉我们，庭前做好论辩准备，是搞好论辩的基础和保证。而制订论辩方案的谋略，又是做好答辩准备的关键。在司法实践中，有的公诉人在开庭前的谋略准备不足，开庭后顾此失彼，漏洞百出；有的公诉人则考虑周到全面，密而不疏。究其原因，与公诉人的思维方式、心理特征及经验积累不无关系。公诉人在准备论辩方案的谋略时，应注意以下几点。①要吃透案情，熟练运用法律规定，分清主次。一些辩护人在辩护中对

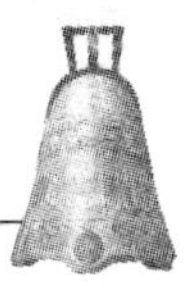

主要犯罪事实找不出问题，就渲染枝节问题，夸大情节问题，在公诉词中寻找词语病句等。公诉人如果主次不分，逐一答辩，势必落入辩方圈套，被辩方牵着鼻子走。②公诉人要缜密权衡各种条件，对论辩方式作出最佳选择。谋略是将自己意志转化为行动的关键一环，公诉人要根据现有条件和情况，权衡利弊，充分论证，抓住重点，预测辩方可能提出的问题和可能引起焦点争端的问题，预测被告人和辩护人的心理特点。③公诉人要运用心理学的基本原理和技能，力求以最小的付出，耗费最少的精力，取得最高的效率和最好的效应。如对辩方提出的枝节问题可以不予回答或以简洁的语言驳斥，只要在质证阶段很好地出示了证据，事实就是对辩方最好的回答。

（2）主动性。公诉人在庭审中掌握主动权，是完成出庭支持公诉任务的重要保障。人的心理是极其复杂的，公诉人如果主观上没有积极主动地去洞察被告人和辩护人的心理，不能通过心理分析去伪存真、去粗取精、由此及彼、由表及里，就不可能运用谋略达到胜诉的目的。公诉人在法庭上的主动性表现在观察问题细致，反映问题迅速，归纳能力强，善于处理应急现象。

（3）巧妙性。俗话说“话有三说，巧说为妙”，“言不在多而在精”。法庭论辩中，也需要运用语言的技巧，语言技巧的精髓在于随机应变的灵活性。法庭论辩中可能提出的问题多种多样，公诉人要使自己的立论站得住脚，不仅要直率地批驳辩护论点，而且需要巧妙地运用心理技巧。同样一件事，心理技巧运用得巧妙，语言表达灵活，表达方式方法得当，就容易使法庭上其他人产生深刻印象，从而达到阐明自己观点的目的，取得好的论辩效果。

2. 公诉人法庭论辩心理技巧的具体运用

庭审进入论辩阶段，不仅是公诉人与辩护人面对面的语言交锋，同时也是双方心理的交流和心理素质的较量。在论辩中，控辩双方争夺主动权的努力也进入高潮。公诉人论辩心理技巧的运用，是在其自身法律业务知识、实践经验以及对案件熟悉程度的基础上，通过现场了解辩方心理活动及个性心理，借助心理规律，施加积极的影响，从而达到对辩方施加心理压力，反驳其论点，扩大自己论点的影响力，取得论辩成功的目的。根据司法实践，公诉人心理技巧的具体运用主要表现在以下方面。

（1）主动出击，先发制人。一般案件的审理要经过数道工序。在法庭调查、质证期间已经充分用事实证明了要论辩的内容，在事实清楚，证据确实、充分的情况下，辩护人往往在无关紧要的问题上做文章。对此，公诉人在公诉词中要注意把全案的基本观点讲透，主动出击，先发制人，形成雄辩的气势和强烈的感染力，这样可以起到突破对方心理防线，改变对方心理定势的作用，以控制局面。

（2）细听勤思，后发制胜。一些案件争议较大，定性有疑难，辩方可能提出较强的辩护观点。公诉人对此类案件可以在公诉词中作一般阐述，引而不发，仔细听取辩方意见，寻找漏洞，思考对策，之后再针对其主要论点或漏洞进行辩驳，达到欲擒故纵、后发制胜的目的。

（3）围绕中心，抓住重点。公诉人在法庭辩论中，要始终抓住论辩的中心，把握论辩的焦点，抓住重点进行辩论。辩方提出的问题可能事无巨细，公诉人则不能随之任之。公诉人应当根据不同案件的具体情况，努力掌握论辩的主动权，论辩中一定要抓住重点。所谓重点，即被告人是否实施了犯罪行为，有无实施犯罪行为的确凿证据。如某信用社原主任徐某贪污公款 90 万元，徐用公款买了两辆高级小轿车归己。法庭上，辩护人提出车是徐某的，是租给了本单位，收取本单位租金。公诉人在质证阶段出示了单位付款时间、车售出后钱的去向等证据。在论辩阶段，公诉人提出既然是租金，为何先付租金，用租金购买汽车，然后又把汽车售出的钱归己的事实。公诉人抓住了公款流向这一重点进行辩论，便抓住了案件的关键。

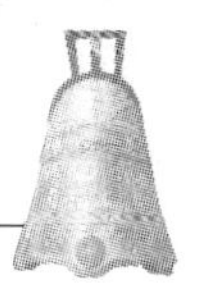

（4）避其锋芒，反面论证。公诉人避开辩方的论点，从反面和侧面论证，有时可达到釜底抽薪的效果。如一起受贿案，被告人受贿 42 万元，其中有 4 万元没有直接证据。法庭辩论中，公诉人避开辩护人要求出示直接证据的问题，运用大量间接证据从多方面论证被告人的作案思想基础和条件，被告人转移赃款的情况，被告人在案发后的交代材料等，从而得出其受贿的结论。

（5）依法论理，以情感人。公诉人以事实为根据，以法律为准绳，表达观点，“动之以情，晓之以理”，感染和打动听者。如安徽省某检察院办理的金某故意杀人案。金某之子（3 岁）被个体医生范某误诊而死，范某因违法行医被判处有期徒刑 10 年。金某不甘心，遂起报复之心，将范某一家三代四人杀害。这是一起罕见的恶性杀人案。公诉人在法庭辩论时说道：“金某痛失爱子，对庸医的 10 年有期徒刑和2 000多元的民事赔偿极为不满，激情之下的金某开始有杀人之恶念，他磨刀霍霍，目光森森，甚至四处张扬要让范某断子绝孙……。假如此时，基层组织闻讯而动，加以劝解；假如有关人士帮助申诉，开通依法解决问题的渠道；假如……或许犯罪故意会扼杀在萌芽状态……。然而，生命中没有假设。1999 年 8 月 31 日，一个更深人静的夏夜，丧失人性的金某举起了屠刀……。金某杀人情节恶劣，后果严重，罪不容赦。”公诉人的论辩充满激情，论证有力，教育了旁听群众。

（6）利用矛盾，借言答辩。公诉人针对被告人、辩护人的意见，借用他人之言反驳辩方意见，一般有两种形式。第一，利用共同被告人各自述说自己罪责时形成的矛盾，或者共同辩护人之间意见不一致形成的矛盾，进行答辩，造成“鹬蚌相争，渔人得利”的效果。第二，利用被告人供述前后不一，与事实不符的矛盾，抓住时机，进行答辩。司法实践中，被告人供述的矛盾主要有：供述前后不一，供述与证据不一致，供述与历史事实不符，供述与自然条件不符，供述与某些规章制度不符，供述与某些科学常识相违背。

法庭辩论中，公诉人为了充分利用这些矛盾，对虚假供述不要急于批驳，待其充分暴露，抓住“马脚”，以收到更好的效果。

（7）掌握分寸，适可而止。公诉人在论辩中切记不可忘乎所以，只顾逞口舌之利，偏离主题。在阐明主要问题和道理后，应立即停止辩论，审时度势，适可而止，以体现国家公诉人豁达大度的风格。

（8）实事求是，合理纳言。公诉人应站在公诉的立场上，实事求是地分析问题，对于辩方确实合理的观点，应当予以采纳或听信。这样不但不是答辩的失败，反而显示出公诉人秉公执法的精神，树立其在法庭上的良好形象。

第二节　公诉活动中的人际互动

检察人员作为国家公诉人进行公诉活动，在法庭上与各种关系人直接较量，在法庭外及庭审前也会受到各种关系人或各类人员的相互感染和影响。公诉人要做到掌握庭审主动权，就必须知己知彼，方能对其他人主动实施心理影响。

一、预测、了解各类人员心理

（一）被告人心理

被告人被推上法庭受法律审判，成为被定罪科刑的对象。因此，审判对于被告人来说，往往被视为决定自身命运的关键时刻。被告人在开庭前和开庭审判过程中有一系列的心理变化。公诉人只有了解和掌握被告人的心理活动特点，才能做到有的放矢，对症下药，达到出庭公诉的预期目的。

1. 接到起诉书后的紧张心理

被告人在接受公安人员和检察人员的多次预审和讯问后，其在逮捕初期所产生的畏惧等心理已开始逐渐减弱，头脑中逐渐形成了

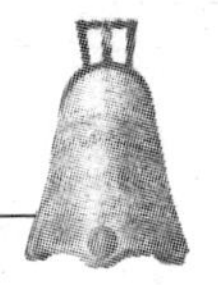

对付讯问的心理对策和方法，在驱利避害的心理作用下组织尽可能有利于自己的供词，并寻机揣摩讯问人员的心理。当被告人接到起诉书，看到检察院对自己罪行的指控后，即意识到自己将要在法庭上受到审判，随之而产生紧张不安的情绪，其逃避罪责的心理有了新的发展，大多在内心制订新的防御计划，准备最后的顽抗。也有一些被告人采取听之任之的态度。

被告人紧张不安的程度，与其个性特征、犯罪经验和拘押场所中羁押人员的互相影响等有着直接关系。如初次接受庭审的被告人，其紧张不安的心理较强，但也有一些累犯、重犯或明知罪不可恕的人对开庭并不畏惧。个别多次受到打击处理的惯犯，对审判过程有过亲身经历，往往有一套对付公诉人的办法。有的仔细研究起诉书，寻找空子，策划自己在法庭上如何供述；有的根据起诉书的内容及用词、语句的分量预测自己可能受到的刑罚惩罚；有的对照法律，寻找起诉书中的问题和漏洞，为自己制订对抗方案。有些曾经因哥们儿义气包揽罪责包庇其他罪犯的被告人，在即将决定自己命运的前夕，也会产生反复，考虑自己承担罪责是否值得。一些在预审中态度顽固的被告人在接到起诉书后，可能向两极分化：有的决心顽抗到底，拒不供述；有的产生恐惧心理或悔罪心理，准备如实供述。还有的被告人对于过去曾供述过的供词感到后悔，准备在法庭上全部否认，或部分否认，或口头承认，在具体问题上否认等。

2. 庭审过程中的心理及表现

被告人在法庭上的心理主要是趋利避害心理。如某城市信用社负责人曹某贪污侵占资金百余万元的大案，在侦破案件的开始，曹某的供述是在心理防线最薄弱的情况下被突破的，经过审查批捕、预审起诉等几个月的时间，曹的心理矛盾不断反复，在趋利避害心理作用下，曹某在法庭上改变供词，同时其亲属为其找到 6 名证人，试图以此推翻前供，减轻罪责。在法庭上，公诉人镇静自若，用曹某本人的前证反驳后证，用证人的前证对比后证，使得曹某及证人无话可说。

被告人在法庭上，还可能产生以下心理。

(1) 羞耻。被告人的罪行在法庭上败露，众目睽睽之下，其人格受损，可能产生羞耻之心，特别是在自己家人也到法庭旁听的情况下，更觉无地自容。但也不排除少数是非观念颠倒、残暴的被告人毫无羞耻之心。

(2) 忏悔。多数被告人在充分的物证、人证面前，在被害人的控诉和公诉人的指控下，意识到自己对他人、对社会造成了损害，产生了程度不同的忏悔心理。

(3) 侥幸。一些被告人认为公诉人所掌握的证据不足，或辩护人可能为自己提供有力辩护或新的证据情况下，产生侥幸心理，不肯如实供述甚至推翻原供。

(4) 抗拒。惯犯和罪行严重者往往具有抗拒心理。有的拒不供述，保持沉默，以静待动；有的捶胸顿足，以虚假的供述指天发誓予以抵赖；有的东拉西扯，不作正面回答。

(5) 期望。一些被告人感受到自己无法逃避惩罚，但仍然把期望放在辩护人身上，希望他们有回天之力，或为自己减轻罪责。

(6) 报复。被告人明知开庭审判对自己极为不利，无法挽回，于是产生报复心理。有的在法庭上诬蔑侦查人员刑讯逼供，有的栽赃公诉人有诱供等问题。

(二) 辩护人心理

我国刑诉法赋予了被告人和辩护人更大的权利，辩护律师可以提前介入案件。刑诉法规定被告人可以委托律师为自己辩护，主要是考虑到被告人心理上的因素，即能力和情绪因素。从能力上，大多数被告人不具有专门的法律知识，不知道法律上规定的从轻、从重、减轻、免除刑罚的具体适用，还有个别被冤屈的被告人不知怎样洗脱自己的不白之冤，所以，被告人需要有法律专门人员为其提

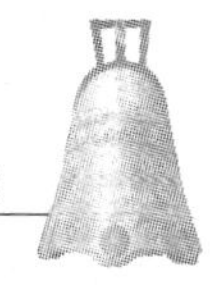

供帮助，以补充其能力上的不足；从情绪上，被告人由于受到各种情绪干扰，在法庭上很难平静地申诉自己的理由，而辩护人作为旁观者，则可以排除情绪体验，进行合乎理智的辩护，依照事实和法律维护被告人的合法权益，以求得正确的审判。当被告人委托亲属或监护人担任辩护人时，这类辩护人在法庭上可能带有一定情绪，公诉人应对这种情况进行心理预测，并随时注意辩护人的这种不当情绪。

1. 辩护人在开庭前的心理动向

辩护律师可以在侦查阶段，开庭前提前介入案件，提前阅读案卷，提前了解公诉人所掌握的证据，然后有针对性地收集对抗性证据，而公诉人并不掌握辩护人收集的新证据。这就使公诉人处在相对明处，而辩护人处在相对暗处，因而公诉人要预测辩护人的庭前心理动向，的确有一定困难。但是，公诉人可以从辩护人阅卷时的庭前沟通中，侧面揣摩其心理动向，了解辩护人的意向。

辩护人在接受委托后，首先要到检察机关阅读案卷，阅读起诉书，会见被告人等。辩护人通过以上工作了解案件的真实情况和证据，揣摩公诉人的目的和其他心理活动，从而决定自己的辩护意向。辩护人一般在未开庭前，把自己的一些看法与公诉人交换，以试探公诉人，同时把重要的看法隐藏起来。公诉人也通过这种沟通进行反试探，双方之间相互影响，相互作用。

2. 辩护人在法庭上的心理特点

辩护人与公诉人在法庭上如同两军对峙，虽然辩护人在庭前进行的一些工作或收集的证据不被公诉人所知，但在法庭上，一切都要公开，当庭质证。双方都希望以自己的论辩说服法官，被法官采纳，让旁听群众信服。公诉人要求依法对被告人予以惩罚，辩护人则依照法律规定为被告人提供从轻、减轻、免除惩罚的帮助。虽然所处地位不同，但都是为了保护法律得以正确、完整地实施，既惩处其罪行，又维护被告人的合法权益。辩护人一般都希望以良好的风度取悦于在场所有的人，对于一般刑事案件，基本上能站在法律角度进行辩护；对于一些经济犯罪案件，个别律师虽然从内心认为被告人有罪，由于收取了当事人的费用，在辩护中为了取悦当事人，仍按无罪辩护。这种辩护意见并不是一定想让法官或公诉人采纳，而是说给被告人和旁听亲属听。当前一些经济案件经开庭审理被判处无期或死缓等重刑，而辩护人在庭审时均作无罪辩护，从中可以隐现复杂的人际互动关系。如程元德贪污3 175万元特大案件，被告人的辩护律师提出本案所涉及的3 175万元资金是特殊历史时期被告人利用差价倒出来的一笔账外资金，没有证据证明被告人将该笔款据为己有，因此，没有贪污的故意。法庭上，公诉人出示了程元德把3 000余万元转入私人办的公司并进行营利活动的证据和论辩意见，法官采纳了公诉人的意见。程元德系中国有色金属材料总公司西北公司原总经理兼海南金昌实业有限公司经理，程与其下属任安将本公司计划内调划物资以市场价空头售出，再高价收买回来，或开大头小尾发票，从中获取利差3 175万元，形成账外利润。在程元德离任四年时间内，无人知道这笔账。程将此款转入自己的私营公司，购买股票，高息放贷，购买别墅、豪华小轿车等。法院经审理认为，程元德的行为符合贪污罪的构成要件，故辩护人的理由与事实不符，与法律相悖，不予采纳，一审法院判处程元德死缓。从辩护人的无罪辩护到死缓刑罚，差距如此之大。

辩护人在共同被告辩护中，往往要考虑以不伤害其他同案被告人的诉讼地位为原则，尽量避免引起其他辩护人及被告人的反对。因此，在开庭时，公诉人应当根据辩护人在法庭上的表现，及时调整预先制订的对策，保持心理平衡。

（三）法官心理

法官是开庭审理中的裁判方。在庭审中，法官中立听证，并保持庭审控制权，通过法庭调查、法庭辩论以及被告人最后陈述等活动，查对核实证据，弄清事实真相。法官在控辩双方充分展示自己

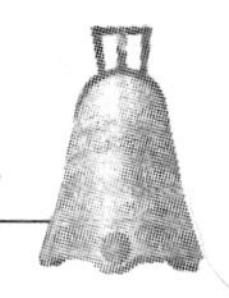

的证据和论点的基础上，全面听取双方对案件事实和定罪量刑的意见，依照法律规定作出正确的判决。法官主持开庭审理的全过程，始终掌握着法庭审理的进程。可以说，法官代表人民法院对法庭审理进行组织和指挥，依法作出裁决。法官在审判活动中的法律地位，决定了其在心理上处于主导地位。

审判活动是审判心理的外在表现形式。庭审制度改革后，法官在开庭时坐堂问案，不需要事先去调查。开庭前，法官通过阅读公诉方的案卷，听取辩护人意见等，对案件形成一种初步看法。开庭时，法官应当处于一种公正立场，全面听取控辩双方提供的证据和辩护意见。审判活动中，各类人员都希望与法官进行沟通，希望给法官留下好的印象并使其采纳自己的意见。但是，法官不同的个性心理和不同的能力、水平，使他们在组织、指挥审判活动时具有较大的差异性，这种差异性常常表现在组织方式、庭审调查的提问方式以及对待各类人员的态度、情绪等方面。如法官在开庭前已形成对案件的看法，开庭时不认真听，法官之间交头接耳等，常常影响控辩双方的情绪。

公诉人在公诉活动中应当以自己良好的业务素质和能力以及人格魅力去影响法官，使其采纳自己的正确意见。

（四）其他人员（如证人、旁听群众）心理

1. 证人心理

证人是了解案件事实情况并被通知到案作证的人。我国法律规定，证人有如实向司法机关提供证言的义务。然而现实中，并不是所有的证人提供的证言都是真实可靠的。公诉人要运用证人的证言在法庭上证实犯罪，揭露犯罪，就必须洞察证人在法庭上可能发生的心理变化，同时对辩方新推出的证人证言进行现场分析。公诉人对于控方证人应当做好开庭前的思想工作，固定证言证据，以防意外。开庭时，及时向法官提出制止辩护人不适当提问的要求。

对于伪证或失实证言，公诉人应当具体分析。证人在法庭上作的伪证，分为不利于被告和有利于被告两种。识别其证言的真假，一般从以下方面审查。

（1）审查证言的来源，了解其确实性的程度。公诉人可以询问证人其所要证明的问题是直接看到的、听到的还是间接传闻。对直接感知的证人要了解证人的资格，询问当时的情况、条件、环境等。

（2）分析证言的内容，确定其真实性程度。分析证人证言的内容与客观事实是否一致。

（3）运用逻辑思维形式揭示证言与证明对象之间的必然联系。公诉人要在开庭时以逻辑思维发现证言中的矛盾。

（4）分析证人的作证方式，是主动作证还是被迫作证，或是否受到恐吓、逼迫、收买等。

（5）了解证人的基本情况。了解证人与被告人、被害人及同案之间的关系，通过证人作证的表达能力，分析其智力、能力和基本素质。

（6）请求法庭对证人证言进一步查证，或用科学技术手段验证。

2. 旁听群众的心理

开庭审理的主角虽然是审判人员、公诉人、辩护人和被告人，但作为观众的旁听群众，同样具有主观能动性，他们不但接受审判活动中环境、气氛的感染和影响，同时也以自己不同的感受、反映和群众气氛等，对审判活动及法官、公诉人、证人、辩护人和被告人等产生影响。

通过公诉活动宣传社会主义法制，教育广大群众，是公诉人的责任。因此，开庭时，公诉人应当认真分析旁听群众的心理，引导群众的公正感和正义感，利用群体舆论对被告人施以积极的心理影响；选择群众易于接受的方式方法结合公诉活动进行法制宣传，并以自己良好的风度和公信力树立检察官的形象，以增强宣传的感染

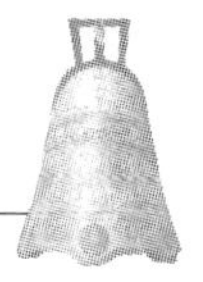

力和影响力。

旁听群众的心理特点如下。(1) 不同场合的心理效应。旁听群众在多数情况下是偶然结合在一起的松散群体。旁听群众有时是以某几个单位为主而组织起来的群体，这类人可能具有较明显的倾向性和群体心理，往往在群体中形成心理暗示，公诉人应当注意这类场合中大多数人的心理倾向性。开庭审理时，有时有上千群众旁听，人员众多，具有群众声势；有时只有被告单位和被告亲属、朋友以及被害人等少数人参加，虽然这种场合人员少，但有时的偏激情绪对开庭审理中参与诉讼的各方均产生程度不同、性质不同的影响。(2) 不同人员的心理反应。一些旁听群众是出于好奇心裁决审判活动的，他们具有旁观的态度；与被告人同一单位的群众，一般是通过组织来旁听的，这类人则根据其与被告人的亲疏程度，或具有同情心理，或具有谴责、憎恨心理；被告人的亲属、朋友大多出于关心，想了解更多的情况，个别亲属具有抵触心理。旁听群众中有政治思想觉悟高的或具有正义感的，能协助法庭维护秩序；旁听群众中也有法制观念不强的，还有个别人对公诉人持有对抗心理，有时在不许鼓掌的情况下鼓掌或喝倒彩，或在表情、态度等方面表现出消极的反映。

公诉人掌握、了解、分析旁听群众心理，是为了更好地宣传法制、感染群众，对旁听群众施以心理影响，使法制宣传更具实效性。

二、影响公诉活动中人际互动的因素

决定案件是否成立、被告人是否应受刑罚惩罚的关键是事实和证据，整个公诉活动始终围绕着事实和证据而展开。但是，参与诉讼活动的是人，他们都具有一定的倾向性和主观能动性。公诉人在开展公诉活动中主动向其他参加庭审活动的人施加心理影响，同时也受到来自其他人或社会各方面因素对自己的影响，从而产生一种心理互动。公诉人的人际心理互动具有明显的指向性、互动范围有限等特点。人际互动心理影响的好坏，往往对案件的审理产生重要的影响。影响人际互动的因素主要有以下几种。

（一）案件之外因素

1. 社会舆论和情绪

社会舆论和情绪给公诉人带来无形的心理影响。一方面，公诉人在起诉一些恶性案件或社会反映强烈的案件时，在社会舆论和情绪的影响下，产生一种紧迫感和使命感，从而认真、及时地办理案件。当案件得到正确处理，合乎民意，群众拥护时，能起到稳定社会、安抚民心的作用，公诉人在这种社会舆论和情绪的感染下，产生一种荣誉感和自豪感。另一方面，社会舆论和情绪有时也给公诉人员带来一定的心理压力，特别是当案件在起诉过程中遇到一些意外困难时，公诉人可能出现急躁、担心等情绪。此外，社会舆论和情绪也常常给公诉人造成潜在影响，使公诉人在审查犯罪事实和适用法律时，不自觉地受到影响，有时会出现以情感代替政策，以舆论代替法律等错误做法，特别是当被告人是社会名人，是有一定地位或影响的人时，这种潜在影响更为明显。在经济犯罪案件中，社会舆论也会有比较复杂的反映。如某市检察院审理的一起某少年被害案件，公安机关正在办理案件时，案情就过早地泄露到了社会。一些部门授予这位被害少年英雄荣誉称号，紧接着，宣传舆论大肆报道，甚至文艺部门很快编出文学剧本在社会公演，被害少年被奉为“与犯罪斗争的小英雄”。公诉人接到这起案件后，在审查被告人犯罪事实和证据时，虽然也感到有一些疑问，但在社会舆论和情绪的影响下，已经产生一定的心理定势。在社会舆论的压力下，要尽快结案，而提起公诉。但是，本案经深入调查和科学验证，曾用来定案的事实和证据之间确有矛盾不能排除，最后，本案“主犯”被无罪释放。

2. 非正常人际关系的干扰

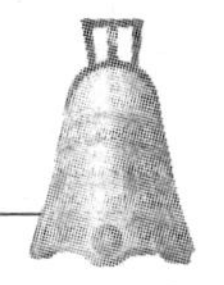

人际关系包括朋友关系、夫妻关系、亲子关系、同学关系、同志关系、上下级关系等。在人际关系中，情感因素起主导作用，制约着人际关系。公诉人在社会中生活，必然有着各种人际关系，在党风、社会风气不太好的情况下，各种非正常的人际关系往往对公诉人造成干扰和影响，如办案中遇到的行政干预、司法干预、亲朋好友说情、走后门等。

非正常人际关系与党风、社会风气、群体法律意识、精神文明程度有着密切的关系，特别是在市场经济中，一些消极因素的影响给不正常的人际关系染上金钱的色彩，而且形成一种社会关系网。在这种人际网络的影响下，执法人员可能陷入徇私枉法、索贿受贿、以钱买法、出钱赎刑的丑恶现象之中。这将严重损害法律的尊严和司法机关的威信。非正常的人际关系对公诉人的影响主要有以下方式。

（1）通过主体的不良需求相互作用。一些具有不良需求的公诉人员贪图钱财或名利，遇有关系人说情或走后门，易产生钱权交易。

（2）通过主体情感和意志发生影响。多数公诉人具有较好的心理品质，能正确处理亲情关系，但也有少数人自觉不自觉地受到情感影响，出现意志动摇。如亲属的拜托、求情、哭诉；或碍于情面，难以推辞；或受到来自上级领导的压力等。

（3）主体在不自觉中受到影响。由于关系人的说情含蓄、隐蔽，主体在不自觉中受到暗示，如有社会地位的人或权威人士、专家、学者等人对案件的看法，都将对公诉人产生一种心理暗示作用，影响其自身的意志和认识。这也是一种人际互动。

（二）公诉人个体因素

1. 知识、水平、价值观

公诉人知识的多少、文化水平和专业水平的高低制约着其参与公诉活动的能力。只有知识丰富，熟练地掌握法律，才能充分调动主观能动性，在开庭审理中自如地运用知识，发挥自己的能力。公诉人的知识、水平应包括文化知识、专业知识、法律知识、业务能力水平和文化能力水平等。

价值观是世界观的一部分，是公诉人评价客观事物的利弊、是非、善恶或美丑的观念。价值观不同，处理问题的方式也就不同。公诉人能否客观、公正、严格执法，不受非正常人际关系的干扰，就在于其有什么样的价值观。如果仅有专业知识和能力，其价值观却被金钱所禁锢，就可能办错案甚至犯错误。

2．经验、自信心

公诉人熟悉法律并有丰富的办案经验，是完成公诉工作的保证。公诉人每年接办的案件形形色色，所起诉的被告人也是各种各样，每一次开庭都可能遇到新的问题。但是，有经验的公诉人凭借自己的经验，一般都能适应新的案件，化解矛盾。当然，有经验的公诉人要防止原有经验对自己产生误导。如两种犯罪行为相类似的案件，公诉人往往容易凭经验办案，忽视细节的不同；再如法院过去有同类案件的判例，公诉人也容易忽视当前案件中法官有可能受到其他因素影响，改变对案件的处理方式，对此如果凭经验办事，往往会出差错。所以，经验不足的公诉人应当自觉积累经验，提高庭审中的应变能力。

自信心是检察人员办理公诉案件的必要条件。公诉人的自信心建立在案前充分准备、检察机关内部意见一致和自身具有出庭公诉的丰富经验的基础上。但是，极个别的上级交办案件，公诉人与领导的审核意见不一致，就会影响公诉人的自信心。此外，由于我国正处在市场经济转型期，特别是经济犯罪中的一些问题，存在对法律理解上的分歧，加之一些法律规定比较笼统，又没有司法解释，对此类案件，公诉人在起诉中往往缺乏自信心。

3．工作马虎，存有偏见

公诉人在公诉或开庭中，出现明显失误的并不多，有时会因为

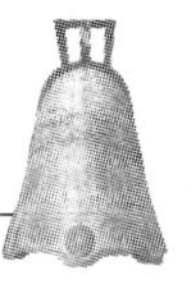

工作中的疏忽，由于对细节问题准备不充分，被辩护人“将了一军”，而这些细节往往被公诉人所疏忽。在开庭时，公诉人有时会认为此案已经是铁板钉钉，分散注意力，疏于答辩护人提出的问题，从而在旁听群众中造成不良影响。

偏见是一种成见和消极态度。个别公诉人在办理刑事案件中，对被告人持有偏见，常常把这种偏见自觉不自觉地带入工作之中，在案前讯问和开庭审理期间，对被告人表示出一种消极情绪。还有少数公诉人把对辩护人的一些消极态度带入法庭，或因为曾在以往开庭中有过冲突，产生抵触情绪。这种偏见和消极情绪有时会对出庭公诉和开庭审理工作带来负面影响。

第三节　公诉人出庭公诉应当具备的心理素质

公诉人在出庭中除了应当具有较高的法律政策水平、丰富的专业知识修养、较强的业务能力外，还应当具备以下特殊的心理素质。

一、正确的法律意识

公诉人正确的法律意识具有以下特点。

（一）统一性

公诉人正确的法律意识应当与国家的法律要求相统一。公诉人的法律意识与社会主义法制相统一的具体要求是：公诉人要深入学习、研究法律的精神实质和法学理论，而不是仅限于学习和背诵法律条文，机械地照搬法律；公诉人应当树立清正廉洁的执法理念，公正执法；公诉人应当认真贯彻以事实为根据，以法律为准绳的原则，准确揭露犯罪和证实犯罪；遵循并适用法律面前人人平等，维护被告人的合法权益原则；贯彻依靠群众的原则；坚持依法独立行使检察权的原则；认真履行监督职责等。公诉人法律意识与社会主义法制原则相统一，是正确实施公诉行为的思想保证。

（二）自信心

公诉人法律意识中的自信心来自于对国家法律和人民利益的忠诚和坚信不移。公诉人出庭时，是站在法律立场上，代表国家和人民的利益行使控告犯罪的公诉权和监督法庭审判活动是否合法的权利。公诉人所处的地位，不同于民事诉讼中的一般当事人，虽然任何诉讼主体都是平等的，但从公诉人具有法律监督权，代表国家利益这一点来说，其地位又不完全相同。坚定的自信心可以使公诉人在出庭时充满信心，自如地控制和调节自己的情绪和情感，灵活发挥各种技能，掌握出庭公诉的主动权，并做到精神饱满，思维清晰，镇定自如。

（三）独立性

公诉人的法律意识不仅要有统一性，同时又要具有独立性。相对独立性使公诉人严格依法办事，只服从法律，不受其他行政机关、团体和个人的干涉。其独立性具体表现在三个方面。一是大公无私、执法如山的精神；不屈从于权势，不受物质利益的引诱；为维护法律尊严，克尽职守。二是严格按照法律规定的职权范围和法律程序行使职权，不能超越职权。三是正确执行法律，维护被告人的合法权益，正确履行公诉职能和法律监督职能。

公诉人正确的法律意识的培养和形成，受公诉人的世界观、方法论以及道德意识等因素的制约。

二、准确的判断力

公诉人准确的判断力是分析法庭各类人员心理动态并选择论辩方式的基础，主要表现在观察能力和分析能力方面。

（一）观察能力

观察能力是公诉人有目的、有计划、有步骤的知觉能力。公诉人的观察能力表现在：一是通过对被告人外部表情及辩解的观察，

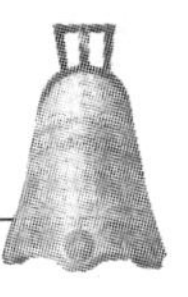

分析其心理情况，掌握其心理活动规律和特征；二是通过对辩护人的观察，了解其动向，作出预测；三是观察庭审活动是否合法，是否依照有关法律规定，及时发现问题，以利实施审判监督；四是观察旁听群众的反应，及时调整论辩策略。

（二）分析能力

公诉人通过观察发现问题，同时通过分析，迅速而准确地对观察到的事物进行判断。公诉人分析能力可分为两个方面。一是快速反应能力。公诉人在法庭上常常会遇到各种突然出现的新情况、新问题，包括被告人翻供，出现新证人、新证据等。这些因素对公诉人工作会产生影响。如果公诉人不能快速对此作出反应，有时会失去战机，被动无力。二是灵活应变的能力，即对事物进行分析，选择正确的方法回答问题，准确辨析临时出现的问题。

公诉人准确的判断力在整个公诉活动中起到至关重要的作用，可以使公诉人避免失误，减少挫折，提高公诉活动的效率和影响力。

三、稳定的情绪

公诉人在法庭上情绪的变化，直接影响到公诉效果。只有培养良好的情感，保持稳定的情绪，镇定自若，才能具有影响力。

（一）镇定

公诉人在法庭上的镇定，是指遇险不惊，遇事不慌，保持情绪镇定。镇定反应在公诉人身上集中表现为：一方面，镇定能使公诉人在特殊情况或意想不到的情况出现时不慌乱，沉着应战，体现公诉人的良好形象；另一方面，镇定可以使公诉人保持良好的思维能力，正确地采取辩论对策，准确分析和把握法庭辩论的形势。同时，镇定有利于公诉人保持良好的心境，有助于公诉人积极性和才能的发挥，有利于公诉人员运用正确的人际关系进行诉讼。

（二）随时控制激情

激情是一种时间短暂、强烈爆发的情绪状态，如暴怒、大发雷霆。公诉人在法庭上极少发生激情状态，即使有激情，一般也应极力压抑和避免，用理智战胜激情。公诉人对激情的控制力，受其本身心理修养的制约。心理修养好的，则善于控制情绪，抑制不良情感，转移或调节激情；心理修养差的，则可能采取不适当的方法，如在不该退庭时提前退出法庭。公诉人应当加强心理修养，培养宽广的胸怀和豁达的气度。

四、灵活的语言能力

语言是公诉人在法庭上表达思想、进行情感交流，代表国家进行公诉活动的重要工具。公诉活动离开语言将无法进行。公诉中的语言表达要准确。准确的语言能力是公诉活动成功的关键。语言准确的具体要求：一是公诉语言要符合规范化和法律化的要求，避免发生误解和敌意；二是公诉中提到的事实、证据要准确无误，防止出现错漏现象；三是公诉中的提问要言简意赅，清晰准确，不能让人无法理解；四是语言要符合语法，逻辑严谨，不能漏洞百出，授人以柄，或生造语句，令人费解。

公诉人灵活的语言能力，主要包括语言表达艺术和语言技巧的感染力两方面内容。

（一）语言表达的艺术

语言表达的艺术具有内在因素和外在因素两方面。内在的因素表现在公诉人必胜的信念和刚直的性格方面。不同的语言风格和性格反映人的不同的精神面貌，如马克思和列宁的演讲风格与其内在性格因素有着必然的联系，是其坚定的信念和正义感的集中反映。内在的性格因素不是一时可以形成的，它与人的生活条件、经历、情感、兴趣、体质等有密切的关系，但也是可以依靠后天的实践培养和锻炼的。外在的因素：一是表现在熟练掌握语言规律，使语言

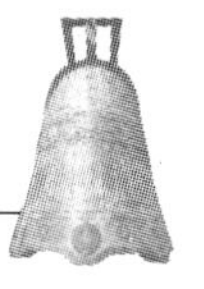

具有较强的针对性；二是灵活地运用语言表达思想和情感，语言形象化，易使大家理解和接受；三是掌握丰富的词汇，使语言丰富多彩而生动。

（二）语言技巧的感染力

语言技巧的感染力，是指通过语言的哲理性、情理性、通俗性和形象性引起他人的共鸣。公诉人在诉讼活动中，要通过语言的哲理性和情理性进行辩论或说理，使之论辩有力，说理有方，使人信服。公诉人在使用语言技巧时，还可以通过语调、表情、手势等方式与他人进行心理沟通，扩大心理效应。同时，除了宣读公诉词外，论辩时不照本宣科，善于即兴辩论，以显出公诉人的语言辩驳能力。公诉人要把情理融于形象之中，使之达到感染听者，更有力地揭露犯罪、打击犯罪，教育群众的目的。

思考题

1. 简述公诉人在公诉活动中的心理。
2. 试述公诉人在公诉活动的人际互动。
3. 公诉人出庭公诉应当具备哪些心理素质？

第十一章　辩护心理

虽然辩护人与公诉人、法官站在不同的立场和角度各司其责，发挥不同的作用，但依据事实和法律，在维护社会主义法制方面是不谋而合的。然而，归根到底，辩护人是以维护法律尊严和犯罪嫌疑人、被告人的合法权益为己任。因此，在刑事诉讼过程中，必然产生有别于公诉人、法官的特殊的角色心理。在诉讼过程中辩护人具有哪些心理特点，人际互动的特殊性表现在哪些方面，辩护人应当具备哪些心理素质，这是本章需要研究的内容。

第一节　辩护、辩护人与辩护心理

辩护是我国宪法赋予犯罪嫌疑人、被告人的重要权利。在刑事诉讼中，辩护又是一个十分重要的程序，它是指刑事案件的犯罪嫌疑人、被告人及其辩护人反驳对犯罪嫌疑人、被告人的指控，提出有利于犯罪嫌疑人、被告人的事实和理由，以证明犯罪嫌疑人、被告人无罪、罪轻或应当减轻、免除处罚，维护犯罪嫌疑人、被告人合法权益的诉讼活动。

根据《中华人民共和国刑事诉讼法》第三十二条的规定，犯罪嫌疑人、被告人除自己行使辩护权以外，还可以委托 1～2 人作为辩护人。可以担任辩护人的人员范围是律师，人民团体或者犯罪嫌疑人、被告人所在单位推荐的人，犯罪嫌疑人、被告人的监护人、亲友。辩护人的辩护活动，是围绕着犯罪嫌疑人、被告人是否构成犯罪，罪轻罪重，有无从轻减轻处罚的情节，刑事诉讼程序是否合法等开展的活动。在刑事诉讼中，辩护人站在维护被告人权益角度

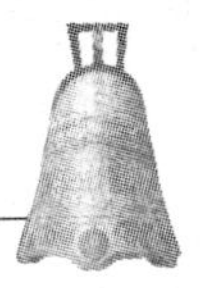

上，以事实为根据，以法律为准绳，充分利用侦查、起诉、审判人员已取得的案卷材料，充分听取犯罪嫌疑人、被告人的陈述和辩解，从中分析判断案件的定性是否准确，案件证据是否确凿充分，诉讼程序是否合法；同时对案件相关问题，展开深入的调查，找到对犯罪嫌疑人、被告人有利的证据，从而找准本案辩护的重点，准备既符合法律规定，又有事实依据，客观公正、具有说服力和感染力、论点明确、证据充分的辩护词，从而以良好的形象、雄辩的口才，有理有节地发表辩护意见，借以维护法律的尊严，维护犯罪嫌疑人、被告人的合法权益。

辩护心理是指在刑事诉讼活动中，辩护人的心理过程、心理状态和个性心理的总称。狭义的辩护心理，是指辩护人接受犯罪嫌疑人、被告人的委托，开展辩护活动中的心理过程、心理状态和个性心理等。广义的辩护心理，是指辩护人接受委托，在刑事诉讼各阶段与犯罪嫌疑人、被告人接触，与侦查人员、公诉人、审判人员、证人等交往过程中的心理，以及辩护人在调查取证、法庭辩护等活动中的心理活动过程。研究辩护心理一是通过探索辩护人在接受委托后摸准犯罪嫌疑人、被告人在犯罪行为发生前后和受审时的心理活动，以利于开展辩护活动，二是研究庭审中各类人员的心理状态，从而进行对被告人有利的辩护活动。辩护心理的研究重点，是研究辩护人的地位、辩护人的辩护活动、辩护人与该案件诉讼参加人的关系、辩护人的心理品质。可见，研究辩护心理，不仅仅是对辩护人自身心理的研究，还应当包括对辩护人与犯罪嫌疑人、被告人、公诉人、审判人员之间心理互动的研究，以及与证人、同案被告人和对犯罪嫌疑人、被告人有影响的亲朋好友之间心理互动的研究。

律师是最主要也是最有能力切实保障犯罪嫌疑人、被告人合法权益的辩护人。一方面，律师是职业法律工作者，具有丰富的法律知识和办案经验，熟悉辩护业务。同时律师必须遵守严格的职业纪律，具有崇高的职业道德，因而从整体上说，能够圆满完成辩护任务。另一方面，法律赋予律师较其他辩护人更多的权利，对律师行使辩护权限制相对较少，这就使律师有行使辩护权的充分条件，能够更好地完成辩护任务。鉴于篇幅有限，本章仅就辩护律师在刑事案件一审前后的各种心理进行比较系统的阐述。

第二节　律师在辩护活动中的心理

律师的辩护活动可分为庭审前、庭审中和宣判后三个相对独立的阶段。在不同的阶段，律师心理活动亦存在着有一定差别。

一、庭审前的辩护心理

《中华人民共和国律师法》第二十八条规定："律师担任刑事辩护人的，应当根据事实和法律，提出证明犯罪嫌疑人、被告人无罪、罪轻或者减轻、免除其刑事责任的材料和意见，维护犯罪嫌疑人、被告人的合法权益。"由于辩护成功与否，关系到被告人的合法权益能否得到维护，在一定程度上也关系到法律能否得到正确实施，因此，即使一位经验丰富的律师，也要认真做好庭审之前的各项准备工作，如审阅起诉书，查阅卷宗材料，会见被告人，进行必要的调查、勘察和访问，研究有关法律条文和资料等。在这个阶段，辩护律师的心理表现在以下几个方面。

（一）律师参与刑事辩护活动的动机

辩护人中除少数是被告人的亲属、朋友外，绝大多数是从事法律服务工作的专、兼职律师。律师接受被告人或其近亲属委托或法院指定后，首先产生了辩护动机。不同的律师参与刑事辩护的动机不尽相同，大致可以分为以下几种。

（1）正义感。大多数律师接受委托（或指定）为被告人辩护是出于维护被告人的合法权益，维护社会主义法制尊严的正义感。这

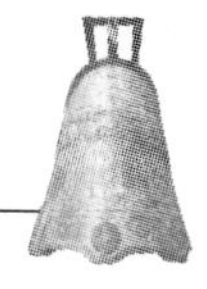

是律师作为法律工作者的职业情感。在这种正义感的驱使下，辩护律师对出庭前的各项准备工作一般会表现出很高的热情，庭审过程中会针对指控和公诉人的发言依法据理力争，出庭后还会尽力做好善后工作。

（2）金钱。一些律师对经济效益考虑较多，追求实惠的意识在他们的头脑里占主导地位。对承办刑事案件，他们觉得报酬太低又得冒风险。极个别律师把委托人私下给的好处费的多少，作为支撑辩护卖力与否的动机。基于这种动机参与刑事辩护的律师，有的马虎应付了事，使辩护工作流于形式，有的自称能“包打官司”，不顾事实和法律，缠诉不休。

（3）敷衍。由于个别法院在处理案件过程中存在着“先判后审”使庭审走过场，对待律师的态度是“你辩你的，我判我的”，不尊重律师的辩护意见甚至不尊重律师人格的现象，导致少数律师对刑事辩护失去热情，觉得准备再充分，辩护得再好对案件的裁判也无济于事。基于这种动机，律师接受委托（指定）参与刑事辩护纯粹是为了应付和例行公事，因而在各项具体活动中表现出应付、搪塞的情况。

（4）成名。少数律师“成名”意识较重，总想通过刑事辩护显示自己的才能和与众不同之处。具有这种动机的律师往往为了显示自己的能力，与公诉人对着干，纠缠于一些细枝末节而津津乐道，甚至抓住公诉人的一两句话穷追猛打，对公诉人进行嘲弄和人身攻击；有时明知自己无理，为了显示能耐仍一味狡辩，胡搅蛮缠。

（二）辩护律师的认知

出庭前，辩护律师要解决的主要问题就是对案情的认知。辩护律师对案情的认知，是在侦查、审讯和检察机关公诉的基础上进行的。由于辩护律师的职责要求从维护被告人合法权益的角度去认识案件，发现公诉人提起公诉时的缺陷、疏漏和不足，因而对案情存在着一个重新认识的过程。因此，只有对案情有了较为清晰的认识，辩护律师才能据此提出辩护意见，从而维护被告人的合法权益。

辩护律师通过阅卷和调查取得对案情的认识，大致分为以下几种情形。

（1）认为起诉的事实缺乏依据。公诉人确认的罪行经不起推敲，事实不清，证据不足，证据与证据之间不能互相印证，甚至前后矛盾，被告人的行为不构成犯罪。

（2）认为起诉的事实或定性与被告人的实际情况有出入。被告人所犯的不是起诉书指控的重罪，而是另一个轻罪。如被告人犯的是抢夺罪，而起诉书指控为抢劫罪。

（3）起诉的事实清楚，证据确凿，被告人构成犯罪无疑，但有些案件存在从轻或减轻的情节，如已满 14 岁不满 16 岁，自首、中止、未遂等。

（4）起诉的事实基本存在，但有些赃物价值的计算有出入，这在经济犯罪案件中较为常见，如走私货物价值的计算、盗窃的物品（特别是工业原材料）价值的计算、盗伐的林木的价值计算等。

辩护律师取得了对案情较为明确的认识后，下一步，就是拟写辩护词和研究辩护对策。根据所掌握的信息，推测公诉人可能对辩护词中的某些论点提出反驳，针对可能被反驳之处做好准备，并制订几套预案，以应对可能出现的变化。

（三）辩护律师的情绪

情绪与认识相伴。一定的认识活动总是伴随一定的情绪，没有情绪成分的认识活动是不存在的。辩护律师的辩护活动也是如此。辩护律师在阅卷、会见被告人以及访问被害人、证人等过程中，都会产生情绪体验。对案件的事实有了基本的认识后，辩护律师就会对辩护的难度进行估量，同时产生积极的或消极的情绪体验。

律师通过阅卷和调查，如果认识到起诉书所指控的事实不存在，或指控的罪行与被告人实际所犯罪行出入较大，有较明显的从

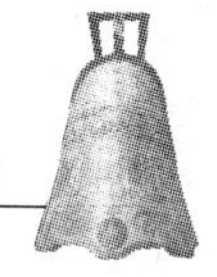

轻、减轻、免除刑事责任的事实和情节，且案件的背景不复杂，就会产生积极的情绪，认为案子好办，有辩头儿，因此自信心增强。在这种情绪的支配下，辩护律师会把整个身心投入到辩护工作之中去，竭力收集有利于被告人的事实和证据，尽心组织材料，提出被告人无罪、罪轻、从轻、减轻或免除刑事责任的材料和意见，去维护被告人的合法权益。

律师通过阅卷和调查，如果认识到起诉书的指控事实清楚，证据确凿充分，内心会产生畏难情绪，认为这样的案子几乎没有什么辩头儿，再用劲也是白搭。或者尽管认识到案件有出入，但案件背景复杂，上级领导对案件判决有授意，即使辩护也难以改变判决结果。这些消极情绪一旦成为主导情绪，就会在辩护工作中采取应付的态度，可能使被告人的合法权益得不到很好的维护。

二、庭审过程中的辩护心理

庭审中与出庭前相比，情境有了较大的变化：原来没有直接接触的审判人员和公诉人员与辩护律师之间有了直接的心理接触；被告人、被害人、证人、鉴定人等也相继出场亮相；公开审理的案件，还有许多旁听群众。因此，法庭上心理交往十分频繁，心理相容和心理冲突也随之产生。

（一）庭审过程中辩护人的心理状态

辩护人开庭前的一系列准备工作将在出庭时得到检验，对于事关自己工作成败的开庭审判，辩护人自然是十分关注的，其心理活动也十分复杂、活跃。

1. 责任感

辩护人接受委托，出庭为被告人辩护，对于保护被告人的合法权益自然具有一定的责任感。特别是当辩护人经过一定的调查了解，认为属于冤案错案时，其对于维护被告人合法权益的责任感和胜诉意识就会更加强烈。在这种情感和意志的支配下，在法庭辩论中就会竭尽全力，如果法庭作出了不利于被告人的裁判，还会在征得被告人同意的情况下，争取上诉。

2. 应付

有些案件，被告人的犯罪事实清楚，证据确实充分，罪行严重，又没有任何可以从轻、减轻刑罚的理由，根据法律和办案经验，辩护人预测被告人被判处重刑无疑。在这种情况下，在法庭辩论中，辩护人往往采取应付的态度，一般不与公诉人在对被告人的定罪量刑上展开辩论，只是在某些枝节问题上发表意见，或是一般性地提请审判人员在量刑时考虑到被告人能够如实交代罪行、认罪态度好等。

3. 自信与理智

富有经验且有声望的辩护人，在面对“有理可辩”的案件或缺乏经验的年轻的公诉人时，自信心很强，辩论中不急不躁，沉着冷静地阐述自己的辩护意见。即使公诉人出现不理智的辩论行为，辩护人也能以理智的态度与其辩论，对公诉人以礼相待，不讽刺挖苦，不纠缠细枝末节，对公诉人的发言认为正确的地方表示肯定，认为不对的予以指出，根据事实和法律予以辩驳，不强词夺理，做到有理有利有节。基于这种心理，辩护律师在法庭上一般能搞好与公诉人及审判人员的关系，也会得到旁听群众的拥护，效果一般很好。

4. 紧张与激动

刚从事辩护工作的辩护人，特别是年轻律师，由于缺乏经验，再加上法庭的威严，众多旁听群众在场，心理上不免紧张。如果碰上有丰富工作经验的公诉人，紧张心理更会加剧。这种过分顾虑自己的辩护能力和过高估计公诉人水平的想法，往往导致辩护律师的紧张和焦虑，头脑中的兴奋和抑制过程失调，思维效能降低。在辩护人与公诉人进行唇枪舌箭的辩论中，如果公诉人言语不当，可能会伤害辩护人的自尊心，导致辩护人情绪激动，使其不能组织起有

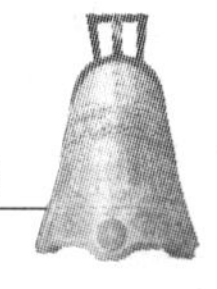

效的辩护意见，甚至出言不逊，做出一些不理智的辩论行为。

5. 争强好胜

在这种心理支配下，有的辩护人纠缠一些细枝末节，或抓住公诉人一两句不得体的话不放，搞得公诉人十分难堪，甚至会发展到把法庭变为炫耀自己口才、为自己争“面子”之地，忘记了律师应有的职责。这种心理的极端表现形式就是：个别辩护人不顾事实和法律，将大量被否定的和未经查实的证据在法庭上加以使用；任意歪曲法律条文，硬往有利于被告人的方面解释，生怕输了“官司”会影响自己的“声誉”，因此，即使在明知被告人有罪或不具备法定从轻、减轻或免于刑事处分的情节时，却仍然在法庭上作无罪或罪轻的辩护。

（二）辩护人与公诉人在法庭辩论中的心理冲突

由于辩护人与公诉人在法庭辩论中的角色不同，使双方形成对立、竞争的交往关系。辩护人着重从维护被告人合法权益的角度开展辩论，公诉人的职责是从维护国家、社会和被害人利益的角度，要求法庭对被告人依法予以惩处。由于控辩双方的职责不同，在法庭辩论中必然产生心理冲突。

1. 认识上的冲突

（1）犯罪事实认定上的冲突。由于控辩双方的职责不同，看问题的角度也就不同，因而在对被告人犯罪事实的认定有时难免产生分歧：辩护人认为不构成犯罪，公诉人则认为构成了犯罪；辩护人认为是一罪，公诉人认为是数罪。

（2）证据认定上的冲突。在法庭辩论中，辩护人的任务是论证被告人无罪或罪轻，公诉人的任务是论证被告人有罪和罪重。由于控辩双方在法庭辩论中任务的差异，在对某些证据的可靠性、合法性和证明力的认识上有时就会产生分歧。

（3）适用法律上的冲突。由于控辩双方关于被告人的犯罪事实和证据的认识方面存在着分歧，在法律的适用方面也将产生分歧。

即使对犯罪事实和证据的认识方面意见一致，在定罪量刑时关于具体法律条文的适用方面，也可能产生分歧。辩护人和公诉人在辩论过程中产生某些认识冲突是正常现象。审判人员认真分析这些认识冲突，对于全面地认识案件，从而做到正确判决，是非常有益的。

2. 情绪上的冲突

控辩双方在激烈的法庭辩论中，由于双方或某一方的情绪失控，因而出现不尊重对方人格、以势压人的现象，或出于争强好胜而进行强辩、狡辩，从而导致双方情绪的冲突。这不利于法庭辩论的正常进行。对此，审判人员应当审时度势，及时进行调控或制止。

3. 意志上的冲突

辩护人和公诉人都希望通过法庭辩论，充分阐述自己关于对被告人定罪量刑的意见，希望审判人员予以采纳，达到自己的诉讼目的。由于控辩双方对于审判结果在认识上存在分歧，必然引起双方的意志冲突。例如，辩护人认为被告人无罪而被判有罪，或认为量刑畸重，就会动员被告人上诉；公诉人认为被告人有罪而被判无罪，或认为量刑畸轻，就会依照法定程序抗诉。

（三）辩护人在庭审中应注意心理调节

在庭审阶段，辩护人要顺利完成任务，就必须有意识地加强自身心理素质的锻炼，使自己始终处于良好的心理状态。

1. 保持适度的紧张状态

适度紧张可使人的思维活动加速，提高思维效能，想出在松弛状态下想不出的主意和办法。这就要求辩护律师在整个庭审活动中使自己的头脑保持兴奋和活跃的思维状态，做到紧张而有序，积极思考对被告人、被害人、证人、鉴定人的发问策略，考虑应对公诉人发言的策略，增强发问和辩论的针对性，更好地维护被告人的合法权益。

2. 保持高度的注意力

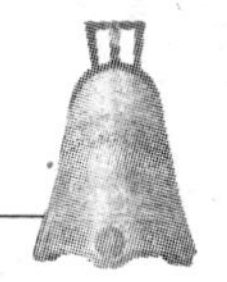

没有对一定事物的注意，感知、记忆、思维等就无从谈起。庭审时，有多种因素可能干扰辩护律师的感知、记忆、思维。这就要求辩护律师集中精力，在法庭调查时，仔细听取审判人员及公诉人对被告人、被害人、证人、鉴定人等的发问，以发现问话中的含糊不清，及时问明对被告人有利的事实和情节。法庭辩论时，注意听取公诉人的发言，从中发现缺乏证据、不合逻辑和遗漏之点，迅速形成正确的判断，并及时提出自己的意见，组织起有效的事实和证据予以论证。庭审时若稍有分心，就可能对事实感知不全，不能有针对性地发问或有效地组织辩护意见进行反驳和辩解。因此，庭审时，辩护律师必须随时进行自我调节，使心理活动集中指向与辩护活动有关的人和事。

3. 保持稳定的情绪

庭审阶段辩护人要与多人交往，交往过程中必然会有情绪反应，这种情绪反应可以分为高涨的和低落的两种。高涨的情绪在法庭调查和法庭辩论顺利时有积极的一面，它有助于辩护律师精心辩护，但倘若不注意自我调节，情绪高涨往往很容易导致自我满足和盲目自信，沾沾自喜，认为自己的辩护异常精彩，公诉人根本不是对手，不值得一驳，而摆出咄咄逼人的架势，盛气凌人。当法庭调查和法庭辩论进展得不顺利，如辩护律师要求宣读证言，审判人员不允许，特别是辩论时公诉人的一些不得体的言行，可能导致辩护律师低落情绪的产生，感到自尊心受到伤害，产生对审判人员和公诉人的抵触情绪，以至怒目相向，反唇相讥，从而造成法庭混乱，影响审判工作的正常进行。所以，在庭审过程中，辩护律师自身的情绪调节十分重要。要求辩护律师不论庭审顺利与否，都应当沉着冷静，不喜形于色，更不怒形于表。

4. 保持与审判人员、公诉人正常的心理交往

由于审判人员、公诉人、辩护律师各自所处的地位不同，看问题的角度有异，有时对一些具体问题的认识难免有差别，有可能产

生一定的心理冲突，影响双方正常的心理交往。这就要求辩护律师在庭审过程中要注意观察审判人员、公诉人方面的情况，不要只顾自己说话而忽视了审判人员和公诉人的反应；要随时观察审判人员和公诉人的情绪变化，适当调整说话的语气，注意陈述的方法；对公诉人的发言，正确的地方应予以肯定，错误的地方应运用平和的语气，列举充分可靠的事实和证据予以论证，不纠缠只言片语，豁达地对待公诉人的一两句不得体的话。这样，不仅能够赢得旁听群众的信任和赞赏，更重要的是给审判人员留下一个良好的印象，认为辩护律师公正、客观，增加了心理兼容，对辩护律师一些重要的辩护论点也就容易接受和采纳。与审判人员和公诉人之间建立有效的正常的心理交往关系，对于顺利完成辩护任务是十分必要的。

综上所述，在庭审阶段，辩护律师的心理活动虽然十分复杂、活跃，但辩护律师要达到维护被告人合法权益的目的，需要十分注意保持良好的心理状态，而且应当适时进行自我心理调节。

三、宣判后的辩护心理

从开庭到宣判，有许多案子都要相隔一段时日。在这段时间，绝大多数辩护人都有一种期待心理，总是希望法院能够采纳或部分采纳自己的辩护意见，有一个较好的判决结果。

由于判决事关辩护人的意见能否被采纳，被告人的合法权益能否得到有效的维护，因而，在宣读判决时，辩护人一般都能集中精力倾听，特别是对判决书对事实的认定和适用法律情况，更为关注。宣判后常见的辩护律师心理有以下几种。

（1）满足。当宣读的判决与辩护律师的估量、推测相去不远，大致相符时，就会产生满足的心理状态：感到自己的一番辛苦得到回报，自己的劳动得到了承认，内心产生一种满足感，并常常溢于言表。有些涵养较深的律师会脸上露出微笑，一些年轻的律师甚至会因过度兴奋而失态。

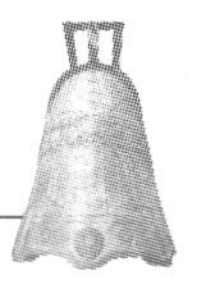

（2）惊奇。有些较复杂、疑难案件，辩护人本人预测辩护意见被采纳的可能性不大，甚至不会被采纳，而宣读的判决却采纳了辩护人的意见，使其感到意外，惊奇感随之产生。在这种情况下，有时会怀疑自己是否听错。当得到证实后，情绪很快就会从惊奇转变为愉悦乃至兴奋。

（3）失望。当宣读的判决与辩护律师的预测相距甚远，其先前预测辩护意见会被采纳而事实上未被采纳时，就会从庭审后自我预测所引起的满足、愉悦很快转变为失望，顿时觉得自己劳而无功，得不到承认，从而产生不快。

（4）平静。对于一些原来预测辩护意见不太可能被采纳的案子，或者原先对辩护抱着应付态度的律师，由于事先有心理准备或对判决不抱希望，因此能够保持较平静的心理状态。

第三节　辩护活动中的人际互动

辩护人从接受委托（或指定）会见被告人，到法庭辩论直至审判后再次会见被告人，无不是在与诉讼有关的各种人进行交往。人际关系的好坏直接影响到辩护工作的成败，因此，辩护人处理好人际关系意义重大。

一、辩护人与公诉人

辩护人与公诉人的直接心理接触是在法庭审理时。公诉人代表国家利益对被告人提起公诉，旨在揭露和证实犯罪，而辩护人出庭依法为被告人进行辩护，以维护被告人的合法权益。在刑事诉讼中，辩护人与公诉人虽然处于对立地位，但双方的目的则是一致的，即正确运用法律武器，准确地打击犯罪，惩罚犯罪，保护人民。从这个意义上讲，辩护人与公诉人由于共同的目的，心理上具有兼容性，这种心理兼容通常占据主导地位。然而，由于法律所赋予他们的职责不同，工作的角度相异，所使用的方法也不一样，有时难免在一些具体问题上发生争执，造成辩护人与公诉人之间的心理冲突。辩护人应当尽力增加彼此间的心理兼容，减少或避免心理冲突。

辩护人与公诉人之间的正常人际关系，应当是双方在法庭上彼此尊重，有礼貌，各自围绕案件事实的认定和法律的适用问题心平气和地提出自己的看法，并对对方提出的论点进行有事实和法律根据的反驳和辩解，不感情用事，不互争输赢。影响辩护人与公诉人之间正常人际关系的障碍可能来自双方。就公诉人一方而言，由于一些公诉人的职业心理定势，使得他们看重被告人有罪或罪重的一面，而对其无罪或罪轻的一面予以忽视，多作不利于被告人的指控，因而当辩护人在法庭上提出一些事实和证据对指控进行辩驳或为被告人进行辩解时，就认为辩护人是专门来挑刺儿的，是故意和自己过不去等。这样就可能产生抵触情绪，难免出现在法庭上对辩护人不礼貌，盛气凌人，甚至冷嘲热讽，进行人身攻击的现象。特别是一些大案、要案，当辩护人依据事实和法律，对公诉人的指控进行了部分或全部的反驳，而公诉人又无法答辩时，个别公诉人为了顾及自己的面子，在法庭上公开指责辩护人是为罪犯“开脱罪责”。遇到这种情形，辩护人稍不注意，就会使双方的心理冲突加剧，把法庭变为双方争“面子”或“尊严”的场所，造成法庭混乱，妨碍审判工作的正常进行。因此，越是在这种情况下，就越要求辩护人头脑冷静，用理智控制感情的闸门，一切从工作出发，不斤斤计较个人得失，不反唇相讥，避免过激的言辞。这样就会得到旁听群众的支持，公诉人亦会因此自觉过分，二者的心理冲突将减少，法庭审理工作便得以正常进行。

此外，辩护人自身的一些因素，也会影响他们与公诉人的正常关系。实践中，有的辩护人得理不饶人，在法庭上说话语气强硬，咄咄逼人，甚至对公诉人进行嘲弄。在法庭上，辩护人对公诉人态

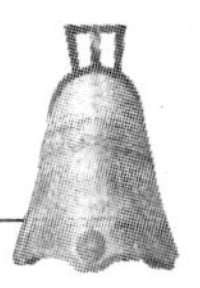

度正确与否，不仅是两个人之间的关系问题，而且是对代表国家提起公诉的检察机关是否尊重的的重要问题。因此，要求辩护人在辩论中要冷静、理智、稳重，做到工作中交锋与情感上互敬的一致。

二、辩护人与审判人员

（一）辩护人与审判人员在阅卷过程中的心理互动

辩护人与审判人员的心理接触主要在阅卷过程中和法庭上。辩护人的辩护可以使法官审理案件时不偏听偏信，以便更全面地了解案情，达到正确地定罪量刑的目的。在法庭审理过程中，辩护人既要听从审判长的法庭指挥，又要以礼相待，给审判人员留下好的印象。在查阅案卷时，应礼貌地向审判人员提出要求。

辩护人与审判人员人际关系障碍的原因可能来自两方面。一方面，就审判人员而言，在辩护人要求阅卷时，可能出现个别审判人员不让辩护人阅卷，或是把案卷中的一些重要事实和证据抽走的情况。遇到这种情形，辩护人可以根据法律规定据理要求，必要时可以找院长协商解决，切不可争吵强求。司法实践中，一些审判人员由于职业心理倾向，对被告人持有偏见，导致对律师辩护存有不正确的看法，认为律师辩护是给审判工作“设障碍”“添包袱”，“有了律师辩护，案子就难办了”等，因而给辩护人工作设“关卡”。另一方面，就辩护人而言，主要是对审判人员不够尊重。有的辩护人自以为本身小有名气，与审判人员交往时言辞不得体，引起审判人员的反感，导致审判人员对辩护人的意见不予以重视，辩护人维护被告人合法权益的目的也就难以达到。

（二）辩护人与审判人员在法庭上的心理互动

辩护律师在法庭辩论时，针对审判人员在法庭调查中所具有的民主意识和无罪推定意识，及其认识活动特点和规律，应当依靠自己的临场发挥，敏锐地捕捉公诉人的薄弱环节及审判人员关注的重点，迅速地组织证据材料作出推理，确立合理的辩护论点和策略方法，运用恰当的表达方式回应公诉人的指控。切不可草率和意气用事，把庭审辩护演变为个人冲突；否则，其辩护不但不能较好地维护被告人的合法权益，反而会引起审判人员的反感。① 辩护律师要以丰富的法律知识，娴熟地掌握运用法律条文和法律理论的能力，凭借自己良好的形象、雄辩的口才，有理有节地发表辩护意见，来争取审判人员采纳自己的辩护意见。在研究审判人员的审判心理状态的基础上，充分尊重审判人员，服从其指挥和安排，达到维护法律尊严，维护被告人合法权益之目的。

三、辩护人与被告人及其家属

（一）辩护律师与被告人及其家属接触中的心理互动

辩护人的一切活动都是围绕维护被告人合法权益这一核心进行的。因此，辩护人与被告人的心理接触最为频繁。基于辩护律师的职责，辩护律师与被告人之间较易产生心理相容。被告人一般都能主动配合辩护律师，向其提供案件的真实情况，提出有利于自己的证据线索。同时，由于我国律师维护的是被告人的合法权益而非被告人的一切利益，被告人出于对自身利益的考虑，难免会提出一些过分的要求，这样二者之间又有心理相悖的一面。

辩护律师与被告人及其家属接触的过程中，经常出现两种情形。其一表现为，被告人把自己描述成正人君子，不可能犯罪；或者虽然承认自己有罪，但避重就轻；或者列举种种理由，诉说自己犯罪是出于被迫，别无其他选择。被告人的家属也可能有同样的言行。目的在于希望辩护律师为其开脱，企图达到不受刑事追究或减轻刑事处罚的目的。其二表现为，在趋利避害心理支配下，个别被告人或其家属甚至要求辩护律师为其提出种种无理要求，充当其

① 陈相明：《辩护律师的心理品质与辩护效应》，见罗大华主编《中国法制心理科学研究文萃（下）》，群众出版社 2006 年版，第 814 页。

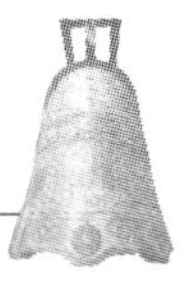

"代言人"。

针对第一种情形，辩护律师所采取的态度应是实事求是，明确向被告人及其家属阐明，辩护律师的职责是维护被告人的合法权益和法律的正确实施，因此，只能在事实和法律的范围内开展工作。有效地实施辩护需要被告人及其家属的配合，希望被告人向辩护律师敞开心扉，如实陈述案件情况，不夸大也不缩小。对被告人的陈述，也应与其他证据相印证，不能轻易相信。针对第二种情况，辩护律师应明确指出，律师在诉讼中具有独立的地位，不能完全站在被告人的立场上，唯被告人之命而行。对被告人及其家属提出的一些无理要求，要做好说服工作，让被告人及其家属放弃这些无理要求。若被告人及其家属坚持要辩护律师接受无理要求，律师可以考虑拒绝为被告人辩护。

除此之外，由于种种原因，少数被告人对律师有种种顾虑和偏见。如有的人对辩护律师的职责不太了解，对辩护律师能否维护他的合法权益持怀疑态度；有的人为了庇护同伙，有的人怕打击报复，而不肯如实陈述案情，甚至拒绝陈述。遇到这种情形，辩护律师应耐心细致地了解原因，有针对性地进行说服教育，使他们从内心感受到辩护律师是公正的和可信赖的人，愿意如实陈述案情。

应当注意的是，有些辩护律师在处理与被告人及其家属关系时也可能出现一些偏差。如一些辩护律师对被告人持盲目同情的态度，轻信被告人的陈述；有的为了取悦被告人，竟不顾事实和法律，充当起被告人的"代言人"；有的为了安慰被告人，随便对案件结果作不负责任的估计，空口许愿。这些错误做法会影响律师与被告人之间法律所要求的正常关系。

（二）辩护人与被告人在法庭调查中的心理互动

在法庭调查过程中，辩护律师根据被告人的法庭调查心理、被告人的供述和辩解心理，针对公诉人对被告人的指控，站在维护被告人合法权益的立场，全面分析案件的证据，评估公诉人指控的犯罪事实和提供的证据的客观真实性；以被告人可能无罪、罪轻和应当减轻处罚为基点，运用逻辑思维，表达自己在法律适用方面不同的认识；抓住公诉人在适用法律和认定事实方面的错误，运用确凿的事实、充分的证据，以准确、犀利和富有感染力和战斗力的语言，反驳控方的论点，维护被告人的合法权益。被告人如果认为辩护有力，将心存感激，并对判决抱有希望；被告人如果认为辩护只是走过场，不仅对辩护律师强烈不满，而且对判决结果失去信心。

（三）宣判后辩护人与被告人的心理互动

宣判以后，辩护律师应当再次会见被告人，了解其对判决的意见和判决后的心理状态。判决后被告人的心理状态一般有以下两种。

（1）服判。判决关系到被告人的切身利益，甚至生死存亡。因此，被告人在判决前会千方百计地通过各种渠道预测判决结果。如询问同押犯人，从同类犯人的处刑中或者根据自己的点滴刑法知识来推测可能判处的刑种和刑期。宣读判决时，被告人会聚精会神地倾听，生怕漏掉一词一字。若判决的刑种、刑期与推测的相差无几，甚至优于推测的结果，被告人一般会喜形于色。在辩护律师询问其对判决的意见时，表示服从判决，并对辩护律师表示感谢。

但是，在被告人服判，辩护律师认为法院判决定性不准确或量刑不当时，大多数辩护律师都有维护法律严肃性的正义之心，向被告人讲述自己的看法和意见。在征得被告人的同意后，积极协助被告人上诉。在这种心理的驱使下，律师会积极收集材料，精心拟写上诉状，认真准备辩护意见，以求在二审法庭上使被告人的合法权益得到维护，案件得到公正处理。在被告人服判，辩护律师说服无效的情况下，基于正义之心的驱使，辩护律师亦会建议被告人提起申诉，或径直向上级法院反映意见，请求上级法院按审判监督程序予以改判。

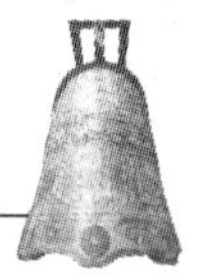

此外，在被告人服判，辩护律师亦认为判决定性准确，量刑适当的情况下，辩护律师应对被告人进行教育，使其注意从思想上改造自己，早日成为自食其力的新人。

(2) 不服判。当宣读的判决与被告人事先预测的刑种、刑期相去甚远时，被告人就会产生失望甚至绝望的心理状态。当律师询问被告人对判决的意见时，被告人会明显地表现出不服判的倾向，要求辩护律师帮助上诉。

当被告人不服判，而辩护律师认为法院定性准确，量刑适当时，律师应向被告人说明自己对判决的看法，动员被告人不要上诉。如果被告人仍有意见，坚持要求上诉，出于工作需要，辩护律师可以协助被告人上诉，也可以拒绝再做被告人的辩护人。

四、辩护人与被害人及其家属

在刑事辩护中，有些案件如强奸、伤害等，辩护律师为了查明事实真相，除了会见被告人外，还必须访问被害人。这就与被害人有心理接触。被害人由于遭受身体健康与精神损害，性的不可侵犯性遭到侵害，物质受到损失或名誉受到损害等，内心气愤难平，对被告人一般都怀有不满、憎恶、仇恨、愤怒等情绪。在这种情绪支配下，被害人很容易产生偏激，可能将对犯罪分子的痛恨发泄到辩护律师身上，因为他们认为“辩护律师是站在被告人一边替被告人说话的”，因而一开始对辩护律师持有抵触情绪，可能表现出爱理不理，甚至将律师拒之门外。针对这些情况，辩护律师应以礼貌态度，表示理解他们的心情，同时委婉地说明辩护律师的职责，使被告人及其家属了解辩护律师并不是被告人的“代言人”，从而打消被害人及其家属的抵触情绪，诚恳地请求他们予以配合。

（一）在访问被害人及其家属时的心理互动

辩护律师在访问被害人时，被害人及其家属主要有两种心理：一是强烈要求对犯罪人实行报复或依照法律严惩；二是强烈要求赔偿或补偿因遭受侵害所造成的损失。

针对第一种情况，辩护律师应诚恳地对被害人及其家属表示同情，尽力说服被害人及其家属要相信人民法院能够依法惩治罪犯，希望被害人及其家属能够理智地对待。惩治罪犯依靠事实和证据，要求被害人如实地陈述案情。被害人的陈述，出于偏激情绪往往有可能将被告人的罪行夸大，与事实不符。对于这些情况，辩护律师不应轻易相信，应与其他证据材料相互印证。此外，辩护律师在访问被害人时，如果被害人及其家属言语中流露出要对罪犯家属实施报复，辩护律师还有责任向他们讲明利害，促使他们理智地对待，不能以怨抱怨，否则也将受到法律的制裁。

针对第二种情况，辩护律师也应认真对待。有些被害人及其家属除了要求对犯罪人予以严惩外，还要求赔偿或补偿因遭受伤害所受到的损失，但为了得到尽可能多的经济补偿，他们会把遭受的损失予以扩大，如夸大被盗、被抢、被诈骗财物的数量、价值，扩大赔偿范围。辩护律师应从维护被告人合法权益的角度出发，对需要赔偿或补偿的物品或金钱进行细心的计算。

另外，个别被害人及其家属为了加重对被告人的处罚，采用各种手段，对辩护律师采取金钱物质引诱，或进行暴力和精神威胁，要求辩护律师不要替被告人辩护或不要尽心为被告人辩护，甚至要求辩护律师加重被告人的罪责。对于这种情形，辩护律师要有为维护法律、维护被告人合法权益的正义感，不为金钱所引诱，不被威胁所吓倒，全力维护被告人的合法正当权益。

（二）与出庭作证被害人的心理互动

在法庭调查过程中，针对被害人上述心理活动，辩护律师从有利于维护被告人的合法权益出发，按照自己对被告人无罪和罪轻的思维判断，对出庭的被害人进行耐心细致的询问。在询问被害人时应当有礼貌，态度要和蔼，可以先对被害人的被害表示同情和惋惜，意在安抚被害人，使其冷静回答，同时给审判人员、公诉人和

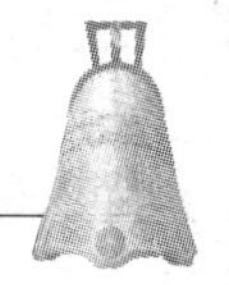

诉讼参加人传递有利于被告人的信息，给他们留下一个良好的印象。

五、辩护律师与证人

我国目前的刑事诉讼法增强了控辩双方在法庭上的对抗性，一改法官主导庭审的旧格局，并形成控辩式的新庭审方式。刑事诉讼活动主要围绕着调查研究证据，认定案件事实进行。证人由案件本身所决定，这是客观存在的，不能随意选择或代替。① 所以，辩护律师应当对控辩双方的证人证言进行全面收集，分析证人提供证据的真实性和可靠性，以维护被告人的合法权益。

（一）辩护律师在访问证人时的心理互动

一般情况下，辩护律师与证人接触较少，且主要是在法庭上。为了查清案情，辩护律师应当调查访问证人。调查访问时，辩护律师首先应该关注的是证人同被害人、被告人的关系，或者证人及证人的亲属与案件的结果是否有利害关系。

辩护律师要注意以下两种情形：一是证人与被害人之间有深厚的情谊，或被受害人收买，或被被害人恫吓，常常支持被害人而出面作证，作不利于被告人的陈述；二是证人与被告人关系不好，甚至结下私仇，为了打击被告人，以达到报复的目的，便落井下石，主动出来作伪证。

针对这两种情形，首先，辩护律师应心平气和地向证人讲清，作为证人法律规定其有作证的义务，有权提供真实的证人证言，作伪证应负法律责任；其次，应向证人讲明不要以感情代替理智，不应因对被害人有好感或对被告人有仇恨或基于其他考虑而偏离事实去作不利于被告人的陈述；再次，对以上两种证人的证言，应慎重

① 罗大华、何为民著：《犯罪心理学》，浙江教育出版社 2002 年版，第 469 页。

对待，不得轻易相信。

可见，辩护律师通过深入调查取证，形成证明被告人无罪、罪轻或应当减轻处罚的证据链条，以全面否定或部分否定公诉人对被告人不实指控，是一件非常艰难的事情，但只要挖掘出这样的证据链条，辩护就会成功。

（二）辩护律师与证人在出庭作证时的心理互动

辩护律师应注意查明证言来源，查清证人与被告人、被害人及其他证人之间的相互关系，查清原先询问过程中所肯定的某些情况，以及反驳询问过程中所认定的某些不实情况，从而使有利于被告人的真实证言在法庭上得以确认，不利于被告人的不实证言得以否定。对证人发问，应当有礼貌，心平气和，诘问时不可过分使其难堪。即使证人的陈述纯属伪证，也不可对其进行人身攻击，只能指出不实之处，促其反省。否则，使用讥讽和谩骂对付作虚伪陈述的证人，只会加剧其内心的抵触情绪，造成双方心理冲突，导致证人坚持虚假陈述，不利于辩护活动的顺利开展。

第四节　影响律师辩护中人际互动的因素

同公诉活动一样，决定案件判决的关键是事实和证据，整个辩护活动始终围绕着事实和证据而展开。辩护人在辩护中希望对审判人员施加积极的心理影响，使其全面认识案件，正确对被告人定罪量刑，同时，辩护人也受到来自其他人或社会各方面因素对自己的影响。

一、案件之外的因素

（一）社会舆论

社会舆论给辩护人带来一定的心理影响。一方面，辩护人在为被告人辩护，尤其是为一些重大案件或社会反应强烈的案件辩护

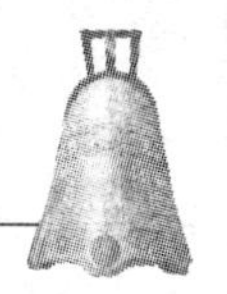

时，在社会舆论的影响下，产生一种维护司法公正和被告人合法权益的责任感，从而认真、及时地办理案件。当法院采纳辩护意见，案件得到正确处理时，能起到稳定社会舆论的作用，使辩护人产生一种成就感和自豪感。另一方面，社会舆论有时给辩护人带来一定的心理压力，特别是当案件在辩护过程中遇到一些意外困难时，辩护人可能出现急躁、悲观失望或放任无助等情绪。此外，辩护人在审查犯罪事实和适用法律为被告人依法辩护时，会不自觉地受到社会舆论的潜在影响，有时会出现以舆论代替事实等错误做法。

（二）非正常人际关系的干扰

人际关系包括朋友关系、夫妻关系、亲子关系、同学关系、同志关系、上下级关系等，是个体在社会交往中的一种直接关系。在人际关系中，情感因素起主导作用，制约着人际关系。辩护人在社会中生活，必然有着各种人际关系。一些非正常的人际关系往往对辩护人造成干扰和影响，如辩护中遇到的行政干预、司法干预、被害人及其家属违法进行引诱和恫吓等。非正常的人际关系对辩护人的影响主要有以下几种方式。

（1）通过主体的不良需求相互作用。极个别具有不良需求的辩护人违反依法为被告人辩护的宗旨，背离职业道德和违背自己的良心，禁不住被害人及其家属以钱财等非法利益作诱惑，对辩护丧失责任心，草率应付对被告人的辩护，不能很好地履行职责，不能维护被告人的合法权益。

（2）通过主体情绪和意志发生影响。多数辩护人具有较好的心理品质，能正确处理亲情关系，但也有少数人自觉不自觉地受到情绪影响，出现意志动摇。如看到被害人遭受到被告人严重的伤害，甚至家破人亡的悲惨处境，或者被告人给国家社会造成了难以挽回的巨大损失时，对被告人的犯罪行为产生一种极端痛恨之情，认为对被告人必须严厉惩处，从而影响对被告人的依法辩护。

（3）主体在不自觉中受到影响。具有一定社会地位的人或权威人士、专家、学者等对案件的看法对辩护人产生一种心理暗示作用，影响其自身的意志和意识，使其不自觉地改变原有的判断。这也是一种人际互动。

二、辩护人自身的因素

（1）知识与能力。辩护人文化水平和专业水平的高低，制约着其参与辩护活动的能力。只有知识丰富，熟练地掌握法律，才能充分调动主观能动性，更好地维护辩护人的合法权益。辩护人的知识与能力应包括扎实的法律知识功底、案件涉及的专业知识、比较广泛的文化科学知识，以及较强的业务能力、语言表达能力、社会交往能力等。

（2）价值观。辩护人是否受到非正常人际关系的干扰，还在于其具有的价值观。如果辩护律师的专业知识丰富，能力较强，其价值观却被金钱权力所禁锢，就不可能排除干扰，大胆地维护被告人合法权益，或者违法维护被告人非法利益，例如引诱证人作伪证，以至自己也可能因此而触犯法律。

（3）经验。辩护人熟悉法律并有丰富的辩护经验，是完成辩护工作的保证。辩护人每年承办各种刑事案件，每一次开庭辩护都可能遇到新的问题，但是，有经验的辩护人凭借自己的经验，一般能化解矛盾。对于有经验的辩护人，要防止经验主义对自己产生误导，如容易凭经验办案，忽视不同案件中的不同细节；对于经验不足的辩护人，则应当自觉积累经验，提高应变能力。

（4）疏忽。在庭审中，辩护人有时因为工作中的疏忽，对细节问题准备不充分，致使面对公诉人提出的被告人犯罪证据没有思想准备，难以从容应对，从而影响辩护的顺利进行。

（5）偏见。个别辩护人在办理刑事案件中，对被告人产生一种先入为主的看法，常常把这种看法自觉不自觉地带入辩护活动之中。还有少数辩护人把对公诉人的一些判断、态度带入法庭，或因

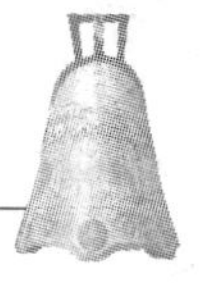

为曾在以往开庭中有过冲突，而产生一种抵触情绪。这类偏见带来的消极情绪有时会对辩护活动带来负面影响。

第五节　辩护律师应当具备的心理素质

整个刑事辩护过程是诉讼参与人心理接触的过程。辩护律师良好的心理素质是顺利完成辩护任务的重要保证。

一、高度的责任感——辩护活动的前提

责任感是对所从事的事业抱有不可推卸的责任，为其尽心尽力，彻底实现事业的目标所产生的一种坚定性的情感体验。辩护律师的职责是维护被告人的合法权益，维护法律的准确实施。这种职责要求辩护律师要有维护法律尊严、维护被告人合法权益的正义之心，忠于事实和法律，刚直不阿，不惧强势，仗义执言，并且坚定不移。

二、科学的法制观——辩护活动的保障

辩护律师必须具备一切行为都必须依法进行的观念，在调查取证、会见被告人、询问被害人和证人，以及庭审前后的所有活动中，都应当严格依照法律法规，按照法定的程序办案，决不可违法行使任何职权和权利，从而达到维护法制尊严，依法保护辩护人合法权益的目的。同时，这也是刑事案件中辩护律师自我保护的屏障和“防火墙”。

三、丰富的科学知识——辩护活动的基础

辩护工作是一项法律性、政策性很强的工作，要求辩护人具备各种相关的科学知识。首先，辩护人应当精通法律知识，并能熟练运用。其次，辩护律师应当学习和掌握一定的自然科学知识及各种

文化知识。最后，辩护人还应当具备丰富的社会科学知识，特别是具备较为扎实的心理学、社会学和犯罪学等学科知识。只有这样，才能在辩护过程中洞察各式各样的被告人心理和其他诉讼参与人的心理，准确对被告人的犯罪动机和社会背景进行判断，从而使辩护工作顺利进行。

四、敏锐的洞察力和思考力——辩护活动的核心

有些刑事案件非常复杂，而律师对其感知只能事后通过阅卷、会见被告人和调查访问等间接渠道取得，不能亲睹犯罪时的情景。这就要求律师具备敏锐的洞察力，透过现象抓住本质。因此，辩护律师在会见被告人或访问被害人、证人时，应当注意观察其表情、语气、姿势等，以窥测其内心活动，采取相应对策；法庭审理阶段，辩护律师要了解各方面的情况，特别是要了解审判人员和公诉人的言语和表情，以便相应调整辩护策略等。这一切都与敏锐的洞察力有关。

辩护律师的一切活动是借助思维而实现的。这就要求辩护律师努力扩展与延伸思维的广度和深度，增强认识案件中大量事实之间相互关系的能力。在辩护活动中，不可轻信未经查实的证据，不可受他人之暗示，而要善于发现案卷中的疑点和矛盾，挖掘有利于被告人的事实和证据。

庭审过程中，辩护律师正确运用对被告人、证人等的发问方式和策略，并且对审判人员、公诉人对被告人及证人等的提问，能够及时敏捷地作出反应，以适当的方式将有利于被告人的事实和情节弄清楚，并作准确表述。在公诉人发言之后，能够在较短的时间内组织起有效的辩护论点，迅速地发表切中要害的辩护意见，对他人的指控予以反驳或辩解。可见，敏锐的思考力同样是辩护律师不可缺少的心理品质。

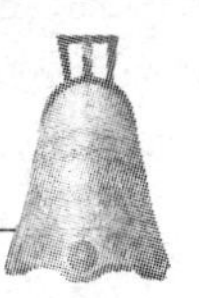

五、良性的心理互动能力——辩护活动的根本

作为一名优秀的辩护律师，除了具备上述四种心理品质外，还应当掌握与公诉人、审判人员进行良性心理互动的能力和技巧。首先，在辩护的活动中，辩护人不管案件多么疑难、复杂，在任何情况下都必须具有自控力，不能凭意气、感情、直觉办事，不能对事物草率下结论。其次，为搞好辩护活动，需要积极主动接触有关的人与事。再次，能够以雄辩的口才，有理有节、不卑不亢进行辩护。

总之，在辩护活动中，辩护人应当通过实践不断地锻炼自己，扬长避短，发挥自己良好品质的优势，努力克服自己的缺点和不足，最终做到情绪稳定、意志坚忍、对人诚恳、立场明确、依法办事、有理有节，以维护被告人的合法权益。

思考题

1. 简述辩护人在公诉活动中的心理。
2. 试述辩护人在辩护活动中的人际互动。
3. 辩护律师应当具备哪些心理素质？

第十二章　刑事审判心理

审判是刑事诉讼的重要阶段，是人民法院依照法定程序组成合议庭，受理由人民检察院提起诉讼的公诉案件、自诉人提起诉讼的自诉案件以及被告人的上诉和申诉案件，在审判人员的主持下，由公诉人（或自诉人、上诉人、申诉人）、被告人、辩护人以及其他诉讼参与人参加，通过公开或不公开的法庭审理，对案件的犯罪事实和证据进行审查、核实后，对被告人有罪或无罪以及法律的适用作出裁决的过程。因此，庭审活动是刑事审判的中心环节。从心理学的角度看，法庭对案件的审理过程，是审判人员、公诉人、当事人以及其他诉讼参与人多边的心理活动和心理交往乃至心理交锋的过程。在法庭审理过程中，由于参与审判活动的审判人员、公诉人、当事人以及其他诉讼参与人的角色地位不同，对于审判结果所承担的权利与义务不同，其自身心理活动的特点和规律也各不相同。同时，围绕着被告人有罪与无罪以及如何适用法律的问题，他们之间自始至终发生着错综复杂的心理联系与心理互动。这里重点研究的是在公诉一审刑事案件中，审判人员、公诉人以及诉讼参与人在法庭审判过程中的心理活动规律，以及他们之间的交往活动与心理互动关系。

第一节　法庭交往心理

交往是人与人之间相互作用的基本形式，是人们以语言和非语言（目光、体态、表情、动作等）相互沟通信息、交流信息的过程。在这一过程中，必然发生心理的相互联系与相互作用即心理互

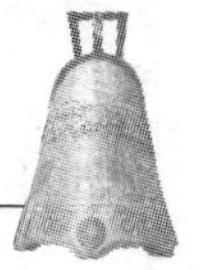

动。在法庭审理的每一个环节中，参与法庭审理活动人员的交往以语言为主要形式，以被告人有罪与无罪、罪轻与罪重以及法律的适用为主要内容。

一、法庭交往关系结构

在庭审过程中，主持、指挥法庭审理的审判人员，出庭支持公诉的公诉人和出庭受审的被告人，以及辩护人、被害人、诉讼代理人、证人、鉴定人等诉讼参与人，由于他们在诉讼中的角色地位不同，权利与义务不同，形成不同性质的多层次的交往关系，构成一定的交往关系结构。其交往关系结构如下图所示：

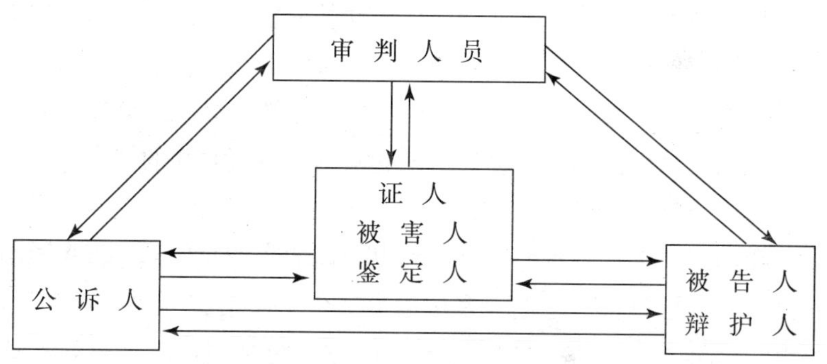

从上图可以看出，由于参与庭审活动人员的不同法律地位，他们在庭审中扮演着不同的角色，形成了审判、指控、辩护、证人四方的交往关系结构。

在交往关系结构中，审判人员处于三角形的顶端，在庭审中扮演着主持者、指挥者、裁判者的角色。审判人员不仅与公诉人、被告人、辩护人、证人、被害人、鉴定人等直接进行交往，而且主持、调控着公诉人与辩护人及其他诉讼参与人之间交往活动的进行。因此，审判人员在交往关系结构中处于核心位置。

公诉人、被告人及其辩护人处于三角形的两个底角的位置，双方扮演着指控与辩护的不同角色。双方诉讼地位平等，形成进攻与防守的对立交往关系。同时，双方也保持着与审判人员、证人、被害人、鉴定人进行直接交往的关系。

证人、被害人、鉴定人处于三角形的中心位置，分别与审判人员、公诉人、被告人及其辩护人进行直接交往。在处理与各方面的交往关系中，通过提供证言、鉴定书等，对事实和法律负责。因此，他们在交往关系结构中处于重要地位。

二、法庭交往关系特点

法庭交往关系具有以下三个特点。

（一）交往活动中法律规范的制约性

参加庭审的人员在庭审中交往活动的内容、方式，受其在刑事诉讼中法律地位（角色）的制约。每个人都必须严格按照自己在刑事诉讼中的法律地位（角色），所享有的权利与承担的义务与他人进行交往，从而使交往活动显示出受法律规范制约性的特点。

（二）交往关系的多边网络性

在庭审中参加庭审的人员，都以主体的身份与他人进行多边的直接交往，形成自己与他人多边的交往关系网络。例如审判人员，不仅与公诉人、被告人及其辩护人进行直接交往，而且还要与证人、被害人、鉴定人等进行直接交往；再如公诉人，不仅与审判人员进行直接交往，而且与被告人、辩护人、证人、被害人等进行直接交往。每个人都可以从多方面的交往关系中获取信息。

（三）交往活动的公开性

在庭审中，所有人员的交往都是在法庭上公开进行的，每个人不仅可以从自己与他人的直接交往中获取信息，而且还可以从其他人的相互交往中获得信息。例如被告人，不仅可以从自己与审判人员、公诉人、证人、被害人、鉴定人的直接交往中获得信息，而且还可以从公诉人与审判人员、辩护人、证人、被害人、鉴定人的相互交往中获得信息，从而使庭审中交往活动的信息传递具有公开性

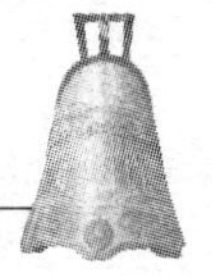

的特点。

三、法庭交往活动

在庭审过程中，主持、指挥法庭审理的审判人员，出庭支持公诉的公诉人，出庭受审的被告人，为被告人进行辩护的辩护人，以及出庭作证的证人、被害人、鉴定人等，都从自己参与庭审活动的动机与目的出发，以各自的角色身份与他人进行多边的、不同层次的交往活动。

法庭交往活动是具有严格法律界限的角色之间的交往活动，因此，交往者在交往中的角色意识很重要。这里所说的角色意识，是指参与审判活动的人员，对于自己在审判活动中所扮演角色的法律地位的认识和情感倾向，以及对角色行为规范的遵循与自我调控。由于参加庭审的人员在庭审中的法律地位不同，其角色意识和交往活动的内容也各不相同。

（一）审判人员在庭审中的角色意识和交往活动

1. 审判人员在庭审交往中的角色意识

审判人员的角色意识，是指审判人员对于自己在审判活动中所扮演的角色的法律地位的认识和情感倾向，以及对角色行为规范的自觉调控。

审判人员清醒地意识到，自己作为法庭审判活动的主持者和指挥者，肩负着对案件作出最后裁决的重大法律责任。审判人员对自己在审判活动中所扮演角色的法律地位的认识和相应的责任感，促使其在法庭的交往活动不仅要充分听取公诉人及其他诉讼参与人对有关案件的事实和证据的各种意见，而且还要主持、调控法庭调查、辩论中有关人员之间的交往活动，使法庭审理中的交往活动有序地进行，使各种不同的意见充分地反映出来，做到“兼听则明”，才能确保自己对案件作出客观、公正的裁决。

在审判过程中，审判人员对自己角色法律地位的认识和责任感，促使其在主持审判活动中，对自己的心理状态和行为规范进行自觉调控。使自己始终保持良好的心理状态，如注意力高度集中，感知、记忆、思维敏捷、活跃，情绪稳定等；严格规范自己与公诉人、被告人以及其他诉讼参与人交往中的行为；冷静、理智地协调和处理控辩双方在庭审交往中的心理冲突，确保法庭交往活动顺利进行。

总之，审判人员在主持审判活动过程中正确的角色意识，对于其自觉地进行自我心理调控，主持审判工作有序进行，提高审判工作的质量和效率，具有重要意义。

2. 审判人员在庭审中的交往活动

在庭审中，审判人员要与公诉人、被告人及其辩护人、证人、被害人、鉴定人等进行多边的交往活动。在与公诉人的交往中，主要通过听取公诉人对被告人犯罪事实的指控和举证，获得被告人有罪或罪重的信息；在与被告人的交往中，通过讯问和听取被告人关于自己有罪的供述或无罪的辩解，以及最后陈述，获取关于被告人无罪或罪轻的信息；在与证人、被害人、鉴定人的交往中，通过询问和听取证人证言、被害人陈述和鉴定人宣读的鉴定结论，获取被告人有罪或无罪、罪重或罪轻的部分信息；通过听取公诉人与被告人及其辩护人之间就有关案件情况和证据的辩论，获取被告人有罪或无罪、罪重或罪轻的正反两方面的信息。审判人员在庭审中，通过与参加庭审人员之间进行的多边的交往活动，从多种信息渠道获取被告人有罪或无罪、罪重或罪轻的多种信息，从而对案件作出客观、公正的裁决，通过审判活动打击、惩罚犯罪，使无辜被告人洗清冤屈，达到保护人民利益、维护社会治安的目的。

（二）公诉人在庭审中的角色意识和交往活动

1. 公诉人在庭审交往中的角色意识

公诉人的角色意识，是指公诉人对于自己作为国家公诉人，在刑事审判活动中所扮演角色的法律地位的认识和情感倾向，以及对

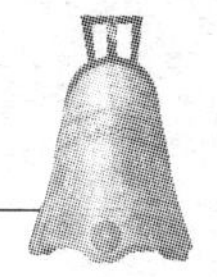

自己角色行为规范的自觉调控。

公诉人在刑事审判活动中，作为国家公诉人出庭支持公诉，扮演着控方的角色，在庭审中负有指控被告人犯罪和举证的责任。公诉人对于自己所扮演角色的法律地位的认识和相应的责任感，促使其在法庭的交往活动中，积极向审判人员提供被告人有罪和从轻或从重惩处的信息，使被告人的犯罪行为受到追诉。同时，还对审判活动实行监督，使国家法律得到正确实施，以维护国家法律的权威。

公诉人对于自己作为国家公诉人角色的法律地位的认识和责任感，使其在参与审判活动和处理自己与审判人员和诉讼参与人的交往关系时，对自己的角色行为进行自觉调控，严格按照刑事诉讼法的要求，规范自己的诉讼行为，听从审判人员的指挥。特别是在与辩方的交往中，应消除居高临下的代表国家出庭支持公诉的优越心理，与对方以平等的诉讼地位进行交往。在法庭调查、质证、辩论中，即使对方出现错误的观点和过激的言行，也能以理智的态度冷静处理与对方的心理冲突，不以势压人，不与对方斗气和进行无原则的辩论。

公诉人在与审判人员和诉讼参与人交往中的正确角色意识，对于自觉地进行自我心理调控，规范自己的诉讼行为，对参加庭审的人员施加积极的心理影响，并形成良性心理互动关系，更好地完成公诉任务，具有重要意义。

2. 公诉人在庭审中的交往活动

公诉人在庭审的交往活动中，通过对被告人的犯罪事实的指控和举证，向审判人员及其他参与庭审的人员传递被告人有关犯罪事实、证据、社会危害性以及定罪的法律依据的信息，以此影响审判人员对被告人罪行的认定。

公诉人在与被告人及其辩护人的交往中，讯问被告人对所指控的犯罪事实和证据的态度；出示物证让被告人辨认；对被告人关于自己无罪或罪轻的无理辩解进行批驳；就辩护人提出的关于被告人无罪、罪轻以及法律适用方面的不同观点与其展开辩论；对被告人及其辩护人所提供证据的真实性、可靠性、合法性提出意见，必要时请有关证人出庭作证或质证。公诉人通过上述法庭交往活动，为审判人员对被告人的犯罪事实和证据的认定提供更为充分的信息。

公诉人在与证人、被害人、鉴定人的交往中，请证明被告人有罪的证人及被害人出庭作证，请鉴定人当庭宣读鉴定结论，以证明所指控被告人犯罪事实的客观性和罪行的危害性。对于辩方出庭作证的证人证言进行质证，对其证言的客观性采取慎重和实事求是的态度。

总之，公诉人在庭审中通过与审判人员、被告人、辩护人、被害人、证人、鉴定人的多边交往活动，为审判人员提供有关被告人犯罪的事实和证据的信息，以此影响审判人员依法对被告人有罪的认定和量刑，从而实现揭露、证实犯罪，使被告人受到法律追究的目的。

（三）被告人、辩护人在庭审中的角色意识和交往活动

1. 被告人、辩护人在庭审交往中的角色意识

被告人的角色意识，是指被告人对于自己出庭受审角色的法律地位的认识、情感倾向和行为的自我调控。多数有罪的被告人经过侦查、预审和起诉审查，对于自己的犯罪事实已进行过多次供述，对于自己犯罪的社会危害性及可能承担的法律责任已有一定的认识和预测。虽然还没有依法作出正式判决，但检察院已提起公诉，对于自己作为“犯罪人”的角色已经产生了一定的认同感。对于走上被告席出庭受审，也早在意料之中。但出于自我保护的本能和趋利避害的心理，往往怀着侥幸心理，希望通过辩护人的辩护，能够获得从轻判处。因此，在对自己的犯罪事实进行供述时，常避重就轻，有意淡化某些犯罪情节和危害性，以减轻自己的刑事责任。也有少数有罪的被告人反社会心理严重，对于出庭受审采取蔑视的态

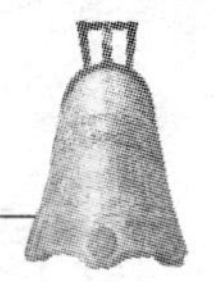

度，不承认自己作为被告人角色的法律地位，对于法庭审理采取不合作态度。

有些无罪的被告人，由于种种原因，虽然在侦查、预审或审查起诉时对自己的“犯罪”已作过供述，但内心从未认同自己的“犯罪者”角色。现在作为被告人出庭受审，面对庄严的法庭有的会推翻以前的口供，对自己的无罪进行辩解。也有的无罪被告人，由于种种原因，害怕翻供受到从重惩处或慑于法庭气氛的威严等原因，不敢翻供，仍然进行“有罪”的供述。

辩护人对于自己在审判活动中扮演辩方角色的法律地位与维护被告人合法权益的责任感，使其在法庭交往活动中，向审判人员、公诉人及其他诉讼参与人传递被告人无罪或罪轻的信息，从而影响审判人员对被告人无罪或罪轻的认定。在法庭调查和辩论中，辩护人根据自己的角色地位、参与诉讼的任务和目的，对自己的心理和诉讼行为进行自觉调控。

2. 被告人、辩护人在庭审中的交往活动

被告人在与审判人员、公诉人的交往中，通过回答审判人员、公诉人的讯问，承认或否认起诉书所指控的犯罪事实和公诉人所提供的证据，或对自己进行无罪或罪轻的辩解；向审判人员提供新的证据或申请新的证人到庭作证；对勘验、鉴定结果表示同意或异议；表达申请重新鉴定或勘验的意见等。辩护人在与审判人员、公诉人的交往中，主要是通过与公诉人进行法庭辩论，向审判人员提交有关被告人无罪或罪轻的信息，表达申请新的证人到庭作证，调取新的物证，重新进行勘验、鉴定的意见等。在与公诉人进行法庭辩论时，对公诉人违反法庭规则的行为，向审判人员提出抗议的请求。

被告人、辩护人在与出庭作证的证人、被害人和鉴定人的交往中，主要是对证明被告人有罪的证人证言、被害人的陈述、鉴定人的鉴定结论发表意见或进行发问和质证，并请求证明自己无罪或罪轻的证人出庭作证。

总之，被告人和辩护人在与参加法庭审判活动人员的多边交往中，主要是传递有利于被告人的信息，以此影响审判人员对案件的认识，达到从轻、减轻、免除刑罚或无罪判决的目的。

（四）证人、被害人、鉴定人在庭审中的角色意识和交往活动

1. 证人、被害人、鉴定人在庭审交往中的角色意识

证人证言、被害人陈述、鉴定人所作的鉴定结论，都是审判人员认定被告人有罪或无罪、罪重或罪轻的重要依据。证人、被害人和鉴定人一般都能意识到在审判活动中各自的法律地位和应有的行为规范，因此，在与审判人员、公诉人、被告人、辩护人的交往中，多数人都能以对事实和法律负责的态度，自觉调控、规范自己的行为。但也有少数证人、被害人缺乏正确的角色意识，出于某种利己的动机作伪证，或提供不客观的证言，企图包庇、陷害或报复被告人。

2. 证人、被害人、鉴定人在庭审中的交往活动

在与审判人员、公诉人、被告人、辩护人的交往中，具有正确角色意识的证人、被害人和鉴定人，能本着对事实和法律负责的态度，提供真实的证言和科学的鉴定结论，为审判人员对案件事实的认定提供可靠依据。

证明被告人有罪的证人、被害人和鉴定人的证言、陈述和鉴定结论，是支持公诉人对被告人所指控的犯罪事实存在的有力证据，因此，他们在与公诉人的交往中关系协调。辩方证人对于公诉人所指控的被告人的犯罪事实起否定或淡化犯罪情节的作用，因此，他们在与公诉人的交往中会产生一定的分歧与矛盾。

被害人的陈述、控方证人的证言、证明被告有罪的鉴定结论，会使被告人及其辩护人在庭审中处于不利地位，因此，他们在与被告人及其辩护人的交往中会产生一定的矛盾与分歧。而被告人及其辩护人可能对其证言或鉴定结论提出异议，也可能进行质证。

总之，证人、被害人、鉴定人所提供的信息对于审判人员认定被告人有罪或无罪、罪轻或罪重具有重要意义，因此，他们在与参加庭审的其他人员的交往中处于重要地位。由于他们提供的证言、鉴定结论的客观性、倾向性不同，因此他们与公诉人、当事人也会形成错综复杂的关系。

四、庭审中的心理互动

参加庭审的人员围绕着被告人的犯罪事实、证据以及法律的适用，进行多边的交往活动，并通过这种交往活动，沟通、交流信息，产生心理上的相互联系与相互作用，即心理互动。

（一）心理互动的形式

参加庭审人员之间的心理互动，就其形式而言，可分为感官的互动、情感的互动和理智的互动。庭审中的心理互动主要以理智（认识）的形式为主，伴随着认识上的一致或矛盾，产生情感或感官上的互动。例如，当公诉人对被告人的犯罪行为进行指控、举证并阐述其社会危害性，要求法庭予以严惩时，被害人及参加旁听的被害人亲属和群众对公诉人的公诉行为和观点会产生认同感，从而会产生对公诉人的感激与敬佩之情。而当辩护人从有利于被告人出发，针对公诉人的指控和举证对被告人进行无罪或罪轻的辩护时，被告人及其参加旁听的亲属会对辩护人的辩护行为和观点予以认同，从而对辩护人产生亲切感、信任感，并通过自己的日光、表情等对辩护人表示支持与感激。当公诉人与辩护人进行法庭辩论时，围绕着被告人的犯罪事实、情节、证据和法律的适用问题，控辩双方及其支持者在认识上会产生更加激烈的矛盾和冲突，表现出相互蔑视的表情、动作，甚至还会因情绪上的相互对立而进行人身攻击或人格侮辱。

（二）心理互动的性质

参加庭审人员的心理互动，就其性质而言，可分为良性的积极的心理互动和恶性的消极的心理互动。例如，当审判人员以严肃、认真的工作态度，公正、民主的审判作风，良好的职业素质与公诉人、被告人及其他诉讼参与人进行交往时，对公诉人、被告人及其他诉讼参与人会产生积极的心理影响，有利于形成庭审中的良性心理互动关系。公诉人起诉、举证时的严肃、认真态度，公诉人与辩护人进行法庭辩论时相互之间有理有据地进行论证与反驳，证人、被害人以对事实和法律负责的态度出庭作证，旁听的群众遵守法庭秩序等，也会对审判人员及其他诉讼参与人和旁听群众产生积极的心理影响，形成良好的心理互动关系。又如，当被告人在法庭上如实供述自己的犯罪事实，真诚悔罪，并对被害人表示赔礼道歉或赔偿损失，并有一定立功或自首情节时，会在一定程度上化解被害人的仇恨、愤怒情绪，公诉人也会以被告人认罪态度好提请法庭量刑时予以考虑，辩护人更会以被告人的良好认罪态度和其他有利于被告人的理由为其辩护。在这种情况下，辩护人的辩护意见容易被公诉人和旁听群众所认同。这种良性的心理互动所形成的法庭气氛，对于审判人员的认识、情感具有一定的积极影响。

在庭审过程中，审判人员按照法律规定有序地主持法庭举证、质证活动，不仅体现审判活动的公正和民主，也会在法庭内形成良性的心理互动。公诉人与辩护人有理有据的激烈辩论，会使案件的事实、情节更加清楚，证据更加充分，使审判人员对案件的认识更加全面、深入，从而为准确定罪量刑奠定可靠的基础。同时，被告人通过听取辩护人与公诉人的辩论，对自己犯罪的性质、情节和社会危害程度，以及从轻或从重的法律依据也会有更清楚的了解，对于将要面临的法庭判决有一定的心理准备。公诉人和辩护人也会通过法庭辩论，提高他们支持公诉和辩护的能力。参加旁听的群众以及被告人和被害人的亲属也会从中受到法制教育，感受到法律的公正与权威。

在庭审过程中，参加庭审的某些人在与其他人交往中违反法庭

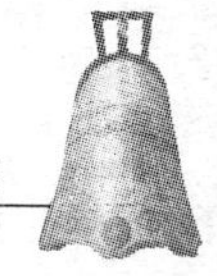

规则的行为，将会对其他人产生消极的、不良的心理影响，从而形成庭审中的恶性心理互动关系。如被告人面对公诉人的证据确凿的指控，采取拒供、谎供的态度，坚不吐实，必然引起被害人及其亲属的不满和愤怒，也会引起公诉人的反感，从而向法庭对其提出严惩的要求。同时，旁听群众也会对其表示反感和厌恶。这种气氛对于审判人员的认识和情绪都会产生一定的影响，从而在一定程度上影响对被告人的定罪量刑。

研究庭审过程中的心理互动关系，对于审判人员自觉调控、规范参加庭审人员之间的交往活动，从而保证法庭交往活动有序地进行，形成良好的法庭审判氛围，具有一定的意义。

第二节　法庭调查心理

法庭调查是在审判人员的主持下，通过公诉人宣读起诉书、举证和讯问被告人，证人、被害人出庭作证和鉴定人宣读鉴定结论，审判人员讯问被告人、询问证人和鉴定人，以及当庭质证等活动，审查、核实公诉人对被告人所指控的犯罪事实和提供的证据，查明案件的真相。在庭审调查过程中，公诉人、审判人员、被告人、证人、被害人等由于各自的角色地位不同，具有不同的心理活动。

一、审判人员主持法庭调查心理

在法庭调查中，审判人员负有指挥、主持法庭调查有序进行，核实公诉人（或自诉人）指控被告人的犯罪事实和证据的职责。审判人员的这种职责决定了其在法庭调查中的心理活动。

（一）审判人员主持法庭调查的意识

审判人员的职责决定其在法庭调查中，应当具有民主意识和无罪推定意识。

1. 民主意识

审判人员的民主意识，是当事人和其他诉讼参与人的各项诉讼权利在法庭调查中得以行使的重要保证。因此，一般来说，合格的审判人员，都能认真听取公诉人（或自诉人）、当事人、辩护人、证人和其他诉讼参与人对案件事实和证据的陈述，使控方与辩方各自关于案件事实的意见和所掌握的证据，特别是被告人关于自己无罪的辩解，都充分地反映出来，做到“兼听则明”。

2. 无罪推定意识

在合议庭（或审判委员会）对被告人作出有罪判决之前，审判人员不应以被告人有罪的心理定势主持庭审活动，否则容易产生先入为主的消极首因效应，这样就会在庭审中优先选择那些关于被告人有罪或罪重的信息，忽视那些关于被告人无罪或罪轻的信息，从而产生对案件认识上的错误。因此，在庭审过程中审判人员必须保持冷静而清醒的头脑，认真听取控方与辩方以及证人和鉴定人所传递的关于被告人有罪或无罪、罪重或罪轻的信息，通过分析与综合、抽象与概括的思维过程，去伪存真，对被告人究竟有罪还是无罪，以及如何适用法律作出正确的判断。

（二）审判人员在法庭调查中的认识活动

审判人员在庭审中的角色地位，要求其不仅要主持、指挥庭审活动有序地进行，而且要对被告人的犯罪事实和证据进行审查和核实。审判人员的这种职责，决定了其在庭审调查中感知、记忆、思维等认识过程的活跃状态。例如，对于公诉人指控被告人的犯罪事实及举证，被告人针对所指控的犯罪事实所作的供述或辩解，以及被害人的陈述等各种信息，要求审判人员在庭审过程中，注意力高度集中，感知、记忆敏捷而准确。特别是要善于捕捉控方和辩方关于犯罪事实、情节和举证方面出现的矛盾或差异，并对所感知、记忆的信息在头脑中迅速进行分析与综合的思维活动，在此基础上对于控方和辩方所提供信息的真实性作出判断。

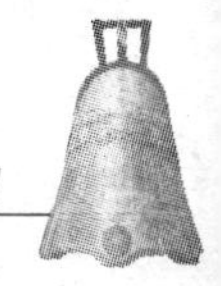

二、公诉人在法庭调查中的起诉、举证心理

在法庭调查中，公诉人充当着代表国家出庭支持公诉的角色，负有指控被告人的犯罪事实和举证的责任。公诉人在法庭调查中的这种角色地位，决定了其在法庭调查中的心理活动。

（一）公诉人出庭支持公诉的心理准备

1. 出庭支持公诉的风险意识

我国修改后的刑事诉讼法将审判人员在开庭前对案件的实质性审查改为只进行形式审查，对案件的事实和证据的实质性审查全部当庭进行，并明确规定了庭审时由公诉人当庭举证的责任，废止了人民法院对公诉案件退回补充侦查的规定。这就要求出庭支持公诉的检察人员对案件的事实、证据等质量要严格把关，否则，将承担当庭败诉的风险。这对于出庭支持公诉的检察人员来说必然产生一定的心理压力。出庭支持公诉可能败诉的风险意识及由此而产生的心理压力，将促使公诉人在审查起诉过程中，加强自己的责任感，严格把握起诉案件的质量，确实做到事实清楚，证据确凿、充分，无懈可击。

2. 出庭支持公诉的举证意识

我国刑事诉讼法规定了公诉人当庭举证的责任。因此，公诉人在出庭支持公诉以前，对于所指控被告人犯罪事实的各种物证、书证、证人证言证词、鉴定结论、勘验结论等，都必须烂熟于心，熟练地掌握，这样才能在法庭上对被告人进行有根据的指控。同时，对于被告人及其辩护人、诉讼代理人可能提出的质证和举证也应作一定的预测，做好答辩的心理准备。

3. 出庭支持公诉中法庭辩论的应变意识

根据刑事诉讼法规定，在法庭调查过程中，经审判长许可，公诉人、当事人和辩护人、诉讼代理人，可以对证据和案件的情况发表意见，并且互相辩论。这说明按照法律规定，庭审过程中法庭调查和法庭辩论没有明显的阶段性，两者交叉进行。公诉人在对被告人进行指控、举证过程中，被告人及其辩护人、当事人的诉讼代理人都可以对公诉人的指控和举证进行质证、辩论或提出新的证据。这就要求出庭的公诉人不但要熟悉案件的事实和证据，而且还要具有灵活的应变意识，对辩方质证和举证中的错误，能够及时据理答辩。对于对方合理的意见和有价值的证据，要予以重视，不能固执己见。

（二）公诉人在起诉、举证中的心理活动

在庭审调查中，公诉人能否成功地对被告人进行指控和举证，对于能否胜诉具有重要意义。公诉人在起诉和举证中应注意以下两点。

（1）自信。由于公诉人对被告人的犯罪事实、情节和证据都经过反复、认真的研究和推敲，确信犯罪事实清楚，证据确凿、充分，对于辩方可能提出的质证有一定的心理准备，因此，对于胜诉有充分的自信。

（2）谨慎。在法庭调查中，由于案件事实和证据的新信息的出现，可能使案情发生变化，所以，公诉人对于被告人及其辩护人、证人、被害人反映的新信息反应敏感，态度谨慎，总是迅速进行分析、综合，作出判断。对于那些缺乏证明力或不合法的证据，应立即与辩护人、当事人等展开辩论，提出否定性意见；对于那些可能影响案件性质和情节的、有价值的重要证据，应持谨慎态度，凡需要补充侦查的，应及时向法庭提出中止审理，进行补充侦查的建议。

三、被告人在法庭调查中的受审心理

在法庭调查中，被告人处于被指控犯罪的受审地位。这种特殊的角色地位决定了其在法庭调查中的心理活动。

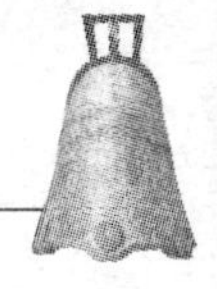

（一）被告人在法庭调查中的心理状态

由于法庭调查要对被告人的犯罪事实和证据作出认定，并进而对案件作出裁决，所以在这决定被告人命运的关键时刻，不同犯罪事实、犯罪性质和不同个性的被告人的心理状态有所不同。

（1）紧张、恐惧。对于那些犯罪性质严重、情节恶劣和后果严重，因而有可能判处重刑的被告人，虽然他们对判决有一定的心理准备，但在庄严肃穆的法庭审判中，面对审判员、公诉人的威严表情和法庭的严肃气氛，以及即将宣告的有罪判决，往往不自觉地产生紧张、恐惧心理。

（2）羞愧、后悔。某些案件的被告人，由于其犯罪行为极其野蛮、下流，在法庭上供述其罪行时，往往羞于启齿。有些初次犯罪的被告人，特别是那些原来有一定社会地位的被告人，由于心理落差太大，往往产生一失足成千古恨的羞愧、后悔心理。

（3）无所谓。有些被告人，由于一犯再犯，多次受审，对于被告席的角色已经习以为常，因此，对于法庭审理往往抱着无所谓的态度。

（4）自信。有的被告人，最常见的是某些思想反动的危害国家安全案件的被告人和邪教组织的痴迷者，把出庭受审看作是宣传自己理论观点和政治见解，进行无罪辩解的好机会。因此，在出庭受审中往往表现得非常自信，而对审判人员、公诉人采取蔑视的态度。

（二）被告人的供述与辩解心理

在法庭调查中，被告人就公诉人（或自诉人）所指控的犯罪事实和提供的证据进行供述或辩解，是审查、核实犯罪事实和证据的重要程序。被告人关于自己有罪的供述或无罪的辩解，如果被法庭所认定，将对判决产生重大影响。因此，被告人在趋利避害心理的支配下，经过深思熟虑，对于自己有罪的供述或无罪的辩解都有充分的心理准备。

1. 被告人的供述心理

被告人对于自己的犯罪事实进行供述的心理原因主要有以下几点。

（1）无可奈何。那些犯罪事实十分清楚、证据确凿而充分的被告人，他们经过公安机关的侦查、审讯和检察机关的审查批捕、起诉等多道诉讼程序，对于自己的罪行已作过多次供述。到了审判阶段，已没有什么理由与借口推翻已作的供述。因此，除了少数被告人在自我保护心理的支配下，采取避重就轻的策略外，多数被告人在庭审中只能无可奈何地如实供述自己的犯罪事实。

（2）悔罪。有些被告人，由于对自己的罪行给社会造成的危害，给被害人及自己的亲人造成的痛苦产生内疚感、负罪感，出于真诚悔罪的心理而如实供述自己的犯罪事实。

（3）争取从宽判决。经过司法机关的反复教育，有些被告人认同了“坦白从宽，抗拒从严”的政策，在侦查阶段就如实供述了自己的犯罪事实，并相信审判时向法庭如实供述，会得到从宽处理。

2. 被告人的拒供心理

有极少数罪行严重且反社会心理强烈的被告人，在犯罪事实清楚、证据确凿而充分的情况下，认为供述必将招致重判，不供述还可能侥幸逃脱惩罚，于是便拒供自己的犯罪事实。有的被告人即使在侦查、起诉阶段已作了供述，在庭审中也可能寻找各种借口，突然改变口供，部分或全部推翻原来的供述。

3. 被告人的辩解心理

在法庭调查中，被告人作无罪或罪轻辩解的心理原因主要有以下几点。

（1）申冤。某些本来无罪的被告人，由于某种原因，如侦查人员的诱供或刑讯逼供，他人的陷害，为了哥儿们义气或保护自己的亲属等，在侦查阶段作了有罪的供述。但到了法庭审理时，在面临判刑特别是被判处重刑或极刑的情况下，内心斗争十分激烈，最终在求生的欲望和害怕坐牢的动机驱使下，决意推翻以前的虚假供述，洗清自己的不白之冤。

（2）不认罪。有的被告人，本来犯罪事实十分清楚，证据确凿而充分，但其根据自己错误的人生观和反动的政治理论观点，故意曲解法律，对自己进行无罪的辩解。

（3）减轻刑罚。刑罚的轻重和罪责的轻重是紧密联系在一起的。有的被告人在侦查和审查起诉阶段所作的供述，存在部分真实、部分不真实的情况。到了审判阶段，当面临要承担刑事责任时，为了减轻对自己的刑罚，便对以前不真实的供述予以推翻。

在庭审调查中，审判人员要善于洞察被告人供述或辩解的心理原因，以便对其供述或辩解的客观真实性作出准确的判断。

四、辩护人参与法庭调查的心理

辩护人以维护被告人合法权益的角色参与法庭调查活动。其主要目的是掌握和向法庭提供有利于被告人的事实和证据，为在法庭辩论阶段为被告人作无罪或罪轻，免除处罚或减轻处罚的辩护作准备。其具体活动如下。

（一）掌握有利于被告人的犯罪事实和证据

在法庭调查过程中，辩护人通过听取公诉人的起诉和举证，被告人针对公诉人的指控所作的供述和辩解，证人、被害人的出庭作证、质证等活动，分析、综合公诉人指控的犯罪事实和提供的证据的客观真实性。在此基础上，对于公诉人所指控的犯罪事实是否清楚，所提供的证据是否确凿而充分，以及哪些是有利于证明被告人无罪或罪轻的事实和证据等，作出初步的判断。

（二）向法庭提供有利于被告人的信息

从有利于被告人的事实和证据出发，辩护人按照自己对被告人无罪或罪轻的思维判断，对公诉人的举证进行质询，对出庭作证的证人和被害人进行询问、质证，或向法庭出示有利于被告人的证据，申请有利于被告人的证人出庭作证等，向审判人员、公诉人和诉讼参与人提供有利于被告人诉讼的信息，从而施加积极的心理影响，希望以此影响审判人员的认识与判断，最终达到作出有利于被告的判决的目的。

（三）展现作为辩护人的角色

法庭调查是案件审理的第一阶段，辩护人希望通过在法庭调查中的积极活动，展现自己维护被告人合法权益的角色扮演能力，给审判人员、公诉人、被告人以及其他诉讼参与人和旁听群众以良好的首因效应，为后续的法庭辩论奠定良好的基础。

（四）了解公诉人的个性特点

通过听取公诉人宣读起诉书、举证、询问被告人、证人等活动，了解公诉人的气质、性格、办案水平和进行法庭辩论的能力等个性特点，为进行法庭辩论所实施的心理对策提供依据。

五、证人、被害人的出庭作证心理

证人、被害人出庭作证，是证实被告人的犯罪事实是否存在的依据之一。

（一）证人出庭作证的心理

（1）履行义务。证人一般都能意识到作证是公民应尽的法律义务，知道有意作伪证或隐匿罪证应负的法律责任。因此在向法庭作证时，一般都能如实提供自己所知道的有关案件真实性的证言。

（2）庇护被告人。有的证人与被告人之间有某些亲情或共同的利害关系，因此在向法庭作证时，有时会有意作伪证或隐匿被告人犯罪事实的证据。

（3）报复。有的证人与被告人有私仇，在出庭作证时，或有意作伪证进行陷害，或有意夸大被告人的某些犯罪事实和情节，加重被告人的罪责，以此达到报复被告人的目的。

（4）偏袒被害人。有的证人与被害人的关系密切，为了偏袒被

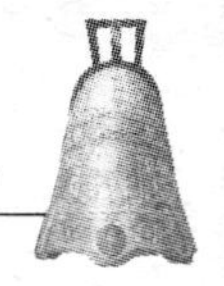

害人，在出庭作证中，有意夸大被告人的某些犯罪事实和情节，淡化被害人的某些过错和责任，从而加重被告人的刑事责任。

（5）无责任感。有些证人抱着“事不关己，高高挂起”的态度出庭作证，对于揭露、证实犯罪缺乏责任感和义务感；有的证人因害怕被告人及其亲属的忌恨和报复，不愿出庭作证，即使勉强出庭，作证时也往往敷衍应付，或一问三不知，或以“没看清”“没听清”“没注意”“忘记了”等为借口，搪塞法庭的询问。

（二）被害人出庭作证的心理

被害人是被告人的犯罪行为的受害者，对被告人一般都怀着不满、憎恶、仇恨、愤怒等情绪，因此，除少数被害人由于某些原因不愿意出庭作证外，多数对于出庭作证持积极的态度。被害人在出庭作证中的心理主要有以下几种。

（1）复仇。被告人的犯罪行为往往使被害人遭受巨大的物质损失或精神刺激，有的甚至造成被害人家破人亡、终生残废。因此，被害人一般都是怀着对被告人复仇的心理，积极出庭作证，如实陈述被害经过，证实被告人的犯罪事实和情节，或有意夸大某些犯罪事实和情节，希望通过审判对被告人从重或加重处罚，从而使自己的心理得到平衡。

（2）袒护。有些被害人，特别是隐私案件的被害人，往往与被告人有某种特殊关系，如亲朋、邻里、上下级关系等，为了不伤害亲朋、邻里和上下级的面子，为今后的关系着想，或者是收取了被告人的钱财，在法庭陈述中，常常故意隐瞒被害事实，袒护被告人。

（3）顾全名誉。有的被害人，特别是强奸案件的被害人，为了顾全自己的名誉，不愿证实被告人的犯罪行为。在这种心理的支配下，出庭作证时常常隐瞒被害事实的存在。

（4）害怕报复。有的被害人因受到被告人或其亲属的利诱、威胁，害怕如实作证会受到报复，因此在出庭作证时，常常被迫隐瞒被害事实。

（5）良心发现。有些虚假的“被害人”，为了维护自己的名誉或经济利益，在案件的侦查阶段虚构某些被害事实（如把通奸说成是强奸）。到了审判阶段，看到被告人将要被判重刑，良心有所发现，于是在出庭作证时，改变原来的证词，主动澄清虚构的事实。

审判人员准确地洞察被害人作证的心理，对于判断其证言的客观真实性具有重要意义，从而为审查、核实被告人的犯罪事实和证据提供依据。

第三节　法庭辩论心理

我国刑事诉讼法第一百六十条规定：“经审判长许可，公诉人、当事人和辩护人、诉讼代理人可以对证据和案件情况发表意见并且可以互相辩论。”控辩双方的法庭辩论，主要在公诉人与辩护人之间展开。因此，研究公诉人与辩护人在法庭辩论中的心理活动，对于提高控辩双方的法庭辩论水平，使审判人员更好地主持、调控法庭辩论活动的进行，具有一定的意义。

一、公诉人、辩护人在法庭辩论前的心理准备

（一）公诉人的心理准备

1. 庭审前的心理准备

公诉人代表国家、社会和被害人的利益，以国家公诉人的身份，与代表被告人合法权益的辩护人，就被告人的犯罪事实、证据和法律适用等问题展开辩论，肩负着伸张社会正义和追诉犯罪的神圣职责。这种正义感和使命感促使公诉人具有强烈的胜诉意识。这种意识推动公诉人在对案件提起公诉以前，就对被告人的犯罪事实、证据及定罪的法律依据进行反复推敲，以确保犯罪事实清楚、证据确凿而充分，同时对于案件中事实与证据之间、证据与证据之间、证

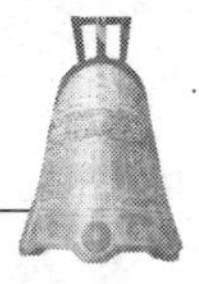

据与被告人口供之间的某些矛盾，也能作出合乎逻辑的分析与判断。

2. 庭审中的交往

通过庭审中的观察和与辩护人在法庭调查中的交往，公诉人掌握辩护人对案件事实、证据及法律适用等方面进行辩护的思维动向，以及辩护人的法庭辩护能力、气质、性格等个性特点，初步形成进行法庭辩论的对策。

（二）辩护人的心理准备

1. 庭审前与被告人的交往

在开庭审理以前，辩护人除查阅有关被告人的诉讼文书、技术鉴定等案件材料外，还要通过会见被告人，与其进行直接交往，取得被告人的配合与信任，了解有利于辩护的事实和证据，为法庭辩论作准备。

在会见被告人时，辩护人以诚恳、热情的态度，丰富的法律知识和一定的声望等，很容易取得被告人的信任与合作。被告人出于对辩护人的信任及对辩护成功的期望，愿意向辩护人提供有利于辩护的事实和证据，为法庭辩论提供资料。同时，被告人对辩护人的期望及其所提供的某些有利于辩护的事实和证据，也会促使辩护人对被告人产生同情心，增强辩护的责任感和成功的信心。

2. 庭审中与公诉人的交往

在法庭调查中，辩护人通过与公诉人的交往，不仅掌握了公诉人指控被告人的犯罪事实和证据材料，分析有利于被告人的某些事实和证据，同时还可以掌握公诉人的办案能力、气质、性格等方面的个性特点，初步形成法庭辩论的心理对策。

二、公诉人、辩护人在法庭辩论中的心理状态

（一）公诉人的心理状态

1. 优越感、正义感、使命感

公诉人与辩护人在诉讼中虽然地位平等，但公诉人是代表国家

支持公诉，肩负着保卫国家、社会利益和广大人民群众合法权益的职责。这种身份和职责使其觉得与辩护人相比，有作为国家公诉人的优越感，及指控、证实犯罪的正义感、使命感。

2. 自信与镇定

公诉人认为自己手中既掌握着公安机关移送的被告人犯罪事实和证据的全部材料，又在庭审前和庭审中讯问过被告人，掌握着被告人进行供述和辩解的全部内容，如果在辩论中辩方拿不出有价值的证明被告人无罪或罪轻的证据材料，公诉人就会对胜诉充满信心，从而在法庭辩论中就会表现出自信与镇定。

3. 紧张与应变

在法庭调查中，如果辩方提出了公诉人尚未掌握的可以证明被告人无罪或罪轻的证据，或者是证人、被害人改变了证词，或者是缺乏经验的公诉人面对有声望、辩护经验丰富的律师和众多旁听群众，担心在辩论中答辩不力或无言以对时，公诉人会产生一定的紧张心理。在这种情况下，公诉人注意力高度集中，紧张地思考着答辩的内容、方法和对策。当公诉人发现提起公诉的案件证据不足，需要补充侦查时，会马上采取应变措施，提出延期审理的建议。

（二）辩护人的心理状态

1. 利害关系感

辩护人是被告人合法权益的专门维护者，辩护是他们在诉讼中的重要职能，而法庭上的辩护更能直接体现辩护人职能。因此，辩护人具有一定的利害关系感和责任感。尤其是辩护人经过调查发现确系冤假错案或存在非法审讯等严重侵害被告人权益的情形，辩护人对案件的利害关系感更为强烈。在这种情感的支配下，法庭上辩护人会仔细听取公诉人的论点论据，进行针锋相对地辩论，竭尽全力为被告人做无罪辩护。如果法庭的判决不利于被告人，辩护人还会鼓励被告人上诉。

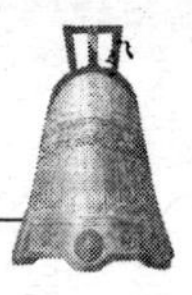

2. 消极应对

在案件事实清楚，证据确实充分，从轻、减轻的辩护理由难以立足的案件中，辩护人已经能够预测到判决结果。这时，辩护人在辩论中应对公诉人的指控就会变得消极，往往只在细枝末节上进行辩护。有的辩护人还会劝说被告人认罪，以获得宽大处理。

3. 紧张心理

在激烈的辩论中，辩护人紧张心理在所难免。初次参加辩论的辩护人，对辩论环境不熟悉，容易出错，加剧紧张感；复杂严重案件的辩护人，在辩论过程中对公诉人的论点没有预测到，一时又难以反驳，紧张感顿生；遇到较强的公诉人时，辩护人也会产生紧张心理。

4. 胆怯心理

出庭次数少、经验不足的辩护人容易产生胆怯心理。面对公诉人咄咄逼人的发问，辩护人不敢提出针锋相对的反驳意见，在紧张激烈的辩护气氛中胆怯害怕、举棋不定，以至于往往在辩论中处于被动，难以实现预先准备好的辩护效果。

5. 理智沉着

具有丰富经验的辩护人在“有理可辩”的案件中不急不躁，不露欣喜之色，按部就班进行辩论和阐述，处处压制公诉人，使辩论形势有利于己方；而在难以辩护的案件中，即使面对公诉人盛气凌人，也理智地据理力争，表现冷静，让对方无机可乘。

三、辩护人进行法庭辩护的动机

辩护动机是指支配辩护人为被告人进行无罪或罪轻辩护的内心起因。辩护人中除少数是被告人的亲属、朋友外，绝大多数是从事法律服务工作的专、兼职律师。被告人的亲朋出庭为被告人辩护，其唯一动机就是争取判决被告人无罪，或从轻、减轻、免除被告人的刑罚。律师出庭辩护的动机，总的来说是履行律师指责，维护被告人合法权益，具体来说就较为复杂一些。如果以动机的社会价值为标准，可分为公益性动机和私欲性动机两大类。

（一）公益性辩护动机

1. 维护法律权威

通过法庭辩论，律师指出公诉人在起诉书中有关被告人犯罪事实、证据认定方面的错误，或者法律适用方面的不当，对审判人员在案件认识方面施加积极的心理影响，以保障对案件作出客观、公正的判决，维护法律在公众中的权威形象。

2. 维护被告人的合法权益

在法庭辩论中，律师从有利于被告人的事实、证据和法律的适用出发，为被告人作无罪或罪轻的辩护，使无罪的被告人得到解脱，使具有从轻、减轻、免除处罚情节的被告人，得到从轻、减轻、免除刑罚的处罚，从而在法律允许的范围内，维护被告人的合法权益。

3. 进行法律宣传

通过法庭辩论，律师对被告人及旁听群众进行法律知识和守法意识的宣传教育活动，使被告人正确地认识自己的罪行和罪责，认识法庭判决的客观性和公正性，做到认罪服法，使旁听的群众增强守法的意识和观念。

律师出庭辩护的公益性动机往往不止一种，而是几种动机的复合。凡是出于公益性动机出庭辩护的律师，在辩论中都会表现出对法律和被告人高度负责的责任心。

（二）利己性辩护动机

律师出庭辩护的利己性动机主要有以下几种。

1. 沽名

有的律师出庭辩护，不仅是为了维护国家、社会的利益和被告人的合法权益，而且把提高自己的知名度放在重要地位。因此在法庭辩论中，故意做作、夸夸其谈，借机炫耀自己的法律知识和论辩口才，给听众以华而不实的感觉。

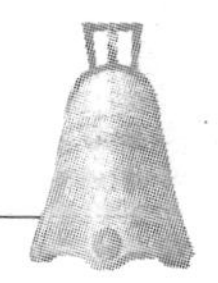

2. 图利

有的律师把出庭辩护作为发财致富的重要机会和手段，故意违反规定，收取委托人的高额报酬，并对委托人作出胜诉的承诺。为了兑现所作的承诺，在法庭辩论中常常置法律和事实、证据于不顾，纠缠枝节，诡辩、狡辩。

3. 争强好胜

有的律师争强好胜，在法庭辩论中总想占上风，特别是当公诉人在辩论中言辞失当时，情绪容易失控，往往反唇相讥，使公诉人处于难堪的境地。有时甚至脱离案件的事实、证据和法律适用等基本问题，忘记了辩护律师的职责，转向与公诉人作个人意气之争。

审判人员应当掌握律师出庭辩护的动机，及时调控公诉人与辩护人之间的辩论活动，从而使法庭辩论有序地进行。

四、公诉人与辩护人在法庭辩论中的心理冲突

公诉人与辩护人在法庭辩论中的角色与职责不同，是控方与辩方之间的对立、竞争的交往关系，在法庭辩论中必然产生心理冲突。

（一）认识冲突

（1）犯罪事实认定上的冲突。由于控辩双方的职责不同，看问题的角度也就会不同，因而在对被告人犯罪事实的认定难免产生分歧：公诉人认为有罪或罪重，辩护人可能认为无罪或罪轻；公诉人认为是数罪，辩护人可能认为是一罪。

（2）证据认定上的冲突。由于控辩双方在法庭辩论中任务的差异，在对某些证据的可靠性、合法性和证明力的认识上，有时就会产生分歧。

（3）适用法律认识上的冲突。由于控辩双方对被告人的犯罪事实和证据的认识不一，在法律适用方面也将产生分歧。即使是对犯罪事实和证据的认识一致，也难免在定罪量刑时关于法律条文的适

用方面产生分歧。

公诉人与辩护人在辩论中产生某些认识冲突是正常现象。审判人员认真分析这些认识冲突，对于全面地认识案件，作出正确判决，是非常有益的。

（二）情感冲突

控辩双方在激烈的法庭辩论中，由于情感失控，用词不当，有时会导致双方的情感冲突，出现不理智的辩论行为。控辩双方的情感冲突不利于法庭辩论的正常进行，审判人员应当审时度势，及时进行调控或制止。

（三）意志冲突

公诉人与辩护人都希望通过法庭辩论，使审判人员采纳自己关于对被告人定罪量刑的意见，达到自己的诉讼目的。这必将导致双方的意志冲突。例如，公诉人认为被告人有罪而被判无罪，或认为量刑畸轻，就会依照法定程序抗诉；如果辩护人认为被告人无罪而被判有罪，或认为量刑畸重，就会动员被告人上诉。

五、法庭辩论心理对策

在法庭辩论中，由于公诉人与辩护人都希望取得辩论的胜利，因此在辩论中，都需要针对对方的心理状态、个性特点以及案件本身的事实、证据情况，采取一定的辩论心理对策。

（一）先发制人

在法庭辩论中，公诉人代表国家追诉犯罪，是主动进攻的一方；辩护人接受被告人的委托，依法维护被告人的合法权益，扮演着防御者的角色。但这并不意味着辩护人在法庭辩论中总是采取防守的策略，根据案件的具体情况，如起诉书中所认定的犯罪事实和所提供的证据在法庭调查中有的已被否定，或者有利于被告人的事实和证据材料在法庭调查中予以肯定，这时辩护人往往采取主动出击的先发制人对策。辩论一开始，就在第一轮发言中详尽地阐述公

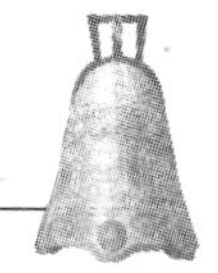

诉人所指控的某些事实、证据不能认定的根据，力求在审判人员和旁听群众中，对自己的发言形成鲜明的印象，产生良好的首因效应。在以后的发言中，针对公诉人的答辩，仍紧追不舍，迫使公诉人由攻势完全转为被动防守。

公诉人在法庭辩论中也常常使用先发制人的辩论对策。如通过法庭调查，当起诉书所认定的犯罪事实和证据经过审核属实，被告人也作了供述，辩方没有提出多少有价值的意见时，公诉人在第一轮辩论的发言中，就可以主动出击，详细阐明对被告人所认定的犯罪事实、证据和法律依据，对审判人员和旁听群众施加积极的心理影响，在法庭形成认同公诉人观点的氛围，从而使公诉人在辩论的第一轮发言中，就处于主动的地位。

先发制人对策的运用，重要的是论辩者要利用案件事实和证据上对自己一方的有利形势，善于抓住机会，主动出击。如果案件的事实和证据难以认定，即使想先发制人，也会被对方驳倒，使自己处于不利地位。

（二）后发制人

控辩双方在辩论之初，有的公诉人由于一时尚摸不清辩护人的观点、证据及法律依据，因此，在辩论中常采取防守的对策。等到辩护人将辩护的观点、事实和法律依据全部说出以后，再抓住其辩护中的失误进行全面系统的批驳，从而使辩护人处于再无力反驳的被动境地。

（三）适时反击

控辩双方为了使自己处于有利的地位，往往抓住对方在辩论中出现某些失误的有利时机，及时予以反击。如抓住在辩论中出现的逻辑错误、适用法律和认定事实方面的错误，及时进行批驳，使对方无以言对，处于难堪的境地。

（四）辩论中的自我心理调控

控辩双方不同的气质、性格、能力等个性特点，直接影响着法庭的辩论活动。双方都从辩论需要和彼此的个性特点出发，对自己的心理活动自觉地进行调控，以提高辩论的效果。

六、法庭辩论中的思维过程

在辩论中，控辩双方除了提供相关的事实与证据之外，在阐述辩论理由时，主要是运用逻辑思维。因此，双方逻辑思维水平发挥得如何，是至关重要的。

（一）法庭辩论中逻辑思维的特点

1. 思维的整体性

对案件的整体性思维是法庭辩论的立足点。控辩双方对于被告人有罪与无罪、罪重与罪轻以及法律的适用问题的观点，都是以对案件的整体性思维为根据的。即使是针对某一个具体的事实或证据的认定与否定进行辩论，也是以对案件的整体构思作基础，并根据整体构思安排辩论的步骤和方法的。

2. 思维的论战性

在法庭辩论中，控辩双方都想通过辩论证明自己观点的正确性，以此驳倒对方的观点。为了达到这一目的，在相互辩论的言语交锋中，不仅需要以确凿的事实、充分的证据和正确适用法律条款作为基础，而且还要以准确、犀利、富有感染力和战斗力的语言，与对方进行辩论。

3. 思维的敏捷性

“兵无常势，水无常形”。在法庭辩论中，形势千变万化，控辩双方都可能遇到自己事先没有预料到的且需要马上作出答辩的问题。而且随着双方思维内容的展现，往往给对方以启发，使之提出一些新的观点和疑问。因此在辩论中，需要思维敏捷，接收、分析、理解对方发出的信息要快，并迅速作出理智的反馈。

（二）法庭辩论中的思维过程

法庭辩论中的思维过程，是指控辩双方围绕着被告人有罪与无

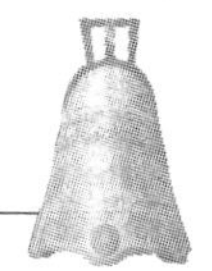

罪、罪重与罪轻以及法律的适用等内容所展开的思维的逻辑证明与反驳过程。

1. 辩论中思维的逻辑证明过程

在法庭辩论中，不论是公诉人还是辩护人，在论证自己观点的正确性时，所运用的都是逻辑方法。如公诉人发表公诉词时，总是根据公安机关调查、核实的犯罪事实、证据材料和法律规定，从总体方面分析，说明被告人犯罪的性质、社会危害性及法律适用上的观点的正确性。辩护人在发表辩护词时，也总是根据有利于被告人的某些事实、证据和法律规定，全面阐述被告人无罪或罪轻的观点。控辩双方在这里所运用的都是逻辑的证明过程。

2. 辩论中思维的逻辑反驳过程

在法庭辩论中，公诉人与辩护人根据法庭核实的事实、证据和法律规定，反驳对方的某些错误观点，就是思维的逻辑反驳过程。

第四节　定罪量刑心理

庭审活动结束以后，根据法庭核实的被告人的犯罪事实和证据，经合议庭评议，就要依法对被告人作出判决。研究审判人员对被告人进行定罪量刑过程中的心理活动规律，对于审判人员自觉进行自我心理调控，提高审判工作质量，具有一定意义。

一、定罪量刑的心理过程

审判人员对被告人作出判决的过程，就是对案件的认识和判断以及作出决定的过程。审判人员对案件的认识大体经历以下几个过程。

（一）对案情的全面感知与记忆过程

通过法庭调查、辩论和被告人的最后陈述，又通过审判人员自己的感知和记忆，审判人员已经掌握了关于被告人犯罪事实和证据的正反两方面的信息，对于整个案情有了全面、深入的了解，从而为审判人员对案件作出分析与判断奠定了基础。

（二）对证据的分析与判断过程

公诉人所指控的犯罪事实是否清楚，犯罪是否成立，其关键在于所提供的证据是否确实、充分。因此，审判人员在对案件进行合议的过程中，对于证据的分析与判断，主要应围绕着证据是否确实、充分进行。

只有确实的证据，才能作为对被告人定罪量刑的根据。因此，对证据的真实性进行分析与判断，是合议庭合议的一项重要内容。物证、证人的证言证词、被害人的证言证词、鉴定结论等，这些证据虽然在法庭调查过程中已经过审核，但在合议庭对案件进行合议过程中，对其确实性仍然需要逐一作出分析与判断，验证其客观真实性。分析与判断的方法，除了需要审核单个证据的真实性，主要是将这些证据综合在一起，看其相互之间是否有矛盾：没有矛盾、能够协调一致地说明被告人有罪与无罪、罪重与罪轻的，自然就可以作为定罪量刑的根据；有矛盾甚至在关于被告人有罪与无罪问题上有重大矛盾的，就说明有些证据是不确实的，因而就不能作为定罪的根据。

证据不仅确实而且还必须充分，才能对案件进行判决。因此，在合议庭对证据的确实性进行合议的基础上，还应进一步对证据是否充分作出分析与判断。证据充分与否的标准，是看在决定被告人有罪与无罪、罪重与罪轻的问题上，是否将应当具备的证据都已全部收集到，并形成证据完整的链。特别是在决定被告人有罪与无罪问题上，关键性的证据一个也不可缺少，否则就是不充分，不能作出判决。

（三）对被告人供述与辩解的分析与判断

对被告人在法庭上所作的有罪供述和无罪辩解作出分析与判断，也是合议庭合议的一项重要内容。对于被告人的供述是否真实

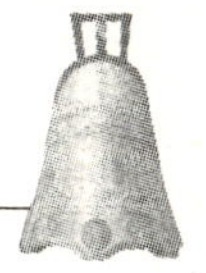

可靠，是否全面彻底，有无避重就轻倾向，其无罪辩解是否有道理等，审判人员应将自己在法庭调查和辩论中获得的印象和收集到的各种证据相互印证，在全面分析的基础上，作出判断。这是对案件作出判决的思维逻辑过程。

（四）法律条款的适用

合议庭对案件进行全面分析、综合后，就应根据已查明的事实和证据，依照有关法律规定作出判决。对于犯罪事实清楚、证据确实、充分的案件，在依法正确确定罪名之后，就应根据犯罪的具体情节和刑法的有关规定，作出有罪判决，并予以量刑。根据事实和证据，认为被告人无罪的，应依法作出无罪判决。对于证据不足，不能认定被告人有罪的案件，应作出证据不足，所指控的犯罪不能成立的无罪判决。

二、影响审判人员定罪量刑的因素

审判人员对于案件的事实和证据以及定罪量刑所应适用的法律条文认识正确与否，是审判成败的关键。因此，研究审判人员在审判认识过程中的心理活动规律，对于提高审判质量十分重要。审判人员对案件的认识，既受自身主观因素的制约，也受许多客观因素的制约。

（一）影响审判人员对案件认识的自身心理因素

影响审判人员对案件认识的自身心理因素很多，既有情感方面的因素，也有认识方面的因素，还有自身的经验和性格方面的因素等。

1. 情感因素

（1）责任感。责任感和工作态度是紧密相连的。具有高度社会责任感的审判人员，对于案件（特别是疑难案件）中的每一个事实、情节和证据，都会认真地进行审查和核实，耐心听取控辩双方的不同意见，在广泛听取各方面意见的基础上，进行分析与综合，从而对案件作出客观而公正的判决。而缺乏责任感的审判人员，则会认为案件已经过侦查、预审、批捕、起诉等多道程序，不会有什么问题。因此，在法庭审理中，对于起诉书所认定的犯罪事实，不引导诉讼参与人充分举证、质证和辩论，不认真听取被告人的辩解和辩护人的辩护意见，在公诉人的指控与举证之间、证据与证据之间、证据与供述之间出现明显矛盾的情况下，简单地依靠起诉书的指控判决了事，从而造成冤假错案的发生。

（2）厌恶、憎恨。有些被告人的犯罪手段野蛮、残忍，动机卑鄙、下流，往往引起审判人员对被告人的厌恶、憎恨情绪，并进而影响到对被告人的量刑。当审判人员，特别是女性审判人员，带着这种情感审判强奸妇女案和奸淫幼女案件时，往往在法定量刑的范围内判处较重或最重的刑罚。

（3）同情、怜悯。有些案件，如由于家庭环境恶劣造成的未成年人犯罪的案件，或由于被迫害激于义愤而实施的报复性伤害犯罪案件，及“大义灭亲”的案件等，对于这类案件的被告人，审判人员（特别是陪审员）极易产生同情和怜悯情绪，从而提出对被告人从轻、减轻刑罚，甚至免除处罚的意见。

2. 知识结构

刑事案件的复杂性和多样性，涉及社会生活和自然界方方面面的知识。审判人员应当具有广博的知识面，这对于审判人员全面、正确地认识和审理案件有重要影响。例如，如果不懂得心理学和司法精神病学的知识，就无法对被告人的精神状态及其刑事责任能力作出准确判断，对于精神鉴定结论的客观性、权威性也缺乏鉴别能力，特别是对于那些企图逃避刑事责任而伪装精神病的被告人，也不易识破其真假。再如，如果缺乏企业管理方面的知识，对于厂矿企业中责任事故的鉴定结论就缺乏鉴别能力，从而直接影响对这类案件的正确审判。

3. 认识能力

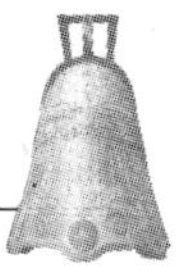

审判人员的感知、记忆能力，特别是思维能力，对于案件的认识有重要影响。只有具有敏捷而严密的逻辑思维能力和全面、深刻的辩证思维能力，才能对案件作出正确的分析与综合，从而对被告人正确地定罪与量刑。

4. 经验

审判人员在长期的司法实践中积累了丰富的审判经验，头脑中存储着审理各种案件的成功和失败的案例，这对于正确地认识和处理目前正在审理的案件，具有重要的借鉴意义。实践证明，具有丰富审判经验的审判员所审理的案件，定罪量刑的准确性普遍较高。但如果囿于经验主义，机械搬用已有的审判经验，也容易造成错判。

5. 性格

审判人员的性格对案件的认识也有一定的影响。实践证明，理智型性格的审判人员对案件定罪量刑的客观性和准确性，一般优于情绪型性格的审判人员。性格宽容的审判人员和性格严厉的审判人员相比，面对犯罪性质相同、犯罪情节相似的案件，前者量刑一般较轻，后者量刑一般较重。

（二）影响审判人员对案件认识的客观因素

在审判人员对被告人定罪量刑时，不仅其主观心理因素对其认识与处理案件有一定的影响，某些客观因素对其也有一定的影响，在某些特定情况下，还可能发生重要的影响。

1. 社会思潮的消极影响

在对被告人定罪量刑时，某些社会思潮和人们普遍认同的社会心理倾向可能对审判人员的认识产生重要的影响。如在以阶级斗争为纲的年代里，审判工作中之所以出现许多的冤假错案，除了法律知识的局限和刑事政策指导思想方面的问题以外，从审判人员认识的角度分析，与当时泛滥的极左思潮的影响也有一定关系。

2. 当事人社会关系干扰的消极影响

被告人的亲属为使被告人逃脱惩罚或从轻、减轻处罚，被害人的亲属为了加重对被告人的处罚，往往利用各种社会关系，采取各种手段，在开庭前后积极活动，企图通过对审判人员施加影响，来干扰其秉公执法的意志，从而在审判人员对被告人定罪量刑时对其认识产生消极影响。

3. 社会舆论的影响

有些案件，经新闻媒体的传播，引起了社会公众的广泛注意，对案件如何定罪量刑，在社会上形成了某种心理定势或舆论倾向。这种舆论倾向会自觉、不自觉地影响审判人员对被告人从轻或从重处罚。

4. 不正之风干扰的消极影响

开庭审理前后，有些被告人的亲属通过其权势、地位、关系网和金钱等，对审判人员施加压力或进行腐蚀。这种不正之风不仅会对审判人员的认识产生消极影响，而且干扰审判人员秉公执法的意志，致使审判人员或迫于压力，或徇私情而作出枉法裁判。

5. 公审时法庭氛围的影响

当对案件进行公开审理时，通过法庭调查、辩论和被告人的最后陈述，在旁听群众中往往会形成一定的心理效应。如对被告人犯罪行为的极端愤恨，希望法庭从重判决；或对被告人表示同情、怜悯，希望法庭从轻判决等。旁听群众的这种自发的共同认识和感情共鸣所形成的法庭氛围，对审判人员（特别是陪审员）如何对被告人定罪量刑，也有一定的影响。

总之，在对被告人定罪量刑时，审判人员了解可能影响自己正确认识的各种主客观因素，对于自觉地进行自我心理调控，排除来自主客观方面的各种消极因素的干扰，具有重要的意义。

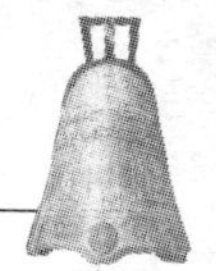

思考题

1. 法庭交往关系有哪些特点?
2. 法庭交往中有哪些心理互动?
3. 被告人在庭审中有哪些心理活动?
4. 证人出庭作证时有哪些心理活动?
5. 被害人出庭作证时有哪些心理活动?
6. 影响审判人员对被告人定罪量刑的主客观因素有哪些?

第十三章 刑罚心理

在我国法律体系中，刑事法律是一个重要组成部分。根据刑事法律的规定，凡行为人实施危害社会的行为，触犯刑法有关条款的规定，且具备刑事责任能力者，应追究其刑事责任，给予刑罚惩罚。古往今来，刑罚有生命刑、身体刑、自由刑、财产刑、权利刑和名誉刑等不同刑种。在现代刑罚理论和实践中，最基本的刑罚是自由刑。各种刑罚（尤其是自由刑）将产生何种社会效应和个体心理效应？怎样评价刑罚的效果？在刑罚实施过程中应注意哪些心理学问题？本章将就刑罚心理的有关问题展开讨论。

第一节 刑罚的效应

一、刑罚的概念、本质与演化

（一）刑罚的概念

犯罪与刑罚是两个紧密相连、具有因果关系的概念，也是刑罚学研究的两个基本问题。有人把犯罪与刑罚比做一对孪生儿，亦无不可。因为，无论在何朝何代，无论在什么情况下，只要有犯罪存在，代表国家强制力的司法机关就要运用刑罚手段加强同犯罪的斗争，这是一种普遍的、规律性的现象。正如马克思所指出的那样："刑罚不外是社会对付违反它的生存条件（不管这是些什么样的条件）的行为的一种自卫手段。"① 如果说，犯罪是对社会秩序与利

---

①《马克思恩格斯全集》第8卷，人民出版社1972年版，第579页。

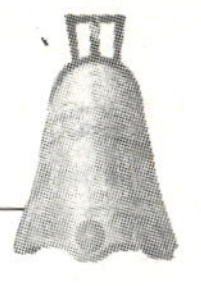

益的肆意进攻，刑罚就是运用国家强制力所进行的积极而有效的防御。

总之，刑罚是由国家确定的，由法院以国家名义依法适用，强制执行的对被告人实行的最严厉的制裁方法；它是对被告人某种利益和权利（生命权、自由权、财产权、名誉权以及政治权利等）的剥夺，并表现出国家对犯罪行为的否定评价。

刑罚具有以下几个主要特征。

1. 刑罚是由国家最高权力机关确立的强制措施

按照我国宪法规定：我国立法机关是全国人民代表大会及其常务委员会；省、市、自治区人民代表大会及其常务委员会在不与宪法、法律、行政法规相抵触的前提下，有权制定地方法规；国务院及其部委也有在一定范围内颁布行政法规、确定行政制裁措施的权力。但是，只有全国人民代表大会这一最高权力机关才有权制定、修改刑事法律，在全国人民代表大会闭会期间，全国人大常委会有权对刑事法律进行部分补充和修改，但不得同该法律的基本原则相抵触。地方各级人民代表大会和从中央到地方的各级人民政府，均无权制定、修改刑事法律，即无权确立刑罚。因此，刑罚具有由国家最高权力机关确立的特征。

2. 刑罚是最严厉的强制性制裁措施

在国家颁布的法律中，规定了由国家强制力予以保证的一系列法律制裁措施，如刑事制裁、民事制裁、行政制裁、经济制裁等处罚措施，但只有于刑事法律之中规定的制裁措施才能称之为刑罚，刑法以外的任何其他制裁措施，均不能称之为刑罚。就其严厉程度而言，各种制裁处罚措施中最严厉者，莫过于刑罚。刑罚不仅可以剥夺被告人的财产，而且可以剥夺其政治权利、人身自由，乃至剥夺其生命。而其他制裁措施远不如刑罚严厉。

3. 刑罚是由审判机关适用，由特定机构执行，以犯罪人为对象的处罚措施刑罚惩罚的对象，只能是触犯刑法的刑事犯罪人。刑罚是犯罪的当然法律后果，犯罪人则是刑罚惩罚的唯一承担者。对犯罪人的定罪量刑和执行，由国家的专门审判机关和行刑机关（法院、监狱、公安机关）施行，其他任何机关均无权适用和执行刑罚。

4. 刑罚是由成文的刑事法律加以规定的惩罚措施

刑罚惩罚的罪名、刑种、刑期等实质性问题，必须由刑事实体法加以明文规定；刑罚惩罚的适用和执行的程序问题，必须由刑事程序法作出规定。任何未经刑法明文规定的违法行为均不应视为犯罪，因而不适用刑罚惩罚；任何违反刑法与刑事诉讼法规定的惩罚措施，都必须加以纠正。换言之，如果没有刑事法律依据，刑罚惩罚就不具有合法性。

（二）刑罚的本质

刑罚的概念和特征已如上述。然而，刑罚的本质是什么？有的学者认为刑罚的本质在于专政性和独裁性，有的学者认为刑罚的本质在于它的惩罚性和报复性。自近代刑法学界提倡教育刑理论以来，西方一些学者又认为，刑罚的惩罚性不过是它的形式，教育性才是它的实质。

那么，到底什么是刑罚的本质呢？怎样考察这种本质才符合科学的思维呢？笔者认为，考察刑罚的本质，必须从刑罚的起源和功能出发，来挖掘所有刑罚的共同属性和刑罚惩罚区别于其他制裁手段的特殊性。由此，我们可以从四个不同的视角来认识刑罚的本质。

1. 刑罚的政治本质

从刑罚的起源看，刑罚的政治本质在于它的阶级性和专政性。刑罚惩罚和其他法律一样，孕育于原始社会公有制的解体，分娩于阶级的出现与国家的诞生，脱胎于无阶级时期的复仇惯例。只有代表统治阶级意志的国家，才能根据其意志认定哪些行为是严重的危害行为，应视为犯罪，规定何种犯罪行为应给予何等刑罚惩罚，因

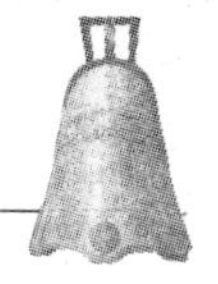

而刑罚的阶级性与专政性自不待言。

2. 刑罚的社会本质

从刑罚的功能看，刑罚的社会本质在于它的社会防卫性。刑罚的功能即刑罚的社会作用无疑是多向性的，但其中最主要的功能在于对严重危害社会秩序和社会生存的行为给予惩戒、警示和威慑，借以维护该社会的各种权益及日常生产与生活的有序运行。不妨说，是犯罪行为对社会生存的侵犯在先，才构成刑罚惩罚于后，刑罚惩罚的防御性大于进攻性。同其他法律一样，依法惩罚也具有阶级性和社会性这样的双重属性。随着人类社会的发展与进步，刑罚惩罚的社会性及其对于社会公共利益与秩序的维护作用将更为突出和显著。

3. 刑罚的法律本质

从刑罚的内在同一性与外在差异性上看，刑罚的法律本质在于其惩罚的严厉性。无论何种刑罚，都包含着给予犯罪人以有形的损害和无形的谴责两个方面的内容，对受刑者来说，这是一种较大的痛苦和严厉的惩罚。然而，所有刑罚的共性——惩罚，还不足以显示它区别于其他制裁措施的特殊性。最能显示刑罚不同于民事制裁、行政制裁、经济制裁的特征在于刑罚惩罚的严厉性。至于刑罚的教育性，不过是刑罚惩罚性的延伸和功能的扩展。正是由于刑罚惩罚性的严厉，才构成对人们的警戒与教育。离开了刑罚惩罚的严厉性，刑罚的教育性便无从实现。或者说，教育性是某种刑法理论所提倡的刑罚目的与功能，而非刑罚的本质。

由此可知，刑法的本质是政治本质上的阶级性、专政性，社会本质上的社会防卫性，法律本质上惩罚的严厉性三者的有机结合与统一。

（三）刑罚的演化

作为一种社会法律制度，刑罚不但应社会发展的需要而产生，而且也随着社会的发展而进化。自刑罚产生后，经历了奴隶制时期以复仇和报复为主要特征的刑罚，封建时期以严刑峻法相威吓为主要特征的刑罚，资产阶级革命时期的罪刑法定、罪刑相适应和刑罚人道化为主要特征的刑罚，以及当代以目的刑、教育刑和刑罚个别化为主要特征的刑罚等阶段。从总的趋势看，刑罚的演化具有以下特征。

1. 刑罚体系的中心由死刑、肉刑转为自由刑

在中世纪及其以前的刑罚体系中，死刑、肉刑（即身体刑）占有重要地位，许多罪名都可处以死刑和肉刑。到了自由资本主义时期，大部分国家受人道主义的思想影响，纷纷废除肉刑，限制死刑适用范围。自此，自由刑开始取代死刑和肉刑而在刑罚体系中居于首要地位。现代社会中，已有数十个国家通过立法程序废除了死刑(对此学术界意见不一，尚有争论，司法实践中也出现反复)，或进一步规定把死刑限制在一种或几种犯罪的适用范围内，然而，在司法实践中很少适用。仍然保留肉刑的只有少数几个国家。在全世界范围内，自由刑的主体地位进一步确立。

2. 刑罚由繁到简

在奴隶制和封建制社会，刑罚的种类繁多，执刑方式五花八门。以中国封建时代的秦律为例，便设有生命刑 19 种、身体刑 15 种、使役刑 32 种、流（放）刑 5 种、财产刑 9 种及资格刑 2 种。而近代和现代的刑罚，各国刑法典均大量削减刑种，实现了死刑执行方式的单一化（或予以废止），基本上废除了肉刑和流（放）刑，形成了以生命刑、自由刑、财产刑与资格刑组成的简化的刑罚体系。自由刑的执行方式也趋于单一化。

3. 刑罚由严酷到缓和

虽然刑罚惩罚较之其他法律制裁措施较为严厉，但就刑罚本身的发展演化趋势看，已是越来越缓和。奴隶制与封建制时期那种滥用私刑、广施肉刑（重者毁人肢体、容貌和生殖机能，轻者鞭笞、杖击）、轻罪重罚、株连无辜等现象已基本消失。各国对刑及无辜、

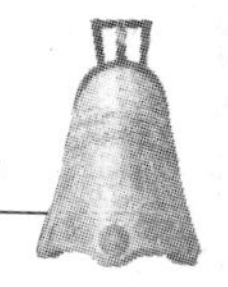

法外用刑的禁止，对肉刑的废除以及对死刑的限制，大大削弱了刑罚的严酷性。就当今世界的刑罚发展趋势而言，短期自由刑、介乎监禁与自由之间的中间式处遇机构以及假释的广泛适用，已使得长期监禁、终身监禁和死刑退居次要地位。

4. 刑罚由注重已然转向防患于未然

中世纪及其以前的刑罚惩罚，注重报复与威吓；当今的刑罚，注重转化与矫正，并且以受刑人回归社会、成为守法公民作为执行刑罚的宗旨，以减少犯罪率和预防重新犯罪作为刑罚目的。注重刑罚的社会预防功效是刑罚演化的又一重要趋势。

二、刑罚的社会心理效应

刑罚的施行，不仅对犯罪人（刑罚的承受者）产生直接的心理影响，同时也对被害人乃至广大的社会人群产生一定的心理效应。这两方面的结合，构成刑罚的社会心理效应。

（一）畏惧效应

畏惧效应即威慑效应，也就是使犯罪者和潜在犯罪者因畏惧刑罚的威严而停止作恶，不敢以身试法。不少学者认为，畏惧或威慑效应是刑罚的基础性效应，是刑罚本质在犯罪者和潜在犯罪者心理上的首要功能和第一心理反应。从刑罚诞生前直到现在，无论从原始社会的禁科到奴隶制社会的刑律，从假托神意的“神判”到以武力“复仇”或索取经济赔偿，从中世纪的严刑峻法到今天的“人道化”的刑罚，从心理学的观点看，都是给人造成一种畏惧心理，使犯罪主体在肉体上、精神上或物质上付出一定的代价，利用生物保存自己、回避损害的本能，来摧毁已犯罪或欲犯罪者的犯罪意志而收到效果。费尔巴哈（Feuerbach）曾以心理强制说的刑罚理论著称于世。心理强制说的核心就是用法律进行威慑。这种威慑又可作立法威慑和司法威慑、个别威慑和一般威慑的划分。

立法威慑指国家在立法中确定犯罪与刑罚的关系，规定什么样的行为是应受刑罚惩罚的犯罪行为，列举各种罪行应科以何种刑罚及刑罚的幅度，通过法律宣传晓谕公众和潜在犯罪者，使其事先知道犯罪将要承受刑罚，产生望而生畏的心理效应。司法威慑是指国家司法机关对犯罪者具体适用和执行刑罚，使潜在犯罪者因目击他人受刑之苦而从中得到警戒。立法威慑和司法威慑是紧密联系、不可分割的。立法威慑是司法威慑的前提，司法威慑是立法威慑的具体化，也就是使抽象的刑罚变为现实的刑罚，说明法律的威严和“违法必究”之不可避免，从而加强犯罪分子对刑罚的畏惧心理，产生威慑效应。

个别威慑是对犯罪者本人的威慑，包括行刑前威慑和行刑后威慑。前者是行刑前犯罪者基于对刑罚的畏惧而停止作恶或主动投案自首争取宽大处理，后者是行刑后犯罪者实际体验到受刑的痛苦而不敢重新犯罪。一般威慑是指刑罚的确立与执行对潜在犯罪者的威慑。个别威慑和一般威慑不可分割。

（二）分辨效应

分辨效应又称鉴别效应，是刑罚教育性的直接体现，即通过刑罚的制定、适用和执行，能够使犯罪者和广大社会成员分辨罪与非罪的界限，鉴别哪些是合法行为，哪些是违法犯罪行为。心理学家根据对动物施行电击或其他惩罚实验的结果认为，刑罚（惩罚）可以帮助犯罪主体辨别哪些是可以被社会接受的行为，哪些是遭到社会拒绝的行为，从而修正自己的行为轨迹。刑罚的分辨效应是对刑罚畏惧效应的必要补充。因为畏惧效应只能使犯罪者或潜在犯罪者（有犯罪意图或犯罪倾向的人）知道犯罪的严重后果——于己不利，却不能使他们分辨犯罪行为与合法行为的界限，不能帮助他们懂得如何通过合法途径去获取利益。而分辨效应则起到了鉴别的作用，尤其是对于不知法、不懂法者，产生了鉴别是非的效果。分辨效应不仅在犯罪者本人心理上产生，也可以通过对某一案例的司法审判与刑罚的执行，使社会上其他人认清何者当为，何者不当为。

（三）预防效应

预防效应是畏惧效应和分辨效应的延伸和必然结果，即对少数犯罪者执行刑罚，是对多数人的警戒，产生“惩前毖后”“杀一儆百”的效果。对刑罚的畏惧，可以起到预防犯罪的作用，历来为政治家、法学家所重视。我国战国时期的韩非早就主张以重刑进行威慑，提出“重一奸之罪而止境内之邪”①。刑罚的分辨效应可起到教育人们知法、懂法、守法的作用，其预防犯罪的效果自不待言。

刑罚的预防效应又可分为一般预防效应和特殊预防效应。一般预防是指通过刑罚的实施，使那些有犯罪思想和犯罪意向的人，放弃作恶念头，悬崖勒马，改弦易辙，把他们从犯罪边缘上挽救过来。特殊预防是指对犯罪人执行刑罚、严格管理并进行教育感化和矫治，不仅可以起到剥夺其再次实施犯罪条件的作用，而且力求使他们幡然悔悟，重新做人，从而起到预防再犯罪的作用。

（四）安抚效应

古希腊的亚里士多德（Aristotle）早就认为，通过对加害者处以刑罚，可以减轻被害者所受到的痛苦，愤怒的情绪渐次消除，心灵的创伤得以愈合和平复。被害人还可以通过对犯罪者的刑罚，对国家司法机关产生信赖感，树立起法律是维护公平和正义的利剑，国家是广大公众的强大后盾，社会有力量抑恶扬善的信念，从而增强法律意识，消除因被害而产生的仇恨和报复情绪，防止和避免私人报复，恢复个人心态和社会心理秩序的平衡。由此可见，及时打击犯罪，充分发挥刑罚的安抚效应，对于伸张正义，培养公民的法律信念和法律情感，增强社会安全感，具有重要的意义。

（五）鼓舞效应

刑罚的施行，不仅打击了犯罪者的嚣张气焰，也起到了匡正祛邪、抑恶扬善的作用，无疑会对社会上的广大公众产生积极的心理

---

①《韩非子·六反》。

影响。这种影响，一方面是教育广大群众知法、守法，另一方面则是鼓励公众积极参与同犯罪者的斗争，鼓励知情者检举揭发，使案件得以早日侦破，并鼓励犯罪者的亲友与其划清界限，勿以亲情、友情妨碍法律的贯彻执行。尤其在犯罪者气焰嚣张时，及时、严厉地打击犯罪，从重、从快地执行刑罚，对见义勇为者给予表彰和奖励，对在同犯罪作斗争中英勇负伤或牺牲者给予救助和抚恤，对于鼓舞群众斗志，加强人们同犯罪作斗争的信心，改善社会治安的总体状况和局面，使同犯罪作斗争有一个坚实的社会基础，是十分必要和关键的举措。

三、刑罚的个体心理效应

刑罚惩罚对犯罪者个人心理上所产生的效应主要有以下几种。

（一）剥夺效应

刑罚对犯罪者某些权利和利益的剥夺，尤其是对犯罪者人身自由权的限制和剥夺，是刑罚的首要功能，也是刑罚属性最直接的外在表现。这种剥夺将产生两个方面的重要功能，即报应效应和遏制效应。

报应效应就是使犯罪人在所承受的刑罚惩罚和自身的犯罪行为之间建立起心理上的联系。也就是说，通过刑罚惩罚，使犯罪人领悟到，刑罚是对犯罪行为的“回答”和报应。犯罪行为是承受刑罚的因，刑罚是犯罪行为的果。承受刑罚的痛苦使犯罪人产生报应的心理体验。为免受刑罚之苦，就要牢记教训，今后不再犯罪。事实上，刑罚惩罚总是力求将对犯罪者的权利与利益的剥夺与其犯罪行为所侵犯的权利与利益相适应，这不仅表现在“重罪重刑”“轻罪轻刑”这种刑罚力度与犯罪侵害程度的适应，也表现在刑罚种类与犯罪种类的适应。例如，对杀人等恶性犯罪者，处以死刑；对一般犯罪者，根据情节轻重处以有期或无期徒刑；对经济犯罪者，在处以自由刑的同时，还处以财产刑；对不致再危害社会者（如过失犯

罪者），处以缓刑等。上述刑罚力度与刑种同犯罪行为及其危害性之间的适应，必然引起犯罪者报应的感受和体验，由这种体验，而得出今后不再犯罪，以免再受报应的结论。

遏制效应既是刑罚对犯罪人自由的剥夺，同时也是对其犯罪能力和犯罪机会的剥夺，从而起到强制性地遏制其犯罪需求，使其失去犯罪条件和犯罪可能性，从而产生遏制效应。遏制效应是刑罚惩罚对犯罪产生特殊预防功能的主要表现手段，也是为刑罚的改造效应提供前提条件的主要方面。

（二）改造效应

刑罚不仅是对犯罪者的惩罚，除执行死刑者外，也是对他们中绝大多数人的教育改造和挽救。这种改造效应又表现在罪犯的自我反省效应和由刑罚执行机关推动的重塑效应两方面。

在我国，刑罚之所以产生罪犯的自我反省效应，是因为刑罚所体现的国家对犯罪行为在政治上的否定评价和道义上的严厉谴责本身，就兼具惩罚与改造的双重功能。罪犯入狱之后，由于其政治地位、法律地位、社会地位、生活地位的巨大变化，必然激起其对自身行为的反省，通过总结经验教训，思考人生价值，修正今后的行为轨迹。大多数罪犯在监狱的教育引导下，对其犯罪行为感到羞耻，形成良心上的自责与悔恨，从而产生重新做人的改造动机，愿意接受监狱的教育改造，决心今后不再违法犯罪，争取自己的光明前途。当然，也有少数罪犯从消极方面总结教训，认为自己的罪行败露和受到刑罚惩罚，是因为作案“失手”或“失算”，内心盘算着如何熬过刑期或伺机脱逃，出狱后通过再次作案捞回“损失”，并使今后的犯罪变得更加隐蔽和狡猾。罪犯到底如何反省，并非由刑罚惩罚本身来决定，主要取决于监狱管理当局和监狱机关教育改造的方向性及其力度大小，但最终还是由罪犯自身的态度所决定的。

由刑罚执行机关推动的重塑效应，是指我国监狱根据监狱法的规定，实行“惩罚与改造相结合，以改造人为宗旨”的工作方针，在执行刑罚时贯穿着教育改造的内容，力求把我国监狱办成“既改造人，又造就人”的现代化文明监狱。坚持通过生产劳动和政治思想、文化知识和职业技术教育，并通过心理矫治，矫正他们的犯罪心理和反社会的个性心理，把服刑者重新塑造成适应社会、遵纪守法、自食其力的合格公民。重塑效应是我国刑罚的又一基本效应，也是社会主义制度下的刑罚区别于剥削阶级刑罚的重要特征。剥削阶级刑罚并非不提倡矫正，但是由于阶级对立和社会缺乏公平与正义，使得其矫正效果甚微，而重犯率甚高。

（三）适应效应

适应效应是指刑罚惩罚的力度及其给予犯罪人的痛苦体验，随着服刑者服刑时间的延续和推移而降低。监狱心理学家把这种现象称之为适应效应。适应效应有积极意义和消极意义两个方面。积极意义是罪犯对监狱环境和服刑生活的适应，使得他们产生较为平稳的服刑心态，能够不受消极情绪的干扰，积极地投入到监狱劳动生产和思想改造中，取得改造效果。

但是，适应效应的消极方面也不容忽视。一些服刑态度不端正的罪犯，通过服刑积累了在监狱环境下的生活经验，对刑罚惩罚感到无所谓，产生了对关押改造满不在乎，不害怕法律制裁的心理和不畏惧刑罚的效应。俄罗斯心理学家雅科夫列夫（A. M. Яковлев）认为：“在评价剥夺自由这种惩罚形式的社会效果时，应注意到下列情况：累犯的比重，随着惩罚规格的提高而增加。”① 这就是说，严厉的刑罚，较长的刑期，有时会产生消极的适应效应。随着刑罚的不断升级和适应，社会心理学所说的“敏感阈”就有所下降。所以，不能认为关押时间越长，服刑罪犯就会改造得越好。

① 转引自《世界科学》译刊编辑部编译：《心理学现状与展望》（译文集），1980年版，第130页。

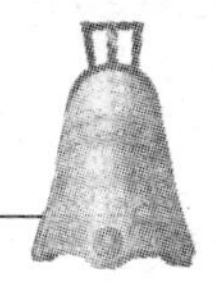

（四）感染效应

感染效应是消极适应效应的另一种表现形式。虽然监狱管理当局实行“分管分押”制度，将不同罪类的罪犯，将初犯、累犯分别关押，但由于监狱空间狭小，很难防止不同犯罪思想的交流和传播，久而久之难免发生“交叉感染”，即罪犯之间接受对方的坏品质、坏思想，造成少数罪犯越“改造”越坏，由“一面手”变成“多面手”，由单一型犯罪心理朝着复合型犯罪心理的方向发展。

此外，长期服刑，对罪犯的个性的发展和创造力的发挥，也会产生一定影响，使他们变得唯唯诺诺，事事听命于他人，成为缺少独立人格的人，或者形成当面顺从，背后肆意妄为、我行我素的双重人格。这些都是适应监狱规则的“监狱化”倾向与适应社会的“重新社会化”目标之间的矛盾在罪犯心理上的反映，也是刑罚惩罚难以完全避免的一种消极效应。

第二节　刑罚的效果评价

一、刑罚效果概述

（一）刑罚效果的概念

刑罚的效果是指国家确立、适用与执行刑罚所产生的各种实际效益和结果的总和。刑罚的效果与刑罚的功能、刑罚的目的是三个密切相关的范畴。

刑罚的功能与效果构成可能性与现实性的关系。刑罚的功能是尚未发挥的刑罚效果，即可能具有的刑罚效果，而刑罚的效果则是已经发挥的刑罚功能，是刑罚功能的现实化。反之，多次呈现的刑罚效果也是对刑罚是否具有某种功能的检验和理论上的逆推。假定刑罚的功能都是实际存在的，理论上是正确的，刑罚的功能与效果也未必完全一致。这是因为，刑罚的功能虽然反映了刑罚本身所具有的效应，但由于种种原因和条件的限制，由于刑罚的确立、适用与执行过程中某个环节的不合理或操作上的缺陷，致使刑罚的功能未得到充分的发挥，即未收到应有的刑罚效果。由此可知，刑罚的功能是理论上的刑罚效果，而刑罚的效果不过是现实的一部分刑罚功能。它们之间构成理论与实际的关系。

刑罚的目的与效果之间则反映了主观与客观的关系。刑罚的目的是国家对刑罚效果总的追求，是统治者对刑罚实施的一种主观意向。刑罚效果则是刑罚目的的客观化，我们可以通过刑罚效果检验刑罚目的是否实现及其实现的程度。换言之，最佳的刑罚效果，就是刑罚目的的实现；刑罚效果不良或引起消极效应，便是对刑罚目的的背离。刑罚的目的与刑罚的效果之间并非包容关系，刑罚的目的只是一种理想效果的追求，而在实际执行中，刑罚效果往往呈现出复杂的状态，既有积极效果，又有消极效果。前者是符合刑罚目的的，后者是刑罚目的所力求避免和消除的。

（二）刑罚效果的分类

明确了刑罚效果的概念及其与刑罚功能、目的之间的关系，我们便可以对刑罚效果从不同角度予以分类，以便据此确立考察与衡量刑罚效果的标准与方法。

按刑罚效果呈现的范围，可将其分为刑罚的社会效果和刑罚的行刑效果。前者是指刑罚实施在社会人群中所收到的实际效益，后者是指刑罚实施在受刑人中所收到的实际效益。

按刑罚对犯罪预防所产生的效果，可将其区分为一般预防效果和特殊预防效果。前者是指社会犯罪率的总体水平降低（主要是初犯犯罪率和恶性犯罪的犯罪率降低），后者主要是指重新犯罪率降低。

按刑罚效果的自身形态，可将其划分为刑罚的心理效果和刑罚的统计效果。前者是指刑罚实施产生的心理影响及社会公众与受刑人对刑罚合理性的评价，后者是指刑罚的实施对社会治安的实际

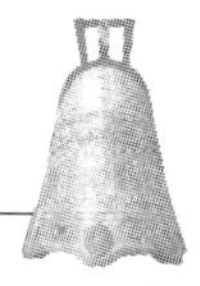

影响。

按刑罚实施的环节，可将其划分为刑罚适用效果和刑罚执行效果。前者是指审判机关具体适用刑罚（即对被告人定罪量刑）所产生的实际影响与效果，后者是指刑罚执行机关对罪犯执行刑罚的水平和力度所产生的实际影响和效果。

此外，还可按其他标准对刑罚效果作各种分类。例如，以刑罚实施的双重结果作标准，划分为积极效果（良性效果）和消极效果（不良效果）；以刑罚的确立与实行作标准，划分为立法效果和司法效果；以适用刑罚的种类作标准，划分为单刑种效果和多刑种效果等。研究者应在评价刑罚效果时予以综合考虑。

（三）刑罚效果的衡量标准

刑罚的功能是否得到充分发挥，刑罚的目的是否实现，均有赖于从刑罚效果中印证。为此，拟根据刑罚的分类，从不同侧面的视角中，抓住几个关键性的标准予以讨论。

1. 刑罚的总体效果应以犯罪率与社会安全感作为衡量标志

刑罚既然以最大限度地预防犯罪为目的，其总体社会效果便应以对犯罪的遏制与影响为据，即以刑罚的施行对于一定时空内犯罪发生率高低的影响，作为衡量刑罚效果的最主要依据。犯罪案件的多少，可用犯罪案件发生的总量（绝对数量）和犯罪率（相对数量）两种方式来表示。但是，用犯罪总量来衡量刑罚的效果，忽略了人口增长（或减少）对犯罪案件增长（或减少）的影响，因而不能精确地反映刑罚的效果。所以，按照当今世界各国通行的做法，衡量刑罚效果的标志不是犯罪案件的绝对数量，而是犯罪率。所谓犯罪率，是指一定时间内某一国家或地区发案数量与人口数量之比。用公式表示即为：

$$发案率=\frac{发案数}{人口数}\times\frac{10\ 000}{10\ 000}$$

考虑到发案的数量与人口总数量悬殊较大，因而犯罪统计学上一般以万分比来表示。比如某市人口为30万人，一年发生案件为250起，则该市的发案率为$\frac{8.3}{10\ 000}$。这样，不仅便于同上一年的犯罪率比较，而且可以用来同其他城市的犯罪率相比较。如果犯罪率降低，即说明刑罚的收效好，反之，犯罪率升高，则说明刑罚的预防功能未能充分发挥，即刑罚的效果不佳。

犯罪率是依靠统计求得的，它是衡量刑罚总体效果十分重要的客观标志，但并非唯一标志。衡量刑罚总体效果的另一重要标志是公民的社会安全感，它是刑罚效果的主观标志。社会安全感是社会公众对社会治安和自身安全保障状况的主观感受。社会安全感如何，对社会的生产和生活质量以及经济建设效率产生重要影响，因而是衡量刑罚效果的又一重要标志。它虽然不能像犯罪率那样有一个比较精确的统计，但并非不能做量化处理。一般可以在一个城市或地区内，作上一年度与下一年度社会安全感水平的对比。对比的方法有两种：一种是五等级对比法，即在总体或抽样人口中，通过问卷调查，作安全、比较安全、一般安全、比较不安全、很不安全（危机感）五种感受与样本数之比；另一种是两级对比法，即作安全与不安全两种感受与样本数之比，这种比较尽管或然率较大，但仍从社会人群的心理效果上表明社会犯罪的严重与否，从而可对刑罚效果作出间接的估计。社会安全感与犯罪率的高低两者相互印证，可为衡量刑罚的总体效果提供可靠的依据。

2. 累犯率的高低是考察刑罚特殊预防效果的标志

特殊预防是以防止犯罪人再犯罪为目标的刑罚预防措施。它主要表明刑罚的执行在消除犯罪人主观恶性方面的效果。累犯的统计，一般应以罪犯在服刑期间或刑罚执行完毕（或赦免）后3年内又犯新罪的一切犯罪人为限。曾经有违法犯罪行为，但未受过刑罚惩罚的人或刑罚执行完毕（或赦免）3年后又犯新罪的人不应计算在累犯范围内，因为这部分人的又犯新罪与刑罚的特殊预防效果无

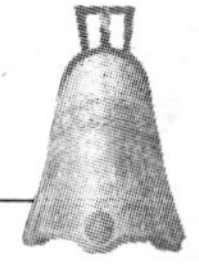

关，或因为时间久远因果关系已不明显。所谓累犯率，不是用累犯的绝对数量的多少来衡量，而是指在一定时空内发生的累犯的数量与特殊预防对象数量（服刑者的数量与刑满释放或赦免后3年内人员的数量之和）之间的百分比。其计算公式为：

$$累犯率=\frac{累犯数}{特殊预防对象数}\times\frac{100}{100}$$

累犯率的高低，可准确地说明刑罚执行的质量和特殊预防的效果。它不仅可用来进行同一地区（或刑罚执行单位）年度之间的对比，也可用来进行不同地区（或刑罚执行单位）之间的对比。累犯率低，说明刑罚执行取得了明显的特殊预防效果，刑罚执行单位的监管改造工作水平和质量高；累犯率高，则表明刑罚执行未能取得一定的特殊预防效果，刑罚执行单位的监管改造工作水平和质量低。

3. 初犯率的高低是考察刑罚一般预防效果的标志

一般预防是指刑罚的施行对社会潜在犯罪人的积极影响，即通过打消其犯罪动机，预防他们走向犯罪而显示出一般预防的效果。由于潜在犯罪人过去未受过刑罚惩罚，故其第一次走向犯罪的人数即为初犯数。初犯率的高低可以表明刑罚一般预防效果的水平。初犯率的计算有两种方法可供选择：一种方法是一定时空里的初犯数与一般预防对象（即潜在犯罪人）之间的百分比，另一种方法是一定时空里的初犯数与犯罪总人数之比。前者直接表明了刑罚对社会上潜在犯罪人所产生的威慑与辨别效应，后者是通过初犯在犯罪总人数中所占比例的大小来反映刑罚一般预防社会效果的状况。但是，由于社会上的潜在犯罪人是一个难以精确统计的数，故对于初犯率的考察通常采用后一种计算方法。用公式表示即为：

$$初犯率=\frac{初犯数}{犯罪总人数}\times\frac{100}{100}$$

当然，也有用以下公式计算初犯率的：

$$初犯率=\frac{初犯数}{人口数-特殊预防对象数}\times\frac{10\ 000}{10\ 000}$$

无论哪种计算方法，均可表明刑罚一般预防的效果，即刑罚一般预防效果的高低与初犯率成反比。

（四）刑罚效果的衡量方法

刑罚效果好坏不是绝对的，而是相对的，只有通过犯罪率的时空比较和对公众安全感变化情况的对比，才能对刑罚效果作出正确评价。其主要方法有以下几种。

1. 空间比较法

这种方法亦称区域比较法或横向比较法，就是对不同区域（或行刑机关）在同一时期里反映刑罚适用效果的各项因素（犯罪率、累犯率、初犯率）进行比较，以便对各区域（或各行刑机关）的刑罚效果作出评价。在收集资料的基础上，可根据需要，运用统计分析的方法（如平均分析法、动态分析法、因素分析法等）进行多种比较。譬如，进行各省之间犯罪率的对比，经济发达地区与经济不发达地区初犯率的对比，全国各行刑机关累犯率的对比，国与国之间二次监禁率的对比等。根据资料统计，20 世纪 80 年代中国监禁犯人释放后又被监禁率为 5.19%，而美国监禁犯人释放后又被监禁率为 41.4%，显然中国执行监禁刑的效果好于美国。

2. 时间比较法

这种方法亦称纵向比较法，指对同一区域（或行刑机关）在不同时间里反映刑罚适用效果的各项因素（犯罪率、累犯率、初犯率等）进行比较，以便对该区域（或行刑机关）不同时间段的刑罚适用效果作出评价。时期的划分可长可短，一般可用年度作为标准，也可用 5 年、10 年等较长的历史时期为标准进行比较。当进行纵向比较时，应考虑不同时期政治、经济、文化以及其他因素对刑罚效果的影响，只有当各项宏观与微观因素大体相同时，才能准确地比较刑罚实施效果的优劣。

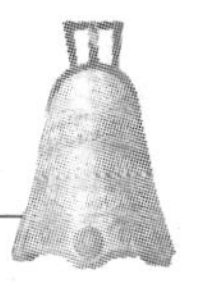

3. 问卷调查法

以向广大公众进行问卷调查的方式，了解他们对社会治安状况的看法及其对自身安全和社会安全的感受。通过调查，综合分析其社会安全感，从而评定刑罚的施行对维护社会治安的效果。问卷调查法能否准确地反映刑罚效果，关键在于选取样本是否恰当及能否取得被调查者的密切配合。问卷调查既可选取一个区域或单位的全体成员作为调查对象，也可采取合理抽样的方法选取若干样本（代表全体）进行调查，或选择一些流动场所（如闹市区街头、车站、码头等）进行调查，请调查对象认真填写问卷、按切身感受回答问题。同时，也可通过开座谈会的方法，邀请部分有代表性的人物，对刑罚效果和执法工作进行座谈，作出评论。这种方法的优点是评论刑罚效果和社会治安状况较为深入，缺点是难以作定量统计分析。

二、对刑罚合理性与有效性的评价

民众的安全感固然是刑罚效果的一个重要标志，然而，他们对刑罚的合理性与有效性的评价也是观察刑罚效果，了解群众心态不可忽视的方面。当我们评价刑罚效果时，要重视对刑罚心理进行全面的研究，即同时研究民众和受刑者对刑罚合理性与有效性的评价和心态。

（一）民众对刑罚合理性与有效性的评价

1. 民众对刑罚评价的理性尺度

一般来说，民众对刑罚的评价，并非对刑罚理论（如死刑的存废、刑罚制度的改革等）的关注，而是对众所瞩目的具体案件判决公正性的关注和对社会治安好坏的关注。在评价刑罚时，民众有其理性的评价尺度。据抽样调查，当前我国公众对刑罚评价的理性尺度是：（1）严格执法——司法机关能否不畏权势，敢于对身居高位的贪官污吏和腐败分子，对依仗关系网庇护、作恶多端的犯罪分子绳之以法，做到“法网恢恢，疏而不漏”；(2) 公平执法——在定罪量刑时，能否抵制特权和“人情干预”“行政干预”，真正做到“在适用法律上人人平等”；(3) 稳定执法——在适用刑罚时，能否做到相对稳定，防止在一个时期内畸轻，另一个时期内畸重，“同罪不同罚”；(4) 有效执法——刑罚的实施能否对犯罪分子起到威慑与分化作用，起到改善与稳定社会治安的效果。

2. 民众对刑罚评价的情绪尺度

与上述理性尺度相结合，民众对刑罚评价的情绪尺度是：(1) 同情与仇恨——对被害者寄予同情，对残暴的犯罪者充满仇恨，反对对犯罪者过分地讲“人道”，侈谈“人权”；(2) 藐视与愤怒——对要弄权术、干预司法、包庇坏人者十分蔑视，对具体案件的不合理判决深感愤怒；(3) 赞扬与批评——对清正廉洁、不畏权势、严格执法、保一方平安的公安、司法人员高度赞扬，对司法工作中的腐败现象持严厉批评态度；(4) 憎恨与鼓励——对服刑过程中继续作恶的罪犯尤其憎恨，对有悔改表现者给予鼓励，同时，反对对服刑者过分照顾，以致其生活水平超过当地处于贫困线以下的居民的生活水平。

3. 民众对刑罚评价的社会意义

广大公众对刑罚的评价反映了在司法审判和执行上的民心和民意，它从一个侧面说明了民众法律意识水平的高低和对政府依法治国的信心，具有以下社会意义。

(1) 刑罚的公正性、合理性是否得到公众的承认，具有政治意义。“有法可依，有法必依，执法必严，违法必究”是一个国家司法审判公正原则的具体体现，也是从“人治”到“法治”的重要标志。在我国经济转轨、社会转型时期，出现了某些空隙和漏洞，犯罪率有所上升，广大公众期待着法律充分发挥对社会生活的干预功能和监督功能，希望司法审判作为惩治腐败的一把利剑，尽快廓清“妖雾”，使社会经济生活有序进行。因而，对刑事司法审判能否做

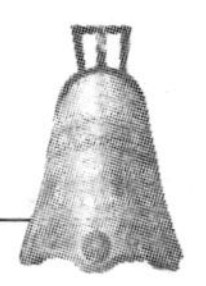

到“法不阿贵”“法不徇情”，防止“重罪轻罚”“罚不当罪”十分关心。司法审判是党和国家治理社会的窗口，也反映出一个国家某一届当政者的形象。所以从某种意义上说，对刑罚公正性、合理性的认可，意味着公众对政府治理国家具有信任感，对国家的前途充满信心；反之，则反映出公众对司法审判和政府执法的不信任情绪。民众是国家的权力基础，政府与民众是“舟”和“水”的关系，“水能载舟，亦能覆舟”，所以，民众对刑罚公正性、合理性的承认，具有政治意义。

(2) 刑罚的有效性是否为公众所感受具有社会意义。实行刑罚的目的在于有效地预防犯罪，维护社会治安。刑罚的效果如何，固然有发案率、初犯率、累犯率等统计资料可资佐证，但是，最重要的效果仍在于民众对社会治安状况的感受，对维护正常的生产、生活秩序和保障自身安全是否抱有信心。如果民众对治安状况感到满意，对社会生活具有稳定的安全感，他们就能够安心地去从事生产、工作和学习，从而推动社会发展；反之，如果民众有后顾之忧，就不能全身心地投入国家经济建设，社会发展步伐就会放慢。所以说，民众对刑罚有效性的评价，具有一定的社会意义。

(3) 民众对刑罚的评价反映出社会法律意识水平的高低。民众对刑罚的评价既有理性标准，也有情绪尺度。这种评价有其符合客观实际、符合法学理论的一面，也有某些误传误听，不符合客观事实、观点偏激、情绪偏颇的一面。这种社会心态，往往反映出公众的法律意识水平和法律心理的成熟程度。所以，理论宣传部门对此要认真研究，及时分析，在听取、吸收其中合理意见的同时，对于某些不正确的观点和情绪，要有针对性地加大法律宣传的力度，引导其向正确的方向发展，以保障社会的稳定，推动经济建设的发展。

(二) 受刑人对刑罚合理性的评价

受刑人对刑罚合理性的评价受到诸多因素的影响，首先是受到他们对自身罪行严重性的认识、认罪态度和量刑知识等主观因素的影响；其次又受到舆论氛围、个案刑罚轻重比较等客观因素的影响；再次才是法院判决本身是否“罪刑相当”，是否公正合理在受刑人头脑中的反映。因而，不能单纯地以受刑人的评价来看待刑罚的公正性、合理性。然而，这种评价仍然对刑罚执行的有效性产生影响。所以，在研究刑罚心理时，需要重视受刑人对刑罚合理性的要求，以便针对其心理需求，改进刑罚实施和行刑方式，加强认罪教育，增进行刑效果。

1. 受刑人对刑罚合理性的要求

受刑人对刑罚合理性的要求，一般有以下几点。

（1）受刑人期望刑罚判决与自我预测的刑期相符。如果判决与预测的刑期相近或低于预测的刑期时，受刑人认为刑罚是合理的；反之，如果高于预测的刑期，则认为刑罚不合理。可是，一般被告人所预测的刑期往往较实际量刑为低。这种情况在青少年犯中尤为突出，他们对自己的犯罪往往不以为然，因此自我预测刑期偏低。

（2）受刑人常以“同罪同判”作为衡量刑罚合理性的尺度。他们在判决前后，往往互相探听案情与刑罚，如果罪行相似，而刑罚差异较大，则认为量刑不合理。如同犯盗窃罪，盗窃金额同为5 000元左右，某甲判有期徒刑 3 年，某乙判有期徒刑 7 年，则某乙认为量刑过重而不认罪。他们不注意量刑的时间与空间差异，以及被告人犯罪情节上的差异，而要求量刑的绝对“等值”。

（3）受刑人对刑罚合理性的评价受到其对罪名严重性认知的影响。关于罪名严重性的程度，又以习惯性的判断为据。如认为杀人、放火是重罪，盗窃、赌博、受贿是轻罪。① 如果在主观上认为

① 参见廖丽珠、罗大华、马谋超：《上海青少年对一种罪种严重性判断的研究》，载《心理科学通讯》1984 年第 5 期。

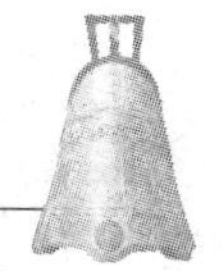

自己的犯罪是不严重的罪，而又受到严厉的惩罚，则认为刑罚不合理。

（4）受刑人对刑罚合理性的判断受到舆论氛围的影响。这种舆论氛围又可分为社会舆论和监所舆论两方面。社会舆论是指一个时期内刑事政策方面的宣传声势（如集中打击刑事犯罪）、公众对某些重要案件的关注、宣传媒体对案件的曝光等。监所舆论是指多数罪犯对某一案件量刑轻重的评价。由于从众心理的影响，受刑人往往遵从多数人的评价，而放弃自己的判断。

（5）受刑人对刑罚执行合理性的要求集中在人道主义和安全性两个基本方面。在刑事判决生效交付监狱执行之后，多数犯人期望在一个较好的服刑环境中度过刑期。经问卷调查，他们对监狱当局的要求主要是在人道主义方面（杜绝打骂体罚、吃饱穿暖、不搞超体力劳动等），对服刑生活方面的要求主要是在安全性方面（有劳动保护、不冒险作业、反对牢头狱霸和相互倾轧等），即希望在人道主义待遇下，安全地度过刑期。

2. 承受刑罚心理对改造的影响

就当代刑罚而言，承受刑罚的心理主要是和剥夺人身自由联系在一起的痛苦感和压抑感。有的研究者把服刑者承受刑罚心理归纳为六大变化：（1）法律地位的变化；（2）生活环境、生活内容与生活方式的变化；（3）人际关系的变化；（4）对新环境的不适应和被动适应的变化；（5）前途命运的不确定；（6）社会影响和社会舆论的压力。① 有的研究者把剥夺自由的心理效应概括为三种典型的心理表现：（1）期望变化的心理；（2）焦躁不安的心理；（3）自卑心

① 邵道生主编：《罪犯改造心理学》，社会科学文献出版社 1987 年版，第 43 页。

理。[①] 还有的研究者认为，在刑罚心理影响下，受刑人在服刑过程中存在着四对矛盾心理：(1) 认罪与不认罪的矛盾；(2) 犯罪需求与限制其行动自由的矛盾；(3)好逸恶劳与强迫劳动的矛盾；(4) 常态需求与生活限制的矛盾。[②]

上述研究从不同侧面描述了承受刑罚心理的特征及对改造的影响，既有积极促进的一面，也有消极影响的一面。积极促进表现为罪犯期望摆脱自身困境，产生恢复自由、重新做人的改造动机；消极影响表现为违法犯罪心理的相互传播和自卑自贱、自暴自弃心理对改造进程的干扰。总的来说，表现为改造与被改造的矛盾，即罪犯原有的违法犯罪的心理结构同改造目标和要求引起的改造需要之间的矛盾。作为行刑机关，应当加大各项教育改造工作的力度，引导罪犯认罪悔罪，驱除心头的压抑感与悲观情绪，树立改造信心，使之激发起自我改造的需要，产生积极改造的动机，去克服消极心理，彻底放弃违法犯罪的动机，努力争取光明前途。如果罪犯能接受社会和监狱向他们提出的改造目标和要求，并内化为其心理矛盾的一个方面，引起内心的矛盾斗争，就有可能促使其服刑心理向良性转化。如果罪犯不接受社会和监狱向他们提出的改造目标和要求，两者之间就会出现外部对抗和冲突，罪犯的服刑心理就会出现恶性发展的趋势。

三、刑罚的治安效果

刑罚对社会治安的影响，是刑罚综合效果的终极形式和最后表现。虽然刑罚的效果可以作这样或那样的分类，但各类单一的刑罚

---

① 何为民主编：《罪犯改造心理学》，法律出版社 2002 年版，第 50～51 页。

② 曲啸、林秉贤著：《罪犯心理学》，群众出版社 1988 年版，第 30～34 页。

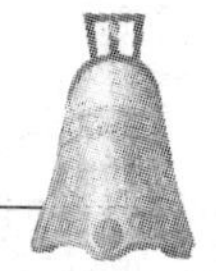

效果最后必须集中到预防犯罪目的的实现上，而预防犯罪目的的实现，又反映到社会治安的稳定上。当然，社会治安效果的好坏，绝非仅仅依靠刑罚手段所能奏效的，还必须依靠政治的、经济的、文化的、教育的以及管理与防范控制等诸多手段，实行综合治理，才能奏效。因此，怎样把刑罚的治安效果与其他手段产生的效果适当分离开来，是我们研究刑罚效果所必须解决的一项方法学课题。

（一）有效刑罚与无效刑罚的概念与区别

有效刑罚与无效刑罚的区别在于刑罚的实施对社会治安产生良好的有益的影响或不良的无益的影响。怎样在诸多因素都对社会治安产生影响的条件下区分刑罚的有效与无效呢？可以有三种思路和方法。(1) 在社会政治、经济、文化、教育等条件大体稳定、变化不大的情况下，犯罪率的上升即说明刑罚的无效，犯罪率的下降即说明刑罚的有效。(2) 在社会政治、经济等条件变化较大，并对犯罪率产生不利影响时，如果犯罪率仍能保持稳定或略有上升，即说明刑罚的有效；如果在其他条件变化较大，对遏制犯罪率产生有利影响时，犯罪率仍然上升或居高不下，即说明刑罚的无效。(3) 社会公众对刑罚制度、刑罚适用、刑罚执行效果评价的统计分析。

再进一步思索，我们还可以找出衡量刑罚治安效果的若干具体指标进行考察和评估：(1) 由于刑罚的威慑与昭示功能主要在于对预谋犯罪产生影响，而对预防激情犯罪效果甚微，可以从预谋犯罪发案率在整个犯罪案件中所占比例来考察刑罚效果；(2) 在严厉打击刑事犯罪后的一个时期内，或改革刑罚制度与措施之后的一个时期内，社会犯罪率的升降状况；(3) 在其他影响因素相对稳定的情况下，社会犯罪案件中的大案、要案以及使用暴力的恶性案件的发生率是上升还是下降；(4) 累犯率及狱内服刑人员重新犯罪率的高低；(5) 公众对刑罚效果的评价以及安全感指标的变化情况。

当确定刑罚对社会治安有效时，应及时总结、推广实施刑罚的经验；当确定刑罚无效甚至产生不良影响时，应认真分析原因、吸取教训、改进工作。

（二）刑罚与综合治理

刑罚是治理社会治安的重要手段，但不是唯一的手段。由于影响社会治安与犯罪率的因素很多，如政治动荡、经济萧条、贫富悬殊、亚文化泛滥、教育失误、制度疏漏、人口增长和流动等，因此，解决社会治安问题必须进行综合治理。在努力提高刑罚效果的同时，还必须按照我国综合治理社会治安的方针，在党和政府的领导下，司法机关协同其他各机关、团体，运用法律、经济、政治、思想、文化、教育、防范控制等手段，积极消除产生犯罪的因素和条件，从根本上预防和减少犯罪，共同治理社会治安，创造良好的经济建设和人民生活环境。

综合治理的主要内容有：进行精神文明建设，宣传社会主义法制，健全各种管理制度和安全责任制，惩治犯罪分子，教育、感化、挽救有轻微违法犯罪行为的人等。就今后一个时期来说，其主要任务是：(1) 采取各种有效措施，消除社会矛盾，促进社会公平正义，构建和谐社会，以减少和消除产生犯罪的土壤和基础；(2) 发展经济，促进人民生活共同富裕，建立社会保障机制，做好贫困人口的安置救济工作；(3) 贯彻从重从快、严厉打击刑事犯罪分子的方针，常抓不懈，坚决反对徇私枉法，做到在适用法律上人人平等；(4) 加强法制宣传与精神文明建设，提高全民族素质；(5) 加强对流动人口和犯罪高发区的管理控制；(6) 健全各项管理制度，加强防范监督；(7) 设置机动警力，一遇情况，及时出击；(8) 加强人民群众的参与意识，依靠群众管理社会治安；(9) 改进监狱管理，加大改造力度，妥善安置刑满释放人员，做好对他们的帮教工作。

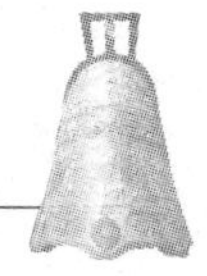

第三节　刑罚实施过程中的心理学问题

一、施行刑罚的技术问题

为了增强刑罚效果，在刑罚实施过程中，应当贯彻刑罚的必然性、适度性和及时性等原则。这些原则的贯彻实施是符合刑罚运用的心理学规律的。

（一）宽与严

早在春秋战国时代，孔丘就提出了刑罚施行中宽猛相济的原则。他说："政宽则民慢，慢则纠之以猛。猛则民残，残则施之以宽。宽以济猛，猛以济宽，政是以和。"① 但是，宽猛相济不一定表现在每时每事都那么适当，而是根据形势采取"一张一弛"的策略。"张而不弛，文武弗能也，弛而不张，文武弗为也。一张一弛，文武之道也。"② 关于宽猛相济的目的，孔丘说"宽则得众"③，"子为政焉用杀"④，可见他反对单纯依靠刑罚和杀戮维护统治，但他又不是从根本上反对刑杀，故有"化之弗变，导之弗从，伤义以败俗，于是乎用刑矣"⑤ 之说。

上述见解，与现代刑罚理论中的适度性原则是一致的。所谓刑罚适度，有三点含义：一是指对犯罪人适用刑罚的轻重，要与其犯罪行为的轻重相适应，即"罪刑相适应"，防止畸轻畸重；二是指刑罚的轻重要根据治安形势变化的需要，需要严厉打击时适度从严，需要从宽以化解矛盾时适度从宽，并非一成不变；三是指在刑

---

①《左传·昭公二十年》。

②《礼记·杂记下》。

③《论语·尧日》。

④《论语·颜渊》。

⑤《孔子家语·刑政》。

罚适用过程中，应根据犯罪情节和表现，适度运用宽严的杠杆，以促进犯罪人的分化，譬如实行“坦白从宽，抗拒从严”，自首、退赃从宽，串供、匿赃从严等政策，以有利于案件审理。

宽与严的尺度怎样掌握呢？一般来说，以使犯罪人感到从犯罪中不可能得到好处而且将遭受损失为适度。洛克（J. Locke）曾经深刻地指出：“处罚每一种犯罪人的程度和轻重，以是否足以使罪犯觉得不值得犯罪，使他知道悔罪，并且警戒别人不犯同样的罪行而定。”① 怎样的刑罚才足以使犯罪人“觉得不值得犯罪”，并且使“别人不犯同样的罪行”呢？心理学的实验研究证明，犯罪收益和犯罪成本之比，可决定或消除犯罪动机。当犯罪人从犯罪中获得的利益大于或等于因受刑遭受的损失时，他们不可能停止作恶；只有当犯罪人因受刑而导致的损失大于或超过其获得的利益时，才有可能收到预防犯罪的效果。刑罚的宽严还必须根据形势变化及时进行调整。当治安形势严峻，累犯增多，对刑罚的敏感阈下降时，必须加大打击的力度，实行“适度从严”的方针，以充分显示法律的威慑力量，起到“杀一儆百”的效果；当治安形势趋于缓和，或犯罪分子土崩瓦解，有自首、悔改表现时，则应适度从宽，以取得审时度势、“一张一弛”，促进治安形势进一步好转的作用。

（二）德与法

如果说，宽与严是在刑罚幅度内的浮动，那么，德与法则是教化、施仁政与刑罚手段的并用。早在公元前 11 世纪，根据对刑罚目的的认识，我国西周统治者就提出了“明德慎罚”② 的主张。春秋战国时期，孔丘和孟轲曾经专门对刑政暴力和礼义教化对于人们心理的不同影响作了深刻的比较，提出了“德法并举”“先教后刑”

---

① ［英］洛克著，叶启芳、瞿菊农译：《政府论》下篇，商务印书馆 1981 年版，第 9～10 页。

② 《尚书・多方》。

的观点。孔丘反对“道之以政，齐之以刑”，认为这只能收到“民免而无耻”的消极效果，即人们可能因畏惧刑罚暂时避免犯罪，而不以犯罪为耻；唯有“道之以德，齐之以礼”，才能使人们“有耻且格”，自觉地不去犯罪。① 孟轲进一步阐述说：“以力服人者，非心服也，力不赡也；以德服人者，中心悦而诚服也。”② 他主张“以德服人”的“王道”，反对“以力服人”的“霸道”。

列宁在分析资产阶级统治术时，曾尖锐地指出他们交替使用“胡萝卜”与“大棒”两手策略。毛泽东同志也曾幽默地说，革命的“两手”是从反革命的“两手”学来的。他虽然反对在革命胜利初期对反动阶级的反动行为“施仁政”，但他又强调对待放下武器的俘虏和有悔改表现的罪犯给予人道主义待遇，并在新中国成立十周年时决定对确有悔改表现的战争罪犯和其他罪犯给予特赦。

由此可见，德与法的并举和交替使用，是政治家解决敌我矛盾和分化瓦解罪犯营垒的明智之举。刑罚手段对于打击和预防犯罪固然十分重要，但仅仅依靠这一手段是不够的，必须要有其他手段的配合，尤其要依靠教化的手段，才能起到更好地预防犯罪的效果。根据心理学的规律，应明确认识和掌握以下几点。（1）德法并举，恩威兼施，镇压与怀柔交替使用，能使犯罪人明白，摆在他们面前有黑暗与光明两条道路，何去何从，应审慎选择，以促进他们分化瓦解，而不致形成“铁板一块”。（2）德与法在社会上的运用，主要是一面加强法制教育和精神文明建设，反对“不教而诛”，一面坚持违法必究，打击犯罪；在适用刑罚过程中的运用，是酌情掌握宽与严、从轻与从重的刑罚适度性原则；在执行刑罚过程中的运用，是在严格管理和执法的基础上，给服刑者以人道主义待遇，加强教育改造和贯彻给出路的政策。（3）德与法不可偏废，只重刑罚

① 《论语·为政》。

② 《孟子·公孙丑上》。

惩罚不重教化、瓦解，有可能造成部分犯罪分子的抗拒心理，而片面强调教育感化，缺少刑罚所具有的威慑和压力，也将使教育感化缺少发挥作用的前提条件，而变得苍白无力。所以，德与法在打击与治理犯罪中是不可或缺的，要审时度势，灵活运用。

（三）及时性与严密性

日本犯罪心理学家森武夫十分强调刑罚的及时性，他认为："刑罚最好是在每次（犯罪）行为后即时进行。"①。在犯罪行为发生之后很久才给予刑罚惩罚，不仅留给犯罪人以充分的时间去再次进行犯罪活动，使犯罪行为得以强化，而且因为第一次的犯罪行为与惩罚之间的联系被淡化，惩罚的效果便很值得怀疑。美国学者所罗门（R. Solomon）于1972年主持过一次对狗进行惩罚的实验。②实验者把分别盛有肉和劣质食物的两个盘子放在三组饿狗面前。当狗要吃肉时，实验组对第一组狗在其接近肉的一瞬间立刻予以打击，对第二组狗在吃肉2秒钟后打击，对第三组狗在吃肉15秒钟后打击。结果，第一组狗在此后实验过程中一旦接近肉盘子即表现出恐惧，甚至不愿在实验室吃肉。第二组狗对惩罚的记忆就差得多，虽然受到惩罚，却不愿离开肉盘子。第三组狗甚至不畏惧惩罚，一面挨打，一面坚持把肉吃完。以上实验说明了惩罚及时性的重要。及时打击和从快惩处，是符合预防再犯罪和犯罪人心理良性转化规律的。

对于犯罪人来说，刑罚的严密性即承受刑罚的必然性和不可避免性。刑罚的严密性足以在犯罪行为和刑罚之间建立起因果联系，向人们昭示"法网恢恢，疏而不漏"的必然性。一般来说，预谋犯罪人之所以敢于以身试法，在于其侥幸心理占了上风，相信犯罪得逞后可以逃避刑罚。当侥幸心理被严峻的现实所粉碎，感到刑罚不

---

①② ［日］森武夫著，邵道生等译：《犯罪心理学》，知识出版社1982年版，第182～184页。

可避免时，将会对其动机斗争产生重要影响，促其放弃作恶念头，产生预防犯罪的效果。所以，刑事古典学派的创始人贝卡利亚（C. Beccaria）在其《论犯罪与刑罚》一书中曾经说过："制止犯罪发生的一个最有效的手段，决不在于刑罚的残酷，而在于刑罚的不可避免性。"列宁曾对贝卡利亚的这一观点表示赞同，他指出："刑罚的防范作用，决不在于刑罚的残酷，而在于有罪必究。重要的不是对犯罪分子处以重刑，而是要把每一桩罪行都揭发出来"① 司法实践表明，做到有罪必罚，是实现刑罚适用最佳社会效果的前提条件；否则，即使刑罚再重，仍有人相信可以避免，刑罚便不可能取得预期效果。

（四）"乱世"刑与"盛世"刑

中国古代历来有"盛世修志""乱世用刑"之说，由此演化而得出"乱世"刑和"盛世"刑的重大区别。就是说，刑罚的适用，除了在犯罪情节轻重上予以权衡之外，还须与当时的形势相适应。"乱世"是指政治动荡或治安形势严峻，故须用"重典"，以使犯罪人有所畏惧，起到稳定局势的作用。"盛世"是指政治昌明，经济繁荣兴盛，治安稳定，自然要实行较为宽松的刑事政策和对犯罪人实行宽赦，以达到"人心所向""众望所归"，进一步发展大好形势的目的。

有的学者从广义经济学的角度思考"严打"的心理效应，认为犯罪实际上是一种"经济活动"，犯罪分子有着自己的"成本"和"收益"。犯罪收益是指犯罪分子从犯罪活动中得到的利益和好处。犯罪分子实施犯罪，是因为他预期犯罪收益大于成本，是高效益的行为。犯罪成本包括作案工具、作案经费等直接成本与作案时间、作案心理负担等间接成本，还有犯罪机会与犯罪精力成本，以及案件被侦破后付出的服刑成本。"治乱世须用重刑"，是因为在社会治

① 《列宁全集》第 4 卷，人民出版社 1984 年版，第 364 页。

安状况没有取得根本好转的时期或地方，如果对犯罪打击不力，使犯罪收益大于成本，就会使犯罪变成一种有暴利可图的经营性行为，就会助长犯罪。从经济学角度看，“严打”的经济含义，就是通过加大犯罪成本，使犯罪变得无利可图甚至彻底破产，进而达到减少或制止犯罪的目的。

法是相对稳定的，一般来说，它不会随着社会治安形势的变化而即刻修改。执法的宽严轻重，要靠刑事政策来调整。刑罚的适用应以刑事政策为指导，一定的刑事政策是达到预防犯罪最佳效果的保证。自新中国成立以来，曾多次调整刑事政策，以适应社会治安形势的变化。例如，新中国成立初期的镇反与肃反，严厉打击反革命犯罪与其他刑事犯罪；新中国成立十周年前后，曾经对确有悔改表现的战争罪犯、历史反革命犯和普通刑事犯实行特赦；当治安形势较为严峻时，又实行“从重从快严厉打击刑事犯罪”的方针。在刑罚执行上，也随着治安形势的变化有所调整。例如，新中国成立初期对部分刑满释放人员实行强制留场就业，并确定他们中一部分人的“地（主）、富（农）、反（革命）、坏（分子）”身份，随着治安形势的好转，逐渐废除了上述做法。在监狱法颁布后，又实行了诸如“离监探亲”等较为宽松的处遇措施；当治安形势严峻时，也曾实行部分罪犯“遣边”服刑并注销城市户口等措施。上述措施充分表明，刑事法律的稳定性与刑事政策的灵活性是辩证的统一。由于治安形势是不断变化的，我们应根据治安形势的变化来调整刑事政策，运用灵活机动的刑罚措施，实现刑罚目的。

（五）递进性与耐受性

治安形势严峻时，运用“重典”，从重从快打击严重刑事犯罪，无疑是正确的。但是，“从重”打击刑事犯罪无论在时间上还是空间上都是有限度的。在适用刑罚时，必须防止刑罚的递进性与受刑人对刑罚惩罚的耐受性，反对滥施刑罚的重刑主义。

根据对惩罚的实验研究，惩罚过严和不当有时会带来以下害

处。（1）惩罚的递进和不断升级，往往使受罚者产生对惩罚的适应性与耐受性，能经受住严厉的惩罚。（2）单纯的惩罚会使受罚者产生不满情绪，引起攻击行为与固执行为。当受罚者自己不知怎样做才是正确行为时，光给予惩罚，有时会使其自暴自弃，反而不断重复不受欢迎的行为。（3）当多次遭到惩罚，几进几出矫正机构后，常常引起情绪上的激烈对抗，有时会产生反抗行为，使事态恶化。（4）惩罚有时给某些人带来满足。除了少数受虐狂以外，有些人感到与其做好事也会付出牺牲、感受到痛苦，还不如做坏事受惩罚合算；或者因在社会上遭到歧视不知明天该怎样生活，还不如再犯罪进监狱，因为在服刑环境中大家都一样而感到轻松。对这些人来说，惩罚似乎是一种“奖励”，产生了负面效果。

以上消极后果的产生主要是单纯强调惩罚，无限度地适用刑罚，在指导思想上存在着重刑主义或惩办主义造成的。我国春秋战国时期法家代表人物商鞅和韩非曾主张“禁奸止过，莫属重刑”①，要求“刑用于将过”②，强调对轻罪也要用重罚，结果导致统治阶级的暴政，为任意杀戮开了方便之门，不仅未能制止犯罪，反而造成民怨沸腾和人心背离，动摇了统治的根基。这个教训在运用刑罚这一武器时，是必须记取的。

为解决这一问题，我们在刑罚实践中积累了丰富的经验：（1）从重之后，应审时度势，适当从宽，实行“一张一弛，文武之道”；（2）“扩大教育面，缩小打击面”，将打击的矛头集中在少数屡教不改的恶性犯罪人身上，对多数轻罪者实行分化瓦解；（3）加强法治，严格依法办事，防止定罪量刑时的畸轻畸重和因违反司法程序而造成冤假错案；（4）不废除死刑，但要慎用死刑，防止死刑和重刑的滥用；（5）运用心理学技术，测定服刑者的刑罚感受度，

---

①《商君书·赏刑》。

②《商君书·开塞》。

改进行刑策略。

（六）监禁化与社会化

在刑罚的实行上，长期以来使监狱学家深感困惑的是：监狱为加强管束和实行特殊预防，必须将罪犯同社会隔离开来，制订一系列不同于社会生活的管理与处遇规则，要求他们严格遵守，即对他们实行监狱化或监禁化的过程；可是，监狱关押改造罪犯的目标，又是把他们重塑成为适应社会规则与社会生活的守法公民，即把罪犯服刑过程视为重新社会化的过程。由于监狱规则同社会规则是两种不同的规则，故以适应监狱规则为目标的监狱化过程和适应社会为目标的社会化过程难免是彼此对立、互相冲突的过程。由此，长期服刑容易产生人格变异，部分罪犯形成了以屈从、卑微、双重人格、缺乏活力与创造性为主要特征的“监狱人格”（prisoner personality）。这种消极的效应不利于罪犯的彻底改造，同时也将造成刑满释放和假释人员重返社会后的适应不良，使其在社会生活和竞争机制面前遇到困难。这就反映了监禁化与社会化的矛盾，也就是监禁过程与监禁目的的背离。

为解决这一行刑矛盾，西方的监狱学家曾设计了一系列监禁制度上的改革，如实行开放式处遇（open treatment）和外部通勤制度，建立无围墙监狱与释放前的“中途之家”（halfway house）等，其目的在于减轻监禁化与社会化之间的矛盾。但是，只要实行自由刑与监禁刑，这种矛盾始终是存在的。对这一问题的密切关注与尽力解决，具有重要的实践意义。从我国的司法实践现状出发，笔者认为，可从以下几方面进行探索。(1) 在坚持自由刑为主要刑种的前提下，适当扩大适用罚金刑、资格刑、管制刑、缓刑和社区处遇制度，减少监禁过程带来的不利影响。(2) 根据服刑人员罪行轻重和主观恶性程度的不同，设置不同警戒与管理方式的监狱，对少数重刑犯与危险性高的罪犯予以严格禁锢，使多数罪犯减轻监禁化程度，提高社会化水平。(3) 坚持累进式处遇（progressive sys-

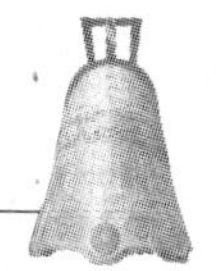

tem)，使多数罪犯生活在较为开放和宽松的管理方式中，对即将出狱的人员进行模拟社会生活训练，使之逐步适应社会。(4) 实行狱内教育与社会教育相结合的原则，通过组织社会参观，请社会人士来监狱作报告等方式，并运用多种传媒沟通监内外的信息，使监狱生活与社会隔离但不隔绝，以达到了解社会、适应社会之目的。(5) 加强对刑满释放人员与假释人员的安置与帮教，建立出狱人保护制度，组建帮助、辅导刑释人员适应社会、安置就业的社会团体和组织，大力开展宣传引导，防止社会对刑释人员的歧视，提高刑释人员自立、自强的信心。

二、刑事案例宣传问题

当我们研究刑罚实施过程中的心理学问题时，不能不涉及对刑事案例与刑罚惩罚的宣传问题，因为它同样对有关人的犯罪心理与刑罚心理产生重要影响。在刑事案例宣传中，应当遵循哪些心理学原则呢？主要有以下几个方面。

（一）刺激的适度性

对刑事案例的宣传与阐释，属于法制宣传的范畴。法制宣传教育应当联系实际进行，即联系守法和违法的一些实际事例和案例来讲解法律知识，培养人们的法律意识。一般来说，联系刑事案例进行宣传，其目的在于通过揭露犯罪事实和犯罪人的凶残、险恶、贪婪，显示刑罚的正确和不可避免。但是，在现实生活中，有些对刑事案例的宣传和一些“法制文学”，由于过分渲染犯罪细节，不仅未起到培养法律意识的作用，反而成为诱发犯罪的因素。这里有一个刑事案例宣传中联系实际的“度”如何掌握的问题，这需要研究解决刑事案例宣传中的适宜刺激问题。

要知道，联系违法犯罪实例，同联系其他实例是很不相同的。某些作者撰写的违法犯罪实例中包含着行为人违法犯罪的欲望冲动、获得满足的体验及其行为方式，这种采取客观主义态度所作的叙述和描写，容易使未成年人和思想意识不健康的人产生心理上的共振和企求、模仿等消极后果，这就是不适宜刺激。其特征主要是：出于读者猎奇心理的考虑，着力渲染犯罪过程中的荒诞情节而无鞭挞；对性犯罪过程，甚至性行为方式、感受作赤裸裸的描绘，勾起人们的性联想；对某些案例中的反常行为（例如变态心理及行为）的描述，引起少数人的模仿和认同。

鉴于此，在联系刑事案例进行的宣传教育中，应当防止形成不适宜刺激，而应掌握运用适宜刺激或良性刺激。适宜刺激（即刺激的适度性）的标准如下。（1）素材的无害性。对刑事案例作报道、宣传时，应对使用的案例材料予以过滤，尤其是对性犯罪、暴力犯罪、智能犯罪和某些作案方式奇特的案例的介绍，要十分谨慎小心，务必考虑到应当怎样介绍才不至于使人想入非非。应当着重报道犯罪行为引起的社会危害性，并对犯罪人的丑恶灵魂予以鞭挞，不应过分渲染犯罪过程及其细节。（2）引用案例的目的性。要突出引用和报道刑事案例的目的，是着重说明一切违法行为应受到法律制裁和刑罚的不可避免性，以进一步提高人们守法的自觉性和同刑事犯罪斗争的积极性，绝不能离开这一目的，单纯为了吸引受众而大量引用案例。（3）论证的思想性。对一些消极的社会现象（如自杀、玩世不恭、“性解放”等）和刑事犯罪案例，要注意运用正确的思想观点，分析它产生的政治、经济、意识形态和社会心理原因，帮助宣传对象正确认识和理解，防止以猎奇的眼光予以欣赏和认同。

（二）报道的全面性

在对犯罪案例、刑罚适用和刑罚执行过程进行宣传报道时，要作全面而准确的介绍，防止以偏概全。要通过宣传报道，引起人们对犯罪行为的痛恨，激发群众同犯罪作斗争的勇气，充分发挥刑罚惩罚应有的心理效应。根据宣传报道的心理机制，主要应掌握以下几点。（1）在报道犯罪案件时，不仅要报道犯罪事实，更重要的是要向人们展示犯罪行为给被害人带来的痛苦及所造成的社会损失，

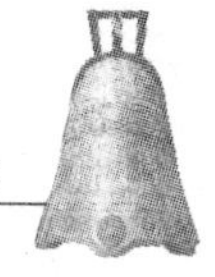

介绍人民群众与犯罪行为进行的英勇斗争。(2) 在报道公安机关侦破刑事案件时，不仅要说明侦查人员的机智勇敢，更要说明他们的艰苦而细密的工作方式，由于这种工作方式和广大人民群众的支持，才造成法律实施的严密性和犯罪分子承受刑罚的不可避免性。(3) 在报道从重从快严厉打击刑事犯罪时，不仅要突出从重、从严的一面，也要报道由于某些被告人的自首悔罪而给予从轻、从宽处理的一面，以期通过全面的报道，使犯罪人发生动摇、分化、瓦解，停止作恶，不致因“走投无路”发展到铤而走险，对社会实行疯狂的报复。(4) 在报道刑罚执行和服刑人生活时，既要介绍监狱工作措施的文明、人道，对他们实施教育、感化、挽救，着力于犯罪人重返社会目的的实现，也要报道刑罚的严肃性和受刑人承受刑罚所感受到的痛苦和压抑，其服刑生活略低于社会公众平均生活水平，以防止人们对监狱生活的片面理解，降低刑罚应有的威慑力和造成对刑罚执行的误解。

(三) 宣传的教育性

刑事审判与刑罚知识宣传教育中有两种倾向值得注意：一是过于条文化和学究气，枯燥难懂；二是渲染犯罪情节，引起副作用和消极后果。从刑罚宣传心理的角度看，这两种倾向都应当避免。有三点值得注意。

1. 宣传的生动性

要使颇为枯燥的刑法概念、条款通过宣传、讲解变得生动活泼，被人们迅速理解和接受，联系实际案例是必要的，但不能喧宾夺主，片面追求“轰动效应”。关键在于，要紧密联系人们的生活实践和知识经验，通过对案例的讲解，帮助他们深刻理解刑事法律知识和原则的意义。如联系“文化大革命”期间“无法无天”给人们带来的巨大灾难和当今某些地方黑恶势力欺压群众、鱼肉乡里的事实，说明健全法制的重要性；联系刑事案件私了的事实，讲解刑罚的基本原则和有关知识；用“古案今析”、疑案剖析、法律咨询等多种形式解答群众的疑难问题，以提高群众学法、懂法、用法的积极性。法律宣传的生动性同庸俗性的界限在于：前者以严肃的态度，用通俗的语言和群众喜闻乐见的形式，联系刑事案件实例进行刑法理论和法条的宣传；后者却置法理、法条于不顾，哗众取宠地或客观主义地作犯罪案件的描述。

2. 宣传的指向性

在刑事案例宣传中，为了提高群众知法的兴趣和守法的自觉性，要把宣传的重点放在加强公众的权利观念上，即从维护公民权利的角度进行法制宣传教育，而不仅仅是用法来警戒人们不去违法犯罪。这样做是为了面向多数而不是面向少数；促使人们自觉地运用法律武器维护自身和广大群众的利益，勇敢地同违法犯罪作斗争，而不会在自身合法利益受损时回避退让，或以私人报复手段去做违法的事情。当广大群众通过法制宣传认识到刑法所保护的权利的珍贵和不可侵犯，他们也就不会轻易地侵害别人的权利，而自觉地维护社会主义法制，严格守法，从而达到减少违法犯罪的目的。

3. 宣传的目的性

必须明确，刑事案例宣传乃至整个法制宣传教育，其根本目的不在于一时性地威慑或遏制犯罪，而是为了增强人们的法律意识。在社会主义精神文明建设这个系统工程中，大体上有三种互相联系、相互补充的机制，即激发机制、调解机制和抑制机制。一切社会主义意识形态都兼有这三种机制，但又各有所侧重。如果说政治观念、艺术观念主要是激发机制，伦理观念、社会管理观念主要是调节机制，那么，法律意识、纪律观念则主要是抑制机制。精神文明建设的目标，是在全体社会成员中建立起一种现代的、健康的、强大的心理意识结构，以及有利于经济建设与社会稳定的社会气氛和精神状态，法律意识在其中起着巨大的作用。因此，作为法制宣传教育内容之一的刑事案例宣传，应当着力于帮助人们将法律知识内化为法律意识，为促进社会主义精神文明建设起到应有的作用。

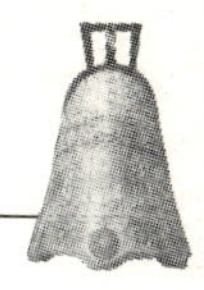

思考题

1. 试述刑罚的社会心理效应和个体心理效应。

2. 什么是刑罚的效果？它和刑罚的功能、目的有何联系与区别？怎样衡量刑罚的总体效果、一般预防效果和特殊预防效果？

3. 什么是民众对刑罚合理性与有效性评价的理性尺度和情绪尺度？这种评价有何意义？

4. 在刑罚实行过程中应注意哪些心理学规律？请具体分析刑罚的递进性与耐受性的消极影响。

5. 在刑事案例宣传中应遵循哪些心理学原则？什么是联系案例实际宣传中的适宜刺激？其具体标准是什么？

第十四章　罪犯心理矫治

当今，对犯罪人施行自由刑的终极目标不在于报应与惩罚，而在于使他们改恶向善，实现重新社会化，适应与回归社会。因此，对罪犯的教育改造与心理矫治便成为达到这一目标的重要手段。

第一节　罪犯心理矫治概述

一、罪犯心理矫治的概念

（一）心理矫治的含义

心理矫治是一个复合概念，包含了两个基本概念，即行为矫正（behavior modification）和心理治疗（psychotherapy）。它是指运用心理学的原理与技术，对人的心理与行为障碍（如心理活动中出现的轻度创伤、某些变态心理、儿童和青少年的不良习惯、社会适应障碍、品行障碍，以及酗酒、吸毒、自杀等较为严重的心理与行为问题）进行矫正和治疗。

行为矫正又称行为改变或行为治疗，是根据条件反射的原理和社会学习理论改正人们不良行为的一种技术。一般采取正负强化的奖惩方式进行行为训练，或以榜样示范方式引导他们模仿学习。既用于正常儿童的口吃、发脾气、厌学、说谎、言行不一、多动症等不良行为的治疗，又用于成人的酗酒、吸毒、同性恋及某些犯罪行为的矫正。行为矫正不同于一般的心理治疗，因为这种矫正是直接矫正不良行为（或症状）本身，而不是针对引起这些行为（或症状）的心理因素。

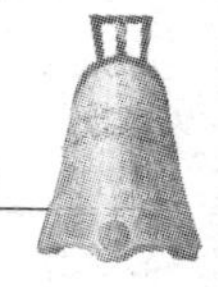

心理治疗也称精神治疗，是用言语、符号对患者的心理或精神施加影响，使其情绪、人格或行为方面的症状发生改变，以恢复心理健康的各种疗法的总称。心理治疗不仅适用于部分精神疾病患者和行为障碍者，其治疗对象也包括某些心因性疾病患者。心理治疗的方法、种类很多，因其理论基础不同，施行治疗的方法各异，如行为疗法、精神分析疗法、暗示疗法、催眠疗法、支持疗法、森田疗法、现实疗法、娱乐疗法等。治疗的目标可分为当前目标（即医学目标，以消除症状为主）和终极目标（即心理目标，以改善人格状况，增进心理健康为主）。在治疗过程中，可起到增强患者做正确事情的动机，使紧张的情绪得到宣泄，并释放患者的潜能，改变原有的行为习惯，调整个人的认知结构，提高患者对生活或事物的认知能力，增进自我认识的领悟力，重建各种人际关系，改善对环境的适应能力等作用。就犯罪者来说，其治疗目标主要是改变或消除引起犯罪行为的变态心理或人格障碍。

以上表述，可称为对狭义的心理矫治的理解。

（二）罪犯心理矫治的含义

西方国家监狱系统使用的罪犯心理矫治的概念，包括十分丰富的内容，可称为广义的心理矫治。其工作内容不局限于行为矫正，还扩展到与意识形态改变相联系的矫正教育（correctional education）；不仅着眼于医学意义上的心理治疗，而且延伸到心理—社会意义上的矫正治疗（correctional treatment）。广义的罪犯心理矫治是法律心理学和监狱科学共同的研究对象，其研究范围与我国现行的罪犯改造心理学相近。

矫正教育是对行为不良者或犯罪者实施的补偿教育措施。其内容包括必要的文化科学知识和职业技能训练，对罪犯社会适应能力以及解决有关问题技巧的训练。多数国家的矫正机构对犯罪者提供的教育训练计划，主要是按罪犯原有文化基础的不同，分别进行识字和初等文化教育，相当于中学和大学专科课程的教育、生产技术和其他职业技能教育，以及心理指导和行为训练。其目的在于促使他们完成所欠缺的社会化进程，重新回到正常状态，克服消极的个性特点，摆脱与犯罪行为密切相关的心理环境和行为方式。

矫正治疗又可译为矫正处遇①，它囊括改变犯罪思想、情感与行为，帮助犯罪人重新适应社会生活的一切活动。诸如心理咨询、犯罪心理矫正、人格障碍治疗、教育与职业训练以及监狱劳动等，无不包含在矫正处遇之中。我国台湾学者蔡墩铭把监狱基于矫正改造目的建立起来的工作系统，称为“矫正处遇体系”。他认为，在这个体系中，虽然刑罚惩罚与管理亦具有矫正的性质，但不是直接的矫正手段，只具有间接的矫正意义，故这个体系的主要工作内容为教化（即矫正教育）、作业（即监狱劳动）、心理治疗三大项。他把研究这三个方面心理学问题的学科，叫做“矫治心理学”（correctional psychology）。② 美国犯罪学家、法律心理学家威克斯（R. J. Wicks）于1974年出版的《矫治心理学——犯罪人矫治中的主题和问题》，是英语文献中著名的矫治心理学著作之一，亦采用广义的罪犯心理矫治的概念。③

由此可见，广义的罪犯心理矫治同我国监狱一直沿用的改造（reform）一词的含义相近。不过，西方监狱学家不愿涉及罪犯的意识形态这一敏感的话题，唯恐违反“言论和信仰自由”的人权准则，而把罪犯反社会意识形态的改变交给监狱神职人员（即宗教教诲师）去完成，由他们通过宣传宗教教义，劝导罪犯改恶向善。

---

①“处遇”一词早被医学界采用，医学上的处遇（medical treatment）被视为治疗（therapy）之同义词。然而，就字义而言，处遇显然比治疗之意义为广。因此，此处所说的矫正处遇并非专指治疗性处遇，应属于非治疗性意义的广义的处遇。

② 蔡墩铭著：《矫治心理学》，正中书局1988年版，第11～24页。

③ Wicks，R. J.（1974），*Correctional psychology：Themes and problems in correctional the offender*. San Francisco.

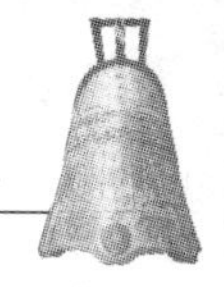

笔者认为，上述狭义和广义的罪犯心理矫治概念，前者失之过窄，后者又有覆盖面过宽之嫌。为适应操作的方便，并根据中国国情，应采取“准广义”的罪犯心理矫治概念。这一概念，应与中国监狱的习惯称谓“教育改造”相区别，作为教育改造的扩展、延伸与必要补充。按照我国监狱法的界定，对罪犯教育改造的主要内容为政治、文化、技术教育（简称“三课”教育）和劳动生产，因此，罪犯心理矫治应以不包括“三课”教育和劳动的其他矫正教育内容和心理咨询、治疗为主体。对“准广义”的罪犯心理矫治可作如下表述：罪犯心理矫治是运用心理学理论与技术，对罪犯进行的矫正教育与心理治疗，以配合教育改造，消除罪犯的反社会性，医治其心理障碍、人格失调及其他精神疾患，达到恢复心理健康，重塑健康人格，提高社会适应能力的目的。

二、开展罪犯心理矫治的必要性、可能性、艰巨性

（一）开展罪犯心理矫治的必要性

五十多年来，我国监狱已经积累了丰富的教育改造罪犯的经验，为什么还要开展罪犯心理矫治呢？主要有以下几方面的原因。

1. 由监狱在押犯的情况变化所决定

新中国成立初期，我国监狱在押犯的主体是旧政权下犯有罪行的骨干分子、剥削阶级中的反革命分子和旧社会遗留下来的残渣余孽，因此，镇压阶级敌人的反抗，强调立场和思想、观点的改造，是理所当然的。20 世纪 70 年代末期以来，劳动人民家庭出身的青少年普通刑事犯逐渐增多，成为在押犯的主体。根据监狱在押犯情况的变化，强调对他们耐心细致地做思想工作和开展心理疏导，就成为在新的历史时期改造罪犯政策和方法合乎逻辑的发展，罪犯心理矫治就是在这种背景下产生的。

2. 由导致违法犯罪的心理原因较为突出所决定

人的犯罪原因是多方面的：既有客观原因，也有主观原因；既

存在着人生观、价值观、法纪观方面的原因，也存在着扭曲的心理原因，如畸形的需求欲望、易激惹的情绪情感、意志品质的两极性、不良的心境，以及某些心理障碍和变态心理等。从当前的在押犯情况看，扭曲的心理原因已成为引发犯罪行为的直接原因，因而有必要强调开展心理矫治，以消除其犯罪心理。

3. 由人的意识的基本层次结构所决定

马克思主义历来认为，人的社会意识（无论是群体意识还是个体意识）可分为社会意识形态和社会心理两个相互联系的基本层次。犯罪人也不例外，他们的犯罪意识也包括犯罪的思想观念和犯罪的社会心理两个层次。以往强调改造犯罪思想，主要是针对犯罪的观念（世界观、人生观、价值观、伦理观、法纪观等）来说的；现在提出开展心理矫治，主要是针对犯罪的社会心理（认识、情感、意志、气质、性格以及个性等）来说的。只有两个层次一起抓，才能较为全面地推动犯罪人社会意识的改造，使之发生深刻的转变。

4. 贯彻改革开放的方针，吸收国外先进技术的需要

党的十一届三中全会以来，确定了改革开放、学习引进国外先进经验和科学技术的政策。监狱工作虽然具有鲜明的阶级性和很强的政策性，但作为刑罚执行机关，世界各国的监狱工作毕竟也有其共同性的一面。既然国外监狱的心理矫治技术具有科学性，我们便没有理由拒绝它，应结合中国的实际情况，加以借鉴、吸收和应用。

（二）开展罪犯心理矫治的可能性

开展罪犯心理矫治的可能性可从内因和外因两方面剖析。

从内因上看，可从三个方面分析。（1）人的犯罪心理并非与生俱来，而是后天通过学习、模仿得来的。由于人的高级神经活动具有可塑性，犯罪心理与行为既可以在不良刺激的反复作用下形成动力定型，也可以通过给以良好刺激使其逐渐弱化而趋于消退。这是

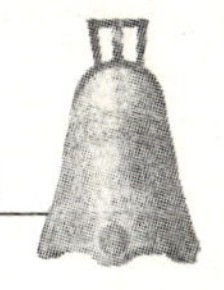

施行罪犯心理矫治的神经生理基础。(2) 用“一分为二”的观点看，多数罪犯具有某种积极因素，他们也有与普通人一样的“平常心”和某些相同的认知、共同的情感，这是罪犯心理矫治的社会心理基础。(3) 人的意识具有能动性和反映的选择性。在良好的教育和恰当的矫治方法影响下，将推动罪犯意识的能动性朝着有利于改造的方向发展，使其对客观现实的反映不再选择消极因素而选择积极因素，从而矫正其个性缺陷。这是罪犯心理矫治的主观能动性基础，也是矫治工作有可能获得罪犯本人配合，以构成良好“医患关系”的关键性条件。

从外因上看，主要是因为我国监狱存在着有利的社会条件。(1) 社会主义制度是使矫治工作获得成功的根本保证。社会主义制度代表着广大人民群众的根本利益，它真诚地希望犯罪人获得改造，重新做人，回归社会。(2) 我国监狱的矫治工作实行监内教育与社会教育相结合的原则，得到社会各界人士的广泛支持。(3) 我国监狱在教育改造工作上积累了丰富的经验，改革开放以来又吸收、借鉴了国外的心理矫治技术，构成了直接推动罪犯内因转化的综合动力。

（三）实施罪犯心理矫治的艰巨性

从内因上看：(1) 犯罪心理结构具有相对的稳固性；(2) 多数罪犯缺乏自我改造的积极性，在改造过程中，常常出现罪犯消极情绪和态度的干扰；(3) 罪犯改造的起点低，恶习深，加之犯罪心理各异，具有隐蔽性，也增加了矫治的难度。从外因上看，无论在社会上还是在监内，无论在矫治对象主体内外，都存在着干扰罪犯心理矫治的某些消极因素。

三、罪犯心理矫治的操作体系

上面提到的“准广义”的罪犯心理矫治，当其在监狱具体运作时，便产生了体现这一概念的操作体系。这一操作体系应当揭示矫治的对象、目标、具体实施步骤及方法等问题。根据罪犯心理矫治的各项工作在该体系中的地位，可将其区分为主体部分和延伸部分。

（一）主体部分

“准广义”的罪犯心理矫治在操作上有一个特点，就是把精神正常的罪犯与精神异常的罪犯分开，使对少数人格障碍及其他变态心理者的治疗与消除大多数犯人主观恶性、改善其个性的治疗分别进行。由此，心理矫治的主体部分便可分成以下两个方面。

1. 罪犯矫正教育

矫正教育是运用心理学的原理和技巧，使用较为常规的方法，如说理法、感化法、行为训练法、因人施教法、心理卫生与心理健康教育等，对全体或大多数罪犯的社会心理与行为偏离进行矫正。它主要针对后天形成的不良个性心理，着眼于矫正人生观、价值观、道德意识、法律意识等个性心理倾向方面的异变和反常。不妨说，心理矫正的对象是罪犯中有严重社会心理缺陷的非精神病患者。矫正的目标是消除罪犯的反社会性，建立守法的心理结构和良好的行为习惯。

2. 罪犯心理治疗

心理治疗的对象主要是罪犯中的心理障碍者、产生拘禁反应（reaction to detention）者，以及其他精神上出现异常状态、存在着焦虑、抑郁症状难以自我解脱者。他们是临床精神医学意义上的患者，仅仅使用常规的矫正教育手段是难以消除其症状和达到治愈目的的，故需要进行心理治疗，对其中一些人还要辅以药物治疗。心理治疗的方法具有专业性，其工作内容为运用各种心理治疗法和开展心理咨询。心理咨询与心理治疗既有联系又有区别。不同的学者对两者的关系有不同看法。因两者都具有很强的专业性，为便于叙述，这里暂且将其归并到心理治疗的范畴。心理治疗的目标是减轻或者消除各种心理与行为障碍及某种变态心理的症状，恢复心理

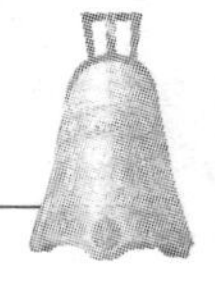

健康。

（二）延伸部分

延伸部分是指罪犯心理矫治的辅助手段和必要的扩展部分。它虽然不是心理矫治的主要手段，却是矫治的前提、基础和矫治结果的验证技术，因而是不可或缺的。具体包含以下三个方面的内容。

1. 罪犯心理诊断

罪犯心理诊断是心理矫治的基础性工作。它是运用心理测验、生活史调查、行为观察、面谈、犯罪事实判断等专门方法，对罪犯的心理素质、个性特点和心理疾病进行考察与判断，其目的在于发现引起犯罪行为的社会心理缺陷的总体状况与犯罪心理结构的个别差异，为开展心理矫治提供依据。在进行诊断之后，应建立反映诊断结论与矫治动态的罪犯心理档案，拟定相应的心理矫治及处遇方案。

2. 罪犯矫治质量的心理学评估

在施行矫治过程中，要运用心理测验、模拟实验、评定等方法，定期或不定期地对罪犯在服刑期间犯罪心理与恶习的消除程度，守法心理与良好行为习惯的建立程度进行心理学评估，以及时检验与反映矫治效果，调整矫治措施，为改进矫治工作、提高矫治质量提供依据。

3. 出狱人员再犯罪心理预测

在罪犯刑满释放或假释前，应运用人格量表或专门的行为预测量表进行心理测验，同时采取罪犯自评与管教干警评定相结合的方法，对罪犯出狱后一定时期内重新犯罪的可能性进行科学的测定。对出狱人员的再犯罪预测，已有八十多年的历史，先后产生了伯吉斯（Burgess）、格卢克（Gluck）、西德（Schiedt）、奥林（Ohlin）等多种预测量表，实践证明均有一定功效。我国对再犯罪预测的研究也取得了重要成果。这项工作既是对罪犯心理矫治成效的检验，也是与社会帮教接轨，为社会治安综合治理提供依据的重要措施。

综上所述，罪犯心理矫治的操作体系大致如下表：

名　　称	方　　法	对　　象	目　　标
罪犯心理诊断	心理测验、生活史调查、行为观察、谈话、犯罪事实判断等	全体罪犯	了解个性特点和心理疾病，掌握其社会心理缺陷与犯罪心理结构的特殊性
罪犯矫正教育	说理、感化、行为训练、因人施教、心理卫生与健康教育等常规方法	全体或大多数罪犯	消除罪犯的反社会性，建立或增强其自我调适能力
罪犯心理治疗	罪犯心理咨询及各种心理疗法等专业方法	罪犯中的心理障碍患者以及产生心理困惑与焦虑等症状的患者	消除或缓解各种心理障碍、行为障碍等症状，恢复心理健康
罪犯矫治质量的心理学评估	心理测验、模拟实验、评定	全体罪犯	评估服刑者犯罪心理与恶习的消除程度，守法心理与良好行为习惯的建立程度
再犯罪心理预测	个性量表或专门的再犯预测量表测定，罪犯自评与管教民警评定相结合	出狱人员	对其人格状况、心理健康水平及犯罪倾向进行检验，对出狱后再犯罪可能性进行预测

四、罪犯心理转化的基本矛盾与规律

（一）罪犯心理转化的基本矛盾

矛盾存在于一切事物的发展过程中，罪犯心理也不例外。罪犯心理矛盾的形成，是在刑罚惩罚的强烈刺激下，罪犯与监所环境、

改造措施相互作用下产生的。它是引起罪犯心理发展的根本动力。

罪犯心理转化的基本矛盾是：原有的违法犯罪的心理结构同改造目标和要求所引起的改造需要之间的矛盾。这种矛盾是服刑者“犯罪的自我”与“新生的自我”之间的矛盾，是罪犯自身的心理矛盾。这一基本矛盾的存在，决定着罪犯服刑期间，新的要求同落后的意识之间的矛盾不断产生，又不断解决，从而推动着罪犯心理不断转化。至于罪犯心理是朝着良性转化抑或恶性发展，从客观上讲，固然取决于监管改造工作的力度，但从主观上讲，归根到底还是取决于“犯罪的自我”与“新生的自我”之间力量的强弱对比。

在罪犯服刑改造进程中，上述基本矛盾又表现为多方面的具体矛盾，如正确与错误的政治思想上的矛盾，新旧道德、法纪观念上的矛盾，知识与愚昧的矛盾，对监管改造认识和态度上的矛盾，以及不同改造阶段心理上的矛盾等。罪犯心理发展的基本矛盾存在着个别差异。

（二）罪犯心理转化的规律

罪犯心理转化的规律，是其心理发展基本矛盾的体现。主要有以下几个方面。

1. 从强制改造到自觉改造的规律

罪犯从违法犯罪到守法公民的转变，实际上就是社会态度的转变。其间，大体上要经历服从、同化、内化三个阶段。服从，是从表面上转变自己的观点与态度。同化，是内心的自愿认同与调适。内化，是全面接受新的思想观点，将新的思想观点纳入自己的价值体系，使原有错误的社会态度发生根本的转变。

2. 知、情、意、行相互联系和影响的规律

知、情、意、行是构成罪犯品德结构的四要素。它们不是孤立的，而是相互联系和影响的统一体。罪犯旧思想品德的改变，一般要沿着以知为开端，以行为归宿的内在程序进行。但也要视具体情况，因人而异，或从情入手，或以意与行为重点，作多开端、多层

次的渗透。

3. 需要结构改变与补偿规律

罪犯旧的需要结构的改变，不能是简单的“剔除”，而应同时以新的需要填补，实行“吐故纳新”。所谓补偿，是用高尚的精神需要、符合社会规范的常态需要、基本的物质文化生活需要来对旧的需要结构进行更新，塑造其良好的需要结构。

4. 罪犯群体和个人交互作用的规律

在改造和矫治罪犯时，要注意到罪犯群体的心理现象（共同舆论、集体感受、模仿和服从、群体归属感等）对罪犯个人心理上的影响。要抓紧罪犯改造集体的建设，以促进每个罪犯的转化。

5. 罪犯心理转化存在个别差异的规律

这种个别差异主要表现在：(1) 由于犯罪类型不同，其犯罪动机和需要也不相同，因而矫治的重点和目标有所不同；(2) 由于每个罪犯身心特征的不同，决定了对其管理教育方法的不同；(3) 由于罪犯个性和犯罪心理结构不同，需要开展因人施教。

第二节　罪犯心理诊断

一、罪犯心理诊断概述

罪犯入监服刑，因其存在着种种心理障碍与人格缺陷，也可视为“入院”治疗的“患者”。这就需要对罪犯逐个地进行心理诊断，以便有针对性地采取个别处遇和矫治措施。

（一）心理测量与罪犯心理诊断

罪犯心理诊断的主要方法是心理测量。因此，在研究罪犯心理诊断的同时，必须首先弄清什么是心理测量和心理诊断。

1. 心理测量与诊断的概念

心理测量（psychological measurement）又称心理测验（psy-

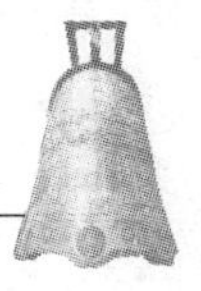

chological test)，有两个含义：一是对人的心理变量（如智力、记忆、个性等）进行测量，即一种方法和活动；二是指测量人的心理变量个别差异的工具，即心理测验量表。广义的心理测验，涵盖以心理特性的测定为目的的观察、评定、问卷、投射、社会测验等多种方法的综合运用。狭义的心理测验，专指按一定的方法和程序去编制和使用的心理测量工具，即标准化的测验。如测量智力、记忆、人格的测验等这种标准化的测验，又称为心理测验量表。本节所讲的心理测验专指狭义的心理测验。标准化的心理测验有两个显著的特点。一是测验过程的程序化和测验结果的数量化。数量就代表受测者心理的特性。二是测验需要得到受测者的配合。因为人的心理特性无法直接测量，只能依靠接受测者的回答和操作来间接测定。所以，没有受测者的合作，心理测验就无法进行。

心理诊断（psychological diagnosis)，就是通过对心理测验所得到的反映受测者意识事实的数据资料及用其他方法收集来的资料作综合分析研究，得出受测者的心理状态、某个心理变量状况或人格特点的结论。心理诊断既可用来判断正常人的智力活动水平、注意特点、性格和个性类型，也可用来测定患者精神障碍的性质和程度。

2. 罪犯心理诊断的概念和类型

罪犯心理诊断是运用心理测验等方法，对罪犯的智力、气质、性格以及整个人格状况进行考察与判断，以掌握其心理活动特点、犯罪心理的个别差异，为分类处遇和心理矫治打下基础的一项专门工作。罪犯心理诊断的方法应以心理测验为主，同时综合运用生活史调查、行为观察、面谈、犯罪事实判断等方法，以便多方收集资料，达到相互印证、准确诊断的目的。之所以要以心理测验的方法作为诊断的主要依据，是因为它具有标准化、程序化、数量化，以及准确性、客观性等优点，可以防止其他方法在实施过程中因调查者的主观见解不同而产生的主观性、片面性等弊端。

罪犯心理诊断可按不同标准进行分类。按受测者人数的多少，可分为：（1）罪犯个别诊断；（2）罪犯集体诊断。前者用来对某些需要进行心理咨询、心理治疗的罪犯施行；后者是对某一罪犯集体或样本群进行心理测验，以摸清罪犯群体的心理状况。按施测时间的不同，可分为：（1）入监时诊断；（2）服刑中期诊断；（3）释放前诊断。服刑中期诊断又可称为改造（矫治）质量的心理学评估，释放前诊断也是对出狱人员进行的再犯罪心理预测。按诊断主体的不同，可分为：（1）罪犯自我诊断；（2）罪犯集体评定；（3）管教干警对罪犯的综合诊断。按使用的心理测量工具的不同，可分为：（1）社会通用量表诊断；（2）监狱专门量表诊断。前者是指对监狱服刑者使用社会上通用的智力、人格等心理测验量表进行诊断；后者是使用专门针对服刑者编制的心理测验量表，如入监诊断量表、矫治效果评估量表和再犯预测量表进行诊断。

3. 罪犯心理诊断的内容、目的和效用

罪犯心理诊断的内容大体上包括四项：（1）人格特质状况，要搞清楚某个罪犯产生犯罪行为的内在心理动因、人格缺陷及其特点；（2）产生犯罪心理的外部原因，如家庭居住环境的影响、交友不良及不良生活史等；（3）服刑期间的现实心理状况，如改造态度、改造动机、环境适应、人际关系与心理状态等；（4）有无精神疾患，如是否存在神经症、智力低下、心理障碍、变态人格等。

罪犯心理诊断的主要目的有：（1）发现犯罪心理结构的个别差异，确定改造重点；（2）发现犯罪原因，设法予以消除；（3）发现人格特征，改进教育方法；（4）发现精神疾患，开展心理治疗；（5）发现犯罪行为倾向，加强防范控制。

罪犯心理诊断的效用有以下几个方面：（1）分类处遇的依据；（2）施行矫治的依据；（3）验证效果的手段；（4）确定需要防范控制的重点对象。

二、罪犯心理诊断技术

（一）罪犯心理诊断的实施要求

1. 要科学地对待心理测验

为了正确实施罪犯心理诊断，施测者必须首先对心理测验有正确的认识。既要反对过高地估量测验的效能，单纯依靠测验而不去从其他方面收集信息的“测验完美无缺论”，又要反对贬低测验作用的“测验无用论”。要认识到：测验是研究罪犯心理的一个重要方法和作出监管、改造决策的辅助性工具，但测验方法和测量工具尚不完善，测验有可能受到某些主客观因素的干扰和影响，故不能单凭测验结果作出判断，必须在测验分数的基础上，结合临床观察及从其他渠道收集的资料进行综合诊断，才能保证诊断的可靠性。

2. 要正确地使用测验

首先，对测验要控制使用。要保证测验是由经过培训的专业人员使用，防止测验的滥用。对测验的内容要加以保密，防止受测罪犯熟悉测验内容和记分方法，导致测验失效。

其次，要做好施测的组织工作。（1）严格按既定的规则和程序组织测验。测验的组织者应熟记测验指导语，准备好各种施测材料，熟练掌握测验的具体实施方法和注意事项。（2）做好受测犯人的思想工作，打消其顾虑，使他们配合测验，如实回答测题，注意保持良好的施测关系。（3）有一个安静的施测环境，使犯人能集中注意力，在既定时间内完成测验，以保证测验的质量。

再次，要遵守使用测验的道德准则。例如，不可将测验结果随意在无关人员中传播；保护受测者的个人隐私；不得将在测验中显示出来的错误认识和犯罪行为倾向作为处理罪犯的依据，但对有危险倾向者应做好防范控制工作。

3. 做好对测验结果的解释与诊断

要做到对测验分数的合理解释，主要依赖于主试的专业知识水平和临床经验，还要充分考虑到受测者的实际情况和测验时的具体情境，防止对测验分数作出千篇一律的解释。由于相同的分数可能是由不同的原因造成的，因此对相同的分数可以作出不同的解释。例如，在 16PF 测试中，杀人犯的敢为性和刑事警察的敢为性均为 8 分，就不能认为他们这一个性因素相同。因为，杀人犯的敢为性反映出作案的凶残性，而刑事警察的敢为性是为履行职责不怕牺牲的勇敢性，两者有本质的不同。在人格测验中，只有注意对其人格因素特点作出全面分析与判断，才能获得正确的诊断结果。

（二）常用量表简介

用于罪犯心理诊断的量表有多种。既有通用量表，又有专门量表；既有智力量表，又有人格量表。目前使用较多的是以下几种人格量表。

1. 气质量表

由陈会昌、张拓基编制，用于测定罪犯的神经和气质类型。了解罪犯的气质类型，是对罪犯实施不同教育与管理方法的依据之一。

2. 行为类型量表

由张伯源主持研制，原是一份医学心理学检测量表，其初衷是检测与发现 A 型行为①，作为心脑卒中的警报量表，使对 A 型行为的矫正作为冠心病的防治途径之一。它是从外部行为和人的情绪体验上进行自我报告的性格量表。在罪犯中应用此量表，是为了预测其行为倾向，改进管理控制方法，实施因人施教。

3. 艾森克个性问卷（EPQ）

---

① A 型行为又称 A 型性格，是多见于冠心病患者并与冠心病发病有关的行为类型。包括一系列特点：有强烈的竞争意识、事业上的成就感与时间上的匆忙感，没有耐心，对人怀有敌意等。详见车文博主编：《心理咨询百科全书》，吉林人民出版社 1991 年版，第 1065 页。

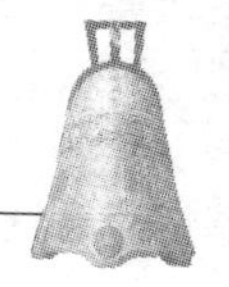

由英国心理学家艾森克（H. J. Eysenck）夫妇编制，分成人、幼年用两式。分别调查16岁以上成人和7～15岁幼年的个性类型。成人问卷可用于成年犯监狱，幼年问卷可在未成年犯管教所关押改造的14～15岁的犯人中使用。本问卷包括内外向（E）、情绪性（N）、倔强性（P）三个个性维度和掩饰倾向（L）四个分量表，经龚耀先等修订后，建立了中国常模。运用这一量表，可测定罪犯的三维个性特点，了解其个性倾向，作为分押、分管、分教的依据之一。

4. 卡特尔16项个性因素量表（16PF）

由美国心理学家卡特尔（R. B. Cattell）编制。1970年经刘永和、梅吉瑞修订。1981年由辽宁教科所作进一步修订，建立了中国常模。16PF测定根据卡特尔人格特质理论确定的16项个性因素，能较为全面地反映罪犯的人格状况和社会心理缺陷。通常用作罪犯入监时的人格诊断工具，作为了解罪犯人格特征及素质，分析犯罪心理原因，施行心理矫治的依据。

5. 明尼苏达多相个性测验量表（MMPI）

由美国心理学家哈撒韦（S. R. Hathaway）和麦金利（J. C. McKinley）1940年编制。该量表力求从临床心理学角度，对被测者的个性特征和异常心理作出评价。包括4个效度量表和10个临床量表。我国引进后，由宋维真等作了修订，建立了中国常模。此量表在监狱系统，可用来检测罪犯心理异常、诊断人格障碍，并可用作出狱前再犯罪心理预测的工具。

此外，在部分监狱中，还使用过瑞文推理测验（非文字智力测验）、Y—G性格测验、SCL—90临床症状自评量表等测验工具。

自1994年以来，我国司法行政部门组织部分专家和实际工作者开展了中国式罪犯心理测试量表和评估系统的研制，现已基本完成研制，在全国监狱系统推广试用。其中的个性分测验量表，通过大约五年的试用，效果良好，已经通过国家级专家鉴定。这一重要科研成果的推出，标志着我国自己研制的适合中国国情和犯情的，信度、效度较高的罪犯心理评估系统的问世。它对于进一步提高我国罪犯心理矫治的质量和针对性，具有重要意义。

（三）罪犯心理测试电脑软件的编制与使用

心理测验的实施有着严格而烦琐的程序，有些量表由于测题较多，施测时间长，被试容易产生烦躁情绪，影响答卷的质量。尤其是施测后的数据处理，更是十分烦琐，容易出差错。鉴于此，随着电脑技术的发展，心理学工作者便研制出有关的心理测试电脑软件，以提高施测效果和数据处理的效率与质量。

对于受测者来说，心理测试电脑软件的使用，其意义主要是：(1) 使施测过程变成人机对话的过程，可提高受测者的兴趣；(2) 运用电脑技术，可采取声控（听测题后按键回答）和纸笔回答等多种形式，以适合于不同文化层次的被试；(3) 施测后，可在电脑荧屏上看到测试结果和剖析图，使数据和概念变得直观形象，可起到增强被试自我意识的效果。

对于主试来说，其意义主要是：(1) 将烦琐的计算过程交给电脑承担，提高运算的效率和准确性；(2) 将测验结果及图形打印输出，节省手工记录和图形描绘时间；(3) 作大批量问卷的处理，适合于团体心理测验；(4) 有助于在短时间内建立心理档案，为心理矫治提供翔实的数据资料；(5) 通过分析整理数据，进行有关课题的科学研究。

我国心理学界编制心理测量电脑软件，大体上是从 1985 年开始的。当时已有几种版本的 EPQ、MMPI 心理测试电脑软件，但计算机档次较低，编制经验不足，荧屏呈现效果不理想，程序安排上也有缺陷。随着电脑技术的发展，上述状况已有很大改观。监狱系统最先编制心理测试电脑软件的是中央司法警官学院的犯罪心理学教研室，他们于 1990 年编制出 WM—90 心理测试电脑软件，后又改版为 WM—95 和 WM—2000 软件，推广使用后推动了心理矫

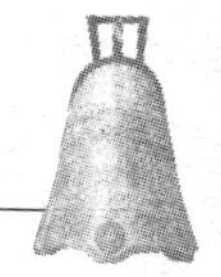

治工作的发展。山东、上海等地的监狱部门也编制了一些用于检验罪犯心理素质、改造成效和进行再犯罪预测的量表及电脑软件，作了有益的尝试。

三、罪犯心理档案的建立与运用

（一）建立罪犯心理档案的意义

多年来，监狱管理机关已经建立起两种罪犯档案，即以法律文书、历史资料为主体的狱政管理档案和以罪犯现实表现为内容的考核档案。为开展罪犯心理矫治，进一步提高改造质量，有必要建立罪犯心理档案。它是通过心理测验、咨询谈话、心理治疗和评定积累起来的有关罪犯个性特点、缺陷、矫治过程及其效果等资料的系统记载。

建立罪犯心理档案，其意义在于：(1) 反映罪犯个性特点、缺陷及现实心理状态，提高改造工作的针对性；(2) 发现犯罪心理原因及犯罪心理结构的特点，适应开展心理矫治的需要；(3) 实现考核工作科学化、系统化、验证化，不仅反映其行为，也探索其内在心理隐秘，不仅记载散乱、零星的外部表现，同时也验证改造效果；(4) 综合分析罪犯心理轨迹，预测其未来行为倾向；(5) 提供科学研究资料。

（二）罪犯心理档案的主要内容

除必要的自然情况（罪犯的罪名、刑期、主要犯罪事实及简历等）外，罪犯心理档案还包括以下主要内容：(1) 心理测试结果及诊断结论；(2) 罪犯自述材料；(3) 罪犯生活史及评语；(4) 某种变态心理、人格障碍及精神病史；(5) 心理矫治方案；(6) 心理矫治实施情况及疗效检测记载；(7) 对罪犯服刑期间所发生事件和变化的心理分析；(8) 对矫治质量的心理学评估与分析；(9) 模拟情境实验及其效果；(10) 罪犯自我评定及罪犯集体评定材料；(11) 罪犯改造起伏变化及心理转化轨迹图；(12) 针对犯罪原因采取的某些生物基因和生物化学的实验研究、医疗措施及其效果；(13) 罪犯心理咨询记录；(14) 罪犯心理治疗记录及其疗效；(15) 出狱人员的再犯罪心理预测及行为倾向判断；(16) 出狱后的帮教、监督建议等。

（三）应注意的问题

1. 建立罪犯心理档案是一项技术性很强的艰苦、细致的工作

要培训干警，使其明确建立心理档案的意义和要求，掌握正确地运用心理测验，客观地分析心理测验数据的专业知识和建档技术。提倡搞好试点，通过典型示范，及时交流经验，推动这项工作逐步开展，防止一哄而起的形式主义，力求实效。

2. 罪犯心理档案应全面反映罪犯的个性

不仅要发现其心理缺陷与人格障碍，还要反映其个性特点，挖掘其残存的“闪光点”和常态心理，予以全面记载，以便在矫治工作中加以运用，因人施教。

3. 罪犯心理档案应具有动态性

应当将心理档案建成反映罪犯服刑期间心理变化和矫治效果的“改造志”。只有反映出矫治过程、效果和尚待解决的问题，才能有效地指导下一步矫治工作的进行，有助于对其人格状况作出全面评估，预测其今后发展趋向。

4. 正确使用罪犯心理档案

由于罪犯心理档案专业性较强，应由专人掌握、保管，供心理医生和矫治专业人员查阅使用。对不宜公布的事项，要加以保密。在日常管教工作中不应直接引用心理档案资料，以免降低心理矫治工作的威信。对心理测验数据和其他数据资料，要在专业人员指导下，作出科学解释，防止错误理解。要把罪犯心理看成一个完整的系统，不可断章取义，孤立地看问题。

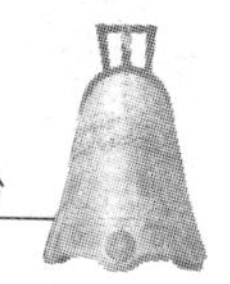

第三节　罪犯心理矫治技术

按照罪犯心理矫治的操作体系，可以分为以下几种矫治技术。

一、罪犯矫正教育技术

（一）说理法

说理法即改变其认知的方法。罪犯心理的基础层次是认知结构，情感和意志在很大程度上都受到认知的影响。所以，改变认知结构，是罪犯矫正教育的基本方法。主要通过摆事实、讲道理，运用各种科学知识和理论教育他们，使他们接受正确思想。具体又可分为四个层次。

1. 基础性说理

通过开展文化教育，使之具有分辨是非善恶的文化知识基础；通过开展社会公德和做人、修身的基础性教育，使其懂得如何做人，如何生活。在开展教育的初期，一般不要急于接触其犯罪事实和要害问题，主要是帮助罪犯提高认识水平，掌握认识问题的方法。

2. 利益性说理

通过晓以利害，从罪犯个人利益、家庭利益、亲人利益讲起，进行告诫性教育。在此基础上，逐步把罪犯切身利益同应遵守的行为规范联系起来，同社会、民族、国家利益结合起来进行说理。

3. 策略性说理

在说理过程中，注意运用心理学原理和方法，提高说理的可接受性，掌握说理的契机，讲究说理的策略。具体可分为以下几种。(1) 迂回性说理：利用“角色换位”“将心比心”的方法进行说理，引导罪犯从被害人角度，思考认识自身罪行的危害性。(2) 冷却性说理：当罪犯情绪激动、头脑发热时，不去和他们正面交锋，而是作“冷处理”，允许其有一段思考问题的时间。等他们头脑冷静后，再进行说理教育。(3) 事件性说理：利用某一事件，引出生动的道理，建立某种正确观念。(4) 集体性说理：运用从众原理对罪犯进行教育，通过组织正确舆论，借助良好的集体气氛和有利环境，转变罪犯观念。

4. 针对性说理

当罪犯有了一定认识基础，产生悔悟之心时，再针对其思想症结进行理论剖析，以期达到促使其认罪服法，改变认知结构的目的。

（二）感化法

感化法是从情感因素入手，通过心灵沟通，逐步改变其认知和社会态度。之所以要着重运用情感因素，用管教干警的真情实感和模范行为去感化罪犯，是因为如果单纯说理，由于双方心理上存在距离，罪犯往往难以接受教育。只有从情入手，以情感人，以情感上的相容作为沟通心灵的“导线”，才能逐步改变其错误的认知和意志结构。

感化法的采用，需要注意：(1) 选择感化的最佳时机；(2) 选择感化的适当内容（一般是从与罪犯利益有关的事件和其他易动感情的方面入手）；(3) 针对不同对象和需要，采取不同的感化方法；(4) 在触动感情后，要注意晓之以理，使感化与说理相结合，达到教育改造的目的。

（三）行为训练法

行为训练法主要是进行正确意志的磨砺和良好行为习惯的养成，并通过改造实践的锻炼，来改变罪犯不良的“意”和“行”，达到除旧布新，清除旧的污秽，塑造新的品德和良好行为习惯的目的。常用的行为训练法有队列操练、劳动竞赛、使用文明语言以及特定的意志训练课等。

（四）心理卫生与心理健康教育

罪犯的不良品德与行为习惯，往往同他们不讲心理卫生，心理健康水平低，甚至存在着不同程度的心理疾患、人格障碍有关。因此，应加强对他们的心理卫生与心理健康教育，使他们较为自觉地讲究心理卫生，养成文明与健康的行为习惯；学习和掌握各种消除心理障碍、应付紧张状态的技巧；善于克服困难，经常保持良好的心境；逐步适应各种社会角色，与他人和睦相处，进而达到塑造良好个性，提高心理健康水平的目的。

二、罪犯心理咨询技术

（一）心理咨询与罪犯心理咨询的概念

1. 心理咨询的概念

心理咨询（psychological counseling）是通过语言、文字等媒介，给咨询对象以帮助、启发和教育的过程。心理咨询，可以使咨询对象的认知、情感和态度发生改变，消除其在学习、工作、生活、疾病和康复方面的心理问题，从而达到适应环境、恢复心理健康的目的。

心理咨询与心理治疗有相同或相似之处，即采用的理论与方法相同，工作对象相近，工作目的相似等。但两者也有一些区别：(1）心理咨询的工作对象主要是处于心理危机状态的正常人，心理治疗的对象是心理障碍者；(2）心理咨询处理的主要是人们日常生活中遇到的各种困惑，心理治疗的适应范围是某些神经症、性变态、心理障碍、心身疾病、康复中的精神病患者的心理障碍；(3）心理咨询用时较短，一般咨询次数为一次至几次，而心理治疗用时较长，治疗由几次到几十次不等；(4）心理咨询在意识层次进行，重视教育性、支持性、指导性，心理治疗的某些学派主要针对无意识领域进行工作；(5）心理咨询的目标有限而明确——度过心理危机，适应所处环境，心理治疗的目标比较笼统——使人产生改变和恢复常态，重塑个性。

心理咨询与思想政治工作有近似之处，都着眼于人的心理、意识的改变与提高，但也有明显区别：（1）心理咨询是以心理学理论与技术作为施行的依据，而思想政治工作是以马克思主义作为理论基础；（2）心理咨询的目标在于改善人的心理状态，恢复心理健康，思想政治工作的目标在于提高人的觉悟，调动人的积极性；（3）心理咨询的内容是人们在日常生活中遇到的各种心理困惑，思想政治工作的内容主要在思想政治和意识形态方面；（4）心理咨询的方法着重于磋商、疏导、宣泄，思想政治工作的方法以灌输、学习为主；（5）心理咨询工作要求由掌握专业技术的心理学工作者进行，思想政治工作具有群众性、广泛性，对从业者的要求不十分严格。

2. 罪犯心理咨询的概念

对罪犯的心理咨询，是心理医生以及接受过专业训练的监狱人民警察，运用符合心理学原理的方法与技巧，对监狱服刑者中因种种刺激而造成心理困惑者、情绪焦虑者以及轻度的心理障碍者给予分析、指导、帮助、劝告，通过双方共同讨论，找出摆脱困境、度过心理危机的方法的过程。它既可视为一项实用性很强的教育改造方法，也可视为心理治疗的前期手段，是介乎思想教育与心理治疗之间的中间形态。如果说，心理治疗的主要任务是医治罪犯的心身疾病和人格障碍，思想教育的主要任务是克服罪犯意识形态的偏颇与谬误，那么，心理咨询的主要任务是调整在服刑期间遇到实际困难和心理困扰的罪犯的心理状态，使之以良好的心境适应服刑生活，加速改造进程。

虽然有人把罪犯心理咨询视为广义的教育改造，但它同传统的教育改造仍有若干区别。例如，在方法上，有灌输与磋商、讨论的区别；在目标上，有改造罪犯思想与帮助罪犯进行心理调适，增强其消除心理障碍能力的区别；在进行方式上，有主动与被动、说理

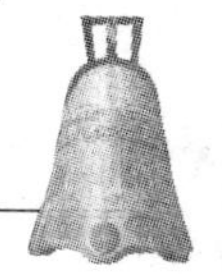

教育与引导宣泄的区别；在效果评价标准、对从业者的素质要求和施行的理论基础、依据等方面，均有若干差别。

（二）罪犯心理咨询的意义与原则

1. 罪犯心理咨询的意义

在罪犯中开展心理咨询之所以必要，是基于以下几点。

（1）由心理咨询方式的独特性所决定。心理咨询是一种磋商行为而不是灌输行为，咨询者与咨询对象处于平等地位。虽然现代心理咨询具有一定的教育性，但它不着重解决意识形态方面的问题，而以摆脱心理困境，提高适应能力为主。因此，从严格意义上说，罪犯心理咨询是独立于教育改造之外的一种方法和手段，或者说是教育改造的延伸和补充。心理治疗是针对心身疾病或心理障碍，把工作对象视为患者，以医疗形式进行的工作，而心理咨询是把工作对象作为遇到困难，心理上感到困惑，情绪上焦虑难平，需要给予帮助或紧急救援的正常人看待。因而，教育、咨询、治疗各具有不同的性质和作用，相互间不可替代。

（2）由罪犯的特殊处境所决定。罪犯因负罪服刑，处于法律上强制与心理上压抑的状态下改造。在这种状态下，他们有许多心理上的困扰需要加以引导，有许多内心的苦闷需要倾诉和宣泄。由于思想教育的政治性和监管者身份的执法性，很难照顾到罪犯这一特殊需要，于是，服刑者往往在其他罪犯中寻求“知音”，形成“难友”与狱内团伙的关系，引起消极共鸣。这样不仅不利于心理问题的解决，反而加剧了心理上的苦闷与焦虑，产生了与思想教育相对抗的消极力量。长期以来，监狱管理当局一直在寻求一种方式和渠道，探索运用平等的方式，同罪犯进行心理上的沟通与交流，使他们心理上的困惑问题能够在正确的引导下获得解决。而罪犯心理咨询正是这样一种合适的方式。

（3）由罪犯的实际情况所决定。罪犯处在刑罚惩罚和与社会隔离的状态下，是各种心理问题和心理障碍的高发人群。据典型调查，约有70%的罪犯的心理健康水平低于常人，不同程度地存在着心理问题和障碍。① 因此，在他们当中特别需要开展心理咨询。通过心理咨询，可以平复焦虑，稳定情绪，有利于监管，防止或减少突发事故，使大多数罪犯以一个较为平静而良好的心态去接受改造。

具体来说，开展罪犯心理咨询的意义有以下几个方面：(1) 它是对教育改造的必要补充，也是心理治疗的前期手段，起到配合改造的作用；(2) 它是帮助罪犯认识自我，改善自我意识，探究犯罪原因的重要途径和方法；(3) 它是克服罪犯心理障碍，预防监内违纪、自杀、行凶等突发事故的一项措施；(4) 它是改善监内心理氛围，建设监区文化和精神文明的一种手段；(5) 它是对罪犯提供法律、心理服务与狱内生活指导的适当而有效的形式；(6) 它是配合分押、分管、分教制度，提高改造工作针对性的一种尝试；(7) 它的开展，也起到推动监狱干警学习心理学知识、研究罪犯心理的作用。

2. 对罪犯开展心理咨询的原则

同社会上开展心理咨询一样，监狱内开展心理咨询也有一些原则需要遵循：(1) 友善与平等关系的原则；(2) 启发与劝导为主的原则；(3) 稳定情绪的原则；(4) 尊重信任和细心询问的原则；(5) 教育性与对人际关系矛盾等问题采取中立态度的原则；(6) 系统性与整体性的原则；(7) 一般性与特殊性相结合的原则；(8) 咨询与治疗相结合的原则；(9) 维护监所安全前提下的保密原则；(10) 预防性原则。

（三）罪犯心理咨询的形式与内容

1. 罪犯心理咨询的形式

---

① 张安民：《罪犯心理矫治在教育改造中的功能》，载《现代监狱》1994年第5期。

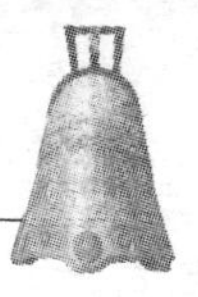

对罪犯开展心理咨询，有不同的形式。按咨询对象人数的多少、咨询途径等标准，可划分为：(1) 个别咨询，这是罪犯心理咨询的基本形式；(2) 团体咨询，由咨询机构根据咨询对象的实际情况和所提出的问题，将他们划分为若干问题小组进行咨询，解决其共同的心理问题；(3) 门诊咨询，通过医院门诊部或专设的咨询机构进行咨询；(4) 书信、宣传咨询，由咨询者以通信或在报刊上发表信件、文章的形式，回答罪犯提出的咨询问题；(5) 电话咨询，咨询者与咨询对象双方通过电话交谈，沟通心灵，疏通引导，并给咨询对象以劝告、帮助和指导；(6) 现场咨询，咨询者到监舍、劳动和学习现场，回答罪犯提出的一些共性问题。

2. 罪犯心理咨询的内容

罪犯心理咨询的内容、范围与监狱实际情况和罪犯心理需求相关，因而同社会心理咨询有较大的区别。概括起来，可分为以下四个方面：(1) 政策与法律方面，主要是认罪服法、犯罪原因、改造前途等问题；(2) 狱内生活方面，包括人际关系、监规纪律及服刑生活中碰到的其他困难和问题；(3) 家庭社会关系方面，包括家庭关系、婚姻纠纷、财产继承、子女抚养等给本人带来的心理影响问题；(4) 心理健康方面，主要是自我意识、生活习惯、监狱适应、情绪焦虑、变态心理（各种变态人格、同性恋）、精神异常（轻微的妄想、幻视、幻听）等问题。以上几方面内容相互联系和影响，不能截然分开。

（四）罪犯心理咨询的方法与技巧

1. 罪犯心理咨询的方法

罪犯心理咨询的方法与社会上开展咨询的方法并无根本区别，也没有固定的模式。其特点是：依靠咨询工作者的敏锐观察力发现问题和焦点，运用娴熟的心理学理论和技术，通过简洁而富有感染力的言语，进行心理疏导、心理调节和心理影响，通过启发、劝慰、诱导、点拨、暗示、宣泄、转移、精神分析等，调动咨询对象自身的能动性去解决自己面临的问题。

从现代心理咨询发展趋势和罪犯实际情况看，监狱心理咨询在方法上应突出以下特点。(1) 在咨询模式上，由一般的心理健康咨询转向心理社会咨询，不是单纯从罪犯躯体、生理上寻找心理障碍的原因，而应着重从罪犯所处的社会环境、社会因素上寻求形成心理问题的原因，突出认知因素，加强教育性。(2) 在咨询主次关系上，由强调咨询者的主导作用转向强调调动咨询对象的主动性和积极性，通过平等探讨，依靠其自身的力量去克服困难。(3) 在咨询作用机制上，强调通过调整、改善咨询对象的自我意识去达到咨询的目的。就是说，心理咨询并不是从客观上帮助罪犯解决某些实际问题，而是帮助他用正确的自我意识来调节主观状态，使主观符合客观，达到矛盾的统一。

2. 罪犯心理咨询的技巧

对罪犯施行心理咨询，首先要营造一个良好的咨询气氛，构建平等的咨询关系，缓和监管改造工作的对立状态，使之纳入某种类似医患关系、救援关系的轨道，同时应改善和提高会谈（interview）技术，抓住以下几个基本环节。(1) 注意倾听的技巧：咨询者既要耐心倾听，防止漫不经心的现象发生，又要利用提出问题，适当鼓励、说明，适时总结等方法，把倾听变成一种主动引导、积极思考的过程。(2) 影响对方的技巧：包括解释、指导、提供信息与忠告，咨询者恰如其分的自我暴露，对罪犯情绪与态度的反馈，逻辑推理以及影响性总结等，施加有益的心理影响。(3) 非言语性技巧：除言语影响外，还应通过目光接触与体态语汇以及语气、语调、语速等，去影响对方，以求发生改变。(4) 非言语行为的观察技巧：通过对方的面部表情、体态动作、声音特征、沉默现象等洞察其心灵，获取综合印象，以便采取更有力的手段与方法去影响和改变对方。(5) 递进技巧：在会谈中，咨询者要掌握好分析、提示、确定解决问题的方案等环节，会谈后要做好必要的环境与人际

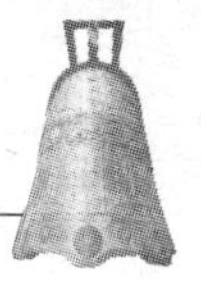

关系调整，进行追踪与信息反馈，使再次进行咨询时有所改进，用一系列递进式的工作环节，增进心理咨询的效果。

三、罪犯心理治疗技术

（一）罪犯心理治疗的必要性与适用范围

1. 罪犯心理治疗的概念

罪犯心理治疗，是指针对服刑者中少数心理疾病患者、人格失调者运用心理矫治方法（techniques of correction），消除或缓解其心理症状，以利于犯罪行为矫正的专门技术。

2. 罪犯心理治疗的必要性

人的犯罪原因极其复杂，迄今众说纷纭。仅就个体犯罪原因而言，大体上可区分为“疾病型”与“学习型”两种。“疾病型”理论认为犯罪行为主要来自心理疾病（mental illness），故主张对犯罪者实行心理治疗。传统的心理矫治技术也同“疾病型”理论有关。“学习型”理论认为犯罪行为主要来自于对他人不良行为的观察学习，因此消除犯罪行为的主要方法是整顿社会治安，建立良好的社会环境，阻遏学习坏榜样的可能性。然而，就已形成犯罪习癖者而言，他们在犯罪过程中已逐渐发生人格改变，有的还形成了犯罪人格（criminal personality），可视为一种人格障碍。所以，对形成犯罪习癖者实行行为疗法，对形成犯罪人格者实行多种心理治疗，也是符合“学习型”理论的。实践证明，在监狱中对罪犯实施心理治疗，可以收到矫正教育无法收到的效果。不仅把罪犯看成是需要开展思想教育的意识形态上的谬误者、需要实施矫正教育的具有犯罪心理和恶习者，而且把部分罪犯视为心理疾病患者而实施心理治疗，是一种视野的扩大，实践证明也是十分必要的。

3. 罪犯心理治疗的范围

罪犯心理治疗的对象，并非全体或大多数罪犯，而只是罪犯中的一部分心理疾病患者。然而，由于心理疾病的标准因学者见解的不同而存在差异，所以，罪犯心理治疗对象的界限并不确定，需要视实际情况灵活掌握。大体上可包括：(1) 轻度精神病患者和康复中的精神病患者；(2) 变态心理者（人格障碍和性心理障碍者）；(3) 其他各种心理失调、人格紊乱、情绪焦虑，经心理咨询效果不佳需要转入心理治疗者；(4) 心身疾病患者；(5) 需要实行戒毒、戒烟或其他不良习惯需要矫正者。

（二）罪犯心理治疗的主要方法与技术

1. 精神分析疗法

精神分析疗法（psychoanalytic therapy）是根据弗洛伊德的精神分析理论开展的治疗。这种治疗的目的，是为了让患者对自身形成的病态人格和攻击行为的原因予以察觉。由于致病原因往往深藏在无意识之中，需要通过精神分析，才会使患者有清晰的认识，达到自觉地加以控制的效果。精神分析治疗主要是通过自由联想，暴露深藏在无意识中的致病原因，再加以分析和说明，提高患者的自知力。

2. 行为疗法

行为疗法（behavior therapy）产生于学习理论。其施行的目的在于否定旧的条件反射，学习新的适应社会的行为方式，建立新的条件反射。具体可分为以下几种。(1) 适应法（adaptation）：有些罪犯之所以产生犯罪冲动，是由于对环境的不适应造成的。可利用加大环境因素刺激和模拟训练等方法，使罪犯由兴奋转向抑制，由不适应转为适应。(2) 厌恶法（aversive therapy）：是一种利用对抗性条件反射原理进行的治疗。用作为惩罚的痛苦体验与不良行为习惯反复结合，抑制或消除不良行为习惯，产生对不良行为的回避性反应。(3) 操作法（operant therapy）：是根据斯金纳（B. F. Skinner）的操作性条件作用理论建立起来的治疗方法。使主体通过自身的操作获得奖励或惩罚体验，以消除不良行为，即否定旧的动力定型，建立新的良好行为的动力定型。

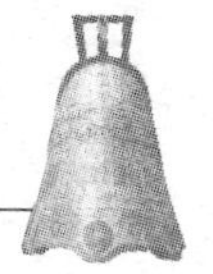

3. 支持疗法与森田疗法

支持疗法（supportive therapy）是通过支持与鼓励、解释与指导，帮助患者适应环境，度过心理危机，消除罪犯中出现的悲观绝望、极度焦虑、精神崩溃以及拘禁反应等症状，维持有效的生活能力。

森田疗法（Morita therapy）是日本精神医学家森田正马（1874—1938）倡导的疗法。主要依靠患者的自我放松和逐步适应进行治疗。治疗的原则是“顺其自然”和“为所当为”，适用于那些产生疑病、忧虑、恐惧等症状和因慢性病久治不愈而失去生活信心的罪犯。

4. 现实疗法

现实疗法（reality therapy）是美国精神病学家格拉泽（W. Glaser）提出，用于治疗犯罪少女的一种心理疗法，以培养她们现实的、负责的、正确的行为方式作为治疗目标。通过对犯罪人进行指导，制订并实施适应生活的计划等步骤，逐步达到治疗目的。

5. 内省疗法

内省疗法（introspection therapy）是让罪犯处于封闭环境中反省自己的罪错，思索犯罪原因，以达到顿悟与转变的治疗方法。实施前医生应提出内省课题予以引导，事后询问、检查内省效果。

此外，心理治疗还有认知疗法、暗示疗法、催眠疗法、反馈疗法、娱乐疗法、体育疗法等，限于篇幅，不一一赘述。

对罪犯的心理治疗，在临床实践中，往往不是采用单一的治疗方法，而是辨证施治，多种疗法综合应用。以黑龙江省某监狱对一患强迫症的罪犯的治疗为例①：

罪犯刘某，男，23 岁，因盗窃罪判刑 3 年。入监半年后，

① 罗大华主编：《刑事司法心理学理论与实践》，群众出版社 2002 年版，第 316～318 页。

经常发愣，经询问，得知他是在数砖头块数、楼梯级数、铁道枕木数。同时，个性上也发生变化，有紧张、焦虑、孤独、多疑、呆板、易怒的表现。经心理测验、生活史调查，初步诊断为强迫症。强迫症是以强迫观念及强迫行为为主要表现的精神症状，因其不能自我克制、摆脱症状，感到焦虑、痛苦。罪犯中的强迫症患者不能和他所处的监管改造环境保持协调，表现为固执己见、冒险敢为、情绪沮丧、易于激怒，有脱逃、自杀、行凶、破坏生产的潜在危险，需要及时矫治。

对刘犯的治疗，采用了以下综合性的心理疗法。

一是精神分析法。强迫症患者很可能有早期的痛苦经验隐藏在无意识中。通过自由联想和梦境分析，了解到该犯幼年时因贪玩被父母锁在小屋里，让他数黄豆粒收心，养成了通过计数摆脱内心压抑、痛苦的行为方式。关押改造后，这一“病根”复发，形成了强迫行为。

二是认知疗法。通过咨询谈话，指明数砖头等强迫行为是幼年“数黄豆粒”痛苦经验的复发。而成年人从事幼儿行为是年龄倒退的表现，应尽快消除，摆脱困境。刘犯对自己的病因、症状、危害有了足够的认识后，产生了厌恶感，表示一定积极配合治疗。

三是厌恶疗法。为了让刘犯对数砖头这一行为产生厌恶，治疗者采用加大刺激量的方法，让他从早到晚不停地数砖头，持续七天，使其产生疲劳感。再让他数涂有脏物的砖头，他仅数了三天就不想再数了，疲劳感、厌恶感反应强烈，并有呕吐现象。

四是反馈疗法。当刘犯萌生数砖头念头并产生紧张、焦虑感时，让他使用手腕上的橡皮圈使劲弹击自己，给自己惩罚；或者坐在椅子上使劲将自己和椅子一起往上抬，持续 6～7 分钟，直到浑身乏力。当他排除强迫行为后，便进行自我奖励，如贴小红旗或吃一点儿零食。在自我惩罚产生疲劳感后，就半躺在椅子上听轻松乐曲，缓解紧张情绪，体验放松后的舒适，学会用自我放松来排除紧

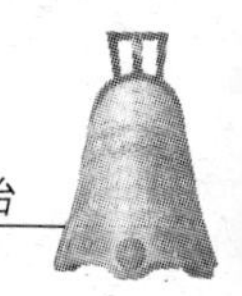

张、焦虑和强迫行为。

经过大约六个月的综合治疗，刘犯的强迫症已基本治愈。能适应监所环境，情绪稳定。以往心理上的压抑、紧张感，生理上的头痛、失眠等神经衰弱症状消失，自卑感减轻，自信心增强。年终被评为改造积极分子，受到记功奖励。

根据我国监狱在押犯的实际情况，在矫治工作中，要加强对毒品成瘾、拘禁性精神障碍、性心理障碍、攻击行为、人格障碍等的心理治疗。

（三）开展罪犯心理治疗的条件与步骤

罪犯心理治疗专业性很强。这项工作的开展需要具备一定的条件：（1）要有经过培训取得开展心理治疗资格的若干名专业人员，这些人员应从心理学专业或医学专业的毕业生中选拔并经过心理治疗专业的培训才能上岗，否则，有可能造成误诊、误导和精神伤害；（2）要有一定的环境和器材条件，如专门的诊室、较为安静的谈话室、心理测验工具、精神诊断和治疗的器械等；（3）要有一套完善的工作制度和纪律，明确规定施行心理治疗的程序和道德准则。

在监狱开展心理治疗的步骤大体是：（1）有1～2年开展罪犯心理咨询的基础；（2）通过心理测验和诊断，摸清罪犯中需要进行心理治疗的人数，掌握心理疾患的主要类型；（3）选择典型病例，开展心理治疗试点，取得经验；（4）根据需要与可能，有计划、有步骤地展开对罪犯的心理治疗。

第四节　矫治质量的心理学评估

一、矫治质量评估的必要性与可能性

（一）矫治质量评估的必要性

开展罪犯心理矫治，应当定期或不定期地对罪犯接受矫治的效果和改造成果进行心理学的估量与评定，以验证矫治质量的高低，判断预后的优劣。这种评估的主要内容是其精神症状的减轻或消除程度、犯罪心理消除和守法心理建立的程度、罪犯适应社会能力的培养和健全人格的塑造状况。

进行矫治质量评估的必要性在于：(1) 它是对监狱开展心理矫治成效的客观考察和评定，有利于及时反馈，调整矫治措施，提高改造工作的针对性和有效性，总结经验，改进工作；(2) 可为预测罪犯刑满释放后是否再犯罪提供资料依据；(3) 帮助罪犯发现自身不足，加深自我意识，增强改造动机；(4) 有利于监狱管理当局掌握少数罪犯的危险倾向，排除隐患，预防各类狱内事件和案件的发生。

（二）矫治质量评估的可能性

矫治质量评估的可能性在于以下几个方面：(1) 对矫治质量高低的评估可通过其言行探测，但须发现罪犯的假象与伪装，去伪存真，洞察本质；(2) 罪犯在严格监管下生活，他们的一言一行不仅在监狱干警的视野与掌握之下，而且处在其他罪犯和罪犯集体互相监督之中，其活动资料易收集，其真伪较易鉴别；(3) 我国监狱机关多年来积累了一整套在罪犯中开展评比鉴定的经验，只要加强考核检查，再借助心理测量技术以及国外的做法与经验，多种方法并用，便可为矫治质量评估提供心理学的方法与手段。因此，这种评估是可能的与可行的。

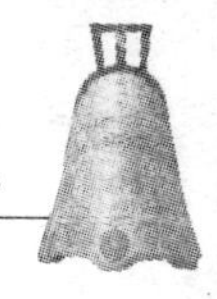

二、矫治质量评估的标准

罪犯矫治质量的评估，需要综合考察他们的意识形态因素、个性与心理健康因素、文化知识与技能因素以及行为表现因素，并可划分为根本标准、共性标准、分类标准等几种标准，进行综合评定。

（一）根本标准

衡量罪犯矫治质量的高低可以有多种标准，譬如思想认识水平标准、文化知识标准、行为表现标准，以及健康标准、技能标准等，但最根本的标准应当是心理标准，即看其精神症状是否减轻或消除，犯罪心理结构是否破除和守法心理结构是否建立及其破除和建立的程度，也就是要用治疗对象心理健康是否恢复，是否成为适应社会的守法公民这一尺度来衡量。其他标准只有在与此相关联的情况下才有一定意义。鉴于罪犯在监管条件下的表现易于呈现出某种假象而掩盖其真实动机，所以，既要重视考核罪犯的现实表现，又要考察其认罪悔罪和犯罪心理结构的破除程度，看两者是否相关联。也就是说，只有其服刑表现反映了他们真诚悔悟之心并决心重新做人时，才具有真正的价值和真实的意义，要防止单纯以某种服刑表现代替根本标准的倾向。同时，要使罪犯真正达到成为适应社会的守法公民这一根本标准，还必须治愈罪犯某些易于导致犯罪的变态心理和人格障碍，使他们有一个稳定的心理健康水平和良好的个性。

（二）共性标准

在根本标准之下，反映出各类罪犯共同的矫治质量水平的标准称为共性标准。它是构成根本标准的重要维度与根本标准的具体化，主要是：（1）认罪态度与守法意识；（2）人际关系与社会适应性；（3）就业能力与劳动习惯；（4）自我意识与心理健康水平；（5）日常心理状态与心理健康状况。

（三）分类标准

在考察共性标准的基础上，应对具有不同犯罪心理结构的罪犯规定出分类标准，各有侧重地进行考察。(1) 对物欲型罪犯，应重点考察其贪婪的物质欲望是否得到抑制，是否形成以合法的方式、途径满足正当需求的观点。(3) 对性欲型罪犯，应重点考察其对性爱、性关系的正确认识是否建立，性欲冲动强度和对变态淫乐方式的需求是否减弱，自控力和社会调节能力是否增强。(3) 对暴力型罪犯，应重点考察其情绪冲动强度是否减弱，挫折耐受能力是否增强，是否学会人际交往的正确方式和具有处理矛盾冲突的能力，以及原有的虚荣心、嫉妒心、泄愤报复心和粗暴野蛮的性格的矫正情况。(4) 对过失型罪犯，应重点考察其注意品质的改善程度和疏忽大意的克服程度，自我评价是否与实际相符，过于自负的毛病是否改正，以及社会责任感与职业道德感的增强情况。(5) 对集合型罪犯，应分别考察其产生主罪和其他罪行的不良心理品质的矫正情况，并进行主观恶性、不良行为习惯和社会适应能力的考核与判断。

三、矫治质量评估的方法

（一）考核评定法

这是一种常规的评估方法。它是根据治疗对象心理矫治方案及预期疗效，按照确定的指标和量化标准，开展以下工作：(1) 罪犯自我评估；(2) 日常考核分析，依靠日常考核、评比竞赛积累的原始数据和心理矫治手册记载的资料进行分析；(3) 罪犯集体评估；(4) 矫治工作者综合分析评定。以上各项工作要结合进行，在定量评估的基础上，综合分析各种资料和量化得分，作出定性分析。定性分析可分为五个档次：(1) 改好；(2) 改正；(3) 有效；(4) 无效；(5) 改坏。凡居 (4) 和 (5) 两个档次者，均可视为矫治质量低劣，效果不佳，有违反监规纪律及重新违法犯罪的可能。

为使常规评估取得成效，需掌握四个原则：（1）定性定量原则；（2）系统科学原则；（3）区别对待原则；（4）可操作与简便实用原则。原有的考核评定法用于罪犯心理评估，要在原有基础上作如下改进：（1）确定以犯罪心理结构破除状况为主要考核内容的具体指标，纠正单纯以罪犯是否听话、是否遵守纪律、劳动生产是否积极等在监表现去考察、衡量矫治质量高低的片面做法；（2）由原来对其服刑表现只作定性分析发展到定性分析与定量分析相结合；（3）从大面积调查统计中找出罪犯心理常模，确定“无效”和“改坏”档次及陷入重新犯罪可能的危险阈值。

（二）心理测验法

在罪犯服刑期间，可用以下量表对罪犯进行心理测量，考察矫治质量：（1）测定气质、性格、能力、情绪、心理健康水平的量表；（2）测定综合人格因素的量表；（3）为考察罪犯心理变化状况和矫治质量而设计的专门量表及其复本。视罪犯刑期长短，做2～3次或5～6次心理测验，从中观察其某一心理维度和综合性人格因素（道德感、法制感、抑制力、调节力等）及其组合状况的变化，犯罪心理结构的变化等，以衡量心理矫治的水平与效果。实践表明，运用各种通用的人格量表及某些自拟问卷对罪犯进行测试，均能从不同侧面发现其人格缺陷及克服程度，检验出异常人格和心理障碍的矫治效果，以及犯罪心理结构消除程度等变化。为了克服罪犯在心理测验中的掩饰倾向，要结合日常观察及考核资料，对心理测验的有效性作出判断，并作综合评定。

（三）模拟实验法

模拟实验（simulated experiment）是自然实验法或现场准实验法在监狱中的运用，主要是由实验者安排某种刺激情境，对罪犯的反应进行观察评定。有以下三种类型。（1）诱因模拟实验：可根据其犯罪类型的不同，有意识地设计安排某种包含诱因刺激的情境，对其犯罪心理结构的消除程度和守法意识的建立程度进行检验。例如，让物欲犯单独保管财物，暴力犯遇到他人挑衅，淫欲犯阅读情爱书刊等，观察其作何反应，并结合进行教育引导，增强其抗御诱惑的能力。（2）角色扮演模拟实验：利用音像设备，模拟某种攻击行为的情境，但只播放一部分，留下的情节由罪犯根据自己的理解来扮演。然后分别安排某一类罪犯，扮演攻击一方或被攻击一方，扮演违法犯罪人或被害人，以及扮演某种事件中的人际纠葛角色或冲突角色，让他们按照自己的意愿，去续完该故事情节的发展，从而对服刑者的人格状况和处世态度进行检验。（3）社会生活模拟实验：安排开放式或半开放式处遇，或在监狱中模拟择业、竞争与合作，遇到歧视与挫折，以及处理民事纠纷等社会生活情境模式，对罪犯的社会适应能力进行检验。

思考题

1. 什么是罪犯心理矫治？“准广义”的罪犯心理矫治的操作体系包含哪些内容？

2. 为什么要开展罪犯心理矫治？其必要性、可能性与艰巨性何在？

3. 什么是罪犯心理转化的基本矛盾与规律？

4. 试述罪犯心理诊断的概念。罪犯心理档案应包含哪些主要内容？

5. 简述罪犯心理咨询的概念、意义及内容。

6. 什么是罪犯心理治疗？其治疗对象包括哪些人？主要有哪些治疗方法与技术？

第三编 民事司法心理

第十五章 民事纠纷

司法心理学不仅需要研究刑事司法心理，而且应当研究一切司法过程中的心理学问题。毫无疑问，民事司法也是司法过程的重要组成部分，其中的心理学问题同样值得我们关注。刑事司法的起点是已发生的刑事犯罪案件，民事司法的起点则是民事纠纷。

第一节 民事纠纷的概念和研究意义①

一、什么是民事纠纷

社会是纷繁复杂的。即使在我国社会主义社会，人与人之间、家庭内部及其与社会之间，各种群体、利益集团内部以及它们相互之间，既有利益协调一致、和谐相处的一面，也存在着利益矛盾冲突，需要加以调整或仲裁、了断的另一面。这后一方面，当发展到难以用其他方式协调、解决的时候，往往需要通过民事司法或民事诉讼的程序来解决。

在法治社会，当事人敢于运用法律武器，维护自身的合法权益，是值得称道的。但是，打民事官司也不是一件容易的事情，需

① 本节的撰写参考了解玉敏的部分资料。参见罗大华等著：《司法心理学》，人民教育出版社 1999 年版，第 302～305 页。

要耗费时间和金钱，需要付出成本和代价。根据我国的文化传统，历来强调“和为贵”，不到万不得已，不会轻易地打民事官司。事实上，在诉诸法律之前，有很多解决问题的方式，如谈判、协商、行政仲裁等。为什么不走这些途径，非要打官司不可？由此可见，问题和矛盾已经积累到比较严重的程度，不诉诸法律，不通过诉讼，难以解决问题。我们把足以推动或促使当事人请求进行民事调解和提起民事诉讼的基础性原因，称之为民事纠纷。

民事纠纷是指民事主体（当事人）之间民事权利与义务的争执。这种争执一般表现为：一方当事人拒绝履行角色义务（如父母子女间抚养与赡养的义务、夫妻间在性关系上忠实于对方的义务、借贷关系上的偿还义务等），使对方当事人的合法权益受到损害而发生争执；一方当事人要求对方当事人履行角色义务，超过了其承受能力（如债务人暂时无力还贷、家庭中被抚养的一方要求的抚养费标准过高等）而引起争执；双方当事人都不愿履行其角色义务，片面强调维护自己的权益而发生争执。

二、民事纠纷的类型

按纠纷的主体不同，民事纠纷可分为四类：（1）公民个人之间的纠纷，如公民个人之间的婚姻纠纷、财产纠纷、买卖纠纷、债务纠纷、合同纠纷等；（2）公民个人与团体之间的纠纷，如公民个人与某团体之间因经济合同、所有权、债务、租赁权、优先购买权，以及知识产权、劳动雇佣、工资发放等发生的纠纷；（3）团体与团体之间的纠纷，如不同企业、事业单位之间，因债务、所有权、经营权、合同、商标等发生的纠纷；（4）公民个人与行政机关之间的纠纷，这是自行政诉讼法颁布以来逐渐增多的一种纠纷，即公民个人对行政机关的裁决、命令、措施不服，认为它损害了公民的合法权益而产生的纠纷。

按纠纷的内容不同，民事纠纷可分为五类：（1）婚姻家庭纠纷，如发生在家庭中的夫妻感情纠纷、抚养和赡养纠纷、财产继承和收养纠纷等；（2）人际关系纠纷，如邻里之间因利益冲突、公共卫生或生活琐事引起的争吵、斗殴，在娱乐、旅行、购物等公共场所因行为不慎、言语不当引起的人际关系纠纷；（3）经济利益纠纷，如公民个人之间、公民与团体之间、团体与团体之间因借贷、租赁、买卖等引起的经济纠纷，因房屋、宅基地、山林、水利的使用、租赁、承包经营与所有权等方面发生的利益纠纷，因履行劳务合同、保险赔付、医疗事故或其他意外事故造成的人身与财产损害赔偿等利益上的冲突引起的纠纷；（4）人格权与知识产权纠纷，如因姓名权、肖像权、名誉权受损，或因著作权、发明与专利权、署名权等引起的纠纷；（5）行政机关的政令、措施是否合法的纠纷，如因行政机关对公民个人的处罚是否合法，其政令、措施是否有法律依据而产生的纠纷。

三、研究民事纠纷的意义

（一）寻求产生民事案件的原因和解决办法

民事纠纷是产生民事案件的基础和原因。弄清某一案件内在的民事纠纷，将有助于辨明案件性质，寻求调解的途径和判决的依据。例如，财产纠纷需要从物质利益上予以补偿或分割；名誉权纠纷需要辨明是非，责令损害名誉权的一方当事人向另一方当事人赔礼道歉，或考虑精神损害赔偿；继承权纠纷需要准确判断继承关系及其次序，根据事实和法律予以裁定；人际关系纠纷着重思想教育和调解，引导当事人化解矛盾；行政案件纠纷则应寻找相应的法律依据，从维护社会安定和当事人合法权益的角度谨慎判决；等等。

（二）分析产生民事纠纷的社会矛盾并予以引导

社会矛盾的客观存在必然反映在各个方面，民事纠纷是社会矛盾表现的一个方面。不同的历史阶段与社会现实通过不同的民事纠纷反映出来。民事司法是处理与解决民事纠纷的一个重要方式。

例如，新中国成立初期，包办婚姻、男尊女卑、父权和夫权统治十分严重，因而婚姻家庭纠纷较为突出，维护婚姻自由和妇女合法权益成为民事司法的一项重要任务；改革开放初期，行政命令式管理的计划经济模式与家庭联产承包制、土地承包合同制等市场经济萌芽之间的矛盾十分突出，因而违反家庭联产承包、撕毁土地承包合同的现象屡屡发生，需要司法机关依法确认经济合同是否合法有效，通过裁决，维护合法合同的有效性，保护农民的合法权益；当前，随着改革开放的深入，又有新的社会矛盾产生，反映出新的民事纠纷，具有与以前不同的特点，需要我们认真观察，深入分析，积极引导。

（三）有利于保持社会稳定和推动社会前进

社会矛盾有各种类型和形态，民事关系矛盾是诸多社会矛盾中的一种。当民事关系矛盾处于潜在形态时，不会产生民事纠纷；当民事关系矛盾有所发展、利益冲突趋于表面化，将导致民事纠纷萌芽的出现；当民事关系矛盾激化、双方无法通过自主协商予以解决时，民事纠纷便凸显出来，导致民事司法程序的启动。当同一种性质的民事关系矛盾增多（例如拖欠农民工工资）时，在公众的认识和情绪上会有所反映，但一般还不会导致大量的民事纠纷的产生；只有当这种矛盾久拖不决，成为社会痼疾的时候，类似的民事纠纷就会大量出现，成为群体性的民事纠纷。群体性的民事纠纷是社会矛盾发展到一定阶段、急需解决的社会课题，它是社会矛盾在一定范围内开始激化的一种信号，需要有关方面予以关注并努力解决。所以，正确研究和处理民事纠纷不仅具有个案意义，而且有利于保持社会稳定乃至推动社会前进。

说正确处理民事纠纷有利于保持社会稳定，人们容易理解；说它有利于推动社会前进，似乎笔者在夸大其词，其实不然。我国正在建设法治社会，加强法制建设，一切行政、权力机关和社会团体

都必须依法办事，是建设法治社会的中心环节。有些民事纠纷恰好反映了公众法律意识的觉醒。通过对有关行政、民事案件的审理，可以促进行政、权力机关依法办事，加强对依法行政的群众监督、舆论监督和法律监督，改进某些大型企业（特别是垄断企业）的管理和服务质量。

以近年来一些行政和民事诉讼案件为例：河北省某律师事务所律师对铁道部决定在春节期间上浮春运票价，先是提请行政复议，然后又提出行政诉讼；数十名磁卡持有者以不能有效使用为由状告中国电信；一批日航乘客以在日本某空港过境时受到不公正待遇为由状告日本航空公司，经调解达成日航向乘客道歉并给予赔偿的协议；等等。这均具有一定的社会意义。特别是诸如拖欠农民工工资以及其他损害外来务工人员利益引起的劳资纠纷，因医生开“大处方”、吃回扣导致医疗费过高、超过患者实际承受能力所引起的医患关系纠纷，由于收入分配不公和贫富差距过大等人际关系矛盾引发的民事甚至刑事案件，更具有典型的社会意义。处理好这类具有普遍意义的民事纠纷，不仅是司法机关的责任，也是党和政府的共同责任。而这类民事纠纷的妥善解决，毫无疑问将对构建和谐社会，保持社会稳定，推动社会前进具有重要意义。

第二节 民事纠纷产生的心理背景

民事纠纷是客观存在的社会矛盾、人际关系矛盾的一种反映。但并不是说，凡是有矛盾的地方，都会产生民事纠纷。社会矛盾、人际关系矛盾是普遍存在的，而民事纠纷的产生和出现需要具备两个条件：一是社会矛盾、人际关系矛盾发展到一定阶段，在某些当事人身上开始激化，达到亟需解决的程度；二是当事人主观上意识到解决这一问题的紧迫性。这两个条件，前者是矛盾存在的客观性，后者是当事人对这一矛盾感受的主观性，两者缺一不可。我们把当事人感受矛盾存在的主观性称之为民事纠纷产生的心理背景，或民事心理纠葛。

一、民事心理纠葛的概念

民事诉讼的起因是民事纠纷，民事纠纷又来源于客观上矛盾的激化和当事人主观上存在着民事心理纠葛。或者说，民事纠纷反映在当事人头脑中就是围绕着诉讼标的而产生的民事心理纠葛。

什么是民事心理纠葛？简单地说，民事案件当事人之间围绕着诉讼标的而发生的心理联系和心理冲突的总和，就是民事心理纠葛。

以一起遗产纠纷案为例：某甲在“文革”期间因遭受政治迫害离家在外多年，落实政策平反后返回故里，父亲已经去世。其父的房屋被其弟某乙全部占用，不允许某甲使用，两人发生纠纷。协商解决不成，某甲遂向人民法院提起民事诉讼，要求人民法院确认他对于父亲房屋遗产的合法继承权。不难看出，原告人某甲与被告人某乙围绕着其父的房屋遗产继承权问题发生了心理上的联系和冲突，产生了特定的民事心理纠葛。

二、民事心理纠葛的内涵

仍以上面所提到的房屋遗产继承纠纷案为例进行剖析，不难发现，这一民事心理纠葛包含着以下几个方面的内容。

（一）认识上的冲突

这是当事人之间由于对某些权利与义务认识上的不一致而产生的心理冲突。一般来说，经济纠纷案件中关于权利与义务之争，往往是认识上的冲突。

例如，在以上案例中，某乙认为，自己多年来对父亲恪尽赡养之责，其兄离家后杳无音信，未尽到赡养责任，已失去继承的资格；何况，其父临终时将房屋产权手续交给自己，已通过有关部门

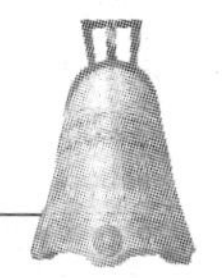

将房屋所有者更换为自己的姓名，应视为合法有效；另外，其父临终时曾口头表示要与长子划清政治界限，房产全部交由次子继承。因此，某甲已无权使用该房屋。某甲则认为，父亲的遗产，兄弟二人均有平等的继承权，应将一半交由自己继承；至于未尽到赡养责任，是在特殊历史条件下发生的，自己不应承担责任；关于父亲口头遗嘱，其弟不能提供证据予以证实；即使其父说过类似的话，也是在“文革”的政治压力下造成的，不能视为其父的真实意思表示。何况今天自己已经平反，更不能以此为据。

这就在同一房屋的继承权问题上，由于发生了认识上的冲突，在双方各执己见、互不相让的情况下，遗产继承问题上的民事心理纠葛转化为民事纠纷，一方或双方要求付诸诉讼，听凭司法机关公断。

（二）权益上的互相排斥

当事人认识上的相互冲突，是基于利益（权益）上的互相排斥。原告人和被告人围绕着诉讼标的权益是相互对立的。

如果确认某甲对房屋享有与某乙平等的继承权，则某乙一直占用的房屋就至少有一部分要改归某甲所有；如果确认某乙单独享有继承权，则某甲的继承权就将被剥夺和排斥。这样，就形成了互不相让的利益上的对峙。利益上的相互对峙和权益上的相互排斥，是造成心理纠葛的内在原因。

（三）情感上的尖锐对立

双方当事人由于认识上的分歧和权益上的相互排斥，往往进而导致情感上的冲突和尖锐对立。如曾经有一对夫妻，由于价值取向的不一致和观念上的冲突，导致情感上的对立；又因为家庭收支等利益上的冲突，双方谁也不肯让步，导致情感上出现水火不能相容的矛盾，从而产生了婚姻家庭关系上的裂痕即民事心理纠葛，又因为未得到及时调解，最终导致婚姻破裂。

在上述房屋遗产继承权案例中，由于认识上的矛盾冲突和权益上的相互排斥，某甲和某乙在情感上也趋于尖锐对立。这种因矛盾、对立和冲突所形成的心理纠葛，导致兄弟反目，激烈争吵，如果不能及时调解或通过民事诉讼解决，便有可能演化为斗殴、伤害，甚至造成不幸事件和惨剧的发生。

（四）意志上的决断

认识、情感、权益上的冲突和对立，是民事心理纠葛的主要内容。但是，这一心理纠葛向何处发展，是强化还是淡化，是“官了”还是“私了”，还要取决于当事人意志上的决断。如果决定在权益上妥协退让，民事心理纠葛就会随之化解；如果决心诉诸法律，仍不失为对民事心理纠葛寻求一个合法的解决途径；如果决心进行私人报复，那就很可能产生刑事犯罪动机。所以，民事心理纠葛是否发展到民事诉讼，仍取决于当事人意志上的决断。或者说，意志上的决断是民事心理纠葛走向民事诉讼的一个关键性的心理环节。

总之，民事心理纠葛一般包含着认识上的矛盾冲突、权益上的相互排斥、情感上的尖锐对立和意志上的决断四个组成部分，诸如此类的民事心理纠葛就构成了民事诉讼的心理背景。

三、民事心理纠葛的特征

民事心理纠葛，既然是当事人因民事权利与义务的争执而导致的认识、情感、意志、需要、动机等方面的心理冲突，就必然表现出一定的特殊性，呈现出区别于其他心理纠葛的特征。

（一）民事心理纠葛的复杂性

形成民事心理纠葛的原因及其所包含的内容都十分复杂，主要表现在以下几方面。

1. 客观刺激因素的复杂性

民事心理纠葛是当事人对客观环境刺激因素的主观反映。对当事人心理上的刺激因素是复杂多样的。从形式上分，有言语刺激和

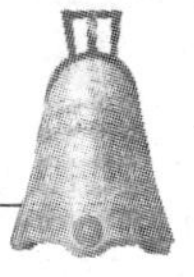

行为刺激；从强度上分，有严重刺激和一般刺激、直接刺激和间接刺激、单向刺激和复合刺激、一次性刺激和反复多次的刺激；从内容上分，有精神权益方面的刺激和物质权益方面的刺激。当事人心理刺激客观上的复杂性，决定了民事心理纠葛主观上的复杂性。

2. 主体因素的复杂性

在社会交往中，主体对客观刺激因素的反映，不仅与刺激因素的形式、内容和强度有关，而且同主体自身的年龄、性别、民族、职业、文化水平、道德修养、心理状态，尤其是个性特点等主观因素密切相关。不同主体因其主观因素不同，对同样的客观刺激会作出不同的反应。在不同时间和不同心理背景下，同一主体对不同客观刺激也会产生不同的反应。例如，一个性格温和、宽容且具有道德修养的人，不会因为邻居偶尔出言不逊引起邻里纠纷，而一个心胸狭窄、争强好胜、缺乏道德修养的人，就可能因为一点鸡毛蒜皮的小事与别人纠缠不休。当自己的合法权益受到侵害时，一个缺乏法律知识的人或逆来顺受，或进行私人报复；另一个懂得法律知识的人就可能拿起法律武器维护自己的合法权益。同一主体心情愉快时，对出现的邻里和家庭纠纷可能表现得大度和宽容；反之，如果心情焦虑、抑郁，则可能难以容忍甚至大动肝火。

3. 内容的复杂性

民事纠纷多种多样，决定了民事心理纠葛内容的复杂性。不仅不同类型的民事纠纷，其心理纠葛内容不同，即使是同一类型的民事纠纷，其心理纠葛的内容也不尽相同。例如，同样是夫妻感情不和，不同当事人之间的心理纠葛，其内容有可能不尽相同，如一方可能看重感情上的忠诚度，而另一方可能着眼于经济利益上的矛盾。

（二）民事心理纠葛的感染性

有些民事心理纠葛，一开始只是在产生纠纷的双方当事人中间发生，但由于双方当事人各自有着广泛的社会关系和社会利益上的同情者，从而使心理纠葛很快传播给与其关系密切的人和处境相同的人，使这些人也卷入到纠纷中来。如夫妻之间的矛盾纠纷，很可能演变为婆家与娘家之间心理上的隔阂与冲突。妇女受歧视的民事案件，经媒体传播，也会引起妇女界、法律界的不同反响。

（三）民事心理纠葛的冲动性

产生民事心理纠葛的当事人，除少数人十分冷静、沉着外，由于利益攸关，许多人往往伴随着情绪激动、难以自制的心理状态。这种纠纷如果不能及时化解，双方当事人之间每发生一次新的矛盾冲突，其心理纠葛就会逐步升级，使民事纠纷心理的冲动性更为突出。在这种情况下，当事人往往不能正确地评价自己和对方的态度及行为，彼此之间缺少最起码的信任，有时还难以自我控制，用言语和行为激怒对方，从而增加了解决问题、处理矛盾纠纷的难度。在涉及民族和宗教纠纷时，如果处理不当，还会演化为群体性的骚动，影响社会安定。

（四）民事心理纠葛的外罚性

发生民事心理纠葛的双方当事人，对于产生纠纷的原因，一般都很少从自身方面寻找原因，甚至有意或无意地隐瞒、淡化自己的责任和原因，一味地指责和夸大对方的过错，心理纠葛归因上的外罚性较强。

（五）民事心理纠葛的动态性

民事心理纠葛具有动态性，是指原有的心理纠葛既有可能朝恶化的方向发展，也有可能逐步化解而趋于消失。随着双方当事人之间因问题得不到解决，恶性刺激增多并且相互反馈和强化，心理冲突会不断升级，甚至有可能演化为伤人、毁物之类的刑事案件。如果通过司法人员及时而有效的调解，矛盾获得妥善解决，其心理冲突也会逐渐趋于缓和以至消除。

四、研究民事心理纠葛的意义

深入研究民事诉讼活动过程中的心理背景——民事心理纠葛，在民事司法心理学理论上和在民事诉讼的审判实践中均具有一定的意义。

（一）理论意义

民事心理纠葛作为当事人进入民事诉讼活动的心理背景，很大程度上制约着其在民事诉讼过程中的心理和行为表现，因而是民事司法心理学研究的起点和基础。从对民事心理纠葛的研究入手，就不难理解当事人的民事诉讼动机，有利于把握当事人在诉讼活动中的心理发展规律。例如，当事人在陈述时常常表现为只讲对自己有利的一些事实，而回避对自己不利的事实；在民事调解过程中，情绪性因素往往左右着当事人的言行，妨碍调解工作在法律和理性的基础上进行；民事心理纠葛如果得不到化解，不仅调解工作难以进行，而且将导致一方当事人不服一审判决甚至阻碍判决执行。因此，要认真研究民事心理纠葛，把思想教育和心理引导、疏通贯穿在民事司法工作的始终。

（二）实践意义

民事司法工作者无论是作开庭前的准备还是开庭审理、进行调解，都必须在了解案件事实的同时了解当事人的民事心理纠葛。不妨说，民事调查、调解和判决都是直接面对当事人的民事心理纠葛进行的。因此，准确地把握当事人的民事心理纠葛，是做好民事审判工作的重要前提之一。尤其是调解工作要取得成功，离不开对当事人的民事心理纠葛的透彻了解和有针对性地开展工作。如果从民事诉讼过程离不开法制教育与道德教育的意义上讲，当事人的民事心理纠葛正是民事司法工作者“有的放矢”之“的”和“对症下药”之“症”所在。

由此可见，民事心理纠葛是民事司法心理学中的一个基本范畴。对民事心理纠葛进行深入的理论研究，并对民事心理纠葛的进一步发展和表现——民事诉讼动机进行分类研究，具有重要意义。

第三节　民事诉讼动机

一、什么是民事诉讼动机

尽管民事心理纠葛是民事诉讼的心理基础，但是仅凭这一点还不足以引起民事诉讼，要把民事诉讼付诸行动，当事人一般要经历明确标的、权衡利弊、研究（相关）法律、收集（有关）证据、找准民事诉讼的切入点和突破口、产生民事诉讼动机等有关心理环节，才能把民事心理纠葛转化为民事诉讼行为。其中一个重要的心理环节，就是民事诉讼动机。

心理学研究表明，动机是人的活动的直接发动者。它是以人的需要作基础，为满足一定的需要服务，并将需要引向一定目标的行为动因。

需要──→动机──→行为──→目标

从上图可以看出，同需要相比较，动机更接近于行为。但是，动机并不是由需要简单决定的，它还同外在客观因素、个体主观因素以及行为人对实现需要可能性的估量相联系。因此，动机比需要有着更为丰富的内容。动机的水平如何，决定着活动性质。

由此可知，民事诉讼动机就是当事人向人民法院提起民事诉讼的内心起因。它来源于民事心理纠葛，以实现一定的诉讼标的为动因，为满足其特定的物质或精神需要服务，并和当事人对实现诉讼标的可能性的估量（即胜诉与败诉的估量与权衡）紧密联系着。

二、民事诉讼动机产生的心理过程

深入研究民事诉讼动机，必须了解它产生的心理过程。

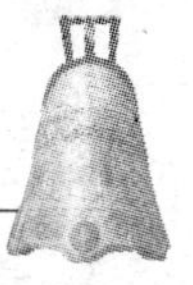

（一）民事心理纠葛的存在

民事心理纠葛的存在是民事诉讼动机产生的基础。当民事心理纠葛表现出一定的强度时，当事人就会出现心理上的紧张、焦虑状态，感受到解决问题、满足需要的紧迫性。当行为人萌生通过法律途径满足需要的意向时，民事心理纠葛就开始向民事诉讼动机转化。

（二）确定诉讼标的

所谓确定诉讼标的，就是当事人在思想上明确“打官司”所要达到的目的。诉讼标的的确定取决于两个条件：一是该标的能够满足产生心理纠葛的内在需要；二是估量实现这种需要的可能性。所以，诉讼标的并不是越高越好，作为当事人，还要考虑所提出的诉讼标的能否得到法院的支持。

（三）权衡利弊

既然要打官司，便要想到胜诉与败诉两种可能性，以及胜诉与败诉之后可能产生的积极与消极后果。例如，官司打赢了，关系却搞僵了，抬头不见低头见，赢了钱财却丢了亲情，是否值得？如果官司打输了，更是“人财两空”。另外，诉讼标的与诉讼成本（诉讼费用和精力消耗等）之间的比较、衡量，也常常在许多诉讼当事人头脑中盘旋。到底打与不打官司？需要权衡利弊得失，才能最后下定决心。

（四）研究相关法律

如果下定决心要提起民事诉讼，首先要解决的一个问题是，是否“于法有据”，即找到提起诉讼的法律依据。如果缺乏法律依据，只有“事理”而无“法理”，官司还是很难打赢。因而，很多当事人需要寻求律师的帮助，或者自行查阅、学习相关的法律，为即将到来的民事诉讼做好准备。

（五）收集有关证据

现在，很多人都懂得“打官司就是打证据”的道理。证据是当事人进行诉讼的必要条件；“谁主张，谁举证”已成为人们的共识。因此，在提起诉讼时，无论原告或被告，都意识到收集能证明本方所提出诉求的证据的重要性，从而积极地收集相关证据，以求得胜诉。

（六）找准诉讼的切入点

找准诉讼的切入点即确定诉讼策略。为了在民事诉讼中获胜，原告人在律师的帮助下，往往非常重视以何种方式和何种案由提起诉讼，即找准诉讼的切入点和突破口。例如，在婚姻家庭纠纷案件中，原告人的诉讼标的本来是家庭财产的合理分割，但是，出于诉讼策略的考虑，原告人没有直接提出家庭财产分割问题，选择了“被告人在家庭破裂中有过错”作为突破口。如果被告人的过错得到法庭确认，原告人在家庭财产分割上便处于主动地位，从而有利于诉讼标的的实现。

当事人历经以上几个心理环节并一一作出决断后，诉讼动机便随之产生；反之，如果在某个心理环节的思考上发生困难，难以决断，就有可能半途而废，放弃民事诉讼。

三、民事诉讼动机的类型

当事人向法院提起民事诉讼，他们的诉讼动机是各不相同的。总的来说，是为了通过诉讼维护合法的物质利益和精神权益，或者使受损害的物质利益或精神权益获得赔偿。从对大量案例的分析可以看出，大体上存在着以下几类动机。

（一）获得物质赔偿或物质利益的动机

这是民事诉讼中最常见的一种动机，也可称之为钱财动机。例如，当事人因交通事故、医疗事故受到损害，著作权或名誉权受到侵害，因债权、债务纠纷，继承权、赡养权、抚养权纠纷，或者在离婚案件中对有过错的一方提出赔偿要求，以及在刑事案件中提出附带民事诉讼，其目的多为获得物质上的赔偿、补偿或偿还，以挽

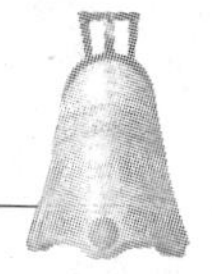

回因对方的过错所带来的物质的和精神的伤害，促使其承担应负的民事责任。

（二）挽回名誉损失和抚慰精神损害的动机

在当今民事诉讼案件中，维护精神权益的案件逐渐增多。这类案件大体上分为两种。一种是直接损害其名誉权的，如利用散布流言飞语，散发、张贴大字报、小字报，或采用投递匿名信等方式，捏造事实、毁人名誉一类的民事诉讼案件。另一种是侵犯其合法权益、间接造成精神伤害的：如未经同意，以营利为目的，使用他人肖像，侵犯其肖像权；用新闻报道、报告文学等形式，进行不符合事实的报道，或用影射的方式，误导读者，有损当事人声誉；未经同意，滥用他人姓名，侵犯其姓名权，造成精神损害；盗用他人作品、研究成果，据为己有，或者非法复制、使用、出版（盗版）他人作品，侵犯其著作权；盗取商业机密、技术机密，盗用他人商标，非法生产产品，侵犯专利权等一类民事诉讼案件。前一类案件，当事人为了挽回名誉损失，恢复自己的真实形象，要求法院责令被告人停止侵害，赔礼道歉；后一类案件，虽非直接损害其名誉，但侵犯了其合法的精神权益，在一定程度上造成了精神损害，故提出诉讼，要求法院责令被告人停止侵害、赔礼道歉。这两类案件中，有些案件的原告人还要求被告人给予一定的物质赔偿。

例如，我国著名中长跑运动员王军霞，诉云南玉溪卷烟厂未经本人同意，使用其在奥运会获奖时身披国旗绕场向观众致意的照片在媒体做广告，侵犯其肖像权。经法院审理，侵权成立，王军霞胜诉。法院判决被告玉溪卷烟厂向王军霞支付10万元精神损害赔偿。

（三）争是非、讨说法的动机

有些民事纠纷案件，原告人起诉的内心起因并不在于或主要不在于取得钱财，而在于通过诉讼或调解，讨说法，求公道，使对方认错服输，达到平息愤懑、弄清是非的目的。例如，有些家庭婚姻纠纷或邻里纠纷案件，原告人并不是非离婚不可，也不是一定要把对方怎么样，而是希望法院说句“公道话”，分清是非曲直。如果对方认错改错，还能家庭和好如初，邻里和睦相处。这类案件，矛盾已积累到一定程度，但并未达到家庭破裂、邻里反目成仇的程度，如果及时调解，多数当事人之间的矛盾能予以化解，达到“化干戈为玉帛”的目的。也有些经济纠纷案件，因原告人或被告人认为行政机关或司法机关处理不公，由原来的经济诉讼动机转化为争是非、讨说法的诉讼动机，于是，出现旷日持久的“缠诉”。这类案件，往往矛盾积累很深，要平息当事人的情绪性诉讼动机，单靠做思想工作是很难达到目的的，必须伴随着实质性问题的解决，准确判明是非，公平合理地予以处理，才能化解矛盾，树立法律公正的形象。

（四）维护其他合法权益和社会公益的动机

除了上述物质利益和精神权益之外，还有一些介乎两者之间的其他合法权益。如劳动关系中违反劳动合同，非法剥夺员工就业的权利；少数外企中工人被强令下跪、搜身，损害其人格尊严不受侵犯的权利；劳动过程中不执行劳动保护法，致使工人的健康权、生命权受损；家庭婚姻关系中男女平等、不受歧视的权利，消费者的知情权利，公民的平等受教育权利等受到损害时，当事人奋起与之抗争，提起民事诉讼。这不仅是为维护自身合法权益而产生的民事诉讼动机，而且是公民法律意识觉醒的重要标志和表现。

另有一类社会公益性的诉讼动机，更能表明当事人提起诉讼远不止是为了自身的利益，而主要是为了维护社会公益，伸张社会正义。例如，为维护环境的生态平衡和推进环境治理，状告某些排污单位违法排污和环保局的不作为；为维护消费者的平等权利和民族尊严，我国乘坐日航班机的部分乘客在日本某空港过境时受到冷遇，状告日本航空公司；河北某律师为了维护消费者的群体利益，状告铁道部作出的春节期间上浮票价的决定违反价格法的有关规定；山东青岛的几名考生和两名律师，状告教育部未按同一标准对

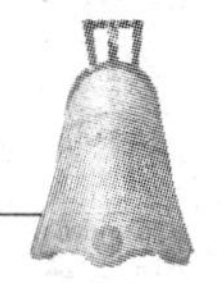

不同地域范围的招生人数作出规定，侵犯了公民的平等受教育权利；2004年和2005年发生的少年张潇艺、胡彬因沉迷网络游戏自杀的案件，由研究网络沉溺的学者张春良代理向某个网络游戏软件代理商提起诉讼；等等。诉讼结果获得胜利，并非仅仅对提起诉讼的人有利，而涉及社会公众利益，故可称之为社会公益性的诉讼动机。

（五）婚姻关系中解除痛苦或另图新欢的动机

在民事案件中，家庭婚姻关系案件占了较大比例。事实上，家庭婚姻案件是以感情为纽带的较为特殊的民事案件，主要可分为两类。一类是原告人提起诉讼是为了解除痛苦，结束已经死亡的婚姻关系。有些人由于婚前缺乏充分了解和感情基础，婚后又没有建立起夫妻感情，致使家庭生活不和睦，导致很大的精神痛苦，在矛盾无法缓和的情况下，一方为结束痛苦而提起离婚诉讼。另一类离婚案件，原告人提起诉讼的内心起因是喜新厌旧，另图新欢。对前一类案件，在调解无效的情况下，应准予离婚。对后一类案件，应在分清是非的前提下酌情处理。

（六）掩盖自己错误的动机

在民事纠纷中，有些权益受损者尚未提起诉讼，而侵权一方明明有错误，非但不认错，反而采取“恶人先告状”的手法，歪曲事实，状告受侵害的一方，以掩盖自己的错误。

（七）其他动机

民事案件的复杂性决定了民事诉讼动机的复杂性。除以上划分的动机类型之外，尚有难以归类的其他动机。例如，因为疾病等原因导致夫妻性生活不协调而提出离婚，因为女方不生育或生女孩不能“传宗接代”而提出离婚，因为涉嫌经济案件或其他原因而提出假离婚，因为本单位利益而提出假破产申请等，不一而足，需要具体案件具体分析，搞清诉讼动机，才能有利于判明是非，作出裁决。

第四节　民事心理纠葛的化解

一、化解民事心理纠葛的意义

（一）化解民事心理纠葛是处理民事纠纷的重要组成部分

处理民事纠纷，无论是通过调解还是通过审判，都包含两方面问题的解决，一方面是民事法律关系实质性问题的解决，另一方面是民事心理纠葛的化解。公平、合理地依法处理实质性问题，有助于心理纠葛的化解；心理隔阂的消除——认识上的接近、情感上的相容，有利于促使双方当事人相互妥协、退让，推进实质性问题的解决。两个方面密不可分。尤其是通过调解处理民事纠纷，更要着重于民事心理纠葛的化解。因为，无论是诉讼前的人民调解还是诉讼过程中的庭外调解，其前提都是双方当事人自愿接受非强制性的调解方案。这同通过民事审判作出强制性裁决后再做当事人（尤其是败诉一方当事人）的思想工作是很不相同的。不妨说，当事人接受民事裁决，有时可能只是“口服”；只有在民事心理纠葛得到化解后，才真正做到“心服”。司法机关的目标应当是，力争双方当事人实现“口服心服”。只有这样，民事案件的审理和裁决才得以顺利执行，起到促进缓解与消除人际关系矛盾的作用，民事纠纷的处理才算圆满地画上了句号。

（二）民事心理纠葛的化解对促进社会稳定具有重要意义

在新的历史时期，随着改革开放的深入，各种利益关系不断调整变动，人民内部矛盾成为当今社会的主要矛盾。而在人民内部矛盾中，相对激化、需要通过法律手段予以解决的民事纠纷，又成为正确处理人民内部矛盾的一个重点。依照事实与法律来处理民事纠纷，是正确处理人民内部矛盾的重要前提，但民事案件的审结并不等于人民内部矛盾已经得到解决。只有在对双方当事人利益关系进

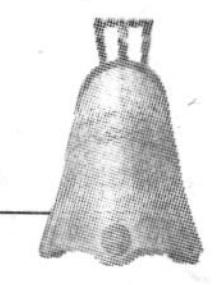

行调整的同时，其民事心理纠葛也同时得到化解，激化的人民内部矛盾才能够趋于缓和。由于民事心理纠葛的产生，不仅因为利益关系上的冲突，而且还因为存在着认识上的分歧、情感上的对立，所以，民事司法人员应当着力于消除当事人的心理隔阂，使其认识得到统一，情绪趋于缓和，使问题最终得到解决。社会也正是在矛盾的不断产生又不断解决的过程中保持稳定，并持续发展和前进。据此，可以认为，大量民事心理纠葛的化解将有助于促进和谐社会的建立。

对于备受社会瞩目的“枫桥经验”①，中共中央政治局常委、政法委书记罗干曾于 2003 年和 2004 年两次发表讲话予以肯定。“枫桥经验”在处理社会矛盾时强调“事前工作制”，其中包含三项调解，即人民调解、行政调解、司法调解。当前两项调解不成功，进入法律程序后，由人民法院采取“四环指导”，即诉前普遍指导、诉时跟踪指导、诉中个别指导、诉后案例指导的方法，引导村民正确地打官司。有关专家认为，“无讼”是中国法律文化的价值目标之一。中国古代非常注重民间调解的作用，形成了以家族、村社为单位的完整的民间调解网络体系。这是传统法律文化的精华，在现代社会，这一价值目标仍具有积极意义。②

二、民事心理纠葛化解的方法

（一）依法办事，秉公处理民事纠纷

要使民事心理纠葛得到化解，首先必须查明事实、分清是非，

---

① “枫桥经验”产生于浙江省诸暨市枫桥镇，1963 年因其在对“四类分子”改造中采取“矛盾不上交，就地解决”的做法，受到毛泽东同志肯定。在新的历史时期，“枫桥经验”与时俱进，不断调整。1992 年小平南巡后，枫桥又建立了一套预防和排解社会矛盾的体系，形成了新的“枫桥经验”，被誉为“与时俱进的成功经验”。

② 周白：《“枫桥经验”受中南海瞩目》，载《南方周末》2006 年 3 月 9 日。

在此基础上以事实为依据，以法律为准绳，秉公处理民事纠纷。这是化解民事心理纠葛的基础。我们所说的化解民事心理纠葛，并不是无原则的“和稀泥”，也不是偏袒一方的“抹平”纠纷，因为双方当事人把纠纷诉诸司法机关，就是为了弄清是非曲直，讨回公道。司法机关只有做到合法、合理、公平、公开地处理问题，在此基础上做调解、说服工作，说话才有人听；败诉一方也会因司法机关的公正、无私而“输”得口服心服，心悦诚服地执行民事裁决或调解协议。这样，随着民事纠纷的妥善处理，民事心理纠葛也会随之得到化解。

（二）采取非对抗、妥协、退让的方法处理非原则性的民事纠纷

依法办事，秉公处理民事纠纷，主要是指在原则问题上不含糊、不敷衍，要分清是非，使侵权一方受到指责，受害一方得到补偿。这并不是说不论任何问题都要“较真”，都要判个输赢。在民事纠纷中，还有一些矛盾出自认识上、情感上的分歧，性格上的不合，或者由于看问题的角度不一，日积月累而产生的纠纷。在这类问题上，并没有严格的是非界限和责任，不能无限“上纲上线”。对非原则问题，要劝导双方当事人各自多做自我批评，退一步海阔天空，即采取妥协、退让的非对抗的方法化解矛盾，使双方当事人坐下来，心平气和地寻求解决问题的办法，达到重归于好或和睦相处的目的。

（三）从情感疏导入手，调整认识分歧

当双方当事人因存在民事心理纠葛，产生民事纠纷，而诉诸法律的时候，情感上的对立已十分明显，在对簿公堂之际，“剑拔弩张”、互不相让的局面随处可见。这种非理性的心理状态极不利于问题的解决和矛盾的化解。所以，民事司法人员首先要做好情感疏导工作，帮助双方冷静下来，不说伤害对方感情的话，在陈述事实经过时不要给对方“扣帽子”，在申述理由时也要想到自己有哪些

责任，以利于问题的解决。在查明事实和情感疏导的基础上，应当调整双方的认识分歧，使其由严重对立趋于弥合和接近。调整认识分歧的方法主要有以下几种。

1. 宣传、讲解法制，使当事人明白“法理”

结合审理，说明当事人应有的权利与应尽的义务；在案件事实已经查清，双方没有争议的前提下，剖析在本案中哪些权利受到了侵害及侵害者的责任，哪些义务没有尽到和应如何弥补。通过举案说法，使双方当事人明白“法理”和处理本案的法律依据；通过剖析相关的法律条款，为调整认识分歧奠定依法办事的心理基础。

2. 弄清事实真相，使当事人明白“事理”

通过询问与法庭调查，把案件事实搞清楚，明确双方当事人在本案中有无过错及应负的责任。只有把事实经过搞清楚，明确是非责任，才有利于当事人明白“事理”。否则，案件事实含混不清，“事理”不明，双方当事人的认识就无法统一。

3. 讲清为人道德，使当事人明白“情理”

在弄清事实、找到相关法律依据的同时，要向当事人宣讲社会主义道德，讲清为人处世的“情理”，提高当事人执行调解协议或民事裁决的自觉性。对有过错的一方，要给予适当的批评，使其懂得不能只从一己私利出发看问题、想问题，要多从对方角度“换位思考”，告诫他们今后怎样合情、合理、合法地行事和做人。

（四）掌握当事人个性和心理纠葛特点，予以化解

司法人员在对当事人进行思想教育与心理疏导的过程中，必须掌握当事人的个性特点，分析心理纠葛的性质和矛盾的焦点，有针对性地做好心理纠葛的化解工作。当事人的个性多种多样，特别是有过错一方当事人的不良性格，往往是心理纠葛形成的主导性因素。如当事人的无责任感、狭隘、嫉妒、粗暴、冲动、争强好胜以及人格障碍等，可能是引发矛盾的导火线，应当指出他们性格上的缺陷与造成双方之间矛盾纠纷的因果关系，促其改正。对于双方当事人心理纠葛的性质和特点也应很好地把握，才不致出现在处理问题时犯“南辕北辙”的错误。例如，原告虽然提出“离婚”要求，实际上并非真正下决心离婚，只是为了借此向法庭说明对方当事人“问题的严重性”，希望法庭给予训诫和批评；同时也是为了向对方进行试探，看对方是否在“离婚”的压力下认错与改正，其内心仍盼望“和好如初”。如果司法人员误以为原告“真心”离婚，那就有可能作出错误的裁决。

第五节　举讼与息讼的优劣

有了民事纠纷，是否都要去打民事官司，通过法院审判去解决？这里存在着举讼与息讼孰优孰劣之争。当事人主动提起民事诉讼，是为举讼；不经过司法审判，通过人民调解达成和解或虽然起诉到人民法院，经庭外调解双方达成调解协议，不经裁决而撤诉，是为息讼。在当前依法治国思想不断深入的今天，是应当举讼还是应当息讼，人们对此看法不一。

前些年，一些媒体的声音趋向于举讼。它们在报道普通公民打官司的新闻时，总要加上许多褒扬之词，赞扬当事人“敢于拿起法律武器维护自身的合法权益”，“是公民法律意识提高的表现”，赞扬“秋菊打官司”的执著精神，甚至赞扬打“索赔一元钱的官司”，而对诉讼中的负面影响却很少提及。然而，在实际生活中，一些民众对于打官司望而却步，害怕审判过程久拖不决、劳民伤财，害怕影响当事人之间的关系，尤其害怕审判不公，裁决无理，因此，缺少提起诉讼的勇气与信心。

对此，有必要作一些理性的思考与分析。

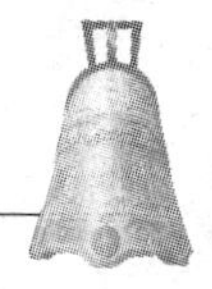

一、从法制建设的大环境看

在法制建设过程中，尤其是在法制建设初期，公民经过学法用法，明确了法律的权威，提高了对法律公正性的认识，当自身权利受到侵害时，敢于诉诸法律，通过诉讼途径维护社会公正与当事人的合法权益，这种勇气确实值得鼓励。如果许多人都认为“法是管老百姓的，哪里管得着当官的”，“衙门口八字开，有理无钱莫进来”，不敢提起诉讼，那就表明法制建设出现了困难和障碍。所以，老百姓由不敢打官司到敢于提起诉讼，确实是法律意识提高的表现，应予赞扬和鼓励。但是，对于“敢于打官司”问题，应当作具体分析，不可一概而论。

（一）法律适用的局限性

法律是社会关系的调节器，但它并不是万能的。它只能调整现存的社会关系，而不能从根本上解决一些深层次的社会矛盾。有些社会矛盾需要通过发展社会生产力、增加社会资源逐步解决（例如提高就业率，减少失业率；完全取消各地高考录取分数线的差别），有些社会矛盾需要通过综合治理（例如青少年违法犯罪）才能有效果，而不能仅仅依靠法院的一纸裁决来消除。社会的“游戏规则”是多种多样的，有行政的、纪律的、道德的、法律的多种规则。社会的调节机构也是多方面的，有民间的、社团的，也有政府职能部门的裁决和仲裁、司法机构的审判。因而解决问题的方法和途径也是多样的，并非只有诉诸法律才是唯一的手段。事实上，大量的民间纠纷和人际关系矛盾，需要通过当事人之间的协商、人民调解，或者通过精神文明建设来逐步协调、缓和矛盾乃至解决纠纷，不一定非要通过诉讼来解决不可。解决问题途径的多重性和可供选择性表明，法律是社会的最后屏障，不到万不得已，不去诉诸法律，未尝不是公民觉悟提高和法律意识成熟的一种表现。

（二）司法资源的有限性

人们都知道自然资源是有限性的，但许多人对社会资源的有限性缺乏了解。当前人们逐渐认识教育资源、医疗资源的有限性制约着教育、卫生事业的发展，但有一项往往为人们所忽视的社会资源——审判机关的设置、审判人员的素质及审判活动所耗费的人力物力资源也制约着司法审判事业的发展。据2000年统计，我国民事案件一审受理351.7万件，是同年刑事案件审结数的6.23倍。大量的民事案件与有限的司法资源形成反差，极有可能造成案件积压和审判质量下降。①由此可见，司法审判的有限资源需要得到合理利用。如果受理案件的数量过大或某些当事人缠诉，也会使开展诉讼的社会资源得不到有效利用而受到损失。

（三）法制建设的阶段性

法制建设初期，当人们缺乏起码的法律意识和诉讼勇气时，应鼓励“敢于诉讼”。在法制建设不断深入的今天，虽然这种鼓励不应削弱，但更多地要引导诉讼参与者“善于诉讼”，帮助他们学会合理援引法律、善于收集与运用证据打官司，正确面对败诉和少数案件可能出现的错判、误判的现实，不要因此对法律的公正失去信心，更不能因此而报复社会。同时，要从审结民事案件的数量和质量上，从调解民事纠纷和审结民事案件的合理比例上，来看待法制建设的不断深入。

（四）中西法律文化的差异

在处理民事纠纷时，中西方法律文化的差异也是不可忽视的因素。有的研究者指出，西方法律文化是“以个人权益为本，以人权为目标，以激烈对抗为策略，法律改革的重点是维护个人权利，动辄诉诸法律是以个人为独立个体（个人主义）为指导思想而产生的

① 根据最高人民法院1985～2000年刑事及民事案件发案数（结案数）对比统计。

法律视角”，“而中华文化的社会基础，是以人伦、人情为本，把个人放在人伦家庭宗族网络之中，强调情、理、法三位一体的融合，认为法律是情与理不足时的补充”。在这种文化背景下，找到维护个人合法权益与保持和谐的人际关系的结合点，对建立中国特色的法律干预与调节机制是十分重要的。

二、从以德治国和依法治国相结合的视角上看

江泽民同志强调以德治国与依法治国相结合，为我们进一步思考如何更好地运用法律提供了一个符合中国国情的思路。德法并举是中国传统文化的一贯思想。笔者认为，当今的“德”不仅仅是“施仁政”，而且是社会主义思想政治道德的具体体现，它涵盖着社会生活的方方面面，更为广泛深刻地调整着社会矛盾和人际关系，是“法”的前提与基础。当今的“法”是具体化、条理化和借国家强制力予以保证的“德”。因此，如果能从以德治国与依法治国相结合的视角上来看待举讼与息讼的关系，将使这一问题更加明晰。

（一）“德”先“法”后

“德”先“法”后，是指在处理社会矛盾和民事纠纷时，首先要运用以德治国的方略，同时强调德法并举。“德”在先，是强调对民事纠纷中各方当事人要做好思想政治工作，对人际关系矛盾和利害冲突者着重调解和引导，预防矛盾激化，防止酿成恶果；“法”在后，是强调在通过思想教育和以“德”引导后矛盾仍然无法解决时，公平、公正地审理案件，作出裁决，体现社会正义。这后一环节是不可或缺的。因为，思想教育不能在所有情况下代替利益调节，由于每个人的素质不同，对“德”的理解不同，“德”对个人行为的内在约束力有大有小，因而必须用“法”做底线，用法的强制力予以保证。

（二）在执法过程中渗透“德”

在公民提起民事诉讼之后，并不表明“德”的无能，相反，只

是说明“德”的基础性作用在个案中未得到很好发挥。因此，在审理民事案件时，并不意味着法官可以离开“德”孤立地讲法、执法，而应本着对人民极端负责的精神，以法官高度的责任感，不畏权贵，刚直不阿，谨慎、准确、公平、公正、公开地审理好每一个案件；在办案过程中，要切实做好当事人的思想工作，能调解结案的就不要裁决结案；能庭外和解的就不要庭内审结，务求当事人口服心服，调解和裁决得以顺利执行，从而实现“德”与“法”在办理案件过程中的有机结合。

三、从当事人的自身利益权衡上看

在举讼与息讼之间作出评价和选择时，从当事人自身的角度看，有以下因素应予考虑。

（一）诉讼动机

如前所述，诉讼动机是多种多样的。有物质利益动机，也有精神利益动机；有理智方面的思考，也有情绪性的宣泄动机；有正确动机，也有错误动机。较为常见的还有与名人或权威打官司引起轰动效应的动机，为公众谋利益的公益性诉讼动机，打击对手获取利益的恶意诉讼动机也间或出现。此外，在国外政坛或社会上，政治斗争、权力斗争，某个人要求社会尊重以及自我实现等，无不可以成为诉讼动机。动机是内在的、看不见的，我们虽然不能对某人的诉讼动机妄加评论，但可以通过诉讼行为对其诉讼动机作多角度审视。例如，“秋菊打官司”的执著性值得赞扬，但讨说法的动机过于强烈，不达目的决不罢休，客观上形成缠诉，使矛盾趋于激化，主观上也会气大伤身，对身心健康不利。索赔一元钱精神损失费的官司，明确地昭示诉讼参与者不是为了经济利益，而属于讨说法或情绪性的宣泄动机，也可能是为了维护社会公正或消费者合法权益。所以，对于提起诉讼者，要进行动机辨析，不可一概褒扬，也不要轻易地贬斥。就自我而言，要从自身的诉讼动机上加以反思，

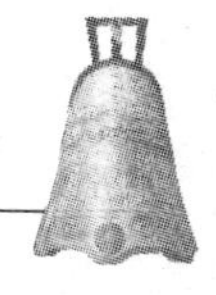

对举讼与息讼作价值评估。

（二）诉讼成本

不言而喻，打官司需要耗费时间、精力和金钱。在提起诉讼前，当事人应当对诉讼标的与诉讼成本作比较，不能不顾诉讼成本，去打那种得不偿失的“赔本官司”，即“赢了诉讼却在其他方面输得一败涂地”的官司。据报载，西北某教师在北京购买一本书，因印刷质量不佳，要求退换并报销公交车费未遂而提起诉讼。一场官司打了几年，当事人多次奔波于家乡和北京之间，引起家庭失和，单位反对，最终导致辞去公职。显然，这场官司打下来，提起诉讼者因此而吃了大亏。

（三）诉讼心态

民事诉讼是围绕诉讼请求和诉讼标的进行的。由于选择的标的不同，适用法律各异，对于当事人来说，胜诉与败诉的可能性都存在。在民事诉讼中，此案胜诉并非一切正确，彼案败诉并非一切错误（比如你诉对方侵权，法院判决不构成侵权就是败诉），这和刑事诉讼中罪与非罪的界限泾渭分明是很不一样的。很多民事案件的当事人凭着自己对法律的理解打官司，都认为自己有理，但胜诉者只有一方，有胜必有败，胜了固然可喜，败了也要冷静地思考自己对法律的理解是否正确。有的人只能胜诉不能败诉，胜诉了就喊“法律万岁”，败诉了就丧失对法律公正性的信任，甚至采取违法行为对社会进行报复，这是极其错误的。要理性地对待和参与诉讼，要胜得起也要败得起。这是民事诉讼参与者的应有心态。

（四）诉讼引导

在一次学术讨论会上，得知如下案例：北京市延庆县某农民租赁一间商业用房，合同未到期即被房主将该商业用房卖给他人，租赁者愤愤不平，认为自己有优先购买权，房主不应卖给他人，将房主告到法院。一审败诉后，该农民不服，不仅提出上诉，而且在长达两年多的时间里，先后以该商业用房竣工时未取得质检合格证、延庆县房管局变更房屋产权登记是违反行政行为等为由，提起十余起民事、行政诉讼，引发一审、二审、待审、待抗（诉）案件，像滚雪球一样越滚越大、越滚越多。一起标的不大的普通民事案件，却牵扯出一系列旷日持久的连环诉讼，给当事人造成了经济上和精神上难以愈合的伤害。上述系列案件，有些与优先购买权的诉讼标的有关，有些与原诉讼标的无关，即使全部胜诉也不能保证其获得优先购买权。从诉讼策略与诉讼引导的观点看，显然是失策和不必要的。如果有代理人参与，在诉讼引导上似乎离开了当事人的利益，有纵容诉讼或“挑讼”之嫌。

（五）诉讼指导思想

从民事案件的指导思想来看，为了维护当事人的合法权益，该打的官司还是要打，原告人提起诉讼是必要的。但是，即使打官司，也要考虑到如何使对立双方通过诉讼或调解化解民事心理纠葛，无论胜诉与败诉，都应尽量做到“化干戈为玉帛”，而不是更加对立。中国文化传统中有一个“和为贵”的思想，不像西方文化那样动辄诉诸法律。我们在培养人们法律意识的过程中，还要坚持这个思想，这对社会安定有好处。法律是社会调节器的最后屏障。大量的民间矛盾，应通过做思想工作和诉讼前的人民调解来处理；即使提起诉讼，也还有诉讼过程中的庭外调解。总的来说，能调解的就不要进入审判程序。中国这么大，民事纠纷必然很多，如果不是十分必要，都进入司法程序，显然不利于矛盾的解决。

思考题

1. 什么是民事纠纷？民事纠纷有哪些类型？从司法实践上看，研究民事纠纷有何意义？

2. 什么是民事心理纠葛？民事心理纠葛有哪些特征？研究民事心理纠葛有何理论与实践意义？

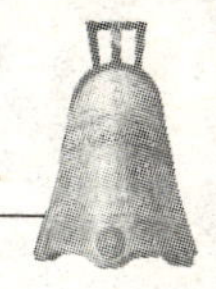

3. 试述民事诉讼动机的类型及其产生的心理过程。

4. 为什么要强调民事心理纠葛的化解？请联系一两个民事案例，谈谈化解民事心理纠葛对促进社会稳定、构建和谐社会的意义。

5. 化解民事心理纠葛有哪些适用的方法？

6. 请谈谈你对举讼与息讼优劣的看法。

第十六章　民事调解心理

在经济生活、公共生活和家庭生活等各种复杂的社会关系中，人们既能和睦相处，也难免发生民事权利与义务的争执，即民事纠纷。及时调解这些民事纠纷，有利于促进人民内部的安定团结和社会主义现代化建设事业的顺利进行。因此，研究民事调解过程中调解人员和当事人的心理活动规律，对于提高民事调解工作效率具有积极意义。

第一节　民事调解心理概述

一、民事调解与民事调解心理

民事调解有广义和狭义两种理解。广义的民事调解是指我国基层人民调解组织和社会团体处理民事纠纷的活动，以及人民法院审理民事案件和轻微刑事案件期间的庭外调解活动。狭义的民事调解专指民间对民事纠纷的调解，即我国基层人民调解组织和社会团体调解民事纠纷的活动。这里所讲的民事调解，主要是指狭义的民事调解活动。

民事调解心理是指当事人的心理、调解人员的心理以及在调解民事纠纷过程中调解人员与当事人之间的心理互动，如当事人的个性特点和心理状态，心理冲突的内容及其形成的原因和过程，调解人员在调解民事纠纷过程中的认识、情感、意志活动，调解的心理学方法、技巧、策略，以及调解过程中调解人员的自我心理调控等。由上所述可知，民事调解心理既指进行民事调解主体的心理，

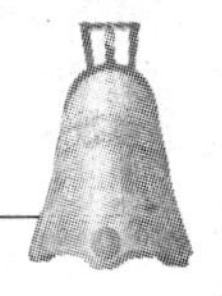

也包括当事人的心理以及双方在调解过程中的心理互动。

二、民事调解的原则

在民事调解工作中，应遵循下列原则。

（一）化解人民内部矛盾，有利于安定团结的原则

不论是基层人民调解组织进行民事纠纷的调解还是人民法院受理的民事案件中的调解，都应当在查明事实、分清是非的基础上，一方面对争执的问题作出合法、合理的调解处理，另一方面还要耐心地对当事人进行思想教育和心理疏导，促使当事人双方各自多作自我批评、互相谅解，逐步消除认识上的分歧和情感上的对立，以达到化解矛盾，促进安定团结的目的。

（二）原则问题上合法、合理、公平的原则

在对民事纠纷进行调解时，应当依照国家的有关法律规范和道德规范进行。在原则问题上一定要分清是非，决不能和稀泥。在分清是非和责任的基础上，依照法律和道德规范公平合理地处理问题，达到促进安定团结的目的。在化解民事纠纷时，既不能将刑事案件作为民事纠纷来处理，也不能将民事纠纷无限“上纲上线”，扣帽子，打棍子。调解结果要合法、合理、公平、公正。

（三）非原则问题相互妥协、让步的原则

民事纠纷自身的复杂性表明，有些争执属于原则性争执，有法律依据，而有些争执则属于非原则问题，在非原则问题上不必强求搞清“谁是谁非”，要强调“情理结合，以情为主”，力求化解矛盾。对于这些非原则问题，在调解时要坚持相互妥协、让步的原则，这样才有利于纠纷的化解。

（四）双方当事人自愿的原则

调解工作应当坚持双方当事人自愿的原则。那就是说，只有双方当事人自愿请求人民调解组织进行调解，调解工作才能顺利进行。同时，只有调解所达成的协议双方自愿接受，才能使调解协议得以顺利执行，调解工作才能画上圆满的句号。如果有一方不接受，另一方或调解组织不能用强迫的方式使其接受。

（五）调解的及时性与适时性原则

有些民事纠纷要及时解决，否则就可能激化和升级。如对于正在进行斗殴的纠纷，必须及时予以制止。而有些民事纠纷的解决有待当事人认识上的转变和情感上对立的消除，如果急于解决可能“欲速则不达”，因而应当抓住适当时机予以解决。

三、民事调解的意义

民事调解的意义主要表现在以下两个方面。

（一）促进人民内部团结，防止民事纠纷恶化为刑事犯罪案件

在社会交往中，人们会产生各种各样的矛盾和纠纷。特别是在社会主义市场经济进一步发展的情况下，人们之间社会交往的范围扩大了，交往的机会也增多了。在经济交往关系中，由于利益竞争使人们之间的权利与义务纠纷增多，如买卖纠纷、借贷纠纷、租赁纠纷等。同时，随着社会的变迁，人们的价值观、人生观、世界观等也在发生变化。这些观念的变化并非在所有人的心理上都同步发展，这样自然就会引起人们之间的观念冲突。这些观念冲突反映在家庭生活方面，就可能引起婚姻家庭关系上的纠纷和心理冲突，如夫妻感情纠纷，财产继承纠纷，抚养、赡养纠纷等。上述这些矛盾和纠纷如果不能及时化解，随着双方当事人心理冲突的升级，就有可能演化为刑事犯罪案件。例如，在债务纠纷中以绑架人质的方式索要债务的案件时有发生；邻里之间因宅基地纠纷或者其他利益纠纷演化为杀人、伤人的犯罪案件也屡见不鲜；因家庭、婚姻纠纷而演化为杀人的案件并非绝无仅有。因此，及时妥善地调解这些矛盾和纠纷，化解人们之间的心理冲突，对于促进人民内部的安定团结，防止纠纷恶化和心理冲突升级而导致的刑事案件发生，具有重要意义。

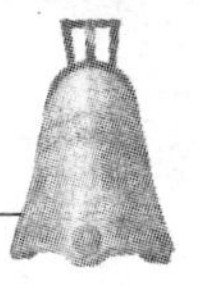

（二）促进社会主义精神文明建设

社会主义精神文明建设是一个浩大的系统工程。在这个系统工程中，人民内部的文明交往更显得十分重要。在政治、经济、家庭、公共生活等各种社会关系的交往中，公民遵守法律规范和道德规范，人与人之间形成和谐、宽容、团结、友爱的人际关系，形成安定团结的氛围，是精神文明建设的一个重要方面。因此，对各种民事纠纷及时予以调解，使人们和谐、有序地生活，是对社会主义精神文明建设和构建和谐社会的重要贡献。

第二节　调解人员心理

进行民事调解的人员，不管是基层人民调解组织的成员还是人民法院从事民事审判工作的人员，都必须具备一定的适合民事调解工作的心理素质。同时，在进行民事调解工作中，还要对自己的心理活动进行自觉的心理调控，才能做好这项工作。

一、民事调解人员的心理素质

民事调解工作是一项关系到人民内部安定团结的重要工作，同时也是一项十分复杂、琐碎的工作。因此，要胜任此项工作，必须具有相应的心理素质。这里主要讲基层人民调解委员会的调解人员应具备的心理素质。

（一）具有为公众服务的热情和责任感

民事调解人员须认识到调解工作的重要意义，并具有为此项工作献身的责任感和为公众服务的热情。同时，从事此项工作的人，特别是基层人民调解委员会的调解人员，还必须在公众中享有较高的威信，受到群众的信任与爱戴。有的应当是当地德高望重的人，他们人格高尚，办事公平，老成持重。由这样的人去平息矛盾，化解纠纷，当事人容易接受。

（二）具有法律知识和道德修养

民事纠纷涉及社会生活的方方面面，涉及民法、婚姻法、经济法、行政处罚法等法律知识，涉及家庭伦理道德和社会生活道德问题。因此，调解人员在进行民事纠纷调解时，要根据有关法律、道德等规范，分清是非。如果调解人员缺乏这方面的法律知识和道德修养，就很难胜任此项工作。

（三）具有丰富的社会经验

民事纠纷的内容涉及社会生活的各个领域，产生纠纷的原因十分复杂，当事人的个性也千差万别。因此，从事此项工作的人，必须具有丰富的社会经验，才能对纠纷产生的原因、当事人的心理活动善于分析，并根据当事人的不同心理特点进行调解。如果缺乏必要的社会经验，不谙世事，处事简单、幼稚，则难以做好此项工作。

（四）具有较强的社会交往和协调人际关系的能力

从事民事调解工作，要对纠纷进行必要的调查，对当事人做调解和心理疏导工作，与各种各样的人进行交往。同时，发生纠纷双方当事人之间的心理冲突有时很严重，有的甚至势不两立。要使双方当事人消除对立、化解纠纷，并不是一件容易的事情，需要费时费力，耗费巨大的精力。特别是有些当事人十分固执，与这些人交往，给他们做心理疏导工作就更为困难。因此，从事此项工作必须具有较强的社会交往和协调人际关系的能力。

从许多优秀人民调解员身上，可以发现这些良好的心理素质。如江苏省常州市郊区五里乡汤家村53岁的村委会主任兼人民调解委员会主任袁汉英，就是全国优秀的人民调解员之一。他在调解一起纠纷中不幸牺牲。牺牲后举村大恸，有的甚至在其灵前长跪不起，泣不成声。袁汉英之所以受到广大群众如此爱戴和尊重，就是由于他具有高度的责任感和热情为群众服务的精神。生前他常说：“村里的问题处理不好就要变成社会问题。调解员的责任就是要把

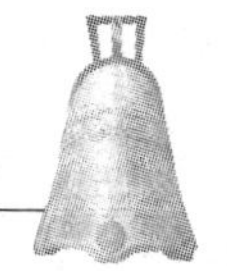

问题解决在内部。”群众中有了纠纷找他，哪怕是深更半夜，他总是随叫随到，从不说一个“烦”字。村里家家户户在他心里都有一本账，全村老幼，有话愿意找他说，有事愿意找他商量。他常说：“干民调工作就要有两个肚皮，一个盛饭，一个盛气，先忍而后疏，没有解决不了的问题。”在整理他的遗物时，发现有30本记载调解工作的日记。他做民调工作13年，妥善化解了400余起民间纠纷，有效地防止了15起纠纷激化。他牺牲前留下的最后一句话是：“我是调解员，有话跟我说。”① 我们从袁汉英身上，可以看到人民调解员为调解工作献身的责任感和为公众服务的热情，及其在公众中享有的崇高威信和忍辱负重的博大胸怀等优秀品质。

二、调解人员进行民事调解过程中的心理活动

调解人员进行民事调解，是在对自身的心理调节、控制下进行的。调解人员自身心理活动的水平，直接影响着调解工作的效率。

（一）对当事人之间产生纠纷的是非判断过程

当事人之间的纠纷，不论是利益纠纷还是人际关系纠纷，都表现为双方当事人之间的认识、情感、意志、需要、动机、兴趣、理想、信念等心理冲突。所以，调解纠纷，首先要对当事人之间产生心理冲突的原因作出判断。

调解人员通过与双方当事人直接交往，以及必要的调查，对当事人之间发生纠纷的内容、产生心理冲突的原因、过程以及双方当事人的个性特点，形成初步的判断。

在对当事人之间产生心理冲突作出判断的基础上，依据有关法律、道德规范以及民间的人情事理、风俗习惯等，对当事人之间产生纠纷的是非作出判断。

① 王宇：《“老汉，你走好！”》，载《法制日报》1996年10月3日。

（二）对纠纷调解的意志努力过程

调解人员在对当事人之间产生纠纷的是非作出判断的基础上，形成缓和心理冲突、化解纠纷的初步设想。与此同时再根据双方当事人的心理状态和个性特点，选择调解的策略和具体方法。根据调解过程中的信息反馈，不断调整调解的方法和策略，以达到化解纠纷的目的。

（三）调解人员在调解民事纠纷过程中的自我心理调控

在调解民事纠纷过程中，调解人员往往会遇到各种困难和挫折。如有的当事人不明事理，拒不承认自己的过错；有的十分自私，拒不承担自己应尽的角色义务；有的当面承认错误，但实际上并不履行角色义务；有的固执己见，自以为是，听不进调解人员的意见。有时调解人员甚至还会受到某些当事人的辱骂和威胁等。在这种情况下，调解人员必须有效地进行自我反思和自我心理调节。如自己对纠纷的起因、内容及双方当事人的是非、责任等的判断是否正确？对当事人的社会认知是否正确，并是否受到某些主观心理效应的影响？调解的策略、方法、技巧运用是否得当？同时还要根据调解过程中当事人的信息反馈，不断作出自我调整，修正某些不正确的认识，改进调解的策略、方法和技巧。再者，对于当事人不理智的、冲动的甚至野蛮的行为，能够保持冷静的头脑，以理智的态度疏导其不理智的心理和行为，避免卷入当事人的纠纷中去。对于调解成功的纠纷，如果出现反复，应具有再次进行调解的心理准备。不因纠纷出现反复，害怕麻烦，而对当事人进行指责和训斥。

第三节　当事人心理

了解当事人纠纷心理形成的原因、过程，诉诸调解的动机与目的，接受调解的心理机制等，有助于提高调解工作的效率。

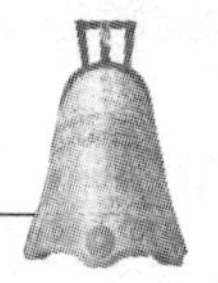

一、当事人纠纷心理形成的原因

从民事调解和民事司法的角度看，民事纠纷是当事人之间由于民事权利与义务之争引起的矛盾。从心理学的角度看，民事纠纷是当事人之间的心理冲突。这种当事人之间的心理冲突称为纠纷心理。

（一）当事人之间的权益冲突是纠纷心理的实质

在社会生活中，为了生存和发展的需要，人们总要与他人、团体结成生产、分配、交换、消费等各种物质关系，政治、思想、法律、伦理道德等意识形态关系，以及各种人际关系。在各种社会关系中每个人都扮演着不同的社会角色，承担不同的角色义务，遵守各种角色规范，享受各种角色权利。在社会交往中，双方角色权利的实现以双方履行角色义务为前提。在各种人际关系中，人们都期待对方按照其所扮演的不同角色履行各自的角色义务，遵守角色规范，以实现自己的角色权利。如果彼此之间都能按照法律与道德规范，正确履行角色义务，享受角色权利，就能形成比较和谐的人际关系。

在社会交往中，如果一方当事人要求对方当事人履行角色义务，使自己享受角色权利，而自己不履行角色义务，就会损害对方当事人的合法权益，对方的角色权利就不能实现，从而使对方的角色期待出现心理落差。如果双方当事人都不履行角色义务，只想享受角色权利，那么，双方当事人的合法权益都无法实现，这样，双方当事人都会出现角色期待的心理落差。以上两种情况都会导致人际关系的矛盾和纠纷心理的产生。因此，双方当事人之间的权益冲突是纠纷心理的实质。

（二）当事人的个性因素与纠纷心理的形成

1. 需要的冲突是纠纷心理形成的内在动力因素

人的任何心理和行为都是以其内在的需要为原始的驱动力。在一定的条件下需要转化为行为的动机，推动主体采用一定的方法、手段达到目的。在社会交往中，人们产生种种矛盾和纠纷，归根结底是双方当事人的精神需要或物质需要冲突的结果。

需要是个体在社会生活中，对于客观事物需求的反映。人的需要一般可分为生理性需要和社会性需要，以及物质需要和精神需要。美国心理学家马斯洛把人的需要分为生理需要、安全需要、交往需要、自尊需要和自我实现需要五个等级。需要即利益。人的物质需要即物质方面的权益，精神需要即精神方面的权益。在某种社会关系中，如果一个人的某些合法权益受到侵犯，自己的需要不能得到满足，或是某个人不能履行角色义务，使他人的合法权益不能实现，需要不能得到满足，就可能与他人或团体发生矛盾、纠纷。如在家庭关系中，子女为了自己的物质享受，不尽赡养老人的义务，作为老人满足物质、精神需要的合法权益就不能实现，从而发生赡养纠纷。双方权利与义务的纠纷实质上是双方需要的冲突。

当事人在自身需要的驱动下，通过种种努力，包括诉诸调解委员会或起诉到人民法院，实现自己的某些物质的或精神利益的目的，以满足自己的需要。

2. 有过错一方当事人的不良性格因素是纠纷心理形成的主导因素

性格是人对现实的稳定态度和习惯了的行为方式。人对现实的态度制约着个人能否正确处理与他人及团体的权利与义务关系。在纠纷心理形成过程中，有过错一方当事人的不良性格因素，特别是对现实的错误态度，是促使纠纷心理形成的主导因素。

（1）无责任感。有无责任感是个人在处理与他人、团体以及与社会的关系中最重要的社会态度，也是一个人重要的性格特征。一个具有责任感的人，会热爱他人、团体和社会，并且对他人及社会态度公正、诚恳，富有同情心。因此，在与他人和团体的交往中，就会积极履行自己的角色义务，遵守角色规范，就能与他人和团体

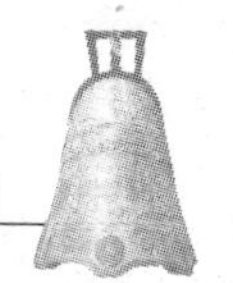

保持和谐的人际关系。例如，一个有责任感的人，在团体内工作就会积极努力，尽职尽责，对朋友诚实有信，对父母尽孝，对子女关心……这样的人就不容易与他人和团体产生矛盾与纠纷。而一个无责任感的人，在与他人和团体的交往关系中，往往自私、冷酷、唯利是图，不能很好地履行自己的角色义务，不能遵守角色规范，因而就容易与他人和团体产生矛盾与纠纷。例如，一个无责任感的人，在团体工作中往往敷衍塞责，对朋友不讲信义，借钱不还或赖账，对父母不尽孝道和赡养义务，对子女不尽抚养义务……这样的人很容易与他人或团体发生矛盾与纠纷。

（2）狭隘、嫉妒。一个心胸狭隘的人，认识范围狭窄、偏执，情感自私，因而嫉妒心强。嫉妒心理是一个人对才能、名誉、地位或境遇等比自己优越的人的一种怨恨的消极情绪体验。它是隐藏在个体心灵深处鲜为人知的心理活动。这种消极的情绪体验经常在一个人身上发生，就表现为一种不良的性格特点。具有这种不良性格特点的人，对他人的成功与自己的失败同样感到痛苦。在社会交往中，对于名誉、地位、财富、才能甚至容貌等比自己优越的人，时常产生既羡慕又怨恨、烦恼和痛苦的情绪体验，心理处于极不平衡的状态。因此，有的在背后散布流言飞语，造谣中伤，毁坏他人的名誉；有的当众对他人污辱、诽谤，以发泄心中的怨恨；有的故意损毁他人的庄稼、家畜、房屋等财产……。以此恢复自己内心的平衡，从而导致与他人发生矛盾与纠纷。

（3）粗暴、冲动。具有粗暴、冲动等不良性格品质的人，缺乏理智，遇事情绪激烈，自我控制力薄弱，有的甚至放纵自己消极情绪的发泄。在社会交往中，缺少谦和、文明的用语和行为习惯，常常因鸡毛蒜皮的小事而大发雷霆，与他人发生争吵甚至打斗，从而产生矛盾和纠纷。例如，性格粗暴的人，如果当服务员，会经常与顾客发生争吵；在邻里关系中，时常因生活小事发生争执；在家庭关系中，也会经常出现打骂妻子儿女的行为；在团体内工作，也会和同事时常发生不团结的事情；即使在街上行走，也可能因他人的无意碰撞而发生斗殴。

（4）争强好胜。具有争强好胜性格特点的人，往往自我评价过高，盲目自信、自傲，自我显示欲强。这样的人在人际交往中，时常片面强调别人对自己的尊重而忽视对别人的尊重；在处理与他人的利益问题时，片面强调自己的权益而忽视他人的合法权益。因而在人际交往中，容易与他人发生情感冲突和利益纠纷。特别是当两个具有同样争强好胜性格的人相遇时，纠纷就很难避免。

（5）人格障碍。人格障碍是人格的发展与结构明显畸形与偏离正常。主要表现为性格的极端性、情绪的极不稳定性和意志行为的不适应社会性，并形成某种持久的、极为固定的适应不良的行为模式。人格障碍有别于精神病，是在意识清晰、智力水平正常的背景下出现的慢性心理障碍。具有偏执型人格障碍、情绪不稳定型人格障碍、爆发型人格障碍和怪僻型人格障碍的人，心理与行为常常不能与周围环境保持协调，容易与他人发生矛盾和纠纷。例如，具有偏执型人格障碍的人，心胸狭窄，敏感多疑，好强固执，情绪极不稳定，对于挫折过分敏感，具有歪曲的体验倾向，易于把别人中性的甚至友好的表现，看成敌意或蔑视行为。因此，在人际交往中，往往无事生非，捕风捉影。如在夫妻关系中，常常毫无根据地猜疑配偶对自己不忠，因而与配偶发生矛盾和纠纷。具有情绪不稳定型人格障碍的人情绪变化多端，一个微不足道的刺激就能引起其极端冲动和攻击行为。这样的人在人际交往中，在遇到挫折和刺激的情况下，就容易与他人发生矛盾和纠纷。

（三）认识、情感、行为冲突是纠纷心理的外在表现

当事人之间纠纷心理的实质，是双方当事人之间的权益冲突。因此，当事人之间围绕着双方的权利与义务之争，必然表现为认识上的差异、情感上的对立和行为上的相互指责或攻击。

1. 认识上的差异

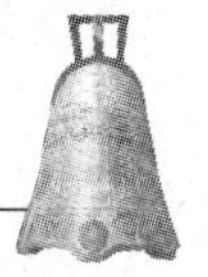

在社会交往中，双方当事人时常由于对各自所享有的权利与应履行的义务认识不统一而发生心理冲突。例如在家庭生活中，有的夫妻在对家务活的看法上往往产生分歧：女方认为夫妻权利与义务平等，家务活应当共同承担；男方则认为，女方操持家务理所当然，男方不愿干家务活算不了什么。男女双方由于认识上的差异而时常发生纠纷。再如，在社会公共生活中，顾客与服务员之间的纠纷也时常由于认识上的分歧所引起，服务员说顾客买货太挑剔，而顾客说服务员服务不周到、不耐心等，因而发生纠纷。

2. 情感上的对立

当事人之间认识上的差异，必然导致情感上的疏远或对立。例如，夫妻之间由于在价值观、人生观、幸福观方面认识上的差异，必然对夫妻之间的感情产生消极影响，久而久之，就会使双方的情感逐渐疏远甚至对立。具体表现为相互不满、厌恶甚至仇恨，最后导致双方婚姻关系的紧张和矛盾甚至破裂。

3. 行为上的相互指责或攻击

伴随着当事人之间认识上的分歧、情感上的疏远与对立，在行为上具体表现为：言语交往中的相互指责、诅咒、挑衅和辱骂，甚至发生相互斗殴的攻击行为。

（四）纠纷心理的强化

1. 当事人之间交往中恶性刺激的相互反馈，使纠纷心理不断强化

当事人之间产生某种权益纠纷之后，在纠纷尚未得到化解之前，双方当事人为了使自己在纠纷中占上风，成为赢家，或为了发泄自己的不满情绪，不仅指责、夸大甚至虚构对方在纠纷中的过错，而且有的当事人还千方百计地搜寻、捏造对方当事人的缺点、错误甚至隐私，当众“揭短”，伤害对方的自尊心，侮辱对方的人格，使对方陷入难堪的境地。在交往中，双方不文明语言、行为的恶性刺激的相互反馈会使纠纷心理不断强化。当事人越来越不理

智，越来越冲动。不仅对权益纠纷认识上的分歧越来越大，情感上的对立也更加严重，由最初的不满、厌恶发展到憎恶与仇恨，甚至产生相互辱骂和斗殴。

2. 团体舆论和行为上的支持，使纠纷心理升级

发生纠纷的双方当事人所在的团体，如家庭、家族、亲朋、职业团体等，往往站在属于自己团体的当事人的立场上，对其权益纠纷在认识上给予鼓励，情感上给予同情，行为上给予支持。有的团体或成员甚至亲自参与到纠纷中来，从而使纠纷的范围扩大，使纠纷心理冲突升级。如在农村，某一姓氏家族中的某一成员与另一姓氏家族中的某一成员，因某种权益发生纠纷，就可能扩大到两个家族之间的心理冲突和相互斗殴行为的发生。在城市中，某一家庭成员与另一家庭中的某个成员产生了矛盾与纠纷，就可能发展到两个家庭之间的矛盾与纠纷，甚至发生两个家庭之间的斗殴。

二、当事人诉诸调解纠纷的动机

当事人之间的心理纠纷达到一定的强度，在无法通过双方的理智进行自我调节或相互协商解决的情况下，某一方或者双方当事人往往诉诸民事调解机构或者人民法院来解决纠纷。当事人诉诸调解纠纷的动机是为了获得物质或精神权益，大体有以下几种，即：获得物质赔偿的动机，获得某种合法权益的动机，争是非、讨说法的动机，挽回名誉损失的动机，掩盖自己错误的动机等。这在上一章已有论述。

三、当事人接受调解的心理机制

如果当事人接受调解人员的调解意见，就会使当事人之间的纠纷得到一定程度的化解。由于当事人接受调解意见的心理机制不同，纠纷化解的程度也有所不同。

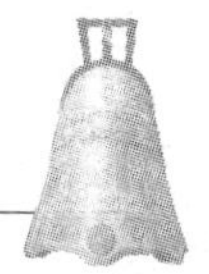

（一）服从机制与纠纷的化解

双方当事人或一方当事人对于调解人员关于纠纷起因和责任的判断虽然不予认同，对于自己的过错和应承担的责任尚缺乏正确认识，对于对方当事人仍怀有对立情绪，但是，由于受到团体（如职业团体、社区团体等）规范、舆论的压力，或自己所信赖的权威人物（如亲人、朋友、上级领导等）的规劝、命令，而违心地被迫服从调解意见，从而对纠纷的化解起到了一定的作用。但是，由于双方当事人或一方当事人的认识、情感尚未从根本上转变过来，所以纠纷的调解成果不巩固，容易出现反复。

（二）认同机制与纠纷的化解

当事人之间情感上的对立虽然尚未完全消除，但对于调解人员关于纠纷起因和责任的判断，以及化解纠纷的处理意见均表示认同，双方在认识上的分歧逐渐减少和消除。在这种情况下，当事人愿意承担民事责任和履行民事义务，不是出于压力下的被迫服从，而是出于理智上的认同。所以，纠纷调解的成果比较巩固，不易出现反复。

（三）内化机制与纠纷的化解

双方当事人，特别是对纠纷负有主要责任的当事人，对于调解人员关于纠纷起因和责任的判断，以及化解纠纷的处理意见不仅认同，而且通过调解人员的耐心工作，促进了双方的互相理解，增强了双方当事人之间的情感，达到了所谓心悦诚服的程度。因此，双方都能自觉自愿地履行角色义务，达到心理相通，人际关系和谐的目的。在这种情况下，不仅调解成果巩固，而且增强了当事人之间的团结，是最为理想的调解结果。例如，全国优秀人民调解员袁汉英在调解谈老汉的赡养纠纷时，与谈老汉的五个儿子多次促膝谈心，讲述谈老汉早年含辛茹苦拉扯他们兄弟五人成长的往事，使其五个儿子不仅认识到赡养老人是应尽的义务，而且增强了他们与父亲的感情，兄弟五人争着把老人接到自己家里去住。① 这里兄弟五人接受调解人员调解的心理机制，就是达到了内化的程度。

第四节 民事调解的心理学方法和策略

民事调解工作是一项通过交往活动，化解人际关系纠纷的艺术。调解人员除了要具备为公众服务的责任感和热情以外，还要善于掌握当事人心理活动的一般规律，根据纠纷的不同性质和内容，以及不同当事人的个性特点和心理状态，选择适当的方法、技巧和策略，才能收到良好的效果。

一、民事调解中的交往活动

民事调解过程是调解人员、当事人及其亲属等围绕着双方当事人的权利与义务纠纷，进行多边交往活动的过程。

（一）民事调解过程中的交往关系

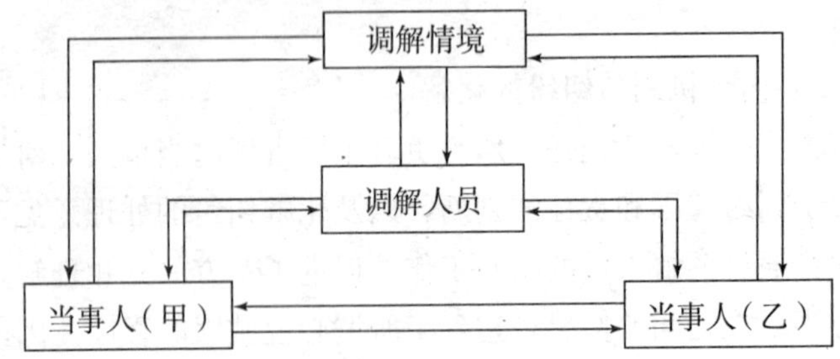

1. 调解人员在交往关系中的地位和作用

调解人员在交往关系中处于主导地位。在交往过程中，不仅直接向双方当事人发出有关纠纷产生的原因、双方责任、解决纠纷意见等调解信息，并根据双方当事人反馈的信息，对自己输出的信息

① 王宇：《“老汉，你走好！”》，载《法制日报》1996 年 10 月 3 日。

进行调整（如强化、增加或者弱化某些信息），而且调控着双方当事人之间、当事人与调解情境之间的交往活动，防止交往中出现恶性刺激及其相互反馈而导致纠纷的激化和升级，引导他们之间的交往形成良性心理互动，促使纠纷的化解。因此，调解人员在交往关系中起着主导作用。

2. 调解情境在交往关系中的作用

调解情境包括调解场所（空间因素）、调解时机（时间因素）和在场人（人际关系因素）等因素。其中在场人与调解人员和当事人交往中形成的人际关系氛围，对调解有着重要影响。调解过程中的在场人，一般主要是双方当事人的亲属、当事人所在团体的负责人、当地有威望的长者等。在调解过程中，在场人是否支持调解人员的调解意见，是否能公正地对待双方当事人，对调解活动直接产生积极或消极的影响。

3. 当事人在交往关系中的地位

在调解活动过程中，当事人既是接受调解人员和在场人进行调解的客体，也是积极进行交往活动的主体。当事人不仅对调解人员和在场人的调解信息进行反馈，与调解人员和在场人进行直接交往，同时在调解人员的调控下，当事人相互之间也进行直接交往。当事人对于解决纠纷是否抱着诚意和积极态度，对于调解中各方的交往活动能否顺利进行，具有重要意义。

（二）民事调解过程中的心理互动

民事调解过程，是调解人员、在场人和当事人通过直接交往进行的多边的心理活动过程。在多边心理交往过程中，形成连锁性的心理反馈。如调解人员发出对纠纷处理意见的调解信息后，会引起双方当事人及其在场人的心理反馈；一方当事人拒绝或接受调解人员的调解意见，也会引起对方当事人及其在场人和调解人员的心理反馈。交往过程中的心理反馈形成调解过程中的多边心理互动关系。

在调解过程中，心理互动的性质取决于调解人员的心理素质、调解纠纷的方法和策略，以及在场人、当事人参加调解活动的诚意。如果调解意见公正，方法、策略得当，当事人对调解抱积极态度，在场人也以公正的态度积极协助调解工作，就会形成调解中的良性心理互动关系，有利于双方当事人心理纠纷的化解。而如果调解意见有所偏颇，或者调解工作的方法、策略失当，或者当事人缺乏诚意，或者在场人各自偏袒一方，就会导致各方交往中的消极心理反馈，形成调解中的恶性心理互动关系。这种情况就不利于双方当事人心理纠纷的化解，甚至可能使心理纠纷进一步激化和升级。

调解人员在进行正式调解前，做好当事人和在场人的心理疏导工作，并在调解过程中注意调控当事人之间、当事人与在场人之间的交往活动，努力避免由于交往中的消极心理的相互反馈而产生恶性心理互动，对于化解纠纷的成功，是至关重要的。

二、民事调解的心理学方法

民事调解的心理学方法，是指民事调解人员根据当事人的心理活动规律，施加积极的心理影响，化解双方心理纠纷的有效途径、方式和技巧。

（一）影响当事人认识的方法

当事人的某些错误认识以及当事人之间的认识分歧，是产生纠纷心理的原因之一。因此，化解矛盾和纠纷，首先应从影响当事人的认识开始。其主要方法有以下几种。

1. 直陈法

直陈法就是在调解纠纷时，调解人员以直截了当的方式说明调解意见，对当事人施加积极的心理影响。直陈方法的运用，主要针对双方当事人对纠纷的不同认识，根据有关法律和道德规范以及当地的风俗习惯等，调解人员直接而明确地阐明自己对纠纷起因和双方责任的看法，以及对纠纷的调解意见。在调解一些比较简单，双

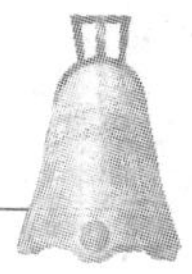

方的是非、责任又比较明显的纠纷时，常采用这种方法。如在买卖关系中由于缺斤少两所引起的纠纷，在服务行业中由于服务态度不好所引起的纠纷，在邻里关系中由于生活琐事所引起的纠纷等，在调解这些纠纷时，一般可采用直陈法。

直陈法的运用，要注意双方当事人的接受、理解能力，以及调解时的情境因素。如在调解公共生活中的纠纷时，如果当时围观的人较多，要注意当事人的心理状态，特别是情绪状态。如果双方或一方当事人情绪过于冲动，首先要设法使其恢复理智。同时，表达调解意见要明确，但表达方式要缓和，给对纠纷负责的一方当事人留一定的“面子”，以免由于其在众目睽睽之下尴尬，因而与调解人员“顶牛”或“迁怒”于调解人员的现象发生。

2. 暗示法

暗示是在交往双方无对抗的条件下，通过含蓄、间接的方法，对他人施加影响的过程。民事调解人员在调解纠纷时，根据纠纷的内容、性质、双方当事人的个性特点和心理状态，采用暗示的方法，对当事人施加积极的心理影响，从而使双方的纠纷得到化解。

(1) 直接暗示。在调解工作中，调解人员对当事人直接发出语言或行为的暗示，施加积极的心理影响，使其改变错误认识而接受调解意见。如有的当事人对于合理、公正的调解意见拒不接受，调解人员通过讲述与其相类似的民事纠纷的调解处理情况，以及人民法院对此类纠纷的判决情况，以此向其发出暗示：这样的调解处理是公平的，如果不接受调解，告到人民法院也是这样处理。

(2) 间接暗示。在调解工作中，调解人员向当事人发出比较含蓄、不显露调解动机的信息刺激，让当事人自己去领会调解人员的意图，从而使纠纷得到化解。如某调解人员在调解一起夫妻感情纠纷时，了解到夫妻双方感情尚好，主要是岳母对女婿不去看望她有意见而从中作梗，致使妻子住在娘家不归。在这种情况下，如果调解人员把真相点明，不仅不利于化解纠纷，还会加深女婿与岳母的矛盾。于是调解人员就采用暗示的方法对男方当事人说："你对岳母关心吗？常去看望她老人家吗？"男方当事人很快领悟了调解人员的暗示，改变了过去对待岳母的不周之处，使夫妻关系很快和好。

（3）反暗示。在调解工作中，调解人员有时故意采用"正话反说"的反暗示方法，对当事人施加积极的心理影响。比如，有的调解人员对某些讲歪理、拒不接受正确调解意见的当事人说："你的水平太高，懂得的道理很多，我的水平低，说服不了你，你还是到法院去找法官解决吧。"这时当事人如果意识到调解人员的意思，就可能因害怕到法院败诉而接受调解意见。

暗示方法能否达到对当事人施加积极心理影响的效果，与调解人员自身威望的高低、当事人的心理状态和个性特点密切相关。如果调解人员的威望很高，得到当事人的信任，就可能接受当事人的暗示。同时，还要看调解人员发出的暗示内容是否与当事人的心理状态相吻合。如果相吻合，暗示则容易发生作用。如果当事人属于老于世故、独立性强的性格特点的人，不易接受他人的暗示，则不宜采用暗示的方法。

3. 迂回法

"以迂为直"是"孙子兵法"提出的一种战术，在军事上采用这种战术常常可以出奇制胜。在进行民事调解工作中，有时会遇到这样一种人：心理防御机制特别强，或者特别固执，对于调解人员的调解信息"紧闭心扉"，或由于归因逆反，予以抵制。对于这种人应避开其防御中心，采用迂回的方法，在其未设防的情况下，使调解信息进入其头脑，为其所认可。比如，让当事人阅读与调解内容有关的资料、书籍，开阔其思路；或者通过旁人的议论，通过某些与当事人关系密切的人传递信息等方式，对其施加影响。有这样一起调解实例：在一起邻里间因生活小事引起的斗殴纠纷中，应负主要责任的一方当事人拒不赔礼道歉和赔偿医药费，而另一方当事

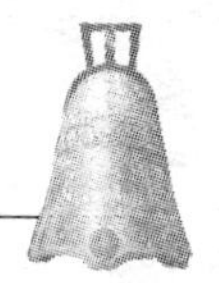

人则扬言要进行报复，使调解陷入僵局。后来调解人员让一个与其关系较好的邻居有意传递这样一个信息：如果不接受调解，调解委员会就结束调解，支持对方当事人向人民法院起诉解决。负有责任的一方当事人自知理亏，如果打官司当被告输了理，不仅要赔偿医疗费，还要承担诉讼费，还不如趁早接受调解委员会的调解。于是便主动接受了调解委员会的调解意见。

4. 对比法

在进行民事调解时，要改变当事人的某些错误认识，有时为其提供一定的参照物，采用对比的方法，也能收到较好的效果。比如在调解赡养纠纷时，选择那些伦理道德高尚、赡养父母好的典型事例，与不尽赡养义务的人进行对比，教育当事人；或者是讲述其父母在极端困难的情况下如何含辛茹苦地抚养子女，与不尽孝道的人的错误行为相对比，教育当事人，往往都能收到较好的效果。

5. 角色换位法

俗话说，不当家不知柴米贵，不养儿不知父母恩。这就是说，只有在一个人扮演了某种角色以后，才能真正体验到作为该种角色的认识与情感。在进行民事调解，转变当事人的错误认识时，将双方当事人在现实中所扮演的角色在假想中位置转换，使当事人处在对方的角色地位来认识问题，叫做角色换位。例如，在调解赡养纠纷时，采用子女与父母的角色换位，转变不尽孝道的当事人的认识；在调解婆媳纠纷时，采用婆母与媳妇的角色换位，使各人站在对方的角色地位想问题，就比较容易做到相互理解和认同。

（二）调节当事人情绪的方法

当事人之间的纠纷不能化解，除了认识上的分歧以外，情绪的对立也是一个重要因素。因此，调节当事人的情绪，消除其对立状态，也是一个重要方法。

1. 宣泄法

“宣泄”（catharsis）一词来自希腊文，其含义是净化、清洗，意思是通过精神疏泄，使心理净化。宣泄法是早期精神分析学派心理治疗中的重要方法，即通过病人发泄，使被压抑的情绪得到充分释放，从而使病人的心灵得到净化和解脱。国外的“出气公司”和“宣泄中心”运用的就是这一理论。在民事调解工作中，也可以适当借鉴这一理论。有些民事纠纷，一方当事人受到对方当事人在精神上或其他权益方面的侵犯，内心十分不满，深感痛苦和愤怒。在这种情况下，如果当事人的消极情绪得不到宣泄和释放，将影响其接受调解人员调解信息的输入。所以，调解人员在进行民事调解时，可采用情绪宣泄法，使当事人在适当场合讲出心中的愤懑，使其消极情绪得到宣泄和释放，然后再进行心理疏导和调解具体的纠纷问题。

（1）当事人向调解人员的宣泄。调解人员耐心地倾听当事人倾诉自己所受到的委屈，以及内心的痛苦和不满，然后给予同情和安慰。在当事人的消极情绪得到宣泄的基础上，再进一步做心理疏导工作。

（2）当事人之间的宣泄。在做好双方当事人工作的基础上，双方当事人在调解人员的主持下，由权益受到侵害一方的当事人直接向对方当事人宣泄自己的情绪。如列举对方的过错，自己所受到的委屈和痛苦等，使其对对方当事人的不满情绪得到释放。调解人员表示同情并给予安慰，同时指出对方当事人的过错。对方当事人如能当面承认错误并赔礼道歉，纠纷的具体问题就容易得到解决。

在调解家庭内部的一般纠纷中，如夫妻感情尚未破裂的情况下产生的纠纷，婆媳之间因家庭琐事所产生的纠纷等，采用这种方法比较容易奏效。在采用宣泄法时，调解人员要注意调控当事人情绪宣泄的适度性，适度的宣泄使当事人被压抑的消极情绪得到释放，有利于当事人的心理平衡。运用这一方法，要事先告诫宣泄者主要谈自己的苦闷和感受，不要出语伤人，以免因宣泄同对方发生争执。因为不加任何节制地过度宣泄，会导致对对方当事人的恶性刺

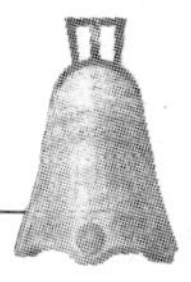

激，由“有理”转化为“无理”，并引起对方当事人对恶性刺激的消极反馈。这不仅不利于纠纷的化解，还可能使双方当事人原有的矛盾和纠纷进一步激化、升级。同时，要做好双方当事人的心理疏导工作，要使对方当事人做好倾听、接受对方当事人情绪宣泄的心理准备，并给予良性的心理反馈。这样才有利于促进当事人之间的良性心理互动，从而有利于矛盾、纠纷的化解。

2. 冷却法

当事人之间发生矛盾、纠纷时，双方往往都处于不理智状态，情绪冲动，认知狭窄，调解信息不易输入。因此，在调解工作中，首先要设法使对方冲动的情绪平稳下来，恢复理智。一般采取将双方当事人暂时隔离的办法，避免其在情绪冲动的情况下，出现相互指责或揭短、谩骂等恶性刺激的互相反馈，促使双方的消极情绪强化，导致矛盾、纠纷的升级和复杂化。隔离后，调解人员再分别做双方当事人的工作，使其冲动的情绪平稳。待双方恢复理智以后，再进一步做调解工作。

3. 感化法

民事调解工作中的感化法，是指调解人员运用自己的真情实感，对当事人施加积极的心理影响，或是引导当事人之间情感的相互沟通，从而使矛盾、纠纷得到化解。在人的心理结构中，情感与认识是相互联系、相互制约的，俗话说通情才能达理。当事人之间情绪障碍消除，能促使人恢复理智，有利于调解信息的输入。

4. 震慑法

震慑法是利用当事人的趋利避害心理，“明之以害”，唤醒恐惧，使其心理受到震慑，从而使某些当事人履行其角色义务或停止侵权行为。如在调解一起由于第三者插足而造成的夫妻纠纷中，经多次调解，第三者仍不停止插足行为。社区调解人员佯作无可奈何地说：“如果你再这样下去，我们就只好将你的问题反映到你单位去解决了。”当事人由于害怕单位的领导、同事知道自己插足别人的家庭，会受舆论的谴责，以及名誉和职务晋升受到损失，被迫停止了插足行为。

在运用震慑法时应注意以下问题。

（1）对当事人所提示的对其产生不利后果的现实可能性。如果所提示的不利后果是虚构的，或者夸大其词，就不具有震慑性。在这种情况下，当事人不仅不会受到震慑，还会产生归因逆反，认为你无计可施，只会“吓唬人”。而且可能对调解人员产生信度逆反，使后继的心理震慑失去效用。

（2）对当事人震慑的有效性。对当事人予以震慑，使其产生恐惧心理，并不在于后果本身的严重性，而在于这种后果对于当事人固有的心理敏感性和对其自身利益的重要性。比如，一名公务员因与他人有不正当男女关系引起纠纷，如果将此事告诉其所在单位，对其名声和前途将产生很大影响，因而对其就有较大的震慑效用。而对于一个生活作风一贯放荡的无业游民，将此类事情曝光，震慑效用则不大。

（3）为当事人指出避免不利后果的出路。震慑法的目的是使当事人感到，如果不接受调解人员的劝告，一意孤行，将导致“苦海无边”，而如果接受劝告，则“回头是岸”。通过震慑达到使当事人听从调解人员的劝告，避免不良后果发生的目的。

（三）激励、引导当事人行为的方法

在民事调解中，通过对当事人行为的激励和引导，使其产生对方当事人所要求和期待的行为，满足对方当事人的某些需要和某些权益的实现，从而使当事人之间的矛盾、纠纷得到化解。

1. 榜样的激励和引导

在人际关系中，对榜样的认同是一种激励力量。在调解工作中，调解人员在对某些不履行角色义务的当事人进行教育时，应向其提供有关角色的良好榜样作为示范，激励、引导其向榜样学习，履行角色义务。如在调解赡养纠纷时，向不履行角色义务的当事人

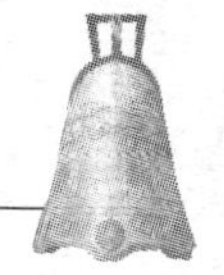

讲述当地某些因孝敬老人受到群众普遍赞扬的事例，引导当事人向榜样学习，如果孝敬自己的父母，也同样会受到群众的尊重和赞美。在调解夫妻纠纷时，激励、引导当事人以模范夫妻为榜样，各自克服自己的缺点，互谅互让，创造幸福、和睦的家庭生活。

2. 期望的激励和引导

在人际关系中，角色间的期望也是一种激励力量。调解人员在进行民事调解时，也常常以角色的期望来引导当事人的行为。

（1）调解人员权威人格的期望所产生的激励和引导。那些在当事人心目中有威望的调解人员，对当事人履行某些角色行为的期望，对当事人的行为具有激励和引导作用。如在调解某些家庭纠纷时，除了批评有过错的当事人以外，调解人员也常常满怀深情地说：我相信你一定能够克服缺点，成为一个好儿子（或好丈夫、好父亲……）。调解人员的信任与期望，与当事人对调解人员的尊重与信任，形成良性的心理互动关系，对当事人产生鼓舞和激励力量，促使其产生调解人员所期望的行为。因为当事人认为，如果自己没有做出调解人员所期望的行为，就辜负了调解人员的信任，对不起调解人员。

（2）当事人之间的期望所产生的激励和引导。在调解工作中，当事人之间的对立情绪消除、纠纷有所缓解以后，当事人之间的相互期望也是一种激励力量，促使双方当事人按照对方的角色期望规范自己的行为，满足对方的角色期望，以形成良好的人际关系。如在邻里纠纷中，经调解达成某些协议以后，双方往往这样说：远亲不如近邻，过去的事就过去了，今后我们还是好邻居，我们还要互相帮助。当事人之间对今后相处关系的相互期望，对于今后双方的友好相处行为的发生具有激励和引导作用。

3. 标定激励和引导

在社会交往中，每个人都往往被标定为各种各样的人，即被贴上某种标签（labeling），个体往往受标定效应的影响来整饬自己的行为，以符合社会的标定。调解人员在进行民事调解时，也往往运用标定效应来激励和引导当事人的行为。比如在调解夫妻纠纷时，对有过错的当事人说：你本来是一位好丈夫（或好妻子），只是一时糊涂，做了错事，只要把这点儿错误改了，今后会成为更好的丈夫（或妻子）。调解人员给当事人扮演的角色所贴上的好标签，会激励、引导当事人表现出符合角色规范的良好行为。

三、民事调解的心理学技巧

民事调解的心理学技巧，是指调解人员在调解活动中，向当事人传递调解信息、施加积极心理影响的某些技术性手段。

（一）调解的语言技巧的运用

语言是调解人员调解民事纠纷的主要手段。在调解人员与当事人的交往中，语言交往传递着准确的调解信息。因此，语言的运用技巧在交往中起着重要的作用。

1. 调解语言的一般要求

民事调解的实践表明，民事调解的对象即当事人，绝大部分是普通百姓，而纠纷的内容主要是在日常生活和社会交往中引起的人际关系矛盾。根据调解对象和纠纷内容的特点，调解语言要适合当事人的接受、理解能力和心理特点。

（1）大众化。使用大众化、通俗化的用语，避免使用脱离老百姓生活实际和心理水平的理论化的、空洞的、华而不实的书面用语。

（2）明朗化。语言应避免冗长、烦琐，力求简短、明确、流畅，使当事人一听就懂，避免产生误解。

（3）通俗化。恰当运用比喻和民间俗语、谚语、俚语，说明对某些问题的看法，使当事人容易理解和内化调解人员所讲的道理。

2. 各类调解语言技巧的运用

在调解人员与当事人的交往中，语言技巧对于交往活动的顺利

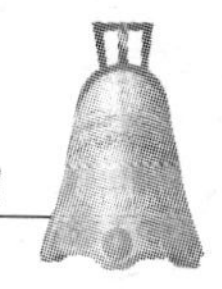

进行具有重要意义。

（1）明确语言的运用。在直陈方法的运用中，应使用明确的语言，对双方当事人的是非、责任表达明确的调解意见。

（2）含蓄语言的运用。当某些调解信息不宜明确表达时，或为了照顾当事人的自尊和面子，宜采用含蓄用语。在采用暗示方法调解纠纷时，一般都使用含蓄用语。

（3）幽默性语言的运用。在调解活动中，有时为了打破某些僵持的局面，活跃调解现场的气氛，缓和当事人之间的心理冲突，可以适当使用一些幽默性的用语。比如在调解一起夫妻感情纠纷时，男方是工人，女方是农民，因家庭琐事引起了矛盾。经调解，当双方当事人有了和好的愿望以后，调解人员说："国家不是提倡工农联盟吗，你俩一个是工人，一个是农民，今后也要搞好工农联盟啊！"当事人和在场人都被调解人员巧妙的幽默语言逗笑了，使现场的气氛立即变得轻松了许多。

（4）震慑性语言的运用。对于那些有错不认、拒不履行民事义务的当事人，有时要使用一些比较严厉的、具有震慑性的用语，给予一定的心理压力，以唤起其恐惧心理，使其在趋利避害心理的支配下履行民事义务。

（5）期待、鼓励性语言的运用。对某些有一定错误并表示后悔、自责的当事人，运用语重心长的期待性语言予以安慰、鼓励，表示期待其改正错误，与对方当事人主动化解矛盾，重归于好，往往收到较好的效果。

为了强化不同语言运用的技巧效果，在语言表达过程中，使用不同的音高、语速、节奏、语调这些"副语言"，不仅能辅助语言交往，有助于传递交往的内容，同时在表达感情方面还有可能超过语言本身的内容。所以在语言运用的技巧中，"副语言"的运用也是不可忽视的。在运用明确性、含蓄性、幽默性、震慑性及期待、鼓励性语言中，所使用的音高、语速、节奏和语调起到了强化运用这些技巧效果的作用。

（二）调解的非语言技巧的运用

在调解人员与当事人的交往中，除了语言技巧的运用外，伴随着语言沟通时的目光、面部表情、身体动作等非语言技巧的运用。有的心理学家甚至认为：表达一项信息的情绪效果＝7％词语＋38％声音＋55％面部表情。在运用各种语言技巧对当事人进行调解时，伴随着调解人员的不同目光、面部表情和身体动作，可以强化交流信息的内容，表达调解人员的情感，有助于对当事人施加积极的心理影响。比如在运用期待、鼓励性语言时，调解人员以语重心长的语调、期待的目光与和蔼的面部表情来表达，当事人就容易受到感化而接受调解人员的规劝，努力表现出调解人员所期待的行为。

在调解工作中语言和非语言技巧的运用不仅仅是个技术性问题，更重要的是调解人员自身内在情感的表现。调解人员只有具有为公众服务的责任感和热情，才能使这些技巧的运用自然而不是做作，才能发挥对当事人施加积极心理影响的作用。而如果调解人员缺乏责任感和服务热情，靠单纯玩弄技巧，不仅起不到对当事人施加积极心理影响的作用，相反还会引起当事人的反感，不利于心理纠纷的化解。

（三）调解的权威效应的运用

古人说“人微言轻，人贵言重”，说的是具有权威性的人所说的话可信度高，别人容易认同。因此，为了做好调解工作，调解人员一方面应加强自身的修养，提高自身的素质，以树立自身在当事人心目中的权威性。同时，还应邀请与当事人关系密切，而且在当事人心目中有权威的、当地德高望重的长者或者社会团体的负责人参加调解工作，因为这些人对当事人的认识、情感、行为具有较大的影响力。调解人员事先与这些“权威人士”沟通调解意见，让这些人协助调解，利用这些“权威人士”的影响力，对当事人进行疏

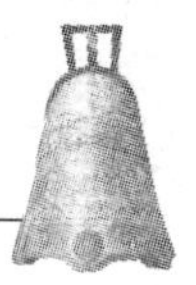

导、规劝、说服、批评、感化、震慑等，往往可以收到事半功倍的效果。

（四）调解的“自己人效应”的运用

所谓“自己人效应”，是指在交往中，人们对“自己人”（自己的亲属、朋友或与自己的观点、立场等方面相似的人）所传递的信息容易认同。有这样一句古老的格言：“假如你要别人同意你的原则，就先要使他相信，你是他的忠实朋友即‘自己人’。”比如，在农村发生的婚姻纠纷中，女方因与男方发生矛盾回娘家久住不归的事情是经常发生的。在调解这类纠纷时，除了对双方当事人进行心理疏导外，调解人员往往还要与双方的家长沟通调解意见，请双方家长参加调解。由男方的家长（男方的“自己人”）对男方提出批评，男方容易认错并作出某些承诺；由女方的家长（女方的“自己人”）对女方进行劝解，女方容易接受。这样，利用双方对“自己人”的认同效应，纠纷就很容易得到化解。

（五）调解的情境效应的运用

当事人的纠纷心理的发展变化不是在封闭的条件下进行的，总是在一定的时间、空间条件下，在与周围的人交往中进行的。调解人员要运用这一规律，选择一定的适合调解的情境，即一定的物理、心理环境，创造一定的使当事人之间，以及当事人与在场人、当事人与调解人员之间沟通良好的人际关系氛围，使调解中的交往活动形成良性的心理互动。

1. 调解场合的选择

在调解纠纷时，调解人员对调解场合要有一定的选择，应选择有利于双方当事人进行交流的地点。如在调解农村中的赡养纠纷或其他家庭内部纠纷时，一般选择在当事人家里进行，而不宜到调解委员会办公室去调解，以防止当事人产生“家丑外扬”的顾虑。调解公共生活中的纠纷，如邻里之间的纠纷，只能选择在调解委员会办公室进行，而不能选择在一方当事人家里进行，以免产生一方当事人到另一方当事人家里而感到尴尬的局面。

2. 调解时机的选择

调解人员在将双方当事人召集到一起进行调解时，应选择适当的时机。如果在双方当事人认识上的分歧很大、对立情绪尚未消除的情况下，进行直接交往，不仅不易使纠纷得到解决，还可能由于面对面的唇枪舌剑导致纠纷的激化和升级。因此，必须事先做好双方当事人的思想工作，选择双方当事人情绪较稳定，理智有所恢复的时机进行调解。双方当事人在调解人员的调控下，进行有理智的交往活动，容易形成良性的心理互动，有利于纠纷的化解。

四、民事调解的心理学策略

在进行民事调解工作中，根据当事人的不同气质、性格等个性特点和纠纷的性质、内容，调解人员将调解的原则和各种方法、技巧有机地融合在一起，就形成特定的心理学策略。

（一）针对典型的胆汁质气质和外向、情绪型性格当事人的调解策略

具有典型的胆汁质气质和情绪型性格特点的当事人，在与他人交往发生纠纷时，往往情绪冲动，甚至一时丧失理智，行为被其消极情绪所左右。这一类当事人心理活动外露，比较容易掌握其诉诸调解的动机和目的。在对这一类当事人进行调解时，应先采用情绪的冷却法、感化法等，使其冲动的情绪稳定下来，将其消极的情绪调整到正常状态，待其恢复理智后，再对纠纷的是非和责任等进行调解。在对纠纷的是非和责任的调解中，采用直陈法效果较好，因为这一类人说话、办事喜欢直来直去、干脆、果断。在调解人员对纠纷的是非、责任、双方的权利与义务等作出评判的基础上，针对当事人诉诸调解的动机与目的，对其合理的要求应予以支持，对于不合理的要求或错误也要明确指出。

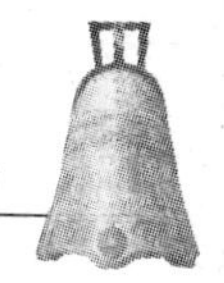

（二）针对典型的黏液质气质和内向、理智型性格当事人的调解策略

具有典型的黏液质气质和内向、理智型性格特点的当事人，心理活动比较隐蔽，而且一般比较固执，已经形成的某些认识不易改变。对这一类当事人的调解工作，一般采用震慑、迂回、对比、角色换位、邀请“权威人士”参加等多种方法，反复调解，才能改变其某些错误的认识，达到调解的目的。

（三）针对典型的多血质气质和外向型性格当事人的调解策略

具有典型的多血质气质和外向型性格特点的当事人，往往能言善辩，或编造谎言，或得理不让人，无理搅三分。对这类当事人的调解工作，一般采用直陈法或震慑法，明确、果断地指出双方当事人发生纠纷的是非和责任，不给其编造谎言和发挥其能言善辩的机会，或者采用震慑法，利用其趋利避害心理，晓之以利害，唤醒恐惧，使其心理受到震慑，从而接受调解人员的调解意见。

（四）针对典型的抑郁质气质和内向型性格当事人的调解策略

具有典型的抑郁质气质和内向型性格特点的当事人，一般心胸比较狭窄，敏感、多疑，对于纠纷的刺激所造成的痛苦感受深刻、持久。对这一类当事人的调解工作，可采用感化、宣泄、对比、角色换位等多种方法进行。

需要指出的是，当事人的气质、性格并非都是典型的，人的气质、性格特点具有多侧面性，是很复杂的。同时，民事纠纷的性质、内容，双方当事人的是非、责任等，也是千差万别的，很难用某一种模式解决哪一类人的纠纷。需要根据当事人的个性特点、纠纷的内容和性质以及当时的情境因素等，灵活地将多种策略、方法综合加以运用。

思考题

1. 什么是民事调解?
2. 民事调解人员应具备哪些心理素质?
3. 当事人的不良性格因素与纠纷心理的形成有何关系?
4. 在民事调解中可以应用哪些心理学方法?
5. 民事调解中的调解语言技巧有哪些?

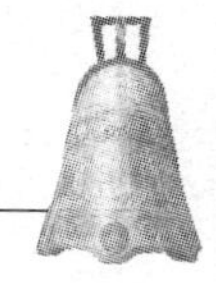

第十七章　民事诉讼当事人心理①

在民事诉讼过程中，当事人（原告和被告及其他关系人）是诉讼的主体。双方当事人之间的纠纷和恩怨成为诉讼的起点，随着审判的进行及纠纷的化解或裁决，诉讼也随之终结。因此，当事人的心理特点和活动规律如何，对民事诉讼必然产生重要影响。

第一节　民事诉讼当事人的概念与类型

一、民事诉讼当事人的概念

一般认为，民事诉讼当事人就是民事案件的原被告。其实，在民事案件中，除了提起诉讼的原告和被告之外，往往还存在着与民事权利有关系的其他人，如果将原被告以外的其他人排除在当事人之外，其他人的诉讼权利就难以得到有效的保障，人民法院也不便于作出正确的判断与裁决。因此，在民事诉讼中，当事人是指因民事权利义务关系发生纠纷，以自己的名义进行诉讼，案件审理结果与其有法律上的利害关系并受人民法院裁判拘束的人。具体来说，民事诉讼当事人应符合下列条件：（1）当事人必须是因民事权利义务关系与他人发生纠纷的人；（2）当事人以自己的名义进行诉讼；（3）当事人与案件处理结果有直接的或法律上的利害关系；（4）当事人必须受人民法院裁判的拘束。

① 本章是根据王现国的原稿改写的。参见何为民主编：《民事司法心理学理论与实践》，群众出版社 2002 年版，第 91～124 页。

但是，民事诉讼当事人并非一种类型。因此，仍应对其作进一步划分，以明确他们在诉讼中的地位。

二、民事诉讼当事人的类型

（一）原告

原告是认为自己的民事权益或受其管理支配的民事权益受到侵害，或者与他人发生争议，为维护其合法权益而向人民法院提起诉讼，引起诉讼程序发生的人。

从实体意义上看，原告应符合以下条件。

（1）原告的诉讼动机应是为了维护本人的合法利益。如果某甲认为自己的合法利益受到损害，但他本人并未提起诉讼，而某甲的朋友某乙为“打抱不平”，为维护甲的利益以乙的名义向法院起诉，而他本人并不存在利益关系，那就不是为了维护本人的合法利益。人民法院不应承认某乙的原告地位。

（2）原告认为本人或受其管理的民事利益受到侵犯或与他人发生纠纷。原告提起诉讼的动机是基于他的认识，原告的认识也可能与实际情况有出入或不正确。但在审判前，尚不能对他的权益是否受到侵犯作出准确判断。如果以原告认识偏差为由不予立案，那就等于在人民法院审理案件之前就作出了是与非的判断。所以，只要原告基于其认识与意愿提起诉讼，并能提供相应的证据，人民法院就应承认其原告地位。

如果不符合上列条件，法院应与起诉人协商，更换原告，或不受理案件，即使受理后，也要驳回起诉。

（二）被告

被告是被诉侵犯原告民事权益或与原告发生权益争议，被人民法院传唤应诉的人。人民法院是根据原告人的起诉，来判断和确定应传唤哪一个人应诉，即确定被告。

一般来说，被诉人无法选择是否作被告。如果某人自己认为侵

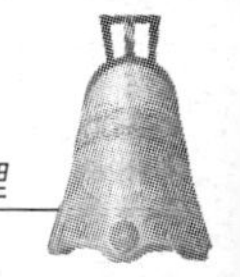

犯了他人的民事权益，而被侵权人并不起诉，某人就进入不到诉讼程序中来，即不可能成为被告。如果原告选择某人为被告，或某人被人民法院确定为被告，即使他不应诉，被诉人也将处于被告的地位，被人民法院强制传唤或接受缺席审判的结果。

但是，如果被告认为法院所列被告有误，例如将见证人列为被告，可向法院请求更换被告。

（三）有独立请求权的第三人

一般情况下，一个民事案件有原被告双方，但如果双方争议牵涉到第三方的利益，将第三方排除在诉讼之外是不合适的。所谓有独立请求权的第三人，是指对原被告之间争议的诉讼标的，认为有不依附于原告或被告任何一方的独立的权利，而请求参加到原被告已经开始的诉讼中进行诉讼的人。例如：

> 甲、乙、丙、丁为兄妹，其父母去世时留有房屋三间，甲未经他人同意，将房屋卖与戊。住在外地的乙知道后，以甲为被告向法院起诉，要求分割遗产。法院立案后，通知丙、丁参加诉讼。丁在接通知后，称有父母遗嘱，房产应归其一人所有。戊害怕房产判归他人，也要求参加诉讼。

在上述案件中，丁认为房产所有权依遗嘱应归自己，他对原被告争议的权益有不依附于原告或被告任何一方的独立的权利（请求权）。他在诉讼中的地位就是有独立请求权的第三人。在诉讼中，有独立请求权的第三人的地位相当于原告。因为他实际上是以原告和被告为被告的。但可以肯定的是，有独立请求权的第三人没有主动起诉，这是其与原告的主要区别。

（四）无独立请求权的第三人

无独立请求权的第三人，指对原告与被告双方争议的诉讼标的没有独立的请求权，但案件的处理结果可能与其有法律上的利害关系，为维护自己合法利益而参加到原告、被告已经开始的诉讼中进行诉讼的人。

上述案例中的戊并未与他人直接发生纠纷，乙也未将其列为被告，但如果房产最终被判归非甲所有，戊取得房产的合法根据也就没有了。因此，他自然要关心诉讼结果。但是，他在一个继承权纠纷案件中并非继承人，自然不可能是原告或被告，又不能像丁那样提出独立的权利要求（因为他的权利依附于甲），所以，他的地位就是无独立请求权的第三人。无独立请求权的第三人也可主动请求参加到诉讼中来。在这种情况下，他的动机是维护自己的合法权益。人民法院为了便于查明案件事实，避免作出相互矛盾的裁判，也可能通知无独立请求权的第三人参加诉讼。

（五）必要的共同诉讼人

当事人一方或双方为两人以上，因诉讼标的是共同的而必须进行共同诉讼的人，是必要的共同诉讼人。共同诉讼人指的是共同原告和共同被告。在必要的共同诉讼中，诉讼标的必须是共同的，或者这些共同诉讼人有共同的诉讼权利与义务，或者案件是基于同一事实或同一法律原因。

在上述案例中，乙作为原告起诉。但实际上，丙也是继承人之一，对乙的权益的侵犯也是对他的权益的侵犯，丙参加到诉讼中，也应处于原告的地位，与乙有相同的诉讼权利与义务。如果他们共同起诉，就成为共同诉讼人。但是，有时应作为共同原告的人没有起诉，人民法院就要通知其作为共同原告参加诉讼，除非其放弃权利。

必要的共同诉讼人作为一方当事人，有着共同的诉讼动机，那就是维护自己的合法权益。但是，他们相互之间也可能存在冲突。如作为要求享受权利一方的各共同诉讼人，有可能排斥他人的权利要求；作为被要求承担义务的一方各共同诉讼人，有可能相互推诿自己应承担的义务。因此，所谓共同诉讼人，只是对对方当事人而言，其内部仍可有冲突，也可能其中一人的诉讼行为不能得到他人的承认。

（六）普通的共同诉讼人

普通的共同诉讼人是指当事人一方或双方为两人以上，诉讼标

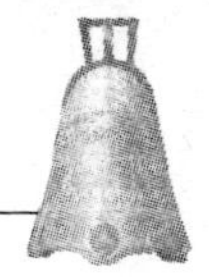

的为同一种类，人民法院认为可以合并审理并经当事人同意而一同在人民法院起诉或在人民法院应诉的当事人。

普通的共同诉讼与必要的共同诉讼的区别，主要在于前者的诉讼标的仅仅是同一种类而非利益相关的同一案件。如张某、王某、李某分别租住了赵某的房屋，三人均因房屋质量起诉赵某。在这种情况下，实际上是三个不同的诉讼。因此，要共同在法院进行诉讼，还应当经法院认为可以合并审理，且要各共同诉讼人同意合并审理。人民法院之所以将多个案件合并审理，是为了简化诉讼程序，避免作出相互矛盾的判断。

（七）诉讼代表人

1992年2月，湖北省石首市滑家当镇505户农民从滑家当镇供种站分别购买了稻种。后出现抽穗不齐和早熟减产。505户农民以供种站为被告，提出了损害赔偿诉讼。如果这505户原告均出庭参加诉讼，会给案件审理造成诸多不便。为此，他们推出了席春林等三人为代表进行诉讼。①

诉讼代表人是在当事人人数众多的时候，为便于诉讼，推举出来代表众人进行诉讼的一人或数人。如前述村民诉滑家当镇供种站案的席春林等三人。

第二节　原告诉讼心理

一、提起诉讼

起诉是指当事人依法向人民法院提出诉讼请求的诉讼行为。人民法院受理案件后，起诉人被称为原告。原告的目的是希望人民法

① 《席春林等村民诉滑家当镇供种站购销种子损害赔偿纠纷案》，载《最高人民法院公报》1993年第1期。

院运用国家强制力让对方满足自己的请求。起诉是一项能引起一系列法律后果的行为。我国民事诉讼法对起诉提出了一定的条件要求：（1）原告是与案件有利害关系的公民、法人或其他组织；（2）有明确的被告；（3）有具体的诉讼请求；（4）属于人民法院受理民事诉讼的范围和受诉人民法院管辖。

整个诉讼活动是以原告的起诉发动的。起诉是在人的意志支配下进行的，需要一定的内心起因（即动机）发动。因此，有必要考察原告提起诉讼的动机。

二、起诉动机

（一）维护合法的物质利益

民事诉讼的设计原本是为了维护合法的民事权益，是保障实体权益的一种武器。维护合法利益的动机，决定了当事人是否提起诉讼。在提起诉讼前，有协商、调解、仲裁等各种解决纠纷的方式。在这些方式中，如果当事人认为皆不能切实保护其合法利益，就会选择诉讼。在选择了诉讼后，维护物质利益的动机将对以下诉讼环节发生影响。

1. 对被告选择的影响

在对被告人可以作选择的情况下，原告趋向于选择较为符合其诉讼利益的一方作为被告。例如，我国消费者权益保护法第三十五条第二款规定，消费者或者其他当事人在商品缺陷造成人身、财产损害的，可以向销售者要求赔偿，也可以向生产者要求赔偿。这说明在产品质量案件中，受害人可以选择商家或厂家之一作被告。影响当事人选择厂家还是商家的主要因素就是利益。如果选择厂家作被告，原告有可能考虑调查取证的困难和在厂家所在地（异地）进行诉讼的诸多不便，由此可能促使受害人选择商家。如果考虑到厂家赔偿和补偿损失的金额较商家为大，则可能选择厂家。在这里，原告和被告无任何感情上的纠葛，影响其选择被告的就是利益。在有保证人的债权债务纠纷中也是如此。我国担保法第十八条第二款

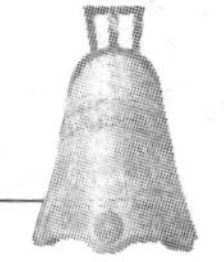

规定，“连带责任保证的债务人在主合同规定的债务履行期届满没有履行债务的，债权人可以要求债务人履行债务，也可以要求保证人在其保证范围内承担保证责任”，从而规定了债权人可以选择债务人或保证人作为承担债务的人。在选择谁为被告时，债权人也是主要考虑哪一方有能力履行人民法院的归还债务的判决，从而选择其中一方为被告。但有时原告认为将保证人和被保证人一并列为被告是最符合利益的做法。

2. 对诉讼请求的影响

诉讼请求是当事人通过人民法院向对方当事人提出的具体权利要求。从心理学上看，诉讼请求属于目的层次，但它和诉讼动机相联系。在起诉状中，诉讼请求专列一项，如“要求被告给付（或赔付）人民币若干元”，“要求被告停止侵害”，“请求法院依法判决原被告离婚”等。诉讼请求不仅限于一项，还可以有若干项。

因保护物质利益的动机，在诉讼请求方面往往是以赔偿损失、要求对方履行某种义务（如对被损坏物品或场所恢复原状）等形式表现出来。

3. 对申述诉讼理由的影响

诉讼理由是当事人向人民法院提起诉讼的根据。动机不同则诉讼请求不同，诉讼理由也不尽相同。例如：

2000年7月5日，河南宜阳某中学，几个学生在河中游泳时，张某体力不支遇险。在抢救张某的过程中，学生金亮溺水死亡。学校给金亮父母见义勇为奖金4 000元，而被救学生张某的父母并未前去慰问。同时金亮的父母听到有传言说“金亮不是因救张某而死”，于是金亮的父母向宜阳县法院起诉，要求张某及其监护人赔偿精神损失费3 000元，丧葬费2 000元。①

① 舒心：《小英雄父母讨回了公道》，载《民主与法制》2000年第11期。

在本案中，如果原告方的诉讼动机仅仅是为了维护物质利益，诉讼请求中可能就不会列精神损失，而列惯常的死亡抚恤金，在诉讼理由中，也不会提到金亮死后张某的父母不到场慰问和社会上的传言。如果兼具物质利益动机和精神抚慰动机，则在诉讼理由中两方面的事实和理由可能都要提到。但是，精神损失的赔偿常常又转化为物质和金钱利益，在诉讼理由和诉讼请求中予以体现。

4. 对受诉法院选择的影响

在以保护物质利益为动机的诉讼中，受诉法院的管辖选择也很重要。按我国民事诉讼法的规定，当事人选择受诉法院既受到限制，又有一定的自由。如果从诉讼方便和排除地方保护主义的影响考虑，原告可能更愿意选择本人住所地法院作为受诉法院。有的原告为了选择符合自己利益的受诉法院，有时甚至用规避法律的方式进行，如虚列被告，将实际要求承担责任的当事人列为第三人等。

（二）维护精神利益

就人们的社会关系而言，在民法中应当包括人身关系和财产关系。财产关系中的利益一般体现为物质利益，而人身关系中的利益一般体现为精神利益。

精神利益在法律上一般体现为人身权利。这种权利是与人不可分离、不可转让的。所以，精神利益发生冲突的原因不可能是因约定不能履行，而只能是侵权。起诉人的精神利益受损不像物质利益（如欠债还钱）那样明显。因此，其诉讼动机一般比较隐蔽。

如前述金亮救人案件中，金亮的救人行为，在民法上属无因管理。其父母起诉，要求精神损害赔偿似无道理。因为无因管理案件中，受益人的责任充其量是偿付无因管理人在管理中支出的费用或受到的损失，承担损失也应按公平责任而非过错责任原则。问题是，金亮父母起诉实际上并非要求对方承担无因管理的责任而是因张某父母的不作为，加上“金亮不是救张某而死”的传言，使金亮的名誉权受到了侵害，金亮的行为价值没有得到应有的社会评价，

反而受到贬损。

在这种情况下，诉讼动机在诉讼理由中表现得并不明显。虽然诉讼请求中要求赔偿精神损失与诉讼理由中的“无因管理”似乎相矛盾，但它将金亮父母提起诉讼的真实动机表现出来。如前所述，民事诉讼法要求起诉人必须是与本案有利害关系的公民、法人和其他组织。“利害关系”从本质上说是一种权利与义务的冲突。但作为精神利益体现的权利与义务关系并不像物质利益中权利与义务冲突那样明显，如金亮案，实际上即使名誉权受损也是金亮本人的名誉权受损，而非其父母的名誉权受损，但我国的司法实践允许死者的亲属因死者名誉权受损起诉。

再如，1996 年我国山东农民刘连仁因二战期间在日本被迫当劳工受害虐待索赔案，在诉讼中提出要求给付赔偿的诉讼请求。从表面上看这是一起侵权赔偿案，但实际上其诉讼动机是批判、谴责日本军国主义的侵略行径。

维护精神利益的诉讼动机对管辖权并无太大影响。因为管辖地的区别一般来说有可能影响到人们的物质利益而不会影响其精神利益，虽然地域有异，但人们的道德观念、价值观念不会有太大的差别。跨国诉讼则不尽然。如中国劳工在日本进行的诉讼久拖不决或多起败诉，中国劳工苏曼殊、叶连财就选择了在美国加州而非日本的法院进行诉讼。

（三）其他动机

人的需要分为物质需要和精神需要，与之相适应，起诉动机也不外是保护物质利益和保护精神利益。从法理上讲，法律除了起到稳定已有的社会秩序的功能外，不应被用作达到其他目的的手段。但是，社会生活的复杂性决定了人们起诉动机的复杂性、多样性。诉讼可能不仅仅是源于保障合法利益的动机，还有可能被用作一种达到某种目的的手段或策略。

1. 名人诉讼——轰动效应

20世纪90年代，我国出现了大量以名人为当事人的诉讼。在这些诉讼中，有的是名人作原告，有的是名人被告上法庭，被列为被告。名人从演艺界逐渐扩展到整个文化界乃至政界和社会各界，从国内扩展到国外。虽然名人侵权或被侵权也属正常，但实际上其中某些诉讼不乏追求轰动效应的动机，即为了取得与名人相联系的晕轮效应①，而从中获取利益。名人起诉经传媒炒作，将更有名；不太有名的人起诉名人，把自己与名人的名字连在一起，有时也会一鸣惊人。

名人诉讼实际上扭曲了国家司法机关的作用。在这里，诉讼不是保障合法权益的武器，而是为实现个人目的，获取不正当利益的工具。尽管如此，无论当事人起诉动机如何，只要符合民事诉讼法第一百零八条的起诉条件，人民法院均应受理。另一方面，我国宪法规定，在法律面前人人平等，无论是否名人，均不影响他们参与诉讼的权利，既不容许鼓励也不允许限制名人诉讼。说到底，对司法机关作用的扭曲是炒作的结果，当人们对名人诉讼习以为常的时候，其轰动效应也将不复存在。

2. 经济纠纷诉讼——一种经营策略

在金融机构作为原告追讨欠款的诉讼中，诉状一般写得都非常简单。列出欠款额，附上借款合同，无须更多的理由，就可以是一份诉状。固然金融机构的合法债权应受到保护，但经营信贷业务，仍难免有呆账、坏账的发生。在这种情况下，诉讼有可能只是一个金融机构销账的手续。因为，对金融机构的侵权，仅靠一纸判决有时很难得到补偿，如果债务人已破产或在执行阶段无力偿还，法院也就无法强制执行，债权仍然实现不了。

---

① 晕轮效应，又叫光环效应，指在交往中，对于某人的一些突出的品质或特征形成了鲜明的印象后，产生泛化作用，从而影响了对他其余品质或特征的知觉，如“一俊遮百丑”“情人眼里出西施”等。

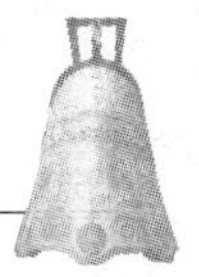

在“三角债”的情况下进行的诉讼也是如此。相关企业连环欠款，很多情况是企业确实无力偿还，债权人希望通过司法机关利用国家强制力解决经济问题。但经济运行自有其规律，当债务人无力偿还时，法院判决也无济于事。还有一些企业因身负巨额债务，为了“起死回生”，希望通过法院宣告“破产”，达到摆脱债务的目的。然后，改头换面重新申请营业执照，继续经营。这也是某些企业利用诉讼达到不合法目的的动机。总之，法律的价值在于保护法律关系和维护社会稳定，并没有能力改变企业经营中存在的问题。在解决债权债务尤其是金融纠纷问题时，常常不能挽回局面，起到“点石成金”“起死回生”的效果。在这种情况下，出现因一些以反常诉讼动机进行的诉讼也就不足为奇了。

3. 打击他人获取利益的动机

诉讼程序是为了公正地保障利益而设计的，自然不应成为当事人获取非法利益的工具。诉讼需要有诉讼成本（包括诉讼费用、时间、精力的投入）。依我国法律，虽然诉讼费用由败诉人承担，但诉讼成本并不完全由败诉人负担，如时间拖延，当事人精力投入，调查取证费用，聘用律师的费用等，仍需要当事人自行负担。因此，诉讼本身就是一种损失（尽管有时是必不可少的）。我国古代就有“一字入公门，九牛拉不回”之说。尽管现代诉讼强调便利群众诉讼，但仍不能避免所有可以预见的弊端。

在不允许私力救济的情况下，耗费诉讼成本就成了某些居心叵测者打击对手的“合法途径”。使对方败诉是给对方的重大打击，但是在达不到这一目的时，以使其消耗诉讼成本为目的，也是一种供选择的退而求其次的诉讼动机。在这种动机支配下，保护合法利益就成了一种借口。为了实现这一目的，有些人可以不择手段地伪造证据，干扰诉讼程序的正常进行。

4. 消除纷争——化解民间纠纷的诉讼动机

民间纠纷的原因是利益冲突，这种冲突可能会因种种原因长期延续下来，困扰双方当事人，影响当事人的正常生产、生活。在这种情况下，也许当事人提起诉讼的动机不在于争取某种利益，而是希冀用一个权威的判决作为化解双方纠纷的标准，如农村的宅基地纠纷（目前已划归行政机关解决）、房产所有权属纠纷等。

一些变更之诉也是如此，如离婚诉讼、解除收养关系诉讼等，尽管各方当事人可能因为原有法律关系的解除损失一些利益，但提起变更之诉，肯定是原来的关系并不和谐（至少原告方这样认为），无法维持，诉讼解除关系也是消除纷争的一种途径。

此外，政治斗争、权力斗争、要求社会尊重、自我实现等，无不可以成为提起诉讼的动机。

需要指出的是，虽然诉讼动机是看不见的，只能通过当事人的诉讼请求、诉讼标的以及诉讼方式、诉讼理由加以推论，但它又是客观存在的，可以作为法官或诉讼参与者形成其认识和判断的参考，以便其采取相应的调解措施和庭审方式、方法。作为双方当事人，也可依据对方的诉讼动机制订相应的诉讼策略。诉讼动机又是无须证明的，完全没有必要通过举证来证明某种诉讼动机的存在。司法机关并不因为诉讼动机的不同，作出立案或不立案的决定，或者对诉讼结果产生积极或消极的影响。

三、影响起诉动机的心理因素

动机是在需要基础上产生、推动人们进行活动的心理原因和内部动力。在起诉前，诉讼动机的强度及其指向性影响着当事人是否提起诉讼。但提起诉讼这种社会行为是很复杂的，如果仅仅考虑到当事人出于维护物质、精神利益等诉讼动机而起诉，我们就很难解释为什么在同样情况下有人起诉，而有人不起诉。

（一）认识因素对起诉动机的影响

认识是一种基础性的心理过程。当事人对案件事实及对诉讼成功率的判断等认识过程，必然影响包括起诉动机在内的各种心理

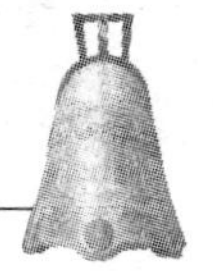

因素。

在西方某国，一位中年妇女走出自选商场时，被商场工作人员叫住："夫人，你是不是有些东西没有付款?"中年妇女感到诧异，随即回答："没有。"商场工作人员再次询问："你确定付清了所有商品的价款了吗?"回答仍然是："当然。"商场工作人员说："对不起，你可以走了。"但是，中年妇女感到人格尊严受损，以商场工作人员怀疑其偷窃商品而起诉。结果她获得了 20 万美元的精神抚慰金。①

上述情况在民法通则颁布前的中国是不可想象的。因为在中国人看来，中年妇女的利益并没有受到侵犯，自然也不会产生维护自身利益的起诉动机。但随后国内此类侵犯名誉权的诉讼案件不断增多，因为随着媒体的宣传，人们认识到了自己的权利，相应的诉讼案件也就随之增多。

当实际存在的利益冲突未被主体认识到时，当事人就不会提起诉讼。但有时也会出现双方确实没有利益冲突，而被误认为存在利益冲突的情况。认识上的偏差扭曲了起诉的动机，增多了无由诉讼和缠讼，徒然耗费诉讼成本，不利于社会秩序的稳定。

（二）情感因素对起诉动机的影响

1995 年 5 月 5 日，张勇军将父亲送入椿树街敬老院。5 月 15 日，其父亲走失。张勇军七姐妹寻父至年底。随后，在与敬老院交涉中发生纠纷。1999 年 3 月 30 日向法院起诉敬老院。②

从上述案例可以得知，张勇军姐妹与敬老院双方的利益冲突自从张父走失就存在，为何拖了近四年才起诉呢？主要是情感因素的

① 晓音：《到底侵犯了谁的名誉——"惠康风波录"》，载《民主与法制》1993 年第 3 期。

② 张骅：《七女寻父》，载《民主与法制》2000 年第 3 期。

影响。就提起诉讼而言，一方面，情绪情感有放大和强化的作用，即推动起诉动机的产生；另一方面，情绪情感有缩小和弱化的作用，即干扰起诉动机的产生，如念及亲情、友情而不予起诉。“情绪对个体对来自体内外的有益刺激产生获得的倾向，对有害刺激产生回避的趋向。因此，就这个意义上说，情绪也具有动机的性质。”① 情绪情感因素往往以辅助动机的形式表现出来，与其在认识基础上产生的主导动机相互配合或干扰。如在某工厂发生一系列工人操作中的断指事件，当涉及如何处理这一事件，某工人被问及为何不起诉老板时，工人答：“老板是我的邻居，他自己的生活就非常困难，起诉又有何用?”② 表明情感对起诉动机确有干扰作用。

（三）意志因素对起诉动机的影响

是否选择民事诉讼作为处理社会纷争和民事纠纷的一种手段和途径，同样受到起诉人意志的支配。因为意志决定往往与克服困难相联系，作为一种意志活动，在决定是否提起诉讼时，一方面，维护自身利益的动机驱使当事人提起诉讼，另一方面，诉讼成本、败诉的危险、社会舆论评价、精神物质利益损耗又可能使人放弃诉讼。那么，当事人如何在动机冲突中使之成为主导动机，决意进行诉讼呢?

1. 诉讼请求的选择

诉讼目的在诉讼中以诉讼请求的方式表现出来。当事人对诉讼请求的选择，一方面是由维护本人利益这一主导动机决定的，另一方面又是动机冲突的结果。因为当事人要考虑到以下因素。

（1）诉讼费用。在财产案件和经济纠纷案件中，诉讼费用的多少是由诉讼标的决定的。因为胜负难以预料，为了节省诉讼费用，作为一种策略考虑，起诉人有时不得不降低诉讼标的。在实际案例

---

① 解玉敏主编：《心理学教程》，中国物价出版社 1997 年版，第 142 页。

② 孙福明：《断指悲剧何时休》，载《民主与法制》2000 年第 6 期。

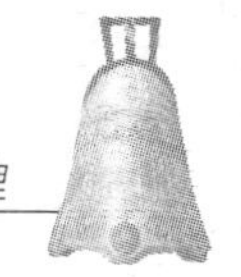

中，有的当事人在诉讼请求中专门列出一项：诉讼费用由对方负担。一般来讲，诉讼费用的负担是由胜诉、败诉来确定的，当事人无须写上这一项。但在诉讼请求中，写明这一点，至少表明了当事人降低诉讼成本的愿望。

（2）放弃某项诉讼请求或作出更合理的解释。有些名人在进行名誉权诉讼中，仅要求赔礼道歉，而放弃经济赔偿的诉求。因为名人在名誉权诉讼中往往受到舆论界认为其“为钱打官司”的指责。为此，有些人干脆不要精神抚慰金，也有人事前就向舆论界表明，胜诉后获得赔偿款将捐给某基金会，以此减弱外界舆论和内在某种辅助性反对动机的影响。

2. 诉讼手段的选择

（1）对受诉法院的选择。从法理上讲，无论在哪一级、哪一地法院进行诉讼，都要适用中华人民共和国的法律，并无利弊之分。但实际上不同的法院对当事人有不同影响，一般当事人认为在本地诉讼，法院判决可能更符合自己的利益。

（2）对法官和律师的选择。在法律允许的范围内，当事人往往选择“倾向于”自己的法官（要求对自己“有恶感”的法官回避）、胜诉率高的律师，或有特殊关系的律师。在决定进行民事诉讼后，以上选择在一定程度上也是动机冲突的结果。

（3）其他诉讼策略的选择。如要求延期开庭，不公开答辩，要求质证，均可作为谋求己方胜诉，给对方设置障碍的策略。

（4）被告的选择。目前，在社会中存在着一定数量的学校伤害案，如中小学生在学校与同学嬉戏中被伤害，或者被教师体罚造成伤害。有的当事人认为，出于利益考虑，应选择以学校为第一被告或共同被告，因为学校承担责任的能力要优于个人。而许多被害人的监护人却选择了加害人而非学校作为被告。其原因在于，以学校为被告的诉讼在学校中取证困难，另外也可能存在着学校在法律上无须承担全部责任的风险。总之，如果选择被告并非以获取最大利益为标准，就有可能存在对其他策略方面的考虑。

四、撤诉

原告在提起民事诉讼后，有时可能会将已立案的诉讼撤销，因而人民法院不再继续对该案行使审判权，有关当事人和其他诉讼参与人也退出诉讼，是为撤诉。

我国民事诉讼法第十三条规定，当事人有权在法律规定的范围内处分自己的民事权利和诉讼权利。同起诉一样，如不违反规定，法律并不禁止，是否撤诉是原告对自己诉讼权利的处分。撤诉分为当事人撤诉和人民法院视为撤诉。前者是原告以书面或口头方式明确向审判机关表示撤销已成立之诉的行为；后者是指当事人虽不申请撤诉，但其行为可使人民法院推论其有撤诉的意思表示时按撤诉处理。

那么，当事人经过动机斗争，克服了种种困难提起了诉讼，为何又撤诉呢？同提起诉讼一样，撤诉归根到底也是动机冲突的结果，是撤销诉讼动机成为主导动机的结果。撤诉受以下心理因素的影响。

（一）各种社会需要得到满足，维持诉讼的动机不再存在

1991 年 12 月 23 日下午 5 时许，北京市朝阳区的倪培璐、王颖进入惠康超级市场（中国国际贸易中心的下属单位）购物，到收银处交款后走出市场大门外五六米处时，被从市场内追出的工作人员盘问后又被带进市场办公室。在再三追问下，原告倪培璐流下了眼泪，原告王颖打开自己的手提包、解开外衣扣和摘下帽子让 3 名职员查看。3 名职员没有查到任何属于市场所有的东西。事后，倪培璐、王颖以侵害名誉权为由向法院起诉。朝阳区人民法院查清事实、分清是非后，被告表示愿向二原告道歉，并给付二原告各1 000元的经济损失和精神损害补偿，请求原告撤诉。二原告接受了被告给付的补偿费，表

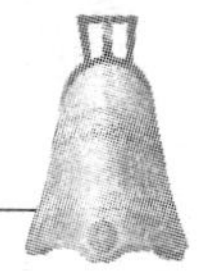

示愿意自行和解，并向人民法院提交了撤诉申请。①

在谈到撤诉原因时，原告倪培璐称："我想，国贸中心当庭赔礼道歉，给予精神抚慰金并负担全部诉讼费，就已经证明他们败了，所以我同意撤诉。"②在这种情况下，一般是被告主动作出让步，满足或部分满足原告的诉讼请求，才达成自行和解。这种撤诉是以原告的诉讼请求得到满足为前提，但撤诉后当事人的和解协议如果不能得到履行，经常会导致原告重新起诉。

（二）意志动摇

诉讼是一种对抗性很强的社会活动，有多种困难是不难想象的，如举证责任的承担，时间、财力的消耗等。因此，要完成诉讼，需要有坚忍的意志品质。前述倪培璐案就是一例。她在撤诉前就曾表示："在将近一年的时间里，国贸中心多次派人来劝我们别得理不让人，还有其他方面的压力。打官司耗费了我许多的时间和精力，我的学业受到了影响，我实在拖不下去了。"当然，意志的坚忍性也受其他因素的影响。如诉讼所保护的利益较小，作为内驱力的动机相对较弱，担心有人讥讽"因小利而坚持诉讼就是偏执"。诉讼中的困难既有客观上的障碍（如取证困难），也有对方当事人制造的人为障碍。如在前例中，国贸找倪培璐称"别得理不让人"，实际上是置原告于一种如果再坚持下去，就有可能被贴上"偏执"标签的境地，这对自尊心很强的人是一种难以逾越的障碍。

（三）对案件结果的预测

当事人往往对胜诉有强烈愿望。但是，诉讼进程不可能完全按当事人的愿望进行，诉讼结果也难以预期。在通过法庭调查、辩论之后，案件事实或者得以呈现，或者被掩盖、难以查清。当事人会对案件结果有一个大致的预测。如果认为胜诉的可能性大，一般会

①② 晓音：《到底侵犯了谁的名誉——"惠康风波录"》，载《民主与法制》1993年第3期。

坚持诉讼；如果认为败诉的可能性大，当事人就有可能选择撤诉，以减少诉讼成本，更重要的是避开“败诉”这种法律评价。

（四）对方当事人态度的转变

诉讼过程是一种原被告双方互动的过程。在诉讼中，被告的答辩、体态语言和其他诉讼行为等均对原告产生影响，促使原告的认识、情感和行为倾向发生变化。一般来讲，起诉前，原告对被告的了解并不全面，存在着严重的情绪对立，因而决定采取对抗性的诉讼行为。在诉讼中，法庭调查可能使双方当事人增进相互了解。如三角债案件，原告起诉前可能更多地考虑自己的利益，在庭审中被告陈述事实、请求原告予以谅解或请求和解之后，可能会设身处地地考虑到被告的利益，体谅到对方的困难。对方当事人态度的转变是促使原告对立的情绪情感得以缓解，最终决定撤诉的重要因素之一。

对某人、某事近期印象的好坏，对于人的认识和判断有较大的影响，心理学上称之为近因效应。在诉讼中，双方当事人的频繁接触可能会使原告以最近的印象修正起诉前对对方当事人的认识。

总之，诉讼中当事人的频繁交往能够使双方的诉讼态度发生变化。当然，也可能使原告先前的诉讼态度更加坚定。这在很大程度上取决于被告在诉讼中的表现。如在“惠康风波”中，国贸中心工作人员怀疑原告偷窃而强行对原告进行搜查时，给原告造成一种“店大欺生”的印象，必然会引起原告的愤怒；而后来，国贸屡次登门拜访并允诺赔礼道歉，给予补偿，对原告态度产生了影响。

此外，从人际吸引的角度看，诉讼将原告与被告的空间距离拉近。在诉讼中经过数次开庭，增加了双方的交往频率，如果双方当事人均采取务实态度，他们之间又存在着个性中的类似性吸引、互补性吸引甚至仪表、风度吸引等因素，均可吸引当事人采取合作而非对抗的态度，促成原告同意和解或主动撤诉。

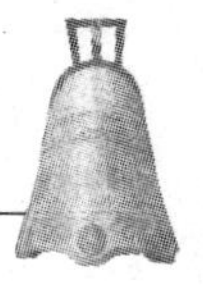

五、上诉

上诉是当事人不服第一审人民法院作出的未生效裁判，在法定期间，要求上一级人民法院对上诉请求的有关事实和法律适用进行审理的诉讼行为。上诉行为引起二审程序。从立法设计意图看，是为了让上级法院监督下级法院，以纠正下级法院的错误。对当事人而言，上诉与否是一种诉讼权利。如何处分这一权利，同样受制于多种心理因素。

（一）当事人同审判机关的认识分歧

上诉人往往在上诉书中提出一审认定的事实错误（或不清），适用法律不当，程序错误。这说明当事人同审判机关的认识存有分歧。

> 江苏省首川县学生陈康华因录取通知书在邮寄过程中丢失，痛失升学机会，起诉县邮政局及另一转信人损害赔偿案。一审判决县邮政局不负责任，另一被告给付陈人民币5元，而案件受理费610元由原告负担410元，另一被告负担200元。①

对上述判决，原告持强烈的反对意见。原告认为，其在寻找档案遗失过程中，物质上的损失和精神上的损失肯定不止5元。尤其是失去上学机会，更是无法用赔偿来弥补。同时，一审法院和原告之间在邮局是否承担责任、原告损失到底是多少上有不同认识。这种认识分歧越大，当事人提出上诉的意志就越坚定。

（二）上诉的宣泄作用

一审判决后，如果判决结果与诉讼请求不符，会引起原告不同程度的情绪反应。判决与诉讼请求差距越大，情绪反应就越强烈。

---

① 梁路峰、郭建军：《谁承担大学录取通知书丢失之责》，载《民主与法制》2000年第21期。

如前述陈康华案，有关报道说："8月5日，当原告陈康华接到这份判决书（一审判决书）时，心情异常沉重，被气得昏倒在地，不省人事。"① 诉讼请求与判决结果的反差，在心理上产生的体验或表现为愤怒、不满，或表现为挫折感。基于强烈的情绪体验，当事人可能选择上诉，以合法的诉求形式，宣泄心中的不满。诉讼说到底是一种对抗，是一种进攻和防御的对抗。因此，上诉可以说是挫折感导致的侵犯动机在现实生活中的合法表现形式。

我国法律并不禁止上诉（即使是明显无理的上诉）。因为，认识分歧可以通过理性渠道来消除，而对于非理性的情绪情感反应，也许允许上诉是一种更好的控制侵犯动机、将暴力倾向引向非暴力宣泄的一种重要途径。

（三）迁怒

一般来说，在诉讼过程中，当事人并不会攻击法官和律师。而在上诉时，则往往以程序不公正、法官与律师勾结、徇私枉法等为理由，指责、攻击法官和对方当事人聘请的律师。虽然在司法实践中，确实存在着法官枉法或不负责任、不依法定程序办案的情况，以及律师违反职业道德、侵害他人利益的情况，但在更多的情况下，上诉书中所列诸多指责仅仅是双方认识上的分歧，而非实际存在的违法行为，是当事人因败诉产生强烈情绪反应迁怒于他人的结果。

在诉讼之初，因维护自身利益，当事人产生了诉讼动机。在诉讼过程中，这一动机一直支撑着当事人克服各种困难，努力完成诉讼行为。与此相适应，多数当事人相信自己有理，自我评价较高。而一审败诉后，审判结果对诉讼请求的否定必然导致当事人重新评价自己的诉讼行为。但当事人由于主观性使然，往往仍坚持自己行

① 梁路峰、郭建军：《谁承担大学录取通知书丢失之责》，载《民主与法制》2000年第21期。

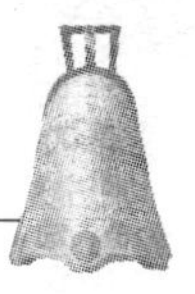

为的正当性而否认失败。这实际上是当事人的一种自我心理防卫机制。这一防卫机制促使当事人转而将失败原因归咎于法官认定事实和适用法律错误，归结于程序不正当上。程序正当对司法公正具有至关重要的意义。在上诉时指责一审程序不当，也可能是理性思考的结果，有积极的意义。尽管如此，不可否认因迁怒而导致的上诉大量存在。

六、申诉与申请再审

在法律上，申诉与申请再审有区别，但在心理学上，都可看作是当事人（法定代理人）对生效的民事判决、裁定和调解书认为存在错误，请求人民法院对案件重新进行审理的行为。

我国实行两审终审制，即一个案件经两级法院审理即告终结，其判决发生法律效力。对已生效的裁判再审，不过是一种对错案的补救措施。如果允许众多生效裁判再审，民事法律关系将长期处于不确定状态，徒耗人力、物力。因此，对当事人申请再审或申诉，法律有诸多限制。但当事人为何要不惜倾家荡产、千里奔波，10年、20年甚至不惜一生精力反复申诉和缠诉呢?

（一）追求公正的信念

民事纠纷是私人利益冲突的表现。但是，一旦通过诉讼的途径解决就不仅仅是私权利的问题，必然牵涉到公权力（国家审判权）的行使是否公正，是对司法公正的考验。

虽然在诉讼活动中，当事人的诉讼行为要受制于认识、情感、意志等心理因素，但仅以一般的认识、情感、意志因素难以解释当事人对申诉活动的执著。对此，只能用信念来解释。其实，信念本身也是认识、情感和意志的组合和高度统一体。它具有广泛的概括性，往往成为人们观察事物的出发点和判断是非曲直的准则。

信念是一种高层次的社会意识。在诉讼活动中，当事人坚持自己的信念，不仅是一项诉讼权利，也是一项民主权利，只要当事人在法律规定的范围之内行使权利，就应当给予肯定性的评价。虽然从功利的角度看申诉，往往有可能作出“得不偿失”的判断，但当事人有支配自己行为和财产的自由，不能单纯以功利标准为由横加阻拦。作为司法机关，应当更多地看待反复申诉的合理内核，力争使多年缠诉得到公平、合理的解决。

一桩案件，在发动之初，当事人是基于维护自己的利益的功利动机。那么，在后来，功利动机反而退居次要地位，追求公正的动机为何在当事人头脑里固着为一种信念呢?

1. 当事人认识的合理性

人作为一种高级动物，应当以理智支配其行为。当事人对法律知识的了解促使其信念的形成。有些申诉中的当事人因其执著的追求，对某些相关法律条文熟悉的程度及其意义的理解可能超过了专门人员。他们能够对相关条文倒背如流，并能结合自己的案情，作出有说服力的解释。当然，由于思维方式的不同和对法律条文理解上的偏差，某些当事人也可能用一种错误的信念支撑着他们的申诉行为。

2. 当事人的愿望、需求的强烈程度

当事人在申诉中要求保护的民事权利，往往对其生活有重大影响。一般来说，仅是一般的经济纠纷，不会造成长期的申诉。而住房、宅基地、人身权利等对人生有重大影响的利益要求是申诉的中心内容，应予以理解和重视。当事人需求、愿望的强烈与否，是其反复申诉或放弃申诉的决定性因素。

3. 社会定势

在我国传统文化中，常有反映追求正义、公正而不断抗争的艺术形象，如杨三姐、秦香莲告状。对这种行为，社会毫无例外地给予肯定性的评价。当事人一旦发现自己的角色是一个申诉者时，很可能产生对上述艺术形象的角色认同，并模仿其行为。

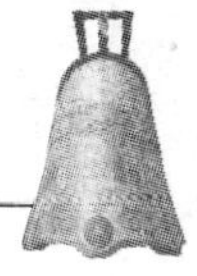

（二）合理化

当事人对案件处理结果的认识并不都是正确或全面的。有时当事人自己也意识到这一点。例如，为获取区区数千元的赔偿是否需要耗费毕生的精力？一、二审法院都作出了否定自己诉讼请求的判决，难道两级法院都错了吗？这些思维肯定要影响当事人的认识，进而动摇其自信心。而自我心理防卫机制促使当事人否认自己行为的不正当性，有些当事人总要找出一种自己能够接受的虚幻理由而代替自己行为的真实理由，以免除精神上的痛苦，即产生合理化倾向。在合理化过程中，有时当事人也会以某种言语、行为来激励自己。如前述“七女寻父案”，在一、二审均判决张氏姐妹败诉后，文中介绍“张勇军七姐妹绝不轻易言输，因为她们身上流淌的是身经百战的军人的血液（其父曾是军人）”，“寻父之路渺茫，路漫漫其修远兮，张勇军七姐妹迈着坚定的步伐继续寻找父亲，也要按照法律规定的程序找到最终的说法”。① 从这篇文学色彩浓重的纪实报道的描写中，可以看到合理化对当事人申诉的影响。

尽管合理化中理性成分不多，但它对当事人的影响仍不能小觑。即使当事人具有坚定的信念，合理化仍然是支撑其申诉活动的重要心理因素。

第三节　被告应诉与反诉心理

一、应诉

被告人接到原告起诉书副本或接受人民法院传唤后，采取的答辩、管辖权异议及收集证据、准备参与庭审等一系列诉讼活动，称为应诉。从法律上讲，应诉是被告人的义务。当事人无可选择地必

---

① 张骅：《七女寻父》，载《民主与法制》2000 年第 2 期。

须接受这一诉讼角色。被告应诉行为大体包括以下几种。

（一）制作答辩状

辩论是民事诉讼的一项重要原则。它要求双方当事人提出自己的主张和意见，相互进行批驳或辩驳。制作答辩状是被告在应诉阶段行使辩论权的体现。一般情况下，被告需针对原告的诉状写出答辩状，但提交答辩状与否是被告的权利。在某些情况下，当事人可能拒绝答辩。无论作出何种决定，均出于维护被告自身利益的考虑。

（二）提出更换诉讼当事人或要求驳回诉讼请求

我国民事诉讼法第一百零八条规定了原告起诉的条件。一般情况下，人民法院在受理案件时已经对原告的起诉是否符合条件进行了审查，但仍然不排除被告就有关诉讼主体问题提出意见，具体包括：一是原告同案件无利害关系；二是原告的起诉不符合人民法院受理民事诉讼的范围；三是原告提出的诉讼请求无法律依据，应依法驳回；四是被告与案件无牵连，要求更换被告等。此类应诉行为也是一种诉讼策略的需要，即被告考虑到在案件尚未进入实质性诉讼程序之前，率先取得主动地位。

（三）提出管辖权异议

管辖是指各级人民法院和同级人民法院之间受理一审民事案件的分工和权限。确定法院对案件的管辖权，可防止法院间相互推诿案件和争夺管辖，也有利于避免当事人告状无门的现象。我国法律对管辖作了较明确的规定。但一般在各类民事案件中，有管辖权的法院不是唯一的，向哪一个法院起诉，原告有很大的选择余地。为防止因管辖不当而损害被告利益，民事诉讼法规定了被告人可在答辩期内提出管辖权异议，即对受诉法院有无管辖权提出不同意见，以期改变管辖。提出管辖权异议，主要是考虑诉讼管辖对案件审理结果的影响以及诉讼成本等因素。

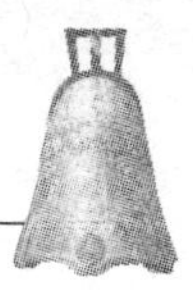

二、反诉

反诉是在已经开始的诉讼程序中，本诉的被告通过法院向本诉的原告提出的一种独立的请求，即被告依据其提出的诉讼请求，将原告置于被告地位。反诉虽是在原告起诉后提出的，但一经提出就独立存在，实际上是人民法院将互为原被告的两起诉讼合并为一个。反诉是一种指向性极强的诉讼活动，被告反诉的目的在于抵消或者吞并原告的起诉，使原告败诉。例如，原告向被告提出离婚，被告提出反诉原告隐匿财产，要求法院查明，以利于财产分割。反诉是被告的一项诉讼权利，是否行使该项权利，被告有权自由选择。

三、被告应诉心理

（一）抗拒与遵从

对原告而言，起诉是其自由意志的选择。而对被告而言，则是因第三方力量（国家权力）介入了双方的冲突，需要通过审查原告的诉求，强制性地确定双方的关系，处理其矛盾冲突。因此，被告有抗拒与遵从的选择。

抗拒首先受被告认识因素的影响。如果被告并没有认识到与原告存在冲突，或认为与原告的冲突无须通过诉讼途径解决，往往在收到法院的应诉通知时，感到突然。在“惠康风波”案发后，国贸中心的当事人说“没想到会成为被告。”① 这种认识有时往往给当事人带来某种情绪体验。吴祖光因评论惠康案被国贸中心起诉，吴称：“对这件事一开始感到意外、愤怒，继而高兴，高兴的是，我有生以来第一次进法院，而且是作为被告，填补了人生的一个空

① 晓音：《到底谁侵犯了谁的名誉——“惠康风波录”》，载《民主与法制》1993 年第 3 期。

白，我相信我这个被告最终会转化为原告。”① 原被告关系从心理学上看，实际是攻防关系。尽管诉讼行为具有合法性，但在许多人眼中，仍会被看成是一种攻击行为。因这种攻击是通过法院这个中介依法进行的，对原告攻击的抗拒往往被转移到对审判机关的抗拒。其具体表现为：一是拒绝接受法律文书包括送达的起诉状副本、应诉通知书等；二是拒绝答辩；三是拒绝接受传唤出庭；四是拒绝接受受诉法院管辖而提出管辖权异议。

遵从是大多数人的选择。在现代社会中，诉讼是人们依靠国家强制力处理纠纷的手段。大部分人对此有正确的认识，谁起诉并不意味着谁胜诉，法院受理原告的起诉也并不意味着法院不公平。除此以外，还有其他因素影响着被告的遵从。其一是被告的性质。作为法人和社会组织的被告一般容易遵从。因为社会群体作为人与人的组合，其本身就是依靠国家力量来维持的，法定代表人较少个人情绪的干扰。但法人代表有时也因自视甚高或鄙视被告而拒绝应诉。其二是被告的地位。一般被告地位越低，越倾向于服从。一方面因为他感到没有力量与法院抗拒，另一方面被告可能通过法律援助认识到，法律从设计目的上是通过抑强扶弱来实现社会公正的。因此，常有国家机关负责人拒绝应诉或仅仅委托代理人应诉的情况，而社会地位较低的被告常出庭应诉。其三是人们的法律意识。如果依法办事形成风气，人们易于顺从国家审判机关的权威性指挥。

（二）应诉策略的选择

诉讼无论对原告还是被告，都是一种意志活动。被告的角色地位虽不能主动选择，但被告仍可以选择不同的诉讼策略进行诉讼。

1. 积极主动应诉

如果认识到诉讼是理性解决纠纷的手段，将会使被告积极配

① 吴祖光：《一个被告的回答》，载《民主与法制》1993 年第 3 期。

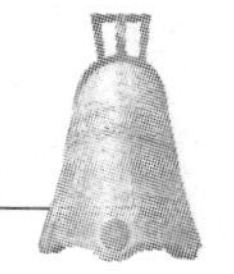

合，并尽可能预先消除诉讼可能引起的不良后果。如刘嘉玲诉华联商厦侵犯肖像权案，被告一接到诉状，马上对有牵连的经销单位表示："有关刘嘉玲肖像权的一切诉讼事宜，将由本公司全部负责解决查清，与贵单位等经销单位、销售公司之间无任何关系。若有因该肖像权案涉及的有关问题，请转告有关方面，一切由我公司负责。"①

2. 不予答辩

如果积极主动应诉，为保护自己利益，被告往往要制作答辩状以表明己方的观点，但也有不予答辩的情形。如在某知识产权案中，原告方起诉后，开记者招待会大造舆论，但被告既不答辩也不发表任何意见，而在开庭后，突然提出法院所列被告不当，要求驳回原告起诉。这种策略如果运用得好，能收到出奇制胜的效果。尽管答辩与否是当事人的诉讼权利，当事人不答辩并不影响案件的开庭审理，但一般来说，按照成熟的法律意识理解，应当积极配合法院审理，以求案件公正解决。采用上述策略似不足取。

3. 适时提出管辖权异议

管辖权问题是一个程序问题，一般不会影响被告的实体权利。但如前所述，如能改变原告起诉时选择的异地受诉法院，一方面可以减少诉讼成本，另一方面也可小挫原告锐气，考验原告的意志，迫其知难而退。例如，在刘嘉玲肖像权案中，被告方就曾以侵权行为发生地在汕头为由，向上海市中级人民法院提出了管辖权异议，要求将此案移送汕头市法院审理。可见，在诉讼中，被告并不局限于消极防御。提出管辖权异议、聘请合适律师、诉讼过程中区分涉诉与非涉诉的财产等，均为积极的防御手段和应诉措施。当然，采取诉讼策略应以法律允许为限。转移、隐匿有争议的财产，引诱证人作伪证，与审判人员私下接触甚至诱以财色，均为法律所禁止。

---

① 晨冰：《佳人一面百万金》，载《民主与法制》1993年第4期。

四、被告反诉动机

从理论上讲，反诉与原告提起的本诉是两个独立的诉求。是否提起反诉，是被告的权利，并非只要符合反诉条件就必须提出。那么，是什么原因促使被告提出反诉的呢？

（一）维护合法利益的需要

反诉与本诉从诉讼程序上讲，并无实质差别；是否进行反诉，一般来讲，也不会改变诉讼的实体性质，影响诉讼的最终结果。但法律允许反诉，是为了从不同层面上揭示案件事实，通过反诉更好地维护当事人的合法利益。例如：

> 1999年，辽宁的孙春芳在其夫去世后另嫁他人，但夫妻共同财产并未分割，也未对其前夫遗产作出处理，而是由未随其生活的两个女儿王淑清姐妹控制。后孙春芳因与其女儿发生纠纷，向法院起诉其女儿王淑清私自处理原告丈夫的遗产，要求分割由女儿控制的夫妻共同财产。而女儿则以要求母亲尽抚养义务为由，提出反诉。①

母女诉讼，个中肯定有许多感情纠葛。但说到底，民事纠纷是在利益基础上产生的，感情纠葛往往与利益纷争有关；即使感情纠葛独立存在，也不能代替或掩盖维护合法利益的需要。前例中女儿王淑清在说明自己反诉理由时说："我年龄已18岁，但妹妹还小，爸爸生前欠了约有一万元的债；为了妹妹的生活，我们把她（孙春芳）也告了，妈妈必须给抚养费。"②

（二）反诉是对起诉的强烈情绪反应

如果仅仅将反诉归结为维护自己合法利益的需要，就难以解释为什么当事人不在原告起诉前提起诉讼，为何不在另案中起诉，而是针对原告的诉讼请求提出反诉。除利益动机外，提出反诉必有其

---

①② 霍炬：《母女为何对簿公堂》，载《民主与法制》2000年第3期。

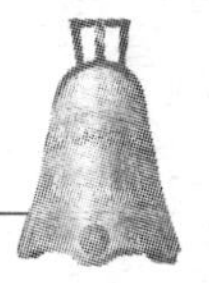

他心理因素影响。除维护合法利益，以反诉吞并原告诉讼请求等意识到的动机外，可能还存在另一个未意识到的动机——因挫折感而产生的强烈情绪反应引起的侵犯性动机。

依立法者的理性设计，起诉并不是用来打击对方，而是一种解决问题的途径。但就个体而言，原告的起诉往往被看作有敌意。这种被看作有敌意的行为极易使人产生挫折感甚至引起强烈的情绪体验。“一张传票送到了王淑清的手中，妈妈状告女儿私自处理家庭财产，要求法院将丈夫所留之物作为夫妻共同财产分割。手拿着传票，姐妹二人抱头痛哭，妈妈为什么要告我们?”① 其中强烈的情绪反应溢于言表。反诉不同于反驳。反诉是以被告承认本诉的存在为前提，被告对原告提出的诉讼请求并不加以否定，而提起另一种诉讼。如在这一案件中，孙春芳要求先分割夫妻共同财产，再继承丈夫遗产，并无不当，因为她同女儿一样，也是第一顺序的法定继承人。原告诉讼请求的难以反驳甚至无法反驳，加剧了被告的挫折感。在这种情况下，为使攻击转向，以吞并原告诉讼请求为目的的反诉的提出，自然是顺理成章了。作为对起诉反应的反诉，为当事人在法律允许范围内的宣泄提供了途径。因此，即使并非出于维护合法利益目的的反诉，法律也不禁止，而是将反诉与否的权利交给被告人自行决定。

第四节　代表人诉讼与诉讼代表人

代表人诉讼的特点是一方人数众多，由代表人代表其他当事人进行诉讼。在代表人诉讼中，有人数确定的代表人诉讼与人数不确定的代表人诉讼。后者在起诉时人数尚未确定。人数确定的代表人诉讼多出自非正式群体的活动。如果群体有正式组织结构的话，那

---

① 霍炬:《母女为何对簿公堂》，载《民主与法制》2000 年第 3 期。

就不再作为代表人诉讼，可由其法定代表人参加诉讼。人数不确定的代表人诉讼多出自集群行为，在偶然发生事件的诉讼行为中，临时推举代表人参与诉讼。在代表人诉讼中，人数众多的一方每一个人都可以单独提起诉讼，那么，他们为何集中起来并成一案的呢?

在人数确定的代表人诉讼中，构成群体凝聚力的因素有以下几点。

第一，共同的利益和目标。如前述滑家当镇稻种案中，各原告利益均受到相同的损害，农民们有共同的目标，即要求赔偿损失。

第二，共同的外界压力。要进行诉讼，需要克服许多困难，如是否起诉，起诉谁，能否胜诉，这些都使许多当事人感到为难、焦虑和需要斟酌。这就形成了一种外界压力，促使每一个人产生大体相同的心理体验。

第三，心理相容。为寻求解决方法，必然使有共同利益和压力的人们频繁交往与磋商。这种交往与磋商增加了他们的相互吸引，以至作出共同的选择。

人数不确定的代表人诉讼的发动并不是事先有预谋的，而是众人在受到一定刺激后产生的一种自发行为。如前述某航空公司延误航班引起诉讼案。误机在前些年司空见惯，航空公司总有解释的理由，一般不会引起诉讼行为。但是，在狭窄的候机大厅中，乘客在焦急等待时产生频繁的互动，而大家的注意力都集中在飞机误点这一共同关心的问题上，一名或数名乘客的愤怒不满情绪借助互动迅速传播，并经过多次循环往复得到强化，成为众多乘客的共同舆论和集体感受，最终因一位同样作为乘客的法律界人士在场，从法律方面作出解释，使人们自觉地接受其意见，产生共同的行为——提起诉讼。虽然从社会心理学的角度看，集群行为因其具有盲目性和破坏性一般受到否定性的评价，但当集群行为所反映的大众愿望有其合理性，这种行为所指向的往往是社会长期存在而又难以依靠个人力量改变的不合理现象，如果纳入法律轨道，通过诉讼将大众的

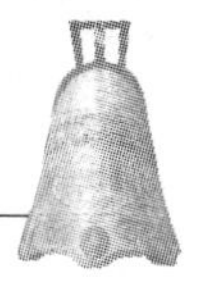

不满以合法的方式宣泄出来，达到实现社会变革的目的，也许是人数不确定的代表人诉讼的价值之所在。

无论是人数确定的代表人诉讼还是人数不确定的代表人诉讼，都需要诉讼代表人。诉讼代表人其实是集当事人与诉讼代理人两种身份于一体，其心理品质应符合以下特点：(1) 一定的法律知识；(2) 在互动中形成的一定的威信；(3) 一定的社会责任感；(4) 驾驭群体的能力；(5) 本人愿意作为诉讼案的代表人。

第五节　共同诉讼人与第三人心理

共同诉讼人包括共同原告和共同被告。在对外关系上，共同诉讼人与普通的原告和被告并无不同。有独立请求权的第三人实际上相当于原告，而无独立请求权的第三人尽管在具体利益上与原被告均有所不同，但他的利益与其中一方的利益密切相关，总是同其中一方合作，希望一方胜诉，因而在心理状态上与一般共同诉讼人并无不同。下面着重分析共同诉讼人及有独立请求权的第三人与原告、被告的相互关系中的心理学问题。

共同诉讼人及第三人在诉讼中的各种诉讼行为，如共同起诉、共同变更诉讼请求、共同上诉、共同答辩、共同承认、共同放弃诉讼请求等，都有着相同或相似的心理基础。分析其心理基础，有的共同诉讼人有共同的维护合法利益的动机；基于共同动机，在心理上产生共同的认识和情绪体验。加之共同诉讼人在诉讼前有大体相同的生活经历，发生民事纠纷后有频繁的交往，使共同诉讼人不仅在法律上而且在心理上相互融合，即使他们在个性方面有差异，也可以通过态度相似性吸引、需求互补性吸引而得以协调。因此，共同诉讼人合作进行诉讼并不奇怪。

但是，在诉讼中也可能出现共同诉讼人采取不同诉讼行为的现象，其原因有以下几点。

第一，共同原告并未参加共同起诉，系被法院追加为共同原告。在多数情况下，共同原告经过密切磋商后共同提起诉讼。但也有例外。例如，某一当事人可能不愿起诉。其心理原因是，认为与被告并无利害冲突或虽有利害冲突但不需要通过诉讼途径解决。如前述甲、乙、丙、丁继承遗产一案，某个不起诉的当事人认为被告应占有共同财产的一定份额，或者并不愿将财产归于起诉的原告。因此，并不主动起诉被告，而在第一原告起诉后，法院为查明事实，责令其参加到诉讼中去，但其意向并不希望第一原告独自取得财产，因此在诉讼中可能采取不同的诉讼行为。

第二，共同被告及无独立请求权的第三人相互推诿责任。共同原告一般容易采取一致的诉讼行为，因为其利益是一致的，而共同被告则不然。在很多情况下，这些人之所以被列为共同被告，只是因为他们在法律上应共同对原告承担法律责任，而这些人之间并不一定有经常的社会联系。如在一起交通肇事侵权案件中，司机、货主、车主及其他负有责任者等几个侵权人可能并无社会交往，只不过是偶然的侵权事件将这些人联系在一起，在法律上作为共同被告。此时，如果原被告责任不明确时，各共同被告可能采取共同的诉讼行为；如果责任分明在被告一方，以至于共同被告感到无法与原告抗衡时，在各共同被告之间可能会相互推诿责任。

第三，共同诉讼人内部由合作转向竞争。在一审判决后，在共同诉讼人中，一部分人利益得到满足而另一部分人的利益未得到保护，甚至某些共同诉讼人成为被上诉人，例如遗产继承案中获得利益的一方苦乐不均，引起相互间的纷争。这是共同诉讼人由合作转向竞争的典型现象。归根到底，是因为利益的不同所引起的纷争。但如果一审判决已充分考虑到原被告双方和共同诉讼人各方的利益，解决民事纠纷比较合理，再引起纷争，那就是因为各共同诉讼人的心理期待不同、对对方当事人的态度不同，或者是由于共同诉讼人的个性不同所引起的纷争，导致采取的不同诉讼行为。

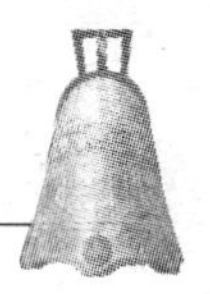

思考题

1. 什么是民事诉讼当事人？民事诉讼当事人包括哪几种人？

2. 试述原告提起诉讼的动机类型。有哪些心理因素影响起诉动机？

3. 民事案件提起诉讼后，原告的维护物质利益动机对哪些诉讼环节产生影响？将会产生何种影响？

4. 除物质利益动机和精神动机外，原告人提起诉讼还有哪些常见的其他动机？弄清这些动机对审理案件、做好调解工作有何作用？

5. 当事人为何提出申诉或申请再审？反复申诉甚至缠诉的心理原因何在？

6. 试述被告人的应诉心理和反诉动机。

7. 试举一实际案例说明集群行为引起的共同诉讼，并分析其构成群体凝聚力的原因和推举代表人提起诉讼的心理历程。

第十八章　民事审判心理

从民事诉讼的角度看，民事案件是在审判人员的主持下，在当事人以及其他诉讼参与人的参加下，对案件进行审理和判决的活动。从心理学的角度看，民事案件的审理，也是审判人员、当事人以及其他诉讼参与人之间多边的心理互动过程。审判人员在审判活动中，掌握当事人和其他诉讼参与人之间的心理互动规律，并根据审判活动的需要，自觉进行自我心理调控，有利于提高民事审判活动的质量和效率。

第一节　民事审判心理概述

一、民事案件与民事诉讼

（一）民事案件

民事案件是指公民个人之间、公民与法人之间、法人与法人之间，因发生有关民事权利与义务纠纷而向人民法院提起诉讼的案件。同时也包括经济法、劳动法和其他法律规定的由人民法院审理的案件。

（二）民事诉讼

民事诉讼是指人民法院依照法定程序审理民事案件时，审判人员和当事人以及其他诉讼参与人，所进行的各种诉讼活动及其所形成的各种诉讼法律关系。人民法院的审判人员在民事诉讼中处于主导地位，负责组织和指导全部诉讼活动，解决当事人之间有关权利与义务的纠纷；当事人通过原告人起诉、被告人应诉或反诉，维护

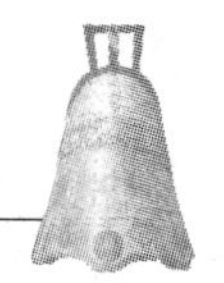

自身的合法权益；其他诉讼参与人，如证人、诉讼代理人的活动，有利于人民法院查明案情事实和作出正确裁判。民事诉讼活动的实体内容是当事人之间所争执的民事权利与义务或者法律关系。在诉讼过程中，原告人与被告人之间的诉讼地位平等；各方可以自由处分其合法权利；调解、裁定、判决等法律文书生效后，由败诉一方自动履行，只有在其不履行的情况下，才由人民法院采取强制执行措施。

（三）当事人诉讼心理的产生

1. 经济关系与诉讼心理的产生

在市场经济条件下，个人之间、个人与团体之间以及团体与团体之间，在商品的生产、交换、消费等领域结成各种经济关系。在经济活动中，人们必须正确处理权利与义务关系，才能使双方的经济活动顺利进行，使经济利益得到保证。由于人们在处理经济关系中的态度不同，往往产生权利与义务的纠纷，如生产中的侵权纠纷，买卖中的合同纠纷，以及租赁、借贷纠纷等。这些纠纷在双方协商或有关行政部门无法解决的情况下，当事人便起诉到法院，希望通过司法机关的审判活动，保护自己的合法权益。

2. 人身权利关系与诉讼心理的产生

人身权即人身非财产权，是指与人身不可分离又无直接财产内容的权利。人身权分为人格权与身份权。人格权是指人身自由权、姓名权、名誉权、荣誉权、肖像权、健康权等。身份权是指亲权、监护权、继承权、发明权等。法律保护公民各种人身权利不受侵犯。人们在社会生活的各种交往关系中，当某些权利如名誉权、姓名权、肖像权、隐私权等受到侵犯，在通过民事调解或其他手段得不到解决的情况下，当事人起诉到人民法院，提出确认某些权利，或要求停止侵权、赔偿损失的诉讼请求，希望通过法院的审判，使自己的合法权益得到保护。

3. 婚姻家庭关系与诉讼心理的产生

婚姻家庭关系是指以婚姻和血缘关系为纽带形成的重要人际关系。家庭成员之间通过相互履行自己的角色义务，享受角色权利，使物质上、精神上、生理上、心理上的需要获得满足，形成和谐的家庭人际关系。在家庭生活中，有些家庭成员不履行角色义务，不遵守角色规范，就会损害其他家庭成员的权益，使其物质上、精神上、生理上、心理上的需要得不到满足，从而就会导致家庭纠纷的产生。如夫妻双方在感情生活中，要求互相忠诚，如果一方或双方有外遇发生感情转移，就会损害另一方或双方的权益，从而就会引发夫妻感情纠纷。再如子女不赡养父母，或父母不抚养子女，或夫妻双方不尽扶养义务，就会发生赡养、抚养和扶养纠纷。当这些纠纷在家庭内部协商得不到解决，或通过其他手段仍得不到解决的情况下，当事人就会向人民法院起诉，提出与配偶离婚，或要求对方履行角色义务的诉讼要求，希望通过人民法院的审判，使自己的合法权益得到保护。

4. 公共生活关系与诉讼心理产生

公民在邻里关系、乘车、行路、买卖、娱乐等公共生活的社会交往中，有时也会发生民事权利与义务的争执，或在进行争执的过程中，因言语交往的刺激或者利益冲突，在情绪冲动、丧失理智的情况下，发生争吵、辱骂、诽谤、斗殴等行为。受害当事人起诉到人民法院，提出要求对方当事人赔礼道歉、赔偿医疗费等诉讼要求，希望通过人民法院的正确审判，使自己的合法权益得到保护。

二、民事审判与民事审判心理

民事审判是人民法院依照法定程序，对民事案件的审理和判决活动，包括对案件的受理、审查、开庭审理、调解、判决与执行等活动。

民事审判心理主要是指审判人员在审理民事案件过程中法庭指挥、对案件事实与证据的确认，以及调解、裁决过程中的心理活动

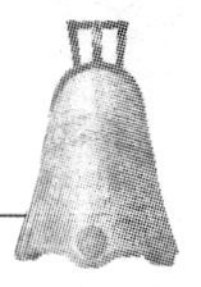

规律，也包括当事人以及其他诉讼参与人之间，在民事审判过程中的心理互动规律。

在民事审判过程中，主持审判活动的审判人员、与审判结果有利害关系的当事人，以及其他诉讼参与人等，由于他们在诉讼中的法律地位不同，参与诉讼的动机与目的不同，对于诉讼结果所享有的权利和承担的义务不同，因此，各有其不同的心理活动。

研究审判人员主持审判活动的心理，当事人及其诉讼代理人的陈述与举证心理，证人作证心理，法庭调解与判决心理等，对于提高审判质量和效率，具有积极意义。

第二节　审判人员在审判过程中的心理

审判人员在审判中的一切活动，都是为了在查明案件事实的基础上，通过调解或判决，解决当事人之间的纠纷。因此，审判人员在审判过程中的一切心理活动，始终围绕这一目的进行。

一、审判人员对案件的认识过程

（一）认识过程的艰巨性

审理民事案件与刑事案件不同。刑事案件经过侦查、预审和批捕、起诉审查等诉讼程序，绝大多数案件都已达到犯罪事实清楚，证据充分、确实的程度。刑事审判人员对案件的审理，主要是进一步核实犯罪事实和证据，准确适用法律定罪量刑。而民事案件的审理则不同，民事案件立案以后，只有原告的起诉状和被告的答辩状。在当事人的起诉与答辩中，往往对于所争议的事实各执一端。由于当事人的趋利避害心理，为了自身的利益，只提供有利于自己的事实和证据，隐瞒不利于自己的事实和证据，有的甚至制造假证、篡改证据，收买证人作伪证等，对查清案件事实制造人为的障碍。因此，审判人员对案件的认识过程有一定的艰巨性。

（二）审判人员对于当事人起诉、应诉、反诉的事实和证据的判断

审判人员通过阅读起诉状、答辩状或反诉状，与原告人及诉讼代理人、被告人及诉讼代理人谈话等，详细了解原告人起诉和被告人应诉、反诉的事实、证据和法律依据。其中关键的问题是证据的收集与确认。审判人员必须对案件事实的每一个环节，如案件发生的时间、地点、过程、结果、原被告双方所争议的权利与义务的履行情况等，都应有相应的证据。对于原告人提出自己有关诉讼请求的事实和证据，被告人提出反驳原告诉讼请求的事实和证据，或者提出反诉的事实和证据，审判人员要进行全面分析和综合，才能对有关的事实和证据予以确认，对相应的民事责任作出判断。

审判人员在这一认识过程中，切忌主观性、片面性和表面性。在对案件认识过程中，审判人员产生主观性、片面性和表面性的原因，除了调查研究不深入外，还与受某些主观心理效应的影响有关。比如有的当事人能说会道，善于辞令，伪装成通情达理的样子，使审判人员对其产生良好的首因效应甚至晕轮效应，对其为自己不履行义务进行的辩解或编造受害的谎言信以为真，从而产生错误的认识。或是审判人员由于对某些当事人产生好恶的情感倾向，对其所提供的信息具有主观选择性，偏听偏信某些当事人的一面之词，而对对方所提供的事实和证据产生排斥心理，从而导致认识的片面性。

（三）对当事人心理纠葛的判断

当事人的心理纠葛，是指民事案件当事人围绕诉讼目的而发生的心理联系和心理冲突的总和。包括原告人与被告人之间认识上的矛盾与冲突、情感上的对立和权益上的相互排斥等。当事人之间的心理纠葛是当事人提起民事诉讼活动的心理基础，在很大程度上制约着其在诉讼过程中的心理活动和行为表现。因此，准确地判断当事人的心理纠葛，是审判人员进行民事调解和审判的前提。比如在

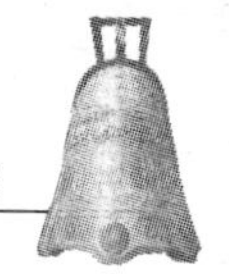

审理婚姻纠纷案件中，只有对双方当事人的婚姻基础、婚后感情状况，价值观、道德观、人生观、生活方式等认识上的差异，气质、性格等个性差异，以及双方情感上的对立程度、权益上的争议和是非与责任作出准确判断的基础上，才能全面认识双方的婚姻状况，从而作出调解和好或调解离婚、判决离婚的审理决策和策略方法。

（四）法律适用的选择

在对案件的事实、证据和当事人双方的是非与责任进行判断的基础上，对解决当事人的权利与义务纠纷的法律条款的适用作出选择。

二、审判人员解决民事纠纷的意志过程

在审判人员对案件的事实、证据，及双方当事人的是非与责任作出正确判断的基础上，为解决当事人之间的纠纷还需要意志的努力。

（一）对案件调解的意志过程

根据我国民事诉讼法的规定，审理民事案件可以先行调解（离婚案件调解是必经程序）。法院对民事案件的调解，是在审判人员的主持下，通过双方当事人协商，自愿达成协议的一种诉讼活动和结案方式。审判人员在对双方当事人进行调解的过程中，只有通过自己的意志努力，并运用一定的方法、技巧和策略，通过说理、规劝、感化等方式，使双方当事人在认识上的分歧逐渐消除，情感上的对立有所缓和的情况下，才能使双方权益上的争执取得共识，达成一定的协议。

审判人员对案件的调解往往不是一帆风顺的。当事人之间认识上的矛盾的缓和与统一，情感上的对立的消除，权益冲突的化解，都需要根据当事人的个性特点和心理状态，运用恰当的方法、技巧和策略，经过反复、耐心细致的工作才能取得成效。因此，审判人员只有具有高度的责任感和坚忍不拔的意志，才能取得调解的成功。

（二）对案件判决的意志过程

审判人员在对案件调解无效的情况下，就要根据案件事实、证

据和双方当事人的是非与责任，依法作出判决。由于当事人双方认识上的矛盾、情感上的对立尚未消除，权益的冲突不能达成协议，审判人员才采取判决的方式解决双方的纠纷。对民事案件的判决，不仅要求审判人员对于案件的事实、证据、双方的是非与责任以及法律适用作出准确的分析与判断，而且需要排除人情世故以及来自各方面的干扰，才能最后作出决断和客观、公正的判决。所以，对案件进行客观、公正判决的过程，是审判人员运用审判权解决当事人纠纷的意志过程。

三、审判人员审理案件中的自我心理调控

在审理案件过程中，不论是对案件的事实、证据进行审查核实，对案件的是非与责任作出评断，还是对案件进行调解或判决，审判人员都需要根据审判活动的需要，不断进行自我心理调控，以保证案件审理活动的顺利进行。

（一）对案件认识过程中的自我心理调控

审判人员客观、全面地认识案件，是对案件进行正确调解和作出公正判决的基础。因此，在对案件的认识过程中，对于当事人及其诉讼代理人所提供的事实、证据以及证人证言等的客观真实性的分析、判断，是极为重要的。在这一过程中，审判人员要避免对案件认识上的主观性、片面性，就必须对自身在认识过程中的心理状态进行调控，有意识地防止在与当事人、诉讼代理人、证人的交往中，由于受到首因效应、晕轮效应、定势效应、投射效应等主观心理效应的消极影响，对当事人及其诉讼代理人、证人产生错误的社会认知，从而产生对其所提供的有关案件的事实、证据、证言等产生主观性、片面性的认识。

（二）对案件进行调解或判决过程中的自我心理调控

在对许多案件进行调解或判决过程中，不但案件本身的事实和纠纷复杂、烦琐，而且往往还会遇到当事人的种种抵制与不合作，

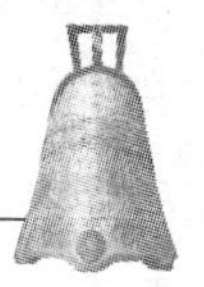

甚至还会受到指责、威胁、谩骂。在这种情况下，审判人员容易产生急躁、厌烦等消极情绪，影响对案件的调解或判决。因此，审判人员需要以对事业高度负责的责任感，克服各种消极情绪，以坚忍不拔的毅力和灵活的方法、技巧、策略，调解当事人的纠纷，或通过客观、公正的判决，解决当事人的纠纷。

第三节　当事人的诉讼心理

民事案件的当事人起诉、应诉、反诉等诉讼行为，都是在其心理支配下发生的。而当事人又是审判人员进行调查、审查、调解、审判的工作对象，因此，研究当事人的诉讼心理及其心理互动，对于做好民事审判工作具有积极意义。

上一章我们已经对民事诉讼当事人的心理进行了较为详尽的阐述，这里只作简要概述。

一、原告人的起诉心理

原告人提起诉讼的动机和目的是起诉心理的主要内容。原告人起诉的动机是指支配原告人提起诉讼的内心起因。起诉的目的是指通过诉讼所希望得到的结果。如在因婚外恋引起的离婚案件中，喜新厌旧常常是提起诉讼的动机，而离婚则是诉讼的目的。

原告人提起诉讼的心理一般有以下几种情况：获取经济利益；维护人身权利；解除婚姻关系；其他的非诉讼或诉讼以外的动机和目的，如借以产生名人效应，通过申请破产以隐匿财产等。

二、被告人的应诉和反诉心理

被告人在接到原告人的起诉书副本以后，根据原告对自己提起诉讼的事实、证据和诉讼要求，必然要表达自己的态度，或对原告的起诉作出答辩，或对原告提起反诉。被告人的答辩或反诉行为各有其不同的特点。

（一）被告人的答辩心理

1. 被告人对于原告人的有关诉讼事实和证据的答辩

被告人的答辩一般是针对原告人提起诉讼事实和证据的有无，以及诉讼要求的法律依据作出答辩。比如在经济合同纠纷中，是否按照合同要求履行了义务，是否有违约行为；在赡养纠纷中，是否尽了赡养的角色义务，没有尽义务的原因；在人身权利纠纷中，是否有侵权行为；在婚姻关系纠纷中，双方的感情是否已经破裂；等等。被告人都要列举出事实和证据作出答复。

2. 被告人对原告人提出诉讼要求的答辩

被告人对于原告人提出的诉讼要求，如赔偿要求、中止履行合同的要求、偿还债务的要求、离婚要求、赡养、抚养要求等，被告人应根据事实、证据和法律规定，对于是否应该承担法律义务，是否满足了原告人的诉讼要求作出答辩。

由于被告人心理水平、个性特点和法律意识方面的差异，有的能够依照事实和法律作出比较客观的答辩，有的由于心理水平低，或者个性的偏执、自私、法律和道德意识差，认识不到自己的民事违法行为，作出了主观片面的答辩。有的甚至拒绝答辩，拒不认错，拒不履行民事义务。

（二）被告人的反诉心理

有的被告人针对原告人的诉讼要求，提起独立的诉讼请求，称为反诉。反诉提起后，双方当事人同时既是原告又是被告。被告人提起反诉的动机，主要是想通过反诉抵消、并吞、推翻原告人的诉讼请求，或是迫使原告人撤诉，达到维护自己的权益或逃避某些民事义务的目的。其反诉心理主要有“以攻为守”“自我保护”“情感发泄”等。

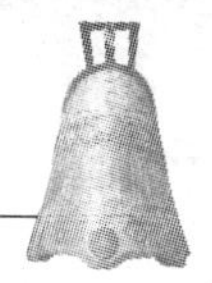

第四节　庭审心理

庭审活动是民事审判活动的重要环节。庭审活动在审判人员的主持下，通过双方当事人及其诉讼代理人和其他诉讼参与人的交往活动，审查核实案件事实和证据，由审判人员依法进行法庭调解或判决。由于庭审人员参与庭审的动机与目的不同，对于诉讼结果所承担的义务和享有的权利不同，因而在庭审中的心理活动也就不同。研究庭审人员在庭审中的心理活动规律，对于提高民事调解和审判工作的质量与效率，具有积极意义。

一、庭审中的交往活动与心理互动

庭审过程是审判人员、当事人及其诉讼代理人和其他诉讼参与人之间的多边心理交往和心理互动过程。通过交往活动审查、核实案件的事实和证据，为审判人员进行法庭调解和作出客观、公正的裁决提供依据。

（一）庭审过程中的交往关系结构

在庭审活动中，主持庭审活动的审判人员、参加诉讼活动的当事人及其诉讼代理人、证人、鉴定人等，由于他们在诉讼中的角色地位不同，进行交往的动机与目的不同，形成一定的交往关系结构。其交往关系结构如下图所示：

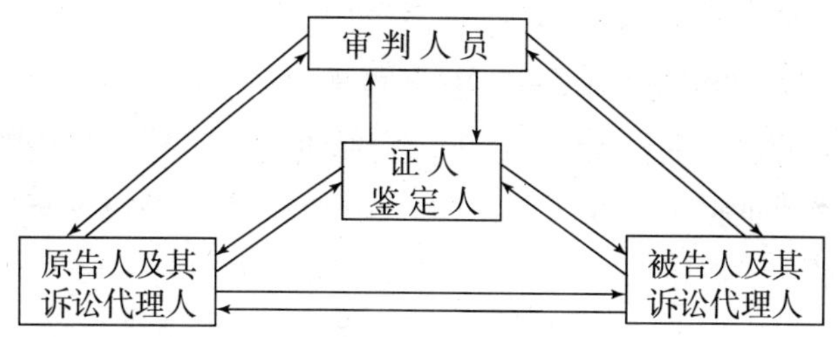

从上图可以看出，由于参加法庭审判活动人员的不同法律地

位，他们在庭审中扮演的不同角色，形成了审判人员审判、原告人及其诉讼代理人起诉、被告人及其诉讼代理人应诉或反诉、证人和鉴定人出庭作证四方的交往关系结构。

1. 审判人员在庭审交往关系结构中的角色地位

审判人员是庭审活动的主持者，参与法庭交往活动的目的是为了查清案件事实，核实证据，以及对案件进行调解或裁决。在庭审中，不仅与当事人及其诉讼代理人进行直接交往，而且组织、调控双方当事人及其诉讼代理人之间，当事人及其诉讼代理人与证人、鉴定人之间交往活动的进行。因此，审判人员在庭审的交往关系结构中扮演着重要角色。

审判人员在庭审交往关系中扮演着重要的角色地位，他应当意识到自己所肩负的依法对案件作出客观公正裁决和化解当事人之间纠纷的重要责任。因此，在对案件事实和证据的感知、记忆、分析、判断中，应注意排除自己的主观选择性，避免某些主观心理效应的消极影响，并严守职业角色规范，避免交往中由于违反职业角色规范而对案件的调解和审理带来消极影响。

2. 当事人及其诉讼代理人在庭审交往中的角色地位

原告、被告及其诉讼代理人，在庭审中是起诉与被起诉的对立交往关系。双方之间及双方与审判人员和其他诉讼参与人之间，就有关案件的事实和证据问题进行直接交往。同时双方在庭审交往中必须遵守庭审规则，听从审判人员的指挥，依法行使诉讼权利，并履行相应的法律义务，承担法律责任。

3. 证人、鉴定人在庭审中的角色地位

证人的证词证言和鉴定人的鉴定结论，是证明当事人提出诉讼要求的重要证据，是审判人员对案件进行调解和裁判的重要依据。因此，证人、鉴定人在与审判人员、当事人及其诉讼代理人的直接交往中，应如实向法庭提供有关案件事实的证据和鉴定结论，否则要承担法律责任。

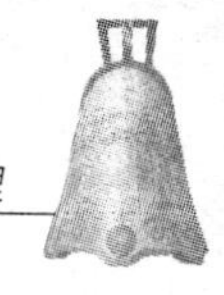

（二）庭审中的交往活动

在庭审中，主持庭审活动的审判人员、参加诉讼的当事人及其诉讼代理人、证人、鉴定人等，围绕着双方当事人所争议的民事权益的事实和证据问题，进行多边的交往活动。

1. 审判人员在庭审中的交往活动

审判人员在主持庭审活动中，以查清案件事实和鉴别证据的真伪，为法庭调解和判决提供依据为目的，与诉讼参与人进行多边的交往活动。

审判人员通过与当事人及其诉讼代理人的交往活动，听取双方有关民事权益争议的事实陈述、举证和诉讼要求，通过听取证人当庭作证和鉴定人宣读鉴定结论，为全面了解案情，判断当事人提出的案件事实和诉讼要求获取信息。

在庭审中，审判人员不仅自己直接与诉讼参与人进行交往，而且还要主持诉讼参与人之间交往活动的进行。如主持双方当事人及其诉讼代理人之间有关案件事实和证据的辩论活动，当事人之间的质证活动等。通过诉讼参与人之间的交往，为查清案件事实、核实证据、判断当事人诉讼要求的合法性等提供和获取信息。

2. 当事人及其诉讼代理人在庭审中的交往活动

双方当事人及其诉讼代理人，从有利于诉讼和保护自己的权益出发，在庭审中开展多边的交往活动，希望达到使法庭作出有利于自己的调解或判决的目的。

当事人及其诉讼代理人在与审判人员的交往中，向审判人员提供有利于自己诉讼要求的事实和证据，承认或者反驳对方当事人及其诉讼代理人提出的有关事实和证据，以影响审判人员对案件作出有利于自己权益的调解或判决。

当事人及其诉讼代理人在与证人、鉴定人的交往中，对于所提供的不客观、不真实因而不利于自己诉讼要求的证人证言进行质证，对于不客观、不科学因而不利于自己诉讼的鉴定结论、勘验结果质疑或申请重新进行鉴定、勘验。

3. 证人、鉴定人在庭审中的交往活动

在庭审交往活动中，证人、鉴定人通过与审判人员、当事人及其诉讼代理人进行直接交往，向法庭提供案件的事实和证据。由于证人、鉴定人与双方当事人及其诉讼代理人人际关系的错综复杂性，或可能受到的威胁、利诱与欺骗，在交往中所提供的证言的客观真实性和鉴定结论的科学性，需要审判人员进行认真审查和核实。

（三）庭审交往中的心理互动

在庭审交往中，审判人员与当事人及其代理人和其他诉讼参与人之间，双方当事人及其代理人与证人、鉴定人之间，在认识、情感、行为等方面都会产生广泛的心理互动。

1. 审判人员与当事人及其诉讼代理人、诉讼参与人之间的心理互动

原告、被告双方当事人及其诉讼代理人对有关案件事实所作的陈述和举证，证人的证词证言和鉴定人的鉴定结论，为审判人员对双方当事人关于民事权益争议的是非与责任的判断提供了依据，影响着审判人员的认识。同时，引起对受害一方当事人的同情和对侵害他人权益一方当事人的反感，从而激发审判人员解决纠纷，保护受害当事人合法权益的责任感，促使审判人员克服困难，通过法庭调解或判决，达到使侵权一方当事人履行民事义务，以维护受害当事人的合法权益的目的。如在离婚、赡养案件中，受害当事人的痛苦和艰难生活处境，往往极大地激发审判人员的职业责任感和克服困难解决民事纠纷的决心与毅力。

在庭审过程中，审判人员对案件的认识和情感倾向，以及为解决纠纷的决心和毅力，同样对当事人及其诉讼代理人产生影响。审判人员对当事人高度负责的责任感，耐心、细致的心理疏导和法律宣传工作，对案件事实的认定客观，调解或判决的公正，同样对当

事人及其诉讼代理人、证人等，产生积极的心理影响。使侵权一方当事人认识到自己的民事违法行为给对方当事人造成的损失和危害，从而接受审判人员的调解或判决。受害一方当事人因其合法权益得到保护，对于国家法律和审判人员产生信任感，提高了法律在公众中的威信。如果审判人员对案件处理有失公正，有意或无意偏袒一方当事人，也会对当事人产生消极的心理影响。受惠一方当事人会产生法律也有空子可钻的侥幸心理；受损一方的当事人必然产生对审判人员的不满心理，从而降低法律和审判人员在公众中的威信。有些当事人甚至会以偏概全，根据自己打一次官司的经验，产生认为法律和司法机关不公正的错误经验定势。

2. 双方当事人及其诉讼代理人之间的心理互动

在庭审过程中，原告、被告双方当事人及其诉讼代理人，通过对民事权益争执的事实和证据进行辩论、质证，对双方的认识、情感以及诉讼要求，也会产生积极或消极的心理影响。如果当事人双方都能实事求是地对待双方有关的权利与义务争执，在审判人员的主持下，经过平等协商消除了对纠纷的认识分歧和感情对立，达成了双方都可以接受的协议，民事纠纷就得到了化解，双方心理上也就得到了平衡，从而增进了双方的相互认同。如离婚案件，经审判人员的耐心调解，双方当事人各自都认识到自己的缺点和错误，特别是对家庭矛盾负主要责任的一方当事人态度良好，就消除了对方当事人的不满情绪，从而使双方关系的裂痕得到弥合，夫妻关系得到挽救。如果双方在诉讼过程中对解决纠纷缺乏诚意，在交往中就会产生消极的心理互动。如一方当事人或双方当事人，在交往中有意夸大或虚构对方当事人的过错或违法行为，淡化或隐瞒自己的过错或违法行为，这种交往活动就会引起不良心理刺激，不仅不能使矛盾与纠纷得到化解，而且还会使双方的认识分歧和情感对立得到强化，使纠纷升级，从而也就为纠纷的调解和判决增加了难度。因此，审判人员应注意调控当事人及其代理人在庭审中的态度，促使其进行积极的心理互动，防止消极的心理互动。

3. 证人、鉴定人与当事人及其诉讼代理人、审判人员之间的心理互动

在庭审中，证人如实作证，鉴定人的鉴定结论客观、公正，对于当事人及其诉讼代理人和审判人员会产生积极的心理互动，有利于案件审理的顺利进行和纠纷的化解。而如果证人和鉴定人有意偏袒一方当事人，则会引起对方当事人及其诉讼代理人的反感甚至愤怒，这样就不利于案件的审理和纠纷的化解。

二、庭审调查心理

法庭调查是民事审判的重要阶段。审判人员通过全面听取原告、被告当事人及其诉讼代理人的陈述和举证，听取证人证言和鉴定人的鉴定结论，以及其他诉讼参与人（如第三人）的意见，全面核实案件事实和证据，为进行法庭调解和判决提供依据。法庭调查过程，是在审判人员与当事人及其代理人、证人和鉴定人等之间，围绕着双方当事人的民事权益纠纷进行的多边交往活动过程。在这一过程中，由于各自的角色地位不同，与审判结果的利害关系不同，具有不同的心理活动规律。研究法庭交往中不同人员的心理活动规律，对于提高审判质量和效率，具有积极意义。

（一）审判人员主持庭审调查的心理

审判人员主持庭审调查的目的是十分明确的，就是为了全面核实原告、被告所争议的民事权益的事实和证据，为法庭调解和判决提供依据。保护当事人合法权益的责任感和公正执法的使命感，促使审判人员全面掌握案件的事实和证据，努力避免对案件认识的主观性与片面性。

1. 对当事人陈述和举证反映的无选择性

审判人员以不带任何主观选择性的心态，充分听取原告及其代理人对其诉讼要求的陈述与举证，充分听取被告及其代理人对原告

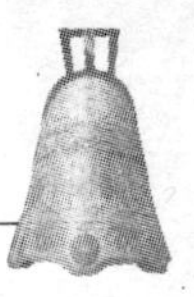

及其代理人诉讼要求的反驳和关于反诉事实的陈述与举证，以及双方的辩论与质证，并针对有关案件的某些关键的事实和证据，对当事人进行询问。在听取原告、被告的陈述、举证、反驳和辩论时，对于双方当事人的诉讼理由要做到“兼听”，防止庭审前由于某些外界信息的干扰，使审判人员对案件认识产生主观性和片面性。

2. 调动证人如实作证的积极性

审判人员应告知证人作证的法律责任，打消其作证的种种顾虑，调动其如实作证的积极性。为防止证人有意作伪证，偏袒一方当事人，对证人要进行必要的询问。

3. 对案件进行全面分析与综合

审判人员通过听取原告人及其诉讼代理人的起诉，被告人及其诉讼代理人的反驳或反诉，双方当事人的辩论，以及证人、鉴定人向法庭提供的证据，对案件进行全面分析与综合，在此基础上对双方当事人所争议的民事权益的事实、是非、责任作出判断，从而为法庭调解与判决提供依据。

（二）当事人的陈述与举证心理

在法庭调查中，原告、被告双方当事人及其诉讼代理人，都力图使审判人员认同自己的陈述与举证，作出有利于自己权益的调解或判决。因此，其陈述和举证心理具有如下一些特点。

1. 对案件事实陈述和举证的选择性

当事人在法庭调查中，无论是原告及其代理人还是被告及其代理人，在陈述和举证时，往往都选择那些有利于自己诉讼要求的事实和证据，或者提供有利于自己诉讼的证人出庭作证，而回避或隐瞒不利于自己诉讼的事实和证据，以此证明自己诉讼要求的合理性。比如在离婚案件中，提起离婚诉讼的原告人在法庭上往往列举有关夫妻感情恶化的事实和证据，夸大对方的过错或缺点，回避或隐瞒自己的过错或缺点，从而把造成夫妻感情破裂的原因归罪于被告人。而作为不同意离婚的被告人，往往列举夫妻感情尚好的事实和证据，对于原告人的指责予以反驳，把造成夫妻感情恶化的原因归罪于对方。于是便形成了“公说公有理，婆说婆有理”，“清官难断家务事”的庭审场面。其实，双方当事人的陈述和举证都可能具有一定的客观依据。因为在夫妻的共同生活中，既可能有和睦相处的时刻，也有产生矛盾和纠纷的时刻，只不过各人进行陈述和举证的选择性不同罢了。因此，需要审判人员对当事人进行必要的询问，全面、深入地了解和分析双方当事人婚姻关系和情感发展的历程，以及造成双方感情恶化的原因和责任，从而对双方当事人现实的婚姻状况作出判断。

2. 伪造有利于自己诉讼的证据

在庭审举证中，有的当事人为了达到自己的诉讼目的，向法庭提供伪造的证据，欺骗审判人员。如在一起债务纠纷案件中，被告（某商店）拖欠原告（某公司）货款 18.8 万元，债务人以给购销业务中间人宋某好处费为诱饵，让宋某帮助债务人出具假书证、假证言。在法庭质证时，原告方对被告举证时提交法庭的该商店 1 月 10 日与宋某签订的购销合同书证提出异议，申请对证据进行技术鉴定，以确认其书写时间。经公安部第二研究所鉴定，证明这些书证的书写时间是在 5 月至 6 月之间。于是法庭认定其书证是被告人为应诉而伪造的。

3. 篡改证据

有的当事人为了达到诉讼目的，竟向法庭提供篡改过的诉讼证据。如在一起债务纠纷案件中，原告人在法庭上出示一张被告人书写的欠原告人12 000元的借条，要求被告人偿还。在法庭辩论中，被告人承认此借条是他自己的手笔，但只承认向原告人借款2 000元，认为原告人出示的借条是经过篡改的，即12 000元前边的“1”是原告人加上去的，故申请对借条进行技术鉴定。经鉴定，12 000元前边的“1”字确实是后加的。原告人承认：当他发现被告人所写的欠条只有阿拉伯数字，未加大写数字时，便萌生了篡改借条获

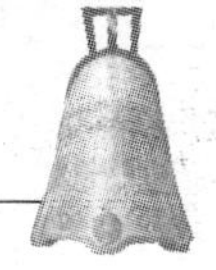

取钱财的动机。没想到经过技术鉴定，暴露了破绽，输了官司又丢了人格。

（三）证人作证心理

证人出庭作证，为原告、被告双方当事人的陈述、反驳与辩论提供证言，是支持当事人诉讼的证据之一。大多数证人能够抱着对法律和当事人负责的态度，提供真实可靠的证言，但是，由于证人与当事人错综复杂的人际关系以及其他因素的干扰，证人的证言有时会失去客观性。如果听信证人虚假的证言，会造成审判工作的失误。因此，审判人员掌握证人与当事人之间的人际关系状况及出庭作证的心理，对于证言的判断具有重要意义。

1. 证人的法律意识对作证的心理影响

出庭作证的证人是否具有正确的法律意识，对于证人能否如实提供证言具有重要影响。具有正确法律意识的证人，懂得证人作证应负的法律责任，出庭作证时具有高度的责任感，就能抵制、拒绝某些当事人要求为其提供虚假证言的拉拢与诱惑，坚持如实向法院提供证言。而有些缺乏正确法律意识的证人，有时因出于私利或碍于情面，不能抵制当事人的拉拢与诱惑，会违心地向法院提供虚假的证言，干扰审判活动。例如在一起债务纠纷中，原告人李某诉被告人王某欠款 500 元。证人孙某既不想得罪原告，又不愿意得罪被告。当原告人找他作证时，他证明被告人欠原告人 500 元钱；当被告人找他作证时，他又证明被告人已将 500 元钱还给了原告了；而当原告人再次找他作证时，他又证明被告人未还原告人 500 元钱。由于孙某缺乏正确的法律意识，不懂得作证的严肃性和应负的法律责任，为了既不得罪原告又不得罪被告，分别作了有利于原告和被告的自相矛盾的证言。后法庭经过核实，以孙某作证的不严肃态度为由，对其给予行政拘留 15 天的处分。

2. 证人与当事人的人际关系对作证的心理影响

在有些案件中，证人与当事人关系密切，为了使与自己关系密切的当事人胜诉而提供有利的证言，隐瞒不利的证言，或者编造虚假的证言，甚至为了陷害对方当事人而提供伪证。由于证人与当事人较密切的情感因素，导致其所作的证明具有偏袒性而缺乏客观性。

3. 证人的认知因素对作证的影响

证人的感知、记忆、偏见、暗示等认知因素对证人作证也有着重要的影响。

（1）证人的感知、记忆因素对证言的影响。证人的感知、记忆因素对证人作证的真实性与客观性也有着重要的影响。证人虽然出于公正的作证动机，但是由于证人的年龄过大或过小，以及智力缺陷或事件发生的时间距离作证时间较长，以及事件发生时的时间、空间条件等因素，都会影响证人的感知、记忆的错误或遗忘，从而影响证言的真实性与客观性。

（2）证人的偏见对证言的影响。证人对某些人或事物的偏见对其作证也会产生一定的影响。证人对当事人的诉讼要求或其他行为抱有某些偏见，也会自觉不自觉地对其判断事物的是非曲直产生一定的影响，从而影响证言的客观性与真实性。如在离婚案件中，对于社会地位优越一方的原告人或社会地位上升后提出离婚的原告人，人们往往不去深入了解原告人要求离婚的真正原因或被告人有什么过错，出于对弱者的同情心理，往往形成原告是“当代陈世美”的公众舆论，从而影响证人作证的心理倾向性，作出对原告人不利的证言。

（3）暗示对证人证言的影响。在庭审调查中，当事人及其诉讼代理人、审判人员当庭对证人的询问方式、面部表情、体态语言等所表现出来的倾向性，也会自觉不自觉地对证人产生一定的心理暗示作用，特别是那些年龄较小或缺乏独立性的人、智力有缺陷的人、对法庭的气氛不适应的人，更容易接受暗示，从而影响证人作证的真实性与客观性。如证人作证后，审判人员或其他诉讼参与人

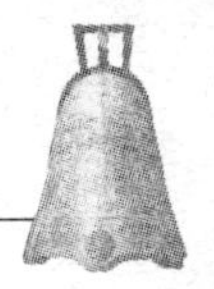

采取这样的询问方式："事实真的是这样吗？如果你说错了，要负法律责任！"对有的证人可能会产生暗示作用，由于害怕法庭的责难或当事人的威胁而改变证言，也可能产生怀疑自己记忆有错误的自我暗示，从而改变证言。

三、法庭调解与判决心理

（一）审判人员对案件的综合分析与判断过程

在法庭调查的基础上，审判人员对原告、被告双方当事人及其诉讼代理人的陈述、举证和相互辩论，以及证人证言、鉴定结论等进行综合分析，对双方当事人所争议的民事权益的是非与责任作出判断，以此作为对案件进行调解和判决的依据。审判人员对案件进行综合分析与判断的关键，是对证据的判断过程。

1. 对证据的客观真实性的判断

证据是认定案件事实存在与否的客观依据。因此，对证据的判断是审判的核心问题。当事人在维护自身权益的动机支配下，为了达到胜诉的目的，有可能提供不真实的证据。证人由于缺乏正确的法律意识，或与当事人错综复杂的人际关系，也可能提供不真实的证词证言。因此，必须对证据的客观真实性进行分析与判断。

（1）对证据来源的分析与判断。在对证据进行分析与判断时，首先应对当事人所提供的物证、书证等证据材料的来源进行分析：是原始凭证还是目击证言？是直接证据还是间接证据？是真实证据还是伪造证据？必要时还要进行技术鉴定。

（2）对鉴定结论的科学性与权威性的分析与判断。对于当事人所提供的有关案件事实的勘验、鉴定结论，应根据进行勘验鉴定的机关和勘验、鉴定人员的专业知识水平，对勘验、鉴定结论的科学性和权威性进行分析与判断，以决定是否采信。对于缺乏科学性和权威性的鉴定结论，要重新进行鉴定。

（3）对证人证言的分析与判断。根据证人的法律意识水平、作证能力、作证动机及其与当事人的关系等，进行全面分析，对证言证词的客观真实性作出判断。

2. 对证据是否充分的分析与判断

有的案件比较复杂，往往凭一两份证据不能定案，而需要通过对直接证据和间接证据进行综合分析才能定案。所以必须对证明案件事实的证据是否充分，特别是证明案件主要事实的证据是否充分、有力，证据之间能否相互衔接且无矛盾，所认定的案件事实能否被反证所推翻等，进行全面分析，从而作出证据是否充分的判断。

3. 对证据证明力的分析与判断

当事人所提供的证据是否具有证明力，是对证据审查的一个重要方面。有些证据虽然是客观的、真实的，但因与所证明的事实之间缺乏必然联系，因而属于缺乏证明力的证据。比如在离婚案件中，原告人以被告人生活作风不好提出离婚的诉讼要求。原告人提供的证据材料是：曾多次发现被告人与其单位的某一异性一起外出。经调查二人是因公外出，尚未发现有不正当的男女关系。因此，他所提供的证据虽具有客观真实性，但缺乏证明力，不能作为被告人有生活作风问题的证据，因而驳回要求离婚的诉讼请求。

审判人员通过对证据的客观真实性、是否充分以及是否具有证明力等进行全面的分析与判断，从而为确认双方当事人关于民事权益争议的事实提供可靠依据，在此基础上依法对双方当事人所争议的是非与责任以及权利与义务关系作出判断。

（二）法庭调解心理

《中华人民共和国民事诉讼法》第八十五条规定：“人民法院审理民事案件，根据当事人自愿的原则，在事实清楚的基础上，分清是非，进行调解。”人民法院进行调解由审判人员主持，可以邀请有关单位和个人予以协助。以调解的方式结案有利于纠纷的彻底解决和执行工作的顺利进行，也有利于双方当事人之间的团结。因此

人民法院在审理民事案件时，婚姻案件必须经过调解程序，其他案件凡能够进行调解的，也要进行调解。

在进行民事纠纷调解时，审判人员了解当事人的诉讼心理，有助于调解活动的顺利进行。

1. 根据当事人诉讼的动机与目的进行调解

诉讼的动机与目的都是支配当事人进行诉讼活动的动力。审判人员准确地掌握当事人的诉讼动机与目的，有针对性地进行心理疏导，并帮助其解决某些实际问题，有利于促进协议的达成。比如在一起离婚案件中，女方当事人与男方的感情并未达到破裂的程度，只是由于不堪忍受婆母的虐待，才提出离婚诉讼的，进行离婚诉讼的真正目的是为了分家另过，以免再受婆母的虐待。当审判人员掌握了当事人这一真正的诉讼动机与目的之后，一方面做原告当事人的心理疏导工作，另一方面与其所在的村调解组织共同说服其婆母与儿子、儿媳分家另过。原告人达到了诉讼的目的，同意将离婚起诉撤回。又如在某些离婚案件中，有的被告人明知夫妻感情已破裂，和好无望，但出于对原告人提出离婚的报复动机，以坚决不同意离婚达到把对方拖垮的目的。当审判人员掌握了当事人的这一动机与目的后，便进行耐心的疏导工作，讲明拖下去不仅对原告人有损失，对被告人的工作、生活和身心健康也都不利，离婚是解除精神负担的途径。经过调解，双方同意离婚。

2. 根据双方当事人的某些共同需要进行调解

在民事诉讼中，双方当事人既有人际关系矛盾和利益冲突的一面，也有共同的利益需要和感情需要的一面。审判人员在对案件进行深入调查了解后，掌握了双方当事人可能达成协议的共同需要的结合点，以及阻碍达成协议的分歧点，通过心理疏导工作并帮助其解决某些实际问题，有针对性地消除双方的分歧，可以促进调解协议的达成。如在一起离婚案件中，双方虽然出现感情危机，一方提出了离婚诉讼，但双方对孩子的感情都很深，都要求由自己抚养。

审判人员把双方都爱孩子的共同感情需要和维护孩子健康成长的共同利益需要作为挽回婚姻关系的基础，进行耐心的心理疏导工作。双方从有利于孩子的健康成长出发，各自作了自我批评，因而双方的感情危机有所缓和，后经调解表示愿意和好。在经济纠纷案件中，双方当事人都是为了最大限度地维护自身的经济利益提起诉讼的。在查清案件事实、分清是非与责任的情况下，寻找维护双方共同经济利益的结合点，并从这一点出发进行调解，往往可以达成协议。

3. 借助团体力量进行调解

团体成员受群体效应的影响，自不待言。当事人所在群体及其领导人，对其认识、情感和行为都有一定的影响。在调解纠纷时，请当事人的亲属、职业团体或社区的领导人参加，对当事人进行心理疏导，往往收到事半功倍的效果。特别是在婚姻、赔偿等案件纠纷的调解中，效果更为显著。

（三）法庭判决心理

《中华人民共和国民事诉讼法》第九条规定："人民法院审理民事案件，应当根据自愿和合法的原则进行调解，调解不成的，应当及时判决。"据此规定，对于审判人调解失败或者当事人不同意进行调解的案件，在查清案件事实、分清是非与责任以后，应当及时判决，以解决当事人之间的纠纷。法庭判决对当事人具有一定的心理影响。

1. 法律的强制性心理影响

双方当事人对于权利与义务的争议持有不同的认识和情感对立，因而各执己见，在不能达成调解协议的情况下，审判人员遂采取判决的手段解决纠纷。判决所确认的双方当事人的权利与义务关系，不论是否符合当事人的意愿，是否达到了当事人的诉讼目的，当事人都必须履行判决所确认的义务。如果不履行，人民法院则要采取强制执行措施。通过强制性的手段，制裁民事违法行为，保护

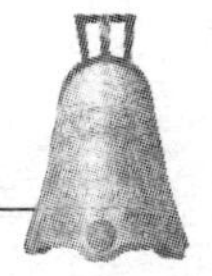

当事人的合法权益，解决当事人之间的纠纷，从而维护社会主义法制和安定团结，避免纠纷的激化或升级。

2. 法律的权威性心理影响

审判人员运用判决的强制手段解决民事纠纷，判决所确认的当事人之间的民事权利与义务关系，不经法定程序，任何人不能任意变更和废弃。这体现了国家法律的严肃性和权威性，从而也提高了当事人依法办事的观念，增强了法律意识。

思考题

1. 什么是民事诉讼？当事人诉讼心理的产生与哪些因素有关？
2. 什么是民事审判心理？研究民事审判心理有什么意义？
3. 试举例说明法庭审理民事案件中的心理互动。

主要参考文献

1.《中华人民共和国刑法》(2006 年 6 月修订)。

2.《中华人民共和国刑事诉讼法》(1996 年 3 月修订)。

3.《中华人民共和国民法通则》(1986 年 4 月通过)。

4.《中华人民共和国民事诉讼法》(1991 年 4 月通过)。

5. 蔡墩铭著:《审判心理学》,水牛出版社 1991 年版。

6. 曹炳增著:《无罪辩护——十起辩护成功案例及诉讼程序的理性思考》,中国人民公安大学出版社 2004 年版。

7. 陈光中主编:《刑事诉讼法学》,北京大学出版社、高等教育出版社 2002 年版。

8. 樊凤林主编:《刑罚通论》,中国政法大学出版社 1994 年版。

9. 高铭暄主编:《刑法学》,中央广播电视大学出版社 1993 年版。

10. 何为民主编:《罪犯心理矫治》,法律出版社 2001 年版。

11. 何为民主编:《民事司法心理学理论与实践》,群众出版社 2002 年版。

12. 蒋恩慈、储有德编:《西方法学家生平与学说评介》,广西人民出版社 1983 年版。

13. 金瑞芳编著:《审讯心理学》,杭州大学出版社 1990 年版。

14. 李士棣等编:《犯罪人心理研究与警察心理素质调查》,中国人民公安大学、广东省人民警察学校、广州市人民警察学校印行,1991 年。

15. 刘宗粤著:《引导的心理策略》,中共中央党校出版社 1991 年版。

16. 罗大华主编:《中国法制心理科学研究十年》,中国政法大学出版社 1994 年版。

17. 罗大华主编:《中国法律心理学研究与探索》,中国华侨出版社 1996 年版。

18. 罗大华主编:《犯罪心理学》,中国政法大学出版社 1997 年版。

19. 罗大华主编:《刑事司法心理学理论与实践》,群众出版社 2002 年版。

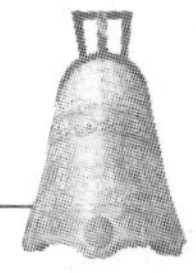

20. 罗大华主编：《犯罪心理学》，中国政法大学出版社 2003 年版。

21. 罗大华主编：《中国法制心理科学研究文萃（下）》，群众出版社 2006 年版。

22. 罗大华等编著：《犯罪心理学》，群众出版社 1986 年版。

23. 罗大华、何为民著：《犯罪心理学》，浙江教育出版社 2002 年版。

24. 罗大华、胡一丁主编：《犯罪心理与矫治新论》，中国政法大学出版社 2003 年版。

25. 罗大华、张家源著：《证人证言心理》，群众出版社 1992 年版。

26. 邱国梁主编：《犯罪与司法心理学》，中国检察出版社 1998 年版。

27. 邱兴隆、许章润著：《刑罚学》，中国政法大学出版社 1999 年版。

28. 任克勤主编：《被害人心理学》，警官教育出版社 1997 年版。

29. 沈政主编：《法律心理学》，北京大学出版社 1986 年版。

30. 苏常浚著：《司法心理学》，群众出版社 1986 年版。

31. 孙汝亭等著：《刑事侦察心理学》，哈尔滨出版社 1988 年版。

32. 谭世贵主编：《律师法学》，法律出版社 2005 年版。

33. 田文昌著：《刑罚目的论》，中国政法大学出版社 1987 年版。

34. 王洪山等著：《警察心理学》，群众出版社 1991 年版。

35. 王子琳主编：《法律社会学》，吉林大学出版社 1991 年版。

36. 吴宗宪编著：《国外罪犯心理矫治》，中国轻工业出版社 2004 年版。

37.《西方法律思想史》编写组：《西方法律思想史》，北京大学出版社 1983 年版。

38. 肖鸣政著：《现代人员素质测评》，北京语言学院出版社 1995 年版。

39.《刑事司法心理学》编写组：《刑事司法心理学》，群众出版社 1991 年版。

40. 徐国贵编著：《中国律师制度与实务》，同济大学出版社 2006 年版。

41. 徐家力主编：《律师实务》，法律出版社 2002 年版。

42. 徐世京编译：《司法心理学》，上海人民出版社 1986 年版。

43. 张继英著：《检察心理学》，中国政法大学出版社 1992 年版。

44. 张佐民著：《民事审判心理学》，中国政法大学出版社 1989 年版。

45. 周振想著：《刑罚适用论》，法律出版社 1990 年版。

46. 庄驹著：《人的素质通论》，山东大学出版社 1988 年版。

47. ［美］汉斯·托奇主编，周嘉桂译：《司法和犯罪心理学》，群众出版社 1986 年版。

48. ［美］L. S. Wrightsman 著，吴宗宪、林遐等译：《司法心理学》，中国轻工业出版社 2004 年版。

49. ［英］R. Blackburn 著，吴宗宪、刘邦惠等译：《犯罪行为心理学：理论、研究和实践》，中国轻工业出版社 2000 年版。

50. ［日］浜田寿美男著，片成男译：《自白的心理学》，中国轻工业出版社 2006 年版。

51. ［日］森武夫著，邵道生等译：《犯罪心理学》，知识出版社 1982 年版。